21世纪全国高等院校教材

（供中药、药学、中药资源、中药营销等专业使用）

中药养护学

广州中医药大学　徐　良主　编

科学出版社

北　京

内 容 简 介

本教材为21世纪全国高等院校教材。全书分总论和各论两部分。总论系统阐述了影响中药发霉、虫蛀等变质因素，介绍了虫霉发生与生长发育的规律，提出了防治仓虫的致死高温区和致死低温区等创新理论，重点介绍了推陈出新的药材对抗同贮养护、无公害气调养护、远红外加热干燥养护、微波干燥养护、气幕防潮养护等现代贮存养护新技术，对现代化中药仓库的建筑要求、现代化仓储设备和自动化仓库管理等作了崭新论述；各论部分分别对近百种常用中药材、中药饮片及中成药的贮存养护进行了各具特色的详尽介绍。

本教材全面系统地反映了国内外有关中药贮存养护的新成就、新技术和新知识。全书内容丰富新颖，可供国内外各高等中医药院校、医药院校、农林院校和综合性大学等高校开设的中药、药学、中药资源、药用植物、中药加工炮制及药物营销等专业作教材，亦可供各相关中等专业学校、职业技术院校和各类培训班作教材使用，同时适合各省、市、县各医药公司，药材公司，医药进出口公司，药材加工厂，制药厂，各级医院，药品仓库，各地药房、药店等工作人员，以及广大中药爱好者阅读使用。

图书在版编目(CIP)数据

中药养护学/徐良主编．—北京：科学出版社，2006.1
(21世纪全国高等院校教材)
ISBN 978-7-03-016733-0

Ⅰ．中… Ⅱ．徐… Ⅲ．中药管理：药政管理－医学院校－教材 Ⅳ．R288
中国版本图书馆CIP数据核字(2005)第159231号

责任编辑：方 霞 李 君／责任校对：宋玲玲
责任印制：赵 博／封面设计：黄 超

科学出版社 出版
北京东黄城根北街16号
邮政编码：100717
http://www.sciencep.com
北京凌奇印刷有限责任公司印刷
科学出版社发行 各地新华书店经销
*
2006年1月第 一 版 开本：787×1092 1/16
2025年7月第十四次印刷 印张：21 1/2
字数：522 000

定价：44.80元

(如有印装质量问题，我社负责调换)

《中药养护学》编写人员

主　编　徐　良

副主编　杨得坡　高文远　张西玲　徐焱琛

编　委　（以姓氏笔画为序）

马　琳（天津中医学院）
方成武（安徽中医学院）
王　建（广西中医学院）
王渭玲（西北农林科技大学）
乐　巍（南京中医药大学）
卢　伟（福建中医学院）
卢　颖（北京中医药大学）
付小梅（江西中医学院）
刘合刚（湖北中医学院）
刘基柱（广东药学院）
刘塔斯（湖南中医学院）
孙海峰（黑龙江中医药大学）
岑丽华（广州中医药大学）
张永清（山东中医药大学）
张西玲（甘肃中医学院）
杨树德（云南中医学院）
杨扶德（甘肃中医学院）
杨耀文（云南中医学院）
杨得坡（中山大学药学院）
武孔云（贵阳中医学院）
青献春（山西中医学院）
赵　越（广东药学院）
俞年军（安徽中医学院）
高文远（天津大学药学院）
徐　良（广州中医药大学）
徐焱琛（广州中医药大学）
董诚明（河南中医学院）
魏秀德（长春中医学院）

前　言

从远古走向未来的祖国传统中药，在人类生存繁衍、抵抗和治疗疾病、提高人体素质等方面起着极为重要的作用。随着社会的进步和科学技术的发展，这棵奇丽的异葩将开放得更加光彩夺目。

新中国成立 50 多年来，由于党和政府的重视，中药生产和应用有了飞速的发展，我国现有中药 12 807 种(电脑检索达 13 268 种)。由于广大人民群众对中药的信赖，中药的需求量与日俱增，现每年全国收购的数额高达数十亿元。对于数量如此庞大的中药，如何贮存备用而保证其质量，并使之完好安全地用于亿万人民的防病治病上，确实需要进行严格而有序的科学管理和养护，否则势必造成极大的浪费与损失。

中药贮存养护的意义不仅局限于避免药物遭受虫霉的破坏损失，还要通过先进科学的技术方法来避免中药在贮养过程中被污染及造成环境污染，从而达到无公害、无污染的养护效果，以符合 21 世纪生态平衡和绿色食品的卫生标准。鉴此，中药的贮存、保管与养护已作为一门学科来发展，各大、中专医药院校已开设这门课程的教学，那么如何编写一部符合 21 世纪需求的高水平教材已迫在眉睫。编撰这本《中药养护学》教材，是在本书主编徐良教授已成功编著出版了《现代中药养护学》教材，供香港大学、北京中医药大学、南京中医药大学、广州中医药大学、广东药学院等全国 200 多所高等医药院校、高职高专院校和中专技校选作教材反复使用，并被全国各院校和各地医药仓储部门公认该书为目前国内外同类书籍中较具专业指导作用的好教材、好著作之基础上编写而成的。徐良教授主编的《现代中药养护学》还被原国家药品监督管理局遴选用作编写《全国执业药师资格考试应试指南》及考试命题的蓝本与教材。同时，徐教授也被聘为《全国执业药师资格考试应试指南》的编委、考试命题的专家。

本教材总论部分系统论述了中药发霉、虫蛀的变质因素，介绍了虫霉发生与生长发育的规律，从而提出了防治仓虫的致死高温区和致死低温区的创新理论；还重点介绍了推陈出新的异性药材对抗同贮养护法，以及具国外先进水平的无公害气调养护、远红外加热干燥养护、微波干燥养护、气幕防潮养护等行之有效的现代化贮存养护新技术。同时，在总论第三章专门对现代化中药仓库的建筑要求、现代化库建技术标准、现代仓储设备、自动化中药仓库管理的作业方式等作了崭新、系统的介绍。另在各论第十至第十三章中，分别对近百种常用中药材、中药饮片(炮制品)及中成药的分类贮存养护进行了各具特色的详尽介绍，以供各地按需选择参照应用。

鉴于化学农药防治仓虫和有害微生物的严重残毒与公害等问题，本著者不主张使用化学农药来防治中药仓库害虫，而提倡使用无毒、无污染的生物物理防治及气调养护法来防治，因此特在第六章提出了面向 21 世纪的现代中药贮养新技术。

本教材较全面系统地反映了国内外有关中药贮存养护的新成就、新技术和新知识，同时融入贯穿了著者多年在高等院校从事中药加工与仓储养护的科研、教学和实践经验。全书内容丰富，论据准确，具有面向 21 世纪的创新特色和实用参考价值，可供国内外各高等医药院校药学专业，农、林、粮高等院校开设的中药加工与管理等专业作教材或参考书使用，可供相关各类中等专业技术学校和各级职业培训作教材，同时适合各省、市、县(镇)各医药公司、药材公司、医药进出口公司、药材加工厂、制药厂、各级医院、药品仓库、各地药房药店的医药仓储工作人员，以及亿万家庭“小药库”之贮存养护的广大中药爱好者阅读使用。

本教材在编著出版过程中得到主编单位广州中医药大学、各参编院校及有关药物仓储单位的大力支持（本书封面照片所展示的中药现代化立体仓库为广州中医药大学教学基地），同时吸收了国内外科学研究方面的新成就和新技术，并参考了本教材之前作《现代中药养护学》的许多科学技术精华与典例，在此一并深致谢意。

由于编写时间仓促，书中难免存在缺点和差误，欢迎各院校在教学使用过程中不断加以总结提高，以便再版时加以修正。

全国高等院校《中药养护学》编写委员会

2005 年 6 月于广州中医药大学

目　录

总　论

第一章　绪　论

第一节　概　述

一、中药养护学的概念

中药养护学亦称中药贮存养护学。中药贮存系指中药的储备,中药贮存是中药商品离开生产领域但尚未进入消费领域,在流通领域中形成的一种暂时停留的过程。中药贮存是中药商业经营的重要环节,是保证中药商品流通的必要条件,如果没有一定数量的中药商品贮存,中药商品的流通就会中断。中药养护是指中药经营企业在中药的购、销、存、运整个过程中,对贮备的中药材、中药饮片及中成药进行科学保养和维护的专业技术工作。中药养护是在继承祖国医药遗产和劳动人民长期积累的贮存养护中药经验的基础上,深入研究探讨中药贮存养护的技术方法和措施。

中药贮存养护学是运用现代科学技术与方法,研究中药贮存养护技术和中药贮存质量变化规律,防止中药变质,保证中药质量,确保中药安全、有效的一门学科。它是在继承祖国医学遗产和劳动人民长期积累贮存药材经验的基础上,运用当今自然科学知识和方法,深入研究探讨中药材、中药饮片及中成药贮存养护理论的实用性较强的应用学科。

二、中药贮存养护与中药品质的关系

中药品质的好坏,除与药材的采收、产地加工是否恰当有密切关系外,中药的贮存中养护也是保证中药品质的一个重要环节。唐《备急千金要方》有"诸杏仁及子等药,瓦器贮之,则鼠不能得之也;凡贮药法,皆须去地三四尺,则土湿之、气不中也"的记载。《本草蒙荃》中论"凡药藏贮,宜常提防,倘阴干、曝干、烘干未尽去湿,则蛀蚀霉垢朽烂不免为殃,当春夏多雨水浸淫,临夜晚或鼠虫啮耗,心力费惮,岁月堪廷……"这些说明贮存保管不当,则直接影响中药的品质。

药材的性状及其所含成分是决定该药品质的主要标志。而贮存养护的好坏又直接影响到药材的性状与成分的变化。引起这些变化的外界因素,主要指温度、湿度、阳光和空气。如温度过高,含淀粉、蛋白质、糖类多的药材易于分解、发霉变质;一些树脂类、浸膏类中药易于粘连、变形,含挥发油的中药易引起香气的走失。如湿度过大,空气潮湿,会使中药吸湿而增加水分,易生霉、虫蛀;含盐质多的药材易于潮解。若空气太干燥、会使中药失水而发生风化、酥脆、破裂及

干枯等性状改变。日光和空气会使含有色素的中药发生变色现象等。因此，贮存养护不当，会使中药产生不同的变质现象，而影响中药的品质和疗效。

三、中药贮存养护的目的意义

中药大都含有淀粉、糖类、蛋白质、脂肪、纤维素、黏液质等成分，在贮存过程中，受内在和外在因素的影响，必然发生物理学、化学以及生物学等变化，如发生霉烂、虫蛀、走油及变色等变质现象。其中尤以霉烂和虫蛀对药材的危害最大，不仅在经济上会造成损失，更严重的是使中药疗效降低，甚至完全丧失药用价值，或产生毒副作用。因此，研究中药的科学养护技术，对中药商品进行严格的科学的管理，才能够完成中药商品流通的过程，实现中药经营企业的“贮备”（“桥梁”）与再“分配”（“纽带”）作用。其目的是保证医疗用药的安全、有效，减少药材损耗，满足人们防病治病、康复保健的需要。

1. 保证中药安全有效 “养护”是指中药商品在贮存期间，所采取的必要的保护措施，以确保中药的安全有效。中药来源广泛，性能复杂，所含的成分各不相同，有的怕热、怕冻、怕潮、怕干燥，有的成分是仓库害虫、鼠类、微生物的食料和养料，因而易发生虫蛀、鼠食、霉变等变异现象。有些鲜活商品，变异速度更快，有的中药商品在一定条件下还会“自燃”。因此，中药仓库的业务不单纯是进进出出、存存放放，必须重视保管养护，才能避免因保养不善而造成的各种损失。

2. 确保中药商品贮存安全 确保中药安全系指在中药商品贮存过程中，必须采取一定的养护技术，确保中药商品不发生质量变化，不发生燃烧、爆炸、倒塌、污损等现象。《中华人民共和国药品管理法》指出，药品仓库必须制定药品保管制度，采取必要的养护措施，强调变质的或被污染的药物不能药用，以保持药品的质量和纯洁度。由此可见，中药商品养护是一项必要的措施，只有采取“以防为主”的原则，精心养护，才能确保中药商品的贮存安全。

3. 降低损耗 降低损耗是指中药商品在贮存过程中要切实防止霉烂、变质、虫蛀、鼠咬、泛油、挥发、风化、潮解等现象的发生，以减少商品损耗，节省保管费用。

4. 保证市场供应 中药商品贮存，一方面有利于购进业务活动；另一方面又有利于批发、零售业务活动，可将中药商品源源不断地收进、发出，持续不断地供应市场，满足人们医疗保健需要。

5. 促进流通顺畅迅速 中药商品的生产与消费在时间上和地区上往往出现差异。进行必要的中药商品贮存可以调节这种差异，灵活地调剂余缺，使中药商品的流通顺畅迅速。

6. 促进中药商品生产标准化 中药商品的贮存，有助于减轻生产企业的负担，加快生产资金的周转。中药商品入库和出库时，还要进行质量抽检和质量核对，有时还要向药检部门报检，防止假药、劣药进入市场，从而促进中药生产企业不断提高中药商品质量和改进中药商品包装，使中药商品生产水平不断提高。

7. 提高应急能力 中药商品的生产与消费在时间上存在着差异。有的是常年生产，季节消费；有的是季节生产，常年消费；有的是这季生产，那季消费。因此，进行中药商品贮存，保存一定量的中药商品，可使中药经营企业具有在疫病流行和自然灾害等各种非常情况下，具备应急供应能力。

8. 消除地区差异 中药商品的生产与消费在地区之间存在着差异。进行中药商品贮存,可将中药商品从产地运往销地,进行地区间的调剂。

第二节 中药贮存养护学的起源与发展

一、中药贮存养护的历史起源

中药和祖国医学一样,历史悠久,源远流长,为中华民族文化科学宝库中的一颗灿烂明珠,是我国人民长期同疾病作斗争的宝贵产物。几千年来,它一直被用作防病治病的主要武器,对保证人民健康和民族发展壮大起着重要作用。

现存最早的我国第一部药学专著《神农本草经》,载药365种,是汉以前药学知识和经验的总结。该书不仅简要而完备地记述了中药的基本理论、产地、采集加工时间,而且对于中药的鉴定、贮存等都有较为精辟的概括。如药物阴干、曝干、采造时月、生熟、土地所出、真伪新陈等,为中药贮存养护的发展奠定了初步基础。

南北朝时期,医药有了显著的进步和分工。如《百官志》载:“……医师四十人……太医署有主药师二人……药园师二人……药藏局盛丞各二人。”又云:“药藏丞为三品勋一位。”可以推知,在当时就已专门设立了贮药机构,从此明确了药物贮存保管的重要与必要性。

梁代陶弘景撰《神农本草经集注》,对魏晋以来三百余年间药学发展作了总结。该书明确指出药物产地,采制方法,贮存时间与其疗效的关系,在序录中说:“江东以来,小小杂药,多出近道,气力性理不及本邦。”又云:“凡狼毒、枳实、橘皮、半夏、麻黄、吴萸,皆欲得陈久良,其余唯须精新也”。

唐代,唐高宗显庆四年(公元659年)撰成的世界第一部药典《新修本草》,标志着我国药学的新发展。唐代不仅讲求道地药材,对药材的贮存养护也十分考究。如《备急千金要方》记载:“凡药皆不欲数数曝晒,多见光日气即薄,歇宜热知之。诸药未即用者,候天大晴明时,于烈日中曝之,令大干,以新瓦器贮之,泥头密封,须用开取,急封之,勿令中风湿之气,虽经年亦如新也。某丸散以瓷器贮,密蜡封之,勿令气泄,则30年不坏,诸杏仁子等药,瓦器贮之,则鼠不能得之。凡贮药法,皆须去地三四尺,则土湿之气不中也”。对中药干燥、贮存方法,盛装容器,均考据精审,论说详明。特别值得称道的是该书提出贮药在离地数尺,则湿气方不中药,这些朴实有效的经验,扼要实用,流行很广,甚为后世推崇。

宋代,中药品种发展比往代剧增。当时政府设“收卖药材所”辨认药材,以革伪乱之弊。寇宗奭著《本草衍义》载:“夫高医以蓄药为能,仓中之两,防不可售者所须也,若桑寄生、桑螵蛸、鹿角胶、虎胆、蟾酥……之类”。说明贮存十分重要。尤其难得之品宜蓄贮留,以急病人之所急。

元朝,王好古著《汤液本草》:“一两剂服之效,予再候之,脉证相对,莫非药有陈腐者,致不效乎,再市药之气味厚者煎服,其证半减,再服而安”。阐明了药物贮存的新陈与临床疗效之密切关系。

明代,陈嘉谟广罗收集各代药物发展的成就,编著了《本草蒙荃》,该书载云:“凡药贮存,常宜提防,倘阴干、曝干、烘干未尽去湿,则蛀蚀,垢朽烂,不免为殃,当春夏多雨水浸,临夜晚,或风虫啮耗心力费悼岁月，堪延见雨，着火频烘，遇晴明向悬曝，槌悬架上，细腻贮坛中。人参须和细辛、冰片必同灯草，麝香宜蛇皮裹，硼砂共绿豆收，生姜择老沙藏，山药候干炭窖，沉香、真檀香甚烈包纸须重。……耗轻柳气，味尽得完，具辛烈者免走泄，甘美者无虫蛀伤，陈者新鲜，润者干燥，……”这些宝贵贮存经验，沿袭至今，成为后世研究贮存的理论依据。

继《本草蒙荃》之后，李时珍《本草纲目》高度概括总结说明以前各家经验，对中药学发展，起着承前启后，继往开来的重要作用。

清代，文化统治虽然残酷、严密，但由于社会需要的刺激，中药及贮存养护的研究仍有一定发展，吴仪洛《本草从新》云：“用药有久宜陈者，收藏高燥处，不必时常开看，不会霉蛀。有宜精新者，如南星、半夏、黄麻、大黄、木贼、棕榈、芫花、枳实、佛手柑、秋石、石灰、诸曲、诸胶……之类，皆以陈久者为佳”，使用陈久品之意，该书也有阐述：“或取其烈性减，或取其火候脱。”又云：“余者俱宜精新，若陈腐而欠鲜明，则气味不全，服之必无效。”张秉成氏，对用精新药的意义又作了详明的补充；新者取其气味之全，功效之速。吴张二氏之说，对中药贮存与功效的关系考究精辟，论说详明，给后代予以深远影响。

有关中药养护学，自汉代到清朝，各个时期都有它的成就和特色，而且历代相承，日渐繁富。今天，不仅为后世广泛应用，且给研究整理中药贮存养护提供了重要的依据和资料，为本世纪与21世纪的现代养护开辟了航道。

二、中药贮存养护的现代发展

我国中药的养护技术发展大致经历了三个阶段。第一阶段主要是继承传统的养护方法，如采用硫磺熏蒸以防治害虫；用日晒、火烤、热蒸、石灰吸潮干燥药物；对存量小、性质特殊的药材采用药物对抗同贮法，起到防虫作用。第二阶段是中药仓库较普遍地开展了仓库温湿度管理，以化学药剂替代了硫磺熏蒸，并实现大面积防治虫害的方法；氯化钙吸潮，空气除湿机除湿，除氧技术快速发展，特别是气调养护新技术的普遍推广，使中药的保质养护技术得以更新，经济效益和社会效益明显提高。第三阶段主要表现在近年来新项目、新技术不断应用到中药仓储养护中，实现了温湿度管理的自动控制，建成的空调库、低温库的电脑控制大大提高了一些细贵、特殊中药材的养护质量，水分控制、仓虫、真菌等指标的调查、研究，作为科技项目取得了不少新的研究进展和成果。

中华人民共和国成立后，在党的中医中药政策指引下，中药贮存养护的研究犹如雨后春笋蓬勃发展。如低温贮存、臭氧贮存、无公害药材对抗同贮、气幕防潮、环氧乙烷防霉、微波和远红外干燥等广泛用于药材仓储。20世纪80年代初，国家为了降低中药贮存消耗，减少污染和因熏蒸剂带来的残毒，设想了经济而科学的气调养护贮存，并列为重点科研，由湖南、天津、四川、山西、贵州五省市药材公司组成研究协作组，在科研人员的悉心研究、艰苦奋发下，终于实验成功。

近年在药材贮存养护工作方面，又取得了一系列的新成就。能普遍正确地掌握了“预防为主，防治相结合”的保管原则。药材仓库均建立了保管制度，重视库房温度、湿度的控制，加强了入库验收工作。在保管技术上，不仅继承和发展了我国古老而有效的贮存经验，而且利用了现代的仪器和工具，并加以研究改进，提出一些新的贮存方法。药材的品种虽多，性质各异，但由于中药养护工作者的努力，采取了有效的措施，基本上克服了药材生霉、生虫的现象，保证了广大人民医疗上用药的需要。

但是，我国地大物博，资源丰富，出产的药材品种极多，仅据《本草纲目》和《本草纲目拾遗》两书收载的药物，已有2 600种以上。而今，经"八五"期间历时10年(1982～1992年)的全国中药资源普查公布，我国现有中药已达12 807种(电脑检索为13 268种)。许多民间草药还尚待开发。由于中医中药有数千年的实践经验，疗效确实，至今仍为广大人民所信服乐用；目前在全国应用中药治疗的人数，约占总人口数的80%。且在"人类回归大自然"和"中医中药热"的国际潮流影响下，世界各国使用中药来防病治病的人数越来越多，以致我国中药出口量逐渐增加。因此，中药的需要是与年俱增，产销、储运和保管的数量，动辄以数千百万计。随之而来的安全保管技术，就有待于全国中药工作者更好地来研究解决了。这也就是说，一方面要将祖国留传下来的宝贵经验加以继承和提高；一方面尽速地通过科学研究，发挥群众智慧，创造出一些更好、更有效的现代保管技术和贮存方法，从而供应质量优良的药材，保障人民的健康；同时也可减少药材的损坏变质，为国家创造更多的财富效益。由此，中药贮存养护必将朝着更加纵深而宏伟的目标发展。

第三节　中药贮存养护的基本任务

中药贮存养护学的主要任务是研究中药现代化贮存养护新技术和中药贮存质量的变化规律，防止中药变质，保证中药质量，确保中药安全，保证中药质量和数量，研究制定仓储中药标准操作管理规范，制订和建立科学的中药养护方法，以保证中药的安全性和有效性。

一、研究中药贮存养护新技术，保证中药质量与数量

搞好中药贮存养护，是防止中药发生变化，保证中药质量和数量的一个重要环节，任何放松或轻视这一环节，都会因之降低药品质量，影响疗效，严重时会造成巨大经济损失，毁灭浪费宝贵药源。

新中国成立以来，随着中医药事业的蓬勃发展，中药生产品种之多，数量之大，是解放前任何时期所不能比拟的，由于广大人民防病治病卫生保健的需要，中药流通周转也与日俱增，面对这复杂而繁重的贮存养护任务，必须认真研究中药现代化贮存养护新技术和中药贮存质量的变化规律，作好安全贮存，这对于保证中药质量与数量，以及中药的安全、有效起着极为重要的意义。

许多中药来源与成分复杂，有植物的、有动物的，也有矿物及加工制品。它们之中，有的含糖质，有的含脂肪，有的含挥发油、黏液质等。由于成分各异，性质特殊，所以应采用不同方法贮存养护。例如，含单糖和多糖类中药，除保持药物本身干燥外，还需注意贮存环境干燥；具有芳香气味的中药，大多含有挥发油类物质，易受温度影响而挥发，需置阴凉低温处贮存；某些植物药含有鲜艳的色素，又需防止过久日曝和强光直照，以免天然色素减退。根据各类中药的理化性质，进行科学养护，合理贮存，是保证中药质与量的关键所在。所以，必须加强这方面的研究，以确保中药的安全、有效。

二、研究中药贮存中易发生的质量变化与治救技术

正如前面所述,中药来源广,品种多,理化性质各异,因而在贮存中易产生多种多样的变化。其中发霉就是中药贮存中常易发生的一种变异现象。其中主要原因是药物(尤其含糖质、淀粉的药物)因含水量过高,易污染真菌所致。虫蛀在中药贮存中也较为常见,发生这一现象是药物污染中虫卵或幼虫造成的。走油、变色、风化等,虽然比之霉蛀为少,但亦时有发生。因此必须加强对中药贮存中易发生的这些质量变化及其治救技术的研究,确保中药质量和数量。

《中药养护学》是一门新兴的综合性应用技术学科,它来源于实践,又能推动指导实践。因此,应不断地从科学实验与生产实践中总结经验,丰富内容,使这门古老而又年轻的学科能逐渐得以提高和发展,进一步为人类卫生保健事业服务,为21世纪中医药大踏步地走向全世界而做出贡献。

三、中药贮存养护学的研究对象与范围

中药养护学研究的范围主要是因化学因素、物理因素和生物因素引起的中药变异的发生及发展变化规律,针对此进行的贮存与养护的传统方法和现代科学技术方法;中药的仓库类型及要求;中药的包装及种类;主要化学成分的检查和质量要求等。通过对上述内容的研究分析和阐明中药养护的通用性和适用性,监测中药在购、销、贮、运过程中质量的变化规律,制订和建立科学的中药养护方法,以保证中药的安全性和有效性。

第二章　影响中药品质变异的因素

导致中药品质变异的因素有内因(中药自身因素)和外因(外界环境因素)两个方面,外因通过内因而起作用。

第一节　影响中药变异的自身因素

影响中药变异的自身因素包括中药化学成分及其性质、含水量、细菌污染情况等。中药含水量及污染情况是发霉、虫蛀、变色的重要影响因素。含淀粉、糖类、蛋白质等营养物质较多的药材,易生虫、发霉、遭鼠害等。含挥发油多的药材易散失气味。含盐分较多的药材易潮解。在贮存时,应将药材充分干燥、灭霉,根据中药化学成分的性质分类存放,并采取相应措施,防止变质现象的发生。现将各种因素分述如下。

一、中药含水量

中药的含水量直接影响其质量与数量,是养护工作的关键,必须重视水分的研究和管理。

(一)中药水分与变异的关系

中药的品种繁多,属性复杂,主要来源于植物、动物、矿物,其中以植物类药材最多。由于受自然条件的影响和其本身性质的关系,都含有一定的水分,而含水量的多少又因其组成成分和内部结构不同各有差异。中药在贮存过程中影响其质量的变化与多种因素有关,而其本身含水量的多少,则是诸因素中的主要因素。如中药含水量超过安全限度则易发生霉变、虫蛀、风化、脆裂、溶解、粘连和变味等。由于中药的含水量与其质量有着极为密切的关系,因此,在中药贮存养护过程中必须对中药含水量进行监控。

中药水分可通过仪器来测定,但产地药农加工干燥通常还是以经验鉴别为主。一般根据以下几方面来判别药材干燥度。①断面特征鉴别法:根、根茎、枝干及皮类中药材,将其折断后,断面色泽一致、中间和外层无明显分界线者,表明已干透。如果断面色泽不一致,说明药材内部尚未干透,或断面色泽仍与新鲜时相同,这都是未干燥的标志。② 敲击鉴别法:干燥的药材在相互敲击时,发出清脆响亮的声音,而声音沉闷不清脆者,说明未干透。但也有例外,如一些含糖较高的药材(如桂圆、天冬等),干燥后敲击的声音并不清脆,则应以其他标准进行鉴别。③质地鉴别法:干燥药材质地硬、脆,牙咬、手折都费力。质地柔软的,则尚未干燥。④手插牙咬鉴别法:对果实、种子类药材,用牙咬、手插感到很硬,为干燥透的标志。如果手插入时阻力很大,不易插到底,甚至有湿润感受,都是未干透的现象。⑤手搓鉴别法:全草类药材,用手折易碎断,叶、花用手搓易成粉末,都是干透的标志;柔软而不易折断或粉碎的,则是未干透的标志。中药水分与质量变化的关系可归纳为以下几方面。

1. 水分与虫害的关系 中药在采收、加工、运输、贮存的过程中，不可避免地要受到虫害的侵袭和污染，在一般性害虫中（谷斑皮囊较特殊），生长繁殖需要温度、水分、空气和食料，如果其他生存条件适宜，而没有害虫生长所需要的水分，那么害虫也不易生存或抑制其生长繁殖。如在气温25℃，含水量为20%以上时枸杞子发生虫害较严重，而同样温度，含水量在16%以内时却不易生虫。在气温20℃，含水量为25%以上的当归，发现虫害较重，而同样温度，含水量在15%以下，没有发生虫害。在一定条件下，中药的含水量越高，造成虫害愈严重；相反，如果把含水量控制在一定标准下，就能抑制生虫或减少虫害的发生。所以药材的生虫与否和它的含水量有着重要的关系。

2. 水分与霉变的关系 地球上的真菌几乎无处不在（南北极除外），其中水和土壤里含真菌最多。药材中虽有真菌生长所必需的营养物质，如淀粉、蛋白质等，但是如果没有适宜真菌生长的水分，霉变也不易发生。因为水是一切微生物躯体中不可缺少的组成成分，它参与原生质的胶体组成，物质的新陈代谢过程中所进行的全部生物化学反应都是在有水的情况下进行的。水在微生物细胞中含量很大，细菌细胞平均含水80%～85%，酵母菌含水75%～85%，真菌含水70%～80%。真菌的细胞所进行的新陈代谢，主要是在水的作用下，依靠真菌分泌在其细胞壁外的酶，将淀粉、蛋白质、纤维素等变成较简单的能溶解于水中的化合物，再吸收到细胞中的。水分越高，则真菌新陈代谢的作用愈强，其生长繁殖也愈快。由于绝大多数的药材本身含有一定的水分，而且具有从空气中吸附水分的能力，所以在适宜的条件下，寄生和附着在药材表面的真菌孢子就很快地生长，造成霉变。

3. 水分与潮解的关系 中药本身含有一定的水分，而且能不断地从空气中吸收水蒸气。当含水量达到一定程度时，就会逐渐地分解变质，失去药用价值，如大青盐、柿霜等。某些中成药发生的粘连、结块、变色等现象也是由潮解造成的。药材发生潮解的主要原因是本身组成成分中含有可溶于水的物质，可溶性物质含量的多少，决定了潮解程度的大小。如大青盐主要成分是氯化钠，而氯化钠是易溶于水的。当空气中的相对湿度过大时，氯化钠的分子与水分子产生物化反应，使氯化钠逐渐溶解。

4. 水分与软化粘连的关系 中药的性质各不相同，温度与湿度都可导致软化现象的发生。如含亲水基团的动物胶质阿胶、龟板胶、鹿角胶等，当大量吸收空气中的水分后，开始发软，软化现象严重时也会造成质量的变化。温度过高可导致树脂类和动物胶类药材发生粘连。

5. 水分与风化的关系 某些药材的成分中含有一定的结晶水；当失去这部分水分时，其质量也随着发生变化。如不规则形状的原芒硝，风化后变成粉末的风化粉。棱柱状和长方形结晶体的朴硝风化后为白色粉末的玄明粉。在一般情况下，空气中的相对湿度和药材的风化成反比，即空气中相对湿度越低，风化现象越快，而空气的温度只起间接推动作用。风化后的药材质量和药性则会发生明显变化。

6. 水分与走味的关系 中药本身含有多种成分，各自有着不同的气味，如含芳香挥发油的有香味，含苦味质的有苦味，这些成分中有些具有水溶性。当空气中的温湿度变化时，这些成分就会散发和稀释，气味随之发生变化，质量受到影响。

7. 水分与其他质变的关系 在空气温度升高而相对湿度下降，过于干燥后，药材所含的水分大量向空间散发，使其本身水分走失严重，药材就会发生干裂、脆化、变形现象。由此可见，做好药材贮存工作，对水分的管理是十分重要的。

（二）中药的吸湿性和吸湿率

药材具有从空间吸收水分和向空间散发水分的性能，这种性能叫吸湿性。在一定的温度条件下，它能从空间吸收水蒸气，而在另一种条件下，则又能向空间散发水蒸气。

由于温湿度是经常变化的，所以不同时期和不同条件下药材的吸湿性也不断变化。

吸湿性主要受以下条件的影响：①空间的温湿度；②空气的流动；③药材表面面积大小；④药材结构性质。由此可见，不同的药材在相同的条件下或相同的药材在不同条件下，它的吸湿性都各不一样。在一定时间和一定的温湿度条件下，药材吸收空气中水分的数量叫吸湿量。吸湿量和其本身重量的百分比叫做吸湿率。计算方法：

$$吸湿率=\frac{烘干前重量-烘干后重量}{烘干前重量}\times 100\%$$

（三）中药水分的平衡与安全

1. 水分的平衡　由于药材具有吸湿和散湿的性能，所产生这种现象的主要原因是在每一瞬间，药材表面及周围都会形成一定密度的水蒸气层，这种水蒸气层具有一定的水气压力，而压力的大小取决于药材的含水量、本身水分子的结合程度及空间温度的变化。即含水量越大，水分子的结合越不牢固，其表面水分子越活跃，因而药材体表面周围水蒸气的密度和压力也越大，当药材周围水蒸气的密度和压力小于空气中的水气压力时，则产生吸湿现象，反之产生散湿现象。若药材体周围的水气压力与空气中的水气压力相等（不是静止而是动态平衡），则既不吸湿又不散湿，这时药材的含水量便为平衡水分。

2. 水分的安全　中药的安全水分是指在一定条件下，能使其安全贮存，质量不发生其他异变的临界含水量。现在习惯上应用的“安全水分”是说其含水量在安全范围的临界限度。任何一种药材都含有一定量的水分，它是组成药材质量的重要成分之一。如果水分失去或含量过多，其质量都会发生变化。如含水量过大时，药材会发生虫蛀、霉烂、潮解、软化、粘连等；过多地失去水分时，又会产生风化、走味、泛油、干裂、脆化、变形，而且重量也会发生变化，加大药材的损耗。某些中成药（如大蜜丸）水分走失后也会皱皮、干硬、反沙。仓储实践证明，如果在一定的条件下，把药材本身的含水量控制在一定的限度和幅度内，质量就不易发生异变。以北方地区为例，在温度30℃时，把红枣的含水量控制在12%～17%，党参为11%～16%，麦冬为11%～15%就不易发生异变。中成药也是如此，如把下列水分分别控制为蜜丸11%～15%、水丸6%～9%、片剂4.5%～6%，贮存中也不会有其他变化。

3. 安全水分的测定　中药品种繁多，属性复杂，贮存条件及采收、包装、产地各不相同，这些都是应考虑的因素。测定方法：

（1）先将要测定的药材拿出试样，用烘干测出含水量。

（2）再将测定的药材打碎或切片，取50g左右装入金属丝篮中（最好用不易生锈的金属丝）。

（3）将装有试样药材的金属篮放入不同的化学盐构成的恒湿器中（数量可自定，药材不能和溶液接触）。

（4）把恒湿器放入恒温培养箱内后，每日进行观察，定期测试药材的重量，这时重量的变化也就是含水量的变化，并做好记录。

(5) 当恒湿器中药材发生初霉变化时,应将初霉的药材从恒温器中拿出,用烘干法再次测定其含水量,此时的含水量即是生霉的水分临界线。

(6) 再根据日常的贮存经验,适当地定出这种药材的安全水分限度。

试验例证:把麦冬放入试验仪器中,湿度控制在30℃,得出以下数据(表2-1):

表2-1 麦冬含水量与霉变的试验

相对恒湿	69%	75%	81%
药材的含水量	13.6%	17.9%	20%
时间	27天	13天	9天
无霉"-",初霉"+"	-	+	+

试验结果表明,在30℃的恒温下,相对湿度69%,含水量13.6%时麦冬没有霉变;相对湿度75%,含水量17.9%,13d开始初霉;相对湿度81%,含水量20%,9d开始初霉。根据地方气候情况,把麦冬的安全水分定为11%~15%比较适宜。

(四) 中药水分测试方法

目前,测定药材含水量的方法很多,各有特点。利用仪器测定含水量的主要方法有烘干法、甲苯法、红外线干燥法、电阻法等,详见第九章。

二、中药的化学成分及其性质

药材是由各种化学物质所组成的综合体,成分极为复杂,通常可分为非水溶性物质和水溶性物质两大类。属于非水溶性的物质有纤维素、半纤维素、原果胶、脂肪、脂溶性维生素、挥发油、树脂、蛋白质、淀粉、部分生物碱、不溶性矿物质等。属于水溶性物质的有糖、果胶、有机物、鞣质、水溶性维生素、部分生物碱、色素、苷类及大部分无机盐类。

在药材的加工干燥、炮制以及贮存过程中,其化学成分不断发生变化、由此会引起质的改变,以致影响药效。药材贮存和加工的目的,就在于控制药材中的化学成分,使它符合医疗的要求。因此只有系统了解药材化学成分的特性及其变化规律,并且创造良好的贮存条件,才可达到防止药材变质的目的。下面着重说明与贮存养护有密切关系的成分与变化。

(一) 生物碱类

生物碱(alkaloid)是在植物体中所发现的一种含氮有机碱的总称,大多数具有极强的苦味,对人体具有显著的生理作用。生物碱广泛分布于植物界中,已发现含有生物碱的植物至少在38个科以上。双子叶植物中含的较多,其中毛茛科、茄科、罂粟科、防己科、茜草科、小檗科等植物含较丰富的生物碱。有的同一种植物中所含生物碱不止一种,例如金鸡纳树皮含有26种、麦角含有12种、麻黄含有6种生物碱等。植物中生物碱的含量高低也不一致。可有万分之几到百分之一、二不等。含有生物碱的药材,如干燥的方法不恰当,其含量可能降低,如因久与空气和日光接触,会有部分氧化、分解而变质。故此类药材应避光贮存。

一般生物碱是无色的结晶性物质,无臭,但有苦味,只有少数是液体(如菸碱、毒菌碱等)或具有颜色(如小檗碱呈黄色等)。生物碱大都不溶于水或难溶于水,只有极少数可以溶解,如咖啡碱、麻黄碱;但易溶于醇、乙醚、氯仿、苯等有机溶剂中。

生物碱与酸所生成的盐类则易溶于水和醇中,却不溶于其他有机溶剂中。多数生物碱含有不对称碳原子而具有旋光性,多数天然生物碱具有左旋性。生物碱与很多化学试剂能产生沉淀反应和显色反应。为了确定一种植物浸出液中是否含有生物碱,可先使溶液呈微酸性,并用3种以上的生物碱沉淀试剂检验之。常用的生物碱沉淀试剂有碘试剂(Wanger 试剂),生成红棕色絮状沉淀;碘化汞钾试剂(Mayer 试剂),生成白色或类黄色絮状沉淀;碘化铋钾试剂(Dragendorff 试剂或 Kraut 试剂),生成黄色絮状沉淀;鞣酸试剂,生成暗棕色沉淀;苦味酸试剂,生成结晶状沉淀;氯化铂(氯化金)试剂,生成复盐沉淀,等等。常用的生物碱显色剂有浓硫酸、浓硝酸、硫钼酸、钒硫酸等试剂,遇有生物碱时则能显出特殊的颜色。例如,可待因(codeine,甲基吗啡)加入浓硫酸后稍加热即呈紫色;马钱子碱加入浓硝酸后则呈血红色,等等。

含生物碱的中药,常因干燥的方法不适宜,其含量可能降低;同时此类药材以及生物碱因久与空气和日光接触,可能有部分氧化、分解而变质,故此类药材应避光贮存。

(二) 苷类

苷类(dlycoside)又名配糖体,在植物界中分布亦很广,是存在于植物体各器官的细胞质或液泡中的一种复杂的有机化合物。在苷的分子组成中,糖部分与配糖基(苷元)部分的结合是由于糖的环状半缩醛(或称半联醚)上的羟基与配糖基上的羟基脱水缩合而成为具有环状联醚结构的化合物。构成苷的糖有鼠李糖、葡萄糖、果糖、半乳糖等,而配糖基则是芳香族的醇、酚、酸、醛、蒽醌等的衍生物。苷类一般由碳、氢、氧三元素所组成,但亦有少数尚含有氮(如苦杏仁苷)和硫(如芥子苷)等元素。纯粹的苷一般均为无色、无臭的结晶性物质,具有苦味;易溶于醇,也有很多苷易溶于水。在乙醚、氯仿、苯等中一般难溶。其水溶液呈中性反应,具有左旋性,没有还原作用。苷类可与碱式醋酸铅、氢氧化钡、鞣酸等化合物作用而产生沉淀,但与多数生物碱则无沉淀反应;有的苷可以升华或具有显色反应、溶血作用等,这些性质可作鉴别及研究的证明。苷的显色反应虽由糖和配糖基所引起,但苷的本身并不能使菲林溶液还原,只有在与酸共热后再用碱中和后,其溶液对菲林溶液才有显著的反应。

在自然界中存在的苷几乎都是β-酮酸,有水存在时可被β-酮酸酶分解。含有苷的植物大都含有能将苷水解的酶,由于苷和酶不处在同一细胞中,它们并不接触,因此在植物生存时酶对苷无作用。但细胞壁有半渗透性,它们并不接触,因此在植物生存时酶对苷无作用,但当组织损伤或死去时酶则迅速作用,促进苷水解。由于苷类成分易溶于水具有容易分解的性质,因此植物采集后,必须用适当的温度迅速予以干燥。多数含苷植物可在55~60℃干燥,在此温度下酶被破坏而失去活性。有一些苷类药材在贮存前应先使其发酵,以产生有效成分,如自香荚中制备香荚醛。又有的药材在应用时须先加水,放置适当温度下,促使所含的苷与酶进行水解。例如,自芥子中制取芥子油;自苦杏仁中制取苦杏仁水等,对于这类药材不宜用60℃温度干燥,以免所含的酶失去作用。

总之,含苷类的药材在贮存时必须注意干燥,避免湿气的侵入,如果含水量过多或不断吸收水分,则由于有些未被破坏的酶的存在,或由于光线和微生物的影响,很容易使苷分解而失效。药材中如果没有水分存在,苷是不会遭致分解的。

（三）鞣质类

鞣质(tannin)又名单宁,它是一种多元酚,有收敛性,能与蛋白质结合成不溶于水的沉淀植物成分。鞣质广泛存在于植物界,约70%以上的中药中含有鞣质类化合物,尤以在裸子植物及双子叶植物的杨柳科、山毛榉科、蓼科、蔷薇科、豆科、桃金娘科和茜草科中为多。鞣质存在于植物的皮、木、叶、根、果实等部位,树皮中尤为常见,某些虫瘿(galls)中含量特别多,如五倍子所含鞣质的量可高达70%以上。在正常生活的细胞中,鞣质仅存在于液泡中,不与原生质接触,大多呈游离状态存在,部分与其他物质(如生物碱类)结合而存在。它们在植物细胞液中呈溶解状态,而且常沉积于细胞壁;有时呈游离状态,有时与其他化合物(如生物碱)等结合而存在。鞣质一般为无定形淡黄、棕色粉末,容易氧化和聚合,故很难得到纯粹的鞣质。如露置空气及日光中,则渐渐变成棕黑色,特别在碱性溶液中,更易氧化变色。鞣质能溶于水、醇、丙酮中,但不溶于苯、氯仿及石油醚。鞣质水溶液呈弱酸性,具有强烈的涩味,能与蛋白质、明胶溶液、重金属盐、生物碱等结合而生成不溶性物质,接触铁盐时则呈颜色反应,因此可用下列试剂进行定性鉴别:

(1) 0.5%吸胶溶液与鞣酸产生白色沉淀。

(2) 生物碱盐溶液与鞣酸产生类白色沉淀。

(3) 4%三氯化铁溶液与可水解鞣质产生蓝(蓝黑)色;与缩合鞣质产生绿(绿黑)色。但两者之间的区别比较困难。

(4) 4%硫酸铁溶液可呈三氯化铁同样的反应。

(5) 溴水与没食子酚鞣质不产生沉淀,但与儿茶酚鞣质则产生白色沉淀。

新鲜树皮的表面,常常是淡色的,但经过一些时间,就会变成棕色或红色,又如切开的生梨、苹果等久置会变红棕色,茶水久置形成红棕色沉淀等。这是因为鞣质在空气中久置会形成不溶于水的红棕色沉淀,称为鞣红(phlobaphene),当与酸、碱共热时,鞣红的形成更为迅速。鞣红在热水中可以溶解,中药煎剂和浸剂的棕色即说明鞣红的存在。这是因为其中的鞣质与空气接触时,特别在酶的影响下,容易氧化为红棕色或更深色且不溶于冷水的物质,称为"鞣红"。鞣红在热水中可以溶解,中药煎剂和浸剂的棕色即说明它的存在。鞣质另一种变色是氧化变色,氧化后即形成黑色物质。药用植物受伤、破碎或切开后,稍稍放置即变色,就是因为鞣质的氧化(在氧化酶或过氧化酶的作用下)。植物组织与空气接触时间愈久,变色愈深;又变色的程度与鞣质的含量成正比。故防止鞣质氧化变色的方法,一方面要减少与氧接触,另一方面是破坏或抑制氧化酶的活性。在药材加工过程中,对于含有鞣质的植物,如处理不当,常可形成不同颜色。鞣质能与铁发生化学反应,变成黑色,与锡长时间加热共煮时,能生成玫瑰色化合物,以致会直接影响加工品的质量。因此,在加工煎熬时对容器及用具的选择是十分重要的。

（四）油脂类

脂肪(fat)和脂肪油(fatty oil)(简称油脂,以下同)在植物界分布很广,如十字花科、亚麻科、蔷薇科及豆科等,存在于植物所有的部分,包括茎、叶、根、花、果实及种子。然而,一般情况在营养器官含有很少的脂肪,大部分存在于果实及种子中。叶子中的脂肪含量大致在0.4%~5.0%之间,如薄荷叶含脂肪5%(以干燥重量计);在茎和根中含量与叶子中相似,例如远志根、绵马根等;而在果实及种子中,脂肪常常大量积累,特别在种子中脂肪往往成为主要成分。例如,橄榄含脂肪50%、蓖麻含脂肪60%、花粉及孢子可含有30%～50%的脂肪。它们含于细胞中,以小油滴状态悬于细胞质中,在化学上是各种脂肪酸和甘油的酯类。脂肪在常温是固体的,其主要成分多为棕榈酸或硬脂酸等的甘油酯。脂肪油在常温呈液体状态,主要成分则为油酸、亚油酸等的甘油酯,但两者之间并无严格的区别。饱和脂肪是固态,不饱和脂肪一般是液态。脂肪和脂肪油的比重都较水为小,通常在0.910～0.940之间。不溶于水,易溶于乙醚、丙酮、苯、氯仿、四氯化碳、二硫化碳等有机溶剂中,在酒精中难溶。油脂在有水存在时,因脂酶的作用可引起水解,分解成甘油和脂肪酸。而脂肪与碱液共热则分解成甘油和脂肪酸盐(有肥皂),这叫皂化。不饱和脂肪酸在常温下有催化剂存在时,可吸收氢变成固体的饱和脂肪,此现象称为油的硬化或氢化。

新鲜的脂肪和脂肪油通常具有愉快的特殊气味,但是如果保存不当,经常与空气中氧及水分接触,并在日光的影响下,同时又可能有微生物的作用,于是一部分发生氧化,另一部分则分解为甘油和脂肪酸,以致产生不快的臭气和味道,油脂中的游离酸也随之增多,这种现象称为油脂的"酸败"。酸败的原因有时是由于空气中的氧与油脂中的不饱和脂肪酸发生作用而生成过氧化物和氧化物,然后碳链在原来的双键位置断裂分解生成低分子醛和酸的缘故,所以带有一种臭气。此反应可用下式表示:

$$\mathrm{R{-}CH{=}CH{-}R} + \mathrm{O_2} \xrightarrow{\text{氧化}} \mathrm{R{-}\underset{\underset{\displaystyle O{-}O}{|}}{CH}{-}\underset{|}{CH}{-}R} \xrightarrow{+\mathrm{H_2O}} \text{低分子的醛和酸}$$

油脂酸败的另一种原因是由于脂氧化酶和微生物共同的影响,使脂肪分解为甘油和脂肪酸,后者又氧化而生成酮酸,酮酸再失去CO_2而形成低分子酮,因此使油脂发生不愉快的臭气。此反应可用下式表示:

$$\underset{\text{(脂肪酸)}}{\mathrm{R{-}CH_2{-}CH_2{-}COOH}} \rightarrow \underset{(\beta\text{-酮酸})}{\mathrm{R{-}CO{-}CH_2{-}COOH}} \rightarrow \underset{\text{(酮)}}{\mathrm{R{-}CO{-}CH_3}} \mathrm{{-}CO_2}$$

光线、温度、水分以及油脂中的杂质等因素均能加速油脂的酸败,故油脂应除去水分与杂质,满盛于密闭容器中置于避光处,可防止油脂的酸败。同样,含有大量油脂的药材,必须贮存于干燥的场所,防止水分的浸入;且库房的温度要低,避免日光直射。若能置于密闭容器中以避免空气的接触则更佳。

(五) 挥发油类

挥发油(volatile oil)又称精油(essential oil),广泛分布于植物界的各种属中,有些科植物中的挥发油含量极为丰富,例如伞形科、唇形科、菊科、松科、芸香科等;可存在于植物体的各器官中。例如,唇形科和桃金娘科的植物(如薄荷)多在叶中含有挥发油;含于木材部的如檀香和樟;含于根中的如缬草、当归;含于皮中的如桂树;含于果皮中的如橘类;含于果实中的如茴香;含于花蕾中的如丁香;含于花瓣中的如玫瑰;含于种子中的如豆蔻等。各种药材的挥发油含量很不相同,有药材含量较低,有的含量则可达20%左右,例如,毕澄茄含挥发油约12%、丁香含丁香油约18%。挥发油一般为无色或微显淡黄色的透明液体,一切挥发油都具有特殊的香气以及辛辣烧灼的味道。极大多数的挥发油都比水轻,一般比重在0.8～1.07之间,只有少数挥发油比水重,如丁香油、桂皮油、石菖蒲油等。挥发油都具有强力的折光性,各有一定的折光率,可作为鉴别的依据。大多数挥发油的折光率在 1.450 ~ 1.560 之间。挥发油在水中溶解度很小，但已能使水具有挥发油的芳香气味；易溶于各种有机溶剂如醚、氯仿、苯、二硫化碳、石油醚及脂肪油（如蓖麻油）中；此外，在醇、冰醋酸、水合氯醛中也可溶解。挥发油冷却时可能有结晶析出，其结晶部分称为"脑"，如薄荷脑、樟脑、茴香脑、麝香草脑等，而结晶析出后所剩下的油称为"脱油脑"。

挥发油应贮存于干燥及棕色的玻璃容器中，最好将瓶装满，置于凉爽避光的处所。在贮存及使用过程中，如有光线且瓶口又时常开启，则有些挥发油接触空气易被氧化变质。于是油的比重增加，颜色变质，香气也改变，甚至会形成树脂样物质。后者最初在瓶口处形成，呈黏团状，若落于瓶内，常使所有挥发油变质。因此，每次使用倾倒后，须仔细将瓶口的油擦净。含挥发油的药材最好是保存在密闭容器中；大量时必须堆放于凉爽避光的库房中；对温度必须控制，夏季尤需注意，因为温度过高，则使所含挥发油散失或走油；并且堆垛不宜紧密、重压，以免破坏药材的含油组织。药材要保持一定的干燥和疏松，避免吸潮挤压，这样可以防止由于药材中其他成分的败坏而对挥发油产生不良的影响。故在加工方面常采用较低温度干燥，一般不宜超过 35℃，以免挥发油散失。某些含有挥发油的药材，其本身具有杀虫、杀菌的作用，因此在贮存过程中，即使在较差的外界条件下也可不霉不蛀（如丁香、花椒、山鸡椒、大蒜等），若与其他药材共同存放，还可避免其他药材发生虫蛀，如花椒、山鸡椒、大蒜等。

（六）植物色素类

植物的花、种子、果实或根、根茎、叶等均呈现种种天然美丽的色彩，这就是因为有植物色素（plantpigment）的存在。这类色素多为水溶性的，主要溶存于细胞质与细胞液中。植物色素主要分为黄酮类（flavonoids）色素、醌类（quinones）色素、类胡萝卜素类（carotenoids）色素等，这些色素常常与葡萄糖等结合成苷类化合物。

1. 黄酮类色素

（1）黄酮类及羟基黄酮类色素：这类色素在植物界中分布很广。许多黄酮类与羟基黄酮类的衍生物，呈苷的形式溶存于植物细胞液中，叶及花冠中含量较多，根和种子等器官中亦含有。花蕾中也常含有。纯品为淡黄色，有时为无色结晶，难溶于水，可溶于热酒精。取植物试料 1 ~ 2g，用酒精 10ml 温浸，加稀盐酸 2 ~ 3 滴及少量镁，则镁的周围渐呈橙色——樱桃色。

（2）花色素类色素：植物的叶、花、果实等的红、紫、青色及其中间色等是由花色素所体现的，此种色素在植物界中分布极为广泛，成为一种苷而溶存于细胞液中，因此水解时即生成花色苷元和糖。花色素的氯化物为紫黑色光辉结晶，易溶于水；其水溶液在酸性时呈红紫色，在碱性时则呈绿色乃至污绿色。

2. 醌类色素 醌类色素在化学上可分为苯醌、萘醌、蒽醌及菲醌四类。植物的黄色、红色、紫色等很多是因萘醌类、蒽醌类以游离状态或成为苷类而形成的。它们广泛分布于植物界中。含有醌类的药材常用作皮肤病药及泻药。例如，大黄中的大黄酚、大黄素、大黄酸等就是一个明显的例子。

3. 类胡萝卜素类色素 类胡萝卜素是由 4 ~ 8 个异戊二烯分子组成的色素，以多数连接的共轭双键为发色团，故有聚烯色素之名，又因系油溶性亦称为脂色素。此类色素存在于果实及花冠中最多，在叶中亦有。该类色素多为黄色、橙色或红色的结晶，易溶于二硫化碳、氯仿中，在醚、酒精等溶剂中仅在热时可稍溶解，不溶于水。胭脂树素、藏红花素等化合物在空气中是稳定的,但其他类胡萝卜素可从空气中吸氧而树脂化。例如,将胡萝卜素置于空气中,由于吸氧而增量约 34% ~36%;番茄色素则吸氧增量达 40%。

药材的颜色可以从外观上影响产品的质量,这种颜色不仅是作为鉴别药材品质的重要标志之一,同时也直接关系到药材加工质量的优劣。因此在加工贮存过程中,要尽量防止变色,保持原有的色泽。有些色素比较稳定,受加工影响较少;而有些则易发生变化,加工处理时应特别注意。例如,花色素的色彩因反应的不同而呈现各种颜色:酸性中为红色,碱性中为蓝色,中性中为紫色;与金属盐类如铁、锡、铜等化合则变蓝以至黑色,使色素沉淀;加热也促使色素分解、褪色;在日光或氧影响下,亦能使色泽发生变化。故含有色素的药材在干燥以及加工炮制时,必须注意其性质,调整适宜的酸度和温度,尽量避免采用铁质工具和容器。在干燥时避免在强烈的日光下曝晒;在贮存期间应防止氧化及日光的照射,以保持其固有的色泽。

第二节　影响中药变异的客观因素

导致中药变质的客观因素包括环境因素、生物因素和时间因素等。

一、环 境 因 素

中药来源复杂,成分各异,物理性质各有不同,有的坚硬,有的柔软,有的怕热,有的怕光等。在贮存过程中,由于外界环境因素的影响,极易发生各种变化。引起变化的外界环境因素主要有空气、温度、湿度、光线等。这些自然因素能使中药产生复杂的物理和化学变化。变化的快慢、程度的大小,与中药同上述因素接触的时间长短、贮存的条件又有密切的关系,而且各种因素间又存在着相互促进或抑制的作用。

(一) 温度

药材对气温有一定的适应范围,温度对于中药的贮存影响最大。温度过高过低都会使药材质量发生变化。当温度在 35℃以上时,含脂肪的中药就会因受热而使油质分离,油质减少而干枯;含挥发油多的中药也会因受热而使芳香气味散失;动植物胶类和部分树脂类中药,受热后又易发软、粘连成块或融化。温度在 20 ~35℃时,有利于害虫、真菌等孳生繁殖,从而使中药生虫、发霉以至变质。在常温(15 ~20℃)下,药材成分基本稳定,利于贮存。当温度升高时,物质分子运动加快,药材水分蒸发,失去润泽,甚至干裂,各种氧化、水解反应加快,中药泛油、气味散失亦加快,动物胶类和部分树脂类,会发生变软、变形、黏结、融化等现象。

这里的温度是指一般自然气温。温度对中药贮存养护影响较大,特别是在较高温度时,均可加速其物理、化学变化。温度若升高到 34℃以上时,会加速物质分子的运动,促使含脂肪油较多的中药,如杏仁、桃仁、柏子仁等以及某些动物类中药产生油质分解外送,形成“走油”(泛油)。产生不快的油哈味,药物颜色加深,同时也促进水分蒸发、降低药的重量、加速氧化水解等化学反应。由于温度升高,含挥发油较多的药物容易促使挥发作用加强而使芳香味减退或散失(如薄荷、荆芥、肉桂、丁香等);含黏性糖质较多的中药(如天门冬、玄参、党参等)产生软化乃至变化,动物胶类、植物树脂类、干浸膏类、蜜丸类以及饮片蜜剂品类又易发软粘连成块或溶化。

当温度在30℃左右时,有利于害虫、真菌的生长繁殖,致使中药霉变、虫蛀。而温度在0℃以下时,某些鲜活中药(如鲜姜、鲜石斛等)所含水分就会结冰,当其药材组织内的细胞间隙结成冰晶时,细胞室及内容物受到机械损伤,引起局部细胞坏死;某些液体制剂的中成药则会变稠增大浓度,产生沉淀,甚至凝固。随着气温的升高,药物本身的温度也随之变化,如果这时药物本身含水量较多,害虫和真菌就容易孳生繁殖,这样也就会引起发热、生虫或霉变。

中药本身的温度高低,常常受自然气温和贮存环境等影响而变化。除了季节变化、仓库通风情况、日光照射、库房建筑和包装的隔热等因素外,还有其他一些原因也能引起中药本身发热,使温度增高。如植物类中药因受潮和热的影响,其组织细胞呼吸作用加强,并发出热;某些中药吸潮后,水蒸气在表面凝结;或由于其中的淀粉、胶质或糖质等吸潮膨胀,也会发热;微生物的生长繁殖,某些害虫的蛀蚀活动以及它们变态时虫体脂肪的氧化、分解等也能使药物发热。当某些中药本身的热不能散发时,药材温度就增高。严重时会使药材色泽变糊变黑,质地枯松,引起质的变化。

(二) 湿度

湿度是指空气中水蒸气含量多少的程度,也就是空气潮湿的程度。湿度对中药贮存能直接引起潮解、溶化、糖质分解、霉变等各种变化。中药的含水量与空气的湿度有密切关系。一般药物的含水量为10% ~15%左右,如空气中蒸汽多,中药大量地吸收水分会使中药含水量增加(受潮)。若空气相对湿度在70%时,中药的绝对含水量不会有较大的改变。但是,当空气相对湿度超过70%以上时,中药的含水量会随之增加,含淀粉、黏液质、钠盐类、糖类或苷类等中药商品,以及炒炭、炒焦的中药商品往往易吸收空气中水分而变质、潮解或发霉。如糖人参及蜜制品,会因吸潮发软发霉乃至虫蛀。盐制药物(盐附子等)及钠盐类的矿物药(如芒硝等)会潮解。

当空气相对湿度在60%以下时,空气中的水蒸气含量即显著降低,中药的含水量又会减少,含结晶水较多的矿物药,如胆矾(硫酸铜 $CuSO_4 \cdot 5H_2O$),芒硝(硫酸钠 $NaSO_4 \cdot 10H_2O$)则易风化(失去结晶水)。叶类、花类、胶类中药因失水而干裂发脆,蜜丸剂类失润发硬,中药的含水量减少,是其表面上的蒸汽压高于空气中的蒸汽压而导致水分蒸发所造成的。温度升高蒸发强度即大;相反,蒸发即小。当然,水分的蒸发与中药包装、堆放、仓库条件也有重要关系。所以,冬天药材进库时,若库内温度较高,或春天热空气进入仓库,都会造成中药表面冷凝水的产生,亦会影响中药质量。

(三) 空气

空气中含有多种成分,如氧气、臭氧等,其中以氧气最易与药物的某些成分发生化学变化而影响质量。空气中的氧气和二氧化碳可使中药中所含的糖类、脂肪、挥发油等物质氧化、分解,使中药变质。大部分中药化学成分的氧化变色与之有关,如丹皮、大黄等药物,因内含鞣质、油质等,与空气中的氧气接触就会发生变化,使药物表层的颜色加深。空气又是温度、真菌、水蒸气的载体,所以空气对中药品质变异亦有重要作用。

药材在贮存过程中,总是与空气接触的。空气中的氧和臭氧对药材的变质有较大的影响。臭氧在空气中的含量虽然微少(每$100m^3$空气含2.5mg的臭氧),但是却对药材的质量产生极大的影响。因为臭氧作为一个强氧化剂,可以加速药材中有机物质,特别是脂肪油的变质。由于氧的作用而引起的化学变化是颇为复杂的，有时在外观上亦无明显的改变，例如维生素类的氧化。又如挥发油受到氧的作用易引起树脂化；脂肪油特别是干性油中的不饱和物容易氧化而结成块状。对于这类反应，光和热起着极大的促进作用。例如，含有不饱和成分的油脂，在一般接触空气的环境中，能缓慢发生氧化酸败的现象，但若受热或日晒则迅速变质。

药材颜色的改变，氧也起着很大的作用。因药材成分的结构中含有酚羟基，则在酶的参加下，经过氧化、聚合等作用，即形成大分子化合物，因而在贮存中中药的色泽往往由浅加深。例如，蓼科的大黄、毛茛科的白芍、百合科的黄精等颜色的改变，就与空气中氧的作用有密切关系。含鞣质的某些皮类中药与空气接触后，内皮层表面板易氧化为棕红色或更深色，这种变色是氧化变色。因此，凡能因之为害的中药应密闭贮存，即能防患于未然。

（四）日光

日光蕴含大量的热能，中药商品在贮存时，均不宜受日光直射，直射日光会使中药成分发生氧化、分解、聚合等光化反应，从而引起中药变质。日光对某些中药的色素和叶绿素有破坏作用，能使中药变色，所以红色和绿色的中药不宜在阳光下久晒。例如含树脂多的中药商品、受热后会产生粘连、含脂肪多的会分解泛油、苷类及维生素被分解、色素被破坏等。但日光也有它有利的一面，它的紫外线和热能，可以杀灭真菌，并使过多的水分蒸发，从而起到防止药物发霉以及潮解的作用。故晾晒能防止霉变的发生。

光线的主要来源是日光，它由各种不同波长的电磁波所组成。光线中的可见光线，波长在400～760nm之间，红外线（亦称红外光），波长约在760nm以上；日光中的紫外线（亦称紫外光），能量最大，对于微生物、昆虫的生命活动以及中药贮存有较大影响。当中药被照射过久时，可逐渐引起成分的氧化、分解等化学反应。这种反应，一般称为光化反应。在光线作用下，有些含有鲜艳色素的中药（如番红花、红花、月季花等）颜色会逐渐变浅；绿色的某些全草、叶类等植物药（如薄荷、藿香、大青叶、益母草等）也会由深色退为浅色。含挥发油的中药，在阳光的照射下会变色而影响质量，如川芎、当归、丁香、薄荷等。

光线中的紫外光有较强的杀菌作用，可以利用日光曝晒杀灭微生物和害虫。但是，由于紫外光的热力作用会引起中药的温度升高，因此，含有挥发油类中药不宜直接照射，以免降低或散失芳香味，影响中药质量。

二、生物因素

（一）真菌

真菌属于微生物中的真菌门，是一类重要的微生物，真菌孢子分布得很广，在空气中就有大量真菌孢子飘散，它对营养条件要求不高，易于在多种物质上生长，一般物体上、空气中到处都有存在。散落到药材表面的真菌，在适宜的温度（20～35℃）、湿度（相对湿度75%以上或药材含水量超过15%）和足够的营养条件下，很快就会在药材上繁殖起来。它通过分泌酵素，将药材中的蛋白质、糖类、脂肪和胶质等分解成氨基酸、葡萄糖、有机酸等，导致药材腐烂变质，失去药用效力，更甚者是产生有毒的真菌毒素，如黄曲霉毒素、杂色曲霉素、黄绿青霉素、灰黄霉素等。一旦人们服用了发霉的药,就有可能由于真菌毒素而引起肝、肾、神经系统、造血组织等方面的损害,严重者可导致癌症(如黄曲霉毒等)。真菌易导致中药发生霉变,又称为发霉,是中药贮存中极易发生的一种变质现象。轻微的霉变及时处理,药材尚可应用;但是经过去霉处理的药物,其色泽变黯,气味淡薄。俗云:“霉药不治病”,正说明了“霉”对药物的危害性。而严重霉变的药材只有弃毁,从而使国家财产遭受巨大的经济损失。因此在贮存养护过程中,中药的霉变是一个较严重的问题,应当引起我们足够的重视。常见的真菌有毛霉、根霉、酵母菌、曲霉菌、青霉菌等。

(二) 害虫

中药害虫是指在贮存保管过程中危害中药的昆虫而言。由于它们常在仓库内危害,故又称“仓虫”。蛀食中药的害虫,分布面广,繁殖迅速,适应力强。因此,不论在药材仓库、产地加工场、运输车站、购销机构以及使用单位等中药仓库中都有它们的踪迹。一遇适宜的气候环境,就会大量生长繁殖,危害中药,当其蛀入中药组织内部之后,即排泄粪便,分泌异物,把中药蛀成许多小孔,甚至成粉,使中药外观、色泽、气味发生根本改变,严重时不能入药。害虫对许多中药危害极大,据统计,在常用的600余种中药中,受虫害的品种占40%左右。据世界各国记录的资料已定名的仓库害虫有三百多种,国内已发现的仓库害虫也有五六十种之多。在我国害虫对中药危害的数量损失惊人,可见对其防治具有十分重要的意义。对于药材害虫的防治,必须坚持“防重于治,防治并举”的方针,要求做到药材进仓无虫和仓库无虫;同时要采取综合防治,重视每一个可能感染虫害的环节;掌握害虫生长规律,然后采取相应的预防措施和消灭方法,争取主动,防患于未然。一旦发生虫害,要早治、治得彻底。常见的药材害虫有谷象、米象、大谷盗、赤拟谷盗、药谷盗、锯谷盗、日本标本虫、烟草甲虫、赤毛皮蠹、地中海粉螟、印度谷螟、粉斑螟、粉螨等十余种。

(三) 鼠害

鼠害是导致中药质变的生物因素之一,历来就是中药贮存中的防治对象。鼠盗食及污染药材,破坏药材的完整度,传播病原物,破坏包装和建筑物。据有关部门近几年估计,全国每年因鼠害造成的药材经济损失达数十亿元。鼠(mouse)类是啮齿动物,它的口器功能和消耗功能都是很强的。鼠对药材的偷食,不仅是数量的直接减少,也使药材的性状遭到破坏,从而影响药材的品质。鼠类喜食的药材,都是一些淀粉、蛋白质、脂肪、糖类等营养物质含量较高的品种,它们在偷食饱足以后,还随处排泄粪便,对药材造成严重污染,危害人类健康。鼠类是传播病源微生物的媒介,把一些病毒、致病菌带到药材上,如鼠疫等,其危害是难以估计的。因此,防治鼠害已成为仓储中药养护工作的一项重要任务。我国发现的家鼠和野鼠约80种。中药仓鼠常见的有褐家鼠、小家鼠、黄胸鼠、黑线姬鼠等4种。

三、时间因素

贮存时间的长短,虽然对药材质量的影响不及以上因素大,但贮存时间过长,有的药材会发生变色、腐烂、散气变味、挥发等,使有效成分含量降低,甚至丧失有效成分。有的中药化学成分会自然分解、挥发、升华,故而不能久贮,如松香久贮,在石油醚中溶解度降低;明矾、芒硝久贮易风化失水;洋地黄、麦角久贮有效成分易分解等。

第三章　中药仓库与现代化管理

中药仓库是贮存中药商品的场所。我国中药资源丰富,品种繁多,体积较大,不便使用保护性小包装,在仓库中主要是以散装或袋装、筐装、篓装等形式贮存,非常容易受到外界温度、湿度和空气的影响。那么,要保证中药商品的安全、有效,必有加强中药仓库的技术管理,改善仓储条件,有效地防止各种因素对中药商品的影响,这是防止中药商品变质的重要条件,尤对于较大的中药仓库甚为重要。为此,如何修建或改建一座较合适的仓库,乃至现代化仓库,采用科学的保管养护技术以及合理的贮存方法,保证中药商品质量,提高仓库使用率、降低费用、减少损耗有着重大意义。本章分别对普通(即传统)中药仓库和现代化仓库加以介绍。

第一节　中药仓库的职能和类型

一、中药仓库的职能

中药仓库是维护贮存商品质量和数量,保障社会供应的组成部门,其职能主要有几个方面。

1. 支持生产,保障供给　在商品流通过程中,中药仓库应为收购、加工、调拨和供应服务,支持生产持续进行,稳定市场,调剂余缺,保障人民用药需要。

2. 维护药品质量,保证用药安全　中药仓库应对入库商品的质量进行监督,防止伪劣商品入库。并采取必要的养护措施,维护商品质量。

3. 降低损耗,节约费用　中药仓库的商品进出,应做到数量准确,作业分明,降低损耗,提高仓库使用率,节约保管费用。

4. 研究养护技术,实行科学管理　仓库要继承中药的传统养护方法,总结经验,研究新的养护技术,应用电脑管理,实现自动化作业,提高科学水平。

5. 服从市场需求,提高服务质量　按照业务部门和市场的要求,做好商品的挑选、整理和分装等加工业务,使之适销对路。并及时向购销部门提供商品行情,加速商品流转。提高职工的职业道德观念和技术素质,改善服务态度。

6. 严格管理制度,确保安全生产　仓库应加强各项安全教育和管理,健全组织,落实制度,完善各项劳动防护措施,重点对防火、防物、防人(工伤)等方面做好管理。

二、中药仓库的类型

(一) 按建筑形式分类

1. 露天库　又叫货场,用于堆放中药商品的露天场所,大多是经过简单加工的天然地面,一般要比地平面高出 20 ~ 25cm,设有排水沟,以利排水;场地要平坦结实。这种货场只适合贮存受气候影响较小的药材,一般仅用于临时存放中药商品,不能作长期贮存地。贮放时,货堆下面必须垫有枕木,上面用油布或苫布覆盖。贮存时间不宜过长,特别是在夏季。

2. 半露天库 又称货棚,指用于存放中药商品的棚子。一般只有顶盖而无墙壁,棚盖材料可用沥青纸、油毛毡、石棉瓦、瓦和瓦楞、铁皮等。其优点是构筑简单,造价低廉。但隔热防潮力差,使用寿命短,一般用于短期存放笨重或轻泡商品,如空箱、空瓶、空坛、麻袋、筐、篓等。当密闭库不够使用时,也可暂时用来贮存受温度和湿度影响较小的药材。在我国华北、西北等气候干燥的地区,可用来较长期地贮存药材;但在长江以南地区只宜作短时间的贮存。

3. 平面库 即一层的库房,优点是:便于搬运商品,利用率高,造价低。但有的地面潮湿,对商品有不良影响。

4. 多层库 占地面积小,可以充分利用空间,增加贮存面积,贮存费用下降,隔潮性能好。因受层间高度限制,储运劳动消耗较大,搬运速度受一定影响。

5. 立体库 指立体自动化仓库,即以计算机进行管理和以货架为主的立方体仓库的统称,亦称高层自动化仓库(参见本书封面),这种仓库的高度,国外已达 10 ~ 30m 以上。我国目前设计投产的自动化仓库高达 18m。据计算,仓库从高度 5m 提高到 20m,每立方米的贮存费可下降 37%。

6. 地下库 具有隐蔽、安全的特点,一般用于战备和忌高温贮存的商品。这类库房要采取防潮措施。

7. 密闭库 建筑式样甚多,如为单层建筑,则多采用砖木混合结构。这种库房具有严密、不受气候影响、贮存品种不受限制等优点。药材仓库的所有药材,一般都应贮存于此类库房内。按照库房的技术设备,又可分为普通库房、密闭库房、保温库房、熏蒸库房、冷存库房等。密闭仓库按建筑物的层数可分为平房、二层楼房或多层楼房。平房仓库在结构上比较简单,比多层楼房具备更多的优点,因此采用较普遍。它的优点是造价低廉,施工容易,搬运方便,有宽广的装卸线,可以充分利用面积,火灾安全性大等,但需要较大的基地面积是其缺点。在城市中为节省基地面积,亦可修筑钢筋混凝土结构的多层仓库,但必须设有适当的机械搬运设备。

(二) 按职能分类

1. 采购供应仓库 主要职能是集中贮存从生产部门收购的中药,整批或分批发出。这类仓库多设在中药经营、生产比较集中的地点,或设在转运的集散地,规模比较大。多为中药经营系统的二级采购供应仓库。如中药二级购销仓库。

2. 批发仓库 其主要职能是把调拨进来的或收购入库的中药,按照调拨计划,成批地发出去。这类仓库一般都要根据要货单位的需货计划,进行商品的编配、分装和改装。如中药二级批发站或三级批发站的仓库。有的批发仓库与批发业务设在一起,这种形式可以方便客户,缩短调拨时间,减少环节。

3. 零售仓库 一般设在企业内或零售单位附近,由零售单位直接管理。主要职能是为零售单位企业短期贮存中药,以供门市销售。

4. 加工仓库 此类仓库的职能是将收购来的药材先进行加工、整理和打包后再发运,属于加工性质的仓库。加工仓库不单独设立工场,它具有加工和贮存的双重任务,既能方便收购,又方便配存和分发。如中药饮片加工厂的仓库,其任务是对原料药材和成品饮片作周转性贮存,属于加工性质的仓库。中成药厂负责对原料和成品的周转性贮存,也属于此种性质。

5. 储备仓库　是储备战备、疫情、灾情、急救等所需中药的仓库,它是国家为解决在特殊情况下的急需而设置的。一般贮存的品种较少,但数量较大。

6. 中转仓库　一般设在交通运输方便的地点,为运输中转分运,转换运输工具,暂时存放而设置。

(三) 按商品性质分类

1. 普通中药仓库　是贮存一般中药商品的仓库。这种类型的药材仓库,在收购、加工、调拨、批发和零售等环节中都可以设置,涉及的范围最广,数量最多。如中药材仓库、饮片库。

2. 特殊药材仓库　某些中药商品性质特殊,来源不易,经济价值较高,在经营业务方面有它的重要性,保管养护方面更要具备安全性,所以一般要求单独贮存,便于管理。如珍珠、玛瑙、牛黄、麝香、猴枣、马宝、川贝、冬虫夏草等,不能混存于普通仓库,应设特种仓库贮存。毒剧药材、易燃药材、鲜活药材等都具有它们的不同性质,也必须分别用特种仓库贮存,以保证其质量和贮存的安全。但易燃药材的库房,又必须与上述仓库隔离,不能同在一处,应按安全管理的有关规定设置。

(1) 细贵药材库:专门贮存来源不易,经济价值较高的中药材。如珍珠、玛瑙、牛黄、麝香、猴枣、马宝、川贝、冬虫夏草等,不能混存于普通仓库,应设特种仓库贮存。

(2) 毒剧药品库:单独贮存国家限制使用的毒剧药材或中成药的仓库,管理严格,设施安全。

(3) 危险品仓库:在大中小型中药材仓库内,专门贮存易燃易爆等危险品的仓间,如火硝、硫磺以及杀灭害虫的化学熏蒸剂等。

3. 中成药仓库　中成药仓库专贮各种中成药。中成药剂型众多,常见的有丸、散、膏、丹、片、酒、露、胶、茶、曲、锭、针、颗粒、糖浆等,就其品种规格来说更为复杂。在贮存期间也会发生各种变异,所以更要做好保管养护工作。

第二节　中药仓库的建设

一、仓库地址的选择

中药仓库的建筑必须遵循有利于中药商品的安全贮存、养护和收发,仓库结构安全稳定,能承受一定的负荷量的原则,同时还要考虑当地气候条件和环境因素。在一般情况下,选择建设仓库的地址符合下列条件。

1. 地点适中,交通方便　仓库所在地的陆运和水运必须畅通,尽可能设在靠近铁路、公路或港口的地方,有条件的可铺设专用线路。

2. 地面平坦,坚实高燥,排水通畅　地面坚实高燥有利于仓库的负载,避免地面下沉与积水,保证中药商品的贮存安全,节省能源。

3. 保证水电供给 仓库中的各类设施均需用电,有充足的电力,才能利于中药商品的贮存养护,水资源丰富,可保证消防用水。

4. 环境条件 仓库环境整洁,与周围建筑物要保持一定的安全距离,远离易燃易爆、排放污染气体和粉尘的生产单位,确保中药商品安全和免受污染。

二、仓库的性能要求

中药仓库的性能除应符合一般仓库的要求外,尚应特别注意下列几点:

(1) 仓库库区环境整洁,排水通畅,地面平整,不易起尘,无污染源。仓储区必须与生活区、行政区分开。

(2) 仓库的地板和墙壁应是隔热、隔湿的,以保持室内的干燥,并减少库内温度的变化。

(3) 通风性能良好,可散发中药自身产生的热量,又能保持中药商品与库房的干燥。

(4) 密闭性好,避免空气流通影响库内的湿度和温度,同时对防治害虫也有重要作用。

(5) 建筑材料能抵抗昆虫、鼠的侵蚀。

(6) 避免直射阳光的照射。

(7) 库房坚固、适用、经济,便于机械操作,方便堆码和进出作业,利用商品的合理摆布,库房单位面积使用率高。

(8) 危险品仓库的墙壁、地坪、屋顶最好选用耐火材料,内部以耐火墙壁间隔。安装电灯需加防爆灯罩。库门用耐火材料制成。露出屋顶的通风管用细密铁网遮罩。

(9) 仓库的墙壁、地坪、屋顶全用水泥、钢筋混凝土建造,墙壁中间砌装隔热材料,库门窗户密封性能好。

(10) 设置不同温、湿度的仓库。其中冷库温度为2~10℃;阴凉库温度不高于20℃;常温库温度为0~30℃;各库房相对湿度应保持在45%~75%之间。

三、仓库建筑的技术要求

为了保证仓库建筑质量,保证贮存商品和业务操作的安全,在修建药材仓库时,一般应符合下列要求。

(一) 普通库房

普通库房选用钢筋混凝土构建。

1. 库房基础 它是库房重量的传递者,它把库房的重量和库房的内(外)墙、主柱所承担的全部载荷传递到基地上去。因此,库房的墙壁和主柱下面必须建造基础。一般分为两种:

(1) 连续基础:指仓库实体墙下面用砖和砖石作材料,采用石灰或水泥砂浆砌筑的连续基础,基础平面两侧,通常应伸出墙面以外50~60mm。

(2) 支点基础:即柱形基础。单层不保温仓库当采用木柱或砖柱构架墙时,可用柱形基础,并在柱形基础之间加装砖砌或钢筋混凝土的地下过梁,然后再将墙筑在过梁上。柱形基础之间的间隔一般为3~3.5m。库房内支柱不宜过多,以提高库房面积利用率和便于仓库作业。

2. 库房地坪　仓库地坪由基础、垫层和面层构成。垫层可用沙子、砾石、碎石和混凝土等铺筑;面层按所用材料的不同有沥青地坪、沥青混凝土地坪、水泥和水泥混凝土地坪。对仓库地坪的基本要求是:地坪应高于库外地面,坚实平坦,隔潮效能良好;具有一定的负荷能力,一般应在5～$10t/m^2$;具有耐摩擦和耐冲击能力;具有不透水、不起尘埃、导热系数小、防潮性能好等功能。为防止地坪的沉落和裂缝,地坪应具有一定的强度和刚度,还要作必要的防潮处理和防白蚁处理。

3. 库房墙壁　墙壁是封闭式库房的围护结构,同时也起部分支撑作用。其结构状况直接关系着库房的坚固、耐久和稳定性。

(1) 库房墙壁的基本要求:① 隔热、防潮、保温性能好,避免库内受气温、湿度和风向变化的影响。② 坚固耐久并且有一定承重能力。③ 墙壁完整坚固、平滑、不起尘、不落尘。底层库墙内侧接近地面部应有防潮层。

(2) 墙壁的作用:① 承重墙是以承受屋顶及某些设备的重量,并起围护作用,一般作成实体墙。② 骨架墙是砌在梁柱间的墙,只起充填和隔离作用。③ 间隔墙是把大房间分隔成小房间的内墙。

4. 库房房顶　库房房顶的作用,是防止雨雪侵袭和日光直接照射。房顶无渗漏,并有良好的隔热与防寒性能,导热系数小,符合安全防火要求,其坚固、耐久性应与整个建筑相适应。屋顶由承重、覆盖两部分构成。存放医药商品的库房,为了隔热、防寒和防尘,则应加装天花板覆盖。通常有平顶、脊顶、拱顶等形式。

5. 库房门窗　库房门、窗在结构上应具有关闭紧密,坚固耐用,开关轻便,并能防止雨水浸入和适应安全防火的要求。

(1) 库门:是商品、人员和运输工具出入的通道。库门关闭可以保证商品安全,保持库内正常的温度和湿度。库门应在库房长边两侧开设,适合商品的吞吐量和技术操作过程 。库门的尺寸应根据商品包装体积大小和仓库使用的机械设备而定。

(2) 库房窗户:起采光和通风的作用。库房门应相对设置,便于通风。门窗、通风孔(排风扇等)应结构精密,"关"能密闭,"启"能通畅,灵活方便,并能防止雨水浸入。

一般仓库均采用侧窗采光,只有在库房宽度超过20m,侧窗通光不足时,才用天窗辅助采光。为了便于保持窗户清洁,以采用开关窗或上翻窗为宜。为适应商品养护的要求,最好采用联动开关装置。仓库应尽量减少窗户面积,必备的窗户应安装适宜的窗帘,防止日光直射商品。

6. 库房泄水孔　多层库房的楼面沿外墙处应设置泄水孔,其间距应不大于30m。

7. 仓内照明与通风　库房内应有足够的光线,白昼可以尽量利用自然采光。透光面积通常为地面面积的1/10。库内的人工照明只能用电灯。安装电灯时,应尽可能采用铅包线,开关可设在门外。库内通风,除了利用门、窗外,还可在墙壁下部或层顶开通风窗。

(二) 特殊库房

有些中药仓库除按以上技术要求外,还有一些特殊要求,如:

1. 低温库房　该库房采用密闭与制冷技术,使室内温度控制在合适的低温状态。根据所用设施不同,又分为冷风库房与空调库房两类。

(1) 冷风库房:冷风库由密闭库房和制冷机房等组成。库房内侧必须经过绝缘隔热等技术处理,库门应设置"气幕",其启动与库门启闭同步。应配建"缓冲房",使出库商品能短暂停留而缓缓升温，避免商品表面产生“结露”而受潮。冷风库房内的温度，在夏季高温时应控制在2～10℃；相对湿度以70%为宜。

(2) 空调库房：采用隔气、隔热等建筑材料。库房单间面积不宜过大，以$25m^2$左右为宜，以利于温湿度的控制。高温季节其温度应控制在20～25℃，若温度保持在20℃以下，则对中药商品的养护更为有利。

2. 密闭库房 密闭库房应选用钢筋混凝土结构的建筑，并经过有效的隔绝材料处理，其防潮、防热性能应高于普通仓库，具有隔湿、隔气和避光等功能，使温湿度比较稳定，库内贮品不受或少受外界因素的影响。适宜于怕潮、怕热、怕光等中药商品的贮存。

3. 气调库房 气调库房是用于气调养护中药的固定设施，其建筑结构除要求有较严密的隔气、隔热性能外，还应具备库内外空气压力正负差的承受力。另外，其密闭性要求也较高，一般以平均每24h氧气的回升率在0.5%以下者为符合，若回升率在0.2%～0.4%之间为性能良好。

4. 地室(洞穴)库房 在地下或山洞修建的库房，其温湿度变化小，夏季可防高温、冬季可防低温(冻结)。这类库房应有良好的密闭隔湿性能，配备有效的空气调节(排风)和去湿器等设施，使库内相对湿度保持在60%～70%。地室(洞穴)与外界连接处，也应建“缓冲室”，防止夏季商品出库因温差过大而受潮。

5. 专贮库房 中药的专贮库房，是按照部分中药的特殊性能以及经济价值等保管要求，分别设置专储库房集中保管，既符合《药品管理法》的贮存要求，又适宜开展合适的养护措施，方便作业。

(1) 毒麻品库房：专用于贮存毒性、麻醉品中药的专储库房。是根据《药品管理法》和相关毒性药品、麻醉药品管理方法等法规要求而设置的。属小型库房，有坚固的防护设施，库内凉爽干燥，备有特制的固定容器，以达到安全可靠。

(2) 危险品库房：根据《中华人民共和国消防条例实施细则》及《仓库防火安全管理规则》的规定，必须严格对易燃易爆药物实行妥善贮存。库房应单独修建，有明显的标志，与其他库房应保持有20m空间的距离。若贮存性质不同及安全防治方法有异的药物，应有可靠的隔离墙分隔，以确保贮存安全。

(3) 细贵类库房：贵重中药的商品，经济价值大，必须有专库贮存。库房结构应坚固，有可靠的安全防盗装置，养护要求严格，除设有特制的容器外，还宜配置去湿降温等设施。

(4) 动物类库房：中药的动物类商品(兽骨、皮、甲、昆虫躯体等)，都具有特异气味且易生虫发霉。专库贮存可防止与其他药物串气，也有利于养护。

此外，还可建立全草类、花类、盐腌类、矿石类、鲜活类、散剂等多种专贮库房，以提高养护效果，提高管理水平。

(三) 仓库的附属建筑

中药仓库的附属建筑，是指开展生产的辅助设施，它与库房建设构成一体。

1. 通道 仓库库内通道是保证运输车辆畅通和方便搬运的必要路面(水泥或沥青)。要求平坦光洁，四周通畅，转弯或出入处应设交通指示牌，以确保行驶安全。一般负重水泥地面为$5t/m^2$；沥青地面为$2.5～3t/m^2$。

2. 料台 是仓库收发装卸商品的作业场地，也可作为待运商品的临时堆放点或发货台。

一般修筑在库房的前面沿，其高度应与运输车辆的车面地板持平（约离地面高出地面约0.9m），以利装卸操作。

3. 晒场　根据中药的特点，仓库应修筑必要的商品摊晒场地。场地应选高燥地段，四周没有或较少有遮蔽，铺设水泥地面，表面平坦光洁。也可将钢筋混凝土建成的库房平顶为晒场使用。

4. 加工（整理）场地　中药的加工整理是中药仓库常规作业，应有专供作业的室内场地。要求光线充足，空气流通，并有通风除尘设施，备置必要的操作用品和机械器具。工作台表面平整、不易产生脱落物。

第三节　中药仓储设施

为了保证中药的安全贮存、保管与养护，除建造合格的仓库外，还须配置一些必要的现代仓储设施。如空调设备、装卸搬运设备、防毒与灭火消防等设备。诸如压缩制冷机、鼓风机、真空充N_2的氮气发生器、空气去湿机、降湿机、高频热合机；最高最低温度计、电阻温度计、自记温度计、干湿球湿度计、通风湿度计、自记湿度计；起重机、有轨平车、手推车、电动搬运车、牵引车、拖车、叉式搬运车、托盘及托盘搬运车、码垛机；消防灭火机、滤毒罐、防毒面具等。这些机械、仪器设施，各地各药材仓库可因地制宜，根据仓储的大小，按需灵活适当选择配置。

一、搬运及保管类设备

1. 装卸搬运设备　装卸搬运设备是用来提升、堆码、搬倒、运输商品货物的机械设备。

（1）装卸堆垛设备：指各种类型起重机、叉车、堆码机、滑车、高凳、跳板、废旧轮胎等。

（2）搬运传送设备：指各种手推车、拖车、有轨平车、牵引车、搬运车、各式平面和垂直传送装置等。

2. 保管设备　保管设备是在保管环节中使用的设施。

（1）苫垫用品：有苫布、苫席、油布、塑料布、枕木、石条等。用以对商品进行上盖下垫。

（2）存货用品：指各种类型的货架、货柜、隔板（地架）等设施，用以存放商品。

（3）衡器具：用来进行商品验收、发放、盘点等的度量衡工具。如用来称量的各种磅秤、天平和用来测量的各种尺子、卡钳、游标卡、千分卡等。

二、养护检验设备

养护检验设备是用来进行商品入库验收与在库养护的设施。

1. 养护设备　一般常用的养护设备是最高最低温度计、电阻温度计、自记温度计、干湿球湿度计、通风湿度计、自记湿度计、测湿仪、去湿机、烘干机、空气调节器、红外线装置、风幕装置以及通风、避光、隔热、防虫、防鼠、防污染、低温、冷贮设施、照明、取暖和气调养护设备。

2. 检验设备　检验设备应配置分析天平、酸度仪、电热恒温干燥箱、恒温水浴锅、澄明度检测仪、水分测定仪、紫外荧光灯、自动旋光仪、紫外分光光度计、生化培养箱、高压灭菌锅、高温炉、超净工作台、显微镜、高倍显微镜、生物显微镜、真空干燥箱、恒温湿培养箱。

三、消防安全设备

消防安全设备是保障仓库安全必不可少的设备。主要包括各种报警器、消防车、电动泵、水枪、各种灭火机、灭火弹、蓄水池、各式消防栓、砂土箱、消防水桶、消防云梯。

四、安全防护用品

安全防护用品是指保障仓库职工在各项劳动作业中身体安全的用品。如工作服、安全帽、坎肩、围裙、耐酸绝缘的胶鞋、手套、口罩、护目镜、防毒面具。

第四节 中药仓库的温湿度管理

温湿度是导致中药质量变化的重要外在因素之一。根据温湿度变化的规律,加强仓库温湿度管理,控制和调节仓库温湿度,使之符合中药商品安全贮存的要求,是提高仓库管理水平的一项重要的技术措施。

一、温度概念及测算方法

(一) 温度的基本概念

温度是表示空气冷热程度的物理量。大气温度、库房内温度和商品体温是我们进行中药安全贮存经常接触的三个表示冷热程度的物理量。大气温度决定着库内温度和商品体温,后者随着前者的变化而变化。

1. 大气温度 简称气温,来源于太阳辐射的热能,太阳通过短波辐射把热能传到地球表面,地面接收到入射的太阳辐射后,以长波的辐射形式把热能传给近地面的空气,使靠近地面的空气加热,温度升高。反之,地面温度就逐渐冷却。这样地面空气就有了冷热之分。

2. 库房温度 指库房单位体积内空气的冷热程度。库内温度的变化通常要比大气温度晚1~2h,同时温度变化幅度相应减少。这是因为受到库房建筑物(如墙壁、窗户、屋顶)的影响,影响的程度要看库房建筑的结构如何。建筑物的隔热程度好,传入库内的热量就少。库内温度还受到贮存商品的影响,例如,商品所含水分的蒸发,要吸收空间热量,而吸收水汽就要放出热量。

3. 商品体温 表示商品冷热程度的物理量,称为商品体温。商品体温,一般以商品垛温的高低来表示。热的传递总是自发地从温度高的一方向温度低的一方进行。当库温比垛温高时,热空气以对流方式向商品垛传递,使商品垛表面温度升高。商品垛表面以热传导方式向内部进行传递,直到垛温完全一致时为止;当垛温高于库温时,商品垛表面就把热散发到空气中。进行通风散热或将商品码成通风垛,就是利用了大气温度、库内温度、商品温度之间的差异,进行热平衡。

商品体温的热平衡,常受某些条件限制。由于各种中药商品及包装的导热性不同,同库共存的不同商品垛,其热平衡在时间上存在着差异。有时商品垛局部温度高,热传递尚未达到平衡,在库外温度变化过程中,继续受到温度上升的影响,使商品垛温逐日累进增高,热平衡即被打破。在仓库贮存环境中,微生物新陈代谢活动会释放出能量,有一部分以热能传递给商品。如果包装导热性小,商品吸热大于散热的速度,商品垛内部就会积热过多,朝着变质方向发展。

(二) 温度的测量

温度的高低,用温度计来测量。温度计一般有摄氏(℃)温度计和华氏(F)温度计两种。

华氏温度与摄氏温度可按下列公式计算:℃ =(F - 32)×5/9 或 F = ℃ ×9/5 +32

摄氏温度与华氏温度的换算式是:5(t°F - 50)=9(t℃ -10°)。式中 t°F:华氏温度,t℃:摄氏温度。

1. 普通温度计　感温液体用水银(冰点 -39℃、沸点 +357℃)或乙醇(冰点 -114℃、沸点 +78℃)。

2. 最高、最低温度计　为 U 形,同时填装乙醇和水银,左支管指示最低温度,右支管指示最高温度,两管内均有玻璃指针,温度升高时,左管内乙醇膨胀,挤压水银向右管移动,将右管水银面上的指针向上推动,指出最高温度;温度下降则左管水银面上指针移动,则指出最低温度。故可同时将一定时间间隔内的最高和最低温度测出。

3. 电阻温度计　根据金属导体的电阻随着温度的变化而改变的原理制成。由感温元件(铂、铜或镍制成)与电气测量仪表——比率计组成。电阻温度计测温范围很广(-120 ~ +600℃),中药仓库测温范围为 -50 ~ +50℃,故可用于测量库温及中药贮存货垛内的温度,还可远距离遥控测量。

4. 自记温度计　分感温和记录两部分,可记载库内每日、每时之温度变化过程。记录鼓分一昼夜及一周两种,是连续记录空气温度变化的自记仪器。可从其自动连续记录中,得出库内外温度变化规律,也可找出一定时间内最高最低温度和任何一时间出现的气温值。

5. 电子测温测湿仪　为快速自动测温测湿的仪器,除测空气温湿度外,还可测贮品温湿度。由测温测湿仪及表头组成。

测温部分按文氏电桥原理,以热敏电阻为感应元件,串联成电桥的一臂。传感器变化经转换为电流变化而由直流电表表头指针所显示,即知被测物的温度情况。测湿部分按电阻导电系数原理,即含水量不同的吸湿物导电性大小不同,在恒定电压下,电流的大小显示了不同物质的导电性能,从而在表头上得知被测物的湿度情况。实施操作要有专人负责管理,定时观测记录,观测时间视中药贮品性质、季节、气候等因素而定。

二、湿度的基本概念

空气中含有一定量的水蒸气,它来自江河湖海和土壤水分的不断蒸发。空气中的水蒸气含量越多,就越潮湿,反之就越干燥。空气中的干燥和潮湿程度,就叫空气的湿度。

(一) 绝对湿度

单位体积内的空气中,实际所含水蒸气的量,称为空气的绝对湿度。用密度单位“g/m^3”表示。如1m³的空气中含有12.8g水蒸气,绝对湿度就是12.8g/m³。某温度下的绝对湿度,也可以用水汽压单位毫米汞(水银)柱(mmHg)近似地表示。如水汽压强是6mmHg,绝对湿度可近似地表示为6g/m³。

湿度与水的蒸发强度有直接的关系,温度高,蒸发到空气中的水汽就多,绝对湿度就大,反之就小。

(二) 饱和湿度

在一定温度下,空气中水蒸气的最大含量,或饱和空气的绝对湿度称为饱和湿度。

大气是由干空气和水蒸气组成的混合气体,大气具有一定的压强,就是通常所说的大气压。水蒸气也具有一定的压强,称为水蒸气分压力。大气压等于空气的分压力与水蒸气分压力之和。空气的饱和湿度也不是固定不变的,饱和湿度随温度的上升而增大,温度越高,单位体积中所能容纳的水蒸气含量就越多,水汽压就越大,直至达到饱和。此时饱和水汽压也增大到该温度下的最大值。例如,20℃时饱和水汽压为17.12g/m³,30℃时增大到30.04g/m³。

(三) 相对湿度

在一定温度下,空气中实际含有的水汽量与同温度下的空气最大水汽量程度之比的百分数,称为相对温度。即一定温度下绝对湿度占饱和湿度的百分比数。

相对湿度 = 绝对湿度/饱和湿度 × 100%

绝对湿度 = 饱和温度 × 相对湿度

通常所说的相对湿度小,就表示空气距同温度下的饱和湿度远,空气较干燥,水还能继续蒸发;相反就表示同距离同温度下的饱和温度近,空气较潮湿。某温度下的相对湿度为100%时,水汽达到饱和,水汽压达到同温度下的最大值。同温度下相对湿度越小,水汽压越小。相对湿度越大,水汽压越大。

温度与相对湿度的关系是:如果某一时刻的温度不变,绝对湿度的高低决定相对湿度百分率的大小。因为在一定的温度下,空气的饱和湿度是固定不变的,所以,绝对湿度越高,占饱和湿度的百分比也越高,相对湿度必然越大,反之则越小。若温度越高,饱和湿度升高越快则相对湿度越小。在仓库的温湿度管理工作中,主要以相对湿度作为控制和调节仓库温湿度的依据。一般来说,贮存中的中药商品环境相对湿度应该在70%左右,低于60%则干燥,高于80%则潮湿。

(四) 露点

前已叙及,某温度下的饱和水汽压随温度的上升而增大,温度上升,饱和水汽变为不饱和水汽。相反,如果要将不饱和水汽变为饱和水汽,只要把温度降低到一定程度,不饱和水汽可以变为饱和水汽。使空气中的不饱和水汽变成饱和水汽时的温度,称为露点。

例如,某时间内,库温为30℃,绝对湿度为23.0g/m³,相对湿度是76%,若绝对湿度不变,库温下降,则库温内相对湿度随温度下降而上升。当温度下降到25℃时,查表可知:空气中最大水汽含量为23.0g/m³(与30℃时的绝对湿度相等),绝对湿度与饱和湿度百分比正好为100%,此时未饱和水汽变为饱和水汽。在这种情况下,25℃便是露点。这种突然降温,易使商品蒙上一层水汽，俗称出汗。

通常用塑料包装或塑料帐罩密封的中药商品，商品水分吸收热量蒸发，蒸发的水汽被限制在密封环境中不得散发。如果贮存环境温度下降到露点温度，密封体积内的水汽便凝结在塑料薄膜的内壁上。这种情况称为结露，易使商品发霉变质。

（五）湿度的测量

湿度大小一般通过湿度计测量，常用仪器有干湿球湿度计、通风湿度计、毛发湿度计、自记湿度计、DS-87 电脑型温湿度巡测仪、WSWC 型仓库温湿度微机自动巡测仪、WSC-1 型空气温湿度遥测仪等。

1. 干湿球湿度计　由干湿温度计各一支组成。由于空气的干湿可使水分的蒸发发生变化，所以干湿两支温度计的度数差值也会相应的发生变化。通过观察干湿球的温度差，便可在相对湿度换算表上查得相对湿度。但冬天玻璃水槽易冻裂，不宜使用。平时须定期检查、校正，每年 1～2 次。若干湿球温度表误差大于 1℃以上者应立即更换。查看时，温度表（干表）反映的数值就是温度值。湿度表部分，用约 10cm 长的纱布，一端包住湿球，另一端浸于盛有蒸馏水的水盂里。由于纱布吸水使温度表保持湿润，称为湿球。水分的蒸发需要热量，由于水盂里的水和浸水纱布吸热而不断蒸发，温度降低，浸水纱布周围空气温度也会降低，因此，湿表的高度就低于干表水银柱的高度。空气相对湿度为 100% 时，干、湿表的水银柱一样高。空气越是干燥，蒸发越快，需要的热量就越多，湿表的温度降低就越多。这样在湿表读数时，用干球数值减去湿球数值，即为当时的干湿差，通过查阅或换算，即可求出当时空气的相对湿度。

2. 毛发湿度计　根据毛发吸收水分时伸长，干燥时收缩的特性制成。将毛发与一指针相连，即可在标尺上直接读出相对湿度的百分数。温度低于 -5℃时代替干湿球湿度计测定空气湿度。

3. 自动湿度计　分感应与自记两部分。感受器是一束脱脂毛发，由其伸缩牵动带笔指针，在记录鼓上连续画出相对湿度曲线，以记录一昼夜或一周间的相对湿度变化，如与自记温度计联装，则成自记温湿度计。可连续记录空气温度及相对湿度的变化。

三、温湿度的变化规律

（一）大气温度变化规律

1. 日变化　即一昼夜内气温的变化。一日之中的中午，太阳直射，单位面积地面接收入射的辐射能量大，地面吸收的热量较多，但由于地面吸收热量后，辐射放出时要经过一段时间，因此一天中的最高气温并不出现在中午，而是在午后 2～3 时达最高值。之后，又缓慢下降，直到入射的太阳辐射，逐渐减少到最低值，但地表在前一段时间内吸收的太阳能量仍需要通过辐射释放出去，因此一日之中的最低气温出现在日落前。日出前，入射的太阳辐射能等于零，射出的辐射能逐渐降低，气温达到一天的最低值。

2. 年变化　即一年中的气温变化。一年四季中，气温最高的出现在夏季（6 月 22 日）后的一个月，内陆一般为 7 月，沿海为 8 月；最低的气温出现在冬至（12 月 22 日）后的一个月，内陆多在1月,沿海在2月;春分(3月21日)后的一个月(4月底)和秋分(9月23日)后的一个月(10月底),是一年中气温最适宜的时候。气温出现的这种周期性的变化,使我们感到春、夏、秋、冬的四季变化。

3. 突发性变化 属不正常的偶然性变化,没有固定时间和周期,如寒流、暖流、霜冻、风、雪、雾、雨等,往往造成气温的突然变化,给中药贮存养护增加了难度,导致意外损失。

(二) 大气湿度变化规律

1. 日变化

(1) 绝对湿度:绝对湿度的昼夜变化与气温高低、蒸发强度和乱流强弱有关。乱流是气流中的小规模无规则的上升下降作用,日温度变化大,温度高乱流作用强。

一般来说,温度低,蒸发强度小,绝对湿度小;温度高,蒸发强度大,绝对湿度大。绝对湿度日变化可分单波型和双波型两种。

单波型日变化,是指绝对湿度在一天中各出现一次最高、最低值。最大值出现在15时左右,最小值出现在日出前。多见于沿海地区及陆地的秋、冬季。双波型日变化,是指绝对湿度在一天中各出现两个最大值和两个最小值。最大值分别出现在8~9时和20~21时,最小值分别出现在日出前和15时左右。大陆夏季多属于双波型日变化。

(2) 相对湿度的日变化:大气相对湿度与温度的昼夜变化情况正好相反。一日之内,相对湿度最大值出现在日出前,最小值出现在15时左右。

2. 年变化

(1) 绝对湿度:绝对湿度的年变化主要受温度的影响,与气温变化基本一致,夏季气温高,蒸发旺盛、迅速,绝对湿度大,一年中绝对湿度最高值出现在最热月(7~8月)。冬季气温低,蒸发减慢,绝对湿度小,最低值出现在最冷月(1~2月)。

(2) 相对湿度:在我国内陆的西北地区,相对湿度最大值出现在冬季,最小值出现在夏季。但在我国大部分地区,由春至夏(4~9月),大气相对湿度普遍升高,可达最高值。中药商品受大气相对湿度影响,大多数中药商品处于相对不安全贮存期,商品易受虫、霉危害和发生质量变化,故每年的4~9月是中药商品养护工作的繁忙时期。冬季因受内陆干燥空气季风影响,相对湿度就较低,故每年10月至次年3月,大多数中药商品处于相对安全贮存期。

(三) 库内温湿度变化

1. 库内温度变化 多与库外气温变化相近,一般稍落后于库外,变化幅度也较小。一般库内最高温度比库外略低,库内最低温度比库外高。夜间温度高于库外,白天温度低于库外。同时,库内温度变化还与库房坐落方向、建筑条件、库房部位及贮品性质等因素有关;即与库房周围空旷与否、同一库房的不同层次、向阳或背向阳、垛顶或垛底、库内四角或较通风部位;库内贮存中药种类、性质及堆垛类型等有关。库内上部比下部温度高,背阴面比向阳面低。靠近门窗处容易受库外温度影响,而库内深处温度较稳定。仓库的建筑结构,坐落方向、商品自然属性不同,库内的温度也有差别。一般地说仓库为铁皮、木质结构的受外界影响大,石砖结构受外界影响小。

2. 库内湿度变化 库内湿度的变化与库外空气湿度的变化密切相关,同时还与库房建筑结构及贮品含水量有关,其变化程度较库外小。同一库房的四角或通风处、背阳面或向阳面、上层与下层的湿度变化各异。库内相对湿度变化,恰与库温变化相反。夜间,库温低,相对湿度大;白天,库温高,相对湿度小;库内向阳面比向背阴面低,上部比下部相对湿度低。据测定,库内上部相对湿度为65% ~80%时(平均值),则下部可达85%,垛底部位空气流通较差及地坪返潮可达100%。影响库内相对湿度变化的原因,一是库房密封性差,门窗不严,通风孔常开,使库外潮气进入库内。二是因库房坐落在地下水位较高的地方,地坪防潮性能差,每年夏季地坪返潮或较大降水过程后从地下往上返水,也可能因新建库房刚交付使用,墙壁、地坪返潮结露。三是贮存过程中商品都含有一定水分,特别是新进库的潮湿商品,也会影响库内绝对湿度、相对湿度。另外,微生物分解活动也会放出湿气,影响库内湿度变化。

综上所述,由于仓库建筑物的存在,使库房单位体积内形成一个小气候,与库外大气温湿度存在着一定差异,利用库外库内的温湿度差异,造成库内有利于商品贮存的小气候环境,正是温湿度管理的手段之一。

(四) 我国温湿度分布概况

1. 温度分布　冬季南北温差大,北方严寒;夏季南北温差小,普遍高温。一月为冬季代表月,全国温度均低。7月为夏季代表月,各地普遍高温,夏季绝对最高温度,南北可超过35℃,部分可达40℃以上。长江以北,冬季可利用持续低温冻死仓虫;长江以南则需加强熏蒸消毒,防止仓虫潜伏过冬。夏季从南至北,从春末至秋初,温度利于真菌及仓虫生长繁殖。

2. 相对湿度分布　各地分布不均衡。全年年均相对湿度,长江流域及以南地区约在70%以上;沿海、川西、贵东、湖南、湖北及中国台湾等可达80%,为全年年均相对湿度最高地区。冬季相对湿度分布大致与全年相近。夏季沿海地区变化最显著,因东南季风影响而使相对湿度增至80%左右。除西北地区外,全国大部分地区温度都较大,应注意防潮。

四、温湿度的变化对中药商品水分的影响

(一) 中药商品水分的基本概念

1. 含水率　是指中药商品含水量多少的物理量。一般称商品的含水率或绝对含水率。商品入库验收时,进行均匀采样,测定其含水率。测定结果是商品含水量的原始水分数据也是贮存中可以进行对比的数据。

2. 吸湿性　商品进入贮存期后,在一定温湿度影响下,其含水率会发生可逆性的变化。这种变化是通过商品吸收空间水汽或向空间散发水汽来完成的。这就是商品吸湿性。

动植物类药材其吸湿原因是:商品在采收过程中经过加工后,都需经过一定的干燥而成为干燥体,由于组织细胞内溶剂(水分)的蒸发,使细胞和组织内水分减少,组织内压减少。商品进入贮存后,当空间一定温度下的水汽压大于组织表面水汽压时,空间水汽通过渗透附着在亲水性的可溶性成分表面,而干燥时失去的水分空间也由渗透进的水汽占据。空间水汽压越大,渗透越甚,水汽逐渐浸软组织细胞内的水溶性成分,并使难溶成分获得水分。

商品解湿是当组织细胞内水汽压大于一定温度下的空间水汽压时,商品便开始向空间逐渐

散失水汽。对含非溶性成分(矿物质)中药商品来,其吸湿性是在一定温度下通过商品表面的毛细管凝聚作用完成的。

因此,不仅含水溶性及难溶性成分的中药商品具有吸湿性,含非水溶性成分的中药商品也有吸湿性。

3. 吸湿率 中药商品在一定温湿度下吸湿或散湿,使商品含水度发生了变化。其吸湿量与本身重量的百分比率,称为商品吸湿度。

根据吸湿性的应用范围不同,可以分别计算绝对吸湿率和相对吸湿率。

$$\text{绝对吸湿率} = \frac{\text{供试品} - \text{烘干重}}{\text{供试品重}} \times 100\%$$

$$\text{相对吸湿率} = \frac{\text{供试品重} - \text{烘干重}}{\text{供试品重}} \times 100\% - \text{商品原含水率}$$

在计算吸湿率时,从绝对吸湿率中减去原含水率,如果两项相减是正值,则表示该商品的相对吸湿率。如果两项相减是负值,则表示该商品的相对解湿率。

绝对吸湿率和相对吸湿率可以考察湿度对商品含水率的影响,说明吸湿的程度,在分析盈亏时,相对吸湿率是一个主要参考依据。

4. 平衡水分 指吸湿性中药商品吸湿或解湿与空间相对湿度之间高低变化之间的平衡规律。建立了平衡关系的含水率就是该商品的平衡水分。即一定温度下的水汽压与商品表面周围水汽压相等时,商品既不吸湿也不解湿,此时的水分称平衡水分。

平衡水分是可变化的值,亦即随温湿度的变化,平衡关系不断被打破,在温、湿度变化过程中,商品总是通过吸湿或散湿与空气中相对湿度保持平衡。

每种中药商品都有一定温、湿度范围内的平衡水分,其平衡水分的大小,与空气中的相对湿度成正比。在温度不变的情况下,绝对湿度越大,相对湿度也越大,平衡水分就越高;反之,平衡水分越低。在绝对湿度不变的情况下,商品平衡水分与温度成反比。温度越高,平衡水分越低,反之则越高。

以川麦冬为例,在30℃相对湿度75%时,其平衡水分是17.9%,如果温度不变,绝对湿度增加,相对湿度上升到81%时,由于空气中水汽压加大,平衡关系被打破,商品在原平衡水分17.9%的基础上继续吸湿,直到吸湿到商品水汽压和空间水汽压相等,不再继续吸湿为止,此时平衡水分为20%。在上述条件下,相对湿度下降到60%,由于绝对湿度减少,水汽压也减少,商品表面周围水汽压大于空间水汽压,商品便向空间散失水汽。直到建立平衡关系为此。保管中的晾晒,烘干等都是利用水分平衡的具体事例。

5. 安全水分 吸湿性中药材可以安全贮存的临界含水率,称为商品的安全水分。吸湿性中药在一定温度下,通过吸湿增加含水率,通过解湿减少含水率,吸湿或解湿到一定程度,就会给商品贮存带来危害。商品含水率在什么范围内可以安全贮存,要有一个商品安全贮存的临界含水率。商品在临界含水率范围内,都是可以安全贮存的范围,超过临界值,都是不安全或相对不安全的范围。

商品安全水分有上限和下限,即最高临界含水率和最低临界含水率,在实际工作中,商品最高临界含水率对指导养护工作具有重大意义。每一种商品都具有一定温度下的安全水分,温度越高,安全水分越低;温度越低,安全水分越高。

(二) 商品水分与温湿度的关系

中药都含有一定的水分,其含水量又因其组成成分和内部结构不同而各有差异。中药水分与空气的温度和相对湿度等因素有关。空气温度升高,药材水分蒸发(即药材所含的水分大量向空间散发),使其本身水分走失严重,导致药材干裂、脆化、变形。空气相对湿度在60%以下时,空气中的水蒸气含量即显著降低,中药的含水量则会减少;若空气相对湿度在70%时,中药的绝对含水量不会有较大的改变。但是,当空气相对湿度超过70%以上时,中药的含水量会随之增加。

五、温湿度的控制与调节

(一) 温度控制和调节

温度与贮存中的中药商品的质量有着极为密切的关系,对于一些不耐高温的中药商品,为了在贮存过程中保持质量的稳定性,必须对库内温度进行调节,使其符合商品性能要求的温度范围。中药仓库内温度控制要求达到冷贮温度(8℃以下)及凉爽温度(15℃以下)两种程度。

1. 空气调节器降温　以压缩式制冷机制冷,自动调温控制。

2. 通风降温　通风是利用空气自然流动的规律,使库内库外的空气进行交换,或利用机械设备使库房内外的空气得以循环,以达到调节和控制库内空气温度的目的。机械通风降温不受大气条件和季节的限制。具体操作方法详见第五章中药传统养护方法。

3. 遮光降温　有必要进行遮光降温的仓库,可在库房外天棚或在库顶上30~40cm外搭凉棚,并在日光曝晒的墙外也搭上凉棚,以减少日光的辐射热,使库内温度下降。

4. 排冷降温　用排风扇将地下室、地窖、防空洞的冷空气引入库内,降低库内温度。

传统降温方法还有加冰降温,即选择密闭、隔热条件较好的仓库,用冰使室内温度降低。一般将冰块或冰块混合物盛于铁桶或木桶内,放置库内1.5m的高处,便于冷空气下沉,容器下装置排水管,将水引出库外。由于此法费用较大,故适用于不耐高温贮存的小批量商品降温。

5. 保温　在严冬里可在仓库顶棚、门窗添一些保温装置(通常采用夹层窗户,门部悬挂棉门帘),并使门窗严密关闭,仓库四周用夹墙壁,内用绝热物充填,这样仓库散热慢,能在一定的时间内保持库内温度不变,受库外气温高低变化的影响小。在严寒地区,一些怕冻的液体中药制剂,应采取保温的方法使液体不受冻,一般温度不低于液体制剂的冰点即可。有暖气条件的地方,可在库内靠墙处安装暖气片,密闭门窗使库内保持适当的温度。它有散热均匀、温度容易调节、清洁卫生、无火灾危险等优点,但应该使药物离散热器有一定距离。

(二) 湿度的控制和调节

由于大气湿度有日变化和季节变化,使库内湿度也经常处于变化状态。中药保管要求库内相对湿度75%以下为宜。当空气潮湿,库内相对湿度在75%以上时,应采取调节或控制的措施:一是减少湿度的来源,二是不断排除库内湿度。一般采用密封、通风、吸潮等方法对库内相对湿度进行调节和控制,具体操作方法详见第五章中药传统养护方法。

第五节　中药仓库作业管理

中药仓库作业,是由中药商品入库、贮存养护和出库三个基本环节组成,在岗位上各有不同的作业内容,在组织形式或构架上却是关系密切相互配合的整体。

一、中药商品入库

中药商品入库包括现场收货、商品验收、检斤过磅、搬动堆码、记账和开出贮存凭证等所进行的一系列作业活动。

(一) 入库的基本原则

商品入库"四分开"是商品入库的基本原则,是中药安全贮存的前提。

1. 品种规格分开　亦称"分唛"。即将一批入库商品中的品种、规格、等级、剂型等分清楚,以便分别入库,防止混乱。

2. 干湿分开　商品进库,对易发生虫霉和潮湿的商品,应测定含水量,干湿不同或有水渍的货包,应分开入库,以利于安全贮存或采取防治措施。干湿分开是保持质量稳定,预防虫蛀霉烂的重要措施。

3. 质量优劣分开　中药由于采集加工不规范,质量优劣相差较大;有的加工不纯或含杂质较多,特别是不分等级的品种,应分开入库,以保证药品质量。

4. 有虫害霉变与无虫害霉变分开　有虫霉侵染的要杀虫灭菌,分开存放,防止传播蔓延,避免损失。

(二) 收货作业

收货是仓库业务的开始,根据商品入库凭证。逐批逐件点准收货。要求做到及时、准确、有序。

1. 安排卸货场　指导运输人员按指定场地卸货,并注意商品包装情况,如发现破损、污染、潮湿等现象应及时捡出处理。

2. 检斤拾码　指对入库商品包件称斤核对唱斤写数和按个点数的过程,在检斤的同时填妥磅码单,然后进行结算,它是结算和数量验收的依据。检斤时应逐件点收核对卸落散乱的货包,应理清货包件数后,逐件清点累计总数。对品种单一、包装一致的可集中统一堆码,方便计数。检斤前校正衡器,凡一批商品件数较多,应中途进行复核,一次检斤的商品重量不能超越磅秤标示的最大重量。每件货包在检斤时,应在包件上逐件编号,并标明检斤数量,以方便复核、盘点,还可为损溢报批提供依据。细贵商品及毒麻品等检斤时,应选用"小磅秤",以求正确。

3. 磅码单　凡以重量计算的商品经检斤计量后,均应填写磅码单。磅码单内容有发货单位、商品名称、存放地点(货位号)、码单编号、包装类型、备注以及检斤的毛重、皮重、净重等栏目。由司磅员填写和签名。一式两份,根据需要,可以增添。商品检斤一般每次一件,如一次检斤有两件以上的,必须在"备注"栏内注明。

4. 入库凭证　入库凭证是商品入库记账的依据,也是与供方结算的依据,表示实收数量和质量情况。在做商品入库凭证时,保管员要根据检斤记录计算出进库商品的毛重、皮重、净重、件数,复核无误后,逐项填写入库凭证,并注明商品存放的区、排、号。做好入库凭证后,再填写商品进库的保管卡片。

商品进库保管卡片应该按每个品种的规格、等级分别设立。卡片上的名称、编号与在库商品的规格、存放地点一致。做到一货一卡或一垛一卡。

5. 办理交接手续　收货作业完成后,要及时办理交接手续。

(1) 收货人员在送货单上签收若发现货包数量不符,以及有破损、污染、水湿等现象时,应在货单上注明情况做好记录,以便查询,并及时向有关部门联系处理。

(2) 通知检验员验收,收货完毕,及时向检验员交代现场收货情况。对细贵商品、毒麻品、危险品等应向仓库保卫部门联系,派员到现场监察、督促及时入库,以策安全。

(3) 夜运或节假日收货应翌日向有关班组联系交接,防止延误或差错。

(三) 货位安排

每批入库商品都应及时安排贮存货位。由仓库货位调度员根据入库通知单的品种、数量,结合商品性能特点与养护要求,及时安排合适的货位。货位选妥后通知保管员、检验员、搬运员分别做好准备和开展作业。

(四) 入库验收

1. 商品检验　执行国家、部颁和地方标准,要"先验收、后入库"。中药材应检验基源、药用部位、性状特征、规格等级、色泽气味、含水量以及杂质和各种异状等。中成药应检验商标、批准文号、有效期、产品批号以及各类剂型的外观质量、水分、重量差异、装量差异等。

2. 包装检验　中药包装经过运输等环节容易损坏或被污染,有的包装物料与商品性质和贮存要求不相符,应及时修整或更换。通过检验要理顺包装皮重,使之皮码清楚。细贵、毒麻等商品应件件回皮,确保正确。在一批入库商品完成全部检验作业后,应及时填制商品入库验收单,由责任检验员签名。

(五) 商品计量

中药材计量单位有的按重量计算,有的按数量计算。

1. 按重量计算　绝大部分中药材以 kg 为计量单位。也有小部分细贵药材以 g、mg 等为计量单位。

2. 按数量计算　以条(蜈蚣、白花蛇、狗肾等)、只(蛇胆)、对(蛤蚧)等为计量单位。经逐件点准后装件,包件外标明品名、规格、等级和数量。

二、商品出库

商品出库是仓库的发货业务,根据业务部门的商品提货凭证,按其所列的商品编号、名称、数量等项目,组织商品出库、记账、配货、复核、包装、分发等作业,正确及时地完成商品出库任务。商品出库原则是先进先出,近期先出,按批号发货。

(一) 发货程序

1. 核单 即审核商品提货凭证,查对付货仓库名称、印鉴、商品名称、规格等级、数量、提货有限日期等项目。

2. 配货 保管员根据提货凭证所列项目内容及账务员的批注,核实后进行配货。配货作业包括原件商品包装整理,计件、计量(检斤或检数),零星商品拼件装箱,刷写标志收货单位、收货地点、发货单位、指示标志等,并经复核无误,配货才结束。

3. 记账 记账员根据配货后的实发数量,逐项对照登入商品保管账。也有采取先登账然后配货。

4. 待运 待运指当天不能提货的出库商品,需安排分户、分单作临时堆存。待运商品应有明显标志,便利发货。待运商品要加强检查,防止雨淋、水淹以及其他不安全因素的影响。若待运时间较长,要根据商品性质,防止虫蛀霉变的发生。

5. 发货 运输人员持提货凭证及托运单向仓库提取商品时,保管员应逐单核对,并点准件数交付提货人员,提货单上加盖"付讫"戳记,并点交随货同行的有关凭证。然后填发商品"出门证"。

(二) 发货形式

根据业务部门销售和经营方式的不同,仓库发货分自提、送货、取样等形式。

1. 自提 由购货人(单位)持提货凭证到仓库直接提取,经仓库核实和发货程序后把商品当面点交给提货人,办妥交接手续。这对提取细贵商品或毒麻品等更为适宜。

2. 送货 送货系根据业务部门销售的需要,开出提货凭证,通过内部传送到仓库,仓库按单配货,及时将商品运送到购货单位;或完成备货作业后,由运输部门持托运单装运,发往购货单位。

3. 取样 亦称"扦样",是发货的一种形式。取样单应由业务部门填写,盖提货章有效。内容包括品名、规格、数量等项目,样品直接点交提货人,"取样单"作正式提货单记账。

三、中药商品定位

中药商品品种多,规格等级复杂,同一库房或货区,往往存放着不同品种或相同品种的不同规格等级的商品,如果没有专用的标记,在收发商品时,很可能发生混乱。如果将商品在库内的存放位置统一编号,实行商品定位,则可避免发生混乱。

商品定位是指采用专用的标记来说明商品在货场或库内存放的位置。俗称"存放地点"。商品进库后在库内安家落户,要有一个"位置",这就是区、排、号或库号、货号、副号。商品存放后要立户编订"副号本",副号本是保管员根据各种商品存放位置编订的标记商品定位情况的本子,它与保管卡片及商品保管账的商品存放地点应一致。

(一) 区、排、号的划分

在货场与露天货垛常划分区、排、号来进行商品定位。

区:即将商品贮存的位置划定几个区域,按方向规定,则为东、西、南、北区等。按号码划定,则为一、二、三区等。"区"标明了商品区内的总方位。

排:商品在同一区域内存放基本是按固定的横向或纵向分排排列,通常按自然形成的走向排列划分为若干排,如一排、二排等。

号:指某种商品存放在某一排的具体位置编号。通常按商品垛处在某一排的位置划分为若干号。

例如,某商品的商品定位是:西区、5 排、3 号,记为"西-5-3"就可以很方便的找到。

(二) 库号、货位号、副号的划分

库号、货位号、副号用于库内的商品定位。

库号——所有贮存商品的库房统一编号,从 1 号库到几号库。

货位号——每一库内以衬垫物占地面积为一个货位,按每个货位纵向或横向排列分别编号,编成多个货位号。

副号——在同库同一货位上每堆码或每个相同品种的货垛,分别编号,表明商品在此货位的位置,即副号或称垛号,同一货位的副号应该避免重复。

库号书写在库、门或库的大门外墙醒目处,货位号书写在货位台基的一侧或将货位号标记悬挂在货位上方,商品副号标记在商品垛上。例如,某商品垛上书写有"5-7-3"的标记,表明该商品定位是在 5 库、7 号货位、3 号垛。

(三) 副号本

副号本是保管员专门记录所管商品在库内定位情况的本子。每一副号本只记录一个库的库存情况。同库内的各货位号编在副号本的每一页上,即每一页代表一个货位。使用时,每一新堆码的货垛,在定价定位后,副号本就应该及时登记定位情况;当某商品经出库已没有库存时,应将某商品在副号本上货位号或副号擦去。副号本是一本商品定位情况的活地图,利于保管员查找商品。在保管员因公或因病等不在岗时,其他保管员按副号本提供的商品定位情况,能快速找到商品。每本记录一个库内的库存情况,每一页码记录一个货位上的商品品种。

(四) 商品定位的作用

(1) 实行商品定位,是分类保管的基础工作之一,可以防止商品的不合理摆布,易记、易查找,也可避免错收错付、串收串付等差错事故。

(2) 有利于商品先进先出,保证质量和提高仓容利用率。

(3) 商品定位可以提示库存情况,把库存与保管员卡片、商品保管账联系起来,有利于账、卡、货三相符。账——商品保管账;卡片——保管员挂在堆上的卡片;货——库存货物。

四、苫垫堆码技术

1. 苫垫和堆码技术　苫垫和堆码是中药仓库的常规作业,也是商品进入贮存阶段的基础管理工作。"苫"是指货垛上部及周围的苫盖;"垫"是指货垛下面的衬垫,能隔绝地坪湿气渗

入,并具有通风散潮的作用。堆码亦称堆垛,即将众多的货包堆叠起来组成货垛。堆码的形式有重叠堆码法、压缝堆码法、牵制堆码法、通风堆码法、货架堆码法等。堆垛应留“五距”,即顶距、灯距、墙距、柱距、垛距。每平方米的堆放重量不得超过仓库结构所允许的技术定额。对含水率偏大的商品,宜堆通风垛。

2. 层批标量 商品入库后进行堆码时要进行层批标量,以便随时掌握库存情况和进出动态。方法是从底层开始标量向上逐层加码标量,每层用3个数表示:第一位数是层数、第二位数是每层件数、第三位数是从第一层开始至这一层的累计数。这样做在任何时候都可以直接读出商品垛的总件数。例如,某商品有30件堆码成5层,则层批标量为:1-6-6、2-6-12、3-6-18、4 -6-24、5-6-30。

第六节 仓库经济指标管理

中药仓库的经济指标,是仓储业务管理的核心。仓库为了适应经济核算的需要,制定了一系列业务和经营活动相对应的指标,指标内容主要包括:①反映仓储经营成果方面,以商品保管数量和质量为主。如商品贮存量、商品损失、商品损耗率、账货相符率以及收发货差错率等。②反映仓储劳动和物资消耗方面,以劳动生产率和物资消耗为主,如人均工作量、收发货时间、保管费用等。③反映经营成果方面,如盈利率和利润额等。上述内容能从多方面反映仓储企业的经济活动,所具作用虽有不同,但都是衡量仓储业务管理水平的依据。

一、商品贮存量定额管理

商品贮存量定额是衡量仓库贮存任务完成情况的重要管理目标,也是检查贮存量完成情况的依据,其制定的定额量,通常称为“指标”。

(一) 贮存量定额的制定

制定仓库(库房)的贮存量定额,要按照客观依据和结合各方面的因素,制定合理而先进的定额指标。其参照依据是:

1. 库房面积 一般按实际面积计算。

2. 库房高度 指可供利用堆垛的高度。

3. 库房荷重技术定额 根据仓库(库房)的不同结构,参照其规定的单位面积负荷重量。一般地面(低层库房)技术负荷重量较高,二层楼以上的库房负荷重量则低。

4. 库房设备 具备机械设施的可提高使用率,人工操作则使用率相应减少。

5. 贮存商品的类型 不同中药的密度相差悬殊,若库房按商品分类贮存,则要根据贮存商品的类别作出计算的依据。由于不同类型的仓库、业务性质、经营范围各不相同,贮存量定额的计算内容和方法也不同。通常以任务和业务性质相同,在“安全、方便、节约”的原则下拟订出切实可行的定额指标。一般整进整出的库房,每平方米贮存量定额不低于0.7t,整进零出的库房,不低于0.5t。

（二）贮存量的计算

1. 贮存量的计算方法　中药仓库贮存量以“综合吨”为计量单位，它是由重量吨和体积吨两种计算方法得出的吨数相加而成。

（1）对密度大的商品按实际重量计算，称为“重量吨”，如自然铜、半夏、槟榔等。凡商品毛重（包括外包装重量在内）已达1000kg，体积等于或小于$2m^3$的，都以重量吨计算。

（2）对密度小的商品按实际体积计算，称为“体积吨”。如灯心草、蝉蜕、丝瓜络等。凡商品的体积已达$2m^3$，而毛重小于1000kg的，以体积吨计算，每$2m^3$为1体积吨。

最终贮存量的计算，就是“重量吨”和“体积吨”的总和，称为“综合吨”。

2. 单位面积贮存量计算　单位面积贮存量指仓库（库房）实际面积每平方米平均贮存的商品吨数。也是衡量仓容利用的程度，促使挖掘仓容潜力，提高堆码技术，改进堆码方法，充分发挥仓容的效能。

计算方法：

单位面积贮存量（t/m^2）= 月平均贮存量（t）/［库房实际面积 -（平均待用面积/0.6）］

注：1）月平均贮存量是日计月累除以当月天数而得。

2）库房实际面积指库房内面积减去楼梯、电梯、柱子等固定障碍物以后的面积。

3）贮存量指在库商品的数量，以综合吨为单位。

4）平均待用面积指已经腾出的空仓位，正在等待进货的货位面积。它是每日待用面积相加后除以当月天数而得。

5）计算公式中的0.6是因为面积利用率一般要达到60%。指标是按实际面积定的，待用面积（即可用面积）一般只占实际面积的60%，这样计算比较合理。

（三）贮存量定额完成情况检查及定额指标检查

贮存量定额的完成情况，要经常进行检查，从中发现问题，可及时纠正，使之充分发挥仓容潜力。检查方法：

贮存量定额完成情况（%）=（平均月贮存量 + 平均日空仓位吨数）/贮存量定额 ×100%空

仓位吨数：空仓面积 × 单位面积贮存量定额（t）

二、商品损耗损失管理

中药在贮存期间所发生的商品损耗或损失，是两种截然不同的现象。因此，在管理上应根据实际情况，区别对待。

（一）商品保管损耗管理

保管损耗是指商品在库保管期间所发生的损耗。由于中药性质不同、自然气候、包装条件、技术设备等因素，导致产生自然或难以避免的重量（包括数量）减少，其减少部分就是商品保管损耗。

1. 保管损耗的范围　保管损耗是指商品按重量计算或包装容易破碎的（主要指中成药易

损包装)商品发生的损耗。凡以条、只、对、盒等计数的商品不属于保管损耗范围,这类商品发生短缺时,应按责任事故处理。保管期间,仓库内部转移库房(货位)所发生的损耗,应包括在保管损耗中。在库商品的整理(分装、变更包装、挑选、晾晒等)所发生的损耗,可不作保管损耗,另行计算。

2. 保管损耗产生的原因

(1) 商品含水量减少:中药材含有一定的水分,贮存一定时间后,含水量出现不同程度的减少,导致商品减量,其因素是多方面的,如商品本身含水量过大,贮存场地干燥,受自然气候(温度、日光、空气等)影响等,会加速水分散发。

(2) 包装含水量减少:中药在入库时有的包装物料较潮(主要是竹筐、木箱、藤篓等制品),经过一定时间自然干燥后,实际包装重量已减轻,而出库时未纠正,仍按原包装重量计算,使商品的净重减轻。

(3) 商品性质变化:有的中药受自然环境影响,会产生物理性质的变化,如挥发、升华、潮解流失等,使商品的重量减轻。

(4) 包装物料不固或选择不当:包装亦会直接影响商品的质量和数量,若选择和使用不当,会使商品破碎、渗漏,特别是劣质包装或袋口(封口)不严更会造成撒漏,增大损耗。

(5) 装卸搬运,移仓倒垛:商品一经移动,就会受到震动摩擦,次数愈多,损耗愈大。若野蛮作业或用"手钩"抓破包装,更会增大损耗。

(6) 称量不准:商品进出称量,操作人员技术上发生差错或衡器不准,均会产生磅差或重量误差。有的因整进零出,也能使保管损耗增大。

造成库存商品损耗因素是多方面的,在实际作业过程中要具体分析,找出其中主要原因,分辨出属于自然还是人为的,从中吸取教训,加以改进。

3. 保管损耗的类别 商品保管损耗的划分,应符合如下规定:

(1) 中药的保管损耗应实行分批结算、分批报耗的办法,不得以甲、乙同类商品合并报耗。

(2) 一批商品如到年终尚未出清者,应进行清查盘点,根据实际损耗数办理报耗。

(3) 一批商品的损耗数量超过本商品所规定的定额损耗范围时,不能视为正常的保管损耗,应该填制《商品超定额损耗单》,经审批后报耗。

(4) 一批商品出现溢余时,应单独报溢,不应与损耗互相抵冲。

4. 保管损耗的核算 保管损耗一般以损耗率(%)表示,即自然损耗数量与商品入库总量的百分比。

保管损耗率(%)=[(入库商品总量-出库商品总量)/入库商品总量]×100%

5. 保管损耗定额管理 中药保管损耗的报耗,不是无限度的,必须符合合理的损耗范围,按照贮存期长短,制定出中药保管损耗定额。具体可参照1981年国家医药管理局颁发的《医药商品定额损耗管理办法(试行)》。

(1) 管理的目的:促使改善保管条件,提高养护技术,加强工作责任性,消除野蛮作业,及时清仓理库,最大限度地降低商品损耗,改善经营管理。

(2) 制定损耗定额的依据:根据各类中药的不同性质(剂型)、药用部位、包装、贮存条件、价值等因素,加以归纳、总结,制定出平均先进定额损耗率。并在保管时间方面分为3个月、6个月、一年以内和一年以上4种不同的定额率。凡一批商品的损耗率超过定额规定的范围,都属于超定额损耗(简称超耗)。

6. 保管损耗的报批　商品保管损耗的核算、报销和审批,均应按规定制度办理。

(1) 保管损耗报批要履行正式手续,建立统一的报批单据,凭单记账查存,通过登记,设立损耗档案,研究改进措施。

(2) 核实一批商品所发生的损耗,都应以实际损耗数填报,不得以定额损耗率扣除后的数量计账。

(3) 每笔商品损耗都应认真核实,对超定额损耗的报耗,应说明原因。

(4) 负责审批商品损耗的主管部门,应谨慎审查,必要时须调查了解,掌握具体情况,及时批复。

7. 降低保管损耗的途径

(1) 齐全商品损耗管理制度,建立岗位责任制。

(2) 提高职工业务素质,掌握各类中药性质,合理选择贮存场地,做好库房温湿度管理,减少商品移动。

(3) 严格入库验收,全面了解商品情况,及时提出防范措施,防止有不安全因素的商品入库。

(4) 加强作业管理,装卸搬运要遵守操作规程,实行文明操作,禁止抛、扔、砸等野蛮作业。

(5) 掌握库存商品贮存期,定期对库存商品进行排队,加强与业务部门联系,加速商品流转。

(6) 修补包装,珍惜药源。在商品进出各工序中,要及时修补(加固)包装,不使商品遗漏。对撒落的商品要及时分拣、归件。

(7) 加强计量工具管理,衡器应定期检测,保持准确,检验人员应认真操作,避免错磅、错看、错记、错算等情况的发生。

中药商品的保管损耗虽然难以避免,但损耗的数额和原因是可以查明的,有的还能得到抑制。只要严格管理,措施到位,商品减少损耗的目标是可以达到的。

(二) 商品保管损失管理

商品保管损失是仓库承担的一项经济责任,也是反映商品质量和经营管理的重要指标。通过核算商品损失,追查事故原因,核实经济责任,可严格制止商品损失的发生。

1. 商品保管损失的范围　保管损失的性质属于商品在保管期间由于责任事故所造成的经济损失。其范围包括因保管不善造成的商品残损,霉蛀变质,丢失短少,超定额损耗,商品错验、错收、错付以及作业不良造成毁货、损坏等。凡责任事故造成的一切商品损失,应由当事人填报《财产损失报告》,说明事件发生经过,并从中吸取教训,提出防范措施,报主管部门审批。若商品保管期过久或商品本身不宜久存以及商品质量不符等,经仓库预期向存货业务部门提出催调或处理,而存货业务部门不及时调出或解决,导致商品的损失,则不作为仓库的保管损失。

2. 保管损失的计算　为衡量和对照损失金额的增加或减少,可按损失的商品价值与保管商品总值的万分比计算。保管损失虽没有规定的"定额",但一般应不超过万分之一。

损失金额可按原商品的成本价计算。平均保管损失金额等于逐月损失金额累计除以月数。平均贮存商品金额的计算一般为年初总金额和年末总金额相加后的平均金额。

3. 商品保管损失的防范

(1) 加强库存商品管理,建立作业规范,严格复核制度,健全岗位责任制,实行上岗培训,持证上岗,提高职工业务技术知识和操作技能,全面实行商品安全管理。

(2) 商品保管要严格入库验收,加强库存商品检查,正确及时采取有效措施,提高养护技术,确保商品不受损失。

三、收发货差错率统计

收发货差错率是一项反映仓库作业质量的指标之一,其作用是衡量收货与发货的准确程度。通过对收发货差错率的考核,可以促进收发货员加强工作责任感,严格管理商品出入库,提高服务质量,防止差错事故。

1. 差错范围 凡仓库在收货和发货中所发生的差错都属于差错范围之内,一般以入库单或出库单(一货一单)为依据,每一单(票)的收货或发货中所发生的差错各为一笔。为及时挽回损失,一般规定在差错发生后的5天内查清,并未造成财物直接损失的可不作差错计算。

2. 差错率的计算 仓库在收货和发货作业中,所发生的差错笔数(累计数)占收货和发货总笔数的万分比。一般不应超过万分之五。

四、账货相符率统计

仓库的账货相符率是反映保管质量的重要指标。通过核算,可以衡量仓库账面商品的真实程度,若账货在一核算期内发现不符的比率超过正常情况时,保管工作就需加强整顿。

1. 查核范围 凡仓库保管的商品发生品名、规格、等级、货号、数量(包括缺盒少瓶)、件数、重量(指定量包装)等有一项出现不符的均属账货不符。检斤商品因自然增减的重量不属本范围。正在办理查询的可不列入统计。

2. 账货相符率的计算 账货相符率系指仓库商品保管账上所载与商品实际相符的笔数占贮存商品总笔数的百分比。一般规定整进整出的仓库不低于99.5%;整进零出的仓库不低于98.5%。当库存商品在盘点、抽查时,每笔应与账面核对。一般先以实物对保管卡,再以保管卡对仓库商品账,以一账(货)为一笔。

$$账货相符率(\%)=(账货相符笔数/存商品笔数)\times 100\%$$

五、保管费用管理

保管费用的核算,是考核仓库经营耗费和经济效果的一项综合指标。它是反映当月贮存商品每吨的保管成本,可以促进仓库改进经营管理。

1. 费用范围 保管费用包括仓库职工的工资和附加费、奖金、福利基金、固定资产折旧、低值易耗品摊销、修理费、税金、商品养护费以及行政管理费等。商品运输费、基建费、固定资产购置费等可不计入。

2. 费用计算 在一定时期内保管每一吨商品所支出的费用(一般按月统计,以利及时掌握情况)，然后再计算年度平均保管费用。

月平均保管费用(元/t) = 当月保管费用总额(元)/月平均贮存量(t)

六、人均工作量统计

人均工作量是衡量仓储人员实绩，反映劳动生产率和经济效益的重要指标。可以促进提高劳动效率，合理分配劳动组合，发挥仓库人员的集体力量，创造更好的经济效益。

1. 人员范围

(1) 核算保管人员平均工作量的人员范围：保管、收发货、搬运、堆码、检斤等人员。

(2) 核算全员平均工作量的人员范围：仓库全体职工的人数，包括记账、核算、养护、后勤以及行政管理人员等。但从事运输业务的人员(包括管理人员)可不计入。

2. 工作量计算　例：全员平均工作量 = (保管商品吨数 + 收发货吨数) ÷ 全库人员数

七、经济指标的考核要求

仓库各项经济指标的考核，应以班组为基础，由专职核算员共同编订和统计，有关班组应设置相关的登记、统计等原始记录，并对指标的完成程度进行分析和总结。

核算员负责仓库各班组指标的统计和审核，要求资料齐全、项目完整、统计正确、复核认真，然后编制经济指标统计表。统计表的内容要能较全面地反映仓库的作业情况，可与上期或同期相比较，研究存在问题，分析原因，提出改进措施。

仓库经济指标的定额管理和考核，可与劳动分配或生产竞赛活动相结合，充分调动仓库职工的积极性和责任感，创造更好的经济效益和社会效益。

第七节　仓库安全管理

仓库安全关系到国家财富和人员的生产安全，是仓库一项严肃的政治任务和经济任务。在管理上应严格遵守有关法规法令，切实做好人身、商品、设备等方面的安全。

一、仓库防卫

仓库保卫重点是防火、防盗、防工伤、防中毒、防危险品及交通事故等。不同的仓库，重点防范虽有不同，但都应采取切合实际的安全措施。在经常性做好职工安全教育的同时，应随时研究安全措施，杜绝隐患。

二、仓库警卫

警卫的设置有两种。一是守护员(护仓员)，属仓库主任领导；另一种是警卫员(经济警察)，属企业和公安双重领导。

警卫重点负责仓库的日常警戒防卫。任务是掌握出入库人员情况，禁止携带易燃、易爆等危险品入库；核对出库商品是否与出门证所列相符；做好仓库巡逻守夜和安全检查工作。警卫员必须政治思想好，警惕性高，经相关安全管理知识培训后才可上岗，以具备适应安全管理的能力。

三、仓 库 消 防

仓库消防要贯彻“以防为主，以消为辅”的方针。从思想上重视，防范措施落实，严格执行安全制度，防止事故发生。

（一）火灾预防

火灾的成因，多数出于思想麻痹、防范疏忽，预防的基本要求是：

(1) 提高防火警惕性，认真遵守各项消防安全制度。

(2) 消防组织齐全，人人都会使用消防器材，分工明确，责职到位。

(3) 生产（作业）区严格分离，消除一切火警“苗子”。

(4) 设备和避雷装置能适应仓库防火的需要，存放（安装）地点适宜，保养妥善，用时有效。

(5) 火警能迅速扑灭火患并有应变措施。

(6) 做好日常防火宣传教育工作，消防队训练有素，要定期检查，发现隐患应及时纠正。

（二）灭火方法

1. 隔离或疏散法 当火情发生时，应迅速将可燃物与火源隔开，或把未燃物尽快搬离现场，进行疏散。

2. 窒息法 减少燃烧点（区）周围空气的氧含量，造成缺乏空气（氧）状态，使之熄灭。

3. 冷却法 降低可燃物的燃烧点，使之停止燃烧。

（三）灭火器械种类和用途

1. 二氧化碳灭火机 不导电。适用于扑灭电器、仪器、档案资料以及小范围油类等火灾。

2. 1211 灭火机 适用于扑灭油类、可燃气体、电器设备等引起的火灾。

3. 干粉灭火机 适用于扑灭油类、可燃气体、电器等引起的火灾。

4. 四氯化碳灭火机 适用于扑灭电器、油类、机件引起的火灾，也可用于一般火灾。

5. 泡沫灭火机 适用于扑灭油类等可燃液体及一般固体物质引起的火灾。

6. 酸碱灭火机 适用于扑灭一般物品引起的火灾，不宜用于油类、电器设备等引起的火灾。

四、自然灾害预防

自然灾害包括雨汛、雷击、热带气旋和台风等对仓库的袭击，其危害程度莫测，应以预防为主。

(1) 建立专职机构，负责防灾规划、宣传、检查等。落实分区（段）重点防范措施，建立防灾责任制和具备应急抢险能力。

(2) 注意气象预报，及时布置，检查隐患。

(3) 改善商品贮存条件，做好汛期物质准备和维修危险建筑，实现仓库不漏水、不进水、不积水，以保证仓储安全。

五、安 全 生 产

中药的装卸、搬运、堆码和熏蒸等作业，存在着一定的不安全因素，应采取积极的预防措施，防止各类事故的发生，以保障人员与商品安全。

(1) 加强思想教育，积极革新技术，改造设施，提高安全系数。操作人员必须重视安全生产，定期检查，注意劳动保护。

(2) 加强职工的业务技术培训，提高安全作业知识，严禁违章操作，重要技术岗位必须经过培训考核合格后，才准上岗，以确保生产安全。

(3) 制定各项安全操作规程，岗位人员务必严格遵守，并随时检查落实。

(4) 重视职工保健，定期进行体检以增强体质。

第八节　中药仓库现代化

一、现代化仓库的概念及发展趋势

根据中医药在全球的美好影响和21世纪的发展前景，在中药贮存养护行业采用现代化科学管理方法和先进的技术手段，对仓库中的人、财、物、环境及其运转过程，运用机械或自动方式有目的地加以监测、控制和调节，以达到高效、低耗地完成仓储任务，从而实现仓库管理现代化、信息网络自动化，装卸、搬运、码垛机械化，专业人员知识化的目标，这就是仓库现代化的基本含义与任务。

(一) 管理自动化信息化

1. 电子计算机管理系统　对仓库物资的贮存、数据分析以及信息控制等实行计算机自动化管理。

2. 监控报警系统　仓库建立监控中心，实现库房温湿度监测、遥控及无线对讲、防盗、消防报警、门窗启闭等监控系统的自动化管理。

3. 物资收发作业控制系统　在逐步实现仓库作业机械化基础上，运用电子计算机进行程序控制，实现小件、零散物资收发自动化。

4. 信息网络化　以物资管理为中心的各项活动，通过信息的传输、加工利用和反馈，来实现管理目标；整个仓库管理机构形成一个信息畅通的网络，促使管理效益的不断提高。

(二) 作业机械化自动化

物资装卸、搬运、拆码垛、商品入库点数、分类、检测、记录、发货等实行作业机械化自动化。

三个作业环节实现机械化。主要采用起重机、拖车、托盘及集装箱等形式,使库内物资流动作业完全机械化。

(三) 知识专业化

从事药品验收、养护、计量和销售工作的人员必须按国家有关规定设置,仓库各级各类人员都必须经过正规训练或院校培养,人员的专业素质必须符合现代医药管理和养护专业标准,使各类人员知识专业化。

二、现代化仓库的特点与作业方式

现代中药自动化仓库是新世纪物流系统中迅速发展的一个重要方面。它由仓库建筑、高层货架、堆垛机、输送机等外围设备以及电脑控制装置、信息处理系统、流水搬运路线等组成。随着工业生产的发展,原材料、半成品、零部件及成品数量和品种大幅度增长,势必要求扩大仓库的贮存能力,因此机械化、自动化的立体仓库应运而生,而且发展很快。

(一) 中药自动化仓库的组成及特点

自动化仓库又称立体仓库或高层货架仓库,是指采用几层、十几层乃至几十层高的货架贮存商品,并且用相应的起重运输设备进行商品入库和出库作业的仓库。它可以实现计算机网络管理,做到无人操纵按计划入库和出库的全自动化控制。这类仓库的优点是:可以提高土地利用率,节省建筑征地费用;能充分利用仓库地面与空间,提高单位面积贮存量;有利于实现仓库作业机械化、自动化,能提高工作效率和劳动效率;有利于实现仓库规范化管理,有利于 GMP、GSP 的贯彻实施。随着我国医药商业系统加快实现仓库现代化的步伐,高架立体仓库也应得到较快的发展。自动化仓库的内部结构主要有以下几部分组成。

1. 货架 仓库的主要组成部分。

2. 堆垛机 仓库的主机,用于库内搬运及堆放货物的自动化机械,关系到全库运转功能。

3. 叉车或输送机 供货物出入库搬运用。

4. 控制系统 库内各种设备可用手工控制、半自动控制及自动控制。

自动化仓库的作业是把货物贮存于高层货架上,存取货物由堆垛机在货架间进行,货架以外货物的搬运则利用各种输运机和叉车来进行。仓库的电脑控制系统主要是操纵堆垛机及输送机。总的看来,自动化仓库具有下列优点:

(1) 增加了仓库的有效高度(一般 10m 以上),可以充分利用仓库的地面和空间。

(2) 采用自动化堆垛和输送装置,可显著地减少仓库管理人员和减轻体力劳动。

(3) 提高出入库效率及物资管理的可靠性。

(4) 按需要可在规定时间内将指定的货物自动地进行收入和发出。

(二) 自动化中药仓库的类型

按工作性质分为准备仓库和贮存仓库;按工作目的分生产性仓库和流通性仓库;按作业系统可分为下列几种:

1. 工字型系统　这种仓库是作为生产工序的一环而设置的,如工件由A工序向B工序输送时,在A、B工序间的中间仓库,可以起缓冲作用并提高灵活性。中间仓库一般都是用来贮存半成品。

2. 订货处理型系统　又称周转仓库,是用电子计算机把仓库的功能和订货、发货处理结合起来。采用中央电子计算机处理订货、收货到发货的业务,并能将实际运转情况输入管理系统和自动控制系统,以达到物流合理化的目的,这种类型是最先进的自动化仓库。

3. 补给型系统　适用于装配线等工序,按照生产工序供给装配用的零件等。若以装配线为作业中心时,供给时间和生产工序的同步性、检货功能以及输送线等都应与现场的作业环境、作业方式等实际情况相适应。

4. 综合处理型系统　这是直接把材料——生产——销售与仓库联结在一起的综合统一处理型仓库。

以上系统类型是根据用户的使用条件和要求来选用的,而各种不同的新的需要反过来又推进了这些类型的组合和更新系统的深入研究。在进行自动化药材仓库设计时应考虑设立仓库的目的、仓库系统的范围、贮存和周转量的规模、处理的品种、处理的方法、处理的能力、货物流动的方向、时间和空间的制约,以及用地条件、环境条件、发展可能性、投资限额、法律规定等;同时还应考虑经济性、运输可靠性、安全性,设备的发展余地和改建方便等要求。

(三)自动化仓库作业方式

中药自动化仓库对货物的入库、贮存和出库所采用的作业方式有以下几种。

1. 货物的入库、贮存和出库单元化　货物作为一个集装单元存放在托盘、货箱中,用托盘单元进行出入库作业。这种方式单纯简便,有利仓库使用机械的标准化、专门化和自动化,并可使货物达到先进先出的要求。

2. 货物入库是单元,但出库是零星的　自动化仓库入库一般是集装单元,出库则必须根据提货单,在集装单元中取出所需的少量货物,与其他货物配齐后发出。

3. 货物的入库、贮存和出库作业都是零星的　但不论采用何种方式,其操作程序基本相似,可归纳为:①入库货物的验收;②入库货物上托盘;③把单元货物运送到仓库入口;④由堆垛机出入库;⑤出库货物的搬运;⑥出库货物从托盘上卸下;⑦入库货物与新入库货物合流;⑧最少单位货物的拣取、配齐、临时存放;⑨出库货物的核对、堆垛。

在作业过程中应注意从收货到发货的整个过程的流通能力,各工序的处理能力应该平衡,不应发生能力过大和不足的现象。药材自动化仓库的检货是一个主要环节。通常分货架外作业和货架内作业两种方法。货架外检出是使用堆垛机把货物连同托盘一起取到货架外,由输送机搬运到预定位置检货后,再把托盘和剩下的货物入库。货架内检出是使用带有货箱的检选型堆垛机,把所需要的货物从货架和托盘中检选到堆垛机的货箱中。

4. 货架的形式　主要有:①整体式货架(支承结构式货架):货架与仓库建筑构成一个不可分割的整体,整个仓库的顶棚和边墙都由货架来支持。货架沿仓库的宽度方向分为若干排,每排沿纵长方向分为若干列,整个货架依垂直方向又分为若干层,因此构成大量货格。②分离式货架(组装式货架):是一种独立的货架,它是与建筑物无关而自成一体的构筑物。主要用于高度不大而库房已建好的情况。③重力式货架:密集程度高,仓库面积可以充分利用,适合于品种少而批量大的仓库。

货架占地面积和高度是代表贮存能力的参数,也是设计仓库总体布置的中心问题。货架数目的确定应考虑单元货物的大小和重量、出入库的效率、占地情况、空间限制、通道情况以及堆垛机功能等因素。此外,根据库房的大小,货架一般分成若干排,每排再分成若干列及若干层。在每两排中间设一条巷道,巷道装有堆垛机的走行软道。因此每台堆垛机是为两排货架的货物存取作业服务。货物分别贮存于货格内,各个货格按一定顺序编成号码。

三、电子计算机在现代化中药仓储中的应用

随着社会的发展,中药库房应逐步建立自动化调控系统,应用计算机辅助管理,根据档案数据和预警系统警报自动进行控制,使库房随时保持贮存条件,实现中药的自动化和科学化管理。通过数字化和计算机辅助管理,研究、整理、分析出相关的科学数据,探明在什么数字下,该施行何种养护方法,并建立温湿度、红外线、紫外线、不同类型库房的自动化调控系统,根据档案数据和预警系统警报自动开启机械开关和设备或进行遥控,用数字指令微机完成如温、湿度调控,含水量测定,灭菌杀虫,保鲜,吸潮干燥,降温等诸项任务,从而达到中药养护的科学化、规范化和自动化。

电子计算机在中药仓库的应用主要有两方面功能;一是控制货物自动堆垛和搬运;二是处理各种业务信息。控制货物搬运即是把信息传给输送装置、堆垛机等搬运机械,并且控制、监视搬运机械的运行。处理各种业务信息则是把仓库业务活动中的各种数据,包括订货、收货、发货的数据质量监控、自动记录、开单、并自动分析各种数据,打印报表及存量控制等。故自动化药材仓库选用的计算机要求有控制用和业务用两方面的特性。由于计算机技术的发展,已研制出了既有适时响应控制又有高速处理大量数据两方面的能力,于是就出现了在大、中型仓库中统一使用一台计算机的集中型管理系统。在这种系统中,要求适时响应的工作和要求高效率进行数据处理工作,利用分时隔开。另一方面由于出现了小型和微型计算机,计算机系统又逐渐向分口系统转变。即是将整个自动化仓库控制系统划分为几个控制机能不同的子系统,在各个子系统中分别配置专用的计算机,并联接上级计算机统一控制整个仓库的运行。

当前小型或微型计算机已成为迅速发展药材仓库搬运设备自动控制、温湿度自动检测监控、药材质量控制、库存量与进货量监控、药材分类编码、账务票据处理、核算统计报表等仓储业务自动化运作的最可靠工具,它能全面系统地保存大量的信息,信息的收集、存储、传输、加工、查询等功能。并能很快进行查询的综合分析,为决策者提出信息支持。随着新世纪的到来,它必将得到更广泛的发展与应用。

第四章　中药分类贮存检查与管理法规

第一节　中药分类贮存

中药商品贮存的基本原则是分类贮存。由于中药商品品种繁多，剂型不一，应根据中药商品的质量特性及贮存要求，按中药商品的不同自然属性分类贮存。

中药分类贮存就是把入库的药材按不同的性质特点进行分类存放，这是中药仓库做好养护的基础，也是仓储管理的一项有效措施。

一、分类贮存的目的

由于中药所含的成分各异、性质不同，有的怕热，有的怕潮，有的怕光，有的怕风，因此必须根据仓库结构和货位位置的不同，结合中药的性质，选择适合的场所，进行分类存放，以便采取针对性较强的养护措施，保证中药商品质量。

一般地说，应根据每种中药商品的贮存温度的要求，分别贮存于冷库（2～10℃）、阴凉库（10～20℃）或常温库内（20～30℃）。各库房的相对湿度应保持在60%～75%之间。中药仓库的库房结构各不相同，有新型的库房，也有简陋的棚房、民房，甚至还有常年堆置在场地上的露天货垛。一座多层楼房仓库，各层条件也不一致，如底层通风不畅、潮湿，但是比较阴凉；顶楼通风、干燥，但是温度较高；中层楼贮存条件最好，既干燥又凉爽。在同一库房里，各个仓位的温湿度、光照程度、通风条件等也各不相同。如靠东南方向的仓位，会受潮湿空气的影响，商品容易受潮；靠西北方向的仓位，会受干燥空气的影响，商品容易干燥。偏西的仓位，光照时间长，温度较高。靠近走道、门窗旁的仓位商品容易受潮。仓库结构和货位位置不同，给保管养护工作提出了不同要求。

二、分类贮存的原则

由于中药商品品种繁多，剂型不一，应根据中药商品的质量特性及贮存要求，按中药商品的不同自然属性分类，按区、库、排、号进行科学贮存，《医药商品经营质量管理规范》（GSP）规定：

（1）药品与非药品、人用药与兽用药、内服药与外用药、一般药与杀虫灭鼠药必须严格分开存放。性质互相影响、容易串味的品种应分开存放。

（2）专库或专柜存放麻醉药品、一类精神药品、毒性药品、放射性药品及其他毒性药品，应指定双人双锁保管，专账记录。

（3）危险品必须按其危险性质，严格分类存放于有专门设施的专用仓库。

（4）按照有效期远近依次堆放有效期商品，并定期报告业务部门及时销售。

(5) 长期贮存的怕压商品,应定期翻码整垛。

(6) 搬运和堆垛应严格遵守商品外包装图示标志的要求,安全操作,文明作业。

(7) 在库商品应实行货垛的色标管理,即待验商品挂黄色标志,合格商品挂绿色标志,不合格商品挂红色标志。不合格药品(含退货药品),应存放在不合格品库(区)内。

(8) 品名或外包装容易混淆的品种,应分区或隔垛存放。

三、分类贮存方法

分类贮存主要是把性质相似、变化相同的中药品种归为一类,选择合适的贮存处所,采取针对性较强的保管措施,达到保护药品质量的目的。例如,含有淀粉、脂肪及糖类的中药易生虫,集中存放便于集中力量防治害虫,做到突出工作重点,效果更佳。易霉变的中药材集中存放,便于采取通风去潮、去霉措施。易泛油中药材集中保管,便于控制温度,或采取低温冷藏。易潮解的中药材集中保管便于创造干燥通风的贮存环境。易发生气味散失的中药材集中贮存便于采取密封措施,防止气味散失。易变色中药材如花类或叶类,集中存放便于采取避光措施,以免发生光合反应,而使中药材产生颜色变化。某些商品资源稀少,价值昂贵,如牛黄等;某些商品细贵、有毒剧性的均应与一般的商品分开进行特殊性保管。

通常将中药分为动物类、植物类、矿物类和中成药类,植物类又按药用部分分为根及根茎类、茎类、皮类、叶类、花类、全草类、果实和种子类、树脂类等。每一类各有特点,将药材分类存放,便于库房安排和出入库收发管理,同时可根据每类药材的特点采取不同的管理措施。如矿物类药材,体积小,重量大,占地少,但空间不好利用,该类药不生霉,不虫蛀,较易存放,可放在低矮洁净的库房。动物类药材,带有皮肉者易生蛆、腐烂,应保持阴凉通风。有的易虫蛀,与大蒜、花椒同贮,可以防治。植物类药材亦可按各类的具体情况实施养护办法,如有些全草类含挥发性成分,应置阴凉干燥处,而果实种子类应特别注意防虫和防鼠等。

分类存放还包括将毒性中药、易燃中药、稀贵中药及盐腌中药等单独分库存放。对用药安全、防火、防盗及保证中药质量都有重要意义。兹将各种中药的分类贮存具体分述如下。

1. 植物类药材

(1) 重点养护品种:即是选择最容易虫蛀、霉变、泛油、变色的品种,进行重点养护。这类药材的种类很多,如山药、党参、当归、黄芪、甘草、杏仁、佛手片、柏子仁等。贮存这些商品的仓库(库房)应选择建筑结构好、干燥、凉爽、四周整洁、平时温湿度管理严格、具有药剂熏蒸的条件和设备,且能做到及时检查质量,可有效地防止虫霉现象的产生。

(2) 花类品种:花类药材都具有各种不同的色泽和芳香气味,如果保管不善容易产生褪色和散失气味,严重的还会发霉生虫。贮存花类药材的关键是要防止受潮,故必须严格控制湿度。对有些色泽特别艳丽,气味浓郁而且又容易变色的花类(玫瑰花、腊梅花等),还应具备必要的固定吸潮容器进行吸潮(生石灰等),或采取小件降氧充氮等方法进行保管,以确保花类药材的花型和香味。

(3) 全草及地上部分品种:药材中全草和地上部分的品种很多,由于体轻质泡,贮存时占用面积很大。多数品种只要自身干燥,一般不容易发生变化,可以贮存在条件一般的仓库(库房)内,有的还可以堆码露天货垛。但是,草药具有怕潮湿怕风吹的特点,因此,必须采取盖严隔潮等措施，不使它遭受雨淋、风吹和日晒。

(4) 盐腌品种：盐腌药材具有易潮解溶化和含盐分的特点，会造成贮存处所经常潮湿不干，影响其他药材的正常贮存。故贮存这类药材应选择阴凉的仓库(库房)，尽力防止潮湿空气的侵入。集中贮存这类品种，应采取防潮隔湿措施，控制潮解。

(5) 鲜活品种：鲜活药材要有特殊的贮存条件，如需要保持水分，要有通风凉爽日照的环境，夏日要防热，冬天要防冻。必要时还须进行栽植养护，要有专人管理，以保持它的鲜活状态。

2. 动物类药材　动物类药材主要有皮、肉、骨、甲和蛇虫躯体，它们极易生虫和泛油，并具有腥臭气味，保管养护比一般药材困难。可采取小库房专门贮存，贮存条件要与密封库相似，四周无鼠洞，壁角无虫迹，并须有通风设备，必要时可调节库内空气。防治害虫所进行的药剂熏蒸要比一般药库的熏蒸要多1～2次。这类药材的品种虽多，但每种的数量较少，可采用货架分层存放，既可避免压叠，方便进出，又可提高仓位使用效率。

3. 矿石贝壳类药材　这类药材一般不受外界影响，都可贮存在条件较差的仓库(库房)或露天货场。

4. 特殊类型药材

(1) 细(稀)贵品种：如人参、西洋参、牛黄、麝香、熊胆、西红花、冬虫夏草等药材，经济价值大，有的品种极易虫蛀或霉变，必须严格管理，加强养护。保管这些药材应有安全可靠的设备，做到万无一失。

(2) 易燃品种：有的药材极易燃烧，如硫磺、火硝、樟脑、干漆、海金沙等，必须按照消防管理要求贮存在安全地点，建筑物四周旷阔，要间隔50m以上，并具有安全和消防设施。

(3) 毒性药材：指毒性剧烈、治疗剂量与中毒剂量相近，使用不当会致人中毒或死亡的药材。卫生部1989年发布《毒性药品的管理理品种》规定的毒性中药品种有：砒石(红砒、白砒)、砒霜、水银、生马钱子、生川乌、生草乌、生白附子、生附子、生半夏、生南星、生巴豆、斑蝥、青娘虫、红娘虫、生甘遂、生狼毒、生藤黄、生千金子、生天仙子、闹阳花、雪上一枝篙、红升丹、白降丹、蟾酥、洋金花、红粉、轻粉、雄黄等。对于这些毒剧品种的贮存和管理，应根据国家关于毒品管理条例的规定办理。须有专人负责，严格执行管理制度，防止发生意外。对此，应特别注意以下几点：①毒性中药材必须由熟悉中医药的药师、药士或经县以上卫生行政审查登记的药剂人员负责管理。②建立健全验收、保管、领发、核对等制度，严防收假、发错，严禁与其他中药材混杂。做到划定仓间或仓位，专柜加锁并由专人保管。③毒性中药材的包装容器上必须印有毒药标志，标示量要准确无误。称量用具专用，用后妥善处理，勿做他用。④毒性中药材的养护应根据其品种来源、理化性质、变质情况及库存量来决定。

5. 饮片　可根据炮制方法进行分类贮存，如：切制类、加工类、炮炙类等。

6. 中成药　成药一般按照剂型的性质特点，结合养护上的要求分类贮存。

(1) 液体及半固体成药：如药酒、花露、糖浆、煎膏、油膏、膏药等成药属于这一类型。它们都怕热、怕光，受热易发酵、变软、粘连，应贮存在阴凉干燥处。同时这些成药大多都是液体，包装体积大，分量重，宜贮存在底层库房，并且是进出操作方便的仓位。

(2) 一般固体剂型成药：如散剂、曲剂、丸剂(含脂肪、挥发油等品种以及水丸)、片剂(压制片)等。这些都是较难保管的品种，容易产生受潮散气、发霉虫蛀和泛油等变质现象，宜贮存在密封库内，并采取吸潮措施，保持经常干燥，防止各种变异现象的产生。

(3) 特殊固体成药和针剂：如丸剂（蜜丸）、片剂（糖衣片）、冲剂、针剂等都是怕潮怕热的成药，可贮在阴凉、干燥通风的库房。

(4) 胶粘剂成药：胶剂的贮存要求比较特殊，既怕潮，又怕热，过分干燥又会产生碎裂。宜用小室密封，控制合适的温湿度。

第二节　中药贮存常规检查方法

对贮存的中药商品进行质量检查是整个仓库安全检查的一部分，也是中药仓库商品保管养护中的一项重要工作。通过检查可以及时了解和掌握各类中药的质量变化情况，有利于及时采取防护措施，确保中药质量。贮存中药商品检查的时间和方法，应根据库存商品的性质、特点，并结合季节气候和贮存环境等多方面的情况来确定。中药常规检验包括入库检验和在库检验两部分。

一、入库前检查

入库验收即是检查验收供货单位发来的中药商品是否符合质量要求，分清供货单位、运输部门对商品应负的责任。中药入库验收是做好中药贮存养护工作的第一关，是防止劣质中药或不合格中药进入供应网中的安全措施。拟入库中药因为仓库收进的大批药材，来自全国各地，品种规格极为繁杂，加之各产区的采集加工方法不同，包装形式不同，质量参差不齐；同时这些中药往往是经过了一定时间的运输，受到各种自然气候和搬运震动的影响，可能遭到破坏，潮湿，质量难免不起变化。因此，入库前必须进行详细地验收，并根据质量加以分类，把在运输途中发生的虫霉变质以及包装破损等现象，及时检查出来，积极地采取防治或处理措施使其不致蔓延扩大。商品应按合同进行质量、数量的检查验收，质量标准应根据国家药典或各地区的药典规范执行。对进口中药商品，即使有出口国家检证的，也要会同有关部门进行商检、药检、检疫等方面的检验。

（一）常规检查

入库前进行检查，是确保中药商品质量的第一关，主要检查中药数量、含水量、变质情况等。若发现含水量超过完全范围或发霉、生虫等，需经适当处理后方可入库。这是保证中药商品仓储不变质的前提条件。

(1) 检查品名是否相符，了解有效期安全期限，检查包装外标志或标签的记载是否相符或完整，如品名、规格、数量、采集地或加工厂、生产日期、毛重、净量、出入库日期、批号等。

(2) 检查贮品包装的完整性，包装周围及四角有无虫迹，经敲打震动后是否有蛀粉和虫类落下。外包装有无松散、破漏、油渍、潮湿；内层防潮衬纸及内包装有无破碎、渗漏等。

(3) 中药含水量是否在安全限度以内。对当年产的新货或当地直接收购的药材，更应注意其水分含量水分过大的，须进行干燥。

(4) 中药上有无霉斑、虫蛀、鼠咬、破碎、潮湿等，有无发霉气味或其他异臭恶味等。有发霉变质的药材，成件的应单独堆放，一件内有部分发霉变质的，应尽量进行挑选，并及时采取相应措施,以防微生物互相感染。

(二) 检查标准

中药尤其是中药材,由于来源复杂、品种繁多、同名异物和同物异名的现象严重,加上各地用药习惯不同等,必须进行入库检查和验收,以保证入库中药数量准确、质量完好,防止假冒、伪劣商品入库。验收依据是国家三级标准、《全国中药炮制规范》和《地方炮制规范》,以及进货合同上注明的质量条款和入库凭证上所要求的各项规定;进口中药依照《中华人民共和国药品标准》的规定,应有与经营相适应的仪器设备等,对产品质量进行逐批(批号、批次)验收。

(三) 检查方法

1. 中药材的验收 检查来货与原始凭证的货源单位(调出单位)、货物品名和数量、件数是否相符;包装是否符合规定及有无污染;依照法定质量标准、合同质量条款,检查来货规格等级是否与所签合同要求一致;观察药材的形状、大小、色泽、表面特征、质地、断面特征及气味;检查中药材的含水量、灰分及杂质纯度等。对要求检测浸出物和含量的药材要送质管部门化验室进行测定;符合规定的内在质量要求后才能入库;检查包装的完整性、清洁度,有无水迹、霉变等及其他污染情况;毒、麻、贵细药材验收必须两人以上逐件逐包进行验收。以上验收必须逐项做详细记录,验收率应达100%。

2. 中药饮片的验收 中药饮片要依据法定质量标准、合同质量条款对品名、规格、数量、生产厂名、厂址、合格证、生产批号或生产日期、包装是否符合规定及有无污染进行验收,验收毒性中药饮片,必须检查生产企业是否持有《毒性中药材的饮片定点生产证》。

3. 中成药的验收 中成药依据法定质量标准、合同质量条款对品名、质量、合格证、批准文号、生产批号、注册商标、标签、包装、规格、数量、生产厂名、厂址、说明书进行验收。进口药品凭口岸药检所检验报告书或加盖供货单位红色公章的口岸药检所检验合格报告书验收。

4. 进口中药的验收 进口中药验收应按《进口药品管理办法》的有关规定进行。由国外进口的药品到达之后,应依照合同和随货同行单据,检查药品数量是否相符,有无残损,有无品质证书,并做记录。与口岸药品检验所联系取样,进行法定检验。中国药品生物制品检定所负责对各口岸药品检验所进行技术指导和裁决有争议的检验结论。凭口岸药检所出具的"进口药品检验报告书"合格报告,办理入库手续。进口药品必须使用中文药品名称,必须符合中国药品命名规则的规定,包装和标签必须用中文注明药品名称、主要成分以及注册证号,必须使用中文说明书。

5. 中药的拒收 对验收不合格的中药,应填写中药拒收报告单,报质量管理部门审核签署意见后通知业务部门。验收人员对下列情况有权拒收或提出拒收意见:①无生产厂名、厂址以及无"注册商标"的药品;②无出厂合格证的假药、劣药;③包装及其标志不符合规定要求的药品;④未经药品监督管理行政部门批准的中药材;⑤无批准文号、生产批号的产品;⑥规定有有效期而未注明有效期的产品;⑦货单不符、质量异常的药品;⑧没有口岸药检所检验报告书的进口产品。

对验收合格的中药,质量验收人员应在中药入库凭证上签章,仓库收货人员凭签章后的凭证办理药品入库,财会人员凭签章后的凭证付款。

二、入库后检查

中药入库前，虽没有发现霉变现象，但在贮存过程中，常受潮及温度等影响，会产生发霉、虫蛀等变质现象。故中药入库以后，在贮存养护过程中，必须经常循环地或定期地对容易变质药材进行重点的检查，如果发现问题，应积极采取防治或处理措施使其不致蔓延扩大。

（一）检查内容

中药入库后，要经常检查。发现异常现象，即应及时进行防治，以保障药材在保管期中的安全。

（1）季节气候与库房温湿度变化，以及库房密闭干燥度是否适合所贮中药。

（2）中药贮存的环境、存放方法和贮存条件是否合格等。

（3）中药含水量是否在安全范围。

（4）贮存的中药商品有无变异现象，如发热、生霉、虫蛀与潮湿，外观有无改变等。

（5）堆垛形式是否与中药的性质和包装相适应，堆垛是否稳固牢靠，中药有无受压损坏等。

（6）库房的门、窗、通风设备、电器设备等是否完好无损，特别是雨季，一旦发现问题，及时解决。

（7）环境卫生是否符合要求。

（二）检查周期

贮存中药的检查时间与方法，应视库存商品性质、特点、季节气候、贮存条件等因素而定。并根据气候情况和特殊品种，进行定期或不定期检查，发现问题，及时处理，以减少损失和防止蔓延。检查的时间类型可分为：

1. 经常性检查 由保管员在日常工作间隙对库存商品轮番检查，一般要求在一个月内对所保管的商品检查一次。

2. 不定期性检查 即突击性检查，一种是配合上级领导部门所组织的临时性检查；另一种是在台风、暴雨、汛期等突发性气候变化的前后，突击检查仓库房屋有无漏水或其他不安全因素，以及露天货垛是否苫盖严密，商品有无损失等情况，并及时采取防治措施，应做到边检查，边研究解决问题。

3. 定期性检查 一种是由仓库主管人员，定期对仓库中药商品进行全面性检查。了解库存商品结构情况，掌握重点养护商品的品种、质量和数量，达到心中有数。另一种是由养护专业人员检查，重点是检查在库商品的质量。每年5月至9月，是中药仓库防霉保质的重要时期，因为在这时期温度高，湿度大，害虫繁殖传播快，库存商品极易发生各类变异。所以在这期间，要组织有经验的养护人员，定期轮番对库存商品进行检查，特别对受热易变质、易引湿、遇冷易冻结的中药商品要加强检查。对有有效期的中药、麻醉药、毒性药等特殊管理的中药商品，要重点进行检查。以便及时发现变化情况，采取防治措施。

4. 重点中药商品检查 重点商品每星期检查一次；一般商品每半个月检查一次；每月全面性检查一次。每次的检查情况，必须做好记录。检查人员要随时与验收员取得联系，了解商品入库时的检验情况，提供线索，有利于库存商品检查工作的开展。

（三）检查方法

1. 逐垛检查　主要检查垛的周围及垛上面和垛心、垛底有无虫丝或蛀粉等。

2. 重点检查　宜开箱拆包检查，并可采取扦样剖开、折断等方法。蛾类仓虫喜在垛的上层和外表活动，故应观察垛表面有无虫丝或幼虫；甲虫类仓虫多喜黑暗，在垛的下层或背光处藏匿，危害中药多自下而上，应注意其特性。

3. 抽查　大垛中药应观察其所处环境，根据其每个角、面、上中下层温湿度不同，分别抽查。

三、易变异中药的检查

（一）检查范围

1. 中药材检查

（1）易虫蛀中药的检查：检查时要逐个货位、逐个品种进行，首先检视仓间环境和药材垛表面。在药垛缝隙间的蜘蛛网上，常粘着有个体较小的仓虫，药垛地面四周的粉尘碎屑中常有仓虫匿藏活动，用力敲打垛体下层和背光下角，有时会有蛀粉或仓虫落下。蛾类成虫喜在明亮处迁飞，如果某药垛四周蛾类成虫密集，应重点检查该垛。蛾类幼虫常在药垛表面吐丝，形成一层丝状薄膜。春、秋两季要注意垛体中上部及垛顶表面的检查，这是由于库温高低差别的缘故。甲虫类仓虫多喜阴暗，常在药垛下层或背光处匿藏。故对易虫蛀中药的检查应注意检查货垛周围有无虫丝、蛀粉等迹象，然后抽中心或货垛底部拆包、开箱检查。在取样检查时先从外表观察，一般虫蛀现象从外观上都能看出，也可采取剖开、折断、打碎、摇动等方法，针对不同商品最易受害的部位进行深入地检查。

（2）易发霉、泛油中药的检查：重点检查色泽变化和商品是否受潮；可通过中药的质地硬韧程度来判断，特别要注意检查货垛四周或货包破损商品外露部位及靠近墙壁的货包，因这些部位易受潮；还要检查贮存处是否潮湿、货垛的高度是否适当、有无被压受热等现象。

（3）易变色散失气味中药的检查：可先参阅货卡上注明的入库时间，然后选上、中、下部位货包拆件取样观察。若发现货垛中散出气味特别浓，就要考虑商品是否发热或被闷蒸。同时也要注意堆存位置是否合适，易变色散失气味的中药一般不宜受日光照射，也不宜堆放在容易受潮的地方。

（4）易风化潮解中药的检查：检查货垛四周的货包有无变形，包装是否潮湿、有无被析出的粉状物（风化），要根据贮存条件及气候变化情况有目的地检查。在潮湿的贮存条件下应多检查货垛的底层；在干燥气候时多检查货垛的上层；在阴雨的天气多抽查外层。贮存时间较久的还要检查包装是否牢固，防止出库时因包装发脆而破损，使商品遭到损失。

（5）易挥发、升华、熔化中药的检查：检查包装是否完整和有无渗漏、有无气味散出。取样检查时对粘连变形现象要进行分析，并检查贮存场所的温度、光照是否会影响商品，不适宜的应予转换。

(6) 毒剧中药的检查:检查包装有无破损,封纸是否完整。有的含毒中药也易发霉或生虫,应细致观察。这类中药应件件标重,有时还要复核拆零的余额重量是否与记账数量相符。也要注意周围环境,是否会对中药质量有影响。

(7) 鲜活中药的检查:检查时应注意中药颜色及有无破头、裂皮、黑斑、落叶等现象,若茎枝的下脚部颜色泛黄,是即将枯萎的现象,应先剪除。落叶,大多是因为受热,所以贮存地点应通风凉爽,光照不宜过强。初冬严冬要防冻,伏暑要防干,黄梅季节防雨水浸沾(易造成腐烂)。

2. 中药饮片的检查

(1) 含水量的检查:在库贮存的饮片含水量,一般以12% ~15%为宜。含水量低于10%,饮片减重,某些根、茎、皮类饮片的木质纤维收缩不均,产生裂隙,某些糖、盐制品析出结晶。含水量高于15%,愈是接近吸湿的饱和量,其质量愈不稳定,易发生霉变和虫蛀。

含水量可通过感官和手感来检验,一般干燥的饮片色泽比受潮的饮片色泽浅,如有明显的色斑、黑点,说明饮片已受潮。手感的运用是将饮片放在手掌上颠簸,如有互相碰撞的沙沙声,说明饮片较干燥。

(2) 虫蛀检查:为害中药饮片的仓虫,大多数是鞘翅目、鳞翅目的昆虫,如玉米象、药材甲、大谷盗等。检查净选类型饮片和加工再制类型饮片同中药材。切制类型的饮片和经炮制加工的切制类型饮片生虫,多在片、面、咀、丝之间重叠的空隙处或裂痕处以及碎屑中发生。饮片虫蛀分类检查与中药材虫蛀分类检查的方法基本相同,因此保管养护方法相同。

(3) 霉变检查:红花、菊花、蒲黄、松花粉、田七粉、沉香粉等,在贮存中易吸潮发热。检查时,可将双手伸进商品垛内和包装内,如手感潮热烫手,说明商品已被微生物浸染,产生热能积蓄。如果用半导体测温仪或扦插式测温计(米温计)测温,商品体温在70℃以上时,说明不同种微生物交替浸染,商品正急剧积热。上述商品吸湿后,易结块、板结,多发生在包件底部,常发生霉腐气味。此时应安排倒垛,在倒垛时,将板结、结块部位清除击碎,进行通风晾晒,晾晒后如不影响药用,待自然降温后再行包装入库。

(4) 泛油检查:柏子仁、火麻仁、核桃仁、桃仁、杏仁、李仁等种子类药物在加工时去除了非药用部位,失去了种皮、果皮对子仁的保护作用,裸露的子仁在空气中易自动氧化或在真菌代谢作用下,发生油脂酸败。泛油时,散发的哈喇味较带皮的种子药材重。

玉竹、天冬、牛膝等泛油时,手摸发黏,手按返软,呈现油样物质,常伴有令人不愉快的气味和哈喇味。刺猬皮、蛤蟆油等泛油时,油质(脂肪)发黄,哈喇味中兼有腥臭气味。

3. 中成药的检查 检查的内容包括:库房内的温湿度,药品贮存条件及药品是否按库、区、排、号分类存放,货垛堆码、垛底衬垫、通道、墙距、货距等是否符合规定要求,药品有无倒置侧放现象,外观性状是否正常,包装有无损坏等。还要加强虫蛀、霉变、温湿度及卫生检查。在检查中,要加强对质量不够稳定、出厂较久、小药厂生产的药品,以及包装容易损坏和规定"有效期"的药品的查看和检验。

检查时要做好详细记录,要求查一个品种记录一个,依次详细记录检查日期、药品存放货位、品名、规格、厂牌、批号、单位、数量、质量情况和处理意见,做到边检查,边整改,发现问题,及时处理。

检查完毕,还要对检查情况进行综合整理,写出质量小结,作为分析质量变化的依据和研究药品质量变化规律的资料。同时,还要结合检查工作,不断总结经验,提高在库药品的保管养护工作水平。

中药商品的在库检查,要求做到经常检查与定期检查、群众检查与专职检查、重点检查与全面检查结合起来进行。

(二) 检查方法

1. 仓间环境检查 主要是检查中药材的生虫情况,检查时要逐个货位、逐个品种进行,首先检视仓间环境和药材垛表面。在药材垛深部缝隙间的蜘蛛网上,常粘着有个体较小的仓虫,药材垛地面四周的粉尘碎屑中常有仓虫匿藏活动,用力敲打垛体下层和背光下角,有时会有蛀粉或仓虫落下。在仓间环境中,一般蛾类成虫在明亮处迁飞,如果某药材垛四周蛾类成虫密集,应重点检查该垛。蛾类幼虫常在药材垛表面吐丝,形成一层丝状薄膜。春、秋两季要注意垛体中上部及垛顶表面的检查,这是由于库温高低差别的缘故。甲虫类仓虫多喜阴暗,常在药材垛下层或背光处匿藏。

2. 拆包开箱检查 在仓间环境仓虫活动检查的基础上,应有选择地进行开箱拆包检查,同时要注意搜集商品出库后的贮存质量情况的反馈信息。

对大垛药材,则应从上部和下部取样检查。重点药材,必须拆包或开箱检查。露天货垛,应检查货垛地势的高低和排水情况是否良好、垛顶和四周苫盖是否严密、垛底是否受潮等。抽查时,应注意药材本身有无潮湿柔软发霉、泛油以及生虫等现象。

第三节 中药贮存管理法规

我国现代药品管理立法,开始于1911年辛亥革命之后,1911年至1949年间,发布的主要药品管理法规有:《药师暂行条例》、《管理药商规则》、《修正麻醉药品管理条例》、《修正管理成药规则》、《细菌学免疫学制品管理规则》、《药师法》等。

新中国成立以后,我国编纂、修订、颁布了《中华人民共和国药典》1953年版、1963年版、1977年版、1985年版、1990年版、1995年版、2000年版及2005年版;国家卫生部和药监局还颁布了一系列规章,对保证药品质量、安全、有效、维护人民身体健康,发挥了重大作用,促进了医药卫生事业的发展。

如由中华人民共和国第六届全国人民代表大会常务委员会第七次会议于1984年9月20日通过,自1985年7月1日起施行的《中华人民共和国药品管理法》(Drug Administration Law of the P. R. E)简称《药品管理法》,这是我国第一部全面的、综合性药品法律,它的制定、颁布具有划时代的意义,标志着我国药品监督管理工作进入法制化新阶段,使药品监督管理工作有法可依,依法办事,更有利于发挥人民群众对药品质量监督的作用,使药品经济活动在法律的保护和制约下,健康高速的发展。

根据宪法和药品管理法,国务院制定发布和批准发布了相关的行政法规7部,特别是1998年新组建了国家药品监督管理局后,该局为贯彻实施好《药品管理法》,自1998年至2001年期间,制定、修订发布的局令、规章、规范性文件约有395部(件)。自我国改革开放以来,国际贸易和技术交流活动日益频繁。特别是我国加入世贸组织以后,客观环境要求我国的《药品管理法》的某些条款与WTO规则要求应相适应,国务院于2000年8月下旬,将药品管理法修正草案提请九届人大常委会第十七次会议审议，于2001年2月28日通过并公布，自2001年12月1日起实施。2002年8月4日国务院第360号国务院令，公布了《中华人民共和国药品管理法实施条例》简称《实施条例》，于2002年9月5日开始施行。《药品管理法》修订和公布《实施条例》，是我国药品管理立法的重大进展，为我国加入WTO后药业发展奠定了坚实的法律基础。

《药品管理法》确立了"国家发展现代药和传统药，充分发挥其在预防、医疗和保健中的作用。国家保护野生药材资源，鼓励培育中药材"的方法，将发展现代药和我国传统药，制定为药品管理法的条文，是当代药品管理立法中的创举，并且加快了中药管理立法工作的进程，从而保证了中药的质量及其种植、采收、加工、生产、经营、贮存和使用的良好秩序，有力地促进了中药事业的发展，为人类健康做出了贡献。

在中药的购、销、存、运过程中，现行的与中药养护关系最密切的是《药品管理法》、《实施条例》及国家药监局制定并发布的《药品生产质量药理规范》(Good Manufacturing Practice for Pramaceutical Practice, GMP)(1998年修订)，《药品经营质量管理规范》(Good Supply Practice for Pharmaceutical Products, GSP)(2000年制定)及《中药材生产质量管理规范(试行)》(Good Agricultural Practice, GAP)(2002年制定)等制度。

一、国家药品管理法规

《中华人民共和国药品管理法》(2001年12月1日起施行)第三章药品经营企业管理第十五条规定：开办药品经营的企业必须具备具有与所经营药品相适应的营业场所、设备、仓储设施、卫生环境；具有保证所经营药品质量的规章制度。第十七条规定：药品经营企业购进药品，必须建立并执行进货检查验收制度，验明药品合格证明和其他标志；不符合规定要求的，不得购进。第十八条规定：药品经营企业购销药品，必须有真实完整的购销记录。购销记录必须注明药品的通用名称、剂型、规格、批号、有效期、生产厂商、购(销)货单位、购(销)货数量、购销价格、购(销)货日期及国务院药品监督管理部门规定的其他内容。第二十条规定：药品经营企业必须制定和执行药品保管制度，采取必要的冷藏、防冻、防潮、防虫、防鼠等措施，保证药品质量。药品入库和出库必须执行检查制度。第五章药品管理第四十八条规定：凡变质、被污染的视为假药；第四十九条规定：凡未标明有效期或者更改有效期的；不注明或者更改生产批号的；超过有效期的；直接接触药品的包装材料和容器未经批准的视为劣药。第六章药品包装的管理第五十二条规定：直接接触药品的包装材料和容器，必须符合药用要求，符合保障人体健康、安全的标准，并由药品监督管理部门在审批药品时一并审批。药品生产企业不得使用未经批准的直接接触药品的包装材料和容器。第五十三条规定：药品包装必须适合药品质量的要求，方便贮存、运输和医疗使用。发运中药材必须有包装。在每件包装上，必须注明品名、产地、日期、调出单位，并附有质量合格的标志。第五十四条规定：药品包装必须按照规定印有或者贴有标签并附有说明书。标签或者说明书上必须注明药品的通用名称、成分、规格、生产企业、批准文号、产品批号、生产日期、有效期、适应证或者功能主治、用法、用量、禁忌、不良反应和注意事项。麻醉药品、精神药品、医疗用毒性药品、放射性药品、外用药品和非处方药的标签，必须印有规定的标志。

二、生产与经营管理法规

（一）药品生产质量管理规范（GMP）

GMP 最早由美国坦普尔大学 6 位制药专家提出，是专为制药工业进行全面质量管理所制定的全面质量管理方案。后被世界卫生组织（WHO）采纳。目前世界上有 100 多个国家和地区实行 GMP，成为国际药品生产质量管理的通用制度。WHO 制定的 GMP 共 13 章，涉及仓储内容的主要有两个方面：①硬件（厂房建筑、仓储设备等），规定仓储区要有适当的建筑设施，以妥善地保管原辅材料、包装容器、密封件、包装材料、中间体与成品；②软件（管理），规定必须制定仓储管理制度，并遵照执行。我国 GMP 于 1988 年 3 月 17 日由卫生部颁布，共 14 章 49 条。其中第三章厂房规定了药品生产企业的环境、厂房仓储等基本要求。第五章卫生对药品生产企业的环境卫生、工艺卫生与个人卫生作了较详细的规定。

（二）中药商业质量管理规范（试行）

本规范适用于中药商业收购（调拨）销售、贮存等流通环节质量管理。其中第三章质量管理机构与人员第十条规定：质量检验工作的主要任务之一是中药商品的检验应在重视和发扬传统鉴别经验的同时，积极采用现代检测方法。第五章贮存和养护第二十二条规定：中药商品贮存和养护工作的职责是安全贮存，科学养护，保证质量，降低消耗，收发迅速，避免事故。第二十三条规定：仓库应具备适合所经营商品特性的条件、环境。库区内场地平整无积水，库房应具有防虫、防鼠、防潮、防霉、防污染的设施。第二十四条规定：毒剧和贵细中药应分别存放并建立相应的库存养护设施，专人专库、双人双锁保管，并有明显标志。做到购、销、存的账货、账卡相符。第二十五条规定：在特殊条件下贮存的商品，应经常检查，各种测量和检测仪器应经常校验，记录结果，加以保存。第二十六条规定：商品入库时，应按凭证核对品名、规格、数量，并鉴别、检验，确认质量优劣、品种真伪。质量合格者由仓库质检人员开具入库单，方可入库。对质量不合格、货单不符的商品，仓库质量管理、检验人员有权拒收，或单独存放，挂以明显标志，并将情况及时向领导和有关部门反映。第二十七条规定：保管人员应熟悉商品质量性能及贮存要求，按商品不同的自然属性分类，按区、库、排、号科学贮存。贮存中应遵守以下各点：①内服药与外用药，应分开存放。②毒、剧药品应按有关规定执行，标志明显。③长期贮存的怕压或发热易燃的药品应定期翻码倒垛。货垛之间采取必要的隔垫措施，并加强检查。④退货商品应单独存放，及时处理。因质量问题而退货的商品经返工后必须重新检验合格后方能返回仓库。退货商品要做出记录（包括退货单位、日期、品名、规格、数量、退货理由、检查结果、处理日期及处理情况等内容）并将记录保存两年。⑤搬运和堆垛应严格遵守商品外包装标志的要求，安全操作。⑥库存同品种应及时轮换更新。第二十八条规定：要贯彻“先进先出”、“远期先出”和“易变先出”的商品出库原则。商品出入库时应登记生产批号及出入库年月日，在库商品可采取货垛上放置不同颜色的醒目标牌，防止错发。第二十九条规定：要把好商品出库验发关，变质和过期商品严禁发货。

（三）中药经营企业质量管理规范

中药经营企业质量管理规范第三章设施与设备第十一条规定：中药经营企业的经营场所应整洁、明亮。营业场所、仓储、质检机构的用房应严格分开。批发企业应设有样品陈列室（柜）。第十二条规定：中药经营企业应有与其经营规模相适应的仓储条件。仓库库区应有整洁的环境，排水通畅，地面平整，不易起尘，无污染源。仓储区必须与生活区、行政区分开。第十四条规定：仓库应有以下设施：①防火、防潮、防虫、防鼠、防污染设施；②通风、避光、隔热、低温、冷藏设施；③调节和测定温湿度的设施；④符合安全要求的照明设施；⑤货架、隔板（地架）等隔离设施；⑥必要的衡器具。第十五条规定：有饮片零售业务的企业，应具有与经营规模相应的调剂场所、设施和器具。第十八条规定：中药经营企业应在药品经营、仓储管理及信息处理等环节，逐步推行计算机应用技术。第七章贮存第四十六条规定：药品贮存和养护要做到安全贮存，科学养护，保证质量，降低损耗，收发迅速，避免事故。第四十七条规定：根据药品特性及贮存要求，实行分类贮存。药品与非药品、人用药与兽用药、药品与杀虫灭鼠药必须分库或分室存放；内服药与外用药、性质相互影响以及容易串味的药品应分室或分区存放。第五十二条规定：药品出库要坚持"先进先出"、"先产先出"、"近期先出"、"易变先出"的原则。

三、医药仓库管理规则

医药仓库是贮存医药商品、物资的重要场所。其基本任务是：在保证安全的前提下，做到贮存多，进出快、保管好、费用省、损耗少，为促进医药生产和流通的发展服务。

（一）加强仓库建设

加强对仓库的领导，健全仓库机构，搞好仓库建设。加强仓库整顿，狠抓综合治理，调整劳动组织结构，提高仓储管理水平。要配有一定数量的专业技术人员，并保持相对稳定。新招收的职工，必须先培训后上岗。建立健全严格的岗位责任制度。逐步实现仓库管理现代化，养护科学化。仓库作业机械化、半机械化。

（二）建立复核制度

根据《药品管理法》及有关规定，建立健全商品、物资出入库的验收复核制度、作业程序和工作质量标准。大、中型仓库要设置验收组，小型仓库设专（兼）职验收员。要严格验收复核。假药、劣药或质量有严重问题的商品、物资不得入库、出库，严防流入市场或进入生产厂、车间。

（三）合理利用仓容

仓库要按照安全、方便、节约的原则，合理利用仓容。要留有适当的墙距、垛距、顶距、灯距、底距，并做到堆码合理，整齐、牢固、无倒置现象。

（四）分区贮存

商品、物资要实行分类贮存，分区、分类管理，货位编号、账卡齐全。特殊商品、物资如贵细、毒品、危险品和麻醉药品等,必须按有关规定采取专库(柜)贮存,指定专人保管。严禁将其相互混存或与一般货物混存;对于性质互相抵触、互相串味以及养护灭火方法不同的商品、物资,必须分开存放。效期商品、物资贮存必须有特殊标志。

(五) 加强商品养护

加强商品养护必须建立健全养护组织。配备必要的养护设备仪器,推广运用先进的科学技术,努力改善仓储条件。大中型仓库要设养护组,其他仓库要设专(兼)职养护员,负责本库商品、物资养护工作,总结、推广养护经验,针对养护工作中存在的问题开展科学研究活动,根据国家中医药管理局《中药材贮存安全水分范围》,加强入库商品的水分监测,强化贮品含水量的测定,不断提高养护技术水平。维护商品质量,根据商品性质、仓储条件和气候变化,安排适宜的贮存场所。堆码要有利于养护。积极开展科研项目,落实措施,进行养护实践,以确保贮品质量,减少养护费用。加强温湿度管理,正确采用通风、密封、吸潮、降温等养护方法和措施,切实保证医药商品、物资的疗效和使用价值。

(六) 搞好清洁卫生

库房、货场和环境的清洁卫生要定期进行清扫。

(七) 安全贮存

药品、原料和精密医疗器械等。不得露天存放,其他商品、物资也要尽量减少露天存放现象。做好仓库温湿度管理,积极研究密封仓间调温降湿、计算机测控仓库温湿度和自动报警装置等方法和技术,以确保药物质量稳定、减少损耗、防虫抑霉。研究合理使用熏蒸剂用药量及增效技术,以达到使用简便、药量少、杀虫效果好、残毒污染减少之目的。仓库电器设备必须符合安全用电要求,老旧电线要及时更新,库房照明线和路灯线须分别设置。每次作业完毕要将库房、货场的电源切断。仓库的消防用水要经常备足,冬季要有防冻措施。

第五章　中药传统养护方法

第一节　干燥养护法

中药养护的方法是多方面的，在我国药材保管工作中人们积累了丰富的经验，这些方法主要是用于预防，但有些也是用于霉、虫初生的处理和救治。本章重点介绍一些习惯上常用的普通方法，即传统的养护方法，有关现代新技术新方法将在第八章叙述。

干燥可以除去药材中过多的水分，同时可杀死真菌、害虫及虫卵，起到防治虫害、久贮不变质的效果。常用的干燥方法有晒、晾、烘等。对于颗粒较小的中药粉末状药材，还可用微波干燥法或远红外加热干燥法。

一、曝　晒　法

利用太阳光的热可以使药材水分散发而干燥，同时又利用其紫外线杀死真菌及虫卵，因此曝晒可达到防霉、治虫的双重目的。

直射阳光的温度有时可达50℃左右，凡曝晒不影响质量的药材，可在日光下直晒，亦称为阳干法。曝晒时应按药材的不同潮湿程度，进行整件或拆件曝晒。但要随时注意药材本身水分是否已降至所需要求，否则过于会引起药材的脆裂，并增加了损耗率。曝晒后根据药材不同性质，分别采取趁热装箱（如枸杞、麦冬等），或散热后打包、装箱（如白术、党参、羌活、丹皮、怀牛膝等）。

二、摊　晾　法

摊晾法也称阴干法，即将药材置于室内或阴凉处所，使其借温热空气的流动，吹去水分而干燥，适用于芳香性叶类、花类、果皮类等。因为这些药材若采用曝晒法会使挥发油损失，或引起质地脆裂、走油、变色等。例如，陈皮水分多时易霉烂；水分少则易于脆而损耗增加；若置于烈日下曝晒则干枯变色，因此，只能用拆包摊晾的方法。又如枣仁、知母、柏子仁、苦杏仁、火麻仁等药材，不宜曝晒，可放于日光不太强的处所或通风阴凉处加以摊晾，以免走油降低质量。

三、高温干燥法

对含水量过高而又不能曝晒的药材，或者因为阴雨连绵，无法利用日光曝晒时，可以采用加热增温以驱除水分，所用方法有火盆烘干、烘箱（烘房）烘干与干燥机烘干三种。这种加热干燥的方法适合大多数药材的应用，由于它有效率高、省劳力、省费用，并且不受天气的限制和雨天威胁等优点,目前各药材仓库均有此项设备。此外,加热干燥还能收到杀虫驱霉之效;温度可以任意掌握,不致影响药材质量,因此这是一种很有发展前途的方法。

凡在梅雨季节或雨天要曝晒的品种,均可采用此法烘干,例如:大黄、山药、川芎、千年健、元胡、天门冬、天花粉、白术、白芍、白芷、巴戟、冬虫夏草、防风、当归、贝母、羌活、金果榄、沙参、独活、菖蒲、前胡、常山、苍术、锁阳、泽泻、紫丹参等。烘干药材时必须掌握烘干的温度、时间及其操作法,一定要根据药材的性质及加工炮制的要求,分别对待,以免影响质量。例如,介虫类药材可用猛火,而花类及果皮类宜用文火。大黄一般约需烘5h,翻动时应戴手套,避免手汗沾染后使药材颜色变黑;而冬瓜仁、桔梗等可烘3~4h,火力要弱些,否则会变成黄色。

四、石灰干燥法

凡药材容易变色、价值贵重、质量娇嫩、容易走油、溢糖,回潮后不宜曝晒或烘干的品种,可采用石灰箱、石灰缸或石灰吸潮袋的干燥法。如,白糖参经曝晒或火烘后,内含的白糖即熔融外溢,有损质量;怀牛膝曝晒易脆断变色,因此采用石灰箱吸潮较为适合。所放石灰约占灰缸容量高度的1/6~1/5。对于某些药材在贮存中易吸收潮湿,或不宜用其他的方法进行干燥的,可用石灰涂撒,这样即能吸湿防霉,又可防止虫蛀,如半夏、贝母等药材。此外,一些易霉、蛀或变色的药材如人参、枸杞子、鹿茸等,可置于石灰缸或石灰箱内存放,以防霉蛀、变色。其方法为:先将块石灰放入缸或木箱底部,上放一块带孔的托板,衬以白纸,再将人参或枸杞子等平铺于上,密封,置干燥处。但应注意检查,每隔几天将药材上、下翻动一次,以求吸湿均匀,免得过度或不足。

五、木炭干燥法

先将木炭烘干,然后用皮纸包好,夹置于易潮易霉的药材内,可以吸收侵入的水分而防霉虫。使用木炭吸潮有以下的优点:

(1) 木炭是一种惰性物质,不会与任何药材发生作用,又无臭气,不致窜味;同时吸潮能力不太强烈,吸湿速度较缓,不会使药材干脆,特别对一些贵重细料药材(如参类),不致失去过多水分而改变原有的特色或是增加额外的损耗。

(2) 木炭用皮纸捆扎后由于质地坚固,可以按需要放于药材的上面或下面层,亦可夹在药材中间,使用方便,不仅可由外部吸收湿气,而且也可防止药材包装的内潮发热现象。

(3) 木炭价格较低,各地区均可购到;吸湿饱和后,取出加以烘干或曝晒,仍可继续使用,简便而经济。一般可一个月烘干一次,梅雨季节或雨季须根据具体情况,酌情增加烘晒次数。

此法不仅在库房保管中可以使用,而且运输途中也可采用,特别在收购时,如药材不够干燥,为运输途中的防霉,利用木炭吸潮很有效。例如,款冬花、红花等在每40kg的包装内夹放木炭1.5~2kg即可。

六、通　风　法

通风是利用空气自然流动的规律,使库内库外的空气进行交换,或利用机械设备使库房内外的空气得以循环,以达到调节和控制库内空气温湿度的目的。利用通风调节库内温湿度是最简便易行的方法,但要运行得当,才能收到效果。

通风的原理主要依据库内外空气自然流动是从压力大的地方流向压力小的地方,这种自然流动的空气也叫做气流,风,实际上就是气流。通风就是利用库内外的气压差进行室内外空气交换。通风既可降热,也可以散热、散湿。它是利用库外温度低于库内温度,库内温度对商品质量产生影响时,利用不同风速产生不同风压,使风从窗门和通风口吹入仓内。风自库外携带较库内温度低的空气,使之和库内空气混合,使库内的气温下降。同时商品垛与温度下降后的库内空间进行热平衡,从而实现通风效果。通风效果主要取决于库外产生的温度差。当库内温度比库外高时,库内空气密度比库外空气密度小。密度小的空气其气压也小,密度大的空气,其气压就大。所以,通风时库内热空气从库房上部排出,库外的冷空气从库房下部进入,从而达到降温的效果。进行通风降温是要有条件的,必须进行库内外温湿度对比,参考风力风向进行。盲目通风,不仅不会收益,反而会使库内温湿度不利于商品贮存,造成不应有的损失。

(一) 翻垛通风法

翻垛就是将垛底药材翻到垛面,或堆成通风垛,使热气及水分散发。一般在梅雨季节或发现药材含水量较高时采用之;并可利用电风扇、鼓风机等机械装置加速通风。

(二) 自然通风法

自然通风法是利用自然风力来降低库内温湿度的方法,排湿法合理的开放门窗,使库内的空气进行自然的更换,是防止药材霉变比较通用而有效的方法,能发散药材的水分和温度,使库内保持适宜的温湿度。它的优点是降温降湿快,效果较好,简单易行,既经济又方便。

利用自然风力通风降湿的关键,是选择通风时间。库内的温湿度变化,形成了库内的气候环境,库外的气候变化又有其一定的规律。自然通风降湿,要抓住几种典型气候下的温湿度变化情况,做出具体分析。盲目通风,会适得其反。因此,对自然通风降湿的条件进行可行性分析就显得十分重要,特别是典型气候下的温湿度变化情况。

1. 梅雨季节的自然通风降湿 梅雨季节是我国南方和长江中下游地区的一种特殊气候。气候特点是降水多且是连续性,雨量大、雨日长、温度高,同时地方风力较弱,天阴不晴或云量多,日照时间短。对于梅雨季节能否自然通风应做可行性分析。因为梅雨期内处于连续降雨过程,空气温度猛增,库外绝对湿度大于库内,故库房降湿工作要在梅雨期前做好准备。梅雨前期先通风散湿,使库内保持一定的干燥度,受潮湿度影响较大的商品应密闭贮存。梅雨期内宜紧闭门窗,在正常进出库作业时要及时关闭,开启时间不宜长,严防潮气入内。一般在梅雨季节内不应采取自然通风,宜用机械去湿,去湿过程中可用吸湿剂辅助去湿。梅雨季节过后天气晴朗,当出梅之后通风降湿的可行性在于,若库外温差造成的相对降湿度下降比库内外湿度差造成的相对湿度上升的数值大,即可通风,否则不可通风,亦即通风后库内相对湿度大大小于通风前相对湿度,但控湿过程很难控制,因此提倡不盲目通风。而梅雨季节过后天气晴朗,库外水汽蒸发有所减弱,绝对湿度有所下降,在库外湿度比库内高的条件下,通风降湿可行性存在三种情况:库外绝对湿度小于库内,可以通风;库内外绝对湿度相等,可以通风;库外绝对湿度略大于库内,不能盲目通风。

2. 夏季的通风降湿　夏季库内库外气候特征：一般库内温度低于库外，湿度高于库外。库外温度、湿度在昼夜变化的影响下，白天温度高于库内，湿度小于库内，夜间则相反，属于高温低湿类型。在这种情况下，一般都可通风。但由于各种因素影响，可能出现以下几种情况：

(1) 库外内相对湿度相等，库外温度高于或低于库内：此时的相对湿度大小不表明空气湿度的绝对大小，尽管相对湿度相等，由于湿度不同，库内外绝对湿度是不相等的。所以通风的可行性，主要看库内外绝对湿度的大小。如果库内外绝对湿度相等，库外温度低于库内则可通风。

(2) 库内外温度相等，库外相对湿度大于或小于库内：这种情况下温度对库内外的影响趋于零即所谓温度不变，绝对湿度与相对湿度成正比。这主要取决于绝对温度的大小。如果库外相对湿度大于库内，则表示绝对湿度大于库内，不能通风，反之则可通风。

(3) 库内外绝对湿度相等，库外温度低于或高于库内：即绝对湿度不变，温度与相对湿度成反比关系，温度高，相对湿度小，温度低相对湿度大。如果库外温度低于库内，相对湿度必然高于库内，通风效果是库内混合空气温度下降，一般不会降到库内露点温度，但相对湿度因温度下降而上升，故不宜通风。如果库外温度高于库内，则可通风。

在实际工作中，有时还会遇到库内外温度与上述三种情况不同，但又不完全相反，一般需要进行简单的计算才能确定。计算时，必须把库外绝对湿度换算成库内同温度下的相对湿度，并与库内相对湿度进行对比，若换算结果比库内的相对湿度低则可通风，若比库内相对湿度高就不可通风，计算公式如下：

库外绝对湿度换算成库内温度下相对湿度

$$= \frac{\text{库外温度下空气饱和湿度} \times \text{相对湿度}}{\text{库内温度下空气饱和湿度}} \times 100\%$$

$$= \frac{\text{库内绝对湿度}}{\text{库内温度下空气饱和湿度}} \times 100\%$$

例：某中药仓库内温度为21℃，相对湿度75%。库外温度17℃，相对湿度78%。问是否可以通风？

经查不同温度空气中蒸气饱和量是：21℃ = 18.3g/m^3，17℃ = 14.5g/m^3。

代入公式

$$\frac{14.5 \times 78\%}{18.3} \times 100\% = 61\%$$

75% >61%，换算的相对湿度比库内小，则表示可以通风。因为库外绝对湿度小于库内，所以可以通风。

例：库内温度为21℃，相对温度76%，库外的温度23℃，相对湿度72%，是否可以通风？

查表不同温度下空气水蒸气的饱和量是：21℃ = 18.3g/m^3，23℃ = 20.6g/m^3。

代入公式

$$\frac{20.6 \times 72\%}{18.3} \times 100\% = 81\%$$

76% <81%，库内相对湿度小于换算的相对湿度，表示不宜通风。

由此可以说明，遇到特殊情况不能盲目采取通风措施，必须掌握库内外的温湿度后，经计算才能确定，这不仅适用于自然通风，机械通风也是一样。

温湿度管理的升温、降温、去湿是有条件的。管理得好，事半功倍，管理不好，徒劳无益。要在理论的指导下进行工作才能使温湿度按照人的意志为中药商品贮存和管理工作服务，这就是温湿度管理的目的。

通过通风排湿法合理的开放门窗，使库内的空气进行自然的更换，来防止药材的霉变是比较通用而有效的，它的优点是能利用空气的流动，发散药材的水分和温度，使库内保持适宜的温湿度。这种方法是合理的开启库房门窗和通风口，让库内空气进行自然的交换，但是门窗启闭也有一定的要求，如库外无风时，自然气流主要靠内外温差和由此而产生的气压差进行交换。在这种情况下，主要开启上部和下部的通风口、门窗进行空气自然交换。当库外有风时，库内外空气的交换，主要靠风的压力。当库外有风时，库内外空气的交换，主要靠风的压力，此时应关闭库房迎风面上部出气口，开启背风面上部出气口。如果上部通风口启闭不当，库房的热空气不但排不出去，反而会由库房上部吹回到库房下部来。此外，还可把库房的门窗全部开启，以加速通风。

总的来说，自然通风必须是当库外的温、湿度有利于库内时才可进行，即库外空气的相对湿度和气温不高于库内时才可通风，若库外的相对湿度和气温均较库内低时，则其通风效果最好。一般而论，炎热的夏季不宜通风，人员出入应随手关门，以免湿热的空气侵入库内，若须通风也必须选择凉爽而干燥的天气进行，凡当阴雨天、雾气未消、南风熏扑或雨后刚晴时，均应严闭门窗。

（三）机械通风法

机械通风法是利用机械设备使库房内外的空气循环得以更换的一种通风方法。一般不受大气条件和季节的限制。自然通风和机械通风配合使用，可提高通风效果。通风机械主要有两种：一种是电风扇通风，有排气式，送风式；二是空气调节器系统，其装置由送风机、空气处理室、风管及出风口等三个部分组成。有的还在进风装置空气滤器，提高空气的洁净程度和降低空气的温度和湿度。

（四）遥控通风法

有的地区为实现商品养护科学化自动化，开发了不少先进的科学养护设备，可以结合本库房条件学习和采用。例如，联动控制设备——联动开关仓窗排风去湿装置，进行调温降湿效果很好。这种联动装置就是将仓库的门、窗户、排风扇等联结起来，库房需要通风时，按下电源开关，马达启动，通过联动装置窗门自动打开，排风扇也同时开动，将库内的潮湿空气或热空气排出。当不需要通风时，只要按下电源开关，排风扇即停止排风，门窗也自动关闭。它的优点是速度快，效果好。另外还有无线电遥控开关仓窗的设备，使商品养护科学管理又向前迈进了一步，它将成为21世纪中药贮存养护的发展方向。

七、密封吸湿法

密封法是在一定的范围内，对空气进行温湿度控制与调节，把这个范围的空间与外界隔绝起来，从而达到防止中药霉变与虫蛀的传统方法。

密封是利用密闭的库房及一些导热性能差，隔潮性能较好或不透性的缸、瓶、塑料袋或其他包装器材,将中药密封贮存,防止贮存环境的温湿度发生急剧变化,使药材与外界空气隔离,减弱外界的不良影响,减少湿气侵入中药的机会,保持中药原有的水分,防上中药霉变与虫蛀,达到安全贮存目的的传统养护方法。但必须注意,在密封前中药含水量不应超过安全水分,且无变质异状存在,否则反易促进霉烂的发展。密封的形式可根据药材的性质和数量,采用密封库、密封垛、密封货架和密封包装等方式。对于贵重药材采用无菌真空密封最好。在密封前或封后当库内湿度较高,或因密闭程度不好,外界潮气不断侵入时,则可加入吸湿剂如石灰、氯化钙、硅胶等以吸潮,或配合使用去湿机,如此密封与吸湿结合应用,更能增强干燥防虫霉的效果。

它是利用一些导热性能差,隔潮性能较好或不透性的材料,把贮存中药尽可能封闭起来,防止贮存环境的温湿度发生急剧变化,减弱外界的不良影响,以达到安全贮存的目的。密封,是中药仓储管理的基础措施,很多养护方法(如吸潮法、气调法、冷冻法、熏蒸法等)都要在密封条件下才能进行。密封方法根据中药贮存性能,运用得当,能够收到防潮、防热、防冻的良好效果,从而能有效地防止中药虫蛀、霉腐、熔化、潮解、泛油、变色、失气味、酸败等质变现象发生。密封的形式是多种多样的,我们应根据中药商品的种类、数量、性能、流转情况以及库房条件等采用不同的密封形式。一般分整库密封,货架(柜、橱)密封,小仓库密封,堆垛密封、橱柜密封、货架密封、桶密封、箱密封、缸密封、窑密封等。

(一) 整库密封

整库密封分普通仓密封和气调库密封。普通仓密封,是将库房全部密封起来,适用于建筑条件较好的库房,如钢筋水泥结构的库房,将全部门窗边沿嵌入旧包装布夹棉条或绒条、胶皮等,将门板隙用防潮纸裱糊严密,使关闭时能达到严密不透湿汽为标准。门口设2~3m宽的隔潮间,使进出仓需经二道门,隔潮间的门内挂着厚约3cm的棉布或麻布帘,开外帘时关内门帘,开内门帘时关外门帘,或安装气帘,以防止库外不利气候对库内的影响。整库密封一般适用于贮存量大,进出不频繁的整进整出的大宗中药商品。为防止地潮腐烂包装,可先铺一层油毡纸,上面再铺芦席或草袋。有条件的最好是做二油一毡或三油二毡的防潮地面。窗户玻璃可用石灰水加少许桃胶或皮胶,刷成白色,或安装隔热装置,以防日光射入,减弱库外热度对库内的影响。

整库密封的库房,密封后如库内湿度和中药水分大于安全贮存要求时,应在库内放置生石灰或氯化钙等吸潮剂进行吸湿。对新建的密封库房,在使用初期应当注意吸潮降湿工作,使库内保持较低的相对湿度。在具有气调性能密封库内,可采用空气去湿机吸潮的方法。

为了保持库内干燥,也可适当运用通风的方法。当库外天气晴朗干燥的时候,可以打开门窗,利用自然通风或电动排风加速空气对流。若通风为了散热,应在清晨进行。此外,也可在库内适时使用低浓度药剂消毒杀虫,以防止霉变和虫蛀。

(二) 货架(柜、橱)密封

对于数量不大、比较贵重、怕潮易霉或易溶化、易生虫、收发频繁的零星药材,可以贮存于密封货(柜、橱)中。此架(柜、橱)制作需严密,缝隙用棉条成绒条嵌紧密闭,应根据中药不同品种的性能在架(柜、橱)内放置石灰包、硅胶等吸湿剂以保持干燥。若贮存的是易生虫中药,可在架(柜、橱)内放些樟脑等杀虫剂以防霉虫蛀蚀。

（三）堆垛密封

堆垛密封是用防潮隔热材料，将上下周围整垛的中药密封起来。

（四）小件密封

用箱、桶、缸等容器对中药进行密封。一般适用于体积不太大的易霉易生虫的中药。如枸杞子、全蝎等，在包装完整，质量、水分正常的情况下密封后可有效的防霉防虫。在密封的容器（缸、箱、桶）底部可铺厚约10cm的生石灰或干燥的木炭，其上放好木架，木架和吸湿剂间应留有适当的距离，以便空气流通。但某些怕过干的中药商品不能放生石灰，以防失掉适量水分，而损坏商品质量。

1. 坛缸密封 常用小口坛或大口缸，木盖除双面裱糊外，用粗布或棉花或橡皮加以衬垫，以防外界湿气透入，可在缸底部可铺厚约10cm的生石灰，这种容器存放药材，既能吸湿，又能防潮，适用于含水量过高又不宜曝晒的药材。怕热易溶化中药商品可采用缸密封后，用河沙埋藏，河沙经常用水浸湿，这样可以保持缸内有较低的温度（可低于库内温度8～10℃），避免溶化，也可采用地下埋藏法。选用内外带釉的缸坛，埋入地下，若地势低洼，地下有水，可采用半埋藏法，使缸坛露出地面30cm左右，并在附近挖小土井引出窨水。

2. 木箱密封 选用对缝紧密的木箱，待木质充分干燥后，缝隙用油石灰刮平，外层加以油漆，以防漏气。怕潮的中药，尤其在封盖经常开启的情况下，可采用这种方法。对于怕热易溶化商品也可采用夹层木箱密封保管。做法是，用木板制一夹层，夹层宽6～10cm左右，夹层中填满干谷壳或干河沙，箱内严密裱糊，箱门同样制有夹层，箱与箱口之间衬一层胶皮或棉条、绒布条。在这种夹层箱内密封，可使中药商品不受外界潮气的影响。如糖性较大的品种可适当放一些吸潮剂。

3. 铁桶密封 利用箱盖衬垫橡皮边的各种圆形铁桶，或长形铁盒盛放药材，启闭方便，存放量较大。

用木箱（桶）篾篓等包装的中药可用透明胶带在包装盖内外严密封紧，另外可使用泡花碱裱糊。经常需开启的缸盖桶（箱）盖，除盖的内外裱糊外，还可用粗布包棉花钉在盖子里面，以便达到缸口桶箱口不透湿气。在密封的容器（缸、箱、桶）底部可铺厚约10cm的生石灰或干燥的木炭，再盖一层芦席或厚纸片。生石灰与芦席间应隔垫架、以防发生火灾，这样可保持容器的干燥，但某些怕过干的中药商品不能放生石灰，以防失掉适量水分，而损坏商品质量。怕潮易溶化中药商品可采用缸密封后，用河沙埋藏，河沙经常用水浸湿。这样可以保持缸内有较低的湿度（可低于库内温度8～10℃），避免溶化，也可采用地下埋藏法。选用内外带釉的缸坛，埋入地下，若地势低洼，地下有水，可采用半埋藏法，使缸坛露出地面30cm左右，并在附近挖小土井引出窨水。怕热易溶化商品也可采用夹层木箱密封保管。做法是，用木板制一夹层，夹层宽6～10cm左右，夹层中填满干谷壳或干河沙，箱内严密裱糊，箱门同样制有夹层，箱与箱口之间衬一层胶皮或棉条、绒布条。在这种夹层箱内密封，可使中药商品不受外界潮气的影响。如糖性较大的品种可适当放一些吸潮剂。

（五）其他密封法

比较贵重的药品如麝香，可用瓷坛或玻璃容器盛装，用蜡封口，可防香气走失，保持油润，降低损耗。但要适当摇动容器,以免麝香坠压结实,影响色泽和疗效。此外还可用小间的密封间贮存中药,密封的方法与整库密封相同。此外,尚有气调密封法,其原理和方法详见第六章。

以上密封方法,可单独使用,也可以结合使用。总之应根据中药不同种类养护的需要,结合季节气候和条件因地制宜,就地取材,灵活应用以确保贮存的安全。至于密封时间必须根据中药的性质和当地气候为变化规律来确定。对易潮、易霉、易溶化的不急用的中药品种,最好在先年的冬季密封,因为这个时间是一年中气候最干燥的季节。其余可根据情况而定。

八、吸　潮　法

当密封库(包括密封柜、箱、桶、缸等)内,由于潮湿空气的侵入或中药商品(包装物料)墙壁、地面等水分的散发,相对湿度超过中药商品安全贮存的范围,而库外气候又不具备通风或晾晒的条件,如潮梅季节连续的阴雨,久雨不晴等,此时,为保证中药商品的安全贮存,就必须采用吸潮法设法降湿,以保持中药干燥。

(一) 吸湿剂吸潮法

当库内的相对湿度较大(接近或超过70%)时,或药材在贮存中吸湿还潮,可利用吸湿剂来吸收水分,以保持库房中药材的干燥,防止药材的霉变。一般常用的吸湿剂有生石灰、木炭、炉灰或草木灰、无水氯化钙和硅胶等。用吸潮剂降湿在目前是降低库内湿度的一种切实可行的有效方法。下面介绍几种常见吸潮剂的性能和使用方法。

1. 生石灰(CaO_2)　它具有取材容易,使用方便,价格低廉,吸潮率高等优点,使用后还可作其他用。CaO_2吸水量一般达自身20%～30%,如果库内的空气比较潮,相对湿度在75%以上,一般5～7天就达到较高的吸水量,8～9天后,就基本上全部化成粉末。其反应式如下:

$$CaO_2 + H_2O \rightarrow Ca(OH)_2 + \text{热量}$$

$$Ca(OH)_2 + CO_2 \rightarrow CaCO_3 + H_2O$$

使用CaO_2时注意,CaO_2属碱性氧化物,有一定的腐蚀性,不能直接与商品接触。CaO_2应盛于陶盆、瓦钵、木箱、竹篓中。装时注意摊均,并将CaO_2块打碎(切勿打成粉末),一般以容器的1/2为宜。也可以直接摊放在地面上(但要隔离商品和易燃物)或用容器放在垛底、垛边、沿墙四周及靠近入库门处。放时要点多面广,分布均匀。若使用于内包装吸潮时,要把CaO_2与商品隔开,最好在两者间垫纸张、纸板等物质。生石灰吸潮后,可以边潮解边撤换边增加。为此,可以把生石灰放在铁丝或竹制的网架上,下放一个容器,潮解落下来的石灰粉末随时可以取走。CaO_2吸潮过程中要放出一定的热量,大量发热并接触易燃物时会导致火灾,应特别注意。CaO_2吸潮后变为$Ca(OH)_2$,吸收空气中的CO_2,生成$CaCO_3$时会放出H_2O,增加库内湿度,应及时撤换。有仓库使用生石灰吸潮时,未计算用量,或因接触了较多的水,而引起火灾的报道。因此,雨季使用,不能放弃管理。用量要视仓库的大小,库房严密的程度,中药商品含水量的多少,库内湿度的高低而定。如果中药商品含水量高,库内湿度大就要多放,反之减少。一般每平方米体积可用生石灰2～3kg。为了合理使用吸潮剂,便于库内湿度的控制,可参考下列公式计算吸潮剂用量。

$$\text{吸潮剂用量} = \frac{\text{库房容积(原有相对湿度 - 最终相对湿度)} \times \text{同温饱和湿度}}{\text{吸潮剂的吸水量 1kg}}$$

库房容积是指库内的长×宽×高。原有相对湿度指当时库内相对湿度。最终相对湿度指库内降湿后,计划达到的相对湿度。同温饱和湿度指当时库内温度下的空气饱和湿度。

例题:某一贮存菊花的库房,长25m,宽10m,高5m。库内当时温度为30℃,相对湿度为80%,现计划把库内相对湿度降至70%,需用CaO_2多少千克?(CaO_2每千克吸潮率为30%)

30℃的饱和湿度为$30.4g/m^3$

代入公式计算得CaO_2用量=12.7kg

注:吸潮剂往往受品种、运输、保管条件的影响,实际吸水量要少于计算的理论数,计算时应加以考虑。如无水氯化钙理论上每千克能吸水1300g,在实际计算时可按1000g比较可靠。

生石灰吸湿性较强,在潮湿空气中能渐渐吸收空气中的水分,变成消石灰。生石灰吸湿速度较快,一般每千克能吸水0.25kg左右,是使用比较广泛的吸潮材料。如果库内的空气比较潮,相对湿度在75%以上,一般5~7天就达到较高的吸水量,8~9天后,就基本上全部化成粉末。生石灰吸潮过程中会放出一定量的热,但作用比较缓慢。对仓库并无明显影响。使用生石灰吸潮,要防止与大量水分接触,以免迅速反应,大量发热,引起火灾事故。其次,生石灰吸潮后生成的氢氧化钙,具有较强的腐蚀性。因此在贮存时,对忌碱的中药商品不宜用生石灰吸潮,要使用则必须采取防护措施,以防止生石灰粉末玷污危害。

2. 木炭 木炭的吸湿性能也很好,而且晒干或烘干后仍可反复使用。一般吸湿率可达本身重量的10%左右。其方法是:将干燥的木炭平铺在货垛下方或库内的角落处。某些药材如红花、金银花、菊花等在包装时,为了防止今后吸潮发霉,可放入几根用纸包好的木炭,可起防霉作用。

3. 炉灰或草木灰 炉灰和草木灰吸潮能力较低,每100kg可吸5~10kg。使用方法是:将炉灰置于木箱或坛底部,上面铺盖蒲席等,使商品隔离,这样可在较短时间内保持包装内部干燥。将炉灰放在槽式木盒内置于货垛架下吸潮也能收到一定的效果。盛装炉灰、炭灰时必须检查,有无不灭之火,以免发生火灾。

4. 氯化钙($CaCl_2$) 是一种白色多孔、具有较强吸潮能力的强电解质盐类,呈粒状、块状或粉状。氯化钙又分无水氯化钙与工业用氯化钙两种,吸潮率都很高。无水氯化钙每千克能吸收1~1.2kg水分,工业用氯化钙每千克也能吸收0.8kg左右水分。两种$CaCl_2$吸水后,便溶化为液体,但可以再生。再生方法:将溶液放在铁锅里用火煮,并随时搅拌,当溶液蒸发到表面呈糊状时,即可倒入其他容器中,使之冷却成为固体后则可继续使用。氯化钙在使用时,可放在竹筛上(不宜用铁丝网,容易被腐蚀),筛下面放瓦钵等容器,以便盛装吸潮溶化后滴下的溶液。瓦钵内的氯化钙溶液要经常倒入库外较大的容器中,以便熬煮后再用。如有条件,可在垛四周放置木槽,铺上塑料薄膜后放上$CaCl_2$、木槽倾斜一端的开口通向库外,并用容器接盛。氯化钙的吸水率虽高,但价格比石灰贵,一般用于小型密封库,保管怕潮和怕高温的中药商品。

5. 硅胶(H_2SiO_3) 又名矽胶、硅酸凝胶。分原色硅胶和变色硅胶两种。原色硅胶无色透明或乳白色粒状或规则固体,变色硅胶,是经氯化钴或溴化铜等处理的有色硅胶,有绿色、深蓝色、黑褐色或赭黄几种。变色硅胶随着吸潮逐渐改变颜色,以指示出吸潮程度。如蓝绿色硅胶随着吸潮逐渐变为绿色、黄绿色,最后变为深黄色;深蓝色的硅胶逐渐变为浅蓝色,最后变为粉红色或无色;黑褐色或赭黄色的硅胶逐渐变成咖啡色,最后变为无色或浅绿色,最后的颜色表明吸潮已达到饱和程度。

H_2SiO_3具有良好的和持久的吸潮能力，理化性质比较稳定，吸潮后仍为固体，不潮解、不溶化、不污染商品，也没有腐蚀性，硅胶吸潮后，在130～150℃下烘至恒重以后，仍可以继续使用，因此被称为永久性吸潮剂。每千克H_2SiO_3能吸水0.4～0.5kg，使用硅胶吸潮时，可将硅胶用纱布或纸包成小包，放在商品包装内，或放入商品周围，也可散在商品夹层中。若用于密封货架吸潮可放在玻璃、搪瓷或木制的容器中，不必再用纱布包裹。硅胶虽价格较贵，但性能良好，能长期使用，适用于保管较为贵重怕潮的细料商品。一般可连续使用1～2年。

关于吸湿剂的用量问题，各地可根据药材的性质和相对湿度的不同而定，利用吸湿剂吸潮并非意味着把库内的水分全部吸尽，而只是吸取部分，使其降低到适宜的程度即可，这样既可节省吸湿剂的用量，某些药材也不会因过分干燥而造成损耗。使用吸潮剂降低库内湿度时，库房应尽可能地封闭严密，否则，外界潮湿空气不断侵入库内，就达不到降湿目的的。

（二）机械吸潮法

利用机械设备除去仓库环境中的水汽，以降低相对湿度的一种除湿方法。它适用于各种潮湿仓库的吸湿降潮，特别是地下仓库、半地下仓库、洞库等。

1. 空气去湿机　其工作原理是：室内潮湿空气经过滤器到蒸发器，由于蒸发器的表面温度低于露点温度、空气中的水分凝结成水滴，流入接水盆，经水管排出，使空气中的含水量降低。被冷却的干燥空气、经加热后，再由离心机送出入室内。室内空气相对湿度便不断下降，当达到库内要求的相对湿度时，即可停机。其吸湿能力较强，按不同机型每小时可吸水6～28kg。使用时应避免日光照射，远离暖气等热源，机身四周，不得放置挡排空气流通的障碍物，去湿机应在密闭环境中工作。它的工作范围，大库房安装一台，若效果不明显可多台组合增加吸潮能力。

机械吸潮法就是利用空气去湿机来降低库内的相对湿度。使用空气去湿机降湿，这是一种降的新方法，特点是降湿快，省劳力。去湿机的工作原理基于室内潮湿空气经过滤器（吸尘泡沫塑料或金属网）到蒸发器，由于蒸发器的表面温度低于露点温度，空气中的水分凝结成水滴，流入接水盘，经水管排出，使空气中的含水量降低，被冷却干燥空气，经加热后，使其相对湿度降低，再由离心机送入室内。当室内空气相对湿度不断下降达到所要求的相对湿度时，即可停机。空气去湿机吸潮，在温度27℃，相对湿度为70%时，一般每小时可吸水3kg左右。空气去湿机具有体积小、重量轻、降湿快、不污染商品、省劳力等特点。机的底部装有胶轮可以自由移动，管理方便，接上电源即可工作。附装有电加热器，当库温低于15℃时，可用升温的方法，来降低空气的相对湿度。机器背面装有可拆装的新鲜空气风口，可以将室内空气混合经去湿后送入室内，以保持室内的一定新鲜空气。出风口根据使用要求，可接装送风管道。还可采用空气去湿机安装塑料管道，进行密封垛空气循环吸潮，收到较好效果。目前，国产的空气去湿机有多种型号，但工作原理是基本相同。在使用时要专人看守、专人操作，还要懂得机械性能，操作时必须按操作说明书要求进行，以免损坏。吸潮时要注意，如不观察湿度变化，盲目开动机器，造成将中药合理的含潮被吸走，影响药材质量。

2. 电热去湿干燥器　是进行去湿干燥的电热电器，按用途分为环境空气壁柜干燥器，去湿干燥器等。电热去湿干燥器，是去湿和热风干燥的结合体。有电热、鼓风干燥系统，也有压缩、冷凝器和蒸发器组成的冷冻去湿系统。可用于库内去湿、物质的干燥。

3. 垛底通风驱潮机　是用于驱散货垛底部湿汽，迫使垛底空气流通，解决垛底潮湿的一种简易风机。

（三）光电调控吸潮法

光电调控吸潮法是利用光电控制设备自动控制与调节库房温湿度，保持中药干燥的方法，现将基本原理简介如下。

光电控制设备，是由自动记录、光电控制和开关箱等三部分组成的。通过它带动空气去湿机、排风扇、开关窗等机械装置，达到全面控制和调节库内温、湿度的目的。自记部分主要是利用自记温、湿度计的作用，把它连接在排风系统上；光电控制部分是根据电子计算机的基本原理，由一套乘除器、晶体管和控制开关组成。这种光电控制设备，占地面积小，仅$1m^2$左右，使用时灵敏准确，是我国目前仓储设备中最先进的设备。

第二节　冷贮养护法

冷贮养护法即在低温环境中贮存中药，防止中药变异的方法。低温冷贮是利用机械制冷设备(空调、冷风机、冷冻机等)产生冷气降低库内温度，从而抑制仓虫、真菌的发生，达到养护目的。低温贮存一般分为阴凉、冷贮两种，阴凉不超过20℃，冷贮0～10℃。其库房要求绝缘隔热，不致冷气流失。

低温(0℃以上，10℃以下)环境下贮存中药，可以有效地防止中药的生虫、发霉、变色等变质现象的发生。有些贵重中药可采用冷贮法。夏季梅雨来临时，可将药材贮存于冷贮库中，温度以10℃以下、0℃以上为宜，不仅能防霉、防虫，而且毫不影响药材品质，使药材安全度夏。由于此法需要一定的设备，费用较大，故主要用于贵重药材、特别容易霉蛀的药材以及无其他较好办法保管的药材。例如：人参、菊花、山药、陈皮等常用此法；蛤士蟆油容易吸潮生霉，如用水洗刷，当时虽可除去霉斑，但经数小时后仍会回潮；而且日晒变黑，火烘又出现白点，故宜采用冷贮法；又如银耳发霉容易粘连，曝晒会变色，风吹后易失去光泽，亦常用冷贮法保管。要保持苦杏仁良好的外观性状和有效成分含量，可将其干燥后于2～8℃下冷贮，并尽可能缩短贮存时间。

冷贮最好在梅雨季节前进行，并且过了梅雨季节才可出库。如在梅雨季节中由冷贮库发出，亦应从速出售，不宜久贮；同时温度不能低至0℃以下，以免因受冻降低质量。进入冷库的药材的含水量必须是在安全标准范围内；最好用干燥木箱盛装，此箱可用黏合剂密封箱缝，内衬牛皮纸或沥青纸，以防湿气的侵入。

第三节　埋贮养护法

一、石灰埋贮法

石灰埋贮法适于肉性和部分昆虫类药材，如刺猬皮、熊掌、蜣螂虫等，因其在夏季稍遇湿气，容易走油变味，腐烂败坏。方法是用大小适宜的缸或木箱，先用双层纸将药材包好，注明名称，然后置入，用石灰恰好埋没所贮药材为度。如数量较少，可将几种药材同贮之。

二、沙子埋贮法

沙子埋贮法适于少数完整药材如党参、怀牛膝、板蓝根、白芷、山药等,目的是为了隔绝外界湿气侵入,防止生虫发霉。容器用缸或木箱,沙子应充分干燥后使用。容器底部先用沙子铺平,再将药材分层平放,每层均撒盖沙子,沙子厚度约4~7cm,但容器上下和四周沙子应稍厚些,7~13cm即可。贮存容器应置于干燥通风处,如能垫高尤好。

三、糠壳埋贮法

糠壳埋贮法是利用谷糠的隔潮性能,将药材埋入糠中,使外界湿气不致侵入,保持药材干燥,亦可避免虫蛀霉变。如阿胶、鹿角胶、龟板胶等,用油纸包好后,埋入谷糠内可防止软化或碎裂;党参、白芷等埋入谷糠中不致霉坏。

四、地下室贮存法

地下室贮存中药,由于气温较低,不直接受到阳光照射,气候较干燥,对于那些怕光、怕热、怕风、怕潮、怕冻的药物有着一定的养护作用。

因为地下室具有冬暖夏凉的特点,气温比较恒定,故在地下室贮存中药材时,尽管有时购进的药材饮片难免因湿度太大或质劣易引起霉变,但在地下室及时摊开稍晾,不会造成霉变或质变。另外对于那些怕光、怕热、怕冻的一些药材,如薄荷、细辛、荆芥、当归、川芎、木香等含挥发油的药材,可避免阳光照射和变色"走油"现象。又如玫瑰花、月季花、柏子仁、枣仁、杏仁、火麻仁、鸡内金、土鳖虫等含芳香及油脂性大的药材,在强光下照射或气温太高,容易氧化分解变色,油质外溢,而在地下室由于温度较低可避免以上弊病。有些盐炙的药物,如车前子、知母、巴戟天、益智仁等,很容易吸收空气中的水分而变潮,或因温度过高使盐分从药物表面析出,而在地下室贮存则不会出现以上情况。再如,每年6~8月,某些药物最易被虫、霉为害,如枸杞子、大枣、龙眼肉、苡米仁、瓜蒌、杏仁、桃仁、郁李仁、山栀等,若在地下室存放一般不生虫,甚至存放几年也未生虫。甚至有时在刚进购的此类药物发现有虫卵时,稍经处理后存放地下室库,并适当的放些花椒或与辛辣、具有特殊气味的药物,如肉桂、丁香、草果、豆蔻、八角茴香、苍术、千年健、荆芥、薄荷、花椒、细辛等药交叉放置也不会生虫。但是当从地下室提至地面二级库时往往一周就发现生虫现象。有些加蜂蜜炮制的药物,如甘草、黄芪、款冬花、紫菀、百部、枇杷叶等等,特别易受温度和湿度的影响,每当夏季从地下室提至地面库时,由于地面温度过高,常常发现发软或粘结成团,甚至有黏丝,且易生虫,而在地下室存放这类药物从未发现此种情况。

在中药的贮存过程中,影响中药质变最典型的是虫害和霉变,由于地下室库房一般气温比较低,既干燥又不受任何外界因素的影响,使中药材不易吸潮、霉变、氧化、分解。故地下室是天然的贮存中药的有利场所,比较经济适用,宜在干旱地区推广。但是地下室作为贮存中药的场所也存在一定的缺点,如须安装空调机组及其他换气通风设备,以便在气候突变的情况下或有计划地的适当调节室内空气,达到消毒、灭菌的目的。

第四节 醇闷养护法

醇闷法是根据害虫对乙醇气味的敏感,在密闭的条件下,形成不利于害虫生长繁殖的环境,从而达到防治虫害的目的。例如在两个30ml的玻璃瓶内各放置赤毛皮蠹成虫及细虫若干条,一个进行耐缺氧试验,一个进行乙醇敏感试验。36h后,耐缺氧试验的害虫无一死亡,而进行乙醇敏感试验的害虫无一成活。可见赤毛皮蠹无论成虫还是幼虫,对乙醇气味十分敏感。

一、方　法

在广口玻璃瓶内装浓度为95%的药用乙醇,用双层纱布将广口瓶外口扎固,放入容器底部,然后放入药材密封共贮。数量较多的药材,可选择较大的密封容器,直接倒入乙醇。乙醇用量一般为3%(V)。在乙醇液中放一只托架,托架上放一只垫子,使乙醇液面与垫子保持一定距离,再将药材放到垫子上密封共贮。取药时,可迅速开启密封盖子,取出所需量的药材后,立即复盖密封,可如此反复,直到容器内的药材用完。在此过程中无需添加乙醇。

二、醇闷贮存法的优点

醇闷法的特点是适应面广,简便易行,时效较长。乙醇易挥发,很少残留在药材中,不改变药物的性味。无论是数量大小,均可采用。若无乙醇,可用酒来代替。即用酒与中药同贮后,利用酒味缓缓挥发来防止虫蛀。例如将含淀粉、蛋白质丰富,且易生虫的米仁与啤酒(10kg米仁用啤酒120ml)拌匀,密闭20min,置阴凉通风处自然晾干存放,效果颇佳。动物类药装入罐子里,再放入除去外包装的含酒味的伤湿止痛膏适量同贮,同样起到很好的防蛀效果。

第五节 定期拌盘法

做好中药的养护工作,确立预防为主,防治相结合的保管原则,采取各种有效措施,是保证药物质量的重要环节之一。近代,有关中药贮存保管的新技术、新方法正逐步推广运用,如远红外线加热干燥、微波干燥、气调贮存、气氧保管等。由于基层乡镇医院条件有限,中药贮存保管大多沿用传统的方法。比如运用定期拌盘中药的方法,结合光暴晒、摊晾、拣、簸、筛、扬,以及淘、洗、刷、剔等,能较好地控制药材的发霉、虫蛀等变异现象的发生。

一、拌盘方法

拌盘方法分堆积拌盘和装袋拌盘法两种。堆积拌盘法是将药物倒入簸箕、盘篮等敞口容器内,结合搓揉进行拌和。量少的可采取集中型的整体拌和法拌盘,量大的则选用蚕食型的逐级(过)拌和法拌盘。装袋拌盘法是将药物盛装于布袋或小麻袋内,药物的数量以袋容量的一半为宜,最多不超过袋子容纳量的2/3,否则就不利操作,效果也欠佳。装袋后扎紧袋口,然后拉住底部两角，上下轮换着翻转，纵横着地揉搓，反复数次即可。两拌盘方法各有优缺点，堆积拌盘法有利于检查药物的外观质量，对药物的破损程度小，但操作费时，而且单个品种的拌盘数量不好；装袋拌盘法简便易行，工效高，但若操作不当，易将药物擦破挤碎，因此不适用于花类、叶类及某些动物类质地松脆的药物。

二、适应种类

定期拌盘法适应范围较广，除矿物类、贝壳类、树脂类外，其他各类药物大多可合用，对富含淀粉的根与根茎类，以及果实种子类尤为适用。

三、间隔时间

拌盘的间隔时间应按药物的品种而定。如易霉的牛膝、寄生、玉竹、黄精、易蛀的白芷、花粉、芡实、枣仁等，间隔的时间就必须短一些，一般以 5 ~7 天拌盘 1 次为宜；花类、全草类可 10 天左右拌盘 1 次；根与根茎类以及皮类、木类的药物半个月 1 次。另外，5 ~10 月份温度高湿度大的季节与 11 至次年 4 月份的低温干燥季节的相隔时间可以适当的缩短或延长。总之，要灵活掌握，做到勤检查，早防治，以药物不受损失为其原则。

四、注意事项

拌盘时操作要轻，以免揉碎药物。同一品种的药物，由于原药材的分布点不同，所以饮片的规格也就不一样，且同一规格的饮片，难免存在整碎之别，故拌盘时尽量拌和搅匀。在拌盘中不必须仔细检查药物的外观质量，鉴别有否异常现象，以便及时采取相应措施，对每次所拌过的品种要认真做好记载，以便准确掌握定期拌盘的间隔时间。

五、定期拌盘中药的作用

(1) 通过拌盘时的摩擦撞动，合而分、分而合，结合日光曝晒，能极有效地灭除残留在药物中的害虫虫卵，以除后患。

(2) 经拌盘后，使不同规格的同一品种药物分布均匀一致，以当归为例，处方中的全当归应由归头、归身、归尾共同组成，平时调配时，稍不注意，就会先用去归身，继之归头，而留在下层底部的多为归尾，通过拌盘后，三者的分布面就相对均匀多了，避免了先撮整饮片后抓碎饮片的弊端，从而达到全当归的应具效能。

(3) 通过拌盘，结合筛、簸、拣、扬，可去除屑末尘灰，使药物更趋于纯净，并能及时发现药物是否出现异常。

第六节 化学药剂养护技术

在中药养护中抑制霉、虫的生长，最好是创造一个不适宜霉虫生长的环境，但有时在药房少量保管时不易办到，因此可以采用药剂防治的方法。药物防虫霉就是利用无机或有机化学药物来抑制霉、虫的生长和繁殖，通常分为防霉剂和杀虫剂。目前应用的各种防霉剂和杀虫剂较多，但是适用于药材的防霉杀虫剂很少。因为药材是供人内服的药物，所应用的防霉杀虫剂必须是对人类无害的，而且必须是毒性小、效力高、价格低廉、防霉效果持久的药物，才能普遍应用于大量的药材。目前用于直接与药材接触的杀虫防霉剂有氯仿、四氯化碳、二硫化碳、有机氯、有机磷农药、硫磺、氯化苦（CCl_3NO_2）、磷化铝（AlP）、对硝基酚、β-萘酚、水杨酸、安息香酸及其钠盐、醋酸苯汞、氯酚、尼泊金、甲醛溶液（福尔马林）等，不过，以选择毒性小的为宜。使用时通常以水或水醇混合液为溶剂，配成适当浓度的溶液，用喷雾器喷洒在药材表面及霉虫着生蛀蚀之处。分别介绍如下。

一、硫磺熏蒸法

1. 性能 硫磺系斜方晶系非金属元素的一种。为黄色或黄绿色锐锥状结晶体，成块状和粉末状。燃烧后发生蓝色火焰，并产生二氧化硫毒气。SO_2毒气能毒死各种药材真菌与害虫，但渗透性不如氯化苦、磷化铝。用硫磺熏杀虫是中药最早期的杀虫方法，随着现代新化学药剂的涌现，目前已较少使用，但在某些落后地区仍习用。

2. 施用方法 硫磺燃烧杀虫，通常使用小室（熏房）密封或熏蒸箱形式。每立方米用硫磺100～150g，为了安全，应采取室外点燃，方法是在熏蒸室的墙上开一小洞，外面用砖砌一炉灶，装上能开关带玻璃的活门，以便观察硫磺燃烧情况。硫磺在灶内燃烧所产生的SO_2气体，可通过洞孔进入室内。直接在室内燃烧硫磺，易引起火灾很不安全。采取小室熏蒸进必须严格密封，以保证熏蒸效果。熏蒸时一次不宜太多，一般每天燃烧2～3次，可将硫磺总量分次在1～2天内烧完，以尽量减少硫磺升华。为了安全，可以直接使用化工单位供应的钢瓶二氧化硫，使用方法同溴甲烷用法（见后）。硫磺燃烧后，密闭3～4天，然后通风排毒2天后，工作人员可戴口罩进入室内操作。少量零星药材，可用熏箱熏蒸。

3. 注意事项 SO_2毒气对种子发芽有影响，因此药材种子不宜用硫磺熏蒸，又由于二氧化硫遇水产生亚硫酸，易使药材褪色，同时经硫磺熏蒸过的药材，有时会使味道变酸，带硫磺气，并发脆和破碎。因此对易变色、变味和质地脆嫩的药材，60多种花类和虫类药材均不宜使用。采用硫磺杀虫的药材应尽量干燥。使用硫磺熏蒸的温度不宜低于15～16℃，SO_2毒性在20℃以上最强烈。二氧化硫对人体有毒性，熏蒸后应排风，进入熏房应戴面具或肥皂水浸湿的多层纱布口罩。如使用钢瓶装二氧化硫熏蒸杀虫，其钢瓶外表为灰色，写有黑色二氧化硫字样，属危险品，存放时应拧紧安全帽，放阴凉干燥处，防止倾倒。

二、磷化铝熏蒸法

1. 性能　磷化铝(AlP)是近年来应用较广的一种新型高效仓库熏蒸剂,磷化铝片剂是由磷化铝、氨基甲酸铵及其他辅助剂混合压制成的,每片重3g,磷化铝遇水分解产生磷化氢气体,磷化氢气体毒性极高,每克磷化铝片剂能产生大约1g磷化氢气体,当空气中每升含0.01mg磷化氢时对害虫有致死作用。磷化氢气体有较强的扩散性和渗透性,不易被药材和物体吸附,故散气快。又具有电石或大蒜气味,有"警戒性",对人畜有很强的毒性。磷化铝熏蒸时不仅对各种中药害虫具有强烈的杀虫效能,而且还有抑制和杀灭药材微生物以及抑制药材呼吸的作用。是当前主要的化学防治药剂。

2. 施用方法　可采用塑料帐密封货垛,或全仓密封熏蒸。应根据货垛体积采用在垛上和走道地面上设多点投药,但药片不要直接接触包装和药材,可采用铁盘、木盘、搪瓷盘盛装等,或将药片装入小布袋(每袋一片),将袋口扎紧,在袋口拴一有色绳子。帐幕熏蒸的可将药片盘放在货垛边。用药5~7g/m^3,如用密闭库熏蒸,空间部位2~3g/m^3。施药后,立即密闭药口,当温度2~15℃时需密闭5d,16~20℃需密闭4天,20℃以上需密闭3天(但不能少于3天)。熏后排毒通风先开下风口,再开上风口,排气通风不少于3天,通风后将磷化铝残渣(粉状物)运往空旷处,挖坑0.5m以下深埋。

3. 注意事项　贮存磷化铝要避免潮湿,远离火源与易燃品,也不要在阳光下曝晒。贮存和熏蒸过程中应经常检查是否漏气,可用5%~10%硝酸银试纸做显色反应,当试纸变黑时说明漏气。露天货垛熏蒸,特别防雨水浸入,最好只在库内用。本品有剧毒,施用过程应戴防毒面具,橡皮手套,操作时严禁吸烟,不能带有发生火星的东西。施药先上后下,先内后外,施药完毕用肥皂水洗手,温水漱口。如药材垛表面温度超过60℃,集中投药4片以上会自燃,在一般温度下每个投药点不要超过30片。帐幕熏蒸,使帐幕和药之间有一定距离以利挥发。开筒取磷化铝时,把筒口向外,不要对准面部。发现封口铁生锈或钥匙卷动不便,可用铁钳子钳住封口铁皮一角顺势撕开即可(筒内有一包活性炭是吸潮用的,可埋在泥土中)。

4. 备注　要增强磷化氢气体(PH_3)的熏蒸作用关键是密闭时间,而不是高剂量。采用磷化铝微量(常规量)埋藏熏蒸,并长期密闭,效果很好,但关键要注意密闭良好,掌握均匀的施药方法,防止产生死角。此法在中药防治害虫上很值得参考。

三、氯化苦熏蒸法

1. 性能　氯化苦(CCl_3NO_2)是一种使用较早的熏蒸剂,纯品为无色液体,因含杂质和受光的作用而呈黄绿色,具有特殊的刺激气味,即使气体的浓度很低也会引起流泪,因此,具有较强的"警戒性"。氯化苦化学性质稳定,不燃烧,不爆炸,不与酸碱起作用,具有较强杀虫力,对常见的中药害虫都可致死。但氯化苦挥发性、扩散性和渗透性都较差,易被所熏的药材所吸附,如果温度较低,毒气约一个月或更长时间才能散尽。此外,在光的作用下氯化苦在水中会水解,产生强酸性物质,对金属、动物细胞有腐蚀作用。氯化苦对人体毒性很大,在空气中氯化苦浓度

0.2g/m³时,77min 能使人致死,由于熏蒸杀虫药量远远超过这个浓度,使用氯化苦必须严加注意。

2. 施用方法 使用氯化苦熏蒸杀虫,一般有全仓密闭和帐幕密封货垛两种形式熏蒸。但都应在垛上施药,而且应在20℃以上才能熏蒸。全仓密闭熏蒸方法是将库房密封后,按1.5~2m间距,设好施药点,施药点上先铺一层苇席,席上铺多层麻袋,以吸收药液。施药前,需将整桶氯化苦分装在玻璃瓶或小搪瓷桶内。施药时,将分装好的药液放在准备施药的地方,指挥人员检查妥当后,下令开始喷药,施药人员需自内向外施药,要求喷药均匀、全面。施药后,退出库房,及时将门严密糊封。

帐幕熏蒸方法,一般用特制的橡胶帐幕(一层橡胶一层帆布贴合在一起),将货垛苫盖密封。按货垛大小用2~4块帐幕,幕布与幕布接连处要相叠卷边后用特制木夹子,把帐幕接缝夹紧,夹子一个连一个地夹紧,务使幕布连接处不漏气。帐幕底边可用土压埋。施药前在垛上部帐幕接缝处选好施药口,拧下两个夹子放入叠好的多层麻袋,供吸收药施用。施药时,将药剂喷洒在麻袋上,然后将暂时拧下的夹子重新夹紧,封闭药口。氯化苦用药量,药材垛按35~70g/m³,空间按20~30g,密闭72h以上。动物类药材,质地比较坚实的药材,用药量多些,露天垛或泥土地面的库房也应适当增加药量。如果密闭条件良好,温度又高,所用剂量适当减少也能收到良好效果。熏蒸结束,排毒散气应先开库房或帐幕下边风口,再开上风口,通风不能少于4d,时间再长些可减轻空气污染,如用排风扇排风,可加速散毒。

3. 注意事项 本品有剧毒,分装、施药、排毒过程中均应戴防毒面具,橡胶手套。施药结束,应用肥皂水洗手,温水漱口,分装药剂时,应选有风晴天,在露天进行。排毒通风后,至人无刺激眼感觉时,才能进入场内工作。药材经过熏蒸处理须待药材内无残留氯化苦气味时才能出库。特别注意不能将氯化苦直接喷洒到药材上。

4. 备注 氯化苦最早用于熏蒸粮食,近年来各国陆续发现氯化苦熏蒸粮食时污染严重,残留量高。有的报道由于氯化苦的化学结构中有—NO_2,可能有致癌作用。由于上述原因,日本1974年已禁止使用氯化苦熏蒸粮食。

四、氨水熏蒸

取含水量50%的瓜蒌4个,2个用氨水熏蒸,2个为对照物,同时置于相对湿度75%以上的温箱内,对照物经过5天开始生霉,10天内即败坏;而用氨水熏蒸的2个瓜蒌,经过40天无生霉现象。

五、醋酸钠喷洒

取无水醋酸钠以40%~50%的乙醇为溶剂,按1∶7的比例配成防霉液,用喷雾器在药材垛的外缘喷洒一层,然后以苇席封好。试验证明,每喷药一次,可以保持20~30天不霉。长10m、宽4m、高2.5m的货垛,约用防霉液3000ml。

六、化学药剂问题探讨

以上各种化学药剂(物)杀虫防霉,能在很大程度上消灭虫霉,在中药保管中曾经兴盛一时,成为主要的养护方法。然而,随着科学研究的不断发展,发现这些化学药剂残留在药材中的有毒物质不易除去,影响药材质量和治疗效果,而且操作方法复杂,易污染环境,造成对人体健康的危害,在国内外都愈来愈使人们认识到它不可逾越的弊病,存在着很大的社会问题,也即是我们要深入研究探讨解决的下列重要问题。

(一)化学养护面临的问题

我们讲化学养护面临的问题,就是指它的弊病。化学药剂防治中药仓虫的弊病有残毒、公害、抗性和对人体健康的影响。

1. 残毒　是指化学防治仓虫后,在药材上残留的化学物质,由于它不仅与药材的效用无关,相反,却会成为毒性而带来危害。据山西省药材公司用气相色谱法测定试验,未经氯化苦熏蒸的无残毒,用氯化苦熏蒸处理后的红花、桔梗、虫蜕、土鳖虫、黄芩、苦参等11种药材,无不存在残毒。每公斤药材的氯化苦残留量,以ppm(即百万分之一克)计算,从0.08高达10.45ppm,远远超过国家对原粮规定的标准(2ppm/kg)。其中有4个品种超过这个范围。目前,国家对中药材的化学残留量虽未作出规定,但已在《国务院关于加强医药管理的决定》指出:“禁止使用影响药材疗效的农药、化肥。”提倡使用残毒少或无残毒养护药材的方法。

2. 公害　是指化学防治仓虫对环境污染所带来的危害。用于养护中药材的化学药剂,除少量残存药材外,大部分散发于空间污染空气,溶于水中污染水域,存在于陆地污染陆地环境,对人类呼吸、食用取水、生活环境带来危害。而这些危害在空气中不会静止,在水域里不会不流动,在陆地不会不散发,因而所造成的危害成为了公害。在中药养护中使用的化学药剂,无论是什么方式从库房中散失,无论以什么限量的速度转移于环境,其污染为害都是客观存在而不能消除的。但以低量低速造成的危害较轻,高量高速造成的危害较重。下以磷化氢为例,不同浓度对人体的危害作用如表5-1所示。

表5-1　不同浓度磷化氢对人体的危害作用

磷化氢浓度		对人体的作用
mg/L	ppm	
0.002～0.004	1.4～2.8	可以嗅到臭气
0.01	7	数小时内出现中毒,也有致死的
0.14～0.16	100～190	可以忍耐0.5～1h
0.4～0.6	290～430	在0.5～1h内达到危险状态
0.56～0.84	400～600	在0.5～1h内立即死亡
2.8	2000	立即死亡

3. 抗性　是指仓虫被化学药剂杀死的抗逆性能。据研究报告,几乎在化学杀虫剂产生的

同时,害虫对杀虫剂的抗性就已经发现。其发生抗性的原因,一方面是害虫本身的自然现象,另一方面也来自使用化学药剂过程中的原因。害虫产生自然抗性的原因,大致可以概括为:①害虫表面结构特殊,有体毛和蜡质层保护,因而使杀虫剂不易穿透。②由于有的害虫生理特性,在体内使杀虫剂迅速解毒。③可能有的害虫神经生理与其他害虫不同,杀虫剂对它的毒效极低。④某些害虫对某种杀虫剂有辨别能力,服后拒绝再度服食,或有忌避作用等。在使用化学过程防治过程中,由于药剂过于单化,长期使用不变;施药方法和剂量不当,不到致死仓虫程度;密闭性差,密封不严,效果不好,重复使用就会加大剂量,因而使仓虫对药剂逐渐形成抗性。据研究报告,不同化学熏蒸剂对同一虫种产生的抗性见表5-2。

表5-2　不同化学药剂对谷象害虫产生的抗性率

虫　名	药剂名	抗性比例(倍)	选择代数
谷　象	氯化苦	1.7	27代以上
	磷化氢	19.0	27代以上
	溴甲烷	7.0	27代以上

按此虫种抗性比值例计算,繁殖一代的平均用药量,磷化氢要增加0.7倍,溴甲烷要增加0.26倍,氯化苦要增加0.06倍,因此,不断使用化学药剂杀虫的结果,就要不断增加用药剂量才能达到杀虫的效果。如此下去,环境污染则越来越严重。

4. 影响保管人员的健康　实施化学养护的保管人员,可以肯定,比环境污染对他带来的危害严重得多。因此,要求在实施任务中,应当严格进行防毒操作,防止中毒。研究实验表明,如磷化氢在空气中的允许浓度为0.3mg/m³,超过这个浓度就会不同程度的引起中毒。浓度在百万分之七时,人在毒气中6h有中毒症状出现;浓度百万分之一百时,人在毒气中可忍耐30~60min;浓度百万分之四百时,人在毒气中30~60min内有生命危险;浓度百万分之一千时,人会立即死亡。氯化苦在空气中的浓度达到0.2g/m³时,10min就会使人死亡,而熏蒸杀虫的用药剂量,远远超过这个限度。硫磺燃烧产生的二氧化硫气体,具有刺激性毒性。浓度在0.3ppm时就有明显的感觉,1~2ppm时整个体表都会感到刺激。2~5ppm时,出现轻度咳嗽。10~15ppm时引起咳嗽及强烈刺激眼黏膜,50~100ppm时可忍耐0.5~1h,但能出现病害,400~500ppm时短时间内就会陷于危险状态。

(二) 化学药剂养护法的现实作用及要求

必须指出,虽然化学防治存在上述弊病,但因它杀虫快速有效,在允许的化学残留量下,目前仍然具有一定的适用意义。但是,对用药剂量和方法都应当有所选择和改进,减小一些熏蒸弊病,又达到杀虫的一定效果。根据仓虫产生抗性的原因,我们提倡注意以下几点:

(1) 轮换或配合使用不同药剂,防止单用一种的方法,以增强杀虫效果,克服仓虫快速产生抗性。

(2) 充分提高药剂的杀虫效率,施药时机要早,用量不高不低,采用密闭性能好,杀虫效果高的低氧低剂量方法杀虫。

(3) 尽量发挥药效作用,哪怕是残效期的作用也不轻易让其失去。

在上述措施的基础上,加强综合防治的作用,从而达到有效的防治中药仓虫与霉蚀的目的。

第七节 其他防治法

1. 清洁卫生 中药、仓库及其周围环境,产地或外地运来药材包装等应严实、完整和清洁,仓库四周的杂草、垃圾、砖砾、坑洼等处应彻底清除,以防止仓虫真菌潜伏,库内应保持上下四周六面光,使仓虫无容身之地。

2. 药剂消毒 为预防中药受感染,对空仓、实仓及用品,可用药剂进行消毒。入库前应空仓消毒,用溴氰菊酯等消毒剂;也可定期进行实仓消毒,于库内四周、墙角、货垛底部喷射消毒药剂,但应避免直接喷到中药或包装上。

3. 隔离感染 将虫蛀中药隔离消毒,可防止蔓延。库内中药应定期检查,凡查有虫害霉变的中药,应严格与无虫霉中药分离,不得混存。要在密闭库房内处理、消毒已染虫害真菌中药、包装材料及用具,避免仓虫真菌传播入库。

第八节 轻微变异中药的治救养护

对初始发生轻微生霉虫蛀,尚未影响质量的中药进行及时的治救养护处理,可以减少或避免损失。霉变较轻的药材一般先行曝晒、烘干或晒晾等使之干燥,然后用毛刷或洁净的布将霉斑擦去,同时挑选、整理,再行保管(霉变严重者不再入药,应及时销毁)。

1. 撞刷法 发霉较多而量大的药材,经日晒或烘烤使之干透后,可放入撞笼或麻袋、布袋内来回摇晃,通过互相撞击摩擦,可以将霉去掉,至于长条根或片状药材,不宜采用这种方法,可在日晒或烘烤后,用刷子将霉刷除。发霉的药材较潮湿,如果不经过干燥,就不易把霉除掉。

2. 淘洗法 发霉后,不宜撞刷的药材,可采用淘洗的方法,将霉洗掉。淘洗时可将发霉的药材放入缸内或盆内,加水搓或刷洗,去霉后,捞出晒干即可。对要求色泽鲜洁的,洗后捞出,可将水滴净或稍晾干,每50kg用硫磺200~250g熏蒸后再晒,这样可以增加色泽。在洗时,霉轻微的可用冷水,霉较严重的可用热水,洗时要快,不能久泡,以免伤水而影响气味或质量,并且不容易晒干。某些表皮粉嫩药材如天麻、贝母等,尚需在水内酌加白矾粉搅匀后再洗,以免搓烂表皮,增加损耗。

3. 抢水洗法 对于根茎类药材可用抢水洗的方法去表面的霉,然后干燥贮存待用。但不宜泡水过久,以免使药材内的有效成分变化或损失。有些药材如白芍、赤芍等洗时会因水入内部而使色泽变暗,不宜用此法,可采用水擦洗后再干燥。

4. 沸水喷洗法 发霉后不宜水洗的,可用开水喷洗。具体做法是:将发霉的药材薄摊在席上或干净无土的地面上,用沸水喷洒,边喷洒边翻动,喷湿后,将其摊在一起,用麻袋盖上,闷润约1h,然后取出晒干即可。喷洗时,水的温度要保持在90℃以上,喷得细而均匀,翻动要快。如果水温过低,喷水不均匀,翻动若慢,则不但不易将霉去掉,反而易使药材伤水。

5. 醋洗法 不能沾水的药材,如山茱萸、五味子发霉后,可用醋喷洗。每50kg药材用醋2~3kg。具体操作方法与沸水喷洗大致相同,薄摊后,随喷随翻和搓擦,全部喷匀后,用麻袋或布盖严,闷润1~2h,摊开晾干即可。

6. 酒喷洗法 有些活血祛瘀药,如川芎、三棱、莪术、当归等,若霉变严重时,宜采用白酒喷洗,喷洗后,伏闷 30 ~ 60min,再晾干。白酒喷洗既能去霉防霉,也能“助药势、通血脉”。

7. 油擦法 不能见水见热的药材,如各种附片发霉后,可采用油擦的方法,将霉除去。具体做法是用布蘸无异味的食用植物油,在药材上反复搓擦,即可除去霉迹。

8. 吹霉法 夏季遇上阴雨数日不晴,库内相对湿度迅速增加,有些吸湿性强的药材如甘草、黄芪等,在一昼夜间垛的外缘就能长出风霉,如果不及时处理,霉点就有扩大深入的危险。在此情况下可用“吹霉器”对准药材表面,一方面可吹去风霉,一方面又有烘干杀霉之效。如此,由于阴雨不能通风、晾晒而造成药材生霉的问题便得以解决。关于制造吹霉器所需的材料有红外线灯泡(250 或 500W)2 只、1/4 或 1/2 匹马力电动机一个(带扇叶)、电线若干米、开关 1 只。制造方法:用木板制成长方形木盒一个,将红外线灯泡平装在内,风扇马达装在灯泡的中上部,注意扇叶不宜过长,灯泡与扇叶距离保持好,以免撞破灯泡。操作时即手提木盒对准生霉的药材,打开灯泡和风扇,藉红外线的热力驱除水分、杀死真菌,同时又利用风力将霉吹掉。

9. 热蒸法 热蒸适用于已加工制熟药材,以及蒸后不致走失气味和不变色不泛油的药材。方法是:将生虫的药材放入蒸锅或蒸笼内,利用水蒸气杀死害虫,然后将药材晾晒干燥,最后装包,蒸时应注意掌握“火候”以蒸至热气透顶为度。蒸不透杀不死害虫,过久又会影响药材质量。适宜用热蒸法杀虫的有根及根茎类药材,如郁金、天南星、白芷、川乌、草乌、何首乌、锁阳等,以及筋皮类的动物类药材等。芳香类及易挥发药不宜用此法。

对蒸制品发霉的药材可用热蒸法再行蒸制以防霉杀菌。像蒸不透而发霉者如茯苓,就可重蒸,然后晒干或阴干(视不同药材而定),待干燥后贮存备用。

中药的防霉治虫工作是一项很重要而艰巨的工作,我们要对具体的药材,采用恰当的方法,以便更好的防霉虫,要不断地学习和采用最新的科研成果进行防霉杀虫,使药材能干净无虫、霉地用于临床,发挥应有的效力。

第六章　现代中药贮养新技术

虫蛀、霉变、泛油、变色等是中药贮存中常见的问题,传统方法是喷洒防虫剂和使用药物熏蒸等,但这些方法往往会引起中药质量变化或受到药剂污染,因此改进传统包装、建立规范的贮存设施迫在眉睫。

上一章介绍了中药贮存养护中常用的化学防治法,此法虽曾兴盛一时,并成为广泛用于防治中药生虫长霉的主要养护方法之一。然而,随着科学研究的不断发展,在国内外愈来愈使人们醒悟到它存在许多不可逾越的弊病。特别是用化学药剂来防治中药仓虫导致环境与中药被污染而含有残毒、抗性和对养护人员健康影响的严重公害问题,已越来越受到社会的惊注。因为用化学药品防治仓虫后,它常使本来无毒无害的中药成为有毒性的危险品。例如,据用气相色谱法测定试验,未经氯化苦(Chloropicrm,CCl_3NO_2)熏蒸的中药材全无残毒,而用氯化苦熏蒸处理后的桔梗、黄芩、红花、虫蜕、苦参、土鳖虫等10多种药材均存在残毒,且每公斤药材的氯化苦残留量高达10.45ppm,远远超过国家对原粮规定的最大限量标准(即2ppm/kg)。而现试验研究发现,即使是用这种绝不容许大于2ppm残留含量的原粮作饲料,便会使部分雄鸽的精子畸变而产出残废的鸽子来。尤其值得注意的是,绝大多数易霉变和虫蛀的药材都是含糖分的根茎类,是无法“去壳”和漂洗的,用氯化苦和其他化学农药消毒和熏蒸时,其蒸汽可以直接渗入中药内使服食者受害,故依赖化学药剂来防治处理霉蛀的药材是错误不可取的。

目前,世界上不少国家已对进口中药的化学残毒含量作出了严格的检测与限量。我国也在积极抓紧这方面的研究工作,并早已在《国务院关于加强医药管理的决定》中指出:“禁止使用影响药材疗效的农药、化肥”,提倡使用无残毒无污染的药材养护法。鉴于化学药剂养护法存在以上残毒、污染、公害等种种弊病等社会问题,并根据21世纪无公害“绿色食品”与无污染“绿色中药”的世界发展潮流,本章特重点介绍符合现行和21世纪全球健康食品要求而采取无残毒、无污染与无公害的药材对抗同贮养护、气调养护、远红外加热养护、微波加热养护、气幕防潮养护及除氧保鲜养护等现代中药养护新技术。

第一节　无污染药材对抗同贮养护

对抗同贮养护虽为传统养护法之一,但因其方法简便易行,防霉驱虫效果显著,且有无污染无公害的自然特色,加之现代科学技术的更新渗透,使其新方法新技术层出不穷,更加日新月异,而成为实用有效、大有发展推广应用前景的优势养护法。

对抗同贮也称异性对抗驱虫养护,是利用不同品种的药材所散发的特殊气味、吸潮性能或特有驱虫去霉化学成分的性质来防止另一种药材发生虫、霉变质等现象的一种贮存养护方法。简言之,即是利用不同性能的中药具有相互制约虫害的作用来进行药材贮存保管的一种养护方法。其作用机制均是运用一些有特殊气味,能起驱虫去霉作用的药材(或植物及其他物品)与易生虫发霉的药材一起同放共存，从而达到防止药材生虫霉变的目的，这实际上也就是相当于现代生物防治中类似以虫治虫、以药(药材)治药(药材“病”)的一种形式。

经研究试验，对人畜无毒害而能防治仓储药材及粮食害虫的植物、矿物、食物和中药材均有不少，如灵香草、除虫菊、天名精、闹洋花、吴茱萸、花椒(叶、果)、柑橘(皮、核)柚皮、黑胡椒、野蒿、辣蓼、大蒜、苦楝、山苍子(油)、臭椿、千里光、算盘子、姜粉、干辣椒、黄豆粉、茶油、油茶麸、花生油、菜子油等；此外，草木灰、灶心土、生石灰、硫磺、乙醇、高度酒、甲鱼板、螃蟹壳、干海带等也有一定的防霉驱虫效果。利用这些药材、植物等物品来防治仓储害虫的使用方法，一般有混入同贮法、层积共贮法、垫底覆盖包围法、拌入密闭贮存法和喷雾撒粉等方法。无论采用哪一种对抗同贮法来防治仓虫(霉)，一定要实施于药材被蛀发霉以前，而不宜在其后进行，这样才能收到良好的防虫效果。鉴于我国能驱虫防霉的中药材等资源种类较多，且应用时无需其他特殊外加条件，各地可因地制宜灵活选用。

1. 泽泻、山药与丹皮同贮防虫保色 泽泻(Rhizoma Alismatis)和山药(Rhizoma Dioscoreae)易生虫，丹皮(Cortex Moutan Padicis)易变色，若三者交互层层存放，或泽泻与山药各分别与丹皮贮存在一起，既可防止泽泻、山药生虫，又可防止丹皮变色。

2. 丹皮防冬虫夏草虫生虫 丹皮与冬虫夏草(Cordyceps)同贮于低温干燥的地方，可使冬虫夏草久贮不坏。此外，冬虫夏草在装箱时，先于箱内底部置放用纸包好的木炭，再放些碎丹皮，然后在其上放冬虫夏草并密封，即可防霉蛀的发生。如果能在装箱前，先将冬虫夏草按0.5kg分件用纸封包，再将包件层层堆叠装箱，并于每一堆层之间撒上一薄层石灰粉，直至箱满，最顶一层同样覆撒石灰粉盖严密封，其防潮防虫的效果更好。

3. 密拌桂圆、肉桂保味色 桂圆肉(Arillys Longan)富含糖类、蛋白质和脂肪，在高温梅雨季节极易发霉生虫与变色。可将晒至干爽不黏手的桂圆放进干净的容器中，并加适量的蜂蜜拌匀，然后倒入洁净的陶瓷缸内密封好置阴凉干燥处贮存。用此法贮存保管桂圆肉能安全度过两个夏季，且色味完好。

同理，在容器的底部盛放一碗蜂蜜，然后架放上带孔的隔板，将肉桂(Cortex Cinnamomi)置于隔板上加盖保存，这种贮存养护，可保持肉桂色、香、味不变。

4. 大蒜防芡实、薏苡仁生虫 芡实(Semen Euryales)和薏苡仁(Semen Coicis)含丰富的淀粉，在贮存保管中极易遭虫害。如果在药材中加入适量用纸包好的生大蒜瓣 Bulbus Allii(并于纸包上扎刺一些小孔洞，使大蒜挥发的气味得以扩散)，即可起到良好的防虫效果。其做法是将药材与生大蒜按20:1的比例拌匀，装入缸内盖严存放。

此外，大蒜头与土鳖虫(Eupolyphaga seu Steleophaga)、斑蝥(Mylabris)、全蝎(Scorpio)、僵蚕(Bombyx Batryticatus)等虫类药材同贮，亦能使这些虫类药材不易生虫。

5. 细辛、花椒护鹿茸 鹿茸(Cornu Cervi Pantotrichum)为传统贵重中药材，但易生虫难保管。若在锯茸后将细辛(Herba Asari)碾末调成糊状，涂在锯口和有裂缝或边缘处，再烤干，置于密闭的木箱内(尤以樟木箱最好)，且在箱内撒些樟脑或细辛，盖严密封后置阴凉干燥处贮存，如此保存的鹿茸则不会生虫。

此外，花椒(Pericarpium Zanthoxyli)与鹿茸同贮也能防虫。方法是取鹿茸装入盒子内，盒底铺一层花椒，封好盖存放，这样保管的鹿茸同样不生虫不变颜色。

6. 姜防蜂蜜"涌潮" 传统中药蜂蜜(Mel)于夏季易发酵上涌,俗称"涌潮"。为了防止这种劣变现象,可将生姜(Rhizoma Zingiberis)洗净,晾干水分后切片撒于蜂蜜上(每100kg蜂蜜用姜2~3kg),盖严封紧即可防止蜂蜜发酵"涌潮"。若事先未用此法,即使蜂蜜已产生"涌潮"现象,同样也可用生姜压汁滴入蜂蜜内使"涌潮"下落,并且再于蜜上撒放些姜片盖严置阴凉处贮存,仍可防止"涌潮"再起。

7. 毕澄茄驱除黄曲霉素 现代科学研究证明,黄曲霉毒素(Flauatin)是诱发人体癌症的罪魁祸首,为了防治黄曲霉的污染危害,可用毕澄茄(即山苍子 Fructus Litseae Cubebae)芳香油来驱除药材和食品中的黄曲霉毒素及其他真菌,均有较好的防治效果。另外1/1000剂量的山苍子芳香油来熏蒸杀虫,效果也很好。

除采用上述现代芳香油新技术以外,也可采用旧传统方法直接用山苍子(果实)来防虫。做法是将药材顺序放进木箱或铁桶中,同时在容器四角和上下放适量的山苍子(用纸包好),然后将容器四周缝隙用黏合剂(玻璃胶、白乳胶、淀粉黏合剂等)封严,置阴凉干燥外贮存,对防治易生虫的蕲蛇、乌梢蛇以及各种虫类药材的防虫霉蛀的效果十分理想。

另外,与山苍子具同样效用的花椒也可广泛利用其辛辣气味来防止有腥味的肉质蛇类及其他药材的生虫发霉,方法同山苍子防虫,而且还可将花椒直接洒在被贮药材上。

8. 当归防麝香走气色 麝香(Moschus)和当归(Radix Angelicae Sinensis)各0.5~1.0kg分件用纸一起包好,然后一件一件地依顺序装入瓷罐内,盖口密封好,置干燥处保存。这样贮存的麝香既不变色也不走香气。此法忌用火烤日晒,以防变色和失去香气。

9. 酒蒜养护土鳖虫 土鳖虫(Eupolyphaga seu Steleophaga)为昆虫纲鳖蠊科昆虫地鳖 *Eupolyphaga sinensis* Walker 或冀地鳖 *Steleophaga plancyi*(Boleny)的雌虫,经沸水烫死晒或烘后的干燥体。因富含脂肪和蛋白质等营养物质,容易发霉生虫,不便保管,现特推广以下养护方法。

先在贮存土鳖虫的箱底四角与中间各分别放上用纸包好具强烈气味的大蒜1~2个(剥去外皮,纸包后分散扎刺若干小孔,以利蒜味自然散发),再装进约10cm厚的土鳖虫,其上喷洒适量的白酒或酒精,再放一层土鳖虫盖住,然后铺上一层草纸,纸上面重新放大蒜、白酒或乙醇和土鳖虫,如此反复依次一层层地装箱,直至装满箱的顶部,最后将箱盖严密封紧即可。如此包装贮存的土鳖虫即不发霉生虫。

10. 蜈蚣、蛤蚧巧贮存 包装前将蛤蚧(Gecko)、蜈蚣(Scolopendra)晒一天,待余热凉散后装入有盖的瓷罐里(不能趁热装罐),且在盛装的过程中相隔放进除去外包装的伤湿止痛膏(含云香、薄荷脑、樟脑、细辛等辛辣芳香成分)适量共同存放,若贮存过程中需取用,则每天启开拿取后即刻盖封好,如此养护可避免蜈蚣、蛤蚧生虫发霉。此法尚适用于白花蛇(Agkistrodon Acutus)、蕲蛇(Agkistrodon)、乌梢蛇(Zaocys)等的贮存保管。

有关中药对抗同贮养护的技术方法还有许多,具体将在下篇各论的有关章节介绍。

第二节 无公害气调养护

气调养护法即把中药置入密封的环境内,通过调整空气的组成,对影响药材变质的氧气浓度进行有效控制,人为造成低氧状态或高 CO_2 状态,防止中药的变质的一种方法。气调养护法是一种较理想的方法，是一项科学而经济的技术，其费用少，无残毒，无公害。在低氧状态或高CO_2状态的环境中，能使中药原有仓虫死亡而新的不能产生或侵入，能抑制微生物的繁殖，延缓中药有机成分的氧化。在高温季节里，能有效地防止走油、变色、变味等现象的发生，尤其在贮存极易遭受虫害的药材及贵重的、稀有的中药方面，更有实际应用价值，具有较大的经济意义。但其对库房要求较高，库房结构既要密封也要能承受高压。

一、气调养护的概念及原理

所谓"气调"，即"空气组成的调整管理"的简称。用气调方法对贮存商品进行养护，叫做"气调养护"，也叫做"气调贮存"。在国外，又简称为"CA 贮存"，是英语 Controled Atmosphere 的缩写，词义是"空气控制"。

气调养护的原理是将药材置于密闭容器内，对影响药材质变的空气中的氧浓度进行有效的控制，人为地造成低氧状态，或人为地造成高浓度的二氧化碳（CO_2）状态，使药材在这样的环境中，新的害虫不能产生和侵入，原有的害虫窒息或中毒死亡，微生物的繁殖及药材自身呼吸需要的氧气（O_2）都受到了抑制，并且阻隔了潮湿空气对药材的影响，从而保证了贮存中药品质的稳定，防止了药材的质变。

二、气调养护的作用意义及防霉杀虫效果

气调养护是一种新技术，它能灵活调节库内气体成分，充氮降氧，使库房内充满 98% 的氮气（NO_2），而 O_2 留存不到 2%，使害虫缺氧窒息而死，以达到控制一切害虫和真菌的活动，保证库内贮存物不发霉、不腐烂、不变质。此法较之使用化学药剂省钱省事，因为它可以省了熏蒸、干燥、喷洒药剂以及库内通气等操作费用，且节约劳动力、减轻劳动强度、不污染环境、保存质量好、容易管理，故在国内外已广泛应用于粮食、食品、蔬菜、果实等的贮存保鲜。近年以来在中药材部门实验和试用，业已获得成功，证明气调法贮存药材，不仅可以杀虫、防霉，尚能保持药材原有的色、味，减少损耗，是一种科学而经济的方法。效果如下。

（一）混合气体的防虫抑霉效果

空气是一种混合性的气体，它的正常化学组成（容积百分比）在标准状态下是：氮 78.09，氧 20.95，氩 0.93，二氧化碳 0.0272，氢、氙、氖、氦、臭氧等微量。其中 N_2 是无臭无味无毒、化学性质不活泼的惰性气体；O_2 却是微生物、真菌及害虫生长繁殖的必需条件；CO_2 的浓度增高，亦不利于真菌及害虫的发育，因为它们不能进行呼吸作用，一切生命活动受到阻止，以至窒息而死亡。

真菌中的某些青霉和毛霉在空气中 CO_2 浓度达到 20% 时，病死率就可达 50% ~70%，CO_2 达到 50% 时将全部死亡。在绝氧条件下，经过 48h 后，米象、长角谷盗、拟谷盗、锯谷盗等全部死亡。又有试验表明，氧浓度降至约 2% 可使谷象死亡，氧浓度降至 1.7% 时拟谷盗就死亡；若含氧量达 4% 以上时杀虫效果即大为降低。

鉴此，根据库房情况采用下述中的一种，即可达到防虫防霉的目的：①将 100% CO_2 或 N_2 充

满至库房内；②用直接引入法将 CO_2 浓度增至 30% ~70%；③用惰性气体发生器将氧浓度降低到 1.5% ~1.7%。

气调法在中药材的防虫试验上，也取得了良好的效果。据北京市药材公司等单位试验，在密闭容器中，应用抽真空、降氧充氮的方法，以仓库中繁殖力强、危害肉质多糖类药材严重的常见白色肉虫（蛾类幼虫）为对象，试验的结果是：当 O_2 浓度由空气中的 21% 下降到 2% ~7% 时，两周后白色肉虫有 60% 死亡，并控制了生长和繁殖。以极易生虫的党参为例，用该法贮存半年，没有发现生虫和变质现象。另选用白色肉虫和对恶劣环境抵抗力较强、对毒剧药熏蒸具有一定抗药性的黑皮蠹虫为对象，进行了降氧充 CO_2 灭虫实验，结果表明，氧浓度和 CO_2 浓度成一定比例关系，当氧浓度为 5% 以下、CO_2 浓度为 70% 以上时，3 天内上述两种害虫全部死亡。目前已由试验过渡到规模的实际应用。例如药材在 5 月 ~10 月贮存期间，要用氯化苦将党参熏蒸三次，每次需时 15 天，而采用气调法贮存的党参，仅需一次充氮降氧至 5% 左右即可，而且在皮色、肉质、味道方面均较好。

（二）中药材充氮降氧贮存试验效果

据山西晋中药材公司等作党参、冬花、薏米、枸杞子、蘑菇五个品种的三帐药材气调试验，结果为：

第一帐：党参 5000kg，木箱包装，堆放成垛，罩以长 8m、宽 1.5m、高 2m 的塑料帐子进行密闭。塑料薄膜厚度为 0.23mm，入帐前检查药材无虫，水分 13.96%；党参外观色泽呈淡黄色、新鲜、味正，内部组织结构、糖分均正常。5 月 14 日扣帐充氮，O_2 最低降至 1.6%，因是旧塑料帐，气密性不好，氧含量逐渐回升至 10.8%，于是再次充氮使 O_2 降到 2%。8 月 31 日揭帐，共气调贮存 106 天，经检查帐内党参色泽新鲜、味正、无虫霉变质现象，商品干燥、品质完好。

第二帐：冬花 4000kg，麻袋包装，同样堆垛密闭。入帐前商品色泽新鲜、味正、无虫、无霉、含水量为 9.35%，品质正常。5 月 16 日扣帐充氮，降氧最低达 1.6%，回升最高达 11.8%。9 月 10 日揭帐，缺氧贮存 115 天，经检查药材品质良好。

第三帐：薏米、枸杞子、蘑菇混存，共 6000kg，入帐前检查品质均正常。从 6 月 8 日扣帐充氮，到 9 月 20 日开帐，共缺氧保存 102 天，经检查三种药材品质正常完好。

另按照普通方法（如药剂熏蒸）存放的对照样品，则色泽发暗，呈土黄色，品尝有异味，药材质量变差。

通过上述五种药材的试验结果表明，利用制氮机充氮降氧能达到防虫、防霉、杀虫等目的，并能有效地防止药材在夏季高温潮湿季节，出现霉变、走油、跑味等现象。归纳各地试验与应用结果，气调养护中药有以下几大优点。

（1）无残毒，而且能保持药材原有的色泽和气味、明显优于化学熏蒸法。

（2）适用范围广，对不同质地和成分的中药均可使用。对大到数十立方米的药垛，小到数立升的药袋均能适用。

（3）操作安全，无公害。

（4）比用化学熏蒸剂节省费用。

三、气调养护的密闭技术

开展气调养护的基本条件是密闭。不具备对气体密闭的任何仓容或别的贮存容体（如塑料薄膜罩帐),都不能使气调养护顺利进行。从形式上讲,密闭包含了密封的内容,但密封并不等于密闭。从性质上讲,密闭比密封严格得多,两者在要求上有区别。如一般用化学、吸潮、冷冻等养护的密封库或贮存容器,根本不能密封气体,不对气体具有密闭的性能,故把气调的密封形式叫做"密闭",以便与一般所指的密封相区别。气调的密闭方式主要分地下和地上两种形式(水下极少施行)。目前国内多采取地上密闭法。地上密闭形式按性质又分为硬质结构和软质结构。在药材系统,软质结构目前多用塑料薄膜罩帐,硬质结构是将库房改建为气调密闭库。以下分别介绍。

(一) 塑料薄膜罩帐

塑料薄膜罩帐,又称塑料薄膜帐幕,或简称塑料薄膜帐、塑料帐,也有按结构性质称为"软质仓"。采用这种密闭方法气调养护中药,简便易行,具有投资少、方法简单、收效快等特点。但不耐用,不便充分利用仓容。

1. 薄膜选择 供作气调养护的塑料薄膜,一要具备对 O_2 和 CO_2 的密闭性能高,透过率小,透湿性小;二要购价低,耐久用以减低成本;三要便于加工制帐,这是基本的要求。如津产的聚氯乙烯(PVC)层压薄膜,厚度 0.3mm 比较合中,气密性较好,不渗湿,耐腐蚀抗压力抗拉力强,较为经济,便于制帐。

2. 罩帐制备 制帐时首先根据货垛体积计算薄膜用料,一般 $100m^3$ 的药材堆垛,做一罩帐(六面密闭)约需上述薄膜 77kg。裁料时罩帐的长、宽、高应比药材堆垛各大出 30~50cm,下料三幅组成,主幅包括前、背、顶面,左右两面为侧幅,这种下料方法,能节省材料,减少制作时的热合焊接,有利于保持密闭性能。因塑料薄膜可能存在"微孔"或"沙眼",运输贮存中也可能受到损伤,故下料以后还须对光检查。如有小洞,用塑料小块以化学胶水、塑料浆糊、涤纶胶带等粘贴补漏。然后再用高频热合机,或 300W 调温电熨斗,或 150W 电烙铁热合成帐。在操作中要严格 认真 掌握好热合温度,材料展平,对准,焊接位置适当,热合时间适宜,避免出现漏气。聚氯乙烯薄膜的热合温度为 140~180℃。依气调及管理的需要,在罩帐离地面 1m 处热合直径 3cm,长 10cm 的塑料软管为充气口,还应选择适当位置设热合测气嘴,测温测湿接线柱,查药口等。制作充 CO_2 的罩帐,在对罩帐面的下侧和帐顶上焊接"衣袖"式塑料薄膜筒,供抽气、排气用。罩帐底部四个边角处焊接热合一块直角三角形薄膜,以便罩帐下缘平铺地面,利于密封,制成后仍应检查是否漏气,对漏气处仍要焊补。

3. 密封堆垛 对药材堆垛的密封分为六面密封和五面密封。前者有薄膜铺底,后者直接将罩帐与地面接合密封。

(1) 六面密封:首先在地面或垛底铺一层苇席(或旧苫布)再铺上一层旧麻袋,盖上塑料帐底,再在帐底上铺一层麻袋,以防止堆垛时将薄膜底穿破。货垛堆码要求牢固,严密紧实,并按上、中、下不同位置事先埋好热敏电阻,堆垛上层埋上测湿用电阻将导线引出垛外。将药材堆垛后,应对质硬不平的筐、箱、篓三类药材包装,先用苇席或麻袋等软质物料将其复盖,以防抽气时包装将罩帐扎破。然后罩上罩帐,将测温测湿导线与罩帐上的接线柱连接,备用热合夹将罩帐下缘和底部热合焊接牢固,从而形成对堆垛的密封。最后将抽气"袖口",测气嘴,充气管反折夹紧或直接使用胶塞堵塞,从而完全闭气。

(2) 五面密封:因底面不用塑料,要求地面较严格,应当具有一定的密闭性能。水泥地面、严格的“三合土”地面或一般“三合土”地面,经过沥青处理的,可以作为五面密封的底面。五面密封对药材堆垛的罩帐方法及罩帐过程中的注意事项均与六面密封相同。五面帐与地面接合密封的方法有粘贴法、压合法和粘贴与压实相结合的三类方法。粘贴法可用热熔沥青、化学酱糊等将罩帐下缘粘贴地面,形成密封。压合法可用细沙或细砂条袋密实压住罩帐下缘,从而形成密封。也可用细砂或细砂条袋密实压住罩帐下缘,从而形成密封。也可用纸条或胶纸带先将帐下粘贴地面,再用细砂或细砂袋压实帐下缘,构成对罩帐的密封等。

以上堆垛密封法,六面帐密闭性好,但多耗材料和人力。五面帐密闭性较差,但节省材料人力,简单易行。五面帐若操作严密仔细,同样能达到气调养护的较好效果。

(二) 气调密闭库

从节约费用,长久耐用,方便管理,节省仓容等方面考虑,可将旧库房采用一定技术处理后进行气调养护。如重庆药材站采用“两沥一塑”抹麻刀灰的方法改建的气调密闭库取得较好效果。改造情况是:

1. 原库房结构　改造前原库房为单砖墙,厚度 23cm,仓基是“三合土”,上面是灰板条结构,库房面积 $64m^2$,仓容(长 10m、宽 6.4m、高 3.7m)为 $236.8m^3$,六面面积 $249.36m^2$。

2. 改建用料　改造原房需用的材料主要有聚对苯二甲酸乙二醇脂(PET) – 0.03mm 晨光塑料薄膜 16kg;10#沥青 600kg;煤油 82.1kg;涤纶胶带(5cm×1000cm)55 卷;石灰 2t;水泥 2 袋(100kg);木板门 1cm×2.07m 一扇,自行车内胎 3 个,胶皮适量。

3. 改建方法　进行清洁消毒之后,先嵌补四壁和上面的裂缝及不平之处。加热熔化的沥青,冷却至温度 120℃用煤油稀释,8∶1～8∶0.5。刷沥青时,贴薄膜均应趁热迅速进行。薄膜先截成 $1m^2$ 的小张,先上面后四壁,沥青敷刷应均匀无漏,贴好的每张薄膜之间,用涤纶胶带黏合连接成为整体,然后再敷刷一层沥青,厚度同前均 2mm 左右。最后清平地面,按上述方法处理仓基,完成密闭层。当表面沥青冷却变硬之后,按上顺序抹一层麻刀灰、干至适度时再抹白灰,两者厚度 2cm 左右,最后仓基打“三合土”。为加速干燥,掺入两袋水泥,从而完成吸潮层及库房的建成。

4. 库门处理　库门达不到密闭要求,对气调也是无用的。库门背面除作相应的“两沥两塑”处理外,库门处理的重点是门和门框的关系。可在库门框及库门四周用胶皮封垫,然后再用自行车内胎接成的胶管环粘贴,使与库门密闭层愈合连接,当库门关闭以后,将自行车胎环打气,使其紧塞于库门和门框之间,从而阻隔气体的内外渗漏。

5. 气调设备与库内装置　通进库内的电源线,充、抽、测气的导管,测温测湿导线,观察窗等设备的安装,均应在密闭层处理之前进行。为了解库内不同层次的气体变化,应分上、中、下安装测气管。可使用铁管与库内相通,并装上测气阀门,以便开关。

密闭库房建成以后,应经干燥才能使用。为了加速干燥,可采取一些吸潮及散湿措施。如闭门后用生石灰吸潮,空气去湿机吸潮等,开门鼓风,用排风扇,吹尘器等散湿可以起到促使干燥的作用。

四、气调养护的降氧技术

施行气调养护中药的基本手段,是在密闭的基础上改变气体成分,使氧浓度降低而稳定,从而达到防霉杀虫的养护效果。即使以高浓度的 CO_2 气体置换，也会使氧浓度有很大的降低。故可以说气调养护的中心环节，实际上是降氧（O_2）。降 O_2 是气调养护药材技术性较强的一项工作，要求操作严格。目前中药系统采用的气调方法主要有充氮（N_2）降氧、充 CO_2 和自然降氧两种。

（一）充 N_2 降 O_2

氮气（N_2）是一种惰性气体，无色、无臭，比重 0.976，难溶于水，化学性质非常稳定。用它或以它为主进行气体置换，将氧（O_2）浓度降至低限，以至临近绝氧状态，因而是保持药材品质不变的一个重要因素。

1. 充 N_2 降 O_2 的技术指标 起气调养护的效果，主要由杀虫防虫的气体指标及相关因素形成的。具气调杀虫防虫的有效指标，也能防霉抑菌，防止泛油和变色等质变。充氮降氧对仓虫的防治作用的强弱与以下指标有关。

（1）气体指标：主要是指氧浓度。一般氧浓度在 8% 以下能防虫，2% 以下能使害虫脱氧窒息死亡，1% 以下能加快害虫死亡速度，0.5% 以下可以杀螨和抑菌。目前使用的制氮机，氧浓度降至 1% 左右时，N_2 含量为 85% 左右，比正常空气增加约 7%，CO_2 约 14% ~15%，比正常空气含量增加 40 多倍，故其防治药材质变的作用除降低氧外，N_2 和 CO_2 的作用也是不容忽视的。

（2）温度指标：低氧致死仓虫是有温度要求的。因为仓虫是一类变温动物，当环境对它不适应时，能发生兼性休眠，在它越过不良环境后能增加抗逆性能。据报道氧浓度 3.1%，温度分 29.9℃ 和 20.8℃ 不同，赤拟谷盗（*Tribolium castaneum* Herbst）的致死率依次为 100% 和 15.3%，说明温度相差使效果相差很大。据全国气调养护中药鉴定认为，氧浓度 2% 以下，温度应在 25 ~28℃ 才具有可靠的杀虫效果。

（3）湿度指标：据天津药材公司试验，氧浓度 2%，温度 30℃，密闭 48h，相对湿度分 52% 和 100%（即饱和湿度），玉米象（*Sitophilus zeamais* Mostschulsky）成虫致死率分别为 100% 和 5%，说明湿度的作用也是很大的。

（4）时间指标：要达到杀虫防虫的目的，除需注意氧浓度与温湿度以外，还必须要以一定的时间作为保证，否则仍然起不到致死仓虫的养护效果。据长沙医药局试验：氧浓度 2%，温度 25℃，赤拟谷盗、烟草甲（*Lasioderma serricorne* Fabricius）3 天全部死亡，咖啡豆象（*Araecerus fasciculatus* de Geer）4 天 全部死亡，玉米象 5 天全部死亡，这说明不同虫种其致死时间有差异。专家鉴定认为，氧浓度 2% 以下，温度 25 ~28℃，从全国广大范围来讲，可靠的有效杀虫时间应为 15 ~30 天。

2. N_2 的来源及机器构造

（1）N_2 来源：充氮降氧气调养护中药使用的 N_2，一是工业生产的钢瓶 N_2，二是氮气发生器（制氮机）产生的 N_2，一般均采用此法。中药系统目前使用的制氮机类型有两种，一是中国科学院山西煤化所设计的 N_2 发生器，有榆次仪表厂 RSL-180 型、重庆仓储机械厂 DF-180 型等；二是自贡天然气化工所设计制造的 TH-100 制氮机。这两种制氮机均以煤油为燃料，也可用液化石油气。煤油是由多种碳氢组成的化合混物，可用 $C_{12}H_{26}$ 来代表。下以 RSL-180 型 N_2 发生器为例，在充分供氧的条件下，煤油完全燃烧时，其反应式为：

$$2C_{12}H_{26} + 37O_2 + 139N_2 \longrightarrow 24CO_2 + 26H_2O + 139N_2$$

按此计算，煤油在空气中完全燃烧后，除氮全部保存外，还可以产生水和含量 14.5% 的 CO_2，剩下 0.2% ~1% 的 O_2。其中除气态水在冷凝后随下水排除外,其余的即是气调置换的气体。

(2) 制氮机的主要构造:该机耗油量 3 ~6kg/h,耗电 8kW/h,耗水 1 ~2m^3/h,产气量 30 ~60m^3/h(可处理养护药材数万公斤),每立方米所需成本约 0.15 元左右。该机由以下主要部分组成。

1) 燃烧喷嘴:使煤油雾化,喷成极细的油雾,并与空气充分混合,在温度 1500℃以下使液体燃料完全燃烧,所以它是关键性部分,喷嘴是采用的离心式预混喷嘴。

2) 燃烧炉:高 0.9m,外有水夹套的炉体,炉内衬有耐火筒炉膛,炉顶装有喷嘴和电点火装置,以及着火、灭火、温度提示等装置,炉体下部有一气体导出管。

3) 油缸:装煤油用,可容 25kg,供燃烧 4 ~6h 之用。

4) 冷却:是用冷水冷却生成气的设备。

5) 浮动阀:用作自动控制水位,完成水和气的分离。

6) 配用设备:空气压缩机(3 ~3.13W,即三缸风冷,排气量 0.9m^3/min,最大气压7kg/cm^2)和吹尘器或真空泵。

(3) 氮气发生器的性能:"RSL-180 型氮气发生器",操作稳定,性能可靠,是一种方便、易得、廉价的氮气来源,比传统的药剂熏蒸杀虫法具有突出的优点:既能避免熏蒸剂对药材的影响和残留污染,又能保护职工的健康;能保证药材的质量完好,又可降低保管费用,用于中药材的贮存养护很适合。

3. 气体置换技术　塑料帐和密闭库因结构不同,气体置换方法前者较简,后者技术性较强,要求甚严,故作分别介绍。

(1) 塑料帐的气体置换:首先是抽气,用吹尘器的反向作用或真空泵将帐内气体抽至薄膜紧贴堆垛或到 26.7kPa(200mmHg)的真空度为止。进行气体置换时将吹尘器或真空泵的抽气功能口与帐上焊接的抽气管接上后,即可启动抽气。抽气后一般均应接着充气。开机以后,当 O_2浓度降至 1% 以下(最佳指标应在 0.5% 以下)时才用于充气。接上气管,充入帐内,至气体胀满全帐为止。此时,用测氧仪器测试氧浓度,若用于防虫,氧浓度至少应在 8% 以下,若用于杀虫,氧浓度应在 2% 以下,达到要求以后就封闭气管,进入管理阶段。若尚未达到要求,如法继续抽气⟶充气⟶测气,至达到指标为止。在抽气或充气过程中,若再发现有漏气现象,应当将其补好见图 6-1。

图 6-1　塑料帐气体置换示意图

（2）密闭库的气体置换：因气调密闭库为硬质结构建筑物，空气分子运动与地球重力场（吸引力）综合产生的大气压，在库外大气和库内气体之间的不平衡中，库内过高的正压会使库房崩裂，库内过低的负压可使库房倒塌，加之所改建的密闭库建筑结构较简，承受的压力较低，因而不能任意抽气和充气。为了保持充气和抽气在库内的均衡，不让其存在死角，避免和减少将充进的气体立即抽出，充气管和抽气管均在库内设若干分管，并分布在库内不同位置。库内充气小分管口和抽气小分管口不在同一地方，以提高气体置换效果。在先将这些安置好之后，才能封闭库门。

为保证库房的安全，宜先充后抽，比例限量10%～15%的方法保持一定平衡。即按库内空间先充气10%～15%，再抽气10%～15%，其比例掌握的方法，应按充、抽气机具的不同功率计算。检查库内正负压的简单做法，是在测气的小胶管口上，涂以能产生气泡的液体（如肥皂水），正压时就会产生气泡，当平衡转入负压后，则气泡消失。这种气体置换方法，据用"U"形曲管压差表测试，充气的正压可在0.39kPa（40mmH_2O）以内，抽气平衡以后，可到0.1kPa（10mmH_2O）的负压，正负压之间的差值为0.49 kPa（50mmH_2O）以内。若建筑结构与该密闭差有别，应随它承受压力的强弱，增减正负压差，进行库内的气体置换。这种气体置换方法，经反复实践证明，是安全可靠的。并且气体置换比例已由1:6.9倍下降到1:4倍左右，与国外的先进指标1:3.5倍相差不大。充气仍起动制氮机，抽气使用吹尘器的反向作用。为了提高置换比例，宜勤充勤抽，以提高气体置换的有效率。

（二）充CO_2

CO_2为无色、无臭气体，比重1.53，比空气重。在温度20℃时，1体积水能溶解0.88体积的CO_2。在高压或低温下为无色液体或白色固体。实验证明，CO_2浓度高到40%～50%时，真菌就会受到抑制而很难生长，害虫就会很快死亡，药材呼吸强度也会显著降低，因而对药材防霉、杀虫、防止泛油、变色和变味等都能起到良好的作用。

1. 充CO_2的技术指标　高浓度的CO_2是防治仓虫、防止霉变、泛油，变色等主要因素，但与温度、湿度及时间也有密切关系，否则是达不到养护目的的。

（1）防虫指标：据天津药材公司试验，款冬花和白芷在CO_2浓度38.6%降至15.8%，温度随自然波动在26.5～33℃，相对湿度88%～93%；菊花在CO_2浓度33.2%降至25.6%，温度25～35℃，相对湿度68%～95%；地龙和土鳖虫在CO_2浓度44%降至20%，温度26～35℃，相对湿度77%～93%等情况下均未发生虫害，收到了良好的防虫效果。在大量试验的基础上鉴定认为，防虫的CO_2浓度应在20%以上，才能达到有效可靠的效果。

（2）杀虫指标：据试验，在温度25～28℃，相对湿度75%～85%，CO_2浓度不同，对主要仓虫的致死时间如表6-1。

表 6-1 不同浓度 CO_2 对主要仓虫致死时间

O_2含量%	CO_2含量%	致死时间 头数 虫种	玉米象	药材甲	烟草甲	黑皮蠹	锯谷盗	谷蠹	锈赤扁谷盗	白肤皮蠹	花斑皮蠹	肉食皮蠹(幼)	黑皮蠹(幼虫卵)	玉米象(卵)	印度谷螟(幼)
		数	50	20	20	20	20	20	15	20	20	10	20		10
15		20	9	6	–	–	–	8	–	–	–	8	见备注	–	8
14		30	5	3	3	3	6	4	8	3	3	8	见备注	见备注	5
13		40	4	2	2.5	3	2	2	3	2	2	6	22	–	4
11		50	2	2	2.5	2.5	2	2	3	1.5	2	6	18	–	3
11		60	2	1	1	2.5	1.5	1.5	2	1.5	1.5	–	–	–	1.5
9		70	1	1	1	1	1	1	1	1	1	–	–	–	1
9		80	1	1	1	1	1	1	1	1	1	–	–	–	1

备注 (1) 30% CO_2 中处理玉米象卵的麦粒 20 天后转入培养室经一个多月孵化变成虫。

(2) 黑皮蠹幼虫在 20%、30% CO_2 中,25 天分别致死 50%,70%。

(3) 画"–"栏,示没做试验。

上表说明,相同温湿度,不同 CO_2 浓度对不同虫种的致死时间是不同的。如玉米象和药材甲相比,前者需要 9 天,后者只需要 6 天则可致死。CO_2 浓度 50%,相对湿度 89% ~100%,处理时间 48h,温度分 29℃和 34℃,玉米象致死率分别为 75% 和 98%,锯谷盗致死率分别为 48% 和 100%,证明温度不同而效果又有很大的区别。CO_2 浓度 50%,温度 29℃,处理时间 48h,相对湿度分 52% 和 100%,玉米象致死率分别为 100% 和 52%,锯谷盗分别为 68% 和 48%,证明湿度以偏低的效果为好。鉴定认为,充 CO_2 能有效地杀死幼虫,蛹和成虫的指标为:CO_2 浓度 35% 以上,温度 25 ~28℃,作用时间 15 ~25 天。

2. 二氧化碳的来源 来源于工业产品二氧化碳钢瓶和二氧化碳自制发生器,后者是用硫酸、小苏打作原料发生,成本较高,故目前中药养护多使用钢瓶 CO_2 液化气体,纯度 99.7%。用钢瓶 CO_2 气调养护中药,目前仅用于塑料帐内,密闭库内尚未作过使用。

3. CO_2 的置换技术 置换方法是用吹尘器的反向作用或真空泵先抽出帐内的气体,在薄膜紧贴堆垛以后,再灌注液化 CO_2 进行气体置换。当 CO_2 浓度达到 35% 以上时,即可停止灌注,一般 2 天以后帐内 CO_2 就可渗和平衡。若以杀虫为目的,浓度达不到 35% 以上时,应当补充灌注,使其达到要求。若用于防虫,渗和平衡后的 CO_2 浓度达到 20% 以上即可。此后,若因罩帐密闭性能不强,或密封时间过长,CO_2 浓度降低,不能继续保持养护的效果,应当补充灌注 CO_2。若已达到养护效果,或已进入安全季节,则可免于补充灌注。关于 CO_2 的用量,塑料帐密闭药材堆垛

100m^3，一般需要 CO_2 30～40m^3。在充气时，由于钢瓶内温度下降到沸点（－78.2℃）以下，常常不能一次气化用完，留有1/3左右仍在瓶以内，不再气化溢出，这时可关闭阀门，留待以后继续使用。

4. 充二氧化碳降氧养护中药的效果 据实验研究，填充 CO_2 来降 O_2 的防虫、灭虫效果亦很好，这种气调法贮存药材可分三个阶段：第一阶段目的为杀虫。在密封塑料帐幕内，CO_2 含量控制在45%以上，含 O_2 量在8%以下，封存7天，害虫可全部死亡。第二阶段目的为预防及根治。继续填充 CO_2，保持上阶段的气体浓度约40天，可杀灭留存的虫卵和幼虫。第三阶段目的为封存保护。气体浓度可适当放宽，CO_2 含量在22%以上，O_2 含量在15%以下，约贮存3.5个月，可防止害虫的再污染及霉变发生。试验的药材包括：鹿茸、蛤蚧、紫河车、狗肾、白花蛇、鹿筋、海龙、海马、水獭肝、虎骨、豹骨、党参、枸杞子、冬虫夏草及各种参类，共40个品种，数量为1万多kg，经过夏季5个月的贮存，获得了较好的灭虫、防虫和防霉效果。

（三）自然降 O_2

1. 特点 采用自然降氧法养护药材，投资少，不需特殊的设备，所需的材料和设备简单，方法简便，易于开展。若操作严格，密闭性能好，密闭及时，不仅能防虫防霉，还能杀虫和防止泛油。

2. 原理 自然降氧（O_2）是在密闭的条件下，利用药材本身、微生物、仓虫等呼吸作用，消耗密封环境内的氧气，使含 O_2 量逐渐下降，CO_2 含量相应的上升，造成不利于真菌和害虫生长繁殖的恶劣环境（低氧环境），使害虫窒息死亡，微生物及药材呼吸受到抑制，从而达到安全贮存中药的目的。

3. 养护对象 以植物类、新采集药材、种子果实类药材为主。防虫的氧浓度8%以下，杀虫的氧浓度2%～4%。

4. 养护效果 采用自然降 O_2 法的降 O_2 浓度、降 O_2 速度，取决于被养护对象，密封体积内的温湿度条件、密闭性能等。在密闭性能好的前提下：

（1）植物类药材比动物类药材降 O_2 快，植物药材中的果实和种子（包括有的种仁）又比其他植物药材降 O_2 快，这是因为果实种子具有胚，是生命个体，呼吸耗 O_2 较强之故。

（2）新药材比陈药材降 O_2 快，是因为新药材比陈药材呼吸作用强之故。

（3）含挥发成分药材，因氧化还原的化学活性反应快，因而比其他药材的降 O_2 速度也快。

（4）含水量高的药材比含水量低的药材降 O_2 快，但从药材的安全贮存来讲，又是不需要过多含 H_2O。

（5）密封体积内，温度高、湿度大比温度低湿度小的降 O_2 快，因为温度高、湿度大能使药材、微生物、害虫呼吸加强，耗 O_2 加快之故。

据某药材站试验，在当地4～6月进行，密封6～10天以后，O_2 浓度可以降到12%～14%；15～20天以后，O_2 浓度可降至3%～5%；40～60天氧浓度低达1.2%～2%，说明效果良好。

5. 操作方法 自然降 O_2 法主要用于药材货垛的薄膜罩帐密封，以六面帐密封效果为好。罩帐密封药材堆垛以后，先抽气使薄膜紧贴堆垛，使其自然降 O_2。也可不抽气使其自然降 O_2。但以抽气后的降 O_2 快，因为帐内含有的高 O_2 气体已被抽出部分，所以降 O_2 速度快些。制帐、罩、密封、抽气等具体操作方法如前述。

五、气调养护的管理技术与注意事项

1. 查漏　在实施气调养护过程中，应经常检查薄膜罩帐，发现有漏气之处，应立即将其补妥，并仔细检查漏气原因。如气体指标达不到养护要求，还应补充氮气或二氧化碳。安装在密封库门和门框之间的充气胶管圈，也应经常检查。若漏气变软，阻气不严，应补充气，使其保持密封性能。

2. 测气　测气是检测密封容器内气体成分的变化情况，判断气调养护效果的主要方法。充气时的测气，是为了达标而进行的；管理中的测气，是为了保持指标而进行的。充气时的测气，只发生在当时；管理中的测气，则应经常定期的进行，直至养护结束。气调初期，应每天一次；气体稳定以后，可 3 ~ 7 天一次。检测气体的仪器主要有奥氏气体分析仪、CH-2 型氧、二氧化碳测定仪等。

3. 测水分　水分是药材中最不稳定的成分。含水量高的药材，会使密封货垛内温湿度增大，有利于微生物生长繁殖，严重则造成药材"冲烧"变质。因此，气调养护的药材水分含量应在安全范围内。为了掌握药材水分含量的变化，气调密封之前和启封以后，均应进行药材水分的测定，以便及时采取措施，防止变异。

4. 测温测湿　在气调养护过程中必须系统地观察药材密封罩帐或库房内外温湿度的变化，认真做好记录。分早、午、晚定时观察，得出日平均温湿度，以及温度的最高和最低值的变化。

5. 预防结露　气调养护药材过程中，薄膜罩帐内壁，因温湿度变化而出现的水气凝结现象，称之"结露"。在我国南方地区尤易产生。当露水积聚过多而不能消散时，就会浸入药材，引起局部霉烂变质。按结露的状况不同，又可分为可逆性结露与不可逆性结露 2 种。预防方法：

(1) 密闭养护的药材含水量应较低，并在安全范围内。

(2) 防止温度的急剧变化。

(3) 避免在室外气调养护药材。

(4) 在空气相对湿度低时密封。

(5) 在结露前抽出帐内过湿气体，充入较干燥的气体，可在不同程度上预防结露，或减轻结露所带来的危害。

六、气调养护的操作规程

把药材装箱码垛，用草包或麻袋垫底及覆盖，以防抽气时损坏薄膜；以高频热合机手钳将塑料黏合成套，完成密封并在塑料罩面高度适中处开两个小孔，作为抽气及进气管口用。开动真空泵抽出垛内气体，当真空度达到 26.066 ~ 40.500kPa(200 ~ 300mmHg)时停泵，检查有无漏气现象。无漏气后再继续开泵抽气，当真空度达到 79.99kPa(600 mmHg)以上时，将 CO_2 钢瓶中的 CO_2 充入罩内，填补抽走的空气，保持罩内外气压平衡，防止外界空气渗入垛内。由出气管口抽取一定量气体，应用奥氏气体分析仪器测定 O_2 和 CO_2 含量。当 O_2 和 CO_2 的含量分别在 8% 以下以及45%以上时，即可封存。一周后害虫可全部致死，这叫杀虫阶段。继而转入封存阶段即继续封存，以抑制虫卵孵化和真菌生长的目的。在此阶段气体指标可适当放宽（O_2的含量可在10%以下，CO_2含量可在22%以上），就可以达到安全贮存的目的。每隔半个月，要对密封垛内的气体进行一次含量测定。

第三节 远红外加热干燥养护

一、概 述

远红外加热干燥是20世纪70年代发展起来的一项养护新技术。干燥的原理是电能转变为远红外辐射出去，被干燥物体的分子吸收后产生共振，引起分子、原子的振动和转动，导致物体变热，经过热扩散、蒸发或化学变化，最终达到干燥的目的。药材、饮片及中成药均需要干燥，干燥则要消耗大量电能，采用远红外干燥可以节电20%～50%，效果很好。

二、构造特点

红外线介于可见光和微波之间，是波长为0.72～1000nm范围的电磁波，一般将5.6～1000nm区域的红外线称为远红外线，而将5.6nm以下的称为近红外线。目前用作辐射远红外线的物质主要是由金属氧化物如氧化钴、氧化锆、氧化铁等的混合物构成的；用这些物质制成的远红外辐射元件能产生2～15nm以上直至50nm的远红外线，产生温度可达150℃。

所用远红外辐射元件虽然型式很多，但一般是由三大部分构成：金属基体或陶瓷基体、基体表面涂覆的辐射远红外线的物质层及热源。由热源发出的热通过基体传递到远红外辐射物质层，然后在涂覆层的表面辐射出远红外线。辐射元件从形状区分有三种，即管状、灯状和板状。至于远红外线加热烘道的设计，取决于很多因素，诸如要考虑被加热物的形状、大小、元件类型、功率、温度、距离、加热时间等。如果原来是用近红外线干燥的，则在原有烘道上稍加改进即能应用。

三、应用效果及优点

近年来远红外干燥在对原药、饮片的烘干，对丸散膏丹等的脱水干燥、消毒，以及糖衣片的烘干和药瓶的干燥消毒等方面都有广泛的研究应用。远红外干燥与日晒、火力热烘或电热烘烤等法比较，具有如下优点：

1. 干燥快，脱水率高 干燥时间一般为近红外干燥的一半，为热风干燥的1/10。例如热风干燥饮片为6～8h，水泛丸为6～10h，而远红外干燥只需时间分别为10～20min及16～20min。又如电热烘箱（箱内温度80℃）对饮片女贞子、党参、菊花干燥20min，脱水率分别为5.05%、5.78%及8.86%；而在远红外线烘箱干燥10min，脱水率分别为6.55%、4.88%及4.36%（菊花烘干时间为5min）。

2. 提高药材质量 远红外干燥可做到表里同时干燥,避免原加热方式的外焦内湿现象。由于干燥时间短,所以药物色泽均匀,而且药物是在密闭箱内传送干燥的,受大气中杂菌污染的机会大为降低,具有较高的杀菌、杀虫及灭卵能力。例如,开胸顺气丸用热风烘干燥含有杂菌400个/g;若用远红外干燥则含170个/g。同时避免了火力烘干烟气中所含的有害物质,如硫化物等对药材的污染,有利于贮存。

3. 节能省电成本低 远红外加热干燥比电热丝加热干燥至少节约电能达50%以上。如糖衣回转锅内将电热丝改用远红外辐射加热,节约电能可达75%~100%,成本也随之降低。

4. 设备简单造价低 远红外干燥的烘道一般可缩短50%~90%,干燥机与热风烘房相比占地面积小,设备结构简单,管理维修方便。

5. 有利自动化,提高生产效率 目前使用的热风烘房,质量无保证,劳动强度大。若采用远红外干燥机,可使加料、干燥、出料全部机械化,又不受气候的影响,既减少人力,又提高了生产效率。

诚然,远红外干燥也并非万能。比如,凡不易吸收远红外线的药材或太厚(大于10mm)的药材,均不宜用远红外辐射干燥。

第四节 微波干燥养护

一、概 述

药材微波干燥是从20世纪60年代起迅速发展起来的一项新技术。微波是指频率为300~300 000MH_Z、波长为1m~1mm的高频电磁波。目前我国生产的微波加热成套设备有915MHz和2450MHz两个频率。微波干燥实际上是一种感应加热和介质加热,药材中的水和脂肪等能不同程度地吸收微波能量,并把它转变为热量。微波加热设备主要由直流电源、微波管、连接波导、加热器及冷却系统等组成。

二、应用效果

经试验,夜交藤、山药、生地、草乌及中成药安神丸、脑立清等用微波进行烘干效果较好。一般比常规干燥时间缩短几倍乃至百倍以上;药材中所含的挥发性物质及芳香性成分损失较少。微波干燥即不受燃烧废气污染的影响,且能杀灭微生物及真菌,可防止发霉和生虫,并具有消毒作用。据研究,用微波对中成药灭菌,无论是水丸、浓缩丸、颗粒、散剂均有一定的效果。尤以水丸、浓缩丸效果最为显著,如开胸顺气丸、参苏理肺丸、风湿镇痛丸、止咳定喘丸等药物经微波照射3.5min后,灭菌率达90%以上。另外接种到散剂内的大肠杆菌、铜绿假单胞菌和金葡球菌经微波加热2.7min后,全部杀死。微波灭菌同物质的性质及其含水量有密切的关系,由于水能强烈地吸收微波能,所以含水量越高,吸收的微波能越多,产生的热能越大,灭菌效果就越好。因此,水丸、浓缩丸的灭菌效果较好。对马钱子、葛根、陈皮、薄荷、苏叶等饮片通过微波在不同时间加热后,分别测定有效成分(士的宁、葛根素、挥发油)的结果表明:马钱子和葛根经微波加热1min30s和4min30s后，其化学成分士的宁和葛根素的含量不变，比较稳定。陈皮、薄荷、苏叶经微波加热1min10s后，其挥发油有不同程度损失，特别是薄荷损失较多。因此对于含有挥发油的药材采用微波加热应掌握时间。

又据南京中药厂等报道，将含水量从80%烘干到2%，微波加热为热空气加热所需时间的1/10。灭菌效果好，对药品稳定性无影响。在试验中乌头粉(含水量14.6%)、石斛夜光丸(蜜丸，含水量16%)经微波加热5min，含水量分别降低到5%及10%，亦即粉末干燥仅需5min，蜜丸也只需5min，而110℃烘箱则需67min，可提高加热速度5～12倍。另经频率为2450MHz的微波灭菌，中药样品的含菌数比未照样品降低81倍，比烘箱干燥灭菌降低28倍，故高频率的微波灭菌效果很好。又对乌头粉、甘草粉、穿心莲碎叶经微波加热后进行了含量测定，结果说明其有效成分生物碱、内酯、甘草酸等对微波加热均稳定。

三、微波干燥的优点

1. 干燥速度快、时间短 由于微波能深入物料的内部，不是依靠物料本身的热传导，因此只需常规方法1/100～1/10的时间就可完成加热过程。

2. 加热均匀 由于微波加热不是从外部热源加进去的，而是在加热物内部直接产生，因此尽管被加热物料形状复杂，加热也是均匀的，不会引起外焦内生、表面硬化等现象。

3. 产品质量高 因为时间短，水分吸热量大而排出，物料本身吸热量少，不会过热，因此能保持原有的色香味，有效成分破坏也较少，有利于提高产品质量。且具有消毒，杀灭虫、霉的作用。

4. 热效率高 由于热量直接来自干燥物内部，因此热量在周围大气中损耗极少。

5. 反应灵敏 常规的加热方法如电热、蒸汽、热空气等，达到一定温度需要预热一段时间，而停止加热时，温度下降又需较长时间。采用微波干燥在开机5min后即可正常运转，而且自动控制容易。

第五节 气幕防潮养护

一、概 述

气幕亦称气帘或气闸，是装在药材仓库房门上，配合自动门以防止库内冷空气排出库外、库外热空气侵入库内的装置。因为仓库内外空气不能对流，这就减少湿热空气对库内较冷的墙、柱、地坪等处形成"水淞"(即结露)的现象，从而达到防潮的目的，保持仓储药材的干燥，防止中药霉变。

二、设备装置

气幕装置分为气幕和自动门两大部分，用机械鼓动的气流，通过风箱结构集中后，从一条狭长缝隙中吹出形成帘幕。主要部件有电动机(功率550W,转速1044转/min),风叶及风箱。电动门以电动机转动蜗杆,带动链轮、链条与门的滑轮装置一起移动,并与风幕连接。门开启时风幕开始工作,门关闭时风幕即行停止工作。

三、效　　果

经试验,虽在梅雨季节,库内相对湿度及温度均相当稳定,这表明气幕可以阻止和减轻库外潮湿空气对库内药材的影响。当然,库门安装这种气幕装置,先决条件是库房结构要严密,外界空气无侵入的孔隙,否则效果亦不佳。因为气幕只能在开门作业时起到防护作用,却没有吸湿作用。必要时仍需配合除湿机使用。

第六节　除氧剂封存养护技术

一、概　　述

除 O_2 剂包装封存养护技术是继真空包装、充气包装之后发展起来的一种商品包装的贮存新技术。除 O_2 剂是经过特殊处理的活性铁粉制得化学物质,它和空气中的 O_2 起化学反应,从而达到除 O_2 的目的。这种活性铁粉制成颗粒状、片状、包装于一定规格的透气的特制纸袋中,把这种小包装的除 O_2 剂和需要保管的物资封装在密封的容器中就能保证药材物品不长霉、不生虫、不变质。

二、除氧剂封存养护中药的优点

1. 效果可靠　能防止真菌、害虫的滋生而引起仓储药材等物品的腐败变质,还能防止物品氧化变色。

2. 操作简便　不需要真空包装、充气封存之类的设备,操作要简单,使用方便。

3. 性能安全　除氧剂无毒,也不与药材物品直接接触,无污染、无公害。

三、使用注意事项

(1) 除氧剂的外包装打开后就开始吸 O_2,故应在规定时间内用完,一次使用后,不要再次使用。

(2) 除氧剂沾上油和水,吸 O_2 能力就会下降,使用时要加以注意。

(3) 暂不使用的除 O_2 剂应保存于冷暗干燥处,以延长其使用寿命。

第七节　低氧低药量防治养护

一、概　述

低 O_2低药量防治仓虫，是化学防治在向气调养护的过渡中或作为气调自然降 O_2的补充手段而产生的。使用化学药剂防治仓虫虽然效果快，但因用药剂量大，有时还要补充施药 1～2 次，费用高，残毒和污染严重。而自然降 O_2法若遇药材陈久，温度低、湿度小，则降 O_2速度很慢，往往只能将 O_2浓度降至 10% 左右，达不到防虫杀虫的效果。为了减轻化学养护之弊，弥补自然降 O_2之不足，特别是在无降氧制氮机的条件下，两者结合起来可发挥较好的防治效果。

二、低 O_2 低药量养护原理

基本原理即是将药材在密闭的条件下，药材、微生物、仓虫或其休眠体呼吸耗 O_2，使 O_2的含量减少，CO_2浓度增高，从而恶化仓虫的生态条件，再加 AlP（磷化铝）吸收空间的 O_2，产生 H_3P（磷化氢）气体，在缩小的空间中增大了有效浓度，从而使仓虫真菌死亡或受到抑制，达到防治虫、霉的效果。

三、效　果

在研究气调养护中药的过程中，五省市协作组也对这一方法作了探讨，证明效果较好。据天津市药材公司试验，O_2浓度 10%～15%，AlP 用量 0.1～0.3g/m^3；或 CO_2浓度 12%～17%，AlP 用量 0.1～0.3g/m^3，均能有效的防治仓虫，比直接使用化学防治用药量减少 20～50 倍。再以成都中药材站的报告为例，他们使用 AlP 片剂的用量为 1.5～2.2g/m^3，每 100kg 药材的 AlP 片剂用量为 0.8～1.2g。虽然用量比前者的大，但也比直接使用化学防治的用药剂量减少 3～4 倍。如果药材较新，降 O_2浓度较低，仓虫抗性不大，尚可酌减用药剂量。

低 O_2低药量防治，现多采用塑料薄膜五面罩帐或六面罩帐密封。密封之前将药剂用量均匀分配，布点计划适当，用厚铁盒盛入药片，挂于堆垛药材的包装之上，然后进行密封，使降 O_2和产生 H_3P 气体同时进行。也有采取挂上铁盒之后就密封，在 O_2浓度降低到一定程度以后，再迅速掘洞放入 AlP 片，又迅速粘贴洞口使其密封。均能起到防虫杀虫的作用。

采用这种方法防治仓虫，以选择在库内密封为宜，堆垛应成平顶，罩帐的顶面要保持高于堆垛顶面，以利 H_3P 气体扩散，防止引起罩帐的燃烧。一般密封 2～3 天以后，就可见杀虫效果，但其启封时间应远远长于 AlP 单纯的熏蒸时间，以保持低 O_2的作用，并充分发挥药效的作用。一般至少都要保持 20 天以上才能启封，推迟能增进杀虫效果。提早启封的副作用较多，甚至杀虫不彻底，会增强幸存仓虫的抗性。这些都是应当注意的。

第八节 辐射防霉除虫养护

一、概 述

应用放射性钴-60产生的γ射线或加速产生的β射线辐照药材与物质时,附着在药材上的真菌、害虫吸收放射能和电荷,很快引起分子电离,从而产生自由基。这种自由基经由分子内或分子间的反应过程诱发射线化学的各种过程,使机体内的水、蛋白质、核酸、脂肪和碳水化合物等发生不可逆变化,导致生物酶失活,生理生化反应延缓或停止,新陈代谢中断,真菌和害虫死亡,有效地保护药材的品质,相对地延长贮存期。

二、辐射防霉除虫效果

据试验,40~100kcd能阻止所有的虫卵、幼虫和蛹发展到下一阶段。据Baraba报道150~120kcd可杀死蜜柑上的青霉和绿霉。

另据试验,用射线辐照中药材和中成药可以解决贮存过程中发霉、虫蛀问题。例如,用γ-射线辐射酸枣仁、附子、川贝母、党参、当归、黄芪、川芎等,杀菌灭菌效果显著,其药效并不改变,中成药的各种丸、散、膏、丹、片经辐照后,其染菌发霉率也大大降低。

三、辐射养护法的优点

(1) 用射线处理效率高,效果显著。

(2) 不破坏药材外形,不影响药效。

(3) 不会有残留放射性和感生放射性;在不超过1000kcd的剂量下,不会产生毒性物质和致癌物质。

此外,还有环氧乙烷防霉、蒸汽加热、中药挥发油熏蒸防霉、无菌包装等中药养护新技术。

第九节 21世纪的绿色杀虫剂——生物农药防治

鉴于化学药剂在防治中药害虫时产生毒副作用的严重公害问题,人们为了解决化学农药对环境和仓储中药的污染,克服其对人、畜安全的威胁,终于发明了无毒(或极低毒)、无污染的生物(植物)农药——绿色杀虫剂,它将成为21世纪最受欢迎而被广泛普及推广应用的无公害新型杀虫农药。

一、绿色杀虫剂的基原

经试验筛选,常见对中药及人畜无毒害无污染,而又能防治仓储粮、药虫霉的首推植物有除虫菊、天名精、灵香草、闹羊花、吴茱萸、花椒(叶和果)、柑橘(皮与核)、辣蓼、大蒜、黑胡椒、柚皮、野篙、芸香等;其次是山苍子(油)、苦楝、臭椿、千里光、算盘子、姜粉、干辣椒、黄豆粉、茶油、油条茶麸等。其中,除虫菊的主要杀虫成分是除虫菊脂,是目前国际公认的高效、无毒的广谱杀虫剂,已普遍用于杀灭药材、粮、药仓储害虫及苍蝇、蚊子等,是当前防治害虫最理想的一种植物农药。

除虫菊(Herba Pyretlri)既是一种医用中草药,也是一种著名农药植物(*Pyrethrun cinerariiofium* Trev),含有除虫菊甲素、除虫菊乙素、灰菊素甲、灰菊素乙等多种有效杀虫成分,其主要杀虫成分除虫菊脂是国际公认的高效、无毒、无污染的天然广谱强力杀虫剂,普遍用于杀灭农作物害虫、粮药仓库害虫及苍蝇、蚊子等,是目前防治害虫最理想的一种药用植物,可广泛用于多数仓储中药的防霉驱虫养护。

除虫菊对人畜无毒无害,优点在于它对害虫、蚊、蝇、蚤、甲虫、蛾、螟等昆虫有驱杀作用,但对哺乳类及鸟类等动物却很安全。故用其制成煤油浸剂,可喷杀蚊、蝇和虱子;制成烟熏剂可以驱蚊和驱杀仓储药材的多种害虫。作为药材防虫养护剂,可用除虫菊制剂供作仓库消毒(既可喷霉也可熏蒸),或混合药材同贮防虫以及对生虫长霉药材的治救(可将菊药直接喷洒于虫害药材上)。

二、绿色杀虫剂的使用方法

1. 混入法 将除虫菊、灵香草、芸香、花椒、天名精、柑橘皮、黑胡椒、辣蓼、野艾蒿、干姜等晒干后任选其1~2种,切碎碾粉(展细至最好通过200筛目或普通铜丝筛箩)混拌于易虫害中药中,混量掌握在每1000kg药材拌入6~8kg的干粉,拌匀密闭共贮存,1年内不会生虫;而茶油、菜子油、花生油对防治种子类中药很有效,1kg油可拌入种子类药材100kg左右,共密闭贮存即可起到防虫作用。

2. 喷雾法 把天名精、花椒、大蒜、橘皮等的干品以及干姜、干辣椒打成粉末,每千克干粉加入4~7kg清水浸泡2天,然后去渣过滤出药液,用喷雾器喷洒贮药装具、用具和空仓进行消毒杀虫,每平方米面积喷药15~20kg,施药时避免药液直接喷洒在药材上。

3. 炼制高科技绿色新农药 运用现代制药工艺技术,将各种有效杀虫植物科学地提炼出各种新型生物农药。如今,以此面世的绿色杀虫剂已有"除虫菊脂"、"灵香草驱虫液"等等。在21世纪,这类绿色农药将层出不穷,大显无公害的杀虫威力。

第七章　中药常见变异现象与养护技术

中药在运输、贮存过程中，由于管理养护不当，在外界条件和自身性质的相互作用下，会逐渐发生物理或化学变化，出现发霉、虫蛀、变色、变味、泛油等现象，直接影响中药的质量和疗效，这种现象称为中药品质的变异现象。中药贮存中最棘手的问题是霉变和虫蛀，其中以霉变危害最大。常见的变异现象有发霉、虫蛀、泛油、变色、变味、风化、潮解、粘连、挥发、腐烂和冲烧等。

第一节　中药霉变与养护

霉变，亦称发霉，是中药表面或内部有真菌滋生的现象，是中药贮存中极易发生的一种变质现象，药物霉烂变质后会完全失去疗效。一般地说，发霉绝大部分是由真菌引起的。其中有些真菌的发育主要由孢子产生分枝样的菌丝，形成菌丝体，产生气生菌丝，菌丝为棉絮状、毛状、网状、团状或粉状，常称之为真菌(Molds)。其中与中药发霉关系比较密切的真菌有毛霉、根霉、黄曲霉、黑曲霉、灰绿曲霉、青霉、灰绿青霉、黄绿青霉、镰刀霉、刺黑乌霉、念珠霉、葡萄状穗霉等，这些真菌对中药危害很大。存在于药材表面的真菌孢子，在温度和湿度等条件适宜的情况下，萌发成菌丝，分泌酵素，溶蚀药材组织，使其中的蛋白质、糖类、脂肪等成分分解，造成药材腐烂变质，失去药用效力，并产生秽臭恶味，更严重的是真菌能产生有毒的真菌毒素，如黄曲霉毒素、杂色曲霉素、杂色曲霉素、黄绿青霉素、灰黄霉素等，对人体产生毒害作用，一旦人们服用了发霉的药，就有可能由于真菌毒素而引起肝、肾、神经系统、造血组织等方面的损害，严重者可导致癌症(如黄曲霉毒素等)。俗云："霉药不治病"，说明药材发霉后的疗效会有很大的降低，而且使国家财产遭受巨大的经济损失。因此在贮存养护过程中，中药的霉变也是一个较严重的问题，应当引起我们足够的重视。危害中药的微生物种类繁多，在仓储养护工作中常遇到的类群有细菌、酵母菌和真菌，由于真菌对中药的破坏性最大，故本章主要讨论真菌的防治问题。

一、真　　菌

(一) 常见真菌的来源、分类和形态

1. 来源　大气中存在着大量的真菌孢子，散落于中药表面的真菌孢子在适宜的温度(25℃以上)、湿度(空气中相对湿度在85%以上，或药材含水量超过15%)，以及适宜的环境(阴暗不通风)和足够的营养条件下，即萌发为菌丝，分泌酵素溶蚀药材组织，并促使有效成分发生变化，失去药用价值。

2. 分类　真菌的种类极多，约有数万种以上，通常可分为藻状菌纲，子囊纲、担子菌纲及半知菌纲等。影响中药霉变的主要是前两纲，后两纲虽有影响，但不甚大而，从略，下述前两者。

(1) 藻状菌纲：此纲中有一些菌的形态和结构颇似藻类，较高等的种类的菌体有根状菌丝；

大多数藻状菌是由很发达的菌丝体构成营养体;这种菌丝是典型的无隔多核的。其中重要的有毛霉属及根霉属,广泛分布于自然界中,经济价值很大,但对药材的危害性大。

1）毛霉:毛霉的孢子囊柄成单直立于菌丝体,在其顶端生孢子囊,菌落常呈絮状,初为白色,继为灰色或黄褐色,菌丝发达,单细胞、无隔膜,以孢子囊孢子繁殖(图7-1、图7-2)。毛真菌在中药表面多有存在,对蛋白质有较大的分解力。

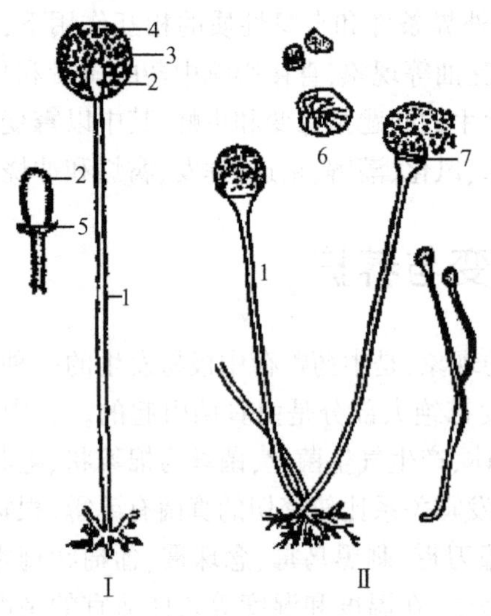

图7-1 毛霉及根霉

Ⅰ. 高大毛霉 Ⅱ. 黑根霉

1. 孢子囊柄 2. 囊轴 3. 孢子囊壁 4. 孢子囊孢子 5. 囊领 6. 菌核 7. 孢子囊隔膜

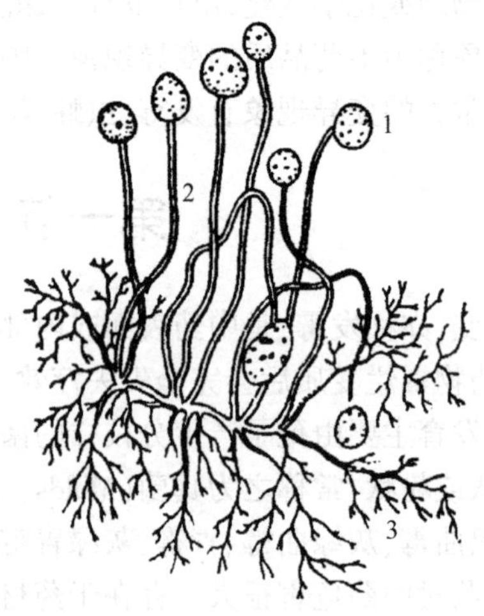

图7-2 高大毛霉 *Mucor mucedo*

1. 孢子囊 2. 孢子囊柄 3. 菌丝体

2）根霉:根霉是较常见的一种真菌,其菌丝恰如植物的根,有向培养基内伸长分枝的假根和横向匍匐面联结假根的蔓丝,蔓丝向外生长后又形成一丛新的菌丝体;菌丝末端长出子囊柄;柄端是棕黑色的卵圆形孢子囊。它的菌落呈絮状,初生时为白色,后为灰黑色,密生黑色小点(图7-1、图7-3)。根霉在生命活动过程中产生的糖化酶,能将淀粉分解转化为单糖,并有分解蛋白质的能力,故对含有淀粉、蛋白质的中药破坏和影响较严重。根霉在药材上寄生的颇多,特别是果实和根类药材。

(2）子囊菌纲:子囊菌纲是真菌中最大的一纲,已知的约有15 000种,包括酵母菌、曲霉菌、青霉菌等。子囊菌纲的特征是:有性孢子内生,在子囊内形成。子囊是子囊菌的显著特征。子囊是一个薄壁囊状的容器,内含一定数目的孢子,在成熟时破裂。在大多数子囊菌中,子囊内含有8个孢子。此外,子囊菌的菌丝有分隔。

许多子囊菌,如曲霉菌、青霉菌、酵母菌等对人类生活和防治疾病是有益的,但是,它们常常也能起到相反作用,如引起食品发酵、中药霉变。

曲霉菌是危害中药的主要真菌之一,分布较广,从寒带到热都有其分生孢子存在。这类真菌生长繁殖力强,它能利用许多不同基质作为养料,这是因为它能产生大量的酶系,只要含有一

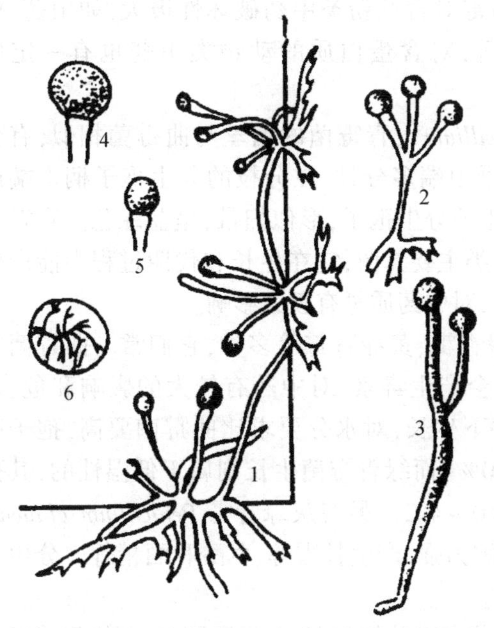

图 7-3　黑根霉 *Rhizopus nigricans*

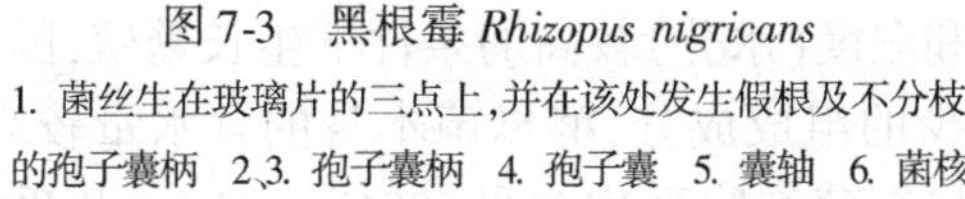
1. 菌丝生在玻璃片的三点上，并在该处发生假根及不分枝的孢子囊柄　2、3. 孢子囊柄　4. 孢子囊　5. 囊轴　6. 菌核

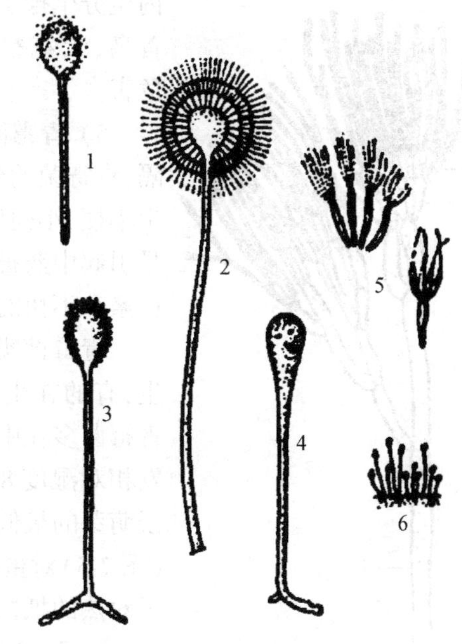

图 7-4　黑曲霉 *Aspergillus niger*

1～4. 分生孢子柄　1、2. 纵断面　3、4. 幼分生孢子柄　5. 小梗及着生分生孢子　6. 低倍放大的菌丛

定有机质和水分的物质，大多能长出曲霉菌。曲霉菌属的菌丝颜色多种，有褐色、黄色、绿色等等，菌丝体产生大量直立的分生孢子柄，在柄的顶端产生球形头状物称为泡囊，并在泡囊上生出许多瓶状小梗，将泡囊完全盖住。当小梗成熟后，在它们的顶端开始形成分生孢子，一个连着一个成为一串，并且靠分生孢子进行无性繁殖（图 7-4）。

青霉菌十分接近曲霉菌，并且同样也分布极广，正像曲霉菌一样，其中很多是常见及严重破坏中药形态和质量的危害者。

下面将最易引起中药霉变的常见曲霉菌、青霉菌和酵母菌分别叙述之。

1）灰绿曲霉（*Aspergillus glaucus*）：灰绿曲霉在所有真菌中最富破坏性，它的菌落呈灰绿色、鲜黄色或橙黄色，菌丝密集发达，呈绒毛状。灰绿曲霉在生长繁殖过程中，比其他真菌需要的水分少，嗜干性较强。当温度在 25～30℃，相对湿度在 70%～80% 时，孢子即可在许多中药上萌发繁殖。含糖质较多的党参、人参、麦冬等常常是这些真菌危害的对象。

2）黄曲霉菌（*Aspergillus flaras*）：黄曲霉分布很广，在世界各地许多有机物上都能找到。它的菌丝蔓延迅速，初生时为浅黄色，后为黄绿色，最后变为棕褐色，黄曲霉能分泌淀粉酶、转化酶、纤维素酶等多种酶，它能产生有机酸和热量，易使中药变色、变味及泛油。

3）黑曲霉（*Aspergillus niger*）：黑曲霉（图 7-4）广泛散播于空气中和物体上，菌丝生长繁殖迅速，呈絮状或绒毛状，黑色或黑褐色，菌丝顶端具黑色小点（分生孢子）。黑曲霉能分泌多种活性较强的酶系（如淀粉酶、蛋白酶、氧化酶等），特别以生成草酸和柠檬酸而著名。含水分较高的中药常受其害，引起霉腐。

4）棒曲霉：菌丝呈茸毛状，淡蓝色或淡绿色，气生菌丝直立，顶端具长圆形或棒形的孢囊，

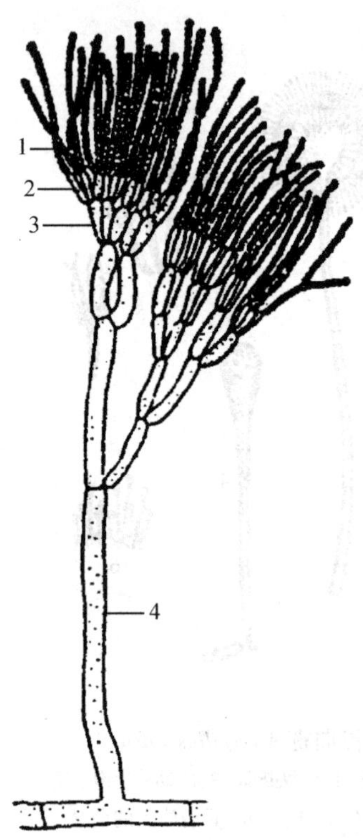

图 7-5 灰绿青霉 *Peniciffilem glaucum*

1. 分生孢子 2. 梗基 3. 瓶形小梗 4. 分生孢子柄

内生分生孢子。棒曲霉对含淀粉类中药破坏性极大,如山药、何首乌、天花粉、芡实等,对含蛋白质的动物类中药也有一定的危害。

5) 青霉菌(*Penicillium*):青霉菌的菌丝与曲霉菌相似,有分隔,青霉菌的分生孢子顶端多分枝,在分枝的分生孢子柄末端产生小梗,小梗生出成串的分生孢子,形似扫帚,呈蓝绿色。青霉菌是引起中药霉腐的一类主要真菌,它在生长和代谢过程中能产生色素和不快的霉臭气,对中药质量有极大影响。

青霉菌类有灰绿青霉、黄绿青霉等多种,它们常与曲霉菌共生,有的在生长中还会产生毒素,对中药有较大的影响和危害。青霉菌多在中温条件下生长,对水分要求比曲霉菌要高,孢子萌发相对湿度 80% ~90%,而绿青霉菌生长则属于低温性的,其孢子萌芽的最低温度为 0 ~4℃。另有灰绿青霉 *Penicillium glaucum*(图 7-5)对蛋白质分解力强,产生甘露醇、草酸和酒精等。分生孢子对热的抵抗力甚强。

6) 酵母菌:酵母菌多以单细胞存在,呈卵圆形、圆锥形或近圆形。酵母菌能在偏酸和湿度(水分)较高的条件下生长繁殖,因为水分是其躯体不可缺少的组成成分,酵母菌本身的含水量较高。一般为 75% ~85%,与细菌细胞平均含量(80% ~85%)几乎相等。水分在酵母菌细胞中作用很大,它参与原生质的胶体组成,物质代谢过程中所进行的全部生物化学反应。故在水分较高的条件下,其繁殖则愈快。诚然,温度给予的协调作用也有密切关系。含糖汁较多的中成药蜜丸剂、糖浆剂、内服膏剂,在防腐不善的情况下,常常受其发酵影响而变质。

3. 形态 真菌的菌体是由许多菌丝构造的菌丝体,菌丝是由孢子萌芽而成。菌丝有两种:一种是单细胞,无横隔;一种是多细胞,有横隔。菌丝尚有营养菌丝和气生菌丝之分,前者伸入于基质中吸取养料,后者伸展于空气中,具有繁殖功能,在气生顶端产生孢子。

孢子是多数真菌进行繁殖的微小单位。真菌即是依靠这些繁殖单位来产生自己新的个体的。孢子的颜色有绿色、黄色、橙色、红色,大小各异,有的小到 1μm,有的大到 200μm。它的形状有球状、卵圆形、椭圆形等。孢子有无性孢子和有性孢子两种。

(1) 无性孢子:无性孢子形成较快,产生量大。当其成后,即四处飞散传播,遇到适宜环境时,就不失时机的发芽,长出芽管,形成新的菌丝。真菌的无性孢子可以由分生孢子梗产生,或在孢子囊内形成。多数无隔膜菌丝的真菌(如毛霉、根霉)产生孢子囊孢子(亦称内生孢子)。孢子囊孢子生于菌丝的顶端,形成一个孢子囊。孢子囊圆形或梨形,内生许多孢子,孢子成熟后,孢子即破裂,散出孢子。分生于特殊菌丝的孢子柄的末端,孢子数量可为一个或多个,呈辐射状排或帚状排列。小梗的顶端生有成串的分生孢子,成熟的分生孢子各异,有的呈黑色,如黑霉菌;有的呈黄色,如黄曲霉菌。

(2) 有性孢子:有性孢子是由细胞核融合而产生的孢子,有性孢子可分为三种:

1）子囊孢子：是由造囊菌丝经过减数分裂，产生子囊，每个子囊产生 4～8 个子囊孢子。

2）接合孢子：是由两种大小不同的菌丝接触后，接触处的细胞壁逐渐溶解，由两菌丝的原生质结合而形成。接合孢子细胞壁较厚，表面呈棘状，或有不规则的突起。

3）在棍棒状的担子顶端长出 4 个孢子，称为担子孢子。

（二）真菌生长繁殖的条件

真菌属于真菌类，没有叶绿素，不能进行光合作用，它是以寄生物的方式来获取食物或以腐生物的方式吸取死的有机物质。它们要靠差不多完全制成的食物来维持生活。

真菌的生长同所有的生命体一样，深受环境的影响，外界条件的改变，不仅可影响真菌生长的速率，甚至可以抑制其生命活动。影响真菌生长活动的因素有营养物质条件和外界自然条件。

1. 营养物质条件　真菌和其他许许多多的微生物一样，在生长繁殖过程中需要从外界环境吸取营养物质，通过新陈代谢作用，从中取得能量，并合成新的细胞物质，故营养物质是真菌生命活动的物质基础，也是中药为何会被霉蚀腐烂变质的主要原因，因为药材具有真菌微生物所需要的营养物质。

真菌对各种营养物质的摄取和利用有一定特性，即某一种或某一类真菌只能利用一定范围的物质。如放线菌（多为异养菌）的营养要求是各种不同的有机碳源（亦称碳元素），包括糖、淀粉、有机酸、纤维素等，其中葡萄糖、麦芽糖、糊精、淀粉等都是最好的碳源和能源，放线菌的氮素营养物质以蛋白质、蛋白胨和某些氨基酸最适宜，无机物的硝酸盐、铵盐和尿素次之。K（钾）、Mg（镁）、Fe（铁）、Cu（铜）和 Ca（钙）等矿质元素在菌丝生长过程中，也有重要作用。酵母菌的最佳碳源是葡萄糖、麦芽糖；最佳氮源是蛋白胨、麦芽中的蛋白分解物等，并能利用铵盐、硝酸盐；酵母菌在糖化麦芽汁内也能生长繁殖。

对一般真菌来说，最适当的碳源是葡萄糖、果糖等单糖类以及蔗糖和麦芽糖等双糖类。除此类糖以外，真菌借助淀粉和糊精也能很好的生长。有些特殊的真菌也能够利用纤维素、有机酸盐类、多元醇（山梨醇、甘露醇）和生物碱等。铵盐同样能被真菌很好地利用，同时也能利用硝酸盐和亚硝酸盐。氨基酸、酰胺类、蛋白质和蛋白胨也常常作为真菌的氮源。在无机盐类中，磷、硫和镁是基本需要的，且需要微量的铁、钾、锌、铜和钴等。为了正常的代谢，真菌还需微量的生长促进物质，特别是一些维生素，如硫胺素、生物素、菸酸等。

综上可见，真菌不仅能利用葡萄糖、麦芽糖、果糖、蔗糖等单糖和双糖，而且能利用淀粉等多糖。真菌对氮源物质的利用如此广泛，不论是有机的蛋白质、氨基酸，还是无机的铵盐、硝酸盐等都能被用来作为氮源。这是因为氮源是构成生物细胞的基本物质——蛋白质的主要元素。微生物摄取的氮素营养，主要是转化为氨，再进行氨基的合成。利用蛋白质的微生物，首先把蛋白质水解成氨基酸，然后脱去氨基形成 NH_3（氨气）。某些含蛋白质丰富的中药被霉腐后，产生氨的臭气味，就是由此而生的。

中药含有较为丰富的蛋白质、糖类、水分等，是真菌生长繁殖的良好培养基，这些成分正是真菌生长不可少的营养物质。故在一定条件的影响下，某些中药即生霉变质，这也是药材为什么容易霉烂之谜。

2. 外界自然条件　真菌微生物侵入药材并生长繁殖，除药材本身具有真菌微生物所需要的营养物质外，还与外界条件有着密切关系，两者缺一不可。外界条件适宜，能促使真菌迅速发育、繁殖，当外界条件不利时，则真菌的生长繁殖受到抑制，甚至死亡。了解掌握微生物的生活规律，就能制造不适于真菌生长的环境以便防止或抑制其发育繁殖，达到保护药材安全贮存的目的。影响真菌生长的外界条件主要有温度、湿度、光线、空气等。

（1）温度：真菌在生长过程中，细胞内具有一系列的物理和化学变化，这些变化需在一定温度范围内才能正常进行，否则，真菌的生命活动便会降低或受到抑制。温度能影响真菌生长、孢子发芽及繁殖等生物活性。真菌各有其生长最适宜的温度。在此温度下生长速度最快，离开该温度，就逐渐缓慢；一般真菌生长最旺盛的温度范围，称为该真菌的生长最适温度。按照真菌生长最适温度以及真菌生长温度的高低可将真菌分为三种类型：即低温型、中温型和高温型。而根据真菌能够进行生长的温度又可分为三个温度基点：即生长最低温度、最适温度、最高致死温度（详见表 7-1）。

表 7-1　各类微生物对温度适应情况

适应温度 / 微生物类型	最　低 生长温度	最　适 生长温度	最　高 生长温度	致　死 温　度
低温型	0℃	5～10℃	20～30℃	40～50℃
中温型	5℃	25～37℃	45～50℃	60～70℃
高温型	30℃	50～60℃	70～80℃	90～120℃

中温型的微生物在自然界数量最多，引起中药霉变的微生物以中温型的种类为主。霉腐微生物也以中温型的为多，如真菌的最适宜温度为 20～30℃，在 10℃以下不易生长，45℃以上则停止生长。高温和低温对微生物的影响是不同的。低温可抑制微生物酶的活动，减弱微生物体内的新陈代谢，使微生物处于休眠状态。高温会使微生物的细胞蛋白质发生凝固，使微生物在很短的时间内死亡。杀死微生物的温度界限，称为致死温度。在致死温度条件下，微生物全部死亡所需的时间，称为致死时间。在致死温度以上，例如黄曲霉，干热致死温度为 120℃，需 60min；湿热致死温度为 80℃，需 30min。说明致死温度与湿度相关。

在药材中常见的是青霉属和曲霉属，青霉的最适温度是 20～25℃，而曲霉约在 30℃时生长得最好。因此，在药材保管中所遇到的大多数真菌最适温度在 20～35℃之间。这也恰好说明地处温带的我国的夏季，特别是长江以南地区，药材为什么容易生霉。降低温度（10℃以下）能逐渐延缓真菌的发育，达至某种低温时（0℃）可使其停止发育。在大多数情况下，低温尚不能完全杀死真菌，亦即冷冻或冷藏有时只能阻止真菌的繁殖，却不能彻底把真菌杀灭。真菌的孢子含水时易被冰冻杀死，但干燥时萌芽力不易受到损害。因此低温多用于保藏的目的。而真菌在高温中比在低温度中受害大，有时尽管不致死亡，但呈衰老状态，生命活动显著地受到抑制。由于温度增高可使真菌细胞内的蛋白质凝固，因而可造成死亡。对于大多数的真菌来说，50～60℃为致命的温度。大多数真菌在 60～65℃经过 30min，在 70℃经过 5～10min 就会死亡；可见，致死温度不同而致死时间也不一样。

（2）湿度：地球上的真菌几乎无处不在（南北极除外），其中水和土壤里含真菌最多。真菌生长的条件是所附着的药材中有必需的营养物和水。药材中虽有真菌生长所必需的营养物质，如淀粉、蛋白质等，但是，这些物质如果没有适宜真菌生长的水分，也是不易霉变的。因为水是一切微生物躯体中不可缺少的组成成分,水在微生物细胞中含量很大,细菌细胞平均含水80% ~85%,酵母菌含水75% ~85%,真菌含水70% ~80%,水在生活的微生物细胞中的作用和其他生物体中一样,它参与原生质的胶体组成,物质新陈代谢过程中所进行的全部生物化学反应都是在有水的情况下进行的。真菌的细胞所进行的新陈代谢,主要是在水的作用下,依靠真菌分泌在其细胞壁外的酶,将淀粉、蛋白质、纤维素等变成较简单的能溶溶解于水中的化合物,再吸收到细胞中的。水分越高,则真菌新陈代谢的作用愈强,其生长繁殖也愈快。由于绝大多数的药材本身含有一定的水分,而且具有从空气中吸附水分的能力,所以在适宜的条件下,寄生和附着在药材表面的真菌孢子就很快地生长,造成霉变。

湿度是微生物生长必不可少的条件。因为水在微生物细胞中的作用和其他生物体一样,它参与原生质的胶体组成,物质新陈代谢的过程中所进行的全部生物化学反应都是在有水的情况下进行的。如果微生物细胞周围湿度低或干燥时,细胞的水分便通过细胞膜蒸发,或借渗透作用渗出细胞之外,就能使其生活机能降低或受到阻碍,甚至产生原生质分离而死亡。可见,一定的湿度是微生物生长与繁殖的必要条件,没有水分一切生命都不可能存在。但不同的微生物对湿度的要求是不同的,一般说来,有荚膜、芽孢的细胞和真菌的孢子是较耐干旱的,在干燥的环境中,可以保持一个时期,遇适宜条件仍能生长繁殖。

寄生在药材中的各种真菌生长时所需的水分也不完全相同,如灰绿曲霉在水分13%(指被霉腐物质的含水量)以上即能生长,而其他曲霉属和青霉属的真菌要在水分16%以上才能生长,至于毛霉属和根霉属的真菌则需较多的水分才能生长。

真菌生长时不仅需要药材中有适宜的含水量,而且空气中的相对湿度对真菌的生长也有影响。孢子发芽时所需的最低湿度(因菌而异),大致为75% ~95%。因此相对湿度在75%以下时,各种真菌生长困难,无法繁殖。

根据微生物对湿度要求的不同,可分下列三种类型(见表7-2)。

表7-2　微生物对空气湿度的适应性

微生物类型	生长发育要求最低相对湿度
高湿性(湿生型)微生物	90%以上
中湿性(中生型)微生物	80% ~90%
低湿性(干生型)微生物	80%以下

在微生物中,危害中药的青霉菌、毛霉菌、酵母菌多属于湿生型;黄曲真菌、黑曲菌等多属中生型;灰绿霉菌及白曲霉则属干生型。

(3) 光线:光线对各种微生物有不同的作用。有些自养型微生物,如有叶绿素的微生物,可吸收日光,将空气中的CO_2和H_2O化合成碳水化合物,供自身需要。有些异养型微生物,如真菌、细菌经日光曝晒数小时,大多数微生物的营养体可被光线抑制和杀死。所以,用日光曝晒中药不仅能防霉,而且也能治霉。

日光曝晒中药的杀菌原理,一是可使药材的含水量降低,破坏微生物生长繁殖的环境条件;二是因为直射的日光中有一部分紫外线,在紫外线作用下能使霉腐微生物细胞质的蛋白质变性,进而破坏其活动能力。根据这个原理,可使用紫外灯防霉杀菌。

(4) 空气:空气中氮气(N_2)占78%,氧气(O_2)占21%,其他气体占1%。根据微生物对氧气的要求不同,可以把微生物分为好氧性微生物、厌氧性微生物和兼性厌氧微生物三种类型。好氧性微生物又名好气性微生物,要求空气中有 O_2,它只能在分子态 O_2 存在时才能生成,多数真菌属这一类型,某些酵母菌也属好氧型。厌氧性微生物又名嫌气性微生物,能在没有分子态 O_2 的情况生存,如乳酸菌。兼性厌氧微生物又名兼嫌气性微生物,在有分子态 O_2 或无分子态 O_2 的条件下都可以生长,如酵母菌。根据微生物的这些特性,可采取气调防霉,这是一种很好的中药养护措施。

由于真菌和某些酵母菌多属好氧型微生物,它们在生长繁殖过程中除湿度外,空气中的 O_2 也是其必不可少的条件,没有 O_2 就不能进行繁殖,更不能形成孢子。因为 O_2 能促进微生物分解体内的有机物,加强其新陈代谢,故中药潮湿而又在空气流通的情况下会使真菌发育生长得更快。由于真菌属好氧呼吸,故利用二氧化碳(CO_2)气体可杀灭真菌。实验证明,将 CO_2 含量的浓度加大到20%可杀死真菌50%~70%;CO_2 含80%~90%时,就可将真菌全部杀死。

二、中药发霉的主要原因

中药霉变的起因是由于大气中存在着许多真菌孢子,当其落在药材表面后,在适当的温度和湿度下即萌发为菌丝,分泌出酵素养溶蚀药材组织,破坏药材的有效成分,失去药用价值。导致药材发霉的主要因素有:

1. 中药内含有可供真菌生长的营养物质 许多药材都含有蛋白质、淀粉、糖类及黏液质等,给真菌的生长、繁殖提供了丰富的营养物质。

2. 受潮湿影响 地球上的真菌几乎无处不在(南北极除外),其中水和土壤里含真菌最多。药材中虽有真菌生长所必需的营养物质,如淀粉、蛋白质等,但是如果没有适宜真菌生长的水分,霉变也不易发生。因为水是一切微生物躯体中不可缺少的组成成分,它参与原生质的胶体组成,物质的新陈代谢都是在有水的情况下进行的。水在微生物细胞中含量很大,细菌细胞平均含水80%~85%,酵母菌含水75%~85%,真菌含水70%~80%。水分越高,则真菌新陈代谢的作用愈强,其生长繁殖也愈快。由于绝大多数的药材本身含有一定的水分,而且具有从空气中吸附水分的能力。在梅雨季节,空气很潮湿,药材极易从外界吸收水分,此时外界温度也适合真菌的生长,所以在适宜的条件下,寄生和附着在药材表面的真菌孢子就很快地生长,造成霉变。

3. 药材本身“发汗” 中药受到闷热时内部的水分就会蒸至表面,这种现象称之“发汗”。凡发汗的药材其外表必定潮湿,在适宜的温度下,真菌极易生长,并由药材的表面逐渐深入内部,引起药材霉烂。

4. 生虫后引起发霉 药材被害虫蛀蚀后,害虫在生活的过程中要排泄代谢产物,同时散发热量,这样药材的温度升高、湿度增加,从而给微生物创造了生活条件,引起霉变。另一方面,药材生霉以后也引起虫蛀,形成恶性循环。可见药材的虫蛀和发霉,有着一定的联系,相互影响。

5. 环境不洁 外界环境不清洁,也是药材发霉的主要原因之一。

三、易霉变的中药

1. 根及根茎类药材 按其易发霉的程度可分为两类。

(1) 最易发霉的中药：牛膝、天门冬、玉竹、黄精、麦门冬、百部、白术、薤白、甘草、当归、紫苑、秦艽、黑顺片、黄附片、白附片、芦根等(其中除了黄、白附片，紫苑，芦根外，其他还易泛油)。

(2) 较易发霉的中药：知母、苍术、木香、商陆、山奈、夜交藤、黄芩、远志、白茅根、葛根、白及等(其中除了山奈、夜交藤、黄芩、远志、白茅根、白及外，其他还易泛油，木香、牛膝、百部、黄精、山奈、苍术、薤白、白及等还易生虫)。

2. 果实种子类药材　按其易发霉程度大致可分为以下三类：

(1) 最易泛油或发霉的中药：柏子仁、胡桃仁、龙眼肉、使君子仁、橘络、橘白等。

(2) 易泛油或发霉的中药：郁李仁、甜杏仁、苦杏仁、桃仁、五味子等。

(3) 一般易泛油或发霉的中药：火麻仁、黑芝麻、巴豆、千金子、天仙子、榧子、白果、女贞子、母丁香、桑椹、橘核、栀子、青皮等。

这些药材除五味子、巴豆、女贞子外又都易生虫；除龙眼肉、橘络、女贞子、五味子、青皮、栀子、青皮、天仙子外还都易泛油。且尚有许多是老鼠喜食的，如火麻仁、甜杏仁、胡桃肉、郁李仁、黑芝麻、白果等，因此在保管时，还应注意预防鼠害。

3. 花类药材　易发霉的有金银花、菊花、款冬花、槐花、洋金花、厚朴花等，这些花类药材也都易生虫。金银花、菊花、款冬花、槐花等又易变色。

4. 草及叶类药材　比较容易发霉的有马齿苋、大蓟、小蓟、豨莶草、鹅不食草、车前草、萹蓄、蒲公英、桑叶、大青叶、薄荷、佩兰、龙葵、枇杷叶、人参叶等。其中薄荷、蒲公英、扁蓄、车前草、桑叶等还易生虫。

5. 茎、皮、藤木类药材　易发霉的有白鲜皮、桑白皮、寄生、椿白皮、川槿皮、苦楝皮、鸡血藤、首乌藤等。这些药材除白鲜皮、川槿皮外又都易生虫。

6. 动物类药材　易发霉有九香虫、土鳖虫、白花蛇、蕲蛇、乌梢蛇、地龙、狗肾、鹿鞭、鹿筋、蜈蚣、蛤蚧、水獭肝、紫河车、刺猬皮、壁虎、干蟾皮等；这些药材又都极易生虫；其中九香虫、刺猬皮、狗肾、壁虎等还易泛油。

四、易霉变中药的检查

重点检查色泽变化现象和商品是否受潮；可通过中药质地硬韧程度来判断分析，特别要注意检查货垛四周或货包破损商品外露部位，接靠近墙壁的货包也容易受潮，要注意检查；还要检查贮存处是否潮湿，货垛的高度是否适当，有无被压受热等现象。一般来说新货(含水量大)易生霉。

中药霉变后即不同程度地破坏了药用价值和疗效，故在中药养护中必须首先做好检验工作。

(一) 根及根茎类中药的检查

根及根茎类中药含有真菌生长需要的营养物质，在适宜条件下，极易霉变。若在萌发初期，采取养护措施，可使真菌繁殖得到抑制。药材霉变与药材的含水量及吸湿返潮等因素有关，根及根茎类中药发霉的部位往往也不一样，如圆柱状药材，表皮部位一般不易萌霉，而两端或裂隙处易吸潮生霉，如怀牛膝、黄芪、续断、玉竹、木香、天门冬、麦门冬、远志、羌活、甘草等都在两端或折断面容易发霉。当归、独活、紫菀的头部(近茎基)都比较粗大,不易干燥,而尾须部却容易吸潮返软,故发霉现象常在头、尾部产生。有些根茎类药材生霉常在断面及茎节处开始,如玉竹、芦根、黄精、九节菖蒲等。含淀粉较多的药材易吸湿,也易生霉,这些药材原系白色,菌体不易察觉,若表面失去光泽,似有白粉状物,即是开始萌霉征象,一旦被污染,霉迹难除,如天花粉、山药、山柰、葛根等。白术、黄芩发霉一般都在表面或缝隙间。知母如身瘪无肉,或质地松泡。折断处呈黑色则是已经霉腐的现象。山奈发霉多在两侧(切片面)呈灰黑色霉点,折断时内色亦变成灰黄色,而饮片的边缘部位却会出现白色霉点。苍术发霉时常在表面出现白毛状物,但应注意,有时断面见到的白色毛状物不是霉,而是析出的苍术醇,要注意区别。炙(熟)黄精一般比生黄精吸潮率高,因此更容易发霉。若外表缺少滋润,质地不糯,中心呈灰白色,则说明没有炙(蒸)透。成件的炙黄精若嗅到酸涩气味,则是受热发酵的现象。而质脆干枯,一折易裂则说明已经变质。白茅根发霉常在茎节部开始。芦根多在两端发霉,但也有在内侧发霉的,由于外表就不易发觉,应撕开检验。川牛膝发霉多在分枝拆断处(即细根被修剪后的部位),常出现白色霉点。商陆生霉一般在表面,霉迹呈黑色斑点(本品有毒,不宜口尝)。因此,要根据药材发霉的不同部位,进行认真检查。

(二)果实及种子类中药的检查

果实和种子类中药,大都含有较为丰富的脂肪、蛋白质、淀粉等,极易霉变。

检查火麻仁、橘核、女贞子、巴豆、白果、榧子等粒状中药时,可将手伸入货包中心,试探有无发热现象,随即顺手抓出一把,将壳击破,视内部种仁有无发霉、泛油、干枯等现象。白果不易干透,不干燥则容易受热发霉,若种仁质松体轻,击之成粉则是霉坏的现象。使君子仁、柏子仁、郁李仁、甜杏仁、苦杏仁、桃仁、胡桃肉等,若种皮容易碎裂或易脱落的,说明比较干燥,不易发霉。将种仁置白纸上压榨,纸面上油迹的外圈有水浸现象,说明未干透,容易发霉。

这些果实类中药除注意检查表面外,还需认真检查其内部,有些果实,如白果、榧子多在其内的种了团或种了上生霉,故应击破果壳观察。在检查巴豆时,有毒,不宜口尝。果实类的枸杞子、大枣、桂圆肉、全栝蒌等系易生霉、泛油的品种。枸杞子生霉首先是吸湿返软,两端色泽变深进而泛黑,霉时表面出现白色网状物或斑点。

山茱萸、五味子等受潮易霉,常粘连结块,表面出现霜样的霉膜,五味子有北五味子(辽五味)和南五味子(山五味)之分,北五味子肉厚质润多汁,容易发霉,南五味粒小肉薄干硬不易萌霉。切成片状的佛手片、北山楂片、枸橼片等萌霉时都在片面可见,但萌霉始从皮层部起;陈皮生霉先在果皮内侧起始,初现白色毛状菌丝体,严重时为黄黑色,一旦寄生真菌,霉迹不易除去;栀子、红豆蔻、草果等发霉,外表不易看出,应击破观察,霉迹多在种子团部位,因为种子团不易干燥,青栀比红栀容易发霉。

种子类药材萌霉,常体现为质地变软,光泽转黯,表面有白色膜絮状物黏附,若继续萌发菌丝体会变成青、黑、黄等多种颜色,严重危害药材质量。柏子仁、榧子、白果等,如带有坚硬外种皮,虽不易生虫,但仍会生霉、泛油。应敲裂后检验。如白果的种仁质轻皱缩,呈灰黑色,捶之成粉,乃已霉坏变质。

(三)花类中药的检查

花类药材极易受潮,发生霉变常与干湿度有关。花类霉变的一般规律是:吸湿受潮质地变软,继而花朵色泽暗淡,失去原来光泽而变色,继而出现白色或黑色斑点,芳香气消失,严重影响质量。检查时应首先检验花类药材是否干燥,一般都以花瓣的干脆或软韧程度来衡量,但有的还应注意花蕊或花柄部位等是否干燥。检验时应注意靠近包装四周或盖缝不密处。菊花中的蒸菊含水分较大容易发霉,若发现有多数花朵结成块团状的,应掰开观察。

洋金花常以数垛捆扎成小把,其中心部位不易干燥,往往出现发霉现象,应拆把检查。若外表有白色或黑色斑点,就是发霉现象,有时霉迹在花筒内侧,表面不易看出,要注意检查。如发现花色已变黑,质地又极易碎烂,则说明是花朵受霉后,又经过重复干燥。厚朴花的朵形较大,干燥的花瓣易碎或易脱落,不干燥的呈柔软状态而不易碎落。花朵中心的花蕊部位常不易干透,若受热发霉后会变成黑色,同时花蕊部位也最易生虫。

(四) 全草及叶类中药的检查

全草及叶类中药质地轻泡,体积大,易吸潮,因而也易霉变。这类药材一般都是零星收集,打捆成件,干潮程度不一,重点要检验是否干燥。原件的(如机械打成的货包)应松捆探测货包中心有无发热现象。薄荷、佩兰、大蓟、小蓟、龙葵、希莶草等药材的叶子容易干燥,而茎枝往往难干透,可将茎枝折断,性脆且折断时有响声,说明是干燥的;若性韧,折时声哑或有纤维相连则说明是潮软不干燥的。

鹅不食草、马齿苋、蒲公英、大青叶等可用手捏判断其水分多少,一般有触手感者为干燥,软绵者为未干透。其中蒲公英的根部,一般不易干燥,并含有粉性,害虫常蛀蚀根部。大青叶最易发霉,色墨绿者为新货;黄黑者则是陈货。枇杷叶有青黄之分,一般黄者比较干燥,青者则不易干燥,要多注意其含水量。桑叶有散装和整装(即以十数片为一叠,中心用竹丝掐住,呈整齐的叠片状)两种。前者容易干燥,后者叶大质优不易干燥,不干的中间易发霉,可取样数叠,拆开后检验。

(五) 茎、皮、藤木类中药的检查

茎、皮、藤木类药材发霉,主要是不够干燥或储运期间受潮所造成,其中以首乌藤、椿白皮、桑白皮等最易发霉。首乌藤、槲寄生、海风藤等生霉,霉斑多在茎枝的叶痕或裂断处,开始时为白色棉毛状,发展很快,然后变为黑色,霉后质地变脆,皮色泛黑,影响质量,槲寄生的枝叶还易脱落。桑白皮具有粉性,容易吸潮,发霉后遍及全体,色泽灰暗,霉迹不易除去,霉迹不易除去,并使色泽灰暗。川槿皮、椿白皮、白鲜皮、苦楝皮等发霉时,常在皮层的内侧或两端断面处,若其皮卷合的就不易发现,应掰开后检验。

(六) 动物类中药的检查

动物类药材生霉与其含水量有关。动物类中药含有较大量的蛋白质、脂肪等,在贮存不善的情况下常易霉变,且生霉的部位也各不一样。如土鳖虫、九香虫等发霉,除了在虫体表面可见白色或绿色的霉迹外,严重时,会发展到虫体的腹内,应剖开检查。刺猬皮、干蟾皮、蛤蚧等发霉的部位大多在体内面,蛤蚧具有竹片撑盖,检查时必须掰开竹片,才能发现霉迹。水獭肝、紫河车、鹿鞭、鹿筋、狗肾等霉迹通常在表面及缝隙间。鹿筋、狗肾等,折之即弯曲是潮软不干燥现象,则更易发霉。紫河车表面血筋未净者就易发霉。壁虎、蜈蚣腹部如未干透易发霉。霉后蜈蚣的头足容易脱落,而一旦染有霉迹后除去也较困难。

（七）中药饮片的检查

中药饮片生霉较药材为多，这是由于药材切成片后，表面积增大，易吸收空气中的水分，引起潮解，因而极易霉变与污染。如药品监督部门对某医院中药饮片的真菌污染状况进行调查，运用随机抽样的方法采样 20 份（占饮片总数的 7%），结果 20 个采样全部检出真菌，检出率高达 100%。在 17 种饮片中检出产毒真菌，占总样品数的 85%；检得真菌有灰绿曲霉、芽枝霉、黑曲霉、青霉、根霉、白曲霉、交链孢霉、烟曲霉、棕曲霉共 10 个，其中灰绿曲霉、青霉、白曲霉、烟曲霉为产毒真菌，污染严重。在中药饮片中，特别是某些含糖质、淀粉较多的或经炮制的品种，如黄芪、党参、天花粉、熟地黄、肉苁蓉、制黄精、制何首乌以及蜜炙的甘草、紫苑等最易发霉，凡属这类饮片，宜经常作为重点检查，有真菌生长繁殖时，应采取有效措施，及时防治，保证中药饮片安全贮存、流通与使用。

（八）中药成药的检查

中药成药有散剂、丸剂、膏剂、片剂、丹剂、合剂等剂型，在这些剂型中易生霉的有：水蜜丸、蜜丸、水泛丸以及某些膏剂、浸膏、散剂等。这些成药如包装不严密极易吸潮，使水分含量超过规定限度，或由于生产过程中灭菌不善而引入真菌。有的霉生在表面，且具微酸气，如蜜丸类，有的水泛丸不仅表面生霉，而且在其内也有菌丝萌发。有的中药散剂生霉严重时细腻的粉末即变成较潮润的团块。至于膏剂（内服膏剂）、合剂这两类成药，若在生产中灭菌措施不严，使用防腐剂的种类和比例不当，在盛药的瓶口或液面上也易生霉。若污染了酵母菌，还会逐渐引起发酵，气味变酸，严重时会冲掉瓶盖，产生许多气泡，使药液变质失效。

五、霉变的防治措施

易霉变的药物最忌闷热，应置通风干燥处，严防潮湿。中药的霉变是由一定的自然因素促成的，故当了解前节所述的真菌生长条件，掌握其规律性，对症下药，霉变是完全可以防止的。严格控制库房的温度、湿度以及药材的含水量，尤其是保持药材的干燥和低温，乃是预防霉变较为重要的条件。当然这两种条件并非必须同时具备，亦即药材已相当干燥而又能充分防止湿气侵入时，则可无需低温。反之，如果药材已贮存于低温处所，则干燥程度稍差亦无妨。不过，就干燥与低温两个条件而论，以干燥最为有效，而且简便易行。因此，对于贮存中的药材，干燥乃是首要条件。预防霉烂最彻底的方法，首先就是使真菌在中药上无法生长，其次就是消灭寄附在药材上的真菌，使它们不再传播。

（一）产地正确采集加工炮制

中药的采集、加工炮制、包装、运输与中药霉变有密切关系。土壤中含有丰富的有机物和无机物，是真菌良好的培养基。所以，药材在采集加工时，必须创造良好的卫生环境，并严格遵守各种标准操作规程。加工干燥前应将泥土、杂物和非药用部位等去掉，并用清洁的水将泥土、杂物冲洗干净。注意加工炮制的卫生条件与工艺技术，药材干燥场地应尽量避免尘土飞扬，干燥仪器应清洁卫生；中药含水量应在安全水分标准限度内；包装材料必须清洁，尽可能加以消毒，运输过程中避免水浸、雨淋等等。只有把好药材产地加工关，才能有效地预防霉烂，收到事半功倍的效果。

药材干燥得不好，过潮的易发霉泛油和生虫，残茎、毛须、碎屑等去得不净，则易孳生害虫。有些药材由于干燥的方法不同，所产生的变异现象也不同。如烘烤干燥的橘皮，不易返潮发霉和生虫，而晒干干燥的就易发霉生虫。各种附片加工用的胆水，漂得干净的不易发霉，而未漂干净的就易发霉。又如鸡血藤膏，熬得老嫩适应的就不易发霉融化，熬得嫩的，水分多，就容易返潮发霉或溶化。因此，必须注意加工干燥这一环节，以防止或减少药物的各种变异发生。

（二）控制中药的含水量

前已述及，中药含水量高低，与真菌生长有直接关系（见表 7-3），因水是一切微生物躯体中不可缺少的组成部分，它参与微生物原生质的胶体组成和物质新陈代谢，没有水，微生物的生命活动就终止。故保持中药干燥，让水分衡定在一定范围内，是防止中药霉变的重要措施。

表 7-3　中药含水量及贮存温度与霉变的关系

含水量	温度	真菌生长情况
20% 以上	0℃	有真菌生长
18%	10℃	无霉生长
16%	20℃	无霉生长
14%	25℃ 以上	无霉生长

从表中可见，在高湿低温贮存的条件下，有真菌生长，而在低湿高温的条件下，则真菌即不能生长，说明控制中药的含水量即能防止中药霉变。大量实践经验证明，超过 15% 的药材含水量有利于真菌的生长，故可以通过控制中药含水量来达到抑制真菌生长繁殖的目的。为了保持中药在贮存过程中的干燥，可根据具体实际情况选取以下方法防止霉变。

（三）加强入库验收

中药入库时要严格检查，对含水量过高、受潮、包装破损及有变异现象的中药，可通过拣选、晾晒、烘干或更换包装等方法，经加工整理后再行入库。

（四）做好在库检查

经常检查在库中药。重点中药应拆包或开箱检查。露天货垛要注意检查其所处地势的高低及排水性能是否良好，垛顶、四周毡盖是否严密，垛底是否受潮；还应注意中药本身有否受潮变软、生霉、泛油等。一般每月检查一次，梅雨季节对易霉中药应每 5 天检查一次。

（五）控制库房相对湿度

真菌生长发育所需的相对湿度在 75% 以上，若将库房相对湿度控制在 70% 左右，就可防止药材发霉。如不控制库房相对湿度，即使药材是干燥的，也会由于相对湿度大而逐渐吸潮，引起发霉。为了达到这个目的，我们可以采用空气去湿机，并辅以去湿剂，以除去空气中多余的水分，保持一定相对湿度（70% 左右）。据报道，采用空气去湿机，开机时间随库内湿度而定。平均每半个月开一次,每次半小时,可以控制相对湿度在70%以下。这一手段在多雨潮湿季节或地区就显得尤为重要。其次保持库内的通风透气,在天气好时利用翻垛通风的方法也可以使库内相对温度及药材含水量下降。在潮湿季节,相对湿度量高,我们可用密闭库或密封容器贮存中药,减少药材与外界潮湿空气的接触,使药材吸潮返潮的现象减少而防止发霉。

(六)控制库房温度

真菌生长最佳温度在20~35℃左右,我们可以控制贮存温度在20℃以下,能达到5~10℃者更佳,这样可有效地防止药材霉变。另外植物药材本身有时会由于受潮或热的影响,使其组织细胞呼吸加强,并放出热量,使药材温度升高,或因害虫蛀蚀活动及虫体的脂肪氧化、分解等,也会使药材温度增高,如果热量不能及时散发,就可能会使药材发霉。所以温度与中药霉变的关系极为密切(见表7-3),对于一些不耐高温的中药商品,为了在贮存过程中保持中药质量的稳定性,必须对库内温度进行调节,使其符合商品贮存的温度范围。

控制和调节温度的最基本要求是,库房要有一定的隔热装置,如墙体、屋顶材料的隔热性能,仓库朝向和层高等。库房隔热性能好,方能防止和减少由太阳辐射引起的库内温度上升。在这个基础上采取一定的方法控制调节温度,才会更有效。

(七)分类贮存,合理堆垛

怕热易融的中药需堆放于凉爽库房内;含水量相差悬殊的中药应分开贮存,易霉变、吸潮的中药不宜安排在露天堆场或货棚内。根据气候、雨量及中药的性质,采取合理的堆垛形式,防止受潮、受热及受压,较湿中药应置通风垛,地面较湿库房需加垫枕木。合理分配库内面积,便于收发、检查及翻垛,减少因久贮所致损失。

六、霉变常用的防治方法

中药霉变防治的方法很多,有的可用于防霉,有的还可用于初生真菌的处理。主要有干燥防霉法(曝晒、摊晾、高温干燥、石灰干燥、木炭干燥、翻垛通风、密封吸湿等)、冷藏防霉法、埋藏防霉法、药物熏蒸防霉法、清洁法(淘洗法、醋洗法、酒喷洗法、油擦法、撞刷法、吹霉法等)(具体方法参见第五章中药传统养护方法)。

第二节　中药虫蛀与防治

虫蛀是指中药被仓库害虫腐蚀的现象。中药被虫蛀后,内部组织遭到破坏,出现圆形洞孔,严重的被蛀空成粉末。花类药被虫蛀后,可使整个花瓣散乱。一些细小的药物会被虫丝缠绕成串状或饼状。动物类药物的皮、肉、内脏易被蛀空,从而造成药效降低,甚至完全丧失。虫蛀是中药贮存中危害最严重的变异现象。

一、仓库的害虫

（一）中药仓虫的分布特点

中药仓虫长期生活在仓库中,温、湿度等环境条件对其生存繁衍有很大的影响。各地温、湿度气候条件不相同,仓虫种群也会有所不同,但也有一定的分布区域。如米象、咖啡豆象,为世界性广布种,在我国北至黑龙江,南至广州、昆明都有发生。主要系湿润及半湿润地区适于米象、咖啡豆象的生存,加之对温度适应能力较强,地区虫口密度大,发现频次高;烟草甲虫亦为世界性广布种,多分布在国内沿海地区,即在空气湿度较大的地区发生严重。

（二）中药仓虫的来源、传播及危害

1. 主要来源　害虫的来源主要是中药采收时受到污染,加工干燥中未能将害虫或虫卵消灭,或在贮存过程中害虫由外界浸入。

(1) 中药入库前已有害虫潜伏其中:中药采收时,果实、种子或根及根茎上已寄生害虫的卵、幼虫或成虫,随药物被带进仓库,尽管通过清洁、干燥和加工(不彻底时),有时对它们也无济于事,因为它们以卵或幼虫的形式隐藏在药物的缝隙或凹褶之中,常不易发现,一旦条件适宜,便继续生长繁殖。例如危害赤小豆的绿豆象,蛀蚀根类中药的四星栗天牛等都是由野外随植物采收的被带入仓库的。

(2) 包装材料内隐藏害虫:药材包装用品生虫,或被害虫沾染,也会成为药材的害虫来源。

(3) 仓库内本身隐藏有害虫:仓库内已生虫的中药未能得到及时熏蒸杀灭和隔离堆放,这是无虫中药感染被害的主要根源之一。

(4) 仓库及加工厂周围环境不洁:库内杂物、垃圾等未及时清理干净,害虫孳生;库外杂草丛生,垃圾乱石成堆,害虫即可寄居于内藏伏越冬,到翌春时,再飞入仓库内繁殖危害。如玉米象、锯谷盗即是这类生活习性的害虫。

(5) 邻近仓间邻近货垛贮存的生虫商品,感染了没有生虫的仓间商品。

(6) 运输工具带来害虫:车船等运输工具如果装运过带有害虫的物品,害虫就可能潜伏在运输工具之中,再感染到中药商品上。

2. 传播途径　随着生产发展和中药流通量增加,害虫传播途径亦日趋复杂,人为的传播机会更多,故是综合防治害虫值得重视的重要环节。

(1) 自然传播:①兼能在野外和室内发生和危害的害虫,可由野外飞入库内,如麦蛾、玉米象等。这类害虫生命力强,适应环境快,能在不甚稳定的环境条件下发育繁殖。②鼠类和昆虫也能传播。据调查统计,发现一只甲虫体上有螨类400余个,一只老鼠体上发现有螨类1000余个,由于它们的活动,可以把附生在躯体上的螨类从甲库传到乙库,感染其他没有感染的中药。

(2) 人为传播:①药材入库前未经仔细检查,将害虫或虫卵带入仓库,引起交叉感染蔓延。②已感染害虫的各种运输工具和包装物料,如车辆、木箱、竹笼等,如不经消毒杀虫处理,即去盛装或运输未生虫中药,也能使之感染。

3. 危害性　害虫对药材的蛀蚀危害,是中药贮存中引起质变,以至报废损失,历来占的比

重都很大,在现行经营目录的600多种中药中,易虫蛀药材占品种的40%以上。中药经虫蛀后,有的形成蛀洞,有的破坏中药性状,有的甚至将中药完全毁坏变成蛀粉,失去药用价值。害虫的蛀蚀及其所带来的危害,通常表现在以下几个方面。

(1) 害虫将中药蛀蚀成为洞孔,严重时将药材内部蛀空,不仅使药材的重量减少,而且破坏药物的有效成分,使疗效降低以至丧失。

(2) 害虫蛀入药材内部,排泄粪便,分泌异物,生长发育和繁殖变化的残体,死亡的尸体等存在药材之内,造成不洁和污染,不仅对人体疾病治疗无益,反而对人体健康带来危害。

(3) 害虫本身是带菌的媒介,它的分泌物、排泄物及腐败的残体,更是微生物生长和繁殖的绝佳营养物质,因而能使病毒、致病菌、真菌等存在中药之中,对人体保健和疾病治疗带来危害。

(4) 中药被虫蛀之后,易导致某些品种泛油(如当归、党参等),花类药材容易散瓣,外形遭到破坏,引起进一步质变,影响药材质量。

(5) 中药被虫蛀蚀之后,加大损耗,由此带来一定的经济损失。

综上说明,仓虫对药材的危害是相当大的。那种认为"蛀药不蛀性"的说法是不科学的,而且十分错误。害虫除对中药造成危害外,还能蛀蚀包装、苫垫枕木、库房结构的木质部分等,从而影响中药的安全贮存。

(三) 中药仓虫的发育规律与生活习性

中药害虫绝大多数属于昆虫纲,在已知的89种药材仓虫中,昆虫纲占了88种。昆虫纲是节肢动物门内种类最多的一纲,我们应了解它的发育规律,再掌握它的生态特征,以利更好地防治它们。

1. 生长发育规律

(1) 生育特征:蛀蚀中药的害虫生殖方式多种多样,有卵生、孤雌生、卵胎生等,其中以卵生为最多。所谓卵生,就是雌雄成熟个体通过交尾受精后,由雌虫将受精卵排出体外,发育成新的个体;有的卵不经过受精也可发育成新的个体的生殖方式,叫做孤雌生殖。卵在母体内发育成幼虫再排出体外的生殖方式,称为卵胎生。害虫的个体发育可分为两个阶段:受精卵发育孵化出幼虫为第一阶段,称为胚胎发育;从胚胎发育结束到成虫性成熟为第二阶段,称为胚后发育。具体表现为:

1) 卵:卵是害虫第一个独立发育阶段。它是一个大型而复杂的细胞,由细胞壁、原生质、细胞核、卵黄等物质组成。卵的外面是一层坚硬的卵壳,它的主要成分是骨蛋白和蜡质,具有高度的不透性,起保护作用。在卵壳的一端有一个或多个特殊的小孔,称受精孔,受精时雄性的精子由小孔进入卵内。当精子进入卵后,即与卵核结合进行细胞分裂形成胚盘,胚盘在复内加厚形成胚带,进而发育形成胚胎,胚胎发育的时间随环境(温度、湿度)条件变化而异,最短需1~2天,长的可达30天左右,正常情况下需5~15天,以卵越冬者,则要到翌年的春天才孵化。

中药害虫的卵都很小,通常在0.1~0.5mm之间或更小。其形各异,有的呈卵圆形或椭圆形,如蛾类和大部分甲虫的卵;有的呈长圆形或椭圆,如大谷盗、玉米象、豌豆象的卵即是。

中药害虫产卵的方法,有散产单粒和集产成堆两种,形式有裸露式(即外露式)和隐蔽式等。豌豆象即为前者形式产卵,玉米象为后种形式产卵。所谓隐蔽式,即是害虫用喙先在药物上钻一小孔,然后产卵于这个小孔之中,最后用其分泌物封闭小孔。

中药害虫产卵场所常因种而异，一般多是将卵产于药物上或缝隙中，也有产于药物的附近或包装物上，以便孵化后的幼虫能就近取食。

2）幼虫：当胚胎发育完成后，虫体从卵内破壳而出的过程，叫做孵化。从卵内孵化出的虫体，称为幼虫。幼虫体分头部和胸腹部两大部分。胸腹部又称胴部。幼虫期是害虫取食与生长的时期，也是危害中药比较严重的时期。

幼虫生长到一定程度，因受体壁的限制，必须将旧的表皮脱去，才能继续生长。脱下的虫皮叫蜕，幼虫的脱皮次数一般约 3 ~ 12 次。最后脱皮转化为蛹前的幼虫，称为末龄幼虫。幼虫每脱一次皮即增加一龄，孵化后的幼虫为第一龄，第一次蜕皮为第二龄，第二次蜕皮为第三龄，以此类推。前后两次脱皮相隔的时间称为龄期。每一龄期的具体虫态称龄或龄虫。

3）蛹：蛹是幼虫过渡到成虫的特有发育阶段，也是在其整个生活史中的一个静止阶段。幼虫成熟后即停止取食，清洁消化道食物与残渣，躲在隐蔽地方吐丝结茧，或利用分泌物将食物碎屑、尘末、排泄物等连缀起来作茧，或借助于杂物保护化蛹。蛹期虽不食不动，形似静止状态，但在体内却进行着复杂的生理上的改造和变化。如幼虫期的器官与组织进行分解，成虫器官与组织逐渐形成，都是在这一时期完成的。

中药害虫的蛹，主要有裸蛹和被蛹两种类型，裸蛹称离蛹和自由蛹，它们特征是没有包被壳、触角、足和翅不紧贴体躯，腹部能微小活动。一般鞘翅目的蛹多为裸蛹。被蛹的特征是触角、足和翅紧贴于躯体上，由一层透明的深膜状蛹壳包围着，不能自由活动，鳞翅目的蛹多为被蛹。

4）成虫：当蛹发育成熟后，即咬破蛹壳出来，这种现象称为羽化。成虫是害虫个体发育的最后一个阶段，不完全变态的成虫，是由若虫脱去最后一次皮羽化为成虫；完全变态的害虫，是脱去蛹壳羽化为成虫。成虫的主要任务是交配产卵，繁殖后代。因此，成虫期实质是生殖时期。也有些害虫的成虫，如蛾类羽化后不再取食，这是因为它们在幼虫时已取得足够的营养，性腺发育完全，有立即生殖能力，所以无需再补充养料。这类害虫生活期短，交配产卵后即死亡。也有些害虫，如甲虫类羽化后，经过一定时期取食才能交配产卵，这是因为它们生殖腺发育不完全，性腺未成熟，所以，在成虫期还要摄取食物，去完成生殖腺发育，以及补充其生命活动过程中所消耗的能量。这类害虫不仅在幼虫期为害甚烈，成虫期也会蛀蚀中药。

危害中药的成虫体躯分头、胸、腹三段，在各段中分别具有各种不同功能的附属器官。

头部：是害虫感觉和取食的中心，着生有触角，复眼、单眼和口器等附器。①触角：是一对分节的附肢，着生在额区两个复眼间触角窝上。它是由柄节、梗节和鞭节三部分组成。鞭节是形状变化最大的部分，由许多亚节组成。害虫的种类不同，其触角的形态也不一样。因此，触角是鉴别害虫的重要特征之一。害虫常见的触角有丝状、鞭状、棍棒状、锤状、念珠状、锯齿状、梳齿状、鳃片状、膝状等类型。②单眼和复眼：单眼只能辨别光的强度和方向，不能感觉物体形象，一般成虫 1 ~3 个，幼虫 1 ~7 个。复眼一般成虫才有，是感觉物象的视觉器官，由许多个小眼集合组成。小眼的多少和大小，因害虫种类的不同而不同，一般组成的小眼愈多，感觉的物象就愈清楚。③口器：是害虫的取食器官。不同种类的害虫，由于营养的方式不一样，口器在形态和结构上也有较大的差别。口器主要有咀嚼式和虹吸式两种类型。鞘翅目和鳞翅目的幼虫，鞘翅目的成虫均属于咀嚼式口器，由上唇、下唇、上腭、下腭、舌五部分组成。每一上腭分切区和磨区两部分，前者用以切断和撕裂食物，后者用来磨碎食物，经舌吞咽进入消化道。虹吸式口器是由嚼式口器演化而来的,鳞翅目的成虫属于这种类型,其最主要的特征是下腭的外腭叶转化成弦目形的管道,形成食道和能够伸曲的细长吸管称为喙,供吮吸液汁用。

胸部:分前、中、后三胸节。每一个胸节的腹侧各生一对足,分别叫前足、中足和后足。在中、后胸节的背面两侧,常生一对双层膜质的翅,分别叫前翅和后翅。翅上有许多翅脉,脉相是鉴别害虫种类的重要特征之一。

腹部:是害虫的第三体段,一般不超过10节,相邻的两腹节前后缘互相套叠,节间也由节间膜相连。故腹部能作扩缩和伸缩运动,以适应呼吸和育卵等生理需要。

(2) 害虫的变态:在害虫的一生中,从卵开始,到成虫性的成熟,并产卵为止叫一个世代。世代时间的长短和一年中发生的代数,与环境条件有很大的关系。如玉米象通常一年在东北地区发生2~3代,华东地区4~5代,华南地区6~9代,甚至终年繁殖。有的虫种一年发生一代,有的虫种一年发生数代。害虫在一个世代中,要经过一系列的变化,在变化过程中的各阶段,有时形态完全不同,这种发育中的形态变化,称为害虫的变态。变态分为二类(见图7-6)。

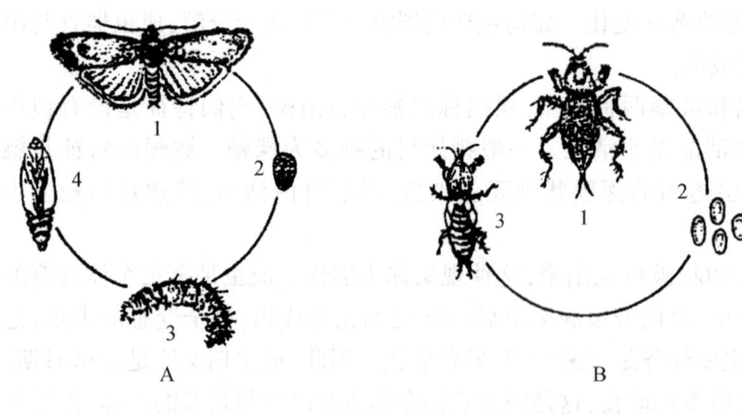

图7-6 害虫的变态

A. 完全变态昆虫 B. 不完全变态昆虫

1. 成虫 2. 卵 3. 幼虫 4. 蛹

1) 完全变态:由卵孵化成幼虫,叫一龄幼虫。幼虫一般要经过数次蜕皮,蜕一次皮称二龄,蜕二次皮称三龄,以此类推。大眠后就结茧化蛹,结茧不久再羽成虫,交尾后又产卵。这种由卵→幼虫→蛹→成虫经过四个阶段的变化,称为完全变态。完全变态的害虫,它们在幼虫和成虫期间的外部形态、内部器官以及生活方式均不一致。仓库害虫中鞘翅目的甲虫类和鳞翅目的蛾类的发育过程,就是属于完全变态。

2) 不完全变态:不完全变态的害虫只经过卵→若虫→成虫三个阶段的变化,这种不经过蛹阶段的发育,称为不完全变态,如白蚁等。由于幼虫期的体形、结构与成虫十分相似,也无单眼和腹足等暂时性器官,所以又将不完全变态的幼虫,称为若虫。不完全变态又称渐变态。这类害虫的胚后发育主要是体积增大,翅和生殖器官发育,在达到成虫之前也要经过周期性脱皮,即最后一次脱皮,才能变为成虫,如蠊、衣鱼等。

中药害虫无论在卵、幼虫、蛹、成虫的各个虫期,都可能发生休眠,引起休眠的主要原因是温度。例如冬季气温低,害虫体内的代谢极大下降影响发育即产生休眠,也就是一般所谓的越冬或冬眠。害虫对药材的全面危害,无论发育的任何阶段,都有其相互的作用。仅从它对中药的蛀蚀来讲,鞘翅目药材害虫主要是幼虫危害,成虫也继续危害;鳞翅目药材害虫主要是幼虫危害,成虫一般不危害。掌握中药害虫各个虫期生长发育的变态规律及危害时期,可采取相应有效的措施及时加以防治。

2. 生活习性

(1) 适应性：中药害虫一般都耐热、耐寒、耐干、耐饥，并有一定的耐药性(杀虫剂)。特别是某些毒剧中药也能成为某些害虫的食料，目前尚未发现“中毒”或遗传变异。

(2) 食性：中药害虫的食性虽然广而杂，但它蛀蚀的主要成分还是有限的。药材害虫通常食取的主要成分为淀粉、脂肪、糖类、蛋白质、纤维素等。这些成分含量的多少，决定了药材可能遭受蛀蚀危害程度的高低。即这些成分含量少，则为害程度较轻；这些成分含量多，则为害程度重。由于不同虫种对对食料的选择性不同，因所为害的对象亦不同。其食性可以有以下几种：

1) 单食性：只有一种药材是它的食料。如大斑螟、小斑螟目前发现只蛀蚀香附子。

2) 寡食性：以相近科属及类似性质的动、植物药材为食料。如胸角薪甲主要为害菌类药材等。

3) 多食性：以多种药材为食料。如咖啡豆象可蛀蚀 52 种不同药材，米扁虫能对 46 种不同药材蛀蚀为害等。

4) 杂食性：这类害虫对动、植物药材均能蛀蚀为害。如赤拟谷盗、烟草甲、黑粉虫等。

单食性与寡食性害虫的食料是以植物药材为主；大多数害虫具有多食性和杂食性，即一种害虫可以为害多种药材，以及包装药材等，如皮蠹科害虫除喜食动物药材，还蛀食植物药材。卷螟科害虫喜食含糖分、淀粉、脂肪及质地柔软的药材。

(3) 趋性：害虫在外界条件刺激下，引起运动的反应，称为趋性。凡趋向刺激物运动的反应，叫正趋性，凡背向刺激物运动的反应叫负趋性。

1) 趋光性：大多数蛾类食虫有趋光性；甲虫类害虫为负趋光性。根据这一特性，可利用灯光诱杀蛾类害虫；在检查生虫商品时，应注意阴暗处的甲虫类仓虫。

2) 趋温性：环境温度低于害虫生长的适宜温度范围，害虫表现正趋温性；环境温度高于害虫生长的适宜温度范围，害虫表现为负趋温性。利用这一特性，可采取高温或低温防治害虫。

3) 假死性：某些害虫对外界的机械性刺激较敏感，为逃避捕食，而呈假死性。

4) 趋化性：害虫对异性分泌的生物激素有正趋性，对化学剂有负趋性。利用这一特性，可采用昆虫生物激素诱杀或化学药剂杀灭害虫。

(4) 隐蔽性：大多数害虫体形小，体色深，具保护色，便于隐蔽和匿藏。这一特性，提示我们在检查时要仔细，注意观察那些不易察见的蛀洞和匿藏之处。

(5) 繁殖性：害虫在适宜环境中，一年可繁殖多代，雌虫产卵量多，孵化率较高，生活周期短。如不注意防治，在短时间内可造成暴发性虫害。

(四) 中药仓虫与环境条件的关系

中药害虫和其他生物有机体一样，与周围环境有着密切的联系，它们有选择地从环境中取得所需要的食物，同时它们的行为、生长、发育和繁殖又受环境条件的制约。害虫适宜的生长条件是温度 15 ~ 35℃，相对湿度是 60% 以上，中药含水量在 11% 以上。认识害虫与环境条件的矛盾性与统一性，对于我们采取有效的防治措施是十分必要的。

中药害虫生活的环境受许多因素的影响，如空气、温度、湿度、中药成分、天敌、微生物等。一切直接或间接影响中药害虫的因素，统称环境条件，可分气候和生物的两大类。气候条件包括温度、湿度、空气等；生物条件包括食料、天敌、生物等。在这些环境条件中有些是生存所必需要的条件,而有些则是辅助条件。以下重点介绍它们必需的主要条件。

1. 仓虫与空气 空气是由许多气态物质组成的混合物,按体积计,O_2(氧)占21%,N_2(氮)占78%,Ar_2(氩)占0.94%,CO_2(二氧化碳)占0.03%,其他气体约0.03%。

中药害虫同所有的生命体一样,其生长发育全过程的任何时候,以及它的繁殖都离不开氧。因为它们在整个生命活动过程中,必须进行呼吸,吸收空气中的O_2,排除体内CO_2,才能生存,所以,空气与其生命活动关系十分密切,是它们代谢不可缺少的物质。害虫需要的O_2与CO_2的排除,随其体内代谢的强弱而增减,在O_2缺少或不足的情况下,呼吸加速、耗O_2加快,使其周围环境中的O_2更加减少,促使生长发育受到抑制及至终止其生命。气调就是根据这一原理,采取充N_2降O_2,自然降O_2等对中药材进行杀虫养护的。如中药堆件中的O_2降到1%~2%,在一定时间内大多数害虫就会因缺O_2而窒息死亡。此外,高浓度的CO_2和N_2等惰性气体,对中药害虫也有一定的麻醉和毒杀作用。而且,随着浓度或温度的增加和时间的延长,作用会更强烈,气调养护中药的另一方法则是根据这一原理采取充N_2、充CO_2去杀灭或抑制害虫的。

以上说明,空气成分与害虫有着直接的关系,改变空气成分又是防治仓虫的有效途径之一。

2. 仓虫与温度 中药害虫属于变温动物,其本身无稳定的体温,因此它们的一切生理机能都受着环境温度的支配。害虫的生长发育、繁殖等的生命活动,对温度有一定要求,根据温度对害虫的影响,可将温度分为以下几个温区。

(1) 有效温度区:8~40℃是大多数害虫维持生命的有效温度,8~15℃是大多数害虫生长、发育的起点。15℃以下是防虫的关键温度,春防检查和落实养护措施应趁此良好时机,错失良机,只治不防,就失去保管养护工作的科学性。

(2) 适宜温度区:通常把15~35℃之间的温度范围称为害虫的适宜温度区,害虫在此温度范围内通常能完成其正常发育。25~32℃之间是害虫最适宜温度范围,在此温度范围内害虫发育、繁殖最快。

(3) 不活动温度区:0~15℃、35℃~40℃是害虫不活动温度范围,在不活动高温范围内,害虫常呈夏眠状态,生理功能的代谢下降,此时,取食量少,生长发育速度减慢。

(4) 致死高温区:一般把50~60℃之间的温度范围称为害虫的致死高温区。在这一温度范围内,害虫受高温的刺激由强烈兴奋转入昏迷,虫体内的酶被破坏,部分蛋白酶凝固,在较短的时间内丧失生命活动能力。用烘干、沸水喷淋、蒸汽杀虫等,就是利用这个原理的防治方法。

(5) 亚致死高温区:通常把40~50℃之间的温度范围称之为害虫的亚致死高温区。在这一温度范围内,害虫处于昏迷和致死的临界线上,若害虫转入适宜温度范围,则可恢复正常生理功能;若长时间的在此温度范围内,新陈代谢失去平衡可致死亡。利用高温曝晒杀死害虫,就是利用这一原理制定的防治方法,曝晒灭虫的效果,取决于曝晒时间的长短。

(6) 亚致死低温区:一般把8~-4℃之间温度范围称为害虫的亚致死低温区。在这一温度范围内,害虫随着温度的继续下降可致死亡。通常认为,温度在10℃以下,害虫的生命活动就受到严重的抑制。

(7) 致死低温区:通常把-4℃以下的温度称为害虫的致死低温区。在这一温度范围内,虫体因体液结冰,细胞原生质冻损而脱水致死。

这些温度区线告诉我们,害虫在不同的温度区系内的反应是不一致的,虫蛀中药的盛期是在温暖季节,在寒冷和高热的温度下害虫活动减弱。但在非致死温区内并未使害虫有效的致死，当温度回到适宜的时候，又迅速造成危害。这为我们提示了如何安排防治时间的依据，也为我们采用怎样的防治方法提供了科学的依据。

3. 仓虫与湿度　湿度包括药物中所含的水和空气中的相对湿度，故湿度的问题其实质就是水的问题。中药在采收、加工、运输、贮存的过程中，不可避免地要受到虫害的侵袭和污染，在一般性害虫中（谷斑皮囊较特殊），生长繁殖与温度、水分、空气和食料。中药害虫体内的含水量较高，一般约占其体重的45% ~90%，它们体内水的来源，主要依靠摄取食物时获得。水是中药害虫进行生理活动不可缺少的基本条件，害虫在物质代谢过程中所进行的全部生物化学反应都是在有水的情况下进行的，可以说没有水就没有害虫的生命活动，故水是害虫发育繁殖的重要物质基础之一。

中药含水量的高低，直接或间接地影响仓虫体内的含水量，中药含水量的变动，常常又受空气湿度的影响而变化着，如空气相对湿度低，中药含水量就少，相对湿度高，含水量即大。湿度适宜时，即有利害虫生长发育。如果其他生存条件适宜，但若没有害虫生长所需要的水分，那么害虫也不易生存或生长繁殖。如在气温25℃，含水量为20%以上时枸杞子发生虫害较严重，而同样温度，含水量在16%以内时却不易生虫。在气温20℃，含水量为25%以上的当归，发现虫害较重，而同样温度，含水量在15%以下，没有发生虫害。在一定条件下，中药的含水量越高，造成虫害愈严重。相反，如果把含水量控制在一定标推下，就能抑制生虫或减少虫害的发生。所以药材的生虫与否和它的含水量有着重要的关系，这也是为何要确定中药安全含水量的原因。

中药的各种害虫对水要求各不一致，如谷象、米象，在中药含水量15% ~20%时，繁殖最快。如水低于10%或高于40%则不能生存。麦蛾需生活于含水量在9% ~10%的中药中，若低于8%以下即终止其生长。粉螨在含水量13% ~15%时发育加速，如低于12%或高于17%以上则各虫期将生霉死亡。

相对湿度低，温度较高，能引起害虫失水，当虫体获得的水和散失的水失去平衡时，害虫即无法生存。可见水对其发育繁殖关系极大。

空气的湿度对害虫生长发育速度有较大影响。如黑茧虫在温度30℃，相对湿度84% ~85%时，完成一代需188.2天，相对89% ~93%湿度时，完成一代需77.5天，相对湿度100%时，完成一代则只需44天。根据害虫在不同湿度下的生理活动的强弱，可把湿度分为：

（1）最适宜湿度范围：害虫的繁殖能力最强，产生一代的时间最短，对中药商品危害最严重的相对湿度范围在70% ~80%之间（温度18 ~27℃）。

（2）适宜湿度范围：害虫繁殖能力下降，生育缓慢的相对湿度范围在75% ~90%之间（温度27 ~35℃）。

（3）不适宜湿度范围：若相对湿度在30% ~40%之间，害虫从空间得到的水汽极少，水分不足常导致生理失调或死亡。

从以上的不同湿度范围可以看出，湿度和温度这两种因素对害虫生存的影响是相互联系的。例如，温度虽然适宜，但如果空气干燥（湿度小），害虫亦无法生存。因为，温度适宜时害虫体内代谢旺盛，消耗水和营养物质迅速；另一方面，由于湿度低，其体液蒸发快而不能及时得到补充，所以害虫极易死亡。反之，如果空气湿度高，但气温低，害虫躯体内的新陈代谢就会变得缓慢，发育亦会受抑制。故降低中药的含水量、中药库房内的湿度和温度，并控制在一定标准范围内，即能防止或减少害虫的危害。

（五）常见中药仓虫分类及特征

中药害虫的种类很多，据世界各国资料已定名的有300多种。在我国，对全国一些省市自治区进行了仓储害虫的调查，共收集仓虫标本17 700多号，整理出我国中药害虫211种，隶属2纲、13目、59科。其中绝大多数中药害虫来源于昆虫纲鞘翅目和鳞翅目的昆虫，少数和极少数为昆虫纲等翅目、缨毛目（毛衣鱼）、啮虫目（如尘虱）、蜚蠊目（如东方蜚蠊）的昆虫。鞘翅目害虫，俗称“甲虫类”害虫；鳞翅目害虫，俗称“蛾类”害虫。危害中药的害虫种类以甲虫类为数最多，其次是蛾类害虫，还有属于蜘蛛纲的螨类害虫。熟悉掌握这些中药害的主要形态特征及生活习性，是贯彻以防为主，及时了解害虫的发生与发展，迅速稳准地采取有效防治措施，以避免或减少中药遭受虫害造成损失的重大举措。

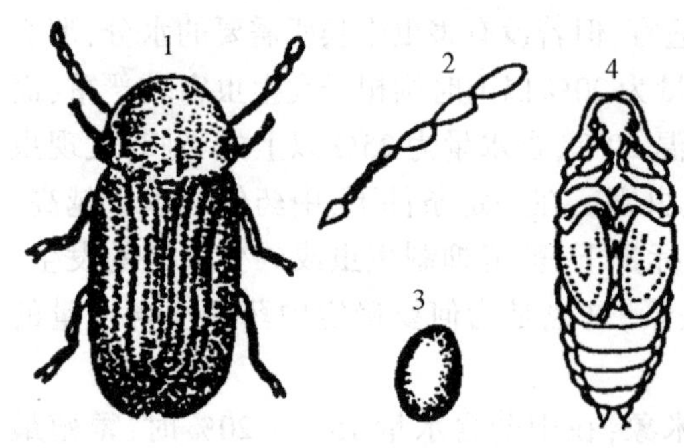

图7-7 药材甲 *Stegobium paniceum* L.
1. 成虫 2. 成虫触角 3. 卵 4. 蛹

1. 甲虫类中药害虫 甲虫类害虫（鞘翅目害虫），是动物界最大的一个目，也是中药害虫中最大的一个类群。鞘翅目害虫的主要特征是：成虫口器咀嚼式，触角一般10～11节，前翅发达，呈角质，称为鞘翅；后腿膜质，通常折叠于鞘翅下，也有的后腿较短或完全退化。幼虫口器发达，咀嚼式，胸部有足3对，无腹足，也有些种类无胸足，蛹为裸蛹（露蛹），属完全变态。

（1）药材甲 *Stegobium paniceum* L.：俗名药栈甲虫、药甲、药谷盗，属鞘翅目窃蠹科。分布于江苏、山东、湖北、河南及华南地区。

1）主要危害的中药：羌活、藕节、生地、甘遂、泽泻、麦冬、葛根、苍术、甘松、白芷、山药、桔梗、山奈、延胡索、千年健、防风、大贝母、川贝母、红参、升麻、天麻、党参、甘草、大戟、枳壳、香橼、山茱萸、麦芽、木瓜、马兜铃、槐角、枸杞、芡实、川楝子、莲须、款冬花、佛手花、菊花、蛴螬、红娘、蜈蚣、虻虫、僵蚕、土鳖虫、茯苓、刺猬皮等。

2）形状特征：成虫长约2～3mm，红栗色或深栗色，密被细毛，头隐于前胸下，触节11节，末三节扁平三角形，余为细小念珠状，前胸背近三角形，后缘微宽于鞘翅的基部，鞘翅上具明显的纵点行。幼虫体长，形状类似烟草甲，所不同的是，体上所被细毛短而稀，腹部背面排列有一列褐色小短刺（图7-7）。

3）生活习性：药材甲生育率较高，1年发生2～4代，生育适宜温度为24～30℃，相对湿度为70%～90%。成虫善飞，耐干力强，在黄昏或阴天最为活跃，通常产卵于药材表面凹褶不平的部位或碎屑中，经5～10天孵化出幼虫；幼虫喜暗，耐饥力强，常在中药内部蛀成隧道，并在其中化蛹，羽化成虫继续危害。

（2）咖啡豆象 *Araecerus fsciculatus* Degeer：属象甲总科长角象科，分布于山东、河南、湖北、湖南、四川、贵州、云南、广东、广西及上海江浙一带。

1）主要危害的中药：木香、白芷、甘草、草乌、甘松、川芎、川乌、黄芪、北沙参、锁阳、葛根、南沙参、射干、党参、赤芍、百合、当归、泽泻、升麻、天麻、山药、茯苓、明党参、天花粉、大黄、麦冬、天冬、独活、羌活、白术、苍术、人参、猫爪草、甘遂、板蓝根、桔梗、郁金、槟榔、薏苡仁、肉豆蔻、大枣、橘红、芡实、香椽、金樱子、佛手片、桑椹、陈皮、木通等。

2）形态特征：成虫长3～4.5mm，长椭圆形，体表暗褐色或黑褐色，密被细毛，具褐色、黄色的小斑点。头正面三角形，复眼圆形，黑褐色。触角11节，前胸背板长等于鞘翅的1/2，前缘较后缘狭窄，背面微隆起，上生灰白色细毛，并形成棋盘状花纹，小盾片极小，圆形。腹末小三角形，露于鞘翅外。足细长，前足基节卵圆形，深褐色。幼虫成熟时体长4.5～6mm，乳白色，具横向皱纹与白色短细毛。体形细长、弓形，头大近圆形，淡黄色。

3）生活习性：咖啡豆象1年发生3～4代，幼虫隐藏于种子类和根类药中越冬。成虫善飞能跳。在温度27℃的条件下，雄虫羽化后3天，雌虫羽化后6天即可交尾，交配后约半小时开始产卵，产卵前在中药上咬啮一个卵窝，然后产一卵于窝内。孵化后幼虫蛀入内部危害，直至化蛹羽化为成虫，成虫寿命27～134天。

（3）米象 *Sitophilus oryzae* Linne：米象俗名象鼻虫，铁嘴，属鞘翅目象虫科，除新疆外我国各地均有发生，尤以长江以南各省最为严重。

1）主要危害的中药：其食性很复杂，成虫主要危害种子类中药，如莲子、薏苡仁、芡实等含淀粉较多的药材。成虫、幼虫均蛀食药材。

2）形态特征：成虫体长3～4mm，初羽化时赤褐色，后变为黑褐色。触角膝状，8节，口吻前伸呈象鼻状，故称米象。后翅发达，可以飞翔。卵长椭圆形，约0.65mm，乳白色，半透明。幼虫外观呈白色，似蝇蛆状；头部淡褐色，体乳白色，足退化，全体分13节。蛹长3.5～4mm，椭圆形，初化蛹时乳白色，继变褐色。

3）生活习性：米象1年发生的代数，视环境条件而异，寒冷地带仅1～2代，暖热地带可至6～7代。冬季成虫潜伏在库内外潮湿、黑暗的板缝、砖石缝等越冬，至翌春再回到仓内为害；幼虫在药材中越冬的很少，且极易冻死。越冬成虫在3～4月间开始产卵，繁殖力很强，条件适宜时一年可繁殖80头/对成虫。米象喜温暖、潮湿、黑暗以及充分的食料。成虫在13℃以下、38℃以上时呈不活动状态，24～30℃时最适宜这活动；米象在8%水分的药材内，不能发育，至少需有10%～12.5%的水分才能发育。因此，一般而论，中药温度25℃、药中含水量14%、相对湿度80%以上时，很适于米象生活。中药含水量愈多，则繁殖愈快。

米象成虫和幼虫都危害中药，为害的方法主要是啮食种子外部，造成蛀孔，逐渐深入内部，使整个种子成一空粒；或是穿掘产卵窝，在完整种粒中产卵。幼虫孵出后即开始向种子内部啮食，最后种子蛀成一空洞。由于生长过程中排泄物多，能使种子水分增加，温度升高，同时促使真菌、粉螨等的滋生繁殖，故米象不仅直接危害中药，而且能引起药材的发热霉变。

（4）谷象 *Sitophilus granarius* L.：谷象属象虫科，形态和习性与米象相同，由于成虫无后翅不能飞翔，仅能在库内繁殖。成虫的耐饥性和对低温的抵抗力较米象强。

1）主要危害的中药：谷象食性复杂。主要危害果实及种子类中药，如麦芽、浮小麦、薏苡仁、秫米、谷芽、莲子。

2）形态特征：分布极广，世界各国大多发生。成虫体长约3mm，赤褐色，具光泽，体形与米象相似。主要区别：前胸背板有稀疏刻点长椭圆形，鞘翅上无斑纹，后翅退化不能飞。幼虫长2.5mm，第1～4腹节背面各被条横皱纹（图7-8）。

3）生活习性：谷象1年发生3～4代，热带地区可多达6代，每发育一代需31～47天。谷象耐

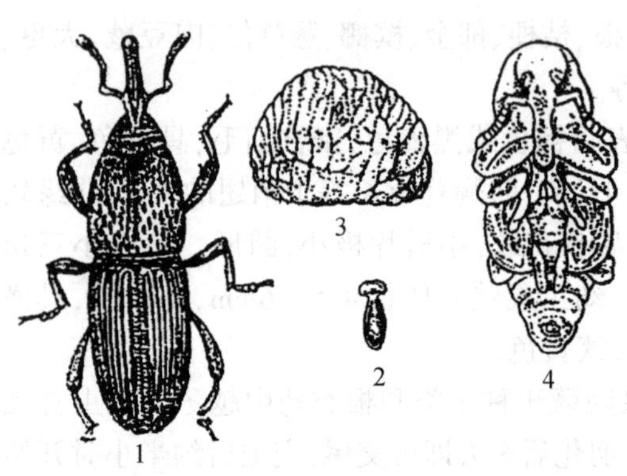

图 7-8 谷象 *Sitophilus granarius* L.
1. 成虫 2. 卵 3. 幼虫 4. 蛹

饥抗低温能力较强，据实验，成虫耐饥时间，在相对湿度 80% ~90%，温度在 30 ~35℃时为 35 天，16 ~18℃时为 43 天，10 ~13℃时为 48 天。成虫对低温的抗力在 5℃时可成活 14 天，0℃时可活 67 h，-15℃时可活 19h。成虫寿命 4 ~5 个月。产卵最适温度为16 ~22℃，相对温度为 85% ~100%，谷象以成虫越冬。

(5) 玉米象 *Sitopmilus zeamais* Mctschulsky：玉米象属象虫科，为杂食性害虫。

1) 主要危害的中药：郁金、莪术、白芍、贝母、半夏、当归、党参、明党参、山药、天花粉、泽泻、苡仁、莲子、芡实、荔枝核、浮小麦、谷芽、麦芽等。

2) 形态特征：成虫体长 3 ~4. 2mm，赤褐色或黑色，头延伸微呈象鼻状，触角膝状，8 节，末节明显膨大，前胸背板上被圆形刻点，每鞘翅上有 2 个橙黄色斑纹，有膜质后翅一对且发达。幼虫体长 2. 5 ~3mm，多皱缩，背部隆起，腹部较平，头金淡黄色，腹部乳白色。

3) 生活习性：玉米象的发育随季节气候而异，一般 1 年发生 3 ~4 代，在华南可多达 6 ~7 代，而在寒冷的北方 1 年只发生 1 ~2 代，玉米象大多以成虫越冬。发育繁殖最适温度为 28℃(中药含水量为 15% ~20%)。温度低于 15℃或高于 35℃时，一般即停止活动。成虫耐寒力强，在 5℃条件下，经 100d 才开始死亡。耐饥力亦强，在 25℃，相对湿度 70% 的条件下，平均耐饥 7. 5 天。成虫性活泼，善爬行，能飞翔，聚集在中药仓库内为害，产卵时先在药物上咬啮一个卵窝，然后产一卵于窝内。并分泌出液体封闭，孵化后的幼虫在药材内蛀害，直至化为成虫才爬行。

(6) 烟草甲虫 *Lasioderma serricorne* Fabricius：烟草甲虫属鞘翅目窃蠹科。幼虫不仅蛀食烟草，而且对药材的危害亦很广，凡属有机物质均能加害，食性非常复杂。

1) 主要危害的中药：干姜、茶叶、苦丁茶、黄菊花、除虫菊、胡椒、大茴香、香附、商陆、秦艽、半夏、郁金、锁阳、小茴香、肉桂、可可豆、肉豆蔻、砂仁、羌活、信前胡、麦冬、白芷、木香、桔梗、泽泻、狼毒、当归、肉苁蓉、大黄、木瓜、甘遂、桑椹、薏苡仁、瓜蒌、桃仁、山楂、佛手片、车前草、郁李仁、葶苈子、酸枣仁、天仙子、金银花、密蒙花、旋复花、石斛、白鲜皮、钩藤、鸡血藤、槐米、葛花。

2) 形态特征：成虫体长 2. 5 ~3mm，体呈宽椭圆形，背面隆起，赤褐色，有光泽，全体密生黄棕色细毛。头部宽大，隐蔽于前胸背板下方。触角锯齿状 11 节；足短小。卵长椭圆形，淡黄白色。幼虫淡黄白色，密生丝状金黄色细长毛。体长约 4mm，淡

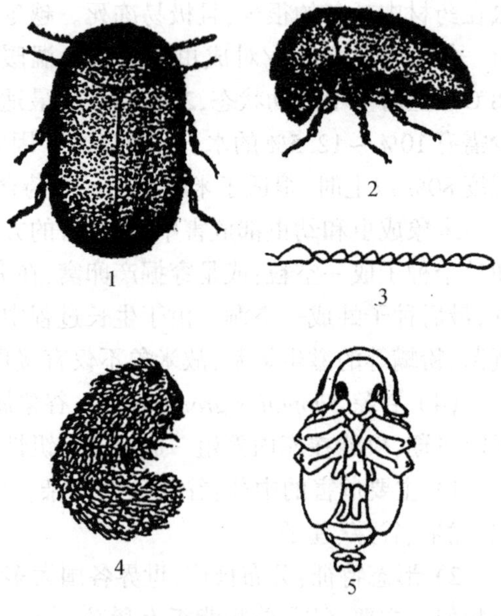

图 7-9 烟草甲虫 *Lasioderma serricorne* Fabricius
1. 成虫背面 2. 成虫侧面 3. 成虫触角 4. 幼虫 5. 蛹

黄色。头部淡黄色,具倒“八”字形纹。前胸部多皱纹,1～3节较膨大。蛹乳白色,头部向下,长约3mm,宽约1.5mm(图7-9)。

3）生活习性:一般每年发生3～6代,以幼虫越冬。幼虫喜黑暗,行动活泼,喜蛀入种子、茶叶、含淀粉根茎等药材内部为害;幼虫老熟后停止取食,以分泌物作白色坚韧薄茧在其中化蛹。幼虫在温度低于20℃时渐不活动,10～15℃时即逐渐死亡。各虫期在高温60～70℃中2h都死亡。成虫通常仅饮液体,不食固体食物;有假死性,善飞,喜黑暗。在白天或光线强烈时,潜伏在黑暗场所不活动,而在阴暗、黄昏或夜间四出飞翔,最为活动。每雌虫产卵可达100粒。

（7）长角谷盗 *Laemophiloeus Pusiuus* Sconherr:长角谷盗属扁甲科。

1）主要危害的中药:生白附、甘遂、半夏、天南星、明沙参、葛根、商陆、山药、天花粉、黄芪、葶苈子、茺蔚子、车前草、芡实、郁李仁、浮小麦、谷芽、莲须、腊梅花、旋复花、密蒙花等。

2）形态特征:分布甚广,世界各国都有发生,我国除西北等地区外,大部分省区都有发现。成虫长1.4～1.9mm,扁长形,黄褐色至赤褐色,全体被白色细毛,头部呈三角形,复眼突出,圆形,黑色。触角11节,雄性丝状,为体长的3/4,雌性念珠状,为体长的1/2。前胸背板宽大于长,后缘较前缘略窄,光滑无毛,具光泽,密被小刻点,鞘翅长为宽的1.5倍,基部和末端各有刻点7列。幼虫体长3～4mm,扁长形,头部淡褐色,前胸腹面有丝腺一对,腹部末端具臀叉一对。

3）生活习性:1年发生4～5代,在温度23～30℃,相对湿度在55%～57%时,完成一代需43～59天,温度在33～37℃,相对湿度80%～90%时,发育时间即大为缩短,温度在21～37℃,相对湿度在70～90℃,是其发育繁殖的最适条件,长角盗以成虫越冬,雌性成虫一生产卵约330粒,孵化出的幼虫,喜食种子药料的胚部,有时也钻入其他害虫蛀蚀的洞穴中危害。

（8）锈赤扁谷盗 *Laemophloeus feuwgineus* Stephens:属鞘翅目扁甲科,全国各地均有发生。

1）主要危害的中药:锈赤扁谷盗对果实及种子类中药如青皮、胖大海、橘红、香橼、芡实、浮小麦等危害最烈。

2）形态特征:体长1.7～2.3mm,扁平、赤褐色。头部三角形。触角较长角谷盗、土耳其扁谷盗短,雌、雄虫均为念珠状,11节,雄虫触角略长于雌虫,为体长的4/7。前胸背板倒梯形,后缘较前缘显著狭窄。体上密生金黄色细毛。鞘翅长为宽的1.7倍,成熟幼虫长3.5～4.5mm,胸部腹面具刚毛。

3）生活习性:似长角谷盗,耐低温和干燥,最适宜生长繁殖温度为35℃。在温度32℃,相对湿度90%时完成一代需23天,寿命较长。成虫于午后或黄昏四处飞翔,寿命为6～7个月,少数可达1年左右。

（9）日本蛛甲 *Ptinus japonicus* Reitter:属鞘翅目蛛甲科,全国各地均有分布。

1）主要危害的中药:大黄、天葵子、山药、升麻、防风、白芷、天花粉、槟榔、陈皮、红花、鹿肾、狗肾、地龙等。对粉性药材蛀蚀较严重,可使药材变色变味,不堪入药。

2）形态特征:成虫体长3.4～4.8mm,赤褐色或黑褐色。头部较小,被前胸背板所掩盖。触角丝状,11节,长于体长的1/2。前胸背板中央有一对褐色隆起的毛垫。鞘翅基部或端部各有一白色毛斑。雄虫鞘翅微长椭圆形,雌虫近卵圆形。幼虫体长4.5～5.5mm,密生淡黄褐色细毛。头部额上有一“八”字形斑纹。腹面末节有一褐色“U”字形肛前骨片(图7-10)。

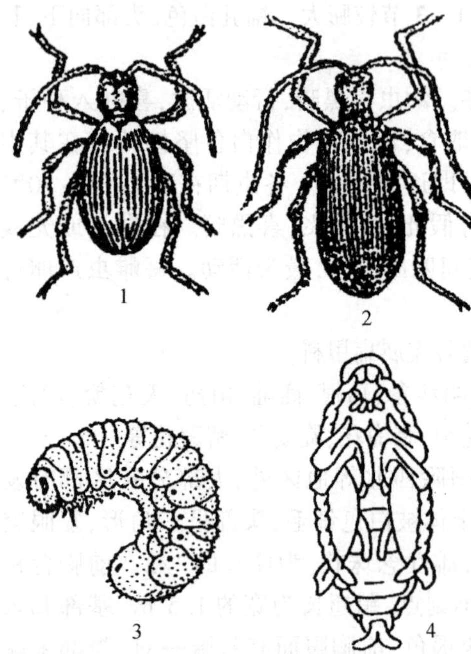

图 7-10 日本蛛甲 *Ptinus japonicus* Reitter
1. 成虫(雌) 2. 成虫(雄) 3. 幼虫 4. 蛹

3）生活习性：1 年发生 1～2 代。幼虫在中药的缝隙内或碎屑中以分泌物黏结粉末作深茧越冬。成虫喜在中药表面活动，夜间尤甚。日本蛛甲较耐寒，在 －5℃中也能活动，卵经 97 天，幼虫 164 天，蛹 40 天，成虫 72 天才死亡。有假死性，怕阳光，多在傍晚和夜间活动。

（10）锯谷盗 *Qryzaephilus surinamensis* L.：属鞘翅目谷盗科。

1）主要危害的中药：人参、南星、白芍、天花粉、天麻、党参、玄参、天冬、白芷、肉苁蓉、麦冬、生地、泽泻、川贝母、半夏、桔梗、明沙参、明党参、薏苡仁、瓜蒌、木瓜、枸杞、大枣、荔枝核、芡实、杏仁、郁李仁、火麻仁、槐角、山茱萸、金银花、款冬花、菊花、佛手花。

2）形态特征：成虫体长 2～3.5mm，扁平长形，暗红色或黑褐色。背面具金黄色长毛，头呈三角形，其上颗粒状突起。触角棒状，11 节。复眼小圆形，突出，黑色。前胸背板呈长方形，两侧边缘各有明显的锯齿 6 个。鞘翅上具有纵向细纹 10 条。并被黄褐色细毛。成熟幼虫体长约 3～4.5mm，扁平细长，被淡黄白色毛，头部椭圆形，淡褐色，口器赤褐色。胸部背面各节有 2 个近方形的褐色斑（图 7－11）。

3）生活习性：1 年发生 2～5 代，每代发育时间随温度而异，一般在 25～27℃时需要 30d，28℃时需 22 天，35℃时则只需 18 天，气温较高发育一代时间即短，相反则较长。锯谷盗发育的最适宜温度为 30～35℃，有效发育温度为 17.5～40℃。成虫寿命可达 3 年左右。有翅，但不常飞，通常产卵于中药碎屑或细粉末的药物中越冬。每一雌虫平均产卵 375 粒，孵化率达 95%。锯谷盗多生活于中药碎粒、粉屑或其他害虫危害之后的药物中，是明显的后期性害虫。

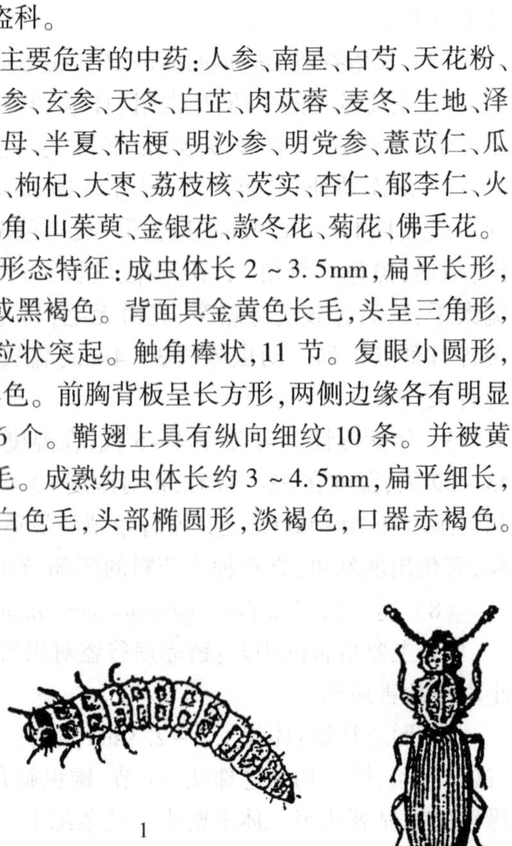

图 7-11 锯谷盗 *Qryzaephilus surinamensis* L.
1. 幼虫 2. 成虫

（11）大谷盗 *Teneleroides mawritanicus* Linnaeus：属鞘翅目谷盗科，分布于全国各地。

1）主要危害的中药：川芎、黄药子、乌头、当归、南沙参、泽泻、大黄、党参、川贝母、白术、山药、射干、麦冬、独活、胖大海、地肤子、蛇床子、鹤虱、腊梅花、僵蚕、五倍子、桑螵蛸等。

2）主要形态特征：成虫体长 6.5～10mm，扁平长椭圆形，深赤褐色，有光泽。头呈三角形，复眼小，圆形、黑色。触角 11 节，第 7～10 节微呈锯齿状。前胸背板宽大于长，具小刻点，前缘呈凹形，后缘呈凸形。前胸与鞘翅之间呈颈状。鞘翅有纵点条纹 7 条。幼虫体长 15～20mm，扁长形，头部大而扁，近方形，黑褐色，胸部12节，乳白色，各节侧被黄色细毛，尤末节最多。前胸盾及中、后胸背面各有一对褐色斑，腹末有一对深色凹形大臀叉（图7-12）。

3）生活习性：1年发生1～2代，在环境条件不适宜时，可延续到2～3年完成一代。在气温27～28℃时，完成一代需65天，21℃时，则需287～352天。成虫常相互残杀，捕食其他害虫，寿命1～2年，产卵期可达2～14个月，每一雌虫产卵可多达1300粒以上，成虫及幼虫均可越冬。大谷盗耐饥力强，成虫能耐饥184天，幼虫更强。成虫及幼虫能在－6.7～－9.4℃的低温下存活数周；卵和蛹的抗寒力较成虫弱。

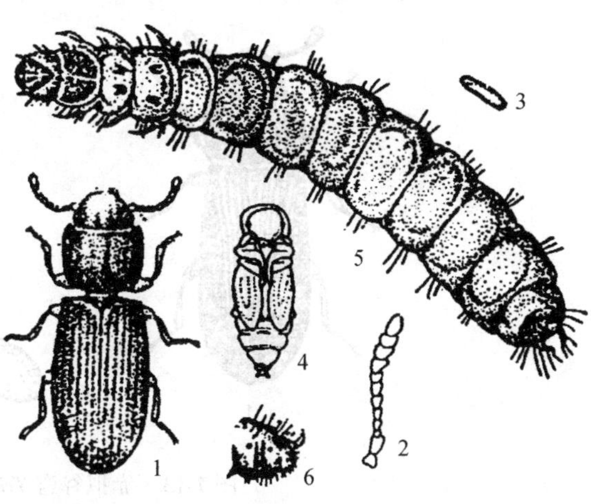

图7-12　大谷盗 *Teneleroides mawritanicus* Linnaeus
1. 成虫　2. 成虫触角　3. 卵　4. 幼虫　5. 幼虫腹末侧面

（12）米扁虫 *Ahasverus advena* Waltter：属鞘翅目锯谷盗科，分布于全国各地。

1）主要危害的中药：党参、泽泻、土茯苓、板蓝根、知母、前胡、百部、南沙参、明党参、白芍、羌活、白芷、栀子、枸杞、大枣、槟榔、川楝子、黄柏、款冬花、红花、紫河车、土鳖虫等，特别喜欢食易发霉或霉变的药材。

2）形态特征：成虫长1.5～2mm，扁长形，黄褐色至黑褐色，密被黄褐色细毛。头呈三角形，触角11节，棒大，末3节膨大，前胸背板横长方形，两侧缘各有一大型钝齿突，两侧缘各有小齿突约10个。小盾片扁矩形，鞘翅椭圆形，其上具不明显刻点10余条。幼虫长约4mm，扁长形，全体疏生淡黄色细毛，胸腹部第1～7节逐渐膨大，从8～12节又逐渐缩小。

3）生活习性：成虫寿命较长，一般1年以上，卵散产，每雌虫每日产卵9粒。卵期4～5天，幼虫期7～14天，蛹期7天，每完成一代需18～25天，此虫危害中药范围较广，已知能危害的品种达40多种。

（13）赤拟谷盗 *Triboliun castaneum* Herlst：属鞘翅目拟步行虫科，分布于全国各地。

1）主要危害的中药：茯苓、党参、葛根、川牛膝、淮牛膝、明沙参、百合、芡实、甘草、槐角、薏苡仁、金樱子、橘络、无花果、橘核、莲子心、野菊花、红花、厚朴花、佛手花、辛夷、冬虫夏草、银耳、神曲、九香虫、胆南星。

2）形态特征：成虫体长3～4mm，椭圆形。褐色，有光泽，头部扁阔，复眼肾形，黑色。触角11节。前胸背板横长方形，小盾片半圆形或近五角形，鞘翅上有纵点行。幼虫体长6～7mm，长椭圆形，乳白色。头部淡褐色。胸腹部具光泽，散生黄褐色细毛，腹末背面具黑褐色向上翘的臀叉一对，臀叉顶端较尖（图7-13）。

3）生活习性：1年发生4～5代，多以成虫群集在中药包装物或仓库的缝隙中越冬。成虫不善飞行，喜群居。每一雌虫平均产卵327粒，有时可多达800粒以上。成虫寿命是：雄虫为547天，雌虫为226天。据报道，成虫寿命在食物充沛时短，食物不足时反延长。温度30℃、相对湿度70%时，从卵到成虫只需27天。成虫有假死性、群居性，体内臭腺能分泌臭液，使药材具异味。

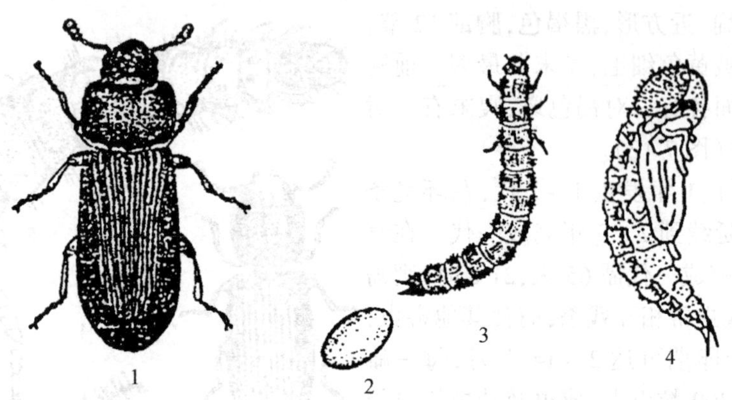

图 7-13　赤拟谷盗 *Triboliun castaneum* Herlst

1. 成虫　2. 卵　3. 幼虫　4. 蛹

（14）黑粉虫 *Tenebrio obscurus* Fabricius：黑粉虫属拟步行虫科。

1）主要危害的中药：防风、前胡、大黄、黄芪、白果、薏苡仁、香橼、芡实、莲须、苏子、大枣、火麻仁、白芥子、菟丝子、马勃、藿香、蕲蛇等。

2）形态特征：成虫体长 10 ~ 18mm，扁平长椭圆形，全体深黑褐色至黑色。头扁，前缘及侧缘扁平，复眼具灰黄褐色，有光泽。触角念珠状，11 节，末节宽大于长，第 3 节长大于第 1、2 节总长。前胸板长宽近等。小盾片五角形，后端较尖。鞘翅末端尖，两侧各有不明显的刻点列。幼虫体长 32 ~ 35mm，长圆形，体壁骨化明显，较光滑，具光泽。胸部 12 节，各节背面中部及前缘深黑褐色，末节端有一对臀叉。

3）生活习性：一般 1 年发生一代，少数个体 2 年一代，幼虫在阴暗处越冬，成虫喜于夜间活动，爬行极快，每一成熟雌虫产卵 73 ~ 970 粒，每雌每日产卵约 2 ~ 25 粒，或更多。卵外表面有黏液黏附尘芥粉末，故难于发现。卵期随温度变异而不同，若在 26 ~ 31℃时 4 ~ 7 天，18. 3 ~ 21℃时 19 天，幼虫期约为 79 ~ 642 天，雌虫寿命为 42 ~ 152 天，平均 84. 5 天，雄虫寿命 31 ~ 132 天，平均 83. 4 天。

（15）黑菌虫 *Alphitolius laerigatus* Falricius：属鞘翅目拟步行虫科，分布于全国各地。

1）主要危害的中药：莲子、莲须、槟榔、地肤子、胖大海、鹤虱、白芥子、蛇床子、高粱、天花粉、黄药子、天南星等。

2）形态特征：成虫长 5. 5 ~ 7mm，椭圆形，黑褐色，背面微隆起，具光泽，头部小，扁平，复眼不凸出，左右远离。触角 11 节，端部膨大，显锯齿状，鞘翅近端部 1/3 处最宽，具刻点 8 列。腹面及足暗红褐色。幼虫长 11 ~ 13mm，长筒形，近扁平，骨化明显，腹面两侧各具刚毛 4 根，褐色，腹部末端具一短尖刺。

3）生活习性：黑菌虫 1 年发生 1 ~ 3 代。以成虫或幼虫越冬。成虫有群栖性，善飞，能爬行，寿命 2 ~ 3 个月，但在高温潮湿的环境下可达 1 年。成虫耐饥力强，在绝食的情况下能生存 11 ~ 24 天，在温度 32℃，相对湿度 100% 时，发育一代需时 37 天。

（16）谷蠹 *Rhigopestha dominua* Falricius：属鞘翅目长蠹科，除西北、东北外各地均有发生。

1）主要危害的中药：山药、桔梗、党参、天花粉、防己、木香、芡实、白芷、莲子、谷芽、麦芽、浮小麦、赤小豆等。

2）形态特征：成虫2.5～3mm，长圆形，全体暗红褐色至黑褐色，微具光泽，头位于前胸背板下，触节10节，第1、2节近等长，末端3节膨大近三角形。前胸背板中部隆起，上有多数小疣状突起，鞘翅上具显著刻点。幼虫体长2～3mm，呈蛴螬形，全体疏生淡黄色细毛，乳白色，头三角状，黄褐色、各足大小相等。

3）生活习性：1年发生2～3代，在温度20℃，相对湿度70%时，发育一代为35～40天，在温度37～38℃时，完成一代只需30天，谷蠹以成虫在中药内越冬。成虫喜取食果实种子中药，特别喜欢食种子胚部，飞行力强，寿命可达1年。每雌虫产卵200～500粒，每日产卵约10粒，卵常产于蛀孔内或药材的缝隙中，卵外表具黏液黏附的粉屑，不易发现，孵化率达100%，幼虫在种子类或根茎类药中蛀食，直至羽化为成虫才脱出。喜在药的堆垛深处聚集危害。

（17）竹蠹 *Dinoderus minutus* Falricius：属鞘翅目长蠹科，我国南方产竹区发生。

1）主要危害的中药：危害黄芪、郁金、川花粉、山药等。

2）形态特征：体长2.6～3.5mm，红褐至黑褐色。头生在前胸下，不能抬起。触角10节，鳃叶状。前胸背面看近圆形，中央隆起，基部1/3处最宽，前缘有许多锯齿状齿突，后缘近中央处有一对明显的小形凹陷。鞘翅长，掩盖住腹部。

3）生活习性：成虫喜隐藏于隙缝中的阴暗处。产卵于药材中或咬破竹器边缘产卵于缝隙中，幼虫卵化后直接蛀食药材，并在药材中蛀成隧道化蛹羽化成虫。完成一代平均需时51天。

（18）花斑皮蠹 *Trogoderma Variabile* Ballion：属皮蠹科。

1）主要危害的中药：芡实、杏仁、桃仁、柏子仁、莲子、桑椹、枸杞、浮小麦、谷芽、麦芽、生地、无花果、蜣螂、桑螵蛸、地龙、冬虫夏草等。

2）形态特征：成虫雄体长约4mm，雌体长约3mm，长椭圆形。赤褐色至黑褐色。全体被褐色细毛，背面微降起，具光泽。头部扁圆形，黑色。具复眼一对，微肾形，上方中单眼一个。触角11节，棍棒状，雄虫第3节较小，末节最长，大于9、10两节之和；雌虫第3、4节近等长，末节宽于长约4/5。前胸背板黑色，后缘中央具一白色毛斑，鞘褐色或黑褐色，每翅上具红褐色波状斑纹。幼虫体长6～7mm，纺锤形，背部隆起，腹部平齐，头圆形，黄褐色，口器黑色，胸腹各节前半部黑褐色，后半部黄褐色，节前和腹面及足均为黄白色。背面各节有稀疏的褐色短刺毛，两侧有黄色侧毛，长短不一，尾端簇生20余根较长毛，状如扫帚。

3）生活习性：1年发生1～2代，在温度30～35℃时，发育一代需30天，幼虫在药材中或碎屑里群集越冬，幼虫喜食含油脂类中药，耐饥性极强，5年不取食都能生存。成虫通常产卵于药物的缝隙或群屑中。

（19）黑皮蠹 *Attagenus piceus* Olivier：属皮蠹科。

1）主要危害的中药：干姜、防风、羌活、生地、麦冬、山药、淡豆豉、枸杞、杏仁、桃仁、茯苓、马勃、冬虫夏草以及动物类的水蛭、蜈蚣、水獭肝、鹿角、鸡内金、乌梢蛇等。

2）形态特征：成虫雄体长约2.8～5mm，雌体长约4～6mm，椭圆形，暗红褐色或黑褐色，体上被黄褐色细毛，头前额方有一中单眼，触角棍棒状11节，末3节膨大，雌性末节圆锥形，雄性末节扁长形，触角浅褐色至黄褐色。前胸背板前缘侧缘呈半圆形，小盾片三角形。鞘翅掩盖住腹部。幼虫体长9～10mm，圆锥形。除头部外有12节，第一节最大，至尾逐渐缩小，各节近后缘处较长。体壁赤褐色，骨化部分被赤褐色毛，骨端簇生黄褐色长毛一束（图7-14）。

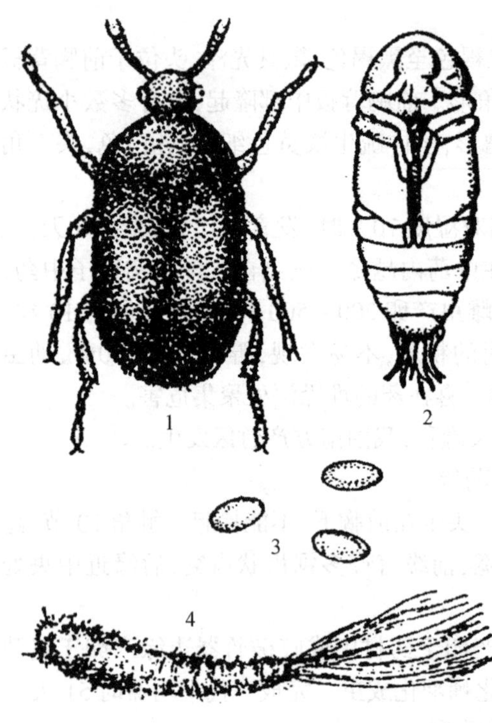

图7-14 黑皮蠹 *Attagenus piceus* Olivier
1. 成虫 2. 蛹 3. 卵 4. 幼虫

3）生活习性：黑皮蠹1年发生一代，有时2~3年才能完成一代，成虫善飞，也能爬行，且迅速，通常产卵于中药的表面。以幼虫群集越冬，幼虫期长，在正常情况为7~12龄，在不良环境条件下可增至20龄或更多。幼虫期一般55天，多的可达784天。

（20）白腹皮蠹 *Dermestes maculatus* Dcgeer：属鞘翅目皮蠹科，分布于全国各地。

1）主要危害的中药：巴戟天、大戟、狼毒、何首乌、黄药子、白药子、蜈蚣、蜣螂、羌活鱼、水蛭、地龙、蕲蛇、熊掌等。

2）形态特征：成虫体长5.5~10mm，长椭圆形，体表有光泽，赤褐色，背面被灰色毛，前胸背板两侧为白色毛，触角短，11节，末3节膨大，腹板末节具两个白色毛斑，鞘翅末端边缘具数个小齿，顶端极尖，略呈刺状突起。鞘翅上有规则刻点。成熟幼虫体长13~15mm，近圆锥形，背面有黄色中线一条，全体被长短不一的细毛。头部两侧并列一对小点状突起。尾末端向上弯。

3）生活习性：在温度和湿度适宜的条件下，1年可发生5~6代，每雌产卵约840粒。平均卵期3天。幼虫期30天，蛹期7天，60~70天即可完成一代。最适发育繁殖温度18~28℃。幼虫取食很强，常自相残杀，于阴暗隐蔽处化蛹。成虫也能取食为害，善飞翔，寿命约60~90天。

（21）拟白腹蠹 *Hermestes frischii* Kugelann：属鞘目皮蠹科，分布于全国各地。

1）主要危害的中药：通常危害含脂肪、蛋白质等较丰富的动物类中药，如蕲蛇、鹿筋、狗肾、水蛭、紫河车、刺猬皮、地龙、蛤蚧、鹿茸等。

2）形态特征：体长6~9mm，椭圆形，背面黑色。头部无中单眼，触角锤状，11节，锤头三节膨大。前胸背板前缘和侧缘生有一条白色的毛带或黄白色毛带，侧缘的毛带较前缘为宽，在侧缘毛带的基部，各有一个卵形黑色斑。鞘翅掩盖住腹部，臀板有的虫部外露，鞘翅基部具有白色或淡黄色不规则的毛斑，其余背面均被黑色细毛并散生白色毛。幼虫体长13~14mm，圆筒形，头部大，黑褐色，背面隆起，中央有完整的背线1条。尾末端向上弯，从基部到端部逐渐变细。拟白腹皮蠹与白腹蠹相似，其主要区别是：鞘翅末端无尖刺状物，边缘无小齿，腹部第5腹板末端有“M”形白色毛斑1个。

3）生活习性：1年发生3代，每发育1代需30~46天，以幼虫越冬，成产卵于动物药材皮肉的缝隙中，孵化的幼虫取食最强，喜群集在黑暗隐蔽处生活，抗饥寒力强。成、幼虫均具假死性、喜黑暗、群居、食性单一。

（22）赤毛皮蠹 *Dermestes tesselatocollis* Mots.：属皮蠹科，为动物类药材的主要害虫，食性和活力都很强，其幼虫为害最烈。

1）主要危害的中药：喜取食动物类中药，如獭肝、刺猬皮、豹皮、猴骨的骨髓、蕲蛇、筋膜、红娘、水蛭、虻虫、蜣螂、蛤蚧等。

2）形态特征：成虫长 7 ~ 9mm，体表具光泽，黑色或暗褐红色。前胸背板具网状橙褐色毛。触角末端 3 节膨大。鞘翅被黑色毛，腹末端有“一”字形的白色毛斑。幼虫成熟体长约 13 ~ 15mm，腹面平齐，背面隆起，头部两侧各有单眼 6 个，额上具有一对小瘤突（图 7 - 15）。

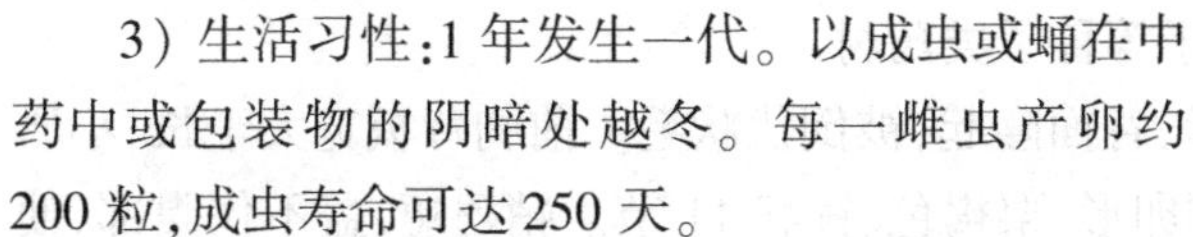

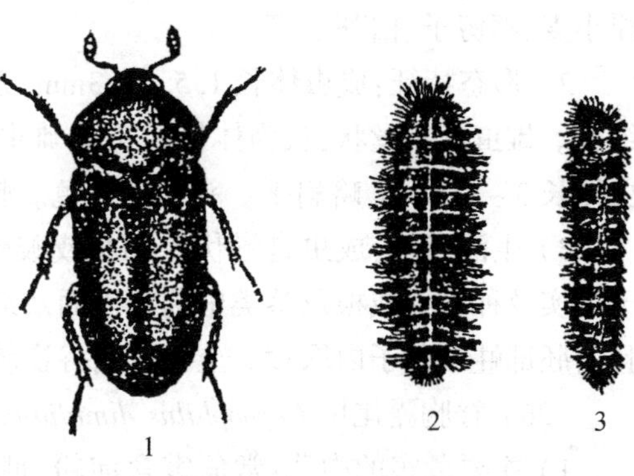

图 7-15　赤毛皮蠹 *Dermestes tesselatocollis* Mots.

1. 成虫　2. 幼虫背面　3. 幼虫侧面

3）生活习性：1 年发生一代。以成虫或蛹在中药中或包装物的阴暗处越冬。每一雌虫产卵约 200 粒，成虫寿命可达 250 天。

（23）钩纹皮蠹 *Dermestes ater* Degeer：属皮蠹科。

1）主要危害的中药：常危害含淀粉较多的种子类药，如芡实、薏苡仁、浮小麦、莲子等，对于羌活鱼、蜈蚣、穿山甲动物药也常危害。

2）形态特征：成虫体长 7 ~ 9mm，长椭圆形，黑褐色，背部密被细毛，头部无中单眼，触角 11 节，末 3 节膨大，棒状。鞘翅着生黑色毛。具有不明显刻点列。前胸背板中部显著隆起。幼虫体长 12 ~ 18mm。腹面具细毛，背线黄色，足褐色。

3）生活习性：1 年发生 2 代。以成虫或幼虫越冬。成虫主要取食动物中药，通常生活于黑暗潮湿处。每一雌虫平均产卵 250 粒，卵散产于种子药或动物药的缝隙中。产卵期常在春夏季，卵期 2 ~ 7 天，幼虫期 28 ~ 60 天，蛹期 8 ~ 9 天，在适宜环境条件下，完成一代仅需 42 天。

（24）长角扁谷盗 *Laemophloeus pusillus* Schanhevr：属鞘翅目扁甲科。我国各地均发生，尤以长江以南更普遍。

1）主要危害的中药：核桃肉、土鳖、桃仁、甘遂、车前子、山药、黄芪、天南星、胆南星、天冬、桔梗、槟榔、橘红、白芥子、浮小麦、苏子、赤小豆、淡豆豉等。

2）形态特征：成虫扁长形，暗褐色或暗红褐色，密生黄白色细毛。头部及前胸背板具多数刻点。雄虫长约 1.38 ~ 1.92mm，头呈三角形。复眼圆形、黑色。触节 11 节，细长，丝状。雌虫体长 1.4 ~ 1.93mm，头较雄虫小。触角粗短，念珠状。幼虫体长 3 ~ 4mm，长形、略扁平，淡赤褐色，头微扁。前胸背面具丝腺一对，背面及腹面侧缘有显著刚毛。腹末有小肉刺一对。

3）生活习性：1 年发生 3 ~ 6 代，通常以成虫越冬。每一雌虫平均产卵为 3 344 粒，其寿命 143.5 天。幼虫除取食果实种子类中药外，有时也钻入米象产卵孔内食米象的卵。幼虫老熟时作白色深茧在其中化蛹。发育适宜温度 21 ~ 37℃，相对湿度为 70% ~ 90%。在温度 33% ~ 37℃，相对湿度 80% ~ 92% 的环境中发育最速，在温度 0.5 ~ 2℃，相对湿度 70% 中，经 60h 后成虫病死率为 26%，卵为 62.5%，蛹为 2%。在 -0.5℃ 中经 96h 后各虫期即全部死亡。

（25）土耳其扁谷盗 *Cryptolestes twuicus* Grouyille：属鞘翅目扁甲科；各地均有发生，尤以东北为严重。

1）主要危害的中药：芡实、大枣、郁李仁、天葵子、板蓝根、天冬、木香、山药、天花粉、扁豆、浮小麦、葶苈子、白芥子等。

2）形态特征：成虫体长 1.5 ~ 2.3mm，赤褐色或黑褐色，体形与长角扁谷盗相似，惟虫体较细长。雄虫触角丝状，长为体长的 3/4，雌虫念珠状。前胸背板类方形，鞘翅长为宽的 2 倍。幼虫体长 3 ~ 4.6mm，略扁平。头部赤褐色。腹面丝腺长大，末端刚毛明显。

3）生活习性：成虫喜潜伏于细小或破碎的中药中。雌虫交配后 1 ~ 2 天开始产卵，卵常产于果实及种子类或根及茎类中药的表面及缝隙中，尤喜产于种子胚部。幼虫喜食种子的胚，并且由胚部蛀入种子内取食。土耳其扁谷盗较耐低温。最适宜发育温度为 28℃。

（26）脊胸露尾甲 *Carpophilus dimidiatus* Fabricius：属鞘翅目露尾甲科，我国各地均有发生。

1）主要危害的中药：常危害含淀粉、糖质较多的根及根茎类中药，如熟地、生地、黄精、党参、天花粉、白芷等，也蛀食薏苡仁、芡实、莲子等种子类药材。

2）形态特征：成虫长 2 ~ 3.6mm，卵圆形，背面隆起，被倒伏状毛。前胸背板宽大于长，小盾片五角状。两鞘翅宽度之和大于长。触角倒卵形、栗褐色、锤状 11 节。鞘翅短，盖不住腹部，使腹部二节外露。幼虫体长 5 ~ 7mm，细长略扁。头部与腹末背面黄褐色，余为乳白色。腹末尾突间圆弧形，端部乳头状。

3）生活习性：1 年发生 4 ~ 6 代，以成虫群集在中药包件的隐蔽处越冬，越冬成虫多在 3 月份开始产卵，每一雌虫产卵 170 ~ 220 粒左右。成虫寿命夏季约为 63 天，冬季 200 天。在适宜环境条件下，18 天即可完成一代。成虫喜在含水量 15% ~ 33% 的种子类药材中生活。卵常产于果实及种子药材缝隙中，孵化的幼虫先咬食种子的外种皮，后逐渐蛀入种子内部为害。成虫善飞，具趋光性。

（27）毛蕈甲 *Tinphea stercorea* Linnacus：毛蕈甲又名粪蕈甲，属鞘翅目小蕈甲科，多分布于南方各省区。

1）主要危害的中药：食性较广，果实种子及根茎类中药，如金樱子、无花果、荔枝核、棕树子、川木香等均能为害。

2）形态特征：成虫体长 2 ~ 4mm，近卵圆形。全体密生细毛，褐色，具光泽。触角棒状，末节末端较尖，前胸背板宽大于长。鞘翅掩盖住腹部。幼虫体长 4 ~ 4.7mm，圆筒形，白色或淡褐色。前胸背板侧缘各有排列成行的刚毛 10 根。

3）生活习性：一年发生 2 ~ 5 代，以幼虫越冬，在普通中药材仓库，粮食仓库，米、面、油和综合加工厂，酿造、食品、饴糖、土产、皮毛、外贸等仓库均可发现。主要危害发霉的药材粉末、地脚料和湿润的储藏物品。

（28）湿薪甲 *Enicmus minutus* Linneaeus：属鞘翅目薪甲科。

1）主要危害的中药：大黄、扁豆、赤小豆、沙苑子、大豆卷、拳参、何首乌等。

2）形态特征：成虫长约 1 ~ 1.5mm，淡红褐色，背部被稀疏细毛。触角 11 节。前胸背板宽近于长。鞘翅基部宽于前胸，其长约过于前胸背的 3 倍，鞘翅上具明显纵隆线 4 条。

3）生活习性：成虫和幼虫除取食种子或根类中药外，也取食真菌的菌丝或孢子。成虫多生活于种子中药表面，善飞翔，爬行敏捷，卵散产，从卵孵化到成虫，通常需要 24 ~ 30 天。

（29）赤足郭公虫 *Necrobia rufipes* Degeer：属鞘目郭公虫科，分布较广，全国大多数省区都有发生。据乌拉主报告，此虫可能是人类和大家畜流行性检疫病害炭疽病的中间媒介。

1）主要危害的中药：赤足郭公虫的幼虫危害多种植物动物中药，尤喜取食含脂肪、蛋白质丰富的动植物类药，如无花果、薏苡仁、向日葵、杏仁、麦芽、虻虫、红娘、羌活鱼、乌梢蛇、獭肝、刺猬皮等。

2）形态特征：成虫体长3～8mm，椭圆形，蓝色或绿色，全体具金属光泽。头胸、鞘翅各具稀疏黑毛。触角11节，末节大，近方形。前胸背板宽于长。小盾片半圆形，鞘翅上有刻点列9～10条。幼虫长9～11mm，宽约2mm，细米状纺锤形，体上被长短不一的褐色毛。

3）生活习性：成虫多在夜间产卵，每雌虫一生可产卵54～3 412粒，卵散产或集产，喜产于中药表面或破损的缝隙中，孵化后的幼虫即食尽其卵壳，随即蛀入药材内，严重时把药材蛀空成粉。在缺乏食物时，幼虫随时也食同类或其他害虫的卵、幼虫和蛹。成熟幼虫在隐蔽的包装物上作茧化蛹，蛹的发育速度受温度影响比湿度为大，相对湿度51%，温度30℃及25℃时，蛹期为6.5天至9.5天。相对湿度85%～96%及100%，发育最适温度为32～35℃，高于或低于这一温度范围则发育速度均会降低。

（30）赤颈郭公虫 *Necrobia ruficollis* Fabricius：属鞘翅目郭公虫科，全国各地均有发生。

1）主要危害的中药：赤颈郭公虫是危害白花蛇、乌梢蛇、红娘、土鳖、蛴螬、九香虫等动物类药材的主要害虫，对动物标本也有极大危害。

2）形态特征：成虫长4～6mm，宽2.6mm，扁平长卵形。头前端及鞘翅末端3/4处为蓝色，有光泽。足为红褐色；触角末节长大，类方形。幼虫成熟体长约9.2mm，扁平、细长灰白色，头部有褐色突起2个，背面具不规则斑点，第3～8节处有中纵线一条，第9节有尾突一对。

3）生活习性：幼虫及成虫除蛀蚀动物药材外，有时也捕食其他昆虫的幼虫或蝇类的蛹。幼虫老熟后常利用其他固有的孔洞或蝇类的蛹壳化蛹，或自己营造蛹室化蛹。

（31）四纹豆象 *Callosooruchus maculatus* Fabricius：属鞘翅目豆象科，我国各地均有发生。

1）主要危害的中药：莲子、扁豆、赤小豆、芡实、冬瓜仁、薏苡仁、豆卷、绿豆、淡豆豉、刀豆、黑大豆等种子类中药。

2）形态特征：成虫体长2.6～3.6mm，红褐色或黑褐色，全体密生黄褐色细茸毛，头向下弯，复眼黑色，触节11节，状如锯齿，前胸背板呈黑色，其上疏生金黄色毛。每个鞘节上具3个黑色斑点，肩部极小，中部及端部的较大，后足腿节外侧有一钝齿，内铡齿突长而尖。四纹豆象的鞘翅，臂板及足的色泽斑纹极不稳定，常多变异。幼虫体长约4mm，白色。头卵圆形，额的中间两侧各有一圆斑点，胸足退化。

3）生活习性：1年发生4～6代，在温湿度适宜时，能发生8～9代或更多。在温度24℃时，平均每30～31天即可完成一代。幼虫常在种子类中药中越冬。到翌年春天化蛹，羽化。成虫多在种子中药上产卵。

2. 蛾类中药害虫　蛾类害虫主要为鳞翅目昆虫，是由蛾、蝶类所组成，据统计约有20万种，是动物昆虫纲中第二大类，约占仓库害虫总数的16%，是危害中药的主要害虫之一。蛾类（鳞翅目）昆虫的主要特征是：成虫体肢密被鳞片及鳞毛，鳞片上颜色各异，通常形成一定花斑纹。口器虹吸式，幼虫为多足形，头部两侧具侧单眼，口器咀嚼式。胸部3节，腹部10节，蛹为被蛹，属完全变态。

（1）印度谷蛾 *Plodia interpunctella* Hiibner：属鳞翅目卷螟科，又名印度谷螟、封顶虫，我国各地均有发现，尤以华北及东北地区为害最烈。

1）主要危害中药：南沙参、北沙参、白术、商陆、郁李仁、柏子仁、玳玳花、月季花、合欢花、当归、黄芪、丹参、甘草、大黄、胡椒、辣椒、火麻仁、枸杞、瓜蒌等。

2）形态特征：成虫体长6.5～9mm；翅展14～18mm，密被灰褐色及赤褐色鳞片，前翅近基部的1/3灰黄色，其余2/3为赤褐色，并散生黑褐色斑纹；后翅灰白色，半透明。卵椭圆形，乳白色。幼虫体长10～18mm，头部赤褐色，体淡黄色。蛹长约5.8～7.2mm，细长，腹部通常略弯向背面(图7-16)。

3）生活习性：1年通常发生4～6代，随地区而有所增减。以幼虫越冬，大多在包装品、屋柱、板壁等缝隙中或库内阴暗角落处，吐丝成网聚集一处。幼虫在翌春4、5月间即羽化为成虫。每雌虫可产卵最多达350粒，卵产于药材表面或包装品缝隙中。孵化幼虫即钻入药材间为害。幼虫在啮食药材时，能吐丝缀种子成巢，匿居其中，或吐丝结网封垛顶，日久被害物变成块状。由于能排出大量带臭味的粪便，使药材质量大受影响，故是中药的重要害虫之一。

（2）地中海粉螟 *Ephestia kuehniella* Zeller：地中海粉螟俗名条斑螟蛾，属鳞翅目卷螟科，我国各地均有发现。

1）主要危害的中药：幼虫为害种子类药材，如杏仁、辣椒、豆蔻等，党参中亦曾发现。幼虫能吐大量的丝，严重时往往将种子连缀成一大块，使质与量均受到损失。

2）形态特征：成虫体长7～14mm，翅展16～25mm。前翅狭长，灰黑色，近基部及外缘各有一淡色的波状横纹，翅的外缘横列明显的小黑斑；后翅灰白色。幼虫体长11～15mm，头部赤褐色，背面常带桃红色，体淡黄色或乳白色(图7-17)。

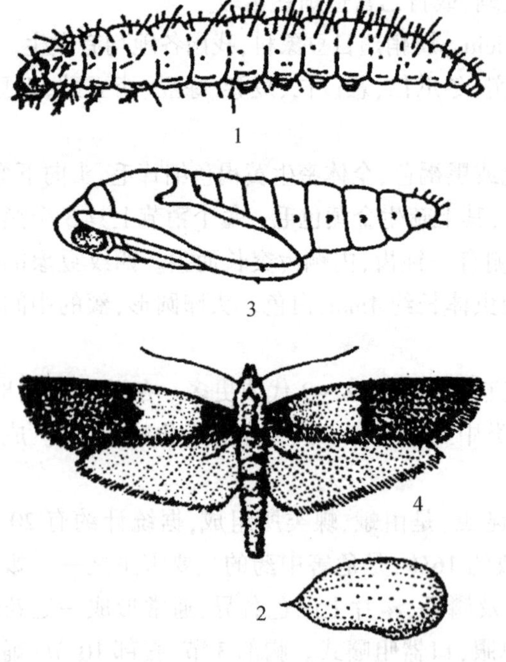

图7-16　印度谷螟 *Plodia interpunctella* Hiibn.

1. 幼虫　2. 卵　3. 蛹　4. 成虫

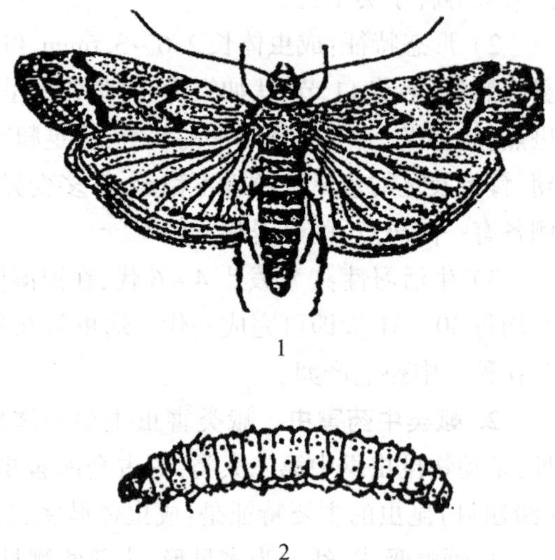

图7-17　地中海粉螟 *Ephestia kuehniela* Zeller

1. 成虫　2. 幼虫

3）生活习性：1 年发生 2 ~ 4 代，以幼虫越冬。幼虫与谷娥相似，吐其丝将药材粘聚成团块。

（3）粉斑螟 *Ephestia cautella* Walker：属鳞翅目卷螟科，各地有发现。

1）主要危害的中药：胖大海、砂仁、陈皮等果实、种子类药材。食性、为害情况及习性与印度谷蛾相同。

2）形态特征：成虫 6 ~ 7mm，翅展 14 ~ 16mm，灰褐色。幼虫长 12 ~ 14mm，头部赤褐色，体乳白色（图 7-18）。

3）生活习性：1 年发生 1 ~ 多代，具体随地区气候而异。此虫较印度谷蛾和地中海粉螟的抗寒能力差，因此可利用冬季开放门窗，放宽药材堆垛间距，让冷空气迅速透入药材包中；在 10℃ 时能减弱其幼虫的活动；在 15℃ 时能使其繁殖减慢；在 0℃ 时经一周各虫期即全部死亡。

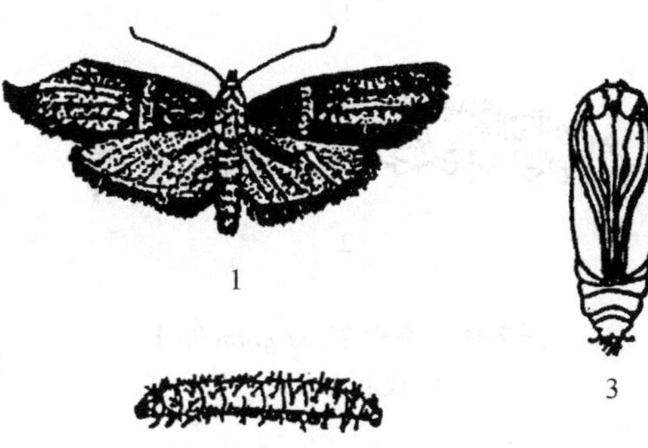

图 7-18 粉斑螟 *Ephestia cautella* Walker
1. 成虫 2. 幼虫 3. 卵

（4）烟草粉螟 *Ephestia elutella* Hiibner：属鳞翅目卷螟科，分布于全国各地。

1）主要危害的中药：陈皮、石榴皮、合欢花、玫瑰花、可可豆等。

2）形态和习性：与地中海粉螟相似。成虫在 5 ~ 8 月出现，喜在夜间活动，对温、湿度要求较高，寄主含水 13% 时，幼虫发育最速。

（5）米黑虫 *Aglossa dimidiata* Hawarth：属鳞翅目螟蛾科，分布于全国各地。

1）主要危害的中药：党参、木瓜、川藿香、地龙、旱莲草、白药子、黄药子、土茯苓、重楼、草果、何首乌、天花粉，以及含淀粉较多的种子类中药。

2）形态特征：雌性成虫体长 12 ~ 14mm，翅展 31 ~ 34mm，雄虫体长 10 ~ 12mm，翅展 30 ~ 34mm，体呈黄褐色，具黑色鳞片。头顶部具一小丛灰黄褐色细茸毛，前翅宽大，近三角形，其上有波状斑纹。幼虫体长 20 ~ 29mm，全体黑色。头部宽大赤褐色，两侧有单眼 6 个。蛹长 8.6 ~ 13mm，红棕色，具光泽。头宽大，并逐渐向末缩小呈纺锤形。腹末端横列尾沟 6 个。

3）生活习性：1 年发生 1 ~ 2 代。幼虫常群集作茧相连成网越冬。次年 5 ~ 7 月化蛹羽化成虫，卵散产于药堆表面的阴暗处，幼虫孵化后，吐丝连缀种子药材或碎屑作成管状巢，后居其中危害。幼虫期 80 ~ 110 天。成虫黄昏时飞翔交尾，寿命 6 ~ 17 天。

（6）一点谷蛾 *Aphomia gulasis* Zeller：属鳞翅目蜡螟科，分布于沿海及云南、贵州、四川一带。

1）主要危害的中药：火麻仁、枣皮、杞子等。

2）形态特征：体长 9 ~ 12mm，灰黑色，死虫则呈灰黄褐色。雌虫下唇须发达。前翅长三角形，灰黑色，雌虫在亚缘线，内横线处有淡色波状纹，在中横线外方近前缘处有个明显的大黑点。雄虫在翅中央横列一个淡色叉状纹，叉状纹的尖端近前缘处有一小黑点。后翅为灰色。

3）生活习性：1 年发生一代，以幼虫形式为害药材。

（7）谷蛾 *Tinea granella* L.：属鳞翅目谷蛾科，各地均有发现。

1）主要危害的中药：党参、苦杏仁、大枣等种子及含糖、淀粉较丰富的药材。

2）形态特征：成虫体长 5 ~ 8mm，翅展 12 ~ 16mm，前翅银灰色，有褐色斑点，后翅较狭灰色。

幼虫体长 8 ~ 11mm，头褐色，体乳白色（图 7-19）。

3）生活习性：1 年发生 1 至多代。此虫在库内或田间均能产卵繁殖，幼虫在较潮湿的药材内或库内各种木板及包装品缝隙中越冬。孵化幼虫啮食药材表面或蛀入内部，并吐丝将数十粒种子缚住而结成团状潜伏其中进行食害。同时排出较多粪便，使受害药材染有臭气。

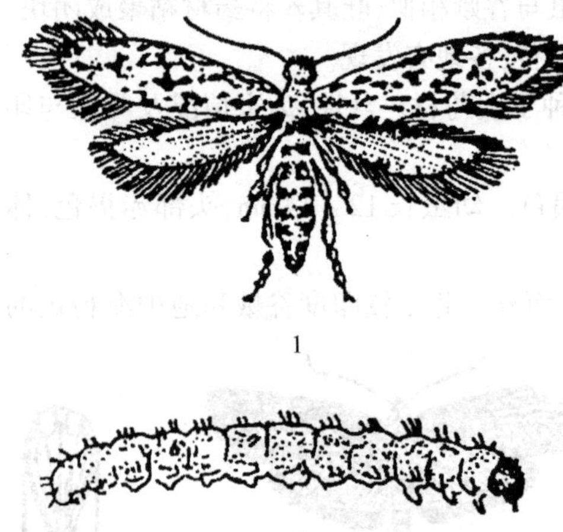

图 7-19 谷蛾 *Tinea granella* L.

1. 成虫 2. 幼虫

（8）麦蛾 *Sitotroga cerealella* Olivier：属鳞翅目麦蛾科，分布于全国各地，是世界性大害虫。

1）主要危害的中药：麦蛾不仅能危害稻谷、麦类，也是蛀蚀种子果实类中药害虫之一。如苡仁、莲子、芡实、火麻仁、秫米、扁豆等。

2）形态特征：成虫体长较小，仅 5 ~ 6mm，翅展 8 ~ 16mm，黄褐色，有光泽。头部平滑，触角丝状。前翅竹叶形，淡黄褐色，后缘具长毛。后翅淡灰黑色，后缘毛长大于后翅宽，灰褐色。幼虫长 6 ~ 8mm，乳白色。头小，淡黄色，具侧眼 6 对。全体光滑，胸足极短，腹足退化。

3）生活习性：麦蛾是我国稻麦产区的重要害虫，尤以长江以南地区发生最普遍，危害极大，发育最快，一般 1 年发生 4 ~ 6 代，在热带地区可多达 12 代。以成熟幼虫在种子药材内越冬。越冬幼虫至来春化蛹羽化为成虫，24h 后即开始交配产卵，卵常产于浮小麦、赤小豆、苡仁等的腹沟、胚部或表面上。每雌虫平均产卵约 100 粒，最多可达 390 粒。在温度 30℃，相对湿度 70% 时，卵期平均 3 天。幼虫孵化后，通常先蛀食种子中药的胚部，后蛀入其内危害。麦蛾不仅能在库内繁殖，而且在田间也能产卵繁殖；飞行力量很强，若种子含水量在 8% 以下，则不能生存。成虫寿命最短为 6 ~ 8 天，最长可达 39 天。

3. 螨类中药害虫 螨类不属于昆虫一类，而是节肢动物门、蛛形纲、蜱螨目中螨类小动物，种类很多，分布极广，体形微小，一般只有 0.3 ~ 1mm，肉眼仅可看及，在低倍显微镜下观察，螨椭圆形，有足 4 对。螨喜欢温暖潮湿的气候，每次产卵 100 ~ 200 个，10 天就可繁殖一代，但温度若在 50℃ 以上干燥时可大量死亡。螨的腹面有圆形吸盘，它利用吸盘附在其他昆虫或动物（如鼠、雀等）身体上而传播，严重时还会随尘土风扬各处，是一种危害极为严重的仓虫。

螨在许多中药材和中成药中都可寄生。当螨侵入药材内部食害时，集积大量虫尸粪便并排泄大量水分，可导致被害中药在短期内发霉变质。由于螨的种类不同其危害性也不相同，一些螨类不但损坏和蛀食药材，使中药变质而且可以直接危害人们的身体健康或传播多种疾病，如皮炎、皮肤瘙痒；若随药品或食品吃下后，螨能穿过胃壁进入内部器官，当进入泌尿道时可产生血尿，进入呼吸系统可引起哮喘及肺螨虫病；进入血液循环系统可引起发热、水肿等病变，对人类的危害很多。因此口服中药中活螨和螨卵的检查已引起人们的重视。

（1）粉螨 *Tyroglyphus farinae* De Geer：粉螨又称粉壁虱，属蜱螨目谷螨科，我国分布极广。

1）主要危害的中药：主要吞食粉屑和蛀食种子、叶类中药以及包装衬垫材料等，食性的复杂为一切害虫所不及。它不但能直接毁坏药材，同时聚积大量虫尸、虫粪和排出大量液体，使被害物污染，发霉变质，不堪药用。

2）形态特征：成虫体长0.4～0.8mm，白色，半透明，足尖及口器呈黄褐色，分头胸及腹两部分，两者间有明显横沟纹1条；具有长短相近的足4对，体和足均有极规则的长毛（图7-20）。

3）生活习性：主要以成虫越冬。此虫在空气干燥、温度低的不良环境中就进入休眠期，体壁变硬，头部大部缩入体内，不食不动，可抵抗不良环境数月之久；并能随尘土吹走或黏附于其他昆虫、动物和仓库用具等到处传播，一遇适宜环境即能蜕皮恢复活动。此虫在适宜的温、湿度和药材水分下，完成一代的时间仅需13～17天。最适宜温度为20～25℃，在50℃中经16min各虫期均死亡；如中药含水量在10%～12%以下，则不适宜其生存。

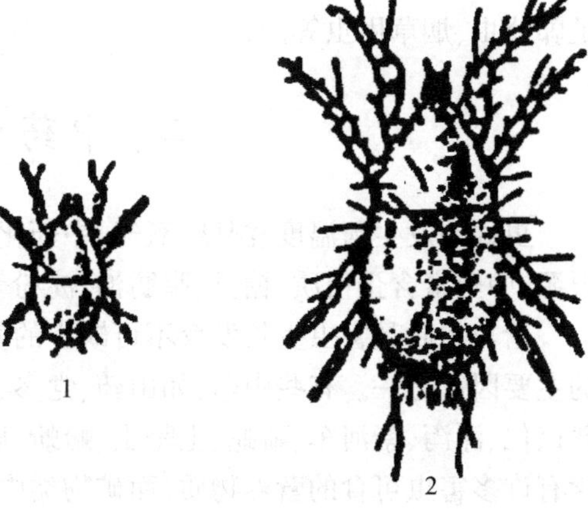

图7-20　粉螨 *Tyroglyphus farinae* De Geer
1. 幼虫　2. 雄虫

（2）干酪螨 *Tyroglyphus sino* L.：属蜱螨目谷螨科，我国各地有分布。主要危害果实种子类和叶类中药。其形态特征（图7-21）和生活习性约与粉螨相类同。它生长的适宜温度约在25℃左右，相对湿度在80%以上，其繁殖最旺的时期在5月到10月间。掌握它的生长条件，以利于防治。

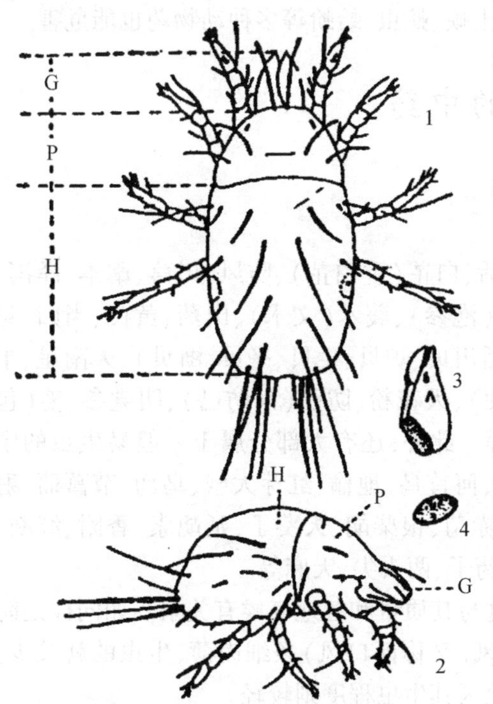

图7-21　干酪螨 *Tyroglyphus sino* L.
1. 成虫背面　2. 成虫侧面　3. 上鄂　4. 卵
G. 鄂体部　P. 前体部　H. 后体部

（3）其他螨类：除粉螨、干酪螨以外，近年来还在一些中药材及中成药中检出了不同种类的螨，如腐食酪螨、景天螨、甜果螨、真革螨、虱状蒲螨、革螨、肉食螨、桔色触足螨、食甜螨、吸吮螨类等等，在中药养护中应加以防范。

（六）危害药材的虫种

1. 危害根与根茎类药材的虫种　烟草甲虫、药材甲、咖啡豆象、锯谷盗、印度谷螟、米扁虫、玉米象、大谷盗等。这些虫种，食性复杂，多数能耐于耐饥，除印度谷螟的成虫不食药材外，其余虫种的幼虫、成虫都会蛀蚀。烟草甲虫、药材甲、咖啡豆象等还能飞翔传播，危害性更大。

2. 危害花类药材的主要虫种　印度谷螟、粉斑螟、米扁虫、锯谷盗、药材甲、烟草甲虫、大谷盗等。其中以蛾类的幼虫危害性大。

3. 危害果实类药材的主要虫种　药谷盗、米象、米扁虫、印度谷螟、咖啡豆象、皂荚豆象、药材甲、烟草甲虫等。

4. 危害种子类药材的主要虫种　烟草甲虫、锯谷盗、印度谷螟、咖啡豆象、玉米象、米扁虫、赤拟谷盗、药谷盗等。

5. 危害动物类药材的主要虫种 米扁虫、赤拟谷盗、白腹皮赢、花斑皮赢、拟白腹皮蠹、赤足郭公虫、烟草甲虫等。

二、中药虫蛀的主要原因

虫蛀的发生与温度、湿度、氧气、中药化学成分等有密切关系,中药化学成分是引发虫害的根源;中药富含蛋白质、糖类、脂肪油、淀粉等成分,这些成分是害虫生存所必需的营养物质。

营养物质是害虫生长发育不可缺少的基本生活条件,也是影响其发育快慢、繁殖能力大小的主要因素之一。有些中药,如山药、党参、天花粉、芡实、黄芪、枸杞、当归、大枣、甘草、桂圆肉、薏苡仁、泽泻、紫河车、蕲蛇、土鳖虫、蛤蚧、鹿茸、蜈蚣等,之所以遭受害虫蛀蚀,是因为它们体内含有许多害虫可食的营养物质,而矿物类中药之所以不被蛀蚀,原因则是它们无法直接从矿物药上获取营养物质。

大多数中药害虫的食性通常较大,但它取食的主要成分还是有限的,一般多以脂肪、淀粉、蛋白质、糖类等为主。故凡含有这些成分较多的中药,遭受虫害即大,反之遭受蛀蚀程度就小。

害虫的食性随虫种而异,如单食性的豌豆象,只取食豌豆;小斑螟、大斑螟只取食或蛀蚀香附子;有些寡食性害虫,如胸角薪甲主要为害茎类中药;绿豆象只为害绿豆、赤小豆等。多食性的咖啡豆象,对独活、羌活、桔梗、木香、党参等多种中药都能蛀蚀取食。有的害虫,如皮蠹科的白腹皮蠹,对白花蛇、刺猬皮、豹骨、猴骨、紫河车、蛤士蟆、虻虫、蛤蚧等多种动物药也能危害。

三、易虫蛀的中药

(一) 根及根茎类中药

根及根茎统称根类中药,根类最易生虫的有独活、白芷(香白芷)、防风、川芎、藁本、泽泻、藕节、川乌(川乌头)、草乌、(草乌头)、前胡、南沙参(泡参)、莪术(文术)、山药、黄芪、当归、党参、板蓝根、苎麻根、珠儿参、竹七、白附子、贝母(包括川贝、炉贝、生贝、平贝、浙贝)、天南星、半夏、郁金、甘草(甜甘草、粉草、甜草根)、桔梗(苦桔梗)、天花粉、防己(汉防己)、明党参、姜(包括生姜、干姜)、仙茅、北沙参、狼毒(白狼毒)、白蔹等。此外,还有大部分属于一般易生虫的中药,如甘遂、金果榄、巴戟天、北柴胡、山豆根、光慈姑、何首乌、地榆、红芽大戟、乌药、节菖蒲、射干、三棱、升麻、乌药、葛根、太子参、紫草(紫草根)、赤芍、银柴胡、天葵子、延胡索、香附、续断、苦参、千年健、胡黄连(胡连)、大黄、白芍(芍药)、黄药子、两头尖、天麻等。

上述各类药材生虫程度的轻重并不是绝对的,这与其质量和各地气候有关系。如同样是防风,关防风(又称东防风)条粗肉厚,最易生虫;西防风(又称西口风)条细肉薄,生虫的就较少。又如草乌、黄芪等,在南方地区最易生虫,而在东北地区其生虫程度则较轻。

(二) 藤木皮类中药

较易生虫的藤木皮类中药有鸡血藤、肉苁蓉(甜大芸)、海风藤、青风藤、锁阳、桑白皮(桑根白皮)等。一般易生虫的有黄柏(黄檗)、椿白皮、寄生(北寄生、柳寄生、桑寄生)、桂枝等。

(三) 花类中药

较易生虫的花类中药有:款冬花、菊花(包括白、黄菊花)、金银花、凌霄花、闹洋花、芫花、木槿花(白槿花)、芙蓉花(木芙蓉)、蒲黄等。

(四) 果实及种子类中药

易生虫的果实及种子类中药有:枸杞子、川楝子、全瓜蒌、猪牙皂、金樱子、芡实米、薏苡仁、莲子、莲子心、佛手、香橼、槐角、橘红、陈皮、山楂、锦灯笼、无花果、麦芽、谷芽、栝楼皮、枳实、枳壳、浮小麦、槟榔、荔枝核、梭罗子、酸枣仁、皂角子、皂荚、荜茇、碧桃干、胡椒、柿蒂、山茱萸、胖大海、红豆蔻、木瓜、刀豆、肥皂子、淡豆豉、冬瓜子、枳椇子、赤小豆、白扁豆、黑大豆、肉豆蔻等。

(五) 动物类中药

易生虫的动物类中药有:蛤蚧、蕲蛇、白花蛇、水獭肝、刺猬皮、蛤士蟆、蜈蚣、虻虫、乌梢蛇、鹿胎、龟头、土鳖虫、紫河车、狗肾、红娘子、青娘子、斑蝥、蜘蛛、虎骨、豹骨、猴骨、龟板、鳖甲、九香虫、蟋蟀、壁虎、蛴螬、地龙、蝼蛄、蜣螂虫、鼠妇虫、桑螵蛸、穿山甲、干蟾皮、水蛭、鹿筋、象皮、僵蚕、蜂房、鸡内金、蛇蜕、海龙、海马等。其中蛴螬、蜈蚣、蜣螂、九香虫、桑螵蛸,以及蛇类是极易蛀蚀的品种。

(六) 藻菌类中药

较易被虫蛀的藻菌中药有:冬虫夏草、茯苓、灵芝、银耳等。

四、易虫蛀中药的检查

中药虫蛀的发生是有条件、有基础、有季节性的。为了搞好中药的养护工作,我们必须首先加强检查,才能发现虫情,从而及时有效地采取防虫治虫的措施,以达到安全贮存的目的。

据统计易受害虫危害的中药品种约400余种,按其危害的程度,可分为一般易虫蛀和极易蛀两类,前者约占200~300种,后者约为100~200种。检查应以后者为重点。因为它较前者发生快,被害速,若不及时检查发现,将会造成极大损失。

(一) 害虫危害中药的方式

(1) 豆象、麦蛾、玉米象等常以其蛹或幼虫在果实种子内发育、羽化,蛀食其中可食的部分,致使这类中药被害,呈空壳或空洞。

(2) 咖啡豆象、印度谷蛾幼虫,开始蛀蚀种子的胚部,随幼虫期的增长就蛀食种子的外种皮。

(3) 药谷盗和大谷盗,在种子表面蛀食,将种子外表蛀害得残缺不全;有些全草类中药,如锁阳、肉苁蓉等害虫是由外到内蛀蚀,严重时被蛀空成粉不堪药用。

(4) 蛾类仓虫喜在垛的上层和外表活动,故检查时应观察垛表面有无虫丝或幼虫;甲虫类仓虫多喜黑暗,在垛的下层或背光处藏匿,危害中药多自下而上。

(5) 凡能危害完整中药的害虫,一般称为前期性或第一食性害虫;只能取食某些中药的碎屑、粉末者又称后期性或第二食性害虫。在贮存养护中,了解害虫的食性与取食的方法,对害虫的检查、防治均有一定意义。

(二) 害虫检查标准及处理

仓虫的感染,不论是在中药保管期间,还是在产地以及运输途中均可发生。因此,凡对入库中药、在库中药,都必须经常检查仓虫的感染率,及早发现,及时处理,以防止仓虫繁殖漫延。

1. 仓虫感染度 中药遭受仓虫侵蚀的感染度是指甲虫、蛾和螨类在中药的个体数量。检查时可用感官或5~10倍放大镜观察。中药仓虫感染度一般分为三级:

(1) 谷象类:将中药样品通过筛孔为2.5mm的筛子,在筛出物中检查活、死甲虫数目,按1kg样品中甲虫数来确定其感染度:1~5头为一级;6~10头为二级;超过10头为三级。

(2) 蛾类及其幼虫、药谷盗:中药样品不必过筛,而用手挑拣。其感染度按谷象类标准确定。

(3) 粉螨类:将中药样品通过筛孔为0.5mm的筛子,在筛出物中用放大镜检查粉螨的数目;按每1kg样品中粉螨数来确定其感染度;粉螨不超过20头的为一级;粉螨超过20头,但粉峨可在表面上自由移动,尚未形成团块的为二级;粉螨很多,并已形成致密毡样团块,而且移动困难的为三级。

2. 感染度检查方法 测定仓虫感染度时,系取1kg样品,在各种筛上过筛3min,每分钟120转。通常可采用双层筛:上层筛的筛孔直径为2.5mm,下层筛的筛孔直径为0.5mm,筛框30cm。在直径0.5mm筛上会留下能通过上层筛的较大的甲虫,如谷象类;而在直径0.5mm筛的下面,则是螨类、灰尘等。如果中药样品过度冷却(低于5℃),必须将样品置室温1.5~2h;或将所得筛出物在25~30℃加温10~20min,待仓虫活动,再行计数。仓虫检测期,以春季温暖季节与夏季为宜,利于及时发现和处理仓虫。

3. 受感染中药的处理 受感染中药首先须经筛选、整理、干燥、消毒;然后根据感染度采取不同的处理措施:一级感染的中药可允许再供药用;二级感染的中药不仅要过筛,而且在消毒前应予拣选;三级感染的中药,则不能供药用。

(三) 易虫蛀中药的分类检查

检查时要逐个货位、逐个品种进行,首先检视仓间环境和药材垛表面。在药垛缝隙间的蜘蛛网上,常粘着有个体较小的仓虫,药垛地面、四周的粉尘碎屑中常有仓虫匿藏活动,用力敲打垛体下层和背光下角,有时会有蛀粉或仓虫落下。蛾类成虫喜在明亮处迁飞,如果某药垛四周蛾类成虫密集,应重点检查该垛。蛾类幼虫常在药垛表面吐丝,形成一层丝状薄膜。春、秋两季要注意垛体中上部及垛顶表面的检查。甲虫类仓虫多喜阴暗,常在药垛下层或背光处匿藏。对易虫蛀中药的检查应注意检查货垛周围有无虫丝、蛀粉等迹象,然后抽中心或底部拆包、开箱检查。在取样检查时先从外表观察,一般虫蛀现象从外观上都能看出,也可采取剖开、折断、打碎、摇动等方法,针对不同中药最易受害的部位进行深入地检查。

1. 根及根茎类中药的检查 蛀蚀根与根茎类药材的仓虫虫种较多,不仅幼虫、成虫都能危害,有的还能在储运期间衍生繁殖,危害性大。由于害虫食性及药材成分、形态和结构不同,如有的仓虫喜食淀粉,有的喜食糖分,有的喜食质地柔润的药物,也有专一蛀蚀少数几种药材的,因此仓虫的寄主、蛀蚀部位亦不相同,但有一定的规律。根及根茎类药材的主根、分叉、裂隙、擦伤破损处,常是仓虫藏匿或是最先蛀食之处,故可根据害虫蛀方式、部位,以及药材的性质、形态,采取剖开、折断、打碎、摇晃、敲打或滚动等方法进行检查。

圆柱状药材一般外表都有皮层保护,仓虫蛀蚀多在两端或周围裂隙伤痕处,然后向内发展。如防风、赤芍、牛膝等。党参、桔梗、南沙参、当归、独活等,先蛀蚀主根的头部,然后逐渐漫延到支根或全体。藕节、前胡、泽泻等中药,先在表面伤痕、裂隙处蛀蚀,最后进入内部危害。严重时,蛀成许多孔道,只剩下药的皮层。

大黄、防已等根条长或块根较大,质地坚硬的药材,可用力敲打视其有无蛀粉或虫体落下。黄芪、甘草若受蛀蚀,外表不易看出,若两端有白色粉点时,内部已被蛀蚀,严重的仅留根皮。检验甘草、黄芪是否生虫,可用手握住一端,往地上敲打,凡被虫蛀的一般较容易折断,蛀屑虫粪众多。检验白芷、天花粉时,可采用互相撞击的办法,如有粉屑漏出,说明已受虫蛀。检验南沙参、白芍、紫草等,则可用手折断后观看内心,至于体粗质硬的一些根类药材,可用刀切断或切成片,从断面上进行观察。对于检验颗粒状的莪术、珠儿参、白附子、贝母、天南星、半夏、光慈姑、两头尖、天葵子、延胡索、香附等,可将样品铺开使其滚动,然后仔细进行观察,才容易发现有无蛀口及蛀粉。对大个的泽泻、天麻等,应敲开检验其内部质量。有的药材,如太子参、延胡索、明党参、玉竹、天麻、郁金等,在采制时要经过加工蒸煮,若蒸煮不透,中心部淀粉质尚未糊化者易生虫。如延胡索,敲开后有粉质状白心的,说明未经煮透,而未煮透的一般就容易从白心开始生虫。葛根虫蛀多从两端切断面开始,继而逐渐蛀入其中,并在其内发育繁殖。被害较轻时,外表面难以发现虫迹,但用力敲振即能见到虫粉;危害严重时,不仅蛀成众多小孔,同时也能破坏形成层的棉毛样纤维(完整的根)。人参虫蛀易发生在主根上部及根茎处。田七支根折断处易发生虫蛀,且蛀孔很小,须仔细检查才能发现。

质地坚实的药材,虫害蛀蚀较缓慢,外表有明显蛀孔,如白芍、莪术、三棱、金果榄等。质地疏松的药材含有多量淀粉,蛀蚀时蛀孔发展快,如天花粉、白芷、泽泻、山药等。有的药材虫迹不易发现,外表只显残留须根或槽沟缝隙,应敲裂观察,如藕节、射干、藁本、苍术等。

2. 藤木皮类中药的检查 这类中药害虫危害的形式与根及根茎类药不同,如鸡血藤、木通、寄生等害虫在内部危害。厚的桑皮易蛀,薄的则不易蛀。松节、桑枝常被危害于皮木之间,只有折断或敲击才能发现虫迹。鸡血藤、首乌藤、海风藤等,仓虫可从茎枝内部纵穿蛀蚀,表面仅见小蛀孔,但经敲击振动或折断,即有蛀粉或仓虫落下。黄柏生虫常在皮内层或断裂处发生,或在两片相叠处或厚树皮的中间出现条条蛀痕,虫粪填入蛀坑缝中;槲寄生的茎枝易蛀;桂枝生虫常蛀蚀木部,桂枝片则生虫现象较少;椿皮质松,被蛀后可见累累蛀迹遍及全体。

检验这些药材时,要根据它们的不同情况采取不同的方法。例如,鸡血藤的体质坚硬,不易折断,敲击震动后,生虫的就有蛀粉或活虫落下;海风藤、青风藤、桂枝等,从外表上或折断后从断面上就能看出是否生虫。厚朴、肉桂、沉香、檀香较少受仓虫危害,其他品种一般也都可以从外表看出。

3. 花类中药的检查 花类药材虫蛀规律是:陈货比新货易生虫;潮软的比干燥的易生虫。如蒲黄新货不易生虫,陈货则易生虫。花色鲜艳、花朵完整、干燥、散瓣碎屑少的则很少生虫。

如发现花朵变软、颜色黯淡、散瓣碎屑多的则必须细致检验。检查时可根据不同花型,采取抖动、研开、筛簸等方法。检查时应重点检查花冠、花蕊处,因花类中药虫蛀部位一般多在花冠或花蕊处,如凌霄花、闹洋花、芫花、玫瑰花、月季花、金银花等,被蛀的花类药材,花瓣零落。检查方法是将花蕊掰开或将花冠筒展开,有些品种要摊开检查,如红花。

由于花类药材的产地、品种和加工方法以及贮存时间等的不同,它们的生虫程度也不完全相同。如蒸制过的菊花就不大容易生虫,而烘干和晾干的则比较容易生虫,且多在花序中心危害。这些花类药材生虫后即易发霉变色。菊花、芙蓉花等受潮后还会散瓣。

花类药材生虫时其外观表现各不相同,如凌霄花生虫后,花冠多有蛀洞;款冬花生虫后,鳞状的苞片碎落,鳞状苞片缝隙处出现棉絮状细丝,使花朵互相粘连在一起,苞片碎落;菊花生虫,则多在花头的中间部分。呈朵状开放的花,生虫时一般多从花蕊部位开始,重瓣花仓虫常潜伏在皱缩的花瓣内,如玫瑰花、月季花、白槿花、山茶花等。代代花、金银花、槐花(米)生虫,因蛀孔很小,不易发现,严重时能将花苞体蛀空,仅留外表部,有时也会被蛾类幼虫吐丝缠绕,匿伏为害。莲须、红花生虫多在包装四周吐丝缠绕,粘连成串。

凌霄花、金雀花、芫花、闹洋花多在花冠内生虫;木槿花、芙蓉花又多在花瓣和花蕊处生虫;芫花朵小,一般易在花内生虫,使花朵零乱;蒲黄的花丝和花粉粒易被虫蛀而连结成串状,尤其在靠近包装物处更易生虫。检查时要根据具体品种的特点进行。如检查芫花、菊花、款冬花时,可将样品放在平铺的纸上,用手抓起抖动,看其是否有害虫及虫粪落下。结块的都应掰开检验。而检查凌霄花、木槿花、芙蓉花、闹洋花时,可把蜷缩的花瓣展开,看花冠内接近花萼部位是否有虫。

4. 果实及种子类中药的检查 果实及种子类中药富含糖质、淀粉、脂肪油等成分,且这些成分是害虫最喜食的物质,也是害虫生长发育不可少的养料,所以这类中药极易被蛀。一般来说,肉厚丰满、无外种皮保护的种子类药材易生虫。对有种皮保护的细小种子,仓虫则常蛀蚀种子外表的膜衣或果肉的残留部分,易吐丝结串,污染药材。

种子类药材生虫常与其完整性有关,若种子破裂残碎则易生虫,仓虫都从破口处侵蚀,如酸枣仁、杏仁、冬瓜子、郁李仁等。胖大海只要外皮不破碎,内部即不易生虫。带外壳的使君子一般不易生虫,但容易萌霉泛油,去壳的使君子仁则易生霉泛油和生虫。婆罗子若外壳不碎,栝蒌外皮不破损,都具有保护作用,一般不易生虫,破壳的则易生虫和萌霉。圆粒状种子,由于质地坚硬,仓虫侵蚀慢,外表仅现细小蛀孔,故应仔细观察,如赤小豆、莲子、刀豆子等。莲子心生虫常结丝污染。多数细小的种子如青箱子、车前子、葶苈子等生虫常吐丝成串。仓虫排泄物污染药材,可通过筛子过筛,从筛出的碎粒屑中检查仓虫。某些果实类药材生虫,往往先从内部开始,如金樱子、川楝子、无花果、猪牙皂、红豆蔻、酸浆、胡椒、预知子、麦芽、谷芽、浮小麦、胖大海等被虫蛀蚀以后,外表蛀迹虽不很明显,但内部往往已蛀蚀得很厉害。橘红、陈皮等生虫,一般都在果皮的里层部分,害虫的排泄物往往结丝成串。山楂、红枣被虫蛀,表面可见蛀洞,蛀洞周围果皮紧缩发黑,掰开后可见幼虫或虫粪(多为蛾类幼虫)。

种子类中药,要注意去壳种仁表面的残核状和带壳种子表面的蛀洞。被甲虫类仓虫为害的种子表面,形成不易察见的蛀洞,检查时要击碎,例如槟榔底部疏松部位(珠孔和种脐)易被钻蛀,应砸碎检视。种子类药材生虫的现象比较复杂,一般圆粒状的荔枝核、莲子、刀豆、肥皂子、淡豆豉、赤小豆、白扁豆、肉豆蔻等都能从外部看出细圆的蛀口。芡实米的品种不同,生虫的情况也不同，一般是白皮的比红皮的容易生虫，碎粒的比整粒的容易生虫，带外种皮（俗称带壳芡实）则不易生虫。槟榔的中心部位最易生虫，往往中间被蛀成深深的小洞，但要注意原个的槟榔，多数中间有洞，但并不都是蛀口，应敲开观察内部。薏苡仁生虫的部位在其凹沟里。莲子心、红曲每多被虫丝包住结成串状。梭罗子生虫后多从内部蛀出，在破裂处更易见到虫粪。冬瓜子生虫后，也容易结串，并从内部蛀出，而外表不易发现。对这类药材的检查，可用容器盛出样品，并将样品摊开，然后翻动观察是否有蛀口和蛀粉以及虫粪等，梭罗子可剥开其外壳检验，特别对外壳有裂痕的更应注意。皂荚的壳最易生虫，只要敲动或把荚壳剥开，生虫的就有蛀粉和虫粪漏出。

果实类药材其生虫往往与干湿程度有关，干品虫情发展慢，危害较小；潮软者虫情发展快，危害面广。成件的商品，接近包装上下四角处易生虫；尤其是软润多汁的肉质及含糖分的药材，仓虫最易孳生繁殖；有些果实表面迹象不明显或仅有细小蛀孔，但内部已严重蛀蚀，如胡椒、金樱子、川楝子、红豆蔻等。大枣生虫常从破口处潜入果实内部，外表蛀迹不显，仓虫在果核四周扩大危害，检查时剥开果肉，内面可见众多仓虫和排泄物。切成两片的柑果类药材，蛀蚀常在瓤部空隙处开始，并吐丝排粪结串污染，如枳壳、枳实、木瓜等。枸杞子、桂圆肉等用木箱包装，若商品盛装结实的，生虫时一般仅在表面，凡不严重者不要轻易松动，可将蛀蚀部分及时杀虫处理。陈皮、化橘红等生虫，常在果皮内面危害，有的果皮皱缩摺叠不易发觉，但有排泄物；柿蒂生虫常蛀蚀果实剥离处之残肉部位，坚硬的宿萼不易受损。山楂分南、北两种，南山楂粒小肉薄不易生虫，北山楂果大肉厚，有的切成片，容易生虫。黑白两种胡椒，白胡椒粉性大，比黑胡椒易生虫。酸浆（带果实的），则应将宿萼揭开，然后观看浆果是否生虫，宿萼不易生虫，而带有果实（浆果）则易生虫。木瓜、枳实、枳壳等则往往从中心开始生虫。碧桃干又往往在外部生虫。猪牙皂、荜茇等，只有用手折断后才能看出是否生虫。川楝子、金樱子、预知子、无花果等，用锤将外壳锤破，才能看出是否生虫。佛手、香橼、橘红、陈皮等，应从折叠部分或卷合部分仔细检查才能确定其是否生虫或发霉。箱装的枸杞子，易在箱子四角和边缘处生虫，而中间的则不易生虫。开箱检验时应选择晴天进行，以防潮气侵入，发生软化。同时，翻动的次数也不宜过多，以免皮破粒碎，影响质量。

5. 动物类中药的检查　动物类药材应重点检查动物干尸的腹部、尾部、肌肉残留处。昆虫类药材生虫时，虫体外表蛀迹不显，但翅足易残损脱落，虫体空虚，外表不洁。

各种动物类药材生虫的部位一般都不同。如蛤蚧和壁虎的尾巴最易被虫蛀蚀，有时内部也易被虫蛀空，只留一层薄皮。蕲蛇、白花蛇、乌梢蛇等全体都易受虫蛀，严重时甚至将蛇肉全部蛀尽，仅留头骨部分。狗肾、鹿筋、紫河车等，害虫又往往易在缝隙深处隐藏。虻虫、土鳖虫、蟋蟀、蛴螬、蝼蛄、九香虫、蜣螂虫等昆虫类药材，一般都是在腹部蛀蚀，从外表上则不易看出。蛤士蟆、干蟾皮、地龙、象皮、蛇蜕等生虫后，从外表上较易发现。鸡内金、龟甲、鳖甲、穿山甲片等生虫，仓虫易蛀蚀残留的筋、肉或糠屑，如整张的穿山甲皮生虫后，往往带脂肪的皮层被蛀蚀，但不损硬甲，其甲片一般不生虫。豹骨、猴骨、龟板、鳖甲等，其害虫又多只蛀蚀骨外残留的筋肉。鸡内金生虫时，害虫只蛀蚀其表面残留的糠屑。桑螵蛸和蜂房生虫后，害虫一般是蛀蚀窝内已死的螳螂卵或蜂蛹。海龙的害虫能蛀入其体内，但干燥的则不易生虫。

从上可知，动物类中药被害虫危害的形式很多，有的隐蔽在昆虫药体内蛀食，并在其中发育繁殖，如土鳖、蜣螂、九香虫；有的裸露在动物皮毛或骨骼的筋膜上蛀蚀，如穿山甲、刺猬皮、猴骨;也有的利用药材本身形状的特点作掩体,潜伏其中危害。因此,检查动物类药的害虫,除认真观察筋膜肌肉、关节、内外表皮外,对甲壳类昆虫药,还需割开胸腹检查。特别在检验蛤蚧、壁虎时,除了从表面观察以外,应用手捏一下尾部,看其是否坚实,如感到虚空时,则应注意检查。因为蛤蚧、壁虎的尾部完整与否,对疗效有很大关系。又如在检查桑螵蛸时,可用手将其折断,观察内部,如窝内的虫卵有黏性浆汁,说明还未死亡,到一定时候,就会孵化变虫,破巢而出,造成损失。遇到这种情况,可用熏蒸办法将虫卵杀死。浆汁未干的桑螵蛸还易引起发霉。在一般情况下,昆虫类药材生虫时,都有外表不整洁、带有虫粪、翅足残损脱落、虫体空虚等现象,在检验时可加注意。

6. 藻菌类中药的检查 这类药材品种不多,易生虫品种多为真菌的子实体或菌核。检查时,要看表面有无蛀洞,或采取轻轻叩打、击碎的方法来检视。如冬虫夏草等,一般都是先从内部蛀起,而且仅有细小的蛀口,从外表上不易看出。灵芝生虫时表面蛀孔细小,常蛀入内部危害。茯苓的规格多、形状不一,生虫的情况也都不同。个苓的皮层不破裂,一般不易生虫;但如碎裂破皮或有疏松的部位,则最易生虫。茯苓皮质地疏松,易生虫,生虫多在皮层内部质松的地方。块状和片状的赤白苓、茯神等则很少生虫,块苓较片苓易生虫。原包装的在容器边缘地方较易受潮而生虫。检查这些药材时,要根据它们不同的特点来进行。如冬虫夏草有扎成把的和散装的两种,对扎成把的就应拆把进行检查。冬虫夏草一般都是从内部先蛀,因此在检查时可用手指捏一下,如腹部空而不实的,应注意是否有生虫现象。这种药材正常的其断面都是黄白色带粉性。检查茯苓时,应根据其不同的形状观察其容易生虫的部位。对箱(桶)装的片苓应将原箱(桶)打开后层层检验,且验检时必须在包装四周和底面层取样。

7. 中药炮制品类的检查 中药炮制品种较多,方法各异。由于各药的性质和炮制加用辅料等的原因,常常易霉、易蛀。如盐炙的泽泻、荔枝核、桔核;蜜炙甘草、百部、黄芪、桑皮、百合,不仅易吸潮、稀化,使其含水量增加,同时也易被虫害。有些发酵、发芽及复制品,如建神曲、半夏曲、六曲、胆南星、淡豆豉及谷芽、麦芽,也是被蛀的对象。检查时应以这类炮制品为重点,如六神曲、建神曲装箱、开箱检查时先注意底层和四周,这些部位因易吸潮,往往先生虫,要及时发现,防治虫患。

8. 中药成药类的检查 中药成药有散、丸、丹、膏、露、酒、锭、囊、曲、糊、液、油、片各种剂型,在这些剂型中,尤易虫蛀的是丸剂。如三肾丸、二陈丸、二至丸、八珍丸、六味地黄丸、半贝丸、四君子丸等。害虫对其危害方式,先在表面蛀孔,后逐渐深入其中,寄居于内,在其中取食、发育繁殖后代。

害虫对散剂药的危害是,先吐丝粘连粉末,营造一中空且呈连珠状的茧,然后,居匿在内取粉蛀蚀,从表面观较难发现其迹。所以,发现丸粒有蛀孔,粉末有粘连时,要割开检查。

五、仓虫的防治措施

对易生虫的中药,在贮存养护过程中除了要勤检查以外,还必有必须从杜绝害虫来源、控制其传播途径、消除繁殖条件等方面入手。因此贮存这类中药时,首先要选择干燥通风的库房,若库内地面潮湿的应加强通风,并可在地面上铺放生石灰、木炭等;药架底垫木要离地 40cm 以上。

（一）选择正确的采集加工炮制方法

选择适宜的采集时间与方法，即可提高有效成分含量，又能防止害虫为害。中药采集后必须经过加工炮制才能供中医临床使用，一般要经过净选加工、干燥、包装等程序，其中净选和干燥最为重要，干燥适度，能彻底将害虫杀死。而过潮的中药一般都易生虫，非药用部分的残茎、毛须、碎屑等去除不净的，也容易孳生和匿藏害虫。有些中药的干燥方法与中药的变异有密切的关系，如用日光晒干的橘皮，就容易返潮发霉和生虫；而烘烤干燥的就不易发生这些变化。有些中药蒸透后不易生虫，蒸得不透的就容易生虫，如延胡索加工时蒸得透，能使淀粉粒糊化，质地变得坚硬，故不易生虫；如蒸得不透，其内心粉白，就容易生虫。因此，采取适宜的加工干燥方法，完全彻底杀灭害虫及虫卵，去除非药用部位，对防止虫害发生，减少药物在贮存中的各种变异，具有十分重要的作用。

（二）控制中药的含水量

中药的生虫与否和它的含水量有着重要的关系，在一定条件下，中药的含水量越高，造成虫害愈严重。相反，如果把含水量控制在一定标推下，就能抑制生虫或减少虫害的发生。

（三）加强入库验收

中药入库时，对于易生虫的药材除了对其规格、真伪、优劣等进行全面检验以外，还应着重检查其是否受害虫蛀蚀以及其水分大小等情况。作为虫检，首先检验包装周围和四角部分有无虫迹。经敲打震动后，是否有蛀粉及虫粪落下。同时应注意包装容器本身是否干燥。然后取样检验药材的内外部是否生虫。具体检验时，可根据药材的不同情况，采取剖开、折断、打碎、摇晃等方法来进行。尤其对容易生虫的部位更要细致检查。通过检验，如发现有生虫时，应即与未生虫的隔离分别堆放，并及时采取相应的杀虫措施，避免交叉感染，扩大危害。如包装不适合的，应即改换包装或者将其整理好后入库。

（四）做好在库检查

有些易生虫中药，在入库验收时虽没有发现害虫，但在贮存过程中如不加注意，仍有可能会生虫，因此必须做好经常性的在库检查工作。检查要依次逐包逐件，逐堆逐垛的进行。根据鳞翅目蛾类害虫喜在药堆包件上层或外表活动习性的特点。首先，要注意观察药垛表面有无虫的丝茧、幼虫及飞蛾。当然，对包件内也须抽样查看。因有些害虫，如鞘翅目类，通常喜居黑暗处，常在药的堆垛之下或深处藏匿危害，并自下层而逐渐到达上层蛀蚀。故对包箱内观察，也重要。

检查时间，可定期或不定期的进行。一般夏秋季气温高，湿度大，有利害虫生长发育，可5～7天检查一次；冬春季，温湿度低，不利害虫生长，可每10～15天检查一次。要根据品种季节的具体情况进行定期和不定期检查。

（五）控制库房温、湿度

害虫的生长发育、繁殖等的生命活动，对温、湿度有一定的要求，害虫在适宜的温度范围（15～35℃）内通常能完成其正常发育，水是中药害虫进行生理活动不可缺少的基本条件，害虫体内所进行的全部生物化学反应都是在有水的情况下进行的，没有水就没有害虫的生命活动。因此加强库内温、湿度管理，选择干燥通风库房，并辅以吸潮剂、垫高垛底及适宜材料隔潮，使中药保持干燥，则可杜绝害虫滋生。

（六）检疫防治

检疫防治的目的是为了防止危害性病、虫、杂草、种子等的传播和蔓延。我国原已规定的对外检疫对象有谷象、四纹豆象、谷斑皮蠹等，对内检疫对象由各省自行规定。中药进口有 50 多种，出口达 300 余种，均须按国家规定做好检疫。

（七）合理安排出入库

易蛀中药陈货较新货更易生虫，故应视具体品种新陈、质量状况，易蛀中药宜先行出库。同时，对此类中药的货垛，应有明显标帜，以利于保管养护。每年 5 ~ 10 月，气温高、湿度大，为仓虫活动繁殖旺盛期，应采取各种有效措施予以防治。

（八）虫情测报

加强虫情观察，掌握仓虫发生规律。尤其在成虫活动季节，要加强在库贮品的检查，或用诱虫灯诱扑。有的国家还采用“商品雷达”测报虫情、收到了良好效果。

六、中药仓虫的防治方法

每当提到害虫，人们就自然而然地问用啥农药来喷洒，这是化学药剂垄断半个多世纪以来所播下的迷雾与惯习。随着化学农药的大量使用，它出现了不少不良后果。首先是单一地使用化学农药，害虫、病菌逐渐产生了抗药性。这种抗药性的不断增强，已经使许多杀虫、杀菌剂在原有杀死浓度下不能发挥作用，使农、林、药业生产与仓储中的病虫害又猖獗了起来。其次是化学农药的使用，特别是为了对付抗药性的增强而提高施药浓度和施药次数，造成了农药对环境的严重污染，有些农药在药材和农作物体内高度残留，对人畜直接有害。这种危害完全违背了农、药业及其产品贮备为人类提供更多、更好的食物与保健医药的宗旨。故在中药害虫的防治问题上，不宜过多地使用化学农药，而应立足以防为主，积极推广介绍无污染无公害的现代防虫治虫新科学新技术。

中药仓虫常用的防治方法有清洁卫生防治法、密封防治法、高温防治法（曝晒、烘烤、热蒸等）、低温冷藏防治法、埋藏防治法、异性对抗同贮防治法（山苍子防虫、花椒防虫、樟脑防虫、大蒜防虫、丹皮防虫、伤湿止痛膏防虫、乙醇诱杀、白酒防虫等）、气调养护防治法（充 N_2 降 O_2、充 CO_2 降 O_2、自然降 O_2）、化学药剂防治法（磷化铝、氯化苦）、生物农药防治法、药剂消毒、隔离感染等。种子类药材也可用开水浸烫法杀灭害虫，具体做法：将种子类药材用纱布包好或装入篮子内，然后放入开水中浸泡半分钟，取出立即摊开晒干。但要注意，药材量大时，开水要多，每次只能烫 10 ~ 15kg，此法不但不影响种子的发芽率，相反，可缩短发芽时间，处理最佳时间为在收获后 10 ~ 15 天内。

第三节　中药鼠害与养护

我国是一个鼠害十分严重的发展中国家。据有关部门近几年估计,全国每年因鼠害造成的药材经济损失达数十亿元;鼠害造成的农田受害面积约 2 667 万公顷;粮食损失 1 500 万吨;因鼠害污染传播与感染造成流行性出血热病的病人达 70 多万人,约占全国总人口的万分之六。因此,防治鼠害已成为仓储中药养护工作的一项重要任务。

一、常见害鼠

老鼠是哺乳类小型啮齿兽,种类很多,特征各异。我国发现的家鼠和野鼠约 80 种,中药仓鼠常见的有褐家鼠、小家鼠和黑鼠。

(一) 褐家鼠 *Rat tus norvegicus* Berkohout

褐家鼠亦叫坑渠老鼠、白尾吊、沟鼠、挪威鼠、大家鼠、水老鼠、谷仓鼠。一般隐藏在居民住宅区内的沟渠、下水道、厕所、仓库、杂物库房、垃圾堆等潮湿、阴暗场所。成年褐家鼠体长一般约 120 ~ 220mm,体重约 60 ~ 350g,体型粗大;全身除腹部外为褐色或深褐色,背部颜色更深,腹部浅灰白色,与体侧毛色有明显分界;上门齿无缺刻;口鼻圆钝,耳短圆厚不透明,向前折不及眼;尾长显著短于体长,尾呈二色,上黑褐下灰白,尾毛稀少,表面鳞片明显,尾环显著;雌体有乳头 6 对:胸部 2 对,腹部 1 对,鼠蹊部 3 对。前后足背白色,后足粗长,大于 33mm (图 7-22)。褐家鼠是我国分布最普遍的家鼠之一,繁殖能力强,雌鼠出生 3 个月性成熟,妊娠期 21 ~ 22 天,每窝平均 8 ~ 10 只仔鼠。褐家鼠平均寿命为 6 ~ 7 个月,很少超过 2 年。听觉、嗅觉和触觉很灵敏,善于打洞和游泳,不善攀登,喜栖息于温度稳定潮湿的地方,具有同类残杀性,主要在夜间活动,以黄昏和黎明活动最频。

图 7-22　褐家鼠

(二) 小家鼠 *Mus musculs* Linnaeus

小家鼠,别名小鼠、小老鼠、鼷鼠、小鼠、小耗子,属于啮齿目,鼠科。主要隐藏在纸箱、杂物堆、地板缝隙等,以棉絮、纸屑等作铺垫物。成年褐家鼠体长一般约 60 ~ 90mm,体重约 7 ~ 20g,体形瘦小;毛色变化较大,背毛灰褐或灰棕色,腹毛灰白或灰黄色,背腹毛间界限不明显;口鼻较大,耳大;尾尖细,尾长与体长相等或略短,尾二色不明显,尾背部毛色几乎与背部同色,尾腹部毛色稍浅,呈沙黄;雌体乳头 5 对;上颌门齿有缺刻 (图 7-23)。小家鼠繁殖能力很强,在生活条件适宜的情况下,一年四季均可繁殖。怀孕期约 20 天,产后马上又能交配受孕。春、秋各有一

图 7-23　小家鼠

次繁殖高峰，一般年产 6 ~ 8 胎，每胎产仔鼠 6 ~ 8 只，仔鼠 2 ~ 3 个月性成熟后即可繁殖。小家鼠一般寿命不到一年，平均寿命为 100 天。善攀登、跳跃，必要时也会下水游泳，常栖居室内不常被人挪动的物体内外、比较隐蔽、干燥和食源近的场所，洞口较多，常在墙基、仓库、货物堆和保温层内打洞筑巢。贪食，该鼠昼夜都活动，最活跃的时间是晚上，多在地面沿墙根和家具旁边行动。奔跑迅速，攀登能力强。在黄昏和黎明前有两个活动觅食高峰。

(三) 黄胸鼠 *Rattus flavipectus* Milne-Edwards

黄胸鼠，别名长尾吊、黄腹鼠、屋顶鼠、黑家鼠、船鼠。主要隐藏在屋顶天花板、缝隙、杂物堆、垃圾堆、货场和下水道内。成年黄胸鼠体长一般约 140 ~ 180mm，体重约 60 ~ 180g，体形较褐家鼠纤细，嘴尖；背毛棕褐色，尖端黄褐，腹毛灰黄，胸部黄色更深，呈棕黄色；尾长大于头部与身体之和，尾毛黑色，背腹一色，有细毛和鳞片。耳大且薄，前折可遮住眼；前足背面中央毛色暗灰褐色，周围白色，后足背面白色；雌体乳头 5 对，胸部 2 对，鼠蹊部 3 对；上门齿无缺刻（图 7-24）。黄胸鼠的繁殖力大致与褐家鼠相同，只是每窝的仔数较少，为4 ~ 10 只，平均 6 只。善于攀爬与跳跃，鼠洞构造简单，食性复杂，具肉食性，昼夜均活动，但以夜间活动为主。在黄昏和黎明前有两个活动觅食高峰。黄胸鼠的平均寿命与褐家鼠相似。

图 7-24　黄胸鼠

二、鼠的发育规律与生活习性

(一) 发育规律

老鼠一生分三个时期：①幼小时期：即生后两个月内，一般在巢内范围活动。但小家鼠 2 个月即可交配繁殖。②壮年时期：即 3 ~ 9 个月时，为一生中活动最活跃、最高涨的时期。③衰老时期：即 10 个月以上，其活动力即日渐衰退，嗅觉，行动也随着迟钝。

(二) 繁殖力

鼠的生长发育很快，幼鼠出生的头两个月主要生活在窝巢内，随后即能跟随母鼠离巢活动。鼠的个体小，性成熟早，一般不到 3 个月，3 ~ 9 月龄是家鼠类一生中最活跃时期，随后活动能力逐渐减弱，18 个月龄的个体即失去活动能力。怀孕期短，产仔数多。大多数鼠类每年产仔数次，每次可产仔 4 ~ 8 只。母鼠受孕不到 3 个月，即可产仔，仔鼠 2 ~ 3 个月成熟即可繁殖后代。

鼠的寿命一般为1年左右，由于较强的繁殖能力，通常灭鼠达标后半年内，又会恢复到达标前的鼠密度。

（三）活动规律

1. 行走　老鼠是昼伏夜出的动物，为避开人类的干扰，多在夜间活动，活动时靠墙根或固定物边行走，形成鼠路。褐家鼠多在100～150m范围内活动；小家鼠活动范围较小，多在栖息地30～50m内觅食、活动。鼠类都愿走熟路，特别喜沿着墙壁、货堆或其他有直立面的物体行走，它尽可能藏在物体下面或背后。喜欢走狭隘的道路，不愿走两侧毫无凭借的地方。

2. 攀登和跳跃　三种家鼠均能攀登，其中黄胸鼠更善攀登；褐家鼠能垂直跳高60cm，小家鼠也能跳高30cm。

3. 游水　三种家鼠均能游水，褐家鼠水性最好，能在水面浮游60～72h，潜水30s。

4. 栖息　褐家鼠有趋湿性，主要栖息地下层，善打洞栖居；黄胸鼠和小家鼠喜干燥，黄胸鼠主栖高层，小家鼠多靠近食源处栖居，栖居条件简单，常在抽屉、报纸堆、旧鞋、絮窝栖居。

5. 打洞　老鼠挖洞营巢做窝的能力很强，在松软的土壤可打洞长达3m，深度可达0.5m。老鼠做窝地点多在地板下、墙壁空洞、天花板、顶棚以及药材货堆中，甚至有时在中成药的纸箱或木箱中做窝生仔，危害商品。

6. 咬啮　家鼠有一对非常坚硬锐利的门牙，为保持其门齿的适当长度，每天必须有咬啮动作，凡有棱角的东西，如果其硬度低于鼠齿，都是老鼠喜欢咬啮的目标。因此，仓库门窗和药箱等处很小的洞隙，常被老鼠咬啮成大洞进内做窝或取食等。

7. 迁移　栖息场所是鼠类生存的基本条件，如原栖息地受到干扰破坏，或食源缺乏，鼠类发生疫病等原因，老鼠便会迁移。故灭鼠前不应改变鼠类栖息、活动环境，以免影响灭鼠效果。

8. 探索行为　老鼠的好奇心很重，经常不断探索周围环境的物体、食源、地形、躲藏场所，不断适应生存繁衍的环境。

9. 摄食行为　三种家鼠均为杂食动物，褐家鼠和黄胸鼠食性广，各种谷物、肉类、水果、垃圾、动物粪便都吃，小家鼠喜吃高蛋白和高碳水化合物食物。褐家鼠和黄胸鼠对水的依赖性很大，尤其是褐家鼠，褐家鼠和黄胸鼠每日需饮水15～30ml，两者可禁食48h，但禁水只能耐受24h，缺水不能生存。小家鼠对水及食物的需求量小，耐受性大。老鼠主要在夜间活动，黄昏和黎明前有两个活动觅食高峰。鼠类有强烈的探索行为，其在探索环境的同时，也尝试环境中的食物。开始时取食量很少，每次尝试时间的间隔较长。随取食量逐渐地增加，间隔时间也不断缩短。鼠类的这种摄食行为对毒饵灭鼠、特别是急性灭鼠剂的灭鼠造成很大的困难。鼠类摄食行为的另一种表现是搬拖食物，褐家鼠一天可搬拖数公斤食物隐藏在洞内或其他隐蔽场所，故灭鼠时最好用粉状或小颗粒的毒饵，以免被鼠类拖走。

10. 避物反应　鼠对不良经历的记忆可达数月之久，在这段时间内会回避引起这种经历的物体。鼠类常小心地避开异物甚至异常食物，开始先取食少量，随后逐渐增加，提防因摄食不当引起中毒死亡。这种回避反应又称为新物反应。这种反应是鼠类被人们认为"狡猾"、"机警"的来由。而这种行为，也是造成了使用急性灭鼠毒饵后鼠拒食的原因。一些捕鼠器和新饵物首先是被当作一种新奇物件而回避，并非当作致死器械。鼠类可能多日回避一种新的食物，当它们开始取食一种新食物时，开始只取"标记性"的一点，如果这一点有低于致死剂量的毒药而使鼠生病,即会加强鼠的避食反应,所以我们在使用毒饵之前须先用无毒饵物,避免产生避食反应。老鼠的记忆力比较强。对取食的途径环境、食物的存放位置记忆能力可达一周左右,我们可以根据老鼠的这一特点捕杀老鼠。

货栈和垃圾堆这种地方,"异物"和多种食物经常出现,在这里生活的鼠类很少或没有回避反应,可以接受任何食物。黄胸鼠和褐家鼠对新出现的物体有恐惧回避行为,小家鼠没有这种新物反应,喜欢接近新发现的目标。

(四) 感觉记忆力

老鼠的感觉器官发达,嗅觉、听觉、视觉和味觉都很灵敏,它可利用敏锐的嗅觉去寻食求偶,并进行个体间的联系。鼠类经常在活动的路线上留下尿和生殖分泌物,鼠类就沿着这些有特殊气味的路线活动。鼠能辨别气味,如捕鼠工具上沾有人的手汗或鼠血气味等;能辨认一切物体大小,并能听到很轻的声音,能判断声音的来源。老鼠的触须是一种复杂的感觉器官,粗长刚硬,特别灵敏,时刻用以触探周围的物体,在黑暗复杂的环境中可利用毛、触须来判断方向。老鼠的眼睛能适应夜视,但视力很差,且为色盲。其味觉也很灵敏,故配制毒饵的物品必须新鲜干净,灭鼠剂含量要准确均匀,否则易引起拒食而达不到预期效果。

三、鼠的来源传播及危害

(一) 鼠的来源与传播

鼠主要是从库外进入,或随药材被带入库内,并在库内大量繁殖与传播。

(二) 鼠类对中药贮存造成的危害

鼠害,历来就是中药贮存中的防治对象之一。鼠害究竟对中药的贮存会造成些什么样的危害呢?

1. 盗食药材 鼠类是啮齿动物,它的口器功能和消耗功能都非常强,而且还有善于"贮存"的习惯。它们吃掉大量的药材,不仅直接导致数量减少,而且严重破坏药材性状,影响药材品质。

2. 污染药材 鼠类喜食的药材,都是一些淀粉、蛋白质、脂肪、糖类等营养物质含量很高的品种,它们偷食后还会排泄粪便,致使被污染的药材不宜供人食用,或给人体健康带来危害。

3. 传播病原物 鼠类数量多,分布广,迁徙频繁,是很多疾病发生和流行的传播媒介,是多种疾病,如鼠疫、钩端螺旋体病的宿主动物,能传播鼠疫、流行性出血热、恙虫病和钩端螺旋体病等三十多种疾病,同时还是仓库害虫(如螨类及虱)传播者。鼠疫是原发于鼠类并能引起人间流行的烈性传染病,传染性极强,近年来流行性出血热发病率有上升趋势,而人类流行性出血热是接触了带有汉坦病毒的鼠类及其排泄物、分泌物而感染的。钩端螺旋体病具有多宿主性,其中与鼠有关的占相当大的比例。2003 年世界 32 个国家和地区发生流行了 SARS,相关机构对其病源开展了广泛研究,有关专家认为 SARS 可能与老鼠有关,曾有一例疑似 SARS 病者在发病前 10 天曾用鼠夹捕捉老鼠,香港淘大花园 SARS 暴发流行可能与鼠类有关。寄生在鼠体内的蠕虫类寄生虫,如吸虫、绦虫、线虫可引发血吸虫病、绦虫病和线虫病等。另外老鼠尿液可传播细螺旋体病，这种疾病1985年在泰国被发现。这种疾病除透过皮肤感染外，若吃过被老鼠尿污染的食物和水，也可以患病。

4. 破坏包装和建筑物　咬破包装袋，在仓墙上掘洞，破坏门窗，咬破气调密封塑料罩等，从而导致药材变质，故其危害不能轻视。

四、鼠害的预防措施

1. 保持库内外清洁卫生　要清除鼠类栖场所，首先要搞好环境卫生，各种物品放置要有序，保持清洁，防止鼠类营巢。保持下水道通畅，清除杂草、垃圾，防止鼠类栖息。

2. 断绝鼠的食源　家鼠的生存有赖于食物、隐蔽场所和水源，没有这三个条件，家鼠就不能生存。断绝老鼠的食料与水的来源，就能有效地阻止褐家鼠和黄胸鼠的孳生。实践证明，井然有序的库房管理，不但有利于贮存工作，而且也有助于防治鼠害。

3. 防止鼠类入侵　应着重对仓门、仓墙和库区环境进行改进，阻断仓鼠进出仓库的通道。仓库的门框下缘应包钉30cm高的铁皮，库门及窗关闭后应缝隙应小于0.6cm，不能给老鼠留有进出仓库的空隙，白天开库房门时应加挡鼠板，或安装自动关闭的铁纱门，凡窗、气窗、通风孔等的都必须装铁丝网。仓库破损的墙壁、鼠洞及各种管道和电缆周围的空隙应及时修补堵塞，使鼠不能钻进。在库外离地面高60cm处抹一平滑的防鼠带，各种管道上要加挡鼠板，防止鼠类攀登入库（图7-25、图7-26）。

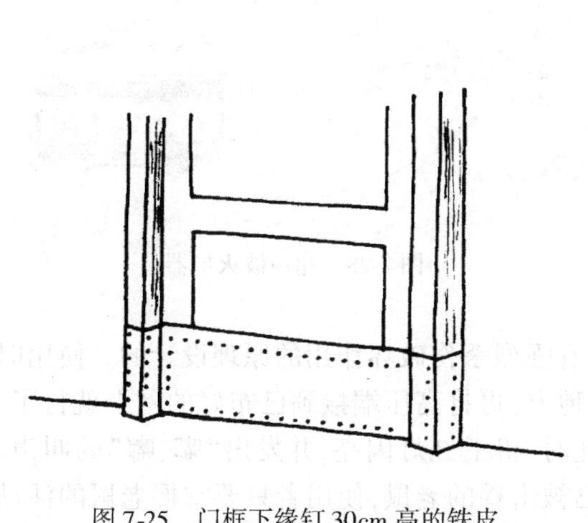

图7-25　门框下缘钉30cm高的铁皮

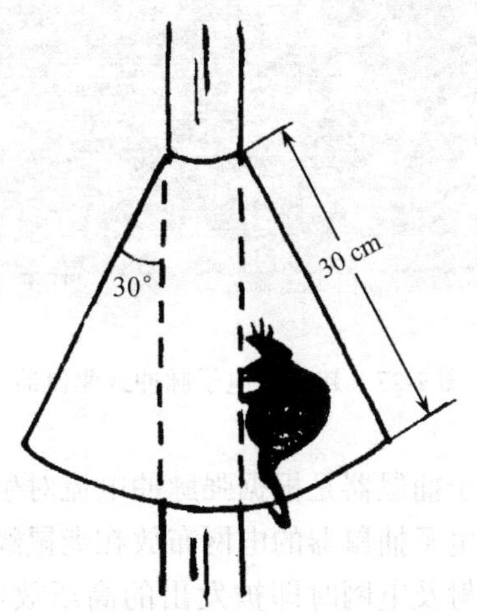

图7-26　管道上的挡鼠板

4. 加强检查　加强入库商品的检查，以防老鼠随商品混入仓库，并且把仓库内水及老鼠可食的药材如党参、枸杞、熟地、薏苡仁等妥善保管好。定期或不定期进行检查，及时发现孳生的鼠类。

五、鼠害的防治方法

鼠害防治的关键在于消灭鼠类，尽量降低鼠密度。运用单一的灭鼠方法不行，必须采取综合性的防治措施,即运用环境的、化学药物的、器械和生物的灭鼠方法,对鼠害进行综合治理,才能达到无鼠害的目标。

(一) 物理防治

一般常用各种捕鼠器械,如超声波电子脉冲式驱鼠器(图 7-27)、电子捕鼠器、电磁波灭鼠器、木板捕鼠夹、倒须捕鼠笼、弹簧捕鼠笼、闸板捕鼠箱、铁桶翻板、钢丝弹簧鱼钩、电子灭鼠器和黏鼠胶等。利用器械捕鼠时,开始几天只将诱饵挂在饵钩上,先不支夹,以克服家鼠的新物反应(回避反应)。

超声波灭鼠器是用一种电子仪器发射超声波来驱杀老鼠(图 7-28)。这种驱鼠器对物品无污染、无腐蚀,对人无危害。对环境也不会造成二次污染,是一种能一劳永逸、长期有效解决鼠患的好方法。使用时只要将仪器安放在空气流通良好的库房,便可驱赶老鼠,直至老鼠绝迹。以后每天开机 1 小时即可。老鼠对该种超声波忍受不了,一听到这种声音便逃跑,如有不逃者,时间长了,也会食欲减退,直至全身痉挛、四肢发硬死亡。正在哺乳的母鼠受超声波干扰后,即使不死也会变得乳汁枯竭,从而影响老鼠的繁殖。

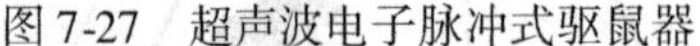

图 7-27　超声波电子脉冲式驱鼠器

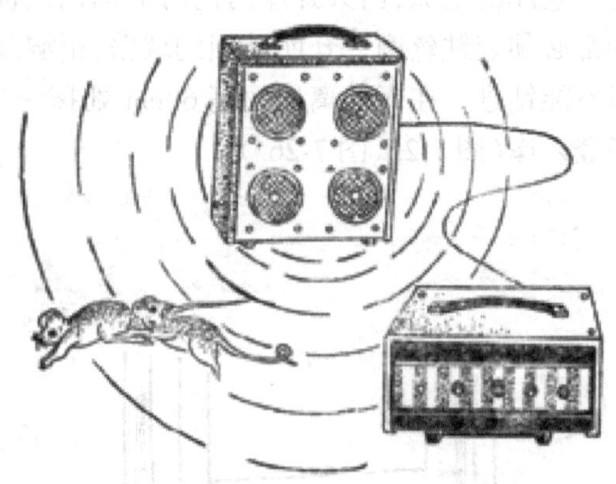

图 7-28　超声波灭鼠器

电子捕鼠器是根据强脉冲电流对生物机体具有强烈杀伤破坏作用的原理设计的。使用时只要将电子捕鼠器的电网布放在老鼠经常出没的地方,再将高压端接到已布好的网上就行了。当老鼠触及电网时即被发出的高压放电击昏。此时,机上红灯闪亮,并发出“嘟、嘟”的叫声。这时值班人员要随即关闭电源,沿布线方向寻找已被击昏的老鼠,使用者只要掌握老鼠的活动规律,熟悉老鼠经常出没的场所和线路,便可取得理想的捕捉效果。

电磁波发射器是一种先进的电磁波灭鼠器械,长期作用下可使老鼠神经麻痹,直至死亡。这种灭鼠仪器对人、畜均无害处。适用于药库、粮库、食品加工厂、饮食服务行业仓库、副食品店等处。在不适宜用药物毒饵灭鼠的场所使用最合适。

使用电子捕鼠器时需要注意:①电网应与地面绝缘,以离地 3 ~ 4cm 为宜,过低则易接触地面,过高则易被老鼠通过。②当机上发出老鼠捕获信号后,应继续开机 5s 左右,不宜太长。③使用电子捕鼠器时应接好地线,因为是用高电压布网捕鼠,故一定要注意安全,严格按照操作规则进行操作，并禁止人畜进入布网区。寻找死鼠时必须切断电源，以确保安全。④老鼠触及电网时有火花产生，因此不宜布置在易燃易爆物品附近。⑤捕鼠时值班人员不能随便离开。

黏鼠胶是一种黏着力强的无毒高分子胶黏剂，它具有使用方便，安全卫生，不污染环境，不易被老鼠发觉，老鼠被黏住后就挣扎不脱，越挣扎越牢，是药物和机械不能比拟的。

（二）化学防治

灭鼠剂一定要选用国家允许使用的高效、安全灭鼠剂，如敌鼠钠盐、溴敌隆、克鼠星灭鼠剂、大隆、杀鼠迷、"杀鼠灵"等灭鼠剂，这些药不容易引起老鼠拒食，而且对人、畜安全。千万不要使用国家禁用的、不安全的剧毒灭鼠药。

1. 克鼠星灭鼠剂　是基于环境保护和生物多样性而研制的无公害制品。克鼠星灭鼠剂适口性好，杀灭效果高，对人畜安全，不产生二次中毒，在环境中无残留，没有积累毒性，是大面积灭鼠的理想成品药剂。

2. 溴敌隆毒水　用0.5%的溴敌隆母液和自来水按1:99的比例混合，倒于饮水器中，沿墙角、墙根、货架下、地沟隐蔽处放置，每8~10m距离放置一个。每天检查，毒水消耗明显者，继续补加，并计划今后长期投放。

3. 淀粉水泥糊　小麦面粉或玉米淀粉1份，水泥0.8~1份，动植物油0.1份，香油少许自配灭鼠剂，其方法是：按原料配比将面粉与水泥混均匀，再倒入少量动植物油、香油，然后置于老鼠经常出没的地方。老鼠食后，水泥便在胃肠中硬化、凝固成块，导致老鼠排泄不出来。于是，老鼠一个个便在极端痛苦中莫名其妙地死去。

4. 毒水毒糊　根据老鼠喜饮水的习惯，在夏天，仓库气温高且干燥时，可用毒糊进行诱杀。在老鼠洞口及其必经之道涂以毒糊，根据老鼠4足有汗腺，其爪上粘有毒糊时必用口舔之的特性，从而有效地杀灭老鼠。

5. 敌鼠钠盐毒饵　0.2%敌鼠钠盐稻谷的配制：稻谷（基饵）1000份，敌鼠钠盐（83%原药）2.4份，水（开水）250~300份，食用红色染料适量。将敌鼠钠盐用开水充分溶解，滤去残渣，然后把药液浸泡稻谷并加入染料混合，每4h搅拌一次，浸泡24h后取出晒（晾）干即成。或取药物5g，用热水1kg溶化均匀，用于浸泡5kg玉米花或苹果块，或拌入油饼、米饭等，如配干面，开水可适当多加些。

配置时要注意：① 要准确地控制药液浓度。② 必须选用新鲜饱满的优质稻谷或玉米。③ 水一定要烧开，药物一定要完全溶解。④ 最好在连续晴天期间配药，根据稻谷状况和天气适当增减分量。

6. 溴敌隆毒饵　0.005%溴敌隆毒米配制：溴敌隆（0.25%母液）2份，稻米100份，食用红色染料（必要时）适量，把溴敌隆药液倒入稻米中充分均匀搅拌即成，现配现用，本法一定要使药物均匀，必要时可往原药内加入淀粉糊均匀后，再倒入稻米中搅拌均匀。

7. 碳酸钡毒饵　是一种白色无臭无味的粉末，不溶于水，毒力比较缓慢，能腐蚀胃黏膜和脱去肠内水分，引起中毒。毒饵调制方法：用碳酸钡一份，面粉四份，稍加食糖和水混匀搓成小面团即可。

8. 安妥毒饵　为灰白色粉末，质轻味苦。鼠吞食安妥后，肺组织破坏，形成肺水肿，呼吸困难，口渴，因此多出洞外找水喝而死于洞外。配制毒饵，每公斤食物用安妥10g拌匀即可。

毒饵对人、畜有毒,故对毒饵及死鼠须妥善处理,以防发生中毒事故。此外,毒饵的投放要做到"饱和"与"到位"。一是"空间"的饱和,指在投药时要进行全面投放,不要遗漏任何地带,造成防治上的盲区。二是"量"和"时间"的饱和,指投药要做到投放的毒饵不再消耗为止。"到位"指投放毒饵的位置要适当,要投放在有效位置上,让鼠容易遇到毒饵。如投放在鼠洞、鼠道、出入口、转角位等,同时投放位置要尽量选择干净、干爽、隐蔽的地方。

毒饵可采用分批投放法,即第一天采用试探性投放,投放量稍少些,第二、第三天再检查,发现已被取食的就补充毒饵,吃多少补多少,吃光者加倍,一直投放到毒饵不再消耗为止。

(三) 遗传防治

遗传防治处于探索阶段,主要使用化学(或免疫)绝育剂,降低鼠类的繁殖能力。通过给老鼠吃"避孕药",可降低其种群数量,减少鼠害。研究发现,从棉籽中提取的棉酚对公鼠有避孕作用,中药天花粉和莪术可用于母鼠的避孕。将加工提取的药物和老鼠爱吃的玉米面等掺在一起,制成老鼠喜欢嗑食的小面块,就成为对付老鼠的"不育剂"。公鼠吃完棉酚后精子基本上被杀死,雌鼠食后子宫溢血,子宫内膜受到破坏。实验结果表明,吃了"不育剂"的小白鼠交配后90%没有后代,吃了这种药的白鼠与没吃药的白鼠交配后同样不能正常繁育后代。

春秋两季是老鼠的发情期。在这段时间内,把"不育剂"放在老鼠经常出没的地方,几年后这里的老鼠种群数量可明显下降约70%。

(四) 熏杀灭鼠

熏蒸灭鼠的方法很多,主要有如下几种:仓库内气温高于5℃时,可用氯化苦15~20g/m^3,或溴甲烷20~30g/m^{3}密封熏蒸,密封12h即能把老鼠杀灭干净。此外,用烟剂灭鼠效果也好,而且操作安全,使用简便,点燃后发烟,烟雾可迅速达到洞底,杀灭效果为100%。烟剂用65%稻糠和35%硝酸钾制成。引线为厚纸片在饱和硝酸钾溶液中浸泡(水温高于25℃)晒干后制成。烟剂点燃产生气体中一氧化碳含量平均高达28.5%。一般来说,空气中一氧化碳浓度超过20%时,老鼠在1min内即可死亡。

也可用硫磺熏蒸消灭屋顶上的老鼠。硫磺经燃烧后,产生大量具有辛辣刺激性气味的二氧化硫气体,老鼠吸入后,可导致咽喉水肿、痉挛、呼吸麻痹,窒息而死。熏蒸之前,要关上门窗,封死孔隙。测量好房子的容积,按1m^{3}用1mg硫计算出需要硫磺的总量。熏蒸6~8h即可。熏完之后,打开门、窗,通风换气,等不呛人时再进屋。或用漂白粉熏蒸灭鼠,事先测算好房间的容积,封严所有的道口和孔隙。取几个烧不坏的容器,先放上适量的生石灰,然后按1 m^{3}放10g漂白粉称好量,同时放几个容器一齐熏蒸。5~10min即可。

(五) 生物防治

目前,各国都在开展利用动物、植物、微生物产生的具有一定化学结构和理化性质的毒性物质灭鼠的研究,这些物质多为特有的几种氨基酸组成的蛋白质单体或聚合体。我国生产的内毒梭菌毒素或葡萄球菌肠毒素配制成0.08%~1%浓度可毒杀仓库褐家鼠及小家鼠,该剂对人畜比较安全,不会发生2次中毒,保护了鼠类天敌,而且毒素在自然环境中易分解失效,残留期短,不污染环境,其适口性好,灭鼠率可达80%~95%,是一种较理想的杀鼠剂,它的成功,在灭鼠剂发展史上有划时代的意义,在国际上也是首屈一指的。另外,德国科学家的研究显示,一种肉孢子属的单细胞生物对鼠是致命的,且对其他生物无害,一旦技术成熟,有可能取代现有的化学鼠药。由于分子生物学技术的发展,这类鼠药的应用前景广阔,它们既能控制鼠患,又对人类和其他非靶动物无害。

(六) 遗传控制

鼠类的遗传控制就是采用引入各种不同品系或使用化学的或物理的诱变动因,改变鼠类种群的基因库,使之成为不足为害或不能适应环境的动物,由于自然和内禀调节因素的作用或行为改变而崩溃。

遗传控制的基本方法是将人工饲养的鼠类个体释放到自然种群中去,包括两种方法,一是释放已经无生育能力的个体竞争交配;二是释放经诱变处理的拥有生殖能力的个体,这种个体有生殖能力,与自然种群中的个体杂交,产生绝育的后代。

(七) 综合防治

从鼠类与生态环境和社会条件的整体观点出发,采取以环境治理为主的综合防治措施。通过对环境的整治和防鼠设施的设置,改变鼠类的生活栖息条件,辅以安全、经济有效的药物及物理的灭鼠方法,形成一套系统的防治措施,以达到最佳的防治效果。做好室内外环境卫生,清除垃圾,断绝鼠粮,及时修理破损的门窗,填补破损墙壁,堵塞鼠洞,地面、墙基硬地化,建筑物设计应有科学的防鼠设施,防止鼠类的侵入,减少害鼠的栖身地。

无论化学灭鼠、生物灭鼠以及物理灭鼠,诱鼠剂对灭鼠效果影响极大,只有比仓库内食品对鼠类更具引诱力的诱鼠剂才可达到灭鼠的目的。一般可采用乙酸乙酯、酵母粉、味精、白糖、食用醋及食用香精、香料及酒等按一定比例配制,诱鼠效果好,而且不易变质,为今后商品化生产及推广应用打下了基础。

第四节　中药变色与养护

一、中药变色的含义

中药各种基源由于含有色素的种类与含量不同,因而每种中药都有其固有的色泽,色泽不仅是药材外表美观的标志,也是中药品质好坏的指标之一。中药的绝大多数品种都是有色泽的,中药的变色指中药的固有色泽发生了变化,或变浅、加深,或变为其他颜色,或由鲜变黯等的变异现象。如白芷、泽泻、天花粉、山药等由浅变深;黄芪、黄柏等由深变浅;金银花、菊花、红花、腊梅花等,及大青叶、荷叶、人参叶等由鲜艳变黯淡等。中药变色后往往使不少中药变质失效,不能再供药用。由于目前对很多中药的有效成分尚缺乏可靠的化学鉴定方法,因此防止中药变色就更显重要。

二、中药变色的原因

各种中药都有固定的颜色,如采收加工、贮存过程中由于保管养护不当,会导致其颜色变异,以致变质。药物的变色是由于它原有的某些色素消失了或者变化了的缘故,如花、叶类药材的变色,就是因所含的色素或叶绿素被破坏而产生的。一般认为,药材变色的主要原因是由于酶及非酶的作用引起的化学反应。如有些中药所含成分的结构中具有酚羟基,在酶的作用下经过氧化、聚合作用形成大分子的有色化合物;中药贮存日久或虫蛀发霉,以及经常日晒,也会引起氧化变色;某些杀虫药物可引起中药变色。此外,药物的采集、加工、贮存方法等与变色的发生也有一定的关系。

(一)因酶引起的变色

有些中药(黄芩、大黄、贯众)所含的化学成分中有生色基团如酚羟基结构等,其在酶的作用下发生氧化、聚合等化学变化,形成大分子的有色化合物,产生有色物质,使药物的颜色加深,所以,含有上述成分的黄酮类、羟基蒽醌类及鞣质类的中药都易发生变色。如花类中药一般都含有花色素,富亲水性,一旦受潮,则激活细胞中的酶,在氧的作用下,色素水解,从而颜色也随之改变。大黄、牡丹皮等含鞣质较多的中药在长久与空气接触后,氧化生成大分子棕色物质或将鞣质氧化成红色。黄芩苷在黄芩酶的水解下,生成葡萄糖醛酸与黄芩素,后者具有三个邻位酚羟基,易氧化成醌类物质而显绿色。

(二)非酶引起的变色

1. 中药成分 由于中药所含蛋白质中的氨基酸与还原糖的作用,生成了大分子的棕色化合物,从而使中药变色。一些中药所含的糖或糖酸类物质分解产生糖醛或其他类似的化合物,这些化合物中含有活泼的羟基,能与一些含氮化合物进行缩合、环合等化学反应,形成棕色色素或其他的色素,从而使中药变色。

2. 加工干燥 中药在加工干燥过程中,因火烤或曝晒,温度升高可使中药变色。

3. 空气 某些中药的变色是氧化作用所引起的,在氧化过程中所产生的热量加强了酶的活动,其氧化物会使药材的色泽加深,使变色速度加快。故将易氧化变质的中药密封包装,不但能防止某些药味香气走失,也能减少或防止氧化变色的发生。如鞣质为强的还原剂,含鞣质的槟榔、白芍等中药易被空气中的氧所氧化,生成鞣红而泛红。一些矿物类药,如青矾受空气中氧的作用使 Fe^{2+} 变成 Fe^{3+} 而失去原有的青绿色泽。

4. 光照 某些汞制剂的中成药,如红升丹、三仙丹、轻粉等,光照过久后不仅能逐渐析出水银,颜色也会加深。含有鲜艳色素的中药(花类等),若过多受日光照射,这些不稳定色素也容易褪色,变浅变白。如玫瑰花晒则褪色,红花易褪色变黄,大黄由黄色迅速变成红棕色等。因此,使用紫外线杀菌也应注意防变色。此外,一些中药也会因日光照射而变色,主要是因受日光偏极光的影响,当然这与温度的升高也有一定的联系,故对日晒易变色的中药,宜置阴凉干燥避光处存放。如花类、叶类中药。

5. 温、湿度 中药变色与温、湿度有关,气温高、湿度大,药材的变色速度加快,而中药自身潮软也容易引起变色。这是因酶在50℃以下,随温、湿度的增加,酶的活性增大,使中药变色加剧。如鲜艳的花类药,绿色的全草类药,以及含有多量糖分、淀粉、油脂的药物,均可因温度过高或受潮而失去原有的光泽。如半夏受潮后变成粉红色、灰色以至黑色;当归受潮、受热后变成黑色;北沙参受潮发霉后变成红色等。故中药宜置低温、干燥处贮存。

6. 发热、霉变　有些中药在发霉发热过程中,由于微生物的大量繁殖和其对中药有机物质的严重分解,菌体自身及其代谢产物的色素与药物坏死组织的颜色混杂在一起,使药物的原有色泽和整洁度消失,而呈现出黑褐、棕褐或黄褐等颜色,并产生令人不快的哈臭味、酸味或霉酒味。或因霉蛀后用硫磺熏蒸而发生变色。这是因为用硫磺熏后,所产生的二氧化硫遇水成为亚硫酸,具有氧化作用,从而使中药变色(褪色)。

三、易变色的中药

中药变色范围很广,严格来说各类药在贮存流通过程中,色泽总是在不断的变化,只是有的不甚明显罢了。而中药一旦遭受发热生霉泛油之后,就会产生不同程度的变色,这种现象比较普遍。尤其是一些色泽鲜艳的中药,如玫瑰花、月季花、梅花、款冬花、腊梅花、扁豆花、菊花、玳玳花、红花、山茶花、金银花、槐花(米)、莲须、莲子芯、佛手片、通草、麻黄等。其中又以玫瑰花、款冬花、扁豆花、莲须、佛手片等最易变色。

四、易变色中药的检查

对易变色中药,要重点检验色泽、气味、形态和水分。花类中药的色泽气味,还是鉴别新陈的重要标志,一般新货色泽鲜艳,香气浓郁。另外,形态整齐,大小均匀、加工精致与否也是检验质量优劣的重要内容,因为这些都与保管养护有密切的联系。中药含水量的大小关系到贮存的安全,采取感官方法对中药不同部位进行水分探测是传统的经验,在当前中药检验实践中仍起重要作用。具体方法如下:

1. 对质地柔软类中药的检查　金银花、红花、菊花、扁豆花等质地都比较柔软,检验时可用手抓方法衡量所含水分。若感觉花体疏松不结块,触之略有扎手感,捏之有弹性者说明是干燥的,握之无弹性者说明未干透,捏后不散成团者更潮。反之,若花瓣一触即碎那是过分干燥的现象,应该防止。

2. 对质地硬脆类中药的检查　款冬花、莲须、橘络、莲子芯、槐花(米)、佛手片、通草等,基本也可采用手抓方法衡量所含水分。如干燥的橘络易碎断,其气也浓;未干的软韧不伸,其气也弱。莲须手握之扎手,抖动黄色花粉易落者是干燥的;若手感发凉,花粉不易散落者则是不干燥的现象。干燥的莲子芯质地坚脆,折之易断,不干的则软韧气弱。佛手片有广手片、川手片之分,广手片张大、片薄、色白、性质柔软,检察水分可用手握方法,若触及时有硬度感觉,放手时伸张迅速而幅度大者为干货;若手握软绵,放之不易伸张者即是潮湿的表现。佛手片张小,片厚、色黄、质硬,可以从软硬度来判断所含水分的多少。槐花(米)若握之触手并发出沙沙响声者为干透;无声者则未全干。通草受潮或遭水渍后,颜色容易泛黄,丝通草还会结块。

3. 具花托类中药的检查　玳玳花、玫瑰花、月季花、山茶花、腊梅花、梅花等都带有花托,这个部位一般不易干燥。检验时可用指甲掐之,其花托(蒂)坚实不易掐入者,说明干透;若手掐软韧,轻掐留痕者是潮软的表现。款冬花一般花瓣易干燥,内芯及花柄不易干燥,可剥开后观察。若内芯丝状物疏松易散则是干燥的;剥时花瓣不碎无弹性,内芯丝状物不易疏松散者则是潮软的现象。

4. 新陈货的检查 莲子芯色绿气味青香浓郁者为新货,黑褐色者是久存的陈货,发黄者是受潮热的表现。麻黄一般情况是新货色绿身潮;陈货色黄较干燥。若茎枝一折易断并发出响声,折断处有黄色粉末爆出是干燥的现象;如折时无声,或不易折断并有韧状纤维牵连且无粉状物爆出,则是不干燥的现象。

检查上述易变色中药时,还应检验有无虫蛀霉变。如莲须、红花生虫时,多在包装的四角蜷伏;金银花、槐花(米)的害虫常隐藏在花苞内;橘络、莲子芯、款冬花等生虫时,都会吐丝缠绕或结串成团。

五、易变色中药的养护

易变色中药应选择干燥、阴凉、避光的库房存放。其中花类药最好能专储,便于管理和养护。库房的温度最好不超过30℃,相对湿度控制在65% ~75%之间。贮存期不宜过长,要执行“先进先出,易变先出”的原则,加强检查,防止受潮。根据中药的变色原因,在实际工作中可采取以下相应措施来防止中药的变色发生。

1. 破坏酶的活性 一般采后的新鲜药材,因含有大量的酶,且又含较多水分,所以变色的发生较为严重。因此在原产地进行采收加工时,可结合火烘、曝晒、沸水潦、蒸笼蒸等方法来破坏药材内酶的活性,防止药材变色。如黄芩用蒸或沸水煮后可防止变色。

2. 密封法 易变色的花类药中,除金银花、红花、槐花(米)外,都可采用密封贮存,以防吸潮变色。库存量大的可以整库密封,库存量小的可用小件(箱)密封,但含水量要求在安全水分以内,最好在霉季前进行,效果较好。

3. 气调法 易变色药中除麻黄、通草、槐花(米)、红花等外,都适宜采用气调养护,可保持色泽正常;而对花类药材,更适合采用小件密封(充气或真空)的方法,既灵活又方便,在商品流通中深受欢迎,是中药包装保质改革的方向,特别适用于贮存量少的品种。

4. 晾晒法 适宜晾晒的有莲须、槐花(米)、莲子芯、橘络、佛手片、红花、金银花、款冬花等。其中莲子芯(色绿)、莲须(色黄)、红花(色红)晾晒时,上面覆盖一层清洁的细孔麻布,既能避免强烈日光照射而褪色,又能防止风吹时使药材散失而损失。佛手片不宜晾晒过干,要保持软润状态,过干有损其质量。款冬花晾晒时不宜过多翻动,不易曝晒,否则易造成苞片碎落而吐出苞内絮状物,使完整的花苞破残,且曝晒后易变色。

5. 吸潮法 花类中的月季花、玫瑰花、玳玳花、梅花、菊花等可用生石灰吸潮,这是用于吸干花类药材受潮水分效果较好的方法,若长期吸潮花的色、香、味都能保全。

6. 烘烤法 易变色的玳玳花、梅花、山茶花、扁豆花、腊梅花等受潮时,都可用烘烤方法进行干燥。烘烤时把花摊薄而均匀,火力不宜太旺,时间不必过长(只要求烘除多余水分),若过分干燥会造成花瓣易残及干焦,影响色泽。

7. 药剂熏蒸法 用硫磺熏蒸处理时,燃烧硫磺产生大量的二氧化硫(SO_2),二氧化硫是抗氧剂，能阻滞氧化反应的产生，当其附着在中药表面能防止变色；同时二氧化硫能与变色反应的中间体糖醛等作用，生成稳定的化合物，使得变色反应无法继续进行。适用硫磺熏蒸的有扁豆花、佛手、橘络等，但熏期宜短，否则失去香气。

第五节　中药泛油与养护

一、中药泛油的含义

泛油系指中药表面出现油状物质、质地返软、发黏、颜色变浑，发出油败气味的现象。中药"泛油"的含义比较广泛，一些含脂肪油的中药，由于贮存不当造成油脂外溢的可称为泛油，某些含糖质或黏液质的中药变质时其表面呈现出油样物质的现象也称泛油，或称为泛糖。如含油脂多的中药（杏仁、桃仁等），出现油质渗透外表，内外色泽严重加深，具有油哈味；含黏液质或糖分多的中药（天门冬、党参等），质地变软，外表发黏，内色加深，但无油哈气；动物类药材（刺猬皮、九香虫等）躯体易残，色泽加深，表面呈现油样物质，"哈喇"（即酸败）气味强烈等都是泛油的具体表现。

酸败是指油脂或含油脂的种子类中药，在贮存过程中发生复杂的化学变化（氧化与水解），产生游离脂肪酸、过氧化物和低分子醛类、酮类等分解产物，因而出现特异臭味，从而影响药材的感官性质和内在质量。含蛋白质的食品腐败时可闻到臭味；含碳水化合物的食品腐败时有馊味；而油脂酸败（腐败）时闻到的是油哈味（哈喇味）。油哈臭气主要是醛、酮等增多的缘故。

二、泛油的原因

1. 中药本身的性质　中药在贮存过程中是否走油，与其本身的性质有密切关系。一般含脂肪油较多的种仁类药材，如柏子仁、桃仁、郁李仁、苦杏仁等；含黏液质、糖质较多的药材，如麦门冬、天门冬、黄精、枸杞子等；动物类中药含脂肪、蛋白质的品种等都较容易走油，故在贮存这类中药时应特别注意防止走油。

2. 温、湿度的影响　由于中药内部所含的油脂溶点都比较低，当温度高时药材中溶化的油脂比重减轻，就很容易外溢，在中药表面出现发黏的油样物质，故对易走油的药材不宜用火烘烤，只能晾晒，以免受高温后走油。另外，含油的种子在贮存期间本身也在进行呼吸运动，当内含的水分在一定限度之下时，其呼吸运动是极微弱的（可以忽略），若含水量过高，其呼吸作用也增强，并放出大量的热量，加上中药堆积，热量无法逸散，导致走油变质，含黏液质的中药在湿度较大时吸水膨胀，溢出细胞壁，泛于药材表面，产生发黏现象。高温促使糖及糖酸类分解，糖分外溢。因此，对于含油脂、黏液质、糖的药材必须防潮、防热，宜置阴凉干燥处存放。

3. 真菌的影响　含脂肪油、黏液质及糖成分的中药，在贮存过程中一旦感染了真菌之后，真菌在生长发育过程中分泌的脂肪酶可以将油脂水解成甘油和脂肪酸，甘油又被菌体利用，脂肪酸在菌体内继续分解，生成醛、酮等代谢产物，使中药颜色加深，产生"哈喇味"。

4. 贮存养护不善　由于贮存养护不当，易走油的中药（特别是种仁类中药）受到重压，使内含的油分外溢，形成走油。同时，这些含油脂的中药由于贮存和加工处理不当，平时又忽视检查，导致油脂分解、氧化，生成醛、酮、臭氧化物，则会产生一种特殊的、令人不快的特殊气味，即油哈气味，这种现象通常称为"酸败"。其酸败的原因，一般认为是空气中的氧与中药中的不饱和脂肪酸发生作用，生成过氧化物或氧化物，然后，碳链在原来的位置断裂，分解生成低分子的醛和酸的缘故。油脂酸败的另一种原因，是由于中药中的脂肪氧化酶和微生物、光线、温度等共同作用，使脂肪分解为甘油和脂肪酸，后者又氧化生成酮酸，并形成低分子酮（如甲基酮）、醛、臭氧化物和酸（如醋酸），使油脂发生哈臭气。

中药养护中由于氧化酸败原因引起泛油的中药有以下几种。

（1）含有植物油脂的中药：如柏子仁、苦杏仁、桃仁（含脂肪油）、当归、肉桂（含挥发油）等，由于所含油脂中的不饱和脂肪酸（如亚油酸），其性质不稳定，当贮存温度超过30℃时，在空气中氧的作用下，会产生较快的氧化反应，油质逐渐被氧化，产生有机化学反应，造成油质分解，其氧化物为小分子的醛、酮发出刺鼻的异味，随着油脂酸败的进展又产生分子量较大的聚合物使色泽加深，异味加重。

此类药物由于色素受光和长期与空气中的 O_2 接触，高温影响其油质会逐渐被氧化，产生有机化学反应，造成油质分解，从而色泽加深，气味变异。

（2）含有黏液质的中药：如天门冬、太子参、枸杞子等中药吸湿性强，经过受湿热的过程，在氧化作用促使下，药材中的糖及糖酸类物质被分解，产生了糖醛和它的类似化合物，从而出现颜色变深，质地变软，糖分外渗及手拿黏腻感。

（3）动物类中药：动物体内含有脂肪、蛋白质，这些物质被氧化后产生的氧化物再分解成为具有强烈"哈喇"气味的醛酮类物质。

5. 贮存时间过久　有些中药贮存较久后，其内含的某些成分会产生自然变化，或由于长时期接触空气产生氧化变色、走油等变质现象，如天门冬等，故这类药物不宜久藏。

三、易泛油的中药

按照中药泛油的程度，可分为以下两类。

1. 极易泛油的中药　天门冬、麦门冬、党参、牛膝（怀牛膝、川牛膝）、板蓝根、柏子仁、当归、胡桃仁、使君子仁、肉豆蔻、枸杞、郁李仁、苦杏仁、甜杏仁、桃仁、狗肾、九香虫、刺猬皮、蛤士蟆油、壁虎、蝼蛄、蟋蟀、斑蝥、牛虻虫、蜈蚣、红娘虫、青娘虫、乌梢蛇、蕲蛇、蛤蚧、水獭肝、鹿筋等。

2. 较易泛油的中药　太子参、北沙参、天葵子、九节菖蒲、巴戟天、防风、胡黄连、白术、红芽大戟、知母、桔梗、百部、紫菀、独活、锁阳、前胡、肉苁蓉、黄精、川芎、玉竹、云木香、苍术、火麻仁、巴豆、黑芝麻、千金子、榧子、白果、橘核、大枫子、枣仁、瓜蒌仁、莱菔子、豆蔻、砂仁、草蔻、预知子、金樱子、桑椹子、毕澄茄、槐角、全瓜蒌等。

以上两类易泛油药材都易发霉；其中除豆蔻、砂仁、草蔻、千金子、毕澄茄、大枫子、巴豆外又都易生虫（火麻仁等带硬壳的不会生虫）；枸杞还易变色。

四、易泛油中药的检查

中药泛油多见于陈货。陈货外色黯，内色深，体萎，气弱味淡。

(一) 入库验收

易泛油中药入库时,除了进行一般的检验以外,应着重检验含水量、色泽气味等,同时也要注意有无生虫现象。

(1) 辨别是新货还是陈货,对当年产的新货或当地直接收购的药材,更应注意检查其水分大小和是否干透。

陈货较干燥,比新货容易产生泛油现象。因此,入库时要注意鉴别药物的新陈。一般新货外色艳、内色淡,体挺,气正味浓,但含水量较大。陈货外色黯、内色深,体萎,气弱味淡,但比较干燥。检验这类药材要了解它的不同性质和特点,掌握泛油前后的象征,有目的地进行检验。例如:

玉竹、黄精、肉苁蓉、锁阳、巴戟天、板蓝根、知母、北沙参、胡黄连等泛油时,表面色泽加深,体质变软,一般都易折弯,断面呈现油样物质,色严重加深。肉苁蓉、锁阳会发出酸甜气味,巴戟天更容易出现断裂。

白术、川芎、苍术、前胡、紫菀等泛油时,外表不明显,须剖开后观察,紫菀应剖根茎处(头部),若内色加深,呈油样物质即是泛油。

甜杏仁、苦杏仁、柏子仁、郁李仁、桃仁、使君子仁、枣仁、黑芝麻、莱菔子、火麻仁等泛油时,种皮显油样物质(也有种皮变色不明显的),种仁(内色)呈肉色或棕褐色,并具有特殊气味(油哈气味)。其中枣仁、黑芝麻、莱菔子、使君子仁等外皮色深,可用手擦磨或敲击使其气溢出,即可辨别。带硬壳的火麻仁等泛油虽则比较缓慢,但也应该引起重视。

(2) 检验包装容器周围四角部分有无水渍和发霉现象,同时也要注意检查有无虫迹和异常气味。

(3) 取样检验含水量是否正常,内外是否泛油、发霉。并根据各种药材的不同性状特点,从形态、色泽、气味、重量大小、软硬程度以及相互撞击时的声响等方面进行检验。

白果、大枫子、巴豆、榧子、瓜蒌仁、千金子、橘核等都带有硬壳,外表不易察觉,可破壳检验,泛油者种仁色泽加深,严重者油哈气味强烈。这些药材若外壳破碎,则更易泛油。存期过长也易失润干枯,如千金子、巴豆、大枫子等更应注意。

枸杞子泛油时外表发黏,糖分外泄。

胡桃仁、肉豆蔻最易泛油,操作时不要用手摸,胡桃仁质地娇脆,外包衣容易碎裂脱离,更会造成泛油。泛油时外表油状明显,内色加深,散发出油哈气味。

金樱子、豆蔻、砂仁、草蔻、桑椹子、槐角、毕澄茄、全瓜蒌等中药的泛油,都表现色泽严重加深,种子团粘手并易碎散,或具有糖样气味。这些现象的造成,主要是采摘时,果实过分成熟的缘故。若适时采摘,可避免这种现象。

牛虻虫、红娘虫、九香虫、蝼蛄、蜈蚣、蟋蟀、青娘虫、斑蝥等泛油时,虫体外表出现油样物质,翅足易脱落,躯体易断残。其中青娘虫、红娘虫、斑蝥等有毒,操作时应特别注意。

(4) 若发现有泛油或发霉变质的药材,成件的应单独堆放,一件内有部分发霉变质的,应尽量进行挑选,并及时采取相应措施。水分过大的,须进行干燥。包装不适合的要整修或改换包装。

（二）在库检查

易泛油的中药入库时虽没有发现泛油或发霉变质现象，但在贮存过程中，往往因受潮及温度等的影响，而产生泛油或霉变。因此，必须做好经常性的在库检查工作。主要有以下几个方面：

(1) 了解泛油变质药材的不同性质，掌握具体品种的水分大小、贮存时间以及这些品种的贮存条件等全面情况，以便有重点有目的地进行检查。

(2) 检查库内地面是否潮湿，库房顶盖是否漏雨，温度是否过高，货垛的下垫高度是否合适，以及包装容器外部有无水渍、潮湿现象等。对大垛药材，则应从上部和下部取样检查；重点药材，必须拆包或开箱检查；露天货垛，应检查货垛地势的高低和排水情况是否良好，垛顶和四周苫盖是否严密，垛底是否受潮等。抽查时，应注意药材本身有无潮软发霉、泛油以及生虫等现象。

当归、独活、党参、怀牛膝、川牛膝、木香、桔梗、防风等条状药材泛油时，往往细尾部分最先开始变软，可任意弯折。内外颜色由浅变深，严重的外表呈油样物质或油点，手摸有黏腻感。

太子参、百部、麦门冬、天门冬、天葵子、九节菖蒲、红芽大戟等泛油时，质地变软，两端最先变色，光泽减退，呈斑点状粘连，颜色逐渐加深，表面呈现油样。其中以麦门冬、天门冬、天葵子等更为明显，严重者粘连成大块。

全瓜蒌、桑椹、预知子、金樱子等老熟时采集的易泛油，泛油时，质地变软，色泽转深，剖开后内瓤发黏，有糖样气味。即将成熟的果实不易泛油。

有的中药泛油时，表面不明显，须剖开后观察，若内色变深、呈油样物质即泛油，如白术、川芎、苍术、前胡、紫菀等。

含有油脂的果实更易泛油，有的虽带外壳，表面不明显，但内含种子仍会泛油，不仅颜色起变化，有时能嗅到油哈气，如使君子、火麻仁、鸦胆子、牛蒡子等。

含丰富油脂的种子，泛油时种皮色泽变深，表面呈现油润，种仁的色泽泛黄或棕褐色，并具有特殊油哈气；如酸枣仁、黑芝麻、莱服子等外皮色深、泛油变色不显，可用手擦磨或敲击使其气味溢出，即可辨别。肉豆蔻、胡桃仁易泛油，作业时不宜用湿手触摸，否则会加剧泛油。

动物类药材在泛油、色泽变化的同时，都具油哈气，如九香虫、牛虻虫等泛油时，虫体表面会渗出油样物质，翅足易脱落，甚至使躯体断残。蛤蟆油容易吸湿，若色泽泛红，外表出现油状，手感发黏即是泛油。壁虎、蛤蚧的尾部含脂肪较多，手捏之不结实，内色棕黄即泛油。刺猬皮、狗肾、水獭肝、鹿筋、乌梢蛇、蕲蛇等泛油时，质地变软，油质严重外渗，肉质色泽加深。狗肾、刺猬皮、鹿筋等外表不还会发黏。

蛤蚧、壁虎的尾部最易泛油，尤其是蛤蚧尾部油脂最多，若手捏之不结实，内色棕黄色是泛油迹象。蛤士蟆油容易吸湿也最易泛油，若色泽变红，外表出现油状，手感发黏，是泛油的现象。动物的筋肉皮脏和蛇虫躯体泛油时，均会产生特殊气味(哈喇味)，是检验的明显标志。

(3) 根据各地的具体情况，进行定期或不定期检查。在平时每月可检查一次。在梅雨季节，对易泛油、发霉的药材应每 5 天检查一次。此外，每月再全面普查一次。

五、易泛油中药的养护

中药出现泛油，虽然决定于内在因素，但是外因是促使它变化的条件。根据变异规律，温度高湿度大最易引起走油，温度越高，泛油速度越快，因而防止泛油的关键在于降低温度、降低中药含水量，减少中药与空气接触，尽量消除或减慢其变异程度。易泛油的中药，应选择阴凉干燥通风的库房，避免日晒，更不要让烈日曝晒和日光直射货垛上，堆码不要过高过大，如胡桃仁、柏子仁、枸杞等更应控制。含油性中药忌火烘，少量可入石灰缸干燥；子仁类忌铁质容器盛放。

易泛油的中药往往伴有发霉，并相互影响，同时也容易生虫，所以有一些防止药材生虫的方法，也同样适用于中药泛油的防治。例如采取通风、吸潮来降低库内温湿度和药材本身的水分；利用密封来防止药材因受潮受热而发霉泛油；采用晾晒或烘烤的方法以除去药材的多余的水分，并杀灭真菌；以及使用硫磺熏蒸法来抑制酶的活动等，都有良好的效果。除此之外，经常进行翻堆倒垛、松包敞晾等，也都能防止药材受热泛油变质。

（一）养护措施

1. 干燥　一般宜在产区晒干，入库后也应注意检查，最好在霉季之前晒一次，否则以后也易走油。含油性药材干燥不宜用火烤，以防走油，少量可入石灰缸干燥。

2. 容器　盛装的容器，最好采用陶瓷的缸、坛或瓮，大量存放或外运时，最好用木箱包装，内衬防潮油纸或装入塑料袋内，封严。除带壳的药材外，一切易走油的药材，都忌用铁器存放，以免走油后使铁生锈，污染药材。

3. 贮存运输　含有大量油脂的药材，在贮存或运输过程中，应避免挤压，以防走油。贮存场所应注意阴凉干燥，切勿受潮和日晒。

（二）养护方法

1. 气调法　易泛油中药，宜采用气调法养护，其中对保管难度大，仓库存量多的品种更适宜。对存量小的品种，可采取小件真空或充氮（或充 CO_2）方法，效果很好。

2. 吸潮法　在密封室内，一般都采用吸湿机、氯化钙等吸潮。小件（箱、缸）可用生石灰吸潮，如怀牛膝、枸杞、肉豆蔻、麦门冬、天门冬以及动物类药材都可采用。吸潮操作时，要防止石灰粉黏附药材。

3. 晾晒法　易泛油中药受潮时，除昆虫类中药外一般都可晾晒。其中怀牛膝适合晾干，不宜曝晒。而柏子仁可放在强烈日光下晒 2～3h，待凉透后再装包。麦门冬晾晒时应选晴天，摊开时要薄而均匀，晒时不宜翻动，否则容易产生泛油。干燥后应趁热气未散时装箱，盛装必须结实，然后盖严。枸杞也宜趁热装箱，装箱时含水量控制在 13% 以内，温度不低于 24℃。为了防止受潮，可先装入塑袋内扎紧袋口，然后再装入木箱后密封。也可采用铁箱包装（可不加塑料袋），箱口不要过大，装实装满后把箱口全部用焊锡封严，保质效果好。

4. 烘烤法　白术、榧子、天门冬、白果等受潮后，可采用烘烤干燥。其中，天门冬适宜用文火烘烤，防止外表层破裂。动物类除刺猬皮、狗肾、水獭肝、鹿筋外，都可烘烤。昆虫在烘烤时，翻动要轻，防止虫体残损。火力不要太旺，否则容易把虫体烘焦。

5. 密封法 适宜整仓密封的有当归、党参、怀牛膝、麦门冬、柏子仁、肉豆蔻、胡桃仁、使君子仁、枸杞等。但必须在密封前把药材先熏蒸一次,密封期间室内要有吸潮设备,以防止害虫孳生和湿度增大,这样才能达到药材不受潮、不泛油、不生虫的目的。其中怀牛膝、麦门冬、党参、枸杞等也可采用小件密封办法,但密封的药材水分必须在安全水分以下,密封前也要先将中药熏蒸一次,然后装入木箱或缸内密封保藏。易泛油的动物类药材,都可采用小件密封,容器内放适量有特殊气味的大蒜头(必须干的)、花椒、樟脑粉等,以增强防虫效果。

6. 炒炙法 柏子仁(少量)若有泛油迹象,可投入铁锅内加热略炒,若倒入适量麸皮同炒,效果更好。炒后将麸皮簸筛分离冷却后收藏,这样也能起防治害虫的作用。

7. 热蒸法 炙黄精、白果可用笼屉热蒸,对治理黄精发热有酒酸气味效果较好,并能杀虫。白果不宜蒸得过熟,一般以半熟即可,就能达到防虫防霉的目的。

8. 药剂熏蒸法 易泛油中药一般都可用磷化铝、氯化苦药剂熏蒸,但其中甜杏仁、柏子仁、郁李仁、使君子仁、桃仁、苦杏仁、胡桃仁、黑芝麻、党参、怀牛膝、当归等适合磷化铝药剂,但不宜用氯化苦,否则熏后易泛油,有的品种会变色。

第六节 中药散气变味与养护

一、中药散气变味的含义

中药的味,包括口味和气味,口味通过口尝得到,气味通过嗅觉得来。变味是指药物口味的改变(变浓、变淡或失去,或变为其他味,如变苦、变涩、变酸,或有哈喇味)和气味的散失(变淡或失去)。

散气变味是指一些含有易挥发成分(如挥发油等)的中药,由于贮存保管不当而造成挥散损失,使中药的气味发生改变的现象。

具有强烈芳香气味的中药都含有挥发油的成分,而这些成分正是起治疗作用的重要成分,所以气味是鉴别中药质量的标志之一。中药的固有气味若逐步淡弱或消失,说明药物的有效成分在减退,从而降低疗效。对于中药的气味,自古以来都是十分重视的,如每逢取药除观其外形外还必首闻其味。尤其是目前很多中药的有效成分尚未阐明,因而闻气味就更为重要。但在现在的贮存工作中对如何防止中药散失气味考虑得较少,甚至有的一味强调药材的通风干燥,使有些中药的气味变得淡薄,这是值得重视的问题。

二、中药散气变味的原因

药物的气味与药物本身性质和有效成分有关。药物味道和气味的变化说明内在化学成分发生了变化,其有效成分也不同程度的减少,从而影响药物的质量和疗效。

中药本身含有多种成分,各自有着不同的气味。含芳香挥发油的有香味,如薄荷有芳香气味;含苦味质的有苦味,如黄连味苦。这些成分中有些具有水溶性,当空气中的温湿度变化时,这些成分就会散发和稀释，气味随之发生变化，质量受到影响。口味的改变多因泛油、泛糖、发霉、虫蛀等造成。气味散失多因贮存温度过高，或贮存日久与不当，或风吹日晒，使所含挥发性成分逸散而造成气味变淡或失去。

中药的气味散失，也是所含挥发油的散失，即是有效成分散失。挥发油是植物体内具有芳香气味的油质，它在常温下能挥发，温度越高挥发越快，贮存时间越久散失越多。挥发油氧化易生成树脂样物质，氧化物的产生使挥发油含量降低气味减弱。故气味散失的原因乃是挥发油被氧化、分解或自然挥发的结果。在气味散失过程中，如果温度增高，湿度增大或药材本身受潮，这些都是加快挥发，造成气味散失的因素。此外，若中药包装不严，露置空气中，或贮存时间过长，挥发性成分也会自然挥发损失。

三、易散气变味的中药

挥发油在植物中分布甚广，尤以伞形科、樟科、木兰科、松科、芸香科、桃金娘科及姜科等植物的中药含量特别丰富。根类中药如木香、当归、藁本、独活、白芷、防风等；根茎类中药如川芎、姜、羌活、苍术等；茎木类中药如降香、檀香、沉香等；皮类中药如厚朴、肉桂等；叶类中药如艾、紫苏叶等；花类中药如玫瑰花、丁香、番红花、金银花、月季花等；果实种子类中药如花椒、茴香、花椒、吴茱萸、香橼、枳壳、枳实、青皮、广陈皮、白豆蔻、砂仁、肉豆蔻等；草类中药如薄荷、藿香、荆芥、茵陈、香薷等，都含有较丰富的挥发油。此外，如樟脑、没药、乳香、苏合油、麝香、阿魏、冰片、龙涎香等中药，其香气也易挥散损失。以上中药中的细辛、花椒、八角茴香等也会发霉；吴茱萸、肉桂子、丁香等也会发霉和泛油；薄荷、荆芥、藿香、佩兰、紫苏、香薷、小茴香等还会发霉和生虫；肉桂、沉香、厚朴等会出现干枯失润；厚朴、肉桂也会发霉。

四、易散气变味中药的检查

中药散气变味主要是由于中药受潮发热，温湿度升高，使内含的挥发性成分散失而引起，故对芳香性中药的检查，必须注意干湿度，加强水分的检查和测定。水分过大易发霉，若一经发霉，香气散尽；若水分过小，会使药材干硬失润。故要加强水分的检查和测定。

（一）皮木类芳香药的检查

肉桂、沉香、厚朴等都含有丰富的挥发油，它是主要的药用成分。但是挥发油容易从油细胞内析出而挥发，产生失油干枯。沉香含油质部分呈棕黑色，有光泽，质地沉重。燃烧有油泡出现，香气浓烈。肉桂、厚朴检验时可用利刀削切两端，在皮的断面靠内壁处可视油质的色泽和含油层在断面上的厚度，一般以柴油及油层满者为质佳，两者气浓者为新货，淡弱者为陈货。

檀香呈圆柱棒形，敲击时可从发出的响声来判断其含水量，干燥者声脆，潮湿者声哑。外表光泽、色淡黄、摩擦时气浓者为新货；若色深而无光彩、气淡者则是陈货。

（二）果实类芳香药的检查

丁香、肉桂子、吴茱萸、小茴香等颗粒药材，衡量水分时可用手抓一把捏紧，能发出响声者为干燥品。也可用齿咬辨别软硬度来衡量,质硬顶牙,碎时有声者为干透;软韧无声者则是不干。小茴香新货色黄绿,香气浓郁;陈货色泛黄白,气也薄弱,若外表颜色发黑是霉痕的表现。吴茱萸、肉桂子、丁香久存也会泛油,外表显油样,色泽加深。

八角茴香干透的其角掐之易断或掐痕上显示油质,种子光亮易压碎;若掐之不易断,种子软韧者则是不干;色红棕,油分多,气浓者为新货;外表色黯,油质少,气淡者为陈货。

花椒有红青之分,采时成熟者多开裂,嫩果常闭口,内含椒目(种子),一般果皮易干燥,椒目不易干燥,过潮者要防止发霉。

(三) 全草类芳香药的检查

藿香、荆芥、薄荷、佩兰、紫苏、香薷等全草类中药,干燥的茎枝易折断,叶片易碎;不干的茎枝不易折断,叶片软韧。若货包中心手触发热或闻之气味不正,是微生物散发出来的轻度霉味,温度高而造成的闷蒸现象。这类中药都可用手搓叶、穗,闻香气、看色泽来判断区别新、陈。一般是整体内外色泽一致而新鲜,香气浓者是新近货;色泽不鲜,边缘更萎,叶子易落。茎枝发脆以及气味淡弱者多是陈货。

细辛的叶片容易干燥,须根不易干透,从而也会影响叶片的返潮,若手抓叶片有弹性,须根易折断者为干燥的;茎叶软韧或表面有白色斑点者则已萌霉。

易散失气味中药中的荆芥、藿香、薄荷、佩兰、紫苏、香薷等受潮后还易生虫,开始时在货包表面,然后发展到货包内部,害虫蜷缩在茎叶部位,并吐丝缠绕叶、穗。

五、易散气变味中药的养护

(一) 贮存原则

要防止中药的气味散失,关键是减少和控制它的挥发程度并采取低温低湿的养护措施,故应贮放在干燥、阴凉、避光的库房内,相对湿度以 70% ~75% 为宜,且不必过多地通风。具体如下:

1. 包装 中药的包装应力求严密,以防泄气。

2. 库房 存放易挥散走气中药的库房,必须符合阴凉干燥的条件,若仓库条件较差时,可利用地下室、窑洞等作为贮存处所,以防受热。但因地下室湿度较大,故应注意防潮。凡易散失气味的中药,一律不得存放于露天货垛。如沉香、肉桂、厚朴、檀香等最忌风吹或过分干燥,选凉爽库房采取密封方法比较合适(或尽量少启库门),若按件以小件(箱)密封效果更好。

夏季,为了防止热空气侵入仓库,必须做好门窗的关闭工作,最好在窗上安一窗架,挂上窗帘,较小的库房还可挂棉门帘,出入库房时必须随手关门,以防热空气进入库房。

夏季存放易散失气味的中药仓库或库房的窗上,可糊白纸、喷白漆或者涂以 10% 骨胶石灰浆,这样因其白色也可反射一部分阳光的辐射热量而降低库温。

3. 贮存期限 一般含有易挥发性成分的中药,都不宜贮存过久,否则随着贮存期的增长,其有效成分挥发得也越多,品质越低劣,故在进出货时应首先掌握“先进先出”的原则。

（二）养护方法

1. 晾晒法　这类中药受潮时，不能在烈日下曝晒，也不可在空气潮湿时通风，只能在干燥的空气中采取敞开摊晾的方法或码成通风垛散潮，这样既能达到散潮目的，又不会损害中药的质量。

2. 药剂熏蒸法　易散气变味的全草类中药生虫后，整理困难，损耗很大。预防生虫可用磷化铝药剂熏蒸，使用的剂量可以酌减。有条件的最好采用气调养护防治。

第七节　中药潮解风化与养护

一、中药潮解与风化的含义

潮解是指一些含有可溶性糖或无机盐类成分的中药（有的中药本身就是无机盐），吸收潮湿空气中的水分后，或较高温度的影响下，其表面慢慢溶化甚至溶解成液体状态的现象。

风化是指某些含结晶水的矿物类中药，经风吹日晒或过分干燥逐渐失去结晶水，在中药的表面形成粉末状物或全部形成粉末状物的现象。药物风化后其质量和药性也随之改变。如芒硝极易风化失水成为风化硝。芒硝具有泻热通便，润燥软坚，清火消肿的作用，用于治疗实热便秘、肠痈等。风化硝则善清上焦之热，用于治疗牙龈肿痛、目赤等。

二、中药潮解与风化的原因

（一）潮解

中药本身含有一定的水分，而且能不断地从空气中吸收水蒸气。当含水量达到一定程度时，就会逐渐地分解变质，失去药用价值，如柿霜、大青盐、秋石、绿矾、硼砂等，经糖、盐加工炮制后的中药，如白糖参、蜜炙甘草、盐知母等，以及本身就生长在高盐环境中的海藻、昆布等中药，其表面及内部含有的可溶性糖和盐类物质，均为晶体结构，具较强的亲水性、溶解性和有较强的吸湿性，因而较易潮解。某些中成药发生粘连、结块、变色等现象也是由潮解造成的。药材发生潮解的主要原因是本身组成成分中含有可溶于水的物质，可溶性物质含量的多少，决定了潮解程度的大小。如大青盐主要成分是氯化钠，而氯化钠是易溶于水的。当空气中的相对湿度过大时，氯化钠的分子与水分子产生物化反应，使氯化钠逐渐溶解。

在一定的温度下，空气中的水汽越多，湿度就越大，当空间的水气压大于易潮解中药表面水气压时，中药中所含有的可溶性糖或盐就能吸附空气中的水分子，在晶体表面形成糖或盐的水膜，使中药表面开始湿润，随着吸湿过程的发展，水分子不断地增加、扩散，结晶体分子便均匀地溶解在吸附水中，此时的糖或盐的结晶体结构也由固态变成了不饱和的液态，而且能不断的从空气中继续吸收水分，当含水量达到一定程度时，便产生潮解，进而溶化。如大青盐在潮解初期，包装物表面湿润，潮解加剧时，则化为盐水即氯化钠的不饱和溶液。

（二）风化

某些药材的成分中含有一定的结晶水；当失去这部分水分时，其质量也随着发生变化。如不规则形状的原皮硝，风化后变成粉末的风化粉。棱柱状和长方形结晶体的皮硝风化后为白色粉末的玄明粉。在一般情况下，空气中的相对湿度和药材的风化成反比，即空气中相对湿度越低，风化现象越快，而空气的温度只起间接推动作用。风化后的药材质量和药性则会发生明显变化。

易风化的中药主要是一些含结晶水的矿物类中药，从矿物的性质和结构来看，其构成多数是由组成矿物的晶格和一定的水分子按一定的数目和一定的形式排列的，参加晶体结构的结合水（又称结晶水）与晶体分子结合稳定的，不易风化，结合不稳定的就容易产生风化，失去结晶水，晶体结构散架，由晶体变为非晶形结构的粉末。

在一般情况下，空气中的相对湿度越低，风化现象越快，而空气的温度只起间接的推动作用。由于各种矿物药的结构组成不同，所以在常温下的风化程度也不相同，裸露在空气中的芒硝、绿矾均可风化成粉末状，硼砂在相对湿度小于 39% 时才会明显风化，明矾、胆矾、玄精石等风化后均为表面呈轻微粉状的不透明体。

风化后的中药的药用价值依风化产物是否失去药性而定，也就是说依化学性质是否改变而定。如芒硝风化后成为风化硝，其质量和药性也随之改变，芒硝具有泻热通便、润燥软坚、清火消肿的作用，主要用于治疗实热便秘、肠痈等病证，而风化硝质量纯净，主要是清上焦热，用于治疗牙龈肿痛、目赤肿痛等上焦病证。胆矾、硼砂等因风化不完全，仅在表面形成粉末状，仍可入药，绿矾风化产物则为碱式硫酸铁，其风化物不宜药用。但任何一种中药风化之后都会不同程度的改变其重量和成分的含量。

三、易潮解、风化的中药

1. 易潮解的中药

（1）易潮解类：胆矾、大青盐、咸秋石、硇砂、硼砂。

（2）盐制品及糖制品：盐附子、盐全蝎、白糖参、蜜甘草、蜜党参、蜜黄芪、蜜麻黄、昆布、海藻等。

（3）中成药：糖衣片、散剂、颗粒剂。

2. 易风化的中药　主要有芒硝、绿矾、胆矾、硼砂、白矾、玄精石等。

四、易潮解风化中药的检查

1. 入库验收　易潮解、风化的中药入库时，除了进行一般的检验外，应着重检验其水分大小，色泽气味变化等。对易潮解中药还要注意包装容器周围四角部分有无水渍和发霉现象。

2. 在库检查　易潮解的中药，如大青盐、咸秋石、盐附子，盐水蝎、昆布，海藻等，在夏季梅雨时节易吸潮，吸潮严重时甚至水化，如大青盐；一些糖制品，如白糖参吸潮后，不但表面粘连，还会出现霉斑。在春、秋季气候干燥时又会析出盐、糖的结晶颗粒。

风化类中药芒硝、绿矾等，空气干燥时易风化成为粉末状。胆矾、硼砂、白矾等风化后为表面有粉状物且不透明的结晶体。

要根据贮存种类、贮存条件及气候变化有目标地检查。该类药材在潮湿的贮存条件下应多检查货垛底层；在干燥气候时多检查货垛的上层；在阴雨的天气抽查外层。贮存日期较久的还要检查装包是否牢固，防止出库时因包装发脆而破损，使药材泄漏造成损失。

五、易潮解风化中药的养护

保管养护这类中药，应选择阴凉、避风和避光的库房，包装物以能防潮不通风为宜。春季和秋冬季因空气较干燥，库房不可过多的通风，夏季因空气较为潮湿，当库内温度在25～30℃时，相对湿度应控制在70%～75%。芒硝、胆矾、硼砂、大青盐、盐水蝎、白糖参等应有内外包装，内包装用能隔绝空气的塑料袋，外包装用纸箱或麻袋等。或置瓷、瓦容器内密闭贮存。内外包装出现散破应即时更换。始终保持密闭状态，基本上不会发生潮解和风化。这类药材品种不多，贮存量也不大，不可能专库贮存，因此采取整架或按件密封贮存为宜。易潮解的大青盐、咸秋石、盐附子等产生潮解时，及时在烈日下曝晒或采用干燥设备干燥后密闭贮存于通风干燥处。

第八节　中药融化、挥发、升华与养护

一、中药融化、升华和挥发的含义

1. 融化　融化是指中药受热后，质地变软，或黏结成团，甚至变成液体，失去原有形状的一种现象，如阿胶遇热则融化黏连，乳香遇热失去原有颗粒性，变软，黏结成不具一定形状的团块，鸡血藤膏则变成液体，发生融流，蜂蜡则先软化，随着温度的继续升高，就产生融流。

2. 挥发　挥发系指某些含挥发油的药物，因受温度和空气的影响，或贮存日久，使挥发油挥散，失去油润，产生干枯或破裂现象。也可简单地说，挥发系指液体中药在常温下转变为气体而散失的现象。

3. 升华　升华系指固体中药，不经过液体阶段，直接转变为气体挥散的现象。

二、中药融化、挥发和升华的原因

1. 融化

（1）耐热性差：这类中药的软化点及融化点较低，耐热性差，受温度影响，便逐渐软化，甚则变为液体。例如，蜂蜡的熔点为62～67℃，软化点为40℃左右，夏季阳光直射时的地表温度在50℃以上，特别是高原地带可达60℃以上，隔窗照射的温度已接近其熔点、软化点温度，若直接处于阳光下曝晒即产生融化，又如甘草膏、鸡血藤膏等，在散射光下，贮存温度高于30℃时，也会融化。

（2）吸湿性强：含糖胶体的阿胶、鹿胶、龟板胶，树脂类乳香、没药等中药，多含有可溶性糖、蛋白质、树胶等亲水性成分。如果贮存温度高、湿度大，中药受热后体积产生膨胀，表面分子首先移位，并由于亲水成分的吸湿作用，大量吸收空气中水分，亲水成分溶解在吸附水中，使该类中药的结构发生变化。如乳香、阿胶等中药在组成结构上均不具保护组织，所含成分都裸露在外，结构破坏后，其分子移位就不受体表面积的限制，自由发展至无一定形状的融化状态，使中药的品质产生变化而损失。

（3）品质纯度低：该类中药的品质纯度不高，含有较多杂质，也是造成融化的因素之一。如乳香、阿魏等树脂类中药，其所含树胶比例超出限量，则更易吸水膨胀，树胶溶解，导致产生融化。甘草浸膏含水率在15%上，总灰分超过12%，不溶性杂质超过5%，甘草酸的含量低于20%，这些超过或低于2000年版《中国药典》甘草浸膏所规定的品质标准，在贮存过程中，湿度升高时也会产生融化。

2. 挥发 主要是受温度和空气的影响，温度愈高则挥发愈快。或贮存日久，使挥发油挥散。

一些含有挥发性成分的中药，如冰片、薄荷脑等。这类中药都是经水蒸气蒸馏冷却制备的含挥发油成分的结晶性物质，本身的结晶体结构不稳定，表层分子的排列不很规则，处在不断的运动之中，呈不稳定状态，在常温下都能脱离分子之间的引力而挥散。若包装不严，暴露在空气中，在温度升高的影响下，表层分子首先吸热而获得较大动能，分子间的运动距离加大，吸引力减小，一部分结晶分子在内能增加的过程中克服分子之间的引力直接由固态变为气态，使人在贮存场所就能嗅到一股辛凉或某种挥发油特有的气味。这种升华现象主要是该类中药包装不严与空气接触，并在温度升高时加快升华，使数量减重，含量减少，还易使"脑"在空气中氧化。

3. 升华 主要受高温的影响，温度愈高，升华愈快。

三、易融化、挥发和升华的中药

1. 易融化的中药 主要有蜂蜡、芦荟、儿茶、甘草膏、鸡血藤膏、柿霜饼、乳香、没药、阿魏、苏合香、安息香、白胶香、松香、阿胶、鹿胶、龟板胶、鳖甲胶、蜂蜡等。其中鸡血藤膏还易生霉；柿霜饼易变色、生虫。

2. 易挥发的中药 主要有竹沥、苏合香、薄荷油、肉桂、沉香、厚朴等。其中竹沥还易生霉、混浊、沉淀及变味；水银系毒品。

3. 易升华的中药 主要有樟脑、冰片、薄荷脑等。

四、易融化、挥发和升华中药的检查

此类中药性质特殊，但都与受热有关，应按各自受热后不同变化特点进行检查。根据各地具体情况，进行定期或不定期检查。平时每月检查一次。在夏季温度较高湿度较大的季节，易软化融化药材应每10天检查一次。除了进行一般的检验外，应着重检验其水分大小、杂质多少、形状与色泽变化等。

1. 包装容器 注意检查包装容器是否符合规定，包装有无破损，有无水渍和内容物的融化污迹。

2. 药物形状 检查中药形状是否改变，胶类中药受热软化则形状由原来的平直片状变为弯曲、扭曲或粘连不易分片,手摸有黏性。水煎浓缩干燥的芦荟、儿茶受热也易发生形状改变,黏结回软。乳香、没药如受潮则胀大,受曝晒则变软粘连成团。甘草膏、鸡血藤膏为浸膏体,有较强亲水性和吸湿性,受潮受热后最易产生融流。柿霜饼若表面白霜变为褐色则受潮,且软化变形或黏连,也易生虫。

融化往往先从软化开始,若发现胶类,树脂类出现返软要及时移至阴凉处吹晾。嗅到特有的辛凉气,要及时检查易升华药材的包装是否有损坏。易升华类中药的升华首先从结晶体表层开始,沿容器器壁部分较甚。樟脑升华后,结晶的透明度减弱,结晶颗粒成块;冰片升华后,结晶表面蒙上一层粉状物;薄荷脑升华后,表面有油样物质黏附。

融化、软化或升华的中药,应成件的单独堆放,一件内有部分融化、软化或升华的,应尽量挑拣,并及时采取相应措施。受潮的应及时干燥,包装破损或不适合的要进行整修或更换。

五、易融化、挥发和升华中药的养护

易融化、挥发和升华中药的变异虽与本身性质和纯度有关,但温湿度变化是促使它变异的主要因素。所以在养护方法上都以保持低温,低湿环境和减少与空气接触为基本措施,严格控制外界环境对它的影响,尽量消除或减慢其变化程度。库房应低温而干燥,库温30℃以下,相对湿度70% ~75%。包装应严密。如松香、樟脑、冰片等易燃类中药,宜专库存放;毒品水银等,更须专库贮存;阿魏宜单独存放,并加固密封,以免与其他中药串味。养护方法有密封法、吸潮法、冷藏法等。

这类药材的软化点和融化点高低不一,数量也不会太多,如同库共存,库房温度以软化点温度最低的为基准。乳香、没药在常温下一般不会软化和融化,重点防止长时间曝晒。蜂蜡、阿魏、儿茶、安息香、白胶香、芦荟等软化点低,夏季易软化粘连,冬季又易干硬,应避免日光灼晒,密闭保存,并防止重压,一般均不宜堆垛,苏合香保存可采用传统方法,即将苏合香与水在容器内共存,水的比热大,吸收热量较慢,水温上升也很缓慢,而苏合香在水中与空气呈一定程度的隔绝状态,还可防止氧化。

阿胶、鹿胶等药材除注意温度变化外,尚需注意湿度变化,湿度过高,易吸湿变软,湿度过低又易失水脆裂散碎。一般以库温30℃,相对湿度65% ~75%为宜。

甘草膏、鸡血藤膏为浸膏体,易吸湿,库温在32℃以上,相对湿度80%以上,就会发生融化流失,夏季贮存时要注意通风散潮。

樟脑、冰片、薄荷脑的升华只有药材暴露在空气中才能出现,一般在密闭容器的内部空间里,结晶分子通过运动分离出去的与通过碰撞回到结晶表面的分子数目基本相等。一旦因工作需要拆封,结晶分子便升华到容器外部空间。因此,易升华药材应密闭贮存,尽量减少升华次数,开封后应及时封严置阴凉处贮存,避免阳光直射。

除上述各类变异外,尚有中药变味、失水干裂、干枯、枯朽等质变现象,也应在贮存养护中也应加以防治,以避免贮存中药的质变。

第九节　其他变异中药的养护

1. 粘连　粘连是指某些熔点比较低的固体树脂类药物,或动物胶类药物,受潮受热后粘连成团块的现象。中药的性质各不相同,温度与湿度都可导致软化现象的发生。如含亲水基团的动物胶质阿胶、龟板胶、鹿角胶等,大量吸收空气中的水分后会发软粘连。温度过高可导致树脂类和动物胶类药材发生粘连。如乳香、没药、阿魏、芦荟、儿茶、阿胶、鹿角胶、龟板胶等易粘连成团块。药物发生粘连结块,虽不影响药性,但对配方和制剂带来不便,软化现象严重时也会造成质量的变化。

2. 腐烂　腐烂是指某些鲜活药物,因受温度和空气及微生物的影响,引起发热,使微生物的繁殖和活动增加,导致药物酸败、臭腐的现象。如鲜生地、鲜生姜、鲜芦根、鲜石斛、鲜茅根、鲜菖蒲等易发生腐烂。药物一经腐烂,即不能再入药。

3. 冲烧　冲烧,又称自燃,是一些质地轻薄松散的药物由于贮存不当发生自燃的现象。如红花、艾叶、甘松、柏子仁等药物易发生自燃现象。冲烧现象的发生与温度有密切关系。中药干燥不适度,或在包装码垛前吸潮,在紧实状态中细胞代谢产生的热量不能散发,当温度积聚到67℃以上时,热量便能从中心一下冲出垛外,轻者起烟,重者着火。

第八章　中药包装与管理

中药包装是药品生产的重要组成部分,关系着生产、流通、消费三个领域各方的利益和中药商品安全,必须对包装的作用有足够的认识。目前的中药材包装,有的质量很差,问题较多。在流通环节中,因包装质量不好,性能较差,使药品撒漏、丢失、污染。在贮存过程中,也因包装不善等,造成浪费仓容面积和堆码、保管养护困难,使中药质量发生变异,增加损耗与费用,加大劳动强度等,给国家财产造成损失,也不利于保持药材品质。加强中药的包装与质量管理,可有效地保护药物不受污染而且美观,保护药物的完整性和清洁度,从而更好地保证中药商品质量。

第一节　中药包装的目的意义与管理

实行标准化要求的中药包装,有利于保证中药质量,有利于贮存、运输与装卸,便于识别与计量;有利于交通运输的机械化、现代化;有利于贮运费用的减少。商品包装还有美化商品、提高价值、指导消费,取得购销信誉,提高经营效果等方面的作用。因此,各地从事药材生产、经营的企业应遵照国家对药材包装管理的各项法规政策、因药而异,采用必要的包装措施。

一、中药包装的目的意义

1. 保护中药品质　中药在流通过程中会受到日光、空气、温度、湿度等自然环境因素和禽畜、虫鼠、真菌等动物和微生物的侵害,包装后可有效地保持中药的完整性与清洁度,避免外界温度、湿度、有害气体、光线等的影响,达到密封、隔湿、隔热、避光等目的,有些包装材料,尤其是目前迅速发展起来的无菌包装,尚能防止微生物、害虫的侵蚀,避免破损引起中药变质、污染或发生混杂现象,避免中药霉变、虫蛀、泛油、潮解、粘连、变色、变味等现象发生,最大限度地减少外界条件对中药质量的影响,保证中药质量。

2. 有利于贮存与运输　我国地域辽阔,中药材产地遍布全国各省、自治区,使得中药材运输的路程和时间较长,运输环节也增多。中药材在流通过程中要经过产地的贮存以及批发、销售、运输、装卸等环节,在这些环节中,难免会发生跌落、碰撞、摩擦等现象。中药商品没有包装是不能进入流通领域的,完好的包装形式便于堆垛、运输、装卸,减少运输过程中的损耗,节省费用。中药的包装质量好,在贮存中有利于计量、堆码、发货出仓、转仓倒垛、盘点等。相反,包装质量不好,不仅操作不便,破损以后还会增加耗损与增加劳动强度。

3. 保证数量,便于计数计量　中药包装后可有效的保存中药的数量,有利于中药流通贮存过程中的仓储堆码、运输装卸,以及计数、计量及点验工作的进行,减少资源浪费,提高工作效率。

4. 促进中药的流通销售　符合中药性质特点的包装,不仅保证了中药的质量,而且起到了促进销售的作用。规范的包装为药材供应方建立了良好的销售形象,增加了采购方对该产地药材质量的信任。中药的销售在国内与国际市场的竞争日趋激烈,良好的包装是无声的广告,可以提高产地中药材供应的信誉度。

5. 增加商品附加值 规格不一、粗糙不洁的原药材,经过产地必要的整理加工后再行包装,可美化商品,提高商品价值,提高经营效果。

6. 提高中药使用质量 针对中药形态特点和所含活形成分的变异特性,采用相适应的包装形式,有利于延缓中药的质量变异,将中药经挑选后分等级包装或采用 0.5kg、1kg、5kg 装量的小包装,可以避免大包装的中药在储运过程中发生霉烂变异现象等变质时的相互影响。适量的包装使药材在进一步生产加工或使用时能够按需拆包,方便取用。

7. 降低商品损耗 中药商品包装质量好、规格化与标准化,不仅方便运输,节省仓容,而且能够降低商品损耗,节约保管费用,减少或减慢药材质变,避免浪费和损失。

二、中药包装的管理

直接接触药品的包装材料和容器是药品不可分割的一部分,它伴随药品生产、流通及使用的全过程。尤其是药品制剂,一些剂型本身就是依附包装而存在的(如胶囊剂、气雾剂、水针剂等)。由于药品包装材料、容器组成配方、所选择原辅料及生产工艺不同,有的组份可能被所接触的药品溶出、或与药品互相作用、或被药品长期浸泡腐蚀脱片而直接影响药品质量。而且,有些对药品质量及人体的影响具有隐患性(即通过对药品质量及人体的常规检验不能及时发现问题)。例如安瓿、输液瓶(袋),如果不是针对不同药品采用不同配方和生产工艺,常常会有组份被溶出及玻璃脱片现象,一般在常规药检时不能发现,例如,天然橡胶塞中溶出的异性蛋白对人体可能是致热源,溶出的吡啶类化合物是致癌、致畸、致突变的肯定因素,而细微的玻璃脱片是堵塞血管形成血栓或肺肉芽肿隐患,等等。另一方面,由于药品的种类多且有效活性基团复杂,所以对与其直接接触的包装材料和容器的要求相对于其他产品来说要高。

我国药包材生产企业和药包材产品的相对滞后,药品包装整体水平偏低,包装对医药经济发展的贡献率低。虽然,我国现有药包材企业约 1000 多家,生产药用玻璃、金属、药用明胶制品、橡胶、塑料(容器、片材、膜)及其复合片(膜)五大类 60 多个品种直接接触药品的包装材料和容器,年产值约 150 亿元。但是,目前我国药品包装整体水平与发达国家有一定差距,包括包装质量、包材质量以及包装对医药经济的贡献率低于发达国家水平。发达国家一般品种包装占药品价值的比例为 15% ~25%,有的品种 30% 以上。而在我国仅占 8% ~9% 左右。我国现有药包材生产企业中,多为乡镇集体企业,规模小,人员素质、装备、技术及管理水平低,产品质量不稳定等问题普遍存在。1998 年中国医药包装协会对部分药用玻璃管及安瓿质量抽检结果:30% 产品不合格,个别项目不合格率 38% ,两个产品的耐水率差,脱片现象严重,对安全用药留下了隐患。

国际上,各国药品管理当局对药品包装及药包材监管普遍重视、监管力度大。而我国对药包材的监管力度不够。因而,质量不高、不符合标准的药包材产品常见;使用不合格药包材产品或使用未经审批药包材问题尚未解决;尤其新药包材产品的推广应用缓慢,一些落后、使用不便,甚至影响药品质量的药包材淘汰困难,有的仍然在影响着药品质量。因此,结合我国国情,为提高直接接触药品的包装材料、容器质量,确保药品安全有效,促进医药经济健康发展,必须对这部分药包材产品及其使用加强监督管理力度,组织制定、审批和颁布药包材标准,标准应包括产品质量、检验检测方法和质量保证体系三个方面的内容。在审批新药时一并审批该新药的包装材料,同时审查该包装材料与药品的安全相容性资料。

随着我国制药工业的发展以及进口药包材的增长,尤其自1992年原国家医药管理局对国内药包材生产实施许可证制度以来,国内企业要求,从同等待遇讲,国家应对进口产品设置准入制度。同时,在实际工作中,也确实发现有的进口产品质量不稳的问题。特别是加入WTO以后,药包材的进口可能会有较大幅度增长,为把好质量关,以求国内、外企业同等待遇,也需对进口药包材产品设置准入程序。

与国外先进制药公司相比,我国制药企业对包装、包材与药品质量关系普遍认识不足,对药品包装、包材与药品相互影响的研究重视不够,往往为了降低成本而选用劣质包装材料。一些落后包装形式、包装技术在我国制药企业中仍被采用。为了提高我国药品的包装水平,保证药品质量和人民用药的安全,药品生产企业不得使用未经批准的直接接触药品的包装材料和容器。

不符合标准的药包材应停止使用,未经审查批准的药包材不得使用,如果采购了不合格的直接接触药品的包装材料和容器,应责令其停止使用。如果使用未经批准的直接接触药品的药包材包装药品,按照《药品管理法》第四十九条(四)的规定,该药品将按劣药论处。发运中药材必须有包装。在每件包装上,必须注明品名、产地、日期、调出单位,并附有质量合格的标志。中药材的发运,由于我国传统习俗,往往不进行包装,没有标明品名、产地、日期、调出单位等质量保障要素。造成对中药材辨认困难及产生质量问题时无法追究。对不合格的直接接触药品的包装材料和容器,由药品监督管理部门责令停止使用。确保中药材在储运过程中的质量。

第二节　中药包装技术

中药品种繁多,性质不同,规格复杂,对包装器材、结构形式、包装的方法要求也不同。

一、中药包装的分类

随着药材生产、购销和出口贸易业务的扩大,药材包装的种类将越来越多。目前按流通范围分类的方法分为商品包装和运输包装两种。商品包装,主要使用于销售的商品,包括内包装和中包装。内包装是直接用来盛装商品的包装用品。中包装是指在几个内包装之外再加上一层或二层材料的包装,以利保护商品质量,便于零售计量,点验和销售。运输包装,主要适用于运输和贮存的中药商品,目的是用以保障中药商品在运输和贮存过程中的安全,方便搬运装卸、堆码、点交,这种包装称为外包装。例如整件包装的木箱、纸箱、铁桶、麻(布)袋、篓、筐等等。

无论是商品包装或运输包装,中药一般都进行外包装与内包装。目前在国内销售所使用的外包装多为竹筐、柳条筐、木箱、纸板箱、麻袋、草包、席包等,可以就地取材,包装简便且价廉。但在使用这些容器包装时必须注意其坚固性,不使产品受到损伤,绝不可因简化包装而草率从事,而使药材遭受损失。对长途运输的中药包装,应特别注意选用坚固的容器,若销售国外的中药,一般采有外贸包装的要求,更要坚固而美观。

二、包装器材的选择与要求

（一）包装器材的选择

1. 包装材料的基本要求

（1）安全性：一方面要求包装材料本身无毒，不因各种环境因素的影响而释放出有毒物质，污染药材，另一方面要求包装材料不受环境条件的影响而与被包装的药材起任何反应，从而影响药材功效。

（2）可降解性：包装材料应具较好的降解性，要求其降解产物无毒害作用，不对环境产生污染作用，不威胁人类健康。

（3）可重复利用：要求包装材料质优耐用，这样既可节约资源，又可减少垃圾的产生，减轻对环境的污染。

（4）合法性：用于包装药材的材料，应由有关部门批准，并符合有关标准。否则不具合法性。

2. 根据中药的理化性质和疗效，选择包装材料和包装方法 中药包装器材或包装容器的选择应根据中药的物理化学性质和疗效，选择适宜的包装材料和包装方法。中药品种繁多，性质不同，规格复杂，对包装材料、结构形式、包装的方法要求也不同。例如，用细密麻袋、布袋等装粉末状的蒲黄、海金沙，颗粒小的青箱子、车前子、黑芝麻等，不易散失；用化纤袋装朴硝、生地、黄精等易潮解、易泛糖的品种；用筐或萎装短条形的赤芍、桔梗等，既不致压碎，还能通风；轻泡的花叶草类药材，采用机械打包，既不易受潮变色，又缩小容积；用各种木箱盛装怕光、怕潮、怕热、怕碎、怕鼠咬的稀贵药材，则能维护商品的安全；此外，如用桶装蜂蜜、苏合香油等液体药材；用铁箱、铁盒、陶瓷瓶罐等盛装易挥发走味的麝香、樟脑和阿魏等，可防止渗漏、挥发和受潮。有些药材品种，不仅要有外包装，还要有内包装。如怕散失气味的可加塑料袋，怕潮湿的需要加衬防潮纸或走油纸等，如包装物使用不当，或者是包装材料潮湿、损坏或附有真菌虫卵等，就很容易引起药材发霉、生虫变质。因此，要根据中药的物理化学性质和疗效，选择适宜的包装容器和包装方法。选择适当的包装容器，并按不同要求加以包装是非常重要的。

对于中药包装容器的选择同样需要考虑到中药的性质。例如，柔软脆弱药材容易挤伤、压坏，不宜选择容量过大的容器，可用较硬而结实的容器，如木箱、柳条筐等，比较耐压的药材可以使用麻包、蒲包等。选择包装时尚应考虑到搬运、堆码的方便，这样可以保证运输和贮存的安全。

对内包装如玻璃瓶、纸盒、纸袋、塑料袋等的选择，应注意容器不得与内盛的中药发生物理或化学的变化，即不应因此而导致中药的浓度、性质或纯度发生改变，容易吸湿的中药应使用密塞容器，必要时再用封口材料辅助包装；怕光的中药应选用棕色玻璃瓶，以防止紫外线的透入。有些包装材料容易吸湿发霉、生虫，如麻袋、草包、蒲包、竹篓等，必须经常检查并加以消毒杀虫，以免使中药受到影响。

此外，中药内包装和外包装的容器外面，应注有适当的标志。例如，药材名称、规格、净重、毛重、生产者名称、生产年月日以及搬运和贮存的注意事项等，以便正确地保管和运输。

（二）中药包装的要求

中药包装时应考虑到中药种类、性质，以及贮存、运输的方便等各方面的因素，进行规范化包装，具体要求如下：

（1）包装环境条件良好，卫生安全。

（2）包装设备性能安全良好，不会对中药质量产生影响。

（3）包装过程中不污染环境。

（4）包装人员应身体健康，了解中药的包装原则，有较强的责任心。

（5）包装前应再次检查并清除中药的劣质品及异物。包装应按标准操作规程操作，并有包装记录，其内容包括品名、规格、产地、批号、重量、包装工号、包装日期等。

（6）中药包装前，质量检验部门应对每批中药按国家标准或经审核批准的中药标准进行检验。检验项目应至少包括性状、鉴别、杂质、水分、灰分、酸不溶性灰分、浸出物、指标成分或有效成分含量、农药残留量、重金属及微生物限度等，这些项目均应符合国家标准和有关规定。检验报告应由检验人员、质检部门负责人签章，并应存档。

（7）所使用的包装材料应是无污染、清洁、干燥、无破损，并符合中药质量要求。

（8）在每件包装上，应注明品名、规格、产地、批号、包装日期、生产单位，并附有质量合格标志。

（9）易破碎的中药应装在坚固的箱盒内；毒性、麻醉性、贵细中药应使用特殊包装，并贴上相应的标记。

三、药包材的管理

药包材是药品包装用材料、容器的简称。国家对药包材实行产品注册制度。国家食品药品监督管理局和省、自治区、直辖市药品监督管理部门按照统一管理，分级负责的原则负责药包材的注册管理工作。药包材产品分为Ⅰ、Ⅱ、Ⅲ三类。Ⅰ类药包材指直接接触药品且直接使用的药品包装用材料、容器。Ⅱ类药包材指直接接触药品，但便于清洗，在实际使用过程中，经清洗后需要并可以消毒灭菌的药品包装用材料、容器。Ⅲ类药包材指Ⅰ、Ⅱ类以外其他可能直接影响药品质量的药品包装用材料、容器。

上述药包材须按法定标准生产，不符合法定标准的药包材不得生产、销售和使用。国家标准或行业标准由国家食品药品监督管理局组织制定和修订。未制定国家标准、行业标准的药包材，由申请产品注册企业制定企业标准。

生产Ⅰ类药包材，须经国家食品药品监督管理局批准注册，并发给《药包材注册证书》。生产Ⅱ、Ⅲ类药包材，须经所在省、自治区、直辖市药品监督管理部门批准注册，并发给《药包材注册证书》。

四、包装原则

中药包装必须适应运输装卸条件，从当前实际出发，包件的重量应适应托搬运装卸工人的一般体力,以免发生人身伤亡事故,现在一般纸箱包装商品每件规定20～30kg,木箱包装,包件规定在50kg左右,包件的体积要求方便搬运、装卸和堆码,以及适应各种运输工具。

中药包装应着重遵循适用、牢固、经济、美观等原则,所谓"适用"即根据中药自身的性质和性状特点来选择。如质脆易碎的药材,应选择防压性能较好的包装;比较耐压的中药,可使用软性包装;易吸潮、易泄漏的药材,应选择严密性好的包装;鲜湿药材应选择透气性能好的包装;贵重或毒性药材宜用牢固、严密的小型包装等。所谓"牢固",即根据中药的比重及运输、贮存的要求,确定每包件重量及包装器材的材料、形状和大小。为了仓储和运输的方便,质轻体大的药材,每件重量一般为25～50kg,质重体实的中药,每件重量一般为50～75kg,并且使包件呈长方形,避免正方形和圆形。比重较大的药材,如矿石类宜用坚固而不太大的木箱盛装。关于"经济",即在牢固和适用的前提下选择包装,还应就地取材,尽量降低包装费用。至于"美观",随着市场经济的发展,中药要占领市场,除要求质量好外,药材包装的颜色、外型、标志等亦应美观,特别是出口商品,更应注意,使人们易于接受和使用。

五、包装方法

中药的包装是商品生产的一个重要组成部分。中药材一般只有外包装,中成药则有内外包装,部分商品还有中包装(衬垫物)。包装材料基本要求是:清洁、干燥、牢固。包装要实现"三化":即标准化、规格化和打包机械化。

中药材包装件的国家标准系GB6264-86中药材袋运输包装件,材料有麻袋、塑料编织袋,如后者有轻型袋、中型袋、重型袋之分。此外,还有GB6265-86中药材压缩运输包装件;规格有标准箱型、保留箱型;裹包材料有麻布、粗平布。GB6266-86中药材瓦楞纸箱运输包装件;材料由五层双瓦楞纸板制成,箱号分1～10号。

中成药外包装都是纸箱,由多层瓦楞纸板制成;中包装有纸盒、塑袋等多种;内包装有蜡壳、蜡盒、纸袋、纸盒、塑袋、塑瓶、铝箔、玻瓶(管)等。

饮片包装有塑袋定量密封包装,可放入"除氧剂",还有无眼(或有眼)塑料箱等。

包装方法和技术直接影响中药商品质量。可采用手工式包装方法,有条件者可用各种机械化、半机械化的打包机,或包装流水线装置。包装要求牢固,包件均匀、美观。包装时,装箱要紧密,以防运输过程中中药受撞击、摩擦而破碎;装订、封口、捆扎、衬垫要牢固,特别是种子类等颗粒小,易漏的药材更应注意,以避免在贮运中松散、破损、泄漏。为避免损及软性包装,在捆扎时,可在四周加垫竹片或木板条。麻袋包装在缝装时,四角做成耳朵状,以便于搬运时抓提。叶类、全草类、花类等中药材宜在干燥稍回潮后打包,以防捆扎破碎,影响外观质量。

在包装、运输过程中,发现问题及时解决,如包装器材选择不当,应及时改装,包装破损及时修补或更换等。中药材包装时,内外包装上都应用耐用的号签标明品名、产地、规格、毛重、净重、出货单位、生产时间等,并根据中药性质和包装器材性能,标明注意事项,如防潮、防震、防重压、勿倒置、有毒等等。

实行真空包装或充入惰性气保存中药,能有效地防治中药虫蛀、霉变和泛油。如麦冬实行真空包装低温保存,可3～5年不出现虫蛀、泛油。

按照21世纪中药现代化事业发展的新要求,中药的包装应当努力实现标准化、规格化和打包机械化。包装规格化就是要求对包装的类型、规格、容量、包装材料、容器的结构造型、承压力、印刷标志以及商品盛放、衬垫、封装方法、名词术语、检验要求等做统一规定。同一品种应该使用统一包装材料，统一规格，统一容量，统一标记和统一封装方法。包装标准化应首先制定技术标准，加以贯彻执行。药材包装实行打包机械化、规格标准化，对合理使用包装，节约包装材料，适应运输工具特点，保证商品安全，方便运输、装卸、堆码、交接、促进运输装卸机械化和自动化，提高劳动生产率，降低中药运输费用等，都有很大作用。

中药包装实现在向"三化"努力的过程中，要因地制宜，从实际出发，对包装材料的来源、容积、规格、性能等指标和投资能力、经济效益等都应当全面考虑，并反复核实和试验。要看到中药包装破烂的严重，会给中药带来的损失，因此必须下大力改革。首先应对地道药材和在主产区逐步实现"三化"。下面就中药材、中成药和产区地道药材的包装作系统介绍。

（一）包装器材的种类

包装器材根据包装作用的耐压性能又分为：硬性包装器材、半硬性包装器材和软性包装器材三类。

1. 硬性包装器材　大多为木材、金属、玻璃、陶瓷、硬塑料等材料制成。此类包装器材质地坚实、耐压性能好，而且可以阻抗外界湿度、阳光等的影响，适于包装易吸湿、挥发、质脆、易虫蛀、贵重、毒麻及流体或半流体的中药。

（1）木质器材：比如木箱、木桶等，其造价较低，适用范围广，造型易于排放，是良好的外包装器材。但其严密性差，易破损，重复使用率低，若采用优质木材，严密装订，内衬防潮纸或塑料薄膜，在易损处加钉铁皮等方法即可以克服。

（2）金属器材：诸如铁桶、铁罐、马口铁盒、铝合金盒等。较木箱严密，复用率高，但笨重、造价高。适用于盛装液体、半固体、易软化变稀的中药及贵重、毒麻类中药等。

（3）玻璃、陶瓷罐：如玻璃瓶、缸、安瓿、瓷罐等。该类器材性质稳定、严密，但质脆易碎。多用于内包装或盛装少量的粉末性、流体、贵重中药，更多用于固定性贮存目的。

2. 半硬性包装器材　主要有纸箱（盒）、竹篓（筐）、柳条筐等，有一定的耐压性能，成本低，适用于体积大、耐压性差或新鲜药材。

（1）纸箱（盒）：一般用黄版纸或用硬质纸板加工制成。耐压性能适中，较木箱成本低，美观，便于搬运，可回收再用，但防潮性能差，易破损。纸盒多用于盛装体形规则的加工制品，如动物胶类中药，纸箱适用于盛装质轻规整的中药。

（2）竹篓（筐）、柳条筐等：材料来源广泛，成本低，透气性好，轻便，但牢固性和耐压性能较差，严密性更差，易破损而泄漏，只适用于体积较大、质地轻松、不易泄漏或新鲜的中药，且多限于短途运输和内销。

3. 软性包装器材　主要有麻袋、布袋、纸袋、塑料袋、化学纤维纺织袋及蒲草包等。这类包装机械防护性能极差，但可就地取材，成本低，适用于耐压的中药，而且质柔软，故又可多用于内包装。

（1）麻（布）袋、化学纤维纺织袋：用麻线、棉线或化学纤维织成的袋，包装轻便、韧性好，耐用，可重复应用，使用范围广，适用于各种耐压中药的盛装。麻袋质厚，容积大，可盛装 50～100kg 的中药；布袋质地较薄，只能装 20～30kg 的中药；化学纤维纺织袋，内衬一层塑料袋，盛装较易吸潮或芳香性中药最为适宜,但外皮较滑不易排放。

(2) 蒲包、草包:用蒲草或稻草纺织而成。适用于全草类、皮类、茎类等中药的包装。包好后,外用麻绳或铁丝捆扎,包装简便,费用低廉,但防护性能差,在运输和仓储过程中应特别加以注意。

(3) 纸袋、塑料袋:纸袋多选用质地致密而牢固的牛皮纸做成,耐磨性好,可数层叠用,亦可内衬防潮纸。聚氯乙烯薄膜制成的塑料袋,可有多种厚度,但耐磨性能差。塑料袋和纸袋结合使用,可耐磨、防潮、避光、密封,能有效地防止挥发、虫蛀、发霉等现象的发生,多用于中药内包装或盛装少量贵重药材及加工品等。在实际应用中,常常是多种包装器材配合使用,互补不足,以适应中药包装的需要。

(二) 中药材的包装方法

中药包装材料的种类很多,选用时应注意包装材料的性能,《药品管理法》明确规定是质轻而坚固,可以受重压而不致裂碎,清洁,无不良气味,干燥;同时取材容易,价格低廉。

中药材使用的包装,按其性质可分为硬性包装皮、半硬性包装皮和软性包装皮。为了防潮,里层尚可衬垫锌铁皮、马口铁皮及防潮纸,为了牢固,包皮外用麻绳、草绳、铁丝、铁皮和塑料条等捆扎;在捆扎时为避免损及软性包装皮,尚可在四周加垫竹片或木板条。兹将各种外包装的性能分述如下:

1. 硬性包装 硬性包装片多为木材、金属、玻璃或陶瓷等材料制成。此类包装材料质地密实,坚硬耐压,可以抗阻外界湿气等的侵蚀,适于包装容易吸湿、挥散、娇嫩质脆、易遭虫霉或贵重药材等。金属、陶瓷材料目前多用于固定性贮存;玻璃瓶多用以盛装各类成药,而木箱、纸箱既便于运输,又能用于贮存所以使用较广泛。一些受光照、吸潮、受热后易变质和易破碎的药材宜采用箱装的方法。

(1) 木箱:制造木箱的材料,主要采用松柏科的木材,加工成各种厚薄干燥的木板,亦可用复合板,然后钉成长方形的箱子。木板不应腐朽,亦不得有影响强度的节子及裂纹等,无特殊臭气。木板必须干燥,一般要求水分含量为15% ~18%,最少不应低于12%,最高不超过20%;因为水分过低会影响木箱的强度,过高则使箱内药材吸湿而霉烂变质。

药材装入箱内应紧密,以免搬运中因箱只翻动而受到撞击摩擦,容易损坏。为了加强防湿效果,箱内尚可衬垫沥青纸、油纸、蜡纸等防潮纸。箱子较重而又需远途运输时,可在箱外捆扎铁皮。木箱易于搬运,并便于在仓库中堆码,整齐而稳固,保护性能最好。但由于包装费用较高,不宜普遍采用,主要用于花类、种子类及根茎类中的一些怕压、怕潮、怕霉蛀和贵重类药材。

(2) 席片木条箱:为了节约木材而又可获得木箱的优点,可以采用木条箱框,内衬席片的形式,不仅成本低,而且重量亦轻。

(3) 桶装:常用的有木桶和铁桶。液体药材如薄荷油、缬草油等,宜用桶装。此外,含挥发油的固体药材如冰片、麝香、樟脑等,多采用铁盒、陶瓷缸(瓶)等包装,以免挥发性成分过度散失。

2. 半硬性包装

(1) 纸箱:可以代替木箱使用,一般用黄版纸(马粪纸)加工制成,通常分纸板箱和瓦楞纸箱两种,抗压力尚坚强,黄版纸的韧性不足,耐压及抗撞击的能力均较差,特别遇水或潮湿等,更易变软而碎裂。但成本较木箱低，体积小，量轻搬运便利，可以收回再用，使用日渐广泛。适用于质轻、怕压而量少的药材。

(2) 竹筐或柳条筐：我国南部地区都采用竹片、竹篾，而北部地区则多用柳条、荆条、杨条等编制成各种大小、形状的筐篓。有的成箱形，有的成圆桶形，大小不定，装量可从10kg至100kg。实际应用时，可根据药材的性质、运输的距离选用适宜的种类。对于质地坚韧耐压的药材，筐篓可稍大些；药材柔软脆弱的可用小的，因为太大不仅搬运不便，而且易于造成压伤，同时筐篓的损耗亦大。此类筐篓可以编织致密，不留孔洞；亦可编得稀疏，留有孔洞。为了加强防护能力，内部可衬以蒲包或防潮纸等，外用麻绳加以捆扎。筐、篓能承受一定的压力，在储运过程中不致将药材压碎，且有一定的通气性，一些根条细长的根类药材多采用筐装或篓装，如赤芍、桔梗、牛膝、党参等。

筐篓虽有一定的弹性，能耐适当的压力，但终究不够坚硬，受到重压会变形，使内容物造成压伤。同时在运输和堆垛中，不够稳妥，有倒塌的危险。但由于轻便、成本低廉，可以就地取材，因此在药材包装中应用亦很多。

3. 软性包装　软包装一般用麻袋、布袋、纸袋或塑料袋，亦可用蒲包、草包。软包装机械性防护能力很差，外界湿气极易侵入，亦易遭受虫蛀霉烂；但是包装费用低廉，可以就地取材；加上重量轻，体积小，便于搬运，因此，目前应用此类包装所占比重很大。

(1) 袋装：常用的袋有布袋、麻袋、无毒聚氯乙烯袋等。麻袋或布袋是用麻线或棉线织成的袋子；麻袋较大，可盛装50～100kg，布袋因质地较薄，多盛装20～30kg。细小如粉末状药材，宜采用布装包装，如海金沙、蒲黄等。果实、种子、花、大多数根或根茎类药材，宜采用麻袋装。易潮解、易泛糖、易被鼠、虫咬食的药材，宜采用聚氯乙烯袋包装，如生地、黄精、薏苡仁、酸枣仁等。使用麻袋或布袋包装，若内衬牛皮纸或防潮纸1～2层，外用麻绳捆扎，则其保护效能更好。为了搬运便利，麻袋四角在缝装时最好做成耳朵状，便于抓提。

(2) 蒲包、草包：蒲包是用蒲草编成的，而草包则用稻草编成，较适用于草类、木类等药材，装好后包外可用麻绳或草绳捆扎。此种包装最简便，费用也最低廉，但是防护能力也最差。因为蒲包、草包空隙很大，不能阻拦外界湿气的侵入，而本身亦易吸潮，故容易生虫、霉烂；并且质地松脆而无韧性，包装松散而易破裂，不但增加运输和保管上的困难，亦易影响药材质量，形成很大的损失。使用此类包装必须特别注意。

(3) 纸袋、塑料袋：选用质地致密而牢固的牛皮纸做成；可以用2～5层纸缝在一起，这样更为牢固，有时尚可加衬一层防潮纸，其防护效果较麻袋、蒲包等为好，因为牛皮纸的透湿性较小，使用得当，用于少量药材的包装是适合的。

聚氯乙烯薄膜制成的塑料袋，因为透湿性很小，用于少量贵重药材、有挥发性药材以及易霉蛀药材的包装是适宜的。由于耐磨性较差，外面尚可套一层牛皮纸袋。

（三）中成药的包装方法

为了保持中药的效能，防止气味散失，避免受潮发霉虫蛀，在适合于运输、贮存，携带及美观的要求下，按照品种的特性，采用下列不同类型的包装。

1. 蜡皮　适用于封固含贵重药物较多的蜜丸。中药丸剂应用蜡皮封固，可保护丸药固有的气味与软硬度，并可防止潮湿真菌、昆虫及氧气的侵入，使成药能经久贮存而不会变质失效。

通常用蜡皮包装可贮存 3～4 年或更长的时间。

蜡皮原料为白色不含杂质的蜂蜡与固体石蜡或白蜂蜡、石蜡、黄蜡的混合物。配合比例要适当，太软则蜡无法作好，太硬则贮存时容易脆裂。较适合的成分比为蜂蜡 30%～40%，石蜡 60%～70%。新制成的蜡皮，色白、质柔软，富于韧性，但如放置时间过久，则色转黄。蜡皮很薄，封口及封脐处最易出现裂痕，于是空气中的水分即可由此侵入，致使丸药发霉。蜡皮丸药在包装和运输时应衬垫柔软之物，并要轻轻取放，以免蜡皮裂缝。贮存温度以 10℃ 以下为宜，不可靠近热源，以免蜡皮软化变形。多用于包装贵重的蜜丸，如人参鹿茸丸、乌鸡白凤丸、安宫牛黄丸等。

2. 上蜡纸匣 适用于细料较少的蜜丸，如羚翘解毒丸、牛黄上清丸等；有些糊丸亦可用，如五粒四春丹等，应用较广。封口仿单内容包括：品名、功能、主治、主要药物组成、用法用量、禁忌、厂牌、出厂日期、批号等。原料：较厚的白纸、干酪素和氨水、石蜡。纸匣规格：为圆柱形，共分三号：1 号匣高 3.5cm，直径 3cm，装 10.5～12g 丸用；2 号匣高 3.3cm，直径 2.75cm，装 6～9g 丸用；3 号匣高 2.7cm，直径 2.2cm 装 1.5～3g 丸用。制法：按纸匣规格尺寸将厚纸裁好，用干酪素和浓氨水配好刷在纸上（起快干的作用），然后制成圆筒状纸盒。在匣内面沾蜡，并用小刷子将匣底匣盖的圆缝处以蜡抹严。包装法：用蜡纸将蜜丸严装入匣内，再用白纸印就的长条形仿单（说明标签）封好，然后在蜡锅里沾蜡，随即拿出，置凉水中浸之，当即取出，待水珠晾干即得。

上蜡纸匣能够防避湿气，短期贮存可保持蜜丸质量和药效，同时便于运输保管，颠动时不破不碎。但密封性不能持久，不可长期贮存。

3. 蜡纸和蜡纸盒 取方形蜡纸，将丸药包裹严密，每 50 丸再装入大蜡纸盒内，每盒再放入仿单 20～25 张，将盖盖严，以蜡封口，外贴标签。蜡纸规格一般为四种：药重 1.5g 用 6cm × 6cm，重 3g 用 7cm × 7cm，重 6g 用 8cm × 8cm，重 9g 用 9cm × 9cm 包装。

上述蜜丸的三类传统包装形成以蜡皮包装防护效果较好，它能保持药物滋润柔软，防止蜜丸干硬、皱皮、发霉和生虫。近年来由于蜂蜡供应不足，以致多数品种不得不采用上蜡纸匣或蜡纸包装。为了弥补这种缺点，经研究可用新型蜡皮代替，即在石蜡、蜂蜡中熔进一定比例的纯净的蜡和低分子聚乙烯。制成的蜡皮经测定其抗弯性能，热稳定性和抗破碎等方面都达到国家标准；而且来源充足，成本低廉。

高密度聚乙烯薄膜，具有质地柔韧，可塑性强，无毒，耐腐蚀和耐高温的特性，采用它包装蜜丸保护效果亦很好，制作简便，成本较低，不但较蜡纸好，而且也不亚于上蜡纸匣，故目前塑料薄膜包装较多，但透气、透湿，不耐久藏。

4. 纸袋 以较坚韧不易破裂的纸为宜，大小可按药量需要。纸袋正面印：品名、内服药或外用药、厂牌，每袋内装数量、出厂日期、批号。背面印：主要药物组成，功能，主治，用法用量，禁忌。水丸、糊丸，无细料或细料较少的散剂，膏药等均可用此袋装。丸药装入前，先检查纸袋有无破裂，装妥后应将袋口封严。

5. 纸盒 按用途不同可分为大型纸盒和小圆盒两种。纸盒是用白板纸制成，已装好蜡皮。蜡纸盒的蜜丸或袋装的水丸、糊丸均可用此包装，一般每盒能容 50～100 袋或 10～50 丸为宜。圆盒用来盛装外用药膏，纸盒及金属制均可，目前市售品以铁盒者较多；医院药房调配品多用纸盒，盒内应沾蜡，以免药膏渗出。

6. 塑料袋 随着我国塑料工业的发展，近年来在中成药的包装方面采用塑料薄膜袋的日渐增加。用作药物包装的薄膜必须具备气密性好、防潮、无味、无毒、耐热、耐寒、操作容易等特点。目前应用聚乙烯及无毒聚氯乙烯薄膜较多,至于聚苯乙烯、聚丙烯、聚酯等薄膜应用尚不普遍。

根据药物需要选用适宜厚度的塑料薄膜,制成大小不同形状的袋。并可将标签内容直接印在薄膜上。采用高频加热熔合法封口极为方便;亦可用电烙铁封口。固体中药制剂几乎都可包装,如蜜丸、糊丸、水丸、散剂、片剂、冲剂、膏剂等。

塑料包装存在一定缺点,主要是空气和水分可以透入袋中,若熔封不好,有破裂、穿孔现象出现,就可导致内装药物发生理化性质的改变,亦会发霉、生虫,影响质量,特别在夏季较热和湿度较大时更为严重。因此塑料薄膜包装的中成药,必须储于凉爽干燥处,时间不宜太长。

7. 玻璃管　平底圆柱状玻璃管,其直径和长短可按需要选择,适用于细料的散剂,颗粒较小的丸剂、片剂等包装,如六神丸、七厘散、人丹、牛黄解毒片等。装药前,玻璃管应充分干燥,装妥即用洁净软木塞或塑料塞将管口严封;亦可沾蜡封口。管外贴上标签,再装入纸盒。

8. 玻璃瓶　最常用的包装,可分为广口瓶及小口瓶。液体制剂主要用小口瓶,如酊剂、露剂、药酒等;膏滋则多用棕色广口瓶装;丸剂、片剂则用无色或棕色大口瓶装。瓶盖可用金属制或塑料制;瓶塞以软木塞最好,亦可采用橡皮衬垫形成。瓶塞及瓶盖均可沾蜡密封。在防护外界空气及水分影响方面,此种形成包装是比较好的。瓶外粘贴标签,再装入纸箱或木箱。

（四）产区地道药材包装

产地药材包装的目的是保护药材,便于运输,使它完整良好,安全地销售给药材经营者。包装一般比较简陋,多就地取材。常采用的包装有木、草、竹、纺织材料、塑料等制品。在选择包装时应考虑到药材的种类、性质以及是否方便运输、堆放和改装,绝不可草率从事,致使药材遭受损失。如是出口和长途运输的,则应按药材经营部门的要求进行包装。

1. 木制品包装　一般根据药材经营者要求的规格,用木板钉成木箱或木桶。这种包装牢固耐压,适用面广,常用于包装不耐压的药材。但是它的严密性能较差,易破损,重复使用率低,为了克服以上缺点,应根据药材的特性,装订严密,内衬防潮纸或塑料薄膜,外部加钉铁皮等。

2. 竹制品包装　以竹为原料制成的包装种类很多,主要有竹筐、竹篓、竹箱、篾席、篾包等。它们造价低,透气性好,适用于一般对防潮防压要求不太严的药材包装。但是它的牢固性较差,易损坏。

3. 藤制品包装　北方多用藤、荆条、柳条编制成筐或篓。它们成本低,轻便,透气性好,但是牢固性和耐压性都较差,而且严密性差,易损坏。一般适用于体积较大,不易漏出的药材包装,并且限于短途运输或内销。

4. 草制品包装　多用稻草、蒲草、席草、芦苇等材料编制成席包。这类包装材料来源广,成本低,轻便,但是质地软,牢固性和耐压性都差。一般只适用于耐压的干果、种子、地下茎类药材的包装,并限于内销及短途运输。

5. 纺织材料包装　如麻袋、布袋、化学纤维纺织袋等。这类包装最轻便,而且比较严密,韧性好,可以多次使用,但是负重有限。一般适宜种子、果实、花、叶和部分根及地下茎类药材包装。

6. 纸箱包装　目前多用瓦楞纸板制成。其牢固性,耐压性稍次于木箱,但它比木箱轻便、严密、成本低。因而适用面广,适用于多种药材的包装。

7. 塑料包装 药材采用塑料包装,近年发展很快,适用范围十分广泛。因其轻便、严密、防潮、牢固性也好。硬塑料箱耐用性也很好。

8. 打包包装 全草、树皮或个体长韧性大的药材,如川牛膝、黄芪等多采用打包包装。打包包装一般不加外包装,是药材中最简陋的包装。打包包装分为手工打包和机械打包。

(1) 打包材料:外层多用粗布、麻布、草袋、草席、塑料编织袋作包裹物,以竹片作垫料,用铁丝或麻绳作捆扎物。

(2) 打包要求:打包压力不低于15t,包件要求扁平,紧密,两头平齐,四周踩紧,中间松紧持平,分层均匀。捆扎的绳索一般不少于4道。机械打包包件大小应符合国家食品药品监督管理局制定的标准件要求尺寸。缝口严密,两端包布应缝牢,标记应事先填写完整。

(3) 打包的形式:分全包和夹包。全包即全包、全缝、全捆的货件,外用竹夹或粗布,其密度视品种而定。夹包即上下两面用粗布、竹夹,只限于桑白皮等的包装。

第九章　仓储中药质量检验和技术规程

开展中药质量检验工作,能及时发现中药变异,以便随时采取措施予以处理。药材的检验方法很多,总结而论可分为两类:即传统鉴定法和理化鉴定法。前者主要是借助于感觉器官如视觉、触觉、味觉、嗅觉和听觉来分别鉴定的方法;而后者则必须采用各种仪器和化学试剂来进行品质鉴定。

第一节　中药质量的常规检验

中药质量的常规检验主要是利用感觉器官去检查药材的外观形状、大小、色泽、气味、水分、破碎和杂质等,以鉴别中药质量及真伪。

一、外观形状

用肉眼或放大镜观察药材的外表形态、特征、大小、长短、厚薄和质地、色泽和有无虫蛀霉烂等。

1. 根及根茎类药材　观察其内外表面的颜色、有无残根残茎、根皮、木心、绒毛、裂纹及纵横皱纹,折断面的颜色和形状(如粉状、纤维状、平坦等);质地的坚强或柔软等,区分根茎、鳞茎或块茎。

2. 皮类药材　观察内外表面的特征与色泽,有无栓皮,皮孔形状;折断面形状如平坦、颗粒状、纤维状、裂片状等;皮的形状如板片状、弯曲状、筒状、卷筒状和双筒状等。

3. 叶类药材　观察叶片的形状、大小、叶缘、叶尖、脉序;叶柄的长短、粗细、表面及折断面的特征;表面有无绒毛;因叶常皱缩破碎不易鉴别,有时可浸泡湿润,平展后辨识之。

4. 花类药材　观察花的形状、大小及颜色;有无花柄,必要时可在温水中浸软,检查其构造。

5. 果实类药材　观察其形状、大小、颜色、果皮坚硬度;有无果柄、花萼、种子胚芽、种子、壳、核及种皮,有无毛茸等;切开检查果实数目和室中种子数目等。

二、气　　味

每种药材都具有一定的气味,用舌尝之则有辛、甘、酸、苦、咸等味道;嗅之则有特殊的臭气或芳香气,特别是含挥发油的药材。

药材不应有异臭或霉味,如有可疑时,应将药材置于容器中,注入热水完全浸透之,盖好,经过几分钟,检查其臭气,如有霉味,用此法很易鉴别。

三、含 水 量

药材的含水量应在安全水分的限定范围内,这样才能长期贮存不变质。安全水分除用测定法检测外,也可根据感官检验判断。

(一) 感官鉴别

1. 断面特征鉴别法 通常根、根茎、枝干及皮类中药材,将其折断后,断面色泽一致、中间和外层无明显的分界线者,表明已干透。如果断面色泽不一致,说明药材内部尚未干透,或断面色泽仍与新鲜时相同,这都是未干燥的标志。

2. 敲击鉴别法 干燥的药材在相互敲击时,发出清脆响亮的声音,而声音沉闷不清脆者,说明未干透。但一些含糖较高的药材,如桂圆、天冬等,干燥后敲击的声音并不清脆,则应以其他标准进行鉴别。

3. 质地鉴别法 干燥药材质地硬、脆,牙咬、手折都费力,如根类、皮类药材弯之则可折断。质地柔软的,则尚未干燥。

4. 牙咬、手插、色泽、声音鉴别法 种子和果实类药材,凡干燥的种子有光泽、颜色较鲜明,牙咬时较坚硬,咬碎时发出响声;用手压捏感到很硬,搅动时可听到清脆的沙沙声;种子从高处落下则声音响亮而急促;将手插进种子堆时感到种子光滑,而且很硬,容易插进。如果种子色泽深暗,牙咬发软,如果手插入时阻力很大,不易插到底,甚至有湿润、热气感受,都是未干透的现象。紧捏一把种子不易散开,甚至成团、黏手、手掌着色,均表示种子的含水量较高。

5. 手搓鉴别法 全草类药材,用手折易碎断,叶、花用手搓易成粉末,推之不成团,放之即松散,都是干透的标志;柔软而不易折断或粉碎的,则是未干透的标志。

仓库、药房或收购站有时会收购到新鲜而潮湿的药材,在加工干燥时可参考表 9-1 的平均数值进行。

表 9-1 药材空气干燥的产量和水分

类别	每 100 份新鲜采集的药材的干燥产量(%)	干燥药材允许的水分(%)
根、根茎类	20 以上	11 ~ 15
叶类	20 ~ 25	12 ~ 14
花类	20 ~ 25	11 ~ 14
果实类		10 ~ 20
皮类	40 ~ 45	14 ~ 15
全草类	20 ~ 25	10 ~ 14

但这些数值应随着地区及气候条件而有所改变,以不损药材的品质而便于保管为主要依据,同时有些特殊的品种还应分别予以规定,凡药典规定有水分指标者即应按标准进行干燥。

(二) 根及根茎类药材含水量检验

根据不同药材的形态、组织结构、色泽和特征,估测其含水量。

1. 圆柱状药材　如党参、沙参、防风、牛膝、桔梗、板蓝根、甘草、黄芪、赤芍、续断等，可根据弯折时的手感软硬程度和发出的响声来判断。一般以软韧不易折断为身潮；稍有硬度为尚干燥；折时易断并能发出断裂声者为干燥。

2. 岔根药材　主根粗壮，支(须)根细长，如当归、独活、前胡等，其支（须）根部位易干燥，主根部位较难干，故应重点检查主根及茎基部位。可用两指将主根部掐紧，若感觉质地糯软变形为身潮未干；质地结实不易变形则为干燥。

3. 段块状药材　此类药材组织结构较紧密，体积较大，日晒不易全干，有时外表虽干，但内部尚未干透，如大黄、白芷、天花粉、何首乌、木香、地黄、川芎、白术、金果榄、泽泻等，可用刀切或敲击等方法，剖视内部干湿程度。若刀切时容易断裂，或敲击时韧软不碎者为不干；质地坚实刀锋难入或敲击时易碎裂能发出响声为干燥。经切裂的断面可用手指揿压，若中心处软润，有向内陷痕者为不干；断面坚实，内外硬度一致者为干燥。

4. 颗粒状药材　有的易干燥，有的难干燥，故常出现干湿不匀的现象，如薤白、麦冬、郁金、贝母、珠子参、光慈姑、延胡索、香附等，可以通过软硬度来确定含水量，软者为未干，坚硬者为干燥，也可用手抓或搅动时听发出的响声来判断，其声脆者为干燥，无声为不干。

（三）树皮、藤木、菌类药材含水量检验

一般根据手折时出现的弯曲难易或折断时的脆韧程度及有无响声来判断。凡不易随手弯曲，折时易断并发出响声者为干燥。银耳含多量胶质，若含水量过大，易萌霉。干燥的应色白体轻，有光泽，手捏时稍有触手感，具弹性。若柔软无弹性者为潮湿。未干燥的银耳宜阴干、忌日晒，以免变色和质地变硬，膨胀率减弱。檀香一般体形较大，可敲击听音判别干湿，干燥的音尖脆，潮湿则音哑。

（四）草叶类药材含水量检验

草叶类药材的干湿检验一般以感官测试为主。整件草叶类药材，外周比较干燥，中间潮软，当货包散开时，用手探入货包中心，若感受发热或有霉蒸气则系身潮；检验茎叶粗大的品种，一般以茎枝易折断、并能出声、叶片易碎裂者为干燥；若茎枝软韧不易折断、叶片扭摺者为潮湿，如荆芥、薄荷、藿香、佩兰、紫苏等；小株全草可用手抓，若有触手感，放松有弹性者为干燥；手感柔软，放松时伸展缓慢者为潮湿，如大青叶、马齿苋、鹅不食草、人参叶等。

（五）花类药材含水量检验

凡是干燥的，以手抓一把花朵后慢慢握紧，有触手或弹性感，放手后花朵即散开如初者为干燥；若握紧时有潮软和凉手感觉，放手后不易散开者为身潮，如金银花、佛手花、梅花、红花等。但对于不同花型，还应作具体的观察分析。如头状花序菊花、旋复花等，花瓣易干而花序不干；花托较大的玫瑰花、月季花等，花冠易干而花托难干。有的花蕾外有重叠花萼相抱，外表虽干而中心处却含较多水分，如款冬花、辛夷、山茶花、梅花等。厚朴花花型较大，花瓣多，常合抱未放，其中间的花托不易干燥，若色泽泛黑，是潮霉的征象。检测松花粉的含水量，可将花粉置成堆粉粒，经拨动边侧时，粉粒顺势迅速流散者为干燥；若粉粒停之不流，并易结块者为不干。花类不干，易造成变色、散气及受虫霉危害。

（六）果实类药材含水量检验

果实类药材性状多样，体积大小悬殊，有的带硬壳，有的切成片，测定水分应根据不同形态和性质区别对待。粒状药材可根据硬度判断，不易裂或碎裂时发声响亮者为干品，软韧则不干，如川楝子、麦芽、谷芽、山楂、金樱子、浮小麦、胡椒等。果皮、果肉以及切成片状的药材可根据手感判断含水量，用手抓一把后握紧，有硬度感，放松时能伸张或散开者为干燥；握时有软绵感，放松时扩张缓慢或呈团状的则为未干，如佛手片、枸杞子、陈皮、橘络、香橼片、桑椹、五味子等。干透的大茴香，色泽棕褐，角尖易掐断；若掐之质软不易断则未干，香气也较淡薄。质地坚韧的果实，可用敲击法测试含水量，敲击时果形不变，且易碎裂者为干品，受击变形难碎裂者为不干，如金樱子、使君子、预知子、碧桃干等。一些长角果药材，可折断观察，干燥的折时易断，并能发声；不干的软韧无声、不易折断有纤维牵连，如皂荚、牙皂等。

（七）种子类药材含水量检验

种子类药材体积小的，可通过种子的结实程度判断其含水量，如种子坚实，紧捏时快速溜滑，有响声者为干品；若种子显软润感，相互粘连不散，响声不显者为不干，如白莲子、薏苡仁、扁豆、梅核等。

另对川楝子、金樱子、山楂、麦芽、谷芽、浮小麦、胡椒、胖大海等果实，要知道是否干透，也可用牙咬试，如不易咬碎或咬时发声较响说明水分小，反之，水分就较大。胖大海的外表容易干，但有时外面虽干，而内部却潮湿发软，在这种情况下也易发霉。对香橼、佛手、无花果、预知子等，可将其切开观察。颗粒较大的种子，可通过敲击观察其碎块、断面判断、破裂时声脆、碎块结实坚硬的为干品；碎块软韧相连不散的为未干，如槟榔、荔枝核、莲子、梭罗子、肥皂子、肉豆蔻等。含油脂的种仁轻撩后种皮易脱离的为干品；也可将种仁置纸上压碎，若纸上油迹外周有水渍，则是未干透。有的种子外种皮坚硬或厚实，内含种仁不易干燥，检验时可剖开观察，如白果、荔枝核、榧子、胖大海等。菟丝子受潮后外表黏液膨胀，易互相粘连，严重则结块成饼，兼易引起萌霉。也可将手伸入货包中心检测，若手感到商品有灼热即系潮热所致，这是由于种子含水量较大，导致呼吸加快、药温上升所致。

四、破 碎 度

干燥的药材在包装和运输时，有部分遭到压断和磨碎。因此，一般在药材中可以允许存在少量的破碎或散落，但是应尽量避免或减少破碎的程度，以免影响药材的外观。

五、杂 质

尽量减少中药中所含的有机杂质（如枯枝败叶、残余果柄、果皮、鳞皮、昆虫排泄物、害虫或幼虫尸体等）和无机杂质（如土块、小石块、沙粒等）。药典中规定有“除杂质”的要求。杂质越少，药材越洁净，质量越好。

第二节　中药质量的理化检验

理化检验是采用仪器和化学试剂来鉴别中药质量的一种有效的方法,理化分析的结果较感官鉴定客观而准确,可通过具体的数值来表示中药的外形、组织、成分和杂质等,不仅可以定性,也可定量地将药材的质量评价出来。虽然不如传统鉴定法简便迅速,但精确而科学,是中国药典法定的检验方法,如国家药典[检查]项就包括:中药的有效成分、水分、灰分、杂质、浸出物含量、挥发油、有毒成分和有害物质测定等,并规定有具体指标,以此鉴别中药质量之优劣。

一、取样方法

在仓库中分析药材多半是整批的、大宗的,是不能逐包逐件进行检查,必须先采取样品,然后在实验室里分析。取样是指选取供检定用中药样品的方法,取样的代表性直接影响检定结果的正确性,因此必须重视取样的各个环节,采取的样品必须与全部药材的组成一致,具有代表性。样品按其性质可有分样、原始样品、平均样品和小样四种;从一批药材或其中的一部分以同样方法用取样器或手每次取出来的少量药材称为分样,而将所有分样混在一起则总称为原始样品。把原始样品均匀混合,并用各种分样法分出一部分供检验品质用的药材称为平均样品;再由平均样品中分出一小部分,作为检验药材质量各项标志者称为定量试样,简称小样。

取样前应注意品名、产地、批号、规格等级以及包件式样是否一致,检查包装的完整性、清洁程度,有无水迹、霉烂或其他物质污染等。还应根据规定打开一定数量的包件,用感观比较打开包件相互间药材的一致性,凡有异常情况的包件,应单独检验。有腐败、霉烂、严重虫蛀或色、气、味显著异常的中药不宜列入取样的范围。如发现混杂有他种有毒物质或掺杂有多量的杂草、砂石、纸张等物质的中药,或其中只有极少数发生霉烂、虫蛀的中药,可作适当的加工处理后,再进行取样检查。上述情况均应详细记录。各种药材取样方法因其性质和种类而异,但必须保证样品具有足够的代表件,这样才能得出正确的检测结果。为了能取得合乎要求的样品,应从打开的每个包件,用取样器(如探针)或手从包件的四角及小间或顶部、中部和底部分别取样。

取样时药材总包件在100件以下的,取样5件,100~1000件的,按5%取样;超过1000件的,超过部分按1%取样;贵重约材及不足5件的一般药材,逐件取样。破碎的、粉末状的或大小在1cm以下的药材,每一包件至少在不同部位抽取2~3份供试品,包件少的抽样总量应不少于实验用量的3倍;包件多的,每一包件的取样量一般规定:一般药材100~500g,粉末状药材25g,贵重药材5~10g,个体大的根据实际情况抽取代表性的样品。

液体制剂,如配剂、酒剂、糖浆剂和口服液等,一般取样200ml,同时需注意容器底部是否有沉渣,若有则应摇匀后均匀取样。固体制剂,一般片剂取样200片,未成片前可取已制成的颗粒100g,丸剂一般取10丸;胶囊剂取样不得少于20个胶囊,内容物共100g;粉状中药制剂,如散剂、颗粒剂等,一般取样100g,其他剂型的中成药可根据具体情况随意抽取一定数量,作为随机抽样。贵重药应酌情取样。

二、杂质检查

1. 药材中混存的杂质

(1) 无机物质砂石、泥块、尘土等。

(2) 有机杂质枯枝、杂草、腐叶、果柄、花梗、霉蛀品、虫体、动物肢体、分泌物等。

(3) 来源与规定相同,但其性状或部位与规定不符。

(4) 来源与规定不同的类似药材。

2. 检查方法

(1) 按规定的方法取样,取规定量的样品,摊开,通常用肉眼或放大镜(5 ~ 10 倍)进行观察,通过挑选、筛选、风选或水选的方法将杂质分离。个别肉眼难以识别的杂质,可采用显微或化学分析的方法进行检查。各类杂质确定后,应分别称重,计算出被检中药中杂质的含量。

(2) 个体大的药材,必要时可剖开检查有无虫蛀、霉变或变质情况。

三、水分测定

药材中水分含量的多少,与中药在贮存过程中的品质的稳定性有密切关系,水分含量超过安全水分规定的范围,中药易出现霉变、虫蛀等,且有效成分易被分解。规定药材的水分限度,可保证药材所含水分不因超过限度而发霉变质。水分测定的方法有烘干法、甲苯法和减压干燥法三种。供测试的药材样品,一般需先破碎成直径不超过 3mm 的颗粒或薄片,直径和长度在 3mm 以下的花类、种子和果实类药材,可不破碎,采用减压干燥法时样品需先通过 24 目筛。

1. 烘干法 此法是中国药典采用的测试方法,特点是准确,误差小。主要原理是把含有一定水分的药材放入烘干箱内进行烘干,使其水分散发,从而测定药材的含水量。具体操作:用已知重量的玻璃称量瓶或铝质蒸发器(使用时要去净杂质,干燥去净水气),把药材样品剪碎或切片后,准确称量 10g,放入蒸发器中,放在预热至 105℃的电热烘干箱内(这时温度可能下降,应回升至 105℃时开始计算)烘 1.5 ~ 2h,取出放在干燥器内冷却后称重,再放入烘箱内烘 30 ~ 40min,取出冷却称重,即可计算含水量的百分比率。

$$含水百分比率 = \frac{烘前重量 - 烘后重量}{烘前重量}$$

应注意的是:第一次烘干计算的重量和第二次烘干时计算的重量,误差不超过 0.05% 为准确,如差数超过 1% 则需重新更换样品重测。

2. 甲苯法 甲苯法的主要原理是利用甲苯具有不溶于水而能溶解药材内的有机成分,包括挥发油的特点,来对含有挥发油的药材进行水分测定。测试方法是:操作前将全部仪器进行清洁干燥处理,然后选取有代表性的样品药材切碎和打碎后,称 16 ~ 20g 放入燃烧瓶内,再加入一定量的甲苯 150 ~ 200ml,把仪器各部连接紧密。加热烧瓶使甲苯沸腾(110℃),然后适当控制加热的温度,使冷凝管冷却出来的混合液体每秒钟 1 ~ 2 滴,直到集水管中的水量不再增加为止,慢慢停止加热。待冷却后,由于甲苯的比重比水轻,所以水沉于集水管的下部而甲苯漂浮在上部,界线分明,这时检查集水管中水量的刻度,即能计算出药材中含水量的百分率。

$$含水百分率 = \frac{水分容量(ml)}{样品重量(g)} \times 100\%$$

3. 红外线干燥法　由于中药事业的发展,为了满足仓储部门保管养护工作的需要,采用简便、准确、快速测定药材含水量的仪器和方法越来越多,目前使用较多的是红外线干燥法。它是采用与烘干法相似的原理,将定量天平的秤盘置于红外线灯泡的直接辐射下,试样在红外线辐射波的热能作用下游离水分迅速地蒸发,使其重量发生变化,天平指针因而偏离,即能通过仪器上的光学投影装置,直接调出试样含水量的百分数。

4. 电阻法　电阻法的主要原理是中药材都含有一定的水分,而水具有导电性,其导电性与所含水分的多少有关,含水量大的导电性能强,相反含水量小的,导电性能弱,根据这一特点来测定药材的含水量。

5. 减压干燥法　本法用于含有挥发性成分的贵重药材中的水分测定。取直径约 12cm 的培养皿,加入新鲜五氧化二磷干燥剂适量,使铺成 0.5~1cm 的厚度,放入直径 30cm 的减压干燥器中,取供试品2~4g,混合均匀。分取0.5~1g,置已在供试品同样条件下干燥并称重的称量瓶中,精密称定,打开瓶盖,放入上述减压干燥器中,减压至2.67kPa(20mmHg)以下持续30min,室温放置24h。在减压干燥器出口接新鲜无水氧化钙干燥管,打开活塞,待内外压一致,打开干燥器,盖上瓶盖,取出称量瓶迅速精密称定重量,计算供试品中含有水分的百分数。

6. 现代最新速测法　为了解决中药水分快速测定的设备和方法,现已生产出快速电脑水分测定仪。该仪器具有体积小、重量轻、造型美观、数字显示、灵敏可靠、稳定方便、测试快速、准确的特点。每测一个样品最多不超过5min(包括称量、装盒在内),即可得到一个被测药材的百分含水量。

四、浸出物测定法

适用于有效成分尚不清楚或有效成分析无精确定量办法的中药的质量控制。一般选用水、一定浓度的乙醇、醚等为溶剂,测定其浸出物的含量。中药中的成分在水、不同浓度的醇或醚中,在一定的条件下其溶出物的含量大致有一定的范围。因此,测定中药浸出物的含量,对于控制中药质量具有实际意义。浸出物通常包括水溶性浸出物、醇溶性浸出物和醚溶性浸出物的测定。供测定的药材样品须粉碎,使能通过24目筛,并混合均匀。

1. 水溶性浸出物测定

(1) 冷浸法:取样品4g,称定重量(准确至0.01g),置250~300ml的锥形瓶中,精密加入蒸馏水100ml,密塞冷浸,前6h内时时振摇,再静置18h,用干燥滤器迅速滤过,精密量取滤液20ml,置入恒重的蒸发皿中,在水浴上蒸干后,在105℃干燥3h,移置干燥器中冷却30min迅速称定重量,即可计算样品中含有水溶性浸出物的百分数。

(2) 热浸法:取样品约4g,称定重量(准确至0.01g),置100~250ml的锥形瓶中,精密加入蒸馏水50~100ml,密塞,称定重量(准确至0.01g),静置1h后,连接回流冷凝管,加热至沸腾,并保持微沸1h,放冷后,取下锥形瓶,密塞,称定重量,用蒸馏水补足减失的重量。摇匀,用干燥滤器滤过,初滤液弃去,精密量取续滤液25ml,置已干燥至恒重的蒸发皿中,在水浴上蒸干后,在105℃干燥3h,移置干燥器中冷却30min,迅速称定重量,即可计算样品中含有水溶性浸出物的百分数。

2. 醇溶性浸出物测定　选用适当浓度的乙醇代替蒸馏水为溶剂,按水溶性浸出物测定法测定(热浸法需在水浴上加热)。

3. 醚溶性浸出物测定 取样品2~4g,称定重量(准确至0.01g),置已称定重量的蒸馏瓶的脂肪抽出器中,以乙醚作溶剂,水浴加热4~6h,放冷,以少量乙醚冲洗回流器,洗液接入蒸馏瓶中,低温回收乙醚,残渣于105℃干燥3h,移至干燥器中,冷却30min,迅速称定重量,即可计算样品中含有醚溶性浸出物的百分数。如样品中含有挥发性成分,提取的残渣应置于干燥器中干燥24h后称定。

五、灰分测定

测定灰分的目的是限制中药中的泥沙和杂质的含量,以保证中药的纯度。中药粉碎后经高温炽灼所得的灰分称为"生理灰分",是药材经灰化后的不挥发性无机盐以及中药中附着或掺杂的不挥发性无机盐类。各种中药的生理灰分应在一定范围以内,若所测灰分数值高于正常范围,说明有其他无机物污染和掺杂,如混入泥沙或加辅料制时固体辅料未除净时灰分常超标。灰分低于正常值,应考虑炮制品的质量问题,有可能是混入了伪品或劣质品。测定的灰分主要包括总灰分和酸不溶性灰分。总灰分系药材完全灰化后的不挥发性无机盐;酸不溶性灰分系指总灰分中不溶于酸(稀盐酸)的灰分,酸不溶性灰分的限量对保证容易附带泥沙的药材的品质特别重要。

1. 总灰分测定 供测定用的样品须粉碎,使能通过24目筛,混合均匀后,取样品2~3g,置炽灼到恒重的坩埚中,称定重量(准确至0.01g),缓缓炽热至完全炭化时(注意避免燃烧),逐渐升高温度至500~600℃,使完全灰化并至恒重。根据残渣重量,计算出供试品中含总灰分的百分数。

如样品不易灰化,可将坩埚放冷,加热水或10%硝酸铵溶液2ml,使残渣湿润,然后置水浴锅上蒸干,再将残渣照前法炽灼至其完全灰化。

2. 酸不溶性灰分测定 取总灰分测定中所得的灰分,在坩埚中加入稀盐酸约10ml,用表面皿覆盖后置水浴上加热10min,表面皿用热水5ml冲洗,洗液并入坩埚中,用无灰滤纸滤过,坩埚中的残渣用水洗于滤纸上,并洗涤至洗液不显氯化物反应为止。滤渣连同滤纸移至同一坩埚中,干燥、炽灼至恒重。根据残渣重量,计算出供试品中含酸不溶性灰分的百分数。

六、挥发油测定

挥发油是中药的一类有效成分,其含量的高低对判定含有该类成分的中药的品质有重要的意义。挥发油含量测定通常是利用其能与水同时蒸馏出来的性质,在特定的挥发油测定器中进行测定。供测定用的样品一般需粉碎使能通过24~50目筛,并混合均匀。根据待测定挥发油的相对密度的不同,分别选用以下测定方法。

1. 相对密度在1.0以下的挥发油的测定法 本法适用于测定相对密度在1.0以下的挥发油。取供试品适量(约相当于含挥发油0.5~1.0ml),称定重量(准确至0.01g),置烧瓶中,加水300~500ml(或适量)与玻璃珠数粒,振摇混合后连接挥发油测定器与回流冷凝管。自冷凝管上端加入水使充满挥发油测定器的刻度部分,并溢流入烧瓶时为止,置电热套中或用其他适宜方法缓缓加热至沸,并保持微沸约5h,至测定器中油量不再增加后,停止加热。放置片刻,开启测定器下端的活塞,将水缓缓放出,至油层上端到达刻度0线上方5mm处为止。放置1h以上,再放水使油层下降至其上端恰与刻度0线平齐,即可读取挥发油量,并计算成样品中含有挥发油的百分数。

2. 相对密度在1.0以上的挥发油的测定法　本法适用于测定相对密度在1.0以上的挥发油。供试品取样量同上法。取水约300ml与玻璃珠置烧瓶中,连接挥发油测定器。自测定器上端加入水使充满刻度部分并溢流入烧瓶时为止,再用移液管加入二甲苯1ml,然后连接回流冷凝管。将烧瓶内容物加热至沸腾,并继续蒸馏,其速度以保持冷凝管中部呈冷却状态为度,30min后停止加热,放置15min以上,读取二甲苯的容积,然后照甲测定法自"取供试品适量"起,依法测定。最后自油层量中减去二甲苯量,即得挥发油量,再计算成本品中含有挥发油的百分数。

七、有害物质检查

对中药中有害物质的检查与对其有效成分的检查同样重要,它是中药质量分析的重要内容之一。中药中的有害物质主要是指重金属、砷盐及残留的农药,这些有害物质的存在是影响中药质量的重要因素,直接威胁人类健康,影响用药安全,并影响中药的出口。重金属主要有铅Pb、汞Hg、铜Cu、砷As、镉Cb等。残留农药常见的有六六六(BHC)、滴滴涕(DDT)、五氯硝基苯(PCNB)和艾氏剂(Aldrin)等。这些农药使用后能在土壤或生物体内长期残留和蓄积而危害人体健康。中华人民共和国对外贸易经济合作部发布的《药用植物及制剂进出口绿色行业标准》规定:重金属总量≤20.0mg/kg,铅(Pb)≤5.0mg/kg,镉(Cd)≤0.3mg/kg,汞(Hg)≤0.2mg/kg,铜(Cu)≤20.0mg/kg,砷(As)≤2.0mg/kg。农药残留量:六六六(BHC)≤0.1mg/kg,滴滴涕(DDT)≤0.1mg/kg,五氯硝基苯(PCNB)≤0.1mg/kg,艾氏剂(Aldrin)≤0.02mg/kg。以上各项检查可按现版药典中的有关规定与方法进行。

各　论

第十章　常用中药材贮存与养护

第一节　根及根茎类药材的养护

根及根茎类药材系各种植物的根和地下茎的统称。其中根类中药是指药用部分主要是根，如人参、白芍、桔梗、当归、牛膝等；而根茎类中药是指药用部分是各种药用植物的地下茎，通常包括有根状茎、鳞茎、球茎及块茎等。由于根茎类药材的外形与根类药材很相似，故商品学上将两者统称为根类药材。但两者的内部构造是不相同的。可是从贮存的角度上看，这两类药材并无明显的特性和区别，因而归类在一起介绍。

桔梗科植物桔梗、党参等，含有糖类和皂苷，容易吸湿受潮变色和泛油，兼易受真菌、仓虫的危害；百合科植物黄精、天冬、麦冬、玉竹都含有黏液质、淀粉和皂苷等，也易吸湿变色、泛油、生霉；伞形科植物前胡、当归、独活、川芎等含有挥发油、香豆精类化合物、有机酸及糖类等复杂成分，易产生变色、散气、泛油、萌霉和生虫等多种变异。

一、党参　Radix Codonopsis

【别名】党参又称西参、合党、潞党，产东北者称东党，产四川者称川党，经米炒后称米炒党参，蜂蜜制后称蜜炙党参。

【来源】本品为桔梗科植物党参 *Codonopsis pilosula* (Franch.) Nanuf 的干燥根。主产于山西、陕西、甘肃、四川省。

【采收加工】秋季采挖，除去地上部分及须根，洗净泥土，晒至半干，反复揉搓 3～4 次。晒至七、八成干时，捆成小把，再晒干或烘干。一般以散顺装或扎成 2.5kg 的方形小把，多用木箱内衬防潮纸包装。

【贮存保管】本品含多量糖质，味甜质柔润，夏季易吸湿、生霉、走油、虫蛀。根头上疣状突起的茎痕及芽或枝根折断处尤易发生。因此必须贮存于干燥、凉爽、通风处，防蛀。切制的饮片在晒干后可入甏内或石灰缸内焖紧封闭贮存。

【养护技术】党参含水量过高，贮存期久或保管不善而生虫长霉，可在烈日下曝晒 1～2h(时间过长，易泛糖变色)，以杀死虫卵、真菌和保证药物干燥为度。然后，迅速筛去虫卵，擦去霉，趁热用塑料袋分成 1～2kg 装的小袋密封(能达到满意的效果)，放入容器内，盖严备用。如量大可将党参投入外套麻袋的大塑料袋中，然后将大塑料袋口密封。这样可挽回遭虫害党参，继续利用。

党参的含水量一般在15%左右,夏季相对湿度75%以下贮存是安全的;但是由于极易吸收湿气,故在相对湿度达80%以上时,水分迅速增加,身体潮软,5~6天后即可生霉。因此密封、防潮和保持干燥是非常重要的。为了保证安全贮存,木箱内衬垫防潮纸,然后装好盖严再密封,可免潮气浸入,以防霉蛀。

【质量要求】以根条肥壮、皮松肉紧、有狮子盘头芦及横纹、质油润、嚼之无渣且无霉蛀者为佳。《中国药典》2005年版规定:热浸法醇溶性浸出物不得少于55.0%。

二、人参 Radix Ginseng

【别名】人参因根如人形得名。《本经》列为上品,古有黄参、血参、人衔、地精等等别称。现在商品药材因产地加工不同又有生晒参、红参、糖参等之分。栽培品称园参,野生者称山参。

【来源】本品为五加科植物人参 *Panax ginseng* C. A. Mey 的干燥根。主产于吉林、辽宁、黑龙江等省。多为栽培,野生较少。

【采收加工】(1) 生晒参:10月间采挖生长6年的园参根部,洗净泥土,剪去小支根置日光下晒干即为"生晒参";如不除去小支根晒干,则称"全须生晒参"。也可随时采挖,但以果实成熟时采挖为好。

(2) 红参:取洗净的园参鲜根,剪去小支根,蒸2~2.5h取出,烘干或晒干即得。其中带有较长支根者,又称"边条红参",将剪下的支根与须根如上法蒸制干燥称"红参须"。

(3) 糖参(白参):取园参鲜根洗净,置沸水中浸烫5~8min取出,用特制的针沿参平行与垂直方向刺小孔,浸入浓糖液中2~3次,每次8~10h,取出干燥称"糖人参"(白参)。

【贮存保管】人参为名贵药材,一般用较精制的容器包装并密封,置阴凉干燥处贮存,防蛀。

【养护技术】人参肉质、含油,有时浸糖,在贮存过程中容易受潮、发霉、生虫及返糖,必须保持干燥。人参返糖是贮存过程中常发生的现象之一,主要是蔗糖受潮的缘故。返潮后发黏、变色和变味等,以致影响人参的质量。

为预防虫蛀,春季可将参通风晾干后装于密封箱中,每箱约25kg;至6月份可在箱内放置10~15g四氯化碳等熏蒸剂密封,可以安全度夏。但在夏季最好贮存于冷藏库中,能防虫防霉,并保持色泽不变,但必须注意容器的严密,避免潮气浸入。少量贮存时,可在严密的箱中添加硅胶或炒米,防潮效果亦很好,简便而洁净。

人参含较多的糖类、黏液质和挥发油等,在贮存期间极易出现受潮、泛油、发霉、变色、虫蛀等变质现象,尤其在气温高、湿度大的夏季更甚。对拆零散装待用的参类药物,可贮于石灰缸中保存,石灰约占容器的1/4。虽该法干燥效果较好,但石灰为强碱性干燥剂,参类药物贮存时间长则易导致人参碎裂,色泽改变,失去香气,使外观和内在质量均受到影响。据试验,采用白糖埋藏新开河参、高丽参、普通红参、西洋参等效果特佳。经对样品分别贮存18~24个月后观察,均未见泛油、霉变、虫蛀现象,且气味甘香浓厚,色泽也无明显改变。此法简便易行,贮存保质效果可靠。具体方法是:选用可密封的玻璃、搪瓷容器洗净、干燥,将干燥、无结块的白砂糖铺于容器底部约2~3cm厚,上面平列人参类药物一层,用白糖覆盖使超过参面约1~2cm,糖面又置参类药物一层,再覆以白砂糖。如此一层层排列,最后用白砂糖铺面,加盖密封,置阴凉处。使用时可按需要量取用,然后加盖密封即可。

白砂糖埋藏法贮存小批量人参药物，能确保此类药物固有的色泽和气味，确为理想的简便有效的方法。除运用于药房外，也适用于家庭储备少量人参。

也可将人参与酒同贮防虫霉：将木箱或坛子洗刷干净，晒干或烘干，在箱或坛子的内底部放些石灰块，在石灰块上面交叉垫些竹荚子，竹荚子上铺几层草纸，草纸四角放四瓶60°的白酒，瓶盖敞开。再将人参放在草纸上，然后将木箱盖严密封，利用乙醇的慢慢挥发来驱虫灭菌，利用石灰块吸潮杀虫。这样既能使人参不生虫，不发霉，并能保持其原有的色味和重量。但注意用酒量不宜过多，否则会损害人参质量。或将人参与乙醇同贮：在木箱内底部横放或直放2～3根多孔的竹筒，筒内放置医用脱脂棉，每50kg人参用75%以上的乙醇500g，慢慢地倒入筒内，将脱脂棉浸湿，以乙醇不外溢为标准，竹筒的两头用塞子（瓶塞、木塞均可）堵住。竹筒上垫一层草纸，再将晒干的人参整齐地摆在箱内，然后盖上箱盖钉严密封，将缝隙处用胶水糊上纸条封闭，放置阴凉干燥处可安全渡过虫霉期。

为了防止糖参吸潮，可将其放在低温干燥处或与适量无水氯化钙放在大缸内密封保存，效果良好，既可保色，又不易吸潮发霉。与无水氯化钙密封时，可先在大缸内放一只小盆，然后将块状无水氯化钙2～3kg放入小盆内，盆上再放一竹篾或木架，糖参用纸包好（每包1～5kg）放在上面，将缸盖封严，经数天后，应开缸检查一次，如无水氯化钙已化，需取出晒干或烘干后再重复使用；如无水氯化钙不化，证明缸内不潮湿而干燥，可继续使用。如遇糖参返糖，可用温水将浮糖泡去后再浸一次糖汁，或者用炭火烤干即可。此外，也可把糖参通风晾晒后，用小木匣封装，再放入大木箱内密封贮存。若在木箱底部应铺上12～15cm厚的柴草灰，小木匣周围及上面也用柴草灰埋严，然后密封存放在阴凉干燥处。这样，既可保色，又不易吸潮发霉。

【质量要求】以支大、体厚、芦长、年久质坚重、皮细、纹细密、带圆芦、体丰满、浆水足、色嫩黄而带白、无破伤、无霉虫蛀者为佳，其中以野山生晒参质量最优。《中国药典》2005年版规定：水分不得过12.0%，总灰分不得过5.0%，酸不溶性灰分不得过1.0%，人参皂苷Rg_1和人参皂苷Re的总量不得少于0.30%，人参皂苷Rb_1不得少于0.20%。

三、当归 Radix Angelica Sinensis

【别名】当归有秦归、云归、岷归等之别称，在商品中又有将根头部称"归头"，主根称"归身"，枝根及枝根稍称"归尾"，用根的全部称"全当归"等诸名。

【来源】本品为伞形科植物当归 *Angelica sinensis*（Oliv）Diels 的干燥根。主产于甘肃、云南、四川等省区。

【采收加工】秋末采挖，除去茎叶、须根、泥土，晾放，待微干时，捆成小把，晾棚上，用微火徐徐熏烤至干。

【贮存保管】由于产地不同，分为竹篓和木箱两种包装。在硬竹篓中加衬草纸或皮纸，每件重20～30kg，固封，不使漏气走油。木箱装者重约50～75kg，同样内衬皮纸，固封。竹篓和木箱均可再套以麻袋，以资防护。本品含大量的蔗糖（约40%）和挥发油（0.2%～0.4%），易吸收空气中的水分，故最怕潮湿，一旦遇潮即色泽变黑泛油，霉蛀败坏，故须贮存于阴凉干燥处，防潮防蛀。

当归饮片可储于瓮内，或用纸包好置石灰缸内，将瓮口或缸口密封，待用时取出一些（约3

天用量），剩余部分仍封严存放，可避免虫蛀、泛油。

【养护技术】当归因含挥发油、糖类，极易走油和吸收水分，夏季受潮后，即发霉、生虫并变黑色。温度稍高亦易走油。因此必须保持干燥、凉爽。阴雨天气不宜开箱，以免湿气浸入。在贮存的过程中，每逢夏、秋季节可熏磺一次，然后继续置阴凉干燥处，密封保存，以防受潮虫蛀。本品一般不宜贮存过久。

【质量要求】以身干、肥大、支根粗壮、质坚、表皮黄棕色、断面黄白色、气味浓厚、无虫霉蛀者为佳。《中国药典》2005 年版规定：水分不得过 12.0%，总灰分不得过 7.0%，酸不溶性灰分不得过 2.0%，热浸法醇溶性浸出物不得少于 45.0%，阿魏酸不得少于 0.05%。

四、黄芪　Radix Astragali

【别名】黄芪亦称绵黄芪、箭黄芪、白芪，古代又有百本，王孙等之别称。载于《本经》，列为上品。时珍释其名云：芪，长也。黄芪色黄，为补药之长，故名黄芪，经蜜炙后称蜜黄芪，或炙黄芪。

【来源】本品为豆科植物蒙古黄芪 *Astragatus membranaceus* Bge var. *mongholicus*（Bge.）Hsiao 等的干燥根。主产于内蒙、山西、吉林、东北、华北等地。

【采收加工】春、秋二季采挖，除去根头及须根，晒干。

【贮存保管】黄芪可按照等级不同分别打捆，可用芦席包及竹篓、木箱装。打捆时先将黄芪扎成小把或理顺用麻绳捆紧，然后再用苇席包裹，其大小规格一般为 120cm、宽 90cm 及高 50cm 的长方形捆，并加四道腰绳。每捆重量约 50kg。黄芪粉性大、有甜味，夏季最易生虫；受潮后亦易霉烂、变色（发黑），故应贮存于干燥、通风处，防潮防蛀。

切制成的饮片，须待干燥后贮于坛内或石灰缸内，将口封严，置干燥通风处，并应注意检查，一旦发现霉蛀即行复查。

【养护技术】本品含糖类、黏液质，具粉性和甜味，保管不当易受霉蛀，故应保持干燥，严防潮湿。冬、春两季一般放置干燥的仓库内即可，但到了夏、秋季，在梅雨季节之前应取件打开包装，日晒，以减少水分，再入熏房熏蒸，熏 1 天后放置其内焖 3～6 天，再取出置于库内密封，可安全度夏，不致霉蛀。如数量较少时也可采用干砂埋藏法保存。

黄芪含水量 11%～12%，在相对湿度 75% 可以安全度夏，但含水量超过 15% 时，必须采取措施，如摊晒，或通风除湿。上档货最好贮存于冷藏库中，以防虫霉。

【质量要求】以身干、条粗长、质坚而绵软不易折断、断面黄色、有菊花心、粉性足、味甜、无黑心、空心及无霉、虫蛀者为佳。《中国药典》2005 年版规定：总灰分不得过 5.0%；酸不溶性灰分不得过 1.0%；冷浸法水溶性浸出物不得少于 17.0%，黄芪甲苷不得少于 0.04%。重金属和有害元素：铅不得过百万分之五，镉不得过千万分之三，砷不得过百万分之二，汞不得过千万分之二，铜不得过百万分之二十。有机氯农药残留量：六六六（BHC）不得过千万分之二，滴滴涕（DDT）不得过千万分之二，五氯硝基苯（PCNB）不得过千万分之一。

五、大黄　Radix et Rhizoma Rhei

【别名】川军、生军、将军、锦纹、黄良。本品经加热炮制后又有酒大黄、熟大黄、醋大黄、大黄炭、清宁片之称。

【来源】为蓼科植物掌叶大黄 *Rheum palmatum* L. 唐古特大黄 *Rheum tanquticum* Maxim ex Balf. 或药用大黄 *Rheum officinale* Baill 的干燥根及根茎。

掌叶大黄亦称葵叶大黄、北大黄、天水大黄。主产于陕西、甘肃、青海、四川等省。

唐古特大黄亦称鸡爪大黄、北大黄。主产于甘肃、青海、西藏等省区。

药用大黄亦称马蹄大黄、南大黄。主产于四川、湖北、河南、陕西、贵州、云南等省。产量甚少,在商品药材中少见。

【采收加工】10 月地上植株枯黄时,或翌年 4 ~5 月未萌发幼芽时采挖。除净泥土,茎及须根,刮去粗皮,横切成厚片或纵切成瓣,或加工成卵圆、圆锥形,干燥。大黄干燥方法有:①阴干:即用绳串联,悬挂木架上或屋檐下,风干。阴干过程中防止雨淋,冰冻,以免色泽减退,内部“发糠”(疏松)。②烘干:将大黄摊放于土坑上,微火徐徐烘烤致干。勿用急火、大火,以免表面干结,影响内部水分散发。③晒干:将大黄切成纵、横小块或薄片,放太阳下晒干。此法干燥时间短,且不会影响质量,但费人力,易受天气的影响。

【贮存保管】用竹筐、竹篓盛装,置通风干燥处贮存,防蛀,避光,因为大黄中的鞣质与光线接触过久,易氧化为红棕色或棕黑色。干燥的大黄水分不宜超过 10% ,以利贮存。切制成饮片后不宜多晒或久晒,以免变色。生大黄片可贮于石灰缸内,制大黄片可置坛内密封存放,防受潮湿。

【养护技术】本品有油性,气清香,贮存不当极易生虫、变色。贮存时应置干燥处,严防受潮,否则中心发黑,也易虫蛀,贮存过程中不应用汗手拿取,否则外面易变成黑色,有损质量。

从清明到寒露,每月至少检查两次。在堆垛、倒垛和翻晒时,应轻搬轻放,切忌重摔,以免破碎损失。如发现受潮,霉变或生虫,可在阳光下摊晒或文火烘烤,用刷子将霉刷去,然后用磷化铝或氯化苦熏蒸或用气调法防治。

【质量要求】以身干、质坚实、外表黄色或红棕色、中心有纹理,微显朱砂点,习称锦纹,不发黑、无糠心、无霉虫蛀蚀、稍有油性、气清香、味苦而不涩者为佳。个大体轻、形长、内心干而疏松者为次。《中国药典》2005 年版规定:总灰分不得过 10.0% ,酸不溶性灰分不得过 0.8% ,热浸法水溶性浸出物不得少于 25.0% ,芦荟大黄素、大黄酸、大黄素、大黄酚和大黄素甲醚的总量不得少于 1.5% 。

六、葛根 Radix Puerariae

【别名】葛条、粉葛、甘葛。载于《本经》,列为中品。

【来源】本品为豆科植物野葛 *Pueraria lobata*(Willd) Ohwi 的干燥根。此外,在华南及西南地区还使用了同属植物甘葛藤 *Pueraria thomsonii* Benth 的根。葛根分布于全国大部分省区;主产华南及西南地区,多为栽培。

【采收加工】冬、春季采挖,洗净泥沙,除去须根,刮去外皮,纵切或横切成厚片,晒干或烘干即可。

【贮存保管】置通风干燥处,防蛀。

【养护技术】葛根含多量淀粉、黄酮类物质,如大豆黄苷、大豆黄素、葛根黄、葛根黄素等。

在贮存中易吸潮生霉,葛根生霉后能引起总黄酮含量显著下降。如中科院药物所曾测过不长霉的黄酮总含量可达12%,长霉后下降为4.73%,甚至更低。故防止葛根吸潮生霉是保证质量的重要措施。真菌的发生,是因为受潮吸水过多所致,若能将其含水控制在10%以下,贮存于相对湿度70%左右的环境中,即可防止霉变发生。

【质量要求】以质坚实、粉性足、色洁白、纤维少、无霉虫蛀者为佳。按品种论一般以粉葛质优。《中国药典》2005年版规定:水分不得过14.0%,总灰分不得过7.0%,葛根素不得少于2.4%。

七、前胡　Radix Peucedani

【别名】本品亦称鸡足前胡、白花前胡、信前胡、紫花前胡。载于《别录》,列为中品。时珍云:其根皮黑,内白,有香气者为真,大抵北地者为胜,故方中称北前胡云。

【别名】本品为伞形科植物白花前胡 *Peucedanum praeruptorum* Dunn 的干燥根。主产于浙江、安徽、湖南、四川、湖北、江西等省。

【采收加工】冬季或春季采挖,除去茎苗及须根,洗净,晒干。

【贮存保管】用竹篓、木箱或麻袋包装,每件重约50kg或100kg,放置阴凉干燥处贮存,防霉防蛀。

【养护技术】含水量为14%~15%,相对湿度75%(温度30~35℃)不会生霉,含水量为11%~12%时可维持水分的平衡。如果相对湿度增高至80%、85%及95%时,则分别在第20天、第7天及第2天出现霉斑,主要为毛霉和青霉。如果药材进库时,水分过高或在保管中受潮、生霉,可以在阳光下曝晒,将霉扫掉后,凉透再包装入库房内干燥处保存。

本品夏季易生虫,若发现虫害可烈日曝晒亦有效。为了预防虫蛀,在雨季前用气调法密闭防治或用氯化苦熏蒸一次,夏季必要时亦可再熏一次。

【质量要求】以身干、条长粗大、质柔软而坚实、外皮灰黑或灰黄色、断面黄白色、气味清香、无霉虫蛀者为佳。《中国药典》2005年版规定:水分不得过12.0%,总灰分不得过8.0%,酸不溶性灰分不得过2.0%,冷浸法醇溶性浸出物不得少于20.0%,白花前胡甲素不得少于0.90%。

八、甘草　Radix Glycyrrhizae

【别名】甜草根、甜甘草、甜草、蜜草、国老,因其味甘甜,苗茎似草而得名。载于《本经》,列为上品。甘草调和诸药有功,故有国老之号称。经蜜炙后称蜜甘草。

【来源】本品为豆科植物甘草 *Clycyrrhize uralensis* Fisch 等的干燥根及根茎。主产于华北、东北、西北等地。

【采收加工】春、秋两季采挖,除去须根晒干,打成长方形小捆,外加席包,用绳子捆紧。

【贮存保管】甘草等级规格较多,包装亦因之而异,但一般多用草绳打捆或芦席、麻布捆扎,置干燥通风、阴凉库内贮存,防蛀。

【养护技术】甘草含有大量的淀粉(约30%)和甘草甜素(6%~14%),在贮存保管中极易生虫和受潮霉变,生虫后危害蔓延十分迅速,必须拣出或立即火烘,然后用包装袋装好,置干燥通风处。甘草受蛀不宜硫熏,因为害虫藏于甘草内部,SO_2毒气难以透入,杀虫效果不大,且硫熏后易导致褪色,影响品质。贮存中发生虫蛀,如有条件的应用气调法或冷冻杀虫最佳。

由于害虫多在甘草内部蛀蚀,从外表很难察觉,一旦外面呈现小孔,其内部就已被蛀蚀得十分严重了。常用的经验检查方法有:①查看甘草的两头,如发现有小白点,即表明内部已生虫。②取两根甘草对敲,若一敲即断,则说明内部已生虫。一般粉甘草较带皮甘草易发生虫蛀,故应特别注意经常检查。

甘草的含水量控制在10%左右,贮存环境相对湿度在75%以下,一般均能安全贮存;若相对湿度升高至85%以上,库温在25℃左右时,两周内即开始霉变。可见,控制湿度和温度极为重要。故凡贮存原件货在霉季前应放烈日下曝晒1~2天,然后用包装袋封包堆放,以防害虫侵入和湿气的影响,而达到防止霉蛀的目的。

切制的饮片,待晒干放冷后,可装入木箱内或坛内。蜜炙甘草宜置坛内存放,但时间不宜太长,以防变质。

【质量要求】外皮均以呈紫褐色、略带光泽、条粗大、坚实、质重、皮细而紧、断面呈黄白色、粉性大、有菊花心、身干不霉蛀者为佳。《中国药典》2005年版规定:水分不得过12.0%,总灰分不得过7.0%,酸不溶性灰分不得过2.0%,甘草酸不得少于2.0%,甘草苷不得少于1.0%。重金属和有害元素:铅不得过百万分之五,镉不得过千万分之三,砷不得过百万分之二,汞不得过千万分之二,铜不得过百万分之二十。有机氯农药残留量:六六六(BHC)不得过千万分之二,滴滴涕(DDT)不得过千万分之二,五氯硝基苯(PCNB)不得过千万分之一。

九、白芷 Radix Angelicae Dahuricae

【别名】杭白芷、香白芷、川白芷、会白芷。

【来源】本品为伞形科植物白芷 *Angelica dahurica* (Fisch. ex Hoffm.) Benth. et Hook. f. 的干燥品根。主产于东北地区及山东、河北、江苏、四川、浙江等省。

【采收加工】夏秋间采挖,除去须根及泥沙,晒干。晒时要勤翻,切忌雨淋,晚上应收回晾开,不要堆积,天晴再晒,否则易腐烂或黑心。亦可用微火烘干。如能通风阴干,则色泽较佳。

【贮存保管】包装不一,国内销用竹篓、条筐、麻袋、苇席包装,出口品则用木箱装或用竹篓套以单丝麻袋;每件重50kg或100kg。本品属芳香粉性药材,极易发生虫蛀,须严禁潮湿,特别是在夏季,受潮后最易虫蛀,受热会走油,应贮存于阴凉干燥处,防蛀,温度不超过30℃,相对湿度70%~75%,商品安全水分12%~14%。传统经验贮存是将库房地面垫高,铺席一层,席上铺放干燥的麦壳或稻壳,白芷摆放于上,再盖麦、稻壳一层,如此交替摆放,最后用麦、稻壳覆盖,密闭库房。少量时可将白芷立放于大缸内,一层药材一层沙子,然后缸口加盖贮存。

切制成的饮片晒干后,可置瓮内焖紧存放。

【养护技术】本品含淀粉及挥发油,在贮存中,极易吸潮霉变虫蛀及变色。霉变常发生在顶部的茎痕和支根折断处,可见明显霉斑,且为灰绿曲霉。虫蛀可从被损或根头部蛀入,严重时类圆形的形成层和木质部都会受到破坏,并蛀空成粉。贮存期间应定期检查,霉变时,可用日光曝晒,以散发水分,杀灭真菌。发现虫蛀、霉变也可用微火烘烤,并筛除虫尸碎屑,放凉后密封保藏;或用塑料薄膜封垛,充氮降氧养护。若数量较大,可用磷化铝、氯化苦、溴甲烷熏蒸进行抑菌、杀虫。由于本品易霉蛀,必须经常检查,一经发现异状,应立即处理,不宜拖延。因为白芷一旦生虫,很快即被蛀成空洞,不堪药用;外部若发现有虫眼,其内部即已蛀蚀甚烈,故不可大意。鉴此,入库验收时严格控制水分,每当梅雨前应采用气调养护法贮存,即可安全度夏,减少变异发生。

【质量要求】以身干、根条肥大、皮灰白或黄白色、体坚实、粉性足、香气浓厚、无虫蛀者为佳。《中国药典》2005 年版规定:水分不得过 14.0%,总灰分不得过 6.0%,酸不溶性灰分不得过 1.5%,热浸法醇溶性浸出物不得少于 15.0%,欧前胡素不得少于 0.08%。

十、玄参　Radix Scrophulariae

【别名】元参、黑参、角参、浙玄参。

【来源】本品为玄参科植物玄参 *Scrophularia ningpoensis* Hemsl. 的干燥根。主产于浙江、安徽、湖北、山东等省。

【采收加工】冬季采挖,除去根茎,须根及泥沙,晒或烘至半干,堆放发汗至内部色泽渐转黑色后,再晒干或烘干。

【贮存保管】本品呈类圆锥形。常采用竹筐、篓或箱包装,置阴凉干燥处贮存,防霉防蛀。若为大量贮存时,还可采用砻糠围屯法或用青灰拌匀的方法来贮存。切制成的饮片晒干后,可入坛内、石灰缸内或塑料袋密封。

【养护技术】玄参体糯味甜,易生虫发霉,且易吸潮。霉变多发生于皮部破损处或两端的断面,严重时,蔓延至全根,根的表面和内部色泽也会加深成浸色。玄参蛀蚀的部位常先从表面的横裂纹和皮孔处蛀入,有的也在根的两端开始,危害严重时,蛀成许多乌黑色粉末,放射状的浅棕色点状维管束也会遭受破坏,并产生微酸气或酒精样气。故发现上述变异时,必须及时采取措施。若吸湿返潮身软,应行复晒,发现虫蛀最好拣出隔离,以防虫蛀蔓延。若含水在 20% 以上的"潮参",在冬季易冻糠心,在梅雨季节时严重者可被蛀空,故过湿或受潮均应日晒或烘焙至干。也可采用气调法或用磷化铝熏蒸杀虫。

【质量要求】以根肥大、皮细、质坚实、无芦头、断面色润黑、无霉虫蛀者为佳。一般以浙玄参质优。《中国药典》2005 年版规定:水分不得过 12.0%,总灰分不得过 5.0%,酸不溶性灰分不得过 1.8%,热浸法水溶性浸出物不得少于 60.0%,哈巴俄苷不得少于 0.05%。

十一、丹参　Radix Salvia Miltiorrhizae

【别名】赤参、红丹参、紫丹参。始载于《本经》,列为上品。《别录》云:丹参、赤参,是因其根色红,得名。本品经酒炙后称酒丹参。

【来源】为唇形科植物丹参 *Salvia miltiorrhiza* Bge 的干燥根及根茎。主产安徽、河北、江苏、陕西、山东、山西、四川等省。全国大部分地区有野生或栽培。

【采收加工】初春或秋末采挖,除去泥土及细须根,干燥。

【贮存保管】丹参为长圆柱形,多用竹篓、麻包袋或箱盛装,置干燥处贮存。

【养护技术】本品含多种丹参酮,是治疗心血管疾病的一种常用药物,在贮存期中,易吸潮生霉,真菌多在支根折断处发生。根茎顶端的残留茎基处,是害虫首蛀的部位,害虫常从此蛀入直至根部的韧皮部和形成层,严重时木质部和射线处,会全部被害。丹参霉蛀时,应及时晾晒或烘烤,但曝晒不宜过久,以免褪色,虫蛀严重时也可用气调法或 AlP 熏蒸杀虫。

【质量要求】以条粗壮、色紫红、无霉蛀者为佳。四川省栽培的丹参质量较好。现多认为根中结晶性呋喃菲醌衍生物的色素类如丹参酮类成分含量高者为质优。《中国药典》2005 年版规定:水分不得过 13.0%,总灰分不得过 10.0%,酸不溶性灰分不得过 3.0%,冷浸法水溶性浸出物不得少于 35.0%,热浸法醇溶性浸出物不得少于 15.0%。丹参酮 $Ⅱ_A$ 不得少于 0.20%,丹酚酸 B 不得少于 3.0%,重金属和有害元素:铅不得过百万分之五,镉不得过千万分之三,砷不得过百万分之二,汞不得过千万分之二,铜不得过百万分之二十。

十二、三七 Radix Notoginseng

【别名】田七、人参三七、参三七、旱三七、山漆、田漆、金不换、滇三七。

【来源】本品为五加科植物三七 *Panax notoginseng*(Burk.) F. H. Chen 的干燥根。主产云南、广西等省区。四川、江西、湖北等省也有栽培。三七内销全国,出口许多国家。

【采收加工】夏末秋初(7 月份)收获最好,此时花未开,根部浆水充足,体重、色好、品质佳、产量高,称为"春七";冬天采收的因种子成熟根部养分消耗,支头皱缩形瘦,品质较低,称为"冬七"。将根掘起后洗净泥土,除去须根及茎的基部,先曝晒至半干,经反复用手搓揉 3 ~ 5 次,发汗,最后晒至足干,一般称为毛货。如果将毛货再置于掺蜡的麻袋内往返振荡,即成为表面光亮的棕黑色成品。剪下的较粗支根称为"筋条",细根及残次品称为"剪口三七",最细小须根称为"绒根"。

【贮存保管】包装方法多样,有用双层桑皮纸包好,外扎麻绳,每封 0.5 ~ 2.5kg,然后再装箱;云南是用硬纸盒装,每盒 2.5 ~ 5kg 再装木箱;广西是用布袋包装,贮于木箱内。如果是出口商品则应内衬防潮纸或铅皮密封箱严密包装。在容器内放置适量用纸包好的樟脑,贮存于阴凉干燥处,防蛀。

【养护技术】三七贮存于干燥、通风处,每年夏季前后曝晒 1 ~ 2 次较易保管,一般可存 10 年不坏。但受潮后容易发霉生虫,故在夏季最好贮于石灰密封箱或坛中,切忌受潮。若发现潮霉可以曝晒;防治虫害用 AlP 熏蒸均可。

根据经验,将三七密封箱内,每箱装 20kg,内放木炭 0.5kg、1.5 ~ 2kg 石灰,可安全度夏 3 年以上。少量药材防治虫害可直接喷洒乙醇或 50 ~ 60°的白酒,然后将木箱密封,亦很有效。

【质量要求】以身干、个大、肥实、头大尾尖、体重皮细、断面灰绿或黄绿、有放射状纹理、无裂隙、无霉蛀者为佳。《中国药典》2005 年版规定:水分不得过 14.0%,总灰分不得过 6.0%,酸不溶性灰分不得过 3.0%,热浸法醇溶性浸出物不得少于 16.0%,人参皂苷 Rg_1、人参皂苷 Rb_1 和三七皂苷 R_1,三者的总量不得少于 5.0%。

十三、板蓝根 Radix Isatidis

【别名】菘根、大蓝根、大青根。商品药材中有"北板蓝根"和"南板蓝根"之称,前者是松蓝的根,后者是马蓝的根茎,两者来源有别。

【来源】为十字花科菘蓝 *Isatis indigotica* Fort 或爵床科植物马蓝 *Baphicacanthus cusia* (Nees) Bremek [*Strobilanthes cusia* (Nees) O. Kantze]的干燥根。菘蓝主产于河北、北京、河南、江苏、甘肃、陕西等省。马蓝主产于西南和华南地区。

【采收加工】于10月中、下旬,当地上茎叶枯萎时,挖起根部,洗净,晒至七八成干时,扎成小捆,再晒至全干。遇雨天可烘干。

【贮存保管】板蓝根以成捆堆垛,或用纸箱盛装,贮于通风干燥处,防霉防蛀。

【养护技术】板蓝根在贮存期间易发生霉变,且多属灰绿曲霉。霉变的部位常在叶柄残茎和密集的疣状突起处,或主根及枝折断处,霉变后局部色泽加深,质地变软。此外,板蓝根也易虫蛀,害虫常隐藏在韧皮部和木质部蛀蚀,检查时,应将根用力搓动观察有无蛀粉。南板蓝根被害的部位,常在韧皮部的髓部,尤膨大节部被害更甚。

板蓝根霉变时可采用温水淘洗(抢水洗),再于日光下及时曝晒致干。如害虫危害,也可用AlP(磷化铝)熏蒸杀灭。有条件的可用气调法养护或置密闭库内贮存。

【质量要求】本品以粗大、体实、无霉虫蛀者为佳。《中国药典》2005年版规定:水分不得过15.0%,热浸法醇浸出物不得少25.0%。

十四、木香　Radix Aucklandiae

【别名】云木香、广木香、蜜香、南木香等。木香自古列为上品,时珍云:木香本名蜜香,因其香气如蜜也,故得名。

【来源】本品为菊科植物本香 *Aucklandia lappa* Decne 的干燥根。原产印度,我国已有60年的引种栽培历史,主产于云南(称云木香)、广西、广东(称广木香)等省,西藏、四川亦产,多为栽培。

【采收加工】秋冬季采挖,除去须根、泥沙,切段,根大者再纵割成两瓣,晒干或烘干,撞去粗皮。

【贮存保管】多采用木箱包装,并在其内衬一层防潮纸,加盖密闭,置阴凉干燥处贮存,防潮。

【养护技术】本品含挥发油,具浓烈的香气,贮存温度不宜过高,以免霉蛀和走失香气,并严防受潮。木香一般不易虫害,但吸潮过高,则易发霉;水分增加到18%,贮存环境相对湿度80%以上时,两周后出现霉斑,如在相对湿度95%的环境条件下,4天即长出霉点。故保持木香干燥,控制贮存环境温湿度即能防霉蛀与挥发。发现虫蛀应及时采用气调法或AlP熏蒸杀灭。

【质量要求】以质坚实、香气浓郁、油气足、无枯朽、无霉蛀者为佳。《中国药典》2005年版规定:总灰分不得过4.0%,木香烃内酯和去氢木香内酯的总量不得少于1.8%。

十五、巴戟天　Radix Morindae

【别名】巴戟、鸡肠风、鸡眼藤、三角藤。

【来源】本品为茜草科植物巴戟天 *Morinda officinalis* How 的干燥根。主产广东、广西、福建等省区，销全国并出口。

【采收加工】全年四季均可采收，主要在春冬季节进行。挖取5~7年的根，洗去泥沙，剪去茎叶及须根，晒至六、七成干，用木槌轻轻打扁（切勿打烂或破裂，以免液汁流出），然后晒至足干。根据条的粗细切成6~12cm小段，即得成品。

【贮存保管】多以麻袋、木箱、草席、蒲席、篾篓包装。本品受潮易发霉和生虫，最好装在木箱中贮存于干燥、通风、凉爽处，并防重压。

【养护技术】含水量在15%以下不会生霉，但置于80%相对湿度条件下，两周后即出现霉斑，因此应避免潮气的侵入。如遇发霉，切忌用水洗，宜在阳光下晒后，用毛刷刷霉。夏季应经常检查和摊晒。防止虫蛀，可用AlP熏蒸。

【质量要求】均以条大、肥壮、肉厚色紫、木心细、无虫霉蛀者为佳。一般以粤产的质量较优。《中国药典》2005年版规定：水分不得过15.0%，总灰分不得过6.0%，酸不溶性灰分不得过0.8%，冷浸法水溶性浸出物不得少于50.0%。

十六、桔梗 Radix Platycodi

【别名】铃铛花、包袱花、道拉基；《别录》号称白药、梗草。时珍云：此草之根结实而梗直，故名。

【来源】本品为桔梗科植物桔梗 *Platycodon grandiflorum* (Jacq.) A. DC. 的干燥根。分布于东北、华北。全国大部分地区均产销。主产于安徽、辽宁、吉林、内蒙、湖北、河南、江苏、浙江等地。

【采收加工】春、秋、两季采挖，清水洗净，除去茎苗、叶、须根及芦，趁鲜品剥去外皮或不去外皮，干燥。炮制品切成6mm长的筒片，晒干。

【贮存保管】一般以竹篓、芦席包装，本品易虫蛀，须贮于干燥通风处。由于采挖季节不同其贮存方法也不一样，春货于4~6月间采挖，质松味较甜易虫蛀，故在当年最好熏一次，熏后再晒干，置干燥处密封，若不晒干，虽熏后色泽变白美观，但贮存不久也会变色。若不密封防潮，待梅雨季节来临，因其含有糖分（菊糖）很易吸湿还潮，发软生虫，最后导致霉烂变质。秋货于8~10月间采收，质坚味苦，不易虫蛀，且继之冬季来临更有利贮存，故在当年只需晒干，可以不熏，但到次年霉季之前也宜熏后晒干贮存。

切制成薄片的饮片，晒干后可装于木箱或甏内，盖严，置于干燥通风处，防虫蛀。

【养护技术】本品含有多量的皂苷，尚有菊糖、桔梗糖等，在贮存中易发生虫蛀。蛀蚀部位常由顶端的根茎，尤半月形的茎痕处，或支根折断处蛀入，严重时，形成层和木质部均受危害，使根蛀空，不可药用。由于桔梗含有较多糖质，也易吸潮，当水含量增至12%以上，在24~36℃温度的环境中，最易发生灰绿色真菌，霉变时间长久，可致使其原色减退或加深，使质量下降。

在梅雨季前后注意检查，定时用AlP熏蒸，有条件的可采用气调养护法贮存。

【质量要求】以条肥大、色白、体实、味苦、无虫蛀者为佳。一般认为安徽产品质优。《中国药典》2005年版规定：总皂苷不得少于6.0%。

十七、北沙参 Radix Glehniae

【别名】沙参、莱阳沙参(山东)、辽宁参(东北)、海沙参、银条参(江苏)。北沙参因主产我国北部而得名。

【来源】本品为伞形科植物珊瑚菜 *Glehnia littoralis* Fr. Schmidt ex Miq. 的干燥根。主产于山东、河北、辽宁、江苏等省。行销全国,并有出口。

【采收加工】夏秋两季(6～8月间)挖取根部,除去茎、须根,洗净泥土,用沸水浸烫至能搓下皮来为度,捞出从参头向下刮去外皮,理顺伸直摊席上晒干。干后扎成小捆称为“毛参”,供内销;蒸至柔软,放在板上搓直,冷后用刀刮平疙瘩,按长短、色泽捆成大小把,称为“净参”,供出口。

【贮存保管】本品粉质、色白、味甘、易虫蛀,须置干燥通风处保存。大量贮存时,在霉季前选烈日,待晒场晒热后,将北沙参倒在场上摊平曝晒(这样可以缩短日晒的时间,有益品质),至下午干透可收于木箱或篓内,放晾3～4h后将竹篓或木箱摇动装紧,直至装满成件,盖严,最好外加麻袋包封,置干燥通风处贮存,防蛀。

切制成段的饮片,晒干后可用塑料袋密封,或放坛内密封或入石灰缸内贮存。

【养护技术】北沙参由于含较多淀粉,易吸潮,易霉变。受潮发霉后即变色(红色)。发霉后可整把放在阳光下曝晒;晒时阳光不可太烈,以免变色。严重时,用温水洗刷去霉,再晒干或烘干。

北沙参霉变后,如处理不及时,伴之而来的即是虫蛀,害虫危害首蛀韧皮部,然后再逐渐蛀木质部,直至蛀空,不堪药用。虫害发生时,以熏蒸杀灭。为预防蛀蚀,在梅雨季节前,经熏晒后密封,也能避蛀。

本品因枝条细长,质脆易折断,不论熏晒、整理、倒垛、应轻取轻放,以免碎断、增加损耗。

【质量要求】以枝条细长、圆柱形、均匀、质坚实、白色或黄白色、味微甘、无霉蛀者为佳。山东莱阳产的为地道药材,称为“莱阳沙参”,质较优。

十八、柴胡 Radix Bupleuri

【别名】北柴胡(硬柴胡、山柴胡、硬苗柴胡)、南柴胡(软柴胡、香柴胡、软曲柴胡、红柴胡)、竹叶柴胡(春柴胡)。

【来源】本品为伞形科植物柴胡 *Bupleurum chinense* DC. 或狭叶柴胡 *Bupleurum scorzomerifolium* Willd. 的干燥根。北柴胡主产于河北、河南、辽宁、湖北、陕西等省;南柴胡主产于湖北、四川、安徽、黑龙江、吉林等省。

【采收加工】春季3～4月或秋季8～9月间均可采收,以春季产者为佳。将根挖出,除去茎叶、泥土,晒干即成;竹叶柴胡拔起全草,去净泥土,晒干即可。

【贮存保管】因产地不同,包装规格也不一致。用席、麻袋、竹蒌、竹筐等包装,外用绳捆扎紧实,每件重量有40kg、65kg、80kg不等;竹叶柴胡茎质脆、易折断,最好顺向理齐,扎成小把,再捆成大包,避免茎枝折断;出口货可用木箱包装。本品在夏季受潮后最易发霉(多为青霉),而且生虫，甚至变色，应贮存于干燥、通风处，防蛀。

【养护技术】含水量14%左右，在相对湿度75%的条件下是可以安全贮存，但相对湿度达80%以上，2周即出现霉丝，若达90%以上，3～4d即开始发霉，1周后严重霉坏，颜色发暗。春末夏初，天气渐暖，应加强预防工作，每半月检查一次；夏季及秋初，虫霉蔓延期应每周检查一次。如发现受潮或发霉可放在阳光下曝晒之，摊凉后再行包装堆垛。轻微生虫亦可用烈日曝晒或用AlP杀灭之；为预防虫蛀，可以在夏季熏蒸一次。

【质量要求】以身干、条租、分枝少、匀整、外表淡棕色、断面黄白色、无残茎及须根者为佳；竹叶柴胡以身干、叶绿柔软、无虫霉蛀者为佳。《中国药典》2005年版规定：总灰分不得过8.0%，热浸法醇溶性浸出物不得少于11.0%。

十九、牛膝　Radix Achyranthis Bidentatae

【别名】怀牛膝（河南）、川牛膝（四川）、土牛膝（江苏、江西、云南），商品简称牛夕。

【来源】本品为苋科植物牛膝 *Achyranthes bidentata* BL. 或川牛膝 Cyathula officinalis Kuan 的干燥根。商品有怀牛膝和川牛膝两种。前者主产河南，河北、山西等地也产；后者主产于四川，云南、贵州等地也产。内销全国与出口。

【采收加工】秋、冬两季均可采收。①怀牛膝：挖取根部，洗净泥土，晾干，为毛牛膝。由产地收购后，再切芦头（茎下根上的部分）及支根、须根，按不同规格，捆成小把，削齐顶端晒干即得。②川牛筋：挖取根部，去净泥土，切去芦头及须根，捆把后烘干或晒干。

【贮存保管】怀牛膝多装木箱，每箱净重50kg，内衬防潮纸，固封，置阴凉干燥处，夏季最好冷藏，以防生虫。川牛膝一般装竹篓包装。川牛膝易泛油，应密封后置阴凉干燥处，防潮防霉。

少量牛膝或其饮片，可贮于石灰缸中，也可采用砻糠围屯或黄沙埋存的方法，分层隔放，严密盖好，阴雨天不要开箱，可久贮不致变质，若在存放牛膝的箱内，放进几根干洁的木炭，也可起防潮的作用。

【养护技术】牛膝因含较多的黏液质，体糯质柔，很易吸潮，一旦受潮色泽发红至变黑，更易霉蛀，通常在采收后晒干（川牛膝多烘干），装箱后即行密封，置防凉干燥处保存，一般可防变质。若回潮，可行复晒，为保存色泽，少量可采用石灰缸贮存，亦可用干燥谷壳或用沙子埋存养护。具体措施有以下三法：

（1）草纸养护法：将干燥的草纸（吸潮纸）铺于木箱底部和四壁，再把晒干后冷却的怀牛膝理顺，按一层草纸，一层怀牛膀（横竖交替堆放）码入箱中，依次将箱装满，再铺一层草纸，盖严密封即可。

（2）沙土养护法：在贮存怀牛膝的箱底放一层干沙，干沙上面放一层吸潮纸或麻袋片，依此类推，然后盖严密封即可。

（3）谷壳养护法：先将谷壳洗净晒干，然后在容器底层铺上5～6cm厚的谷壳，谷壳上存放30cm厚的怀牛膝，怀牛膝上面铺一层纸，再将谷壳按5～6cm厚铺于纸上，把怀牛陈按不同的存放方式摊在谷壳上面，这样依此类推，直到容器装满，最上面覆盖一层约5cm厚的谷壳，加盖密封，存放在干燥通风处。此法可以防止怀牛膝走油、受潮、生虫。

【质量要求】怀牛膝以身干、皮细、肉肥、质坚、色鲜、粗长、黄白色与肉红色、味甘、无霉虫蛀者为佳。川牛膝以身干、体肥柔细、外皮瓦灰、油润、无虫蛀者为佳。《中国药典》2005 年版规定:水分不得过15.0%,总灰分不得过9.0%,酸不溶性灰分不得过1.0%,热浸法醇溶性浸出物不得少于6.50%。

二十、防风　Radix Saposhnikoviae

【别名】云风、云防风、关防风、东防风。本品载于《本经》,列为上品。时珍释其名云:防者御也。其功疗风最要,故名。

【来源】本品为伞形科植物防风 *Saposhnikovia divaricata* (Turcz.) Schischk 的干燥根。主产于黑龙江、吉林及内蒙古东部和辽宁、河北、河南、陕西等地。

【采收加工】春、秋两季采挖未抽花茎植株的根,除去须根及泥沙,晒干。一般在产地扎成小把晒干,以篓筐或苇席包装。

【贮存保管】本品质柔肉厚,滋润有油分,易遭虫蛀,须置干燥防凉处贮存,防蛀防潮,忌日光照晒,严防鼠害。

切制成的饮片可晒干贮于坛内,待冷透后密封,置干燥处保存。在贮存过程中也注意检查,如发现霉蛀应立即复晒,此时因已切成薄片,一般不宜多晒而宜晾干,因久晒后会变色(由淡黄色变成白色)和减少油润,有损品质。

【养护技术】本品含挥发油、多糖类成分。在贮存中易虫蛀,有虫害时,不宜曝晒,因害虫常隐居其中,不易杀灭。同时,检查时应搬开观察。若一旦生虫时置阳光稍晒放凉,再行包装,置阴凉干燥处。

【质量要求】以条粗壮,断面皮部色深棕、木部浅黄色,无虫霉蛀者为佳。《中国药典》2005 年版规定:水分不得过10.0%,总灰分不得过6.5%,酸不溶性灰分不得过1.5%,热浸法醇溶性浸出物不得少于13.0%,升麻素苷和5-O-甲基维斯阿米醇苷的总量不得少于0.24%。

二十一、麦冬　Radix Ophiopogonis

【别名】沿阶草、麦门冬、寸冬、杭麦冬、川麦冬。本品载于《本经》,列为上品,弘景释其名云:根似麦,故谓之麦门冬。时珍云:麦须曰门,此草根似麦而有其须,其叶如韭,凌冬不凋,故谓之麦门冬及诸韭、忍冬诸名。

【来源】本品为百合科植物麦冬 *Ophiopogon japonicus* (Thunb.) Ker-Gawl. 的干燥块根。主产于四川、浙江,此外,贵州、云南、广西、安徽、湖北等省也有生产。

【采收加工】一般栽培两年后,于5~7月采挖,洗去泥沙,剪下块根,两端各留约1cm长须根,晒或烘至半干,搓揉再晒,再搓揉,如此反复数次,直至全干,撞去须根,筛取块根即得。

【贮存保管】用木箱盛装,箱内衬防潮纸,盛满麦冬,压紧,密封,置阴凉干燥处贮存,防潮。麦冬含水量在14%以下,在相对湿度75%条件下可以安全保管。

【养护技术】本品含麦冬皂苷及多量的葡萄糖、果糖、蔗糖等,因此,在贮存环境条件不善时极易吸潮,受潮后极易发热、发霉、走油(表面发黏,质地变软,颜色加深,断面呈黄棕色或棕黄色,出现油哈气味或霉酸味)。潮湿者装箱后不久即变黑。装箱前必须检验麦冬的水分,一般可用手抓一把用力捏紧,然后轻轻将手松开,如果麦冬粘成一团即表示潮湿,如松手后麦冬散开,即为干燥。如已吸湿、发热、走油,应迅速开箱摊开,使潮气、热气发散,然后移入干燥、阴凉库房中。如发现生霉,可先用清水洗净,再用硫磺熏蒸,晒干后贮存(轻微生霉最好不用水洗,因易变成油色;若已变油色则用太阳晒,以防加深,晒时最好有风)。

夏季必须勤检查、勤翻晒;一般可在阳光下晒一整天,并应在下午3时左右收起,趁热装箱,压紧、密封;同时把木箱倒置2h,使热气透入箱底,再放正,然后贮存则不易走油。大量散装可选择一密闭库房,地板上先垫草席,周围用席圈好,上面亦用草席稻草盖严。如果库房严密,冬季可贮存3个月左右。而夏季雨量多、潮气大时,只能贮存1个月左右。因此这种散装堆存仅是临时措施,不宜久藏。少量散装最好贮存于石灰缸内,但勿使麦冬与石灰直接接触。

【质量要求】以身干、外皮黄白色、肉淡白色、肥大有光泽、似梭形、质细柔、半透明、两头修净、具油性糖质、有香气、味甘、餷之发黏及无须根、杂质和霉蛀者为佳。《中国药典》2005年版规定:水分不得过18.0%,总灰分不得过5.0%,酸不溶性灰分不得过0.8%,冷浸法水溶性浸出物不得少于60.0%。

二十二、天冬 Radix Asparagi

【别名】门冬、天冬、天棘。本品载于《神农本草经》,列为上品,时珍云:草之茂者为门……此草蔓茂,而功同麦门冬,故曰天门冬,或天棘。

【来源】本品为百合科植物天门冬 *Asparagus cochinchinensis* (Lour.) Merr. 的干燥块根。主产于贵州、四川、湖南、浙江等地。

【采收加工】秋、冬两季采挖,洗净,除去茎基及须根,置沸水中微煮或蒸至透心,超热取出除去外皮、洗净、干燥。

【贮存保管】一般置于衬有防潮油纸的木箱内密闭盛装。本品含大量的黏液质,体糯味甘,极易吸潮,使身变软黏结成块,泛油生霉,且易附着尘土,故应置阴凉干燥处贮存保管。

切段后宜置坛内或石灰缸内密闭贮存,但因久贮易泛油、变色,故贮备量不宜过大。

【养护技术】天冬含天门冬酰胺(即天冬素)、葡萄糖、黏液质等,极易吸潮。受潮后表面变软或发黏,若不及时处理全根会稀软,且互相黏结。在气温20~35℃的贮存条件下,约1周时间内,即能发生霉变,夏季更应经常检查,如有此现象发生,应及时晒晾或烘烤,使水分散发,保持干燥。如真菌严重时,可用水将霉洗去晾干。

在贮存中,本品除易霉变外,也易虫蛀,害虫常由两端开始蛀食,然后逐蛀其内,严重时不仅能破坏中心的黄白色中柱,同时也能使其色泽加深,降低半透明度。有虫害发生时,用AlP药剂熏杀。

【质量要求】以干爽、去净皮层、条粗有肉、色黄白、半透明者为优。以无芦头、尾带、包壳、无未蒸煮透的白心、虫蛀、霉变,无焦枯、黑糊为合格。《中国药典》2005年版规定:水分不得过16.0%,总灰分不得过5.0%,酸不溶性灰分不得过1.0%,热浸法醇溶性浸出物不得少于80.0%。

二十三、地黄 Radix Rehmanniae

【别名】生地黄、干地黄、怀地黄、淮生地、鲜地黄。首载于《本经》,列为上品。地黄经酒炖后称酒熟地黄,经蒸制后称蒸熟地黄。

【来源】本品为玄参科植物地黄 *Rehamannia glutinosa* Libosch 的新鲜或干燥块根。主产于河南、浙江、江苏、陕西等省。

【采收加工】秋季10~11月采挖,小心勿碰破外皮,除去芦头、须根及泥沙,鲜用;鲜地黄极易腐烂,应及时加工。焙干的地黄质量好、油性大。将鲜生地置火炕上,盖以麻袋或草席,缓缓烘焙,使内部逐渐干燥而颜色变黑,焙至八成干时,趁热用水搓揉成圆球形,即为生地或称干生地、地黄。将干生地加黄酒蒸制则成熟地黄。

【贮存保管】鲜地黄因含水甚多,最容易腐烂。一般采用竹筐、蒲包或荆条筐包装,便于运输,注意轻放,不能挤压,勿使日晒干死。

鲜地黄,易腐烂,不宜久藏,可埋于潮湿的沙土中,一般在购进后先行检查,除净已腐烂的部分和头部的叶,将好的地黄稍晾,以减少外表的水分,再用潮湿的沙土埋好,一层沙土,一层生地,至5~6层后再以沙土覆盖,一般底层和上层的沙土要求铺厚一些,堆放处也应阴凉干燥,随用随取,可防止冻坏或腐烂。鲜地黄亦可贮存于地窖中,下面先铺一层细土,然后每放一层地黄,铺撒一层沙土,最后表面再用沙土盖严,如此亦可保存相当长的时间。但应注意地窖的通风及空气的干湿程度,以免药材干枯或霉变。

干地黄多用篓装或麻袋装,或用双层麻袋装,熟地黄最好用木箱装。每件轻者约50kg,重者达100~150kg。置干燥通风处,谨防潮湿,避免霉蛀。

饮片可入瓮内闷紧。生、熟地黄炭可置木箱内密封,置干燥处。蒸熟地黄极易生霉,须经常检查翻晒,严防受潮。

【养护技术】本品质柔软,显油润,具黏性,味甜,贮存不当极易霉蛀,除应保持干燥外,因其霉蛀多从两头破折处开始,故存放时应选择个体完整无损者,破皮或折断的应拿出先用,不宜久贮。

干地黄若贮存于干燥、通风处,可久贮不坏,较易保管,习惯上以越陈越好。最好埋于干沙中,可长期贮存而不生虫。但亦应防潮,否则吸湿后亦可发霉、生虫,特别是表皮易遭虫蛀。

熟地黄含水量高,约在22%~23%之间,若贮存于相对湿度75%条件下,水分将会散失,因此不致发霉,但相对湿度超过90%以上,则迅速霉烂。故应贮存在木箱或缸、坛中,盖严,既防失水干燥,又防湿气浸入。

生地黄的表面是害虫首先危害的部位,故易观察,一旦发现有虫蛀,即曝晒或用 AlP 熏蒸,然后再用充氮降氧法密闭贮存。如果生霉可用水洗净,在阳光下晒干即得。

【质量要求】鲜地黄以肥大,外表黄褐色,断面肉质、淡黄色、呈菊花心,无须根及残茎者为好。干地黄以质重柔软、肥大、皮灰白或灰褐色、断面油润乌黑、有菊花心、无虫蛀者为佳。熟地黄以肥大、色黑如漆、质柔软、味甜、无霉蛀者为佳。《中国药典》2005年版规定:水分不得过15.0%,总灰分不得过6.0%,酸不溶性灰分不得过2.0%,冷浸法水溶性浸出物不得少于65.0%,梓醇不得少于0.20%。

二十四、百部 Radix Stemonae

【别名】百条根、大百部、婆妇草。载于《名医别录》，列为中品。时珍释其名云：其根多者百十连属，如部伍然，故以名之。百部经蜜炙后又称蜜百部或蜜炙百部。

【来源】本品为百部科植物百部 *Stemona sessilifolia* (Miq.) Franch. et Savat. 的干燥根。主产于安徽、湖北、浙江、江苏、广西、云南、广东、四川等省区。

【采收加工】春、秋两季(每年春季2~3月发新芽之前及秋季8~9月)茎苗枯干时挖取根部，避免碰断块根(因根脆嫩，浆液饱满，常十多个或数十个簇生在一起)，洗净泥沙，除去茎苗及须根，置沸水中浸烫(待水再沸时立即捞出，过久则内心变红黑色，影响质量)，如不经热水浸烫，则皮肉易脱离，而且不易干燥。然后晒干或阴干。若遇阴雨天亦可用微火烘干。

【贮存保管】用芦席、麻袋、竹篾箩包装，贮于干燥、通风处，防潮。

【养护技术】由于百部含有较多淀粉及配糖体，极易吸湿，当夏季受潮后，容易发霉变色，相对湿度在85%时，7天左右即易霉变，而且水分可显著增到21.5%。含水量在16%左右，相对湿度保持在75%，则百部不会霉变；有的药材含水量可达18%以上，如能控制相对湿度，亦可安全保管。为预防霉变，在夏季可行日光曝晒，以减少水分含量，晒后及时包装，并压紧，存放于干燥处。夏季应经常检查，发现受潮生霉，可进行摊晒，并擦去霉迹。百部质轻脆，易折断，堆垛搬运应避免重摔和挤压。

【质量要求】以身干、条粗、肥润、灰白色、无杂质、无霉蛀者为佳。《中国药典》2005年版规定：热浸法水溶性浸出物不得少于50.0%。

二十五、白芍 Radix paeoniae Alba

【别名】白芍药、杭白芍、川白芍、毫白芍。

【来源】本品为毛茛科植物芍药 *Paeonia lactiflora* Pall. 的干燥根。主产于浙江东阳、安徽亳县、四川中江、贵州、山东等省。

【采收加工】定植后3~4年收获为宜，采收时间一般最早不宜在夏至之前，不然生长不足；最迟不能在霜降以后，否则根内淀粉转化，干燥后不坚实，重量减轻。白芍加工比较细致，各地方法亦不相同，一般是在挖出根后，除去根茎及须根，洗净泥土，然后用竹刀刮去外皮，再投入沸水中煮透，捞出修整并晒干。

干燥时要拿握"伏天少晒多闷，秋天多晒多闷，柔软潮湿就晒，晒过带温即闷"的办法，否则只晒不闷，表面虽干，但芍心潮湿，容易生霉发酵或表皮皱缩发红，降低品质。如不加盖席子闷，晒后移至阴凉处吹晾，反复进行亦可。在晒的过程中，如白芍未干而遇下雨，可用硫磺熏蒸，以避免白芍起滑发黏，甚至生霉。至有太阳时再晒。白芍可以用火烘干，温度保持60℃左右，约1周即可干燥，应经常翻动，此法较晒干者色白。

【贮存保管】一般用细篾篓、竹篓、条筐或麻袋包装，一等杭芍多用木箱装，内衬防潮纸、棕片或笋壳，每件约100kg，浙江产品每件重75kg。本品具粉性且又刮去外层栓皮，故易虫蛀，须置阴凉干燥处贮存，防蛀。切制成的饮片可置瓮内，盖严存放。

【养护技术】白芍在贮存过程中应注意检查,防受潮和虫驻。如含水量过高,应通风摊晾,使水分发散。在梅雨季节,容易生霉、发热、变色及虫蛀,应经常检查翻晒。翻晒时,宜置温和阳光下,忌烈日,以免变色发红。如发红或虫蛀,可先喷雾水气在表皮上,以硫磺熏 2~4h,再置弱阳光下晒干。这样不但可杀死害虫,又可使其色白。倘发现轻微霉点(两头最易生长青霉),应及时摊晒刷霉,或干揩后阴干之。切忌水洗,否则浸入内部则颜色变黑。白芍不宜久藏(日久则易虫蛀和变色),须掌握"先进先出"的原则,注意药物的入库日期。干燥的新货第一年不易生虫,但陈货抗虫性即差。为了安全度夏,每年在立夏前后,可用 AlP 熏蒸一次,可以防虫。

【质量要求】以身干、粗长、皮黄红色或黄白色、内灰白色、质坚实、平直而圆、头尾均匀而整洁、粉性大、无虫霉蛀者为佳。《中国药典》2005 年版规定:芍药苷不得少于 1.6%。

二十六、白术 Rhizoma Atractylodis Macrocephalae

【别名】冬术、浙术、于术、种术、赤术。

【来源】本品为菊科植物白术 *Atractylodes macrocephala* Koidz. 的干燥根茎。主产于浙江、安徽、湖北、湖南、江西等省,多为栽培。

【采收加工】10 月下旬~11 月上旬(霜降至立冬),当白术茎秆由绿转枯黄和暗黄色,上部叶片已变脆易折断时,选择晴天挖起全株,剪去茎叶,立即加工。鲜白术不可堆放过多、过高或过久,并应经常翻动,以免发热腐烂或难以烘干。加工法有日晒及火烘两种,前者成品称为生晒术(冬术、于术),后者称烘术。①日晒:将鲜术日晒 15~20 天致干透为止,然后装入特制竹器内,撞去须根。如遇雨天,应摊放在阴凉通风处,不宜堆积或装袋,否则容易霉烂。②火烘:使用炕灶或烘房均可。烘时火力开始稍旺而均匀,1h 后白术表皮发热,则降低火力,缓缓烘 5~6h,上下翻动,调换位置使干燥均匀,烘至半干,取出撞去须根。然后按大小块分开,大块置底层,小块放上层,再复烘 8~12h,约达八成干燥即移入竹箩筐内堆积 7~10 天,待白术中部水分渐向外渗透,表皮较软时以文火烘干即得。

【贮存保管】本品多用方竹篓外套单丝麻袋包装。用麻袋和竹篓包装 50~75kg;用方竹篓装,外套单丝麻袋,每件净重 100kg,最好内衬防潮纸等。白术容易生虫、发霉和走油,故应贮存于阴凉干燥处,防潮、防热和防风。

切制的饮片必须晒干、放冷,装入坛内闷紧,梅雨季节宜入灰缸存放。

【养护技术】白术因含挥发油,具芳香,须防虫蛀,若贮存过久也会泛油、变黑,故不宜久藏。为了防止霉蛀,必须保持干燥,梅雨季节尤应注意检查,如已受潮应立即复晒,当发现生霉可平铺摊晒,趁热擦去霉迹,放晾,重新包装。

防虫可用气调法防治或 AlP 熏蒸,如含水过高,可先在日光下曝晒,使水分蒸发,然后再进行熏蒸,立秋前后是最易生虫时间,应特别注意检查。

白术含水量过高(18%以上),除冬季外,任何季节都会生霉腐烂,特别是南方地区。如已发霉,可将白术平铺摊平,起热擦去霉迹,重新包装;亦可先用水洗净,烘干或晒干,冷后收装,最好再熏蒸一次。

【质量要求】以个大、外黄褐色、内黄白或灰白色、体重、质坚实、不泛油、无霉蛀、无杂质、形如"如意头"者为佳。《中国药典》2005 年版规定:总灰分不得过 5.0%,酸不溶性灰分不得过1.0%。

二十七、苍术 Rhizoma Atractylodis

【别名】本品载于《神农本草经》,列为上品。该著未分苍术、白术,而统称为术。至《伤寒》、《金匮》才有白术、赤术之分。苏颂云:术,今处处有之,以茅山、嵩山者为佳。根似姜,而旁有细根,皮黑,心黄白色,中有膏液,紫色。寇宗:苍术长如大拇指,肥实,皮色褐,其气烈。苍术亦称茅苍术、南苍术、北苍术、关苍术、山苍术、京苍术。

【来源】本品为菊科植物茅苍术 *Atractylodes lancea* (Thunb.) DC. 或北苍术 *Atractylodes chinensis* (DC) Koidz 的干燥根茎。茅苍术主产于江苏、湖北、河南等省区;浙江、安徽、江西等省亦产。北苍术主产华北、西北地区。

【采收加工】春、秋两季(4~5月或9~10月)采挖根茎,除去茎叶、须根及泥沙,晒至四、五成干,置筐内用力撞击,除去须根及泥土,晒至足干即得。

【贮存保管】用木箱、席包、筐、竹篓、麻袋等包装,外用绳捆紧。每件重量50kg、70kg、100kg不等。

苍术含挥发油,油中主要成分为苍术醇及苍术酮。因此,必须贮存于干燥、凉爽处,并避光、防潮,以免"走油"变质或挥发。切制的饮片,晒干放冷后,宜置瓮内贮存。

【养护技术】由于根茎含有较多淀粉(约15%),关苍术(北苍术)含淀粉22.2%~27.53%,故在夏季易生虫,发霉,保管比较困难;必须注意防潮。当苍术的含水量在15%,保存在相对湿度75%左右的环境下,不致霉蛀;但在相对湿度80%、90%及95%以上时,则分别在第10天、第6天及第2天发现霉斑。若能将含水量保持在11%以下,相对湿度在80%以下,可以安全保管。故宜用密闭气调法养护。

本品受潮后多在外皮先霉,可用水立刻洗净、晒干。雨季前可进行摊晾,以防霉蛀。若发现生虫,可用充氮降氧法防治。

【质量要求】以形如连珠状、质坚实、无须毛、外皮黑棕色、横断面黄白色、朱砂点(油室)多、有油性、切片放置后生白霜(苍术醇的白色针状结晶)、有特异芳香、无霉蛀者为佳。《中国药典》2005版规定:总灰分不得过7.0%。

另外,苍术有"吐脂"的现象,断面(尤其是饮片)露置空气中稍久会析出白色毛状结晶,中药称之为"霜",这是质量好的标志,应与霉区别开来,绝不能把"霜"看作是生霉了。因为"霜"是白色毛状结晶,有光泽具特异的浓郁香气,而霉除不具有这些特征外,还有霉败的气味,只要仔细观察即可识别。

二十八、川芎 Rhizoma Chuanxiong

【别名】川芎原名芎。因产四川得名。芎载于(本经),列为上品。《图经》云:今吴陕、蜀川,江东山中多有之,而蜀川者为胜。此外,向有抚芎(江西)、茶芎(湖北)之称。

【来源】为伞形科植物川芎 *Ligusticum chuanxiong* Hort. 的干燥根茎。主产于四川省,西南及北方大部分省区亦产,多为栽培。

【采收加工】平原栽培者于5~6月间采挖,茎部的节盘显著膨大,并略带紫红色时采挖;山地栽培者于8~9月间采挖,除去茎苗、泥土,晾干或烘干,撞去须根。一般以烘干为佳,因干燥时间短,呈黄色,色泽较好。烘时应经常翻动,使之全干(至切开内层有菊花心为度);如未烘干燥,贮存时容易发霉。但注意火候不宜过大,以防走油。日光曝晒者,不宜过久,以免影响色泽。

【贮存保管】用竹筐、竹篓或麻袋等包装。在库堆垛不可过高,垛与垛之间宜保持距离,以免重压或散热不良引起走油变色。

川芎因含挥发油,夏季易走油,并且容易虫蛀,故应贮存于阴凉干燥处,防蛀。切制的饮片,晾干后宜置瓮内,密封贮存。

【养护技术】川芎在贮存中易被虫蛀。虫蛀者可用气调法或熏蒸法杀灭。饮片被霉害时,可采用适量的白酒喷闷,具体方法是:取川芎饮片铺约7~10cm厚,喷少量白酒于上,及时翻拌均匀,入坛或缸内加盖严封,伏闷2~4h,取出,晒晾(蒸发白酒中的水分)致干,霉即消失,再盛装适当容器内封存。

川芎含水量约为11%时一般不易霉蛀,如水分在18%以上,即会发生霉蛀。若有受潮现象,可以用文火烘焙,或在阳光下曝晒。

川芎含挥发油(约1%),具有特殊而强烈的香味。在常温下即可缓慢挥发,如环境温度较高(35℃以上)挥发加快。川芎挥发油一旦散失或降低,会使其芳香气味减退,严重时引起药材失去油润,质地干枯,乃至不堪入药。故在贮存养护过程中,必须控制库房温湿度及中药含水量,保持环境干燥,才能防霉、防蛀、防香气散失。

【质量要求】以个肥大、断面色黄白、质坚实、油性大、香气浓郁、无霉虫蛀者为佳。《中国药典》2005年版规定:总灰分不得过6.0%,酸不溶性灰分不得过2.0%,热浸法醇溶性浸出物不得少于12.0%。

二十九、羌活　Rhizoma seu Radix Notopterygii

【别名】本品在《本经》中列为独话的别名。大明本草云:独活是羌活母也;《药性本草》始分出羌活。时珍云:独活以羌中来者为良,故有羌活名。现今商品羌活与独活不是同一植物来源。羌活在商品药材中亦称蚕羌活、竹节羌活、川羌活、西羌活,前两者因形而名,后两者因产地而称。

【来源】本品为伞形科植物羌活 *Notopteryqium incisum* Tinq ex H. T. Chang 或宽叶羌活 *Notopteryqium forbesii* Boiss. 的干燥根茎及根。羌活主产于青海、甘肃、四川等省,陕西亦产。宽叶羌活主产于四川、青海等省,湖北、陕西、内蒙古等省亦产。

【采收加工】初春或秋末采挖,除去茎苗及须根、泥沙,晒干。

【贮存保管】竹篓或木箱盛装,放置阴凉干燥处贮存,防蛀。有条件时宜放冷库保存。干燥的根茎及根质地硬脆易碎,在库内堆垛时不可重叠堆积过高,以防压碎。

切制的饮片容易生虫和散失芳香之气,须入瓮内,盖严,置阴凉干燥处保存。

【养护技术】羌活含较多的挥发油,具特异的香气,易生虫和散失油分,干燥时不宜曝晒,平时宜置阴凉干燥处保存,防受潮和受热。一般在春末再经阳光略晒,稍晾后装箱密封,在8~9月间再晒一次,虫蛀即可防止。

羌活在库贮存期中，若贮存养护不善，极易霉蛀，除应经常抽样检查外，还须定期施用 AlP 熏蒸防蛀。同时于贮存养护中应避免日光照射，以防芳香气味散发。

【质量要求】均以条粗、外皮棕褐色、断面朱砂点多、香气浓郁、无霉虫蛀者为佳。《中国药典》2005 年版规定：热浸法醇溶性浸出物不得少于 15.0%，挥发油不得少于 2.8%（ml/g）。

三十、高良姜　Rhizoma Alpiniae Officinarum

【别名】良姜、小良姜、海良姜、蛮姜。载于《别录》，隐居言此姜始出高良郡（今广东省湛江地区一带），故得此名。

【来源】本品为姜科植物高良姜 *Alpinia officinarum* Hance 的干燥根茎。主产于广东、广西、中国台湾等省区。

【采收加工】夏末秋初采挖根茎，除去须根及残留的鳞片，洗净，切 4～5cm 长，晒至足干。用木箱、竹篓或麻袋包装。

【贮存保管】本品含有挥发油 0.5%～15%，油中主要成分为桉油精、桂皮酸甲酯等。其性质不甚稳定，极易受温度影响而挥发，因此，应置阴凉低温干燥处贮存。

【养护技术】良姜忌潮湿，否则易生霉、变色。含水量 13%，在相对湿度 70%～75% 条件下，可保持原有色泽，且不会发霉，若相对湿度超过 80%，3 周后开始生霉（青霉），色泽变暗。含水量 15%，在相对湿度 70%～75% 条件下，亦不致发霉，但相对湿度高至 90% 以上则 3d 后即开始生霉，1 周后即全部霉坏。

如已受潮可以在阳光下曝晒，或用水将霉洗净，然后曝晒；但不宜经常曝晒，以免挥发油散失，表面干缩，色泽暗淡，影响质量。梅雨季节应每半月检查一次。

【质量要求】以色红棕、根壮、坚实、分枝少、气芳香、味辛辣、无霉虫蛀者为佳。《中国药典》2005 年版规定：水分不得过 16.0%，总灰分不得过 4.0%，酸不溶性灰分不得过 1.0%，桉油精不得少于 0.15%。

三十一、玉竹　Rhizoma Polygonati Odorati

【别名】玉竹首载于《本经》，列为上品。古有葳蕤、荧、地芦等之别称。时珍释其名云：葳蕤，草木叶垂之貌，此草根垂多须，如冠缨下垂之，而藏仪，故以名之。又云：其叶光莹而竹，其根多节，故有荧及玉竹、地节诸名。

【来源】本品为百合科植物玉竹 *Polygonatum odoratum*（Mill.）Druce 的干燥根茎。主产于湖南、河南、江苏、浙江、广东、辽宁、湖南、安徽等地。

【采收加工】秋季采挖，除去须根，洗净泥沙，蒸透后，微晾，晒干。

【贮存保管】玉竹多用蒲包、席包或麻袋包装，置干燥通风处，防霉防蛀。

切制的饮片宜贮于缸或瓮内，并在其上、下衬以草纸闷紧，盖严。

【养护技术】本品含黏液质，性柔软，肉质，味甜，易吸湿返潮生霉。在贮存中常需检查含水量，在梅雨季节，每 7～10 天抽检一次，若发现回软水分过多时，及时晒晾散发。

玉竹也易被蛀，尤隆起的环节处，常常是害虫首先危害的部位，检查对，须认真观察环节或折断处。由于本品易霉、易蛀,在春末夏初应晾晒1～2次,以预防霉虫。

【质量要求】以条长、肥壮、色黄白、无霉虫蛀者为佳。《中国药典》2005年版规定:玉竹多糖以葡萄糖计不得少于6.0%。

三十二、泽泻　Rhizoma Alismatis

【别名】水泽、如意菜、水泻、及泻。载于《本经》,列为上品,曾云:“去水泻,泽水之泻也”。泽泻之名,因此而得。经盐水炙后称盐泽泻。

【来源】本品为泽泻科植物泽泻 *Alisma orientalis* (Sam.) Juzep 干燥块茎。主产于福建、江西、四川等省。全国各省区均有分布或栽培。

【采收加工】冬季茎叶枯萎时采挖,除去须根及粗皮,洗净干燥,或装入竹筐中撞去根及粗皮,晒干。

【养护技术】一般用竹篓、麻袋包装。本品易吸湿,宜放置干燥处贮存,防蛀,贮存条件不善易吸湿霉蛀,尤突起的芽痕或被损处更易发生霉虫,虫害严重时,将其海绵样的薄壁组织和散生的维管束蛀食一空,使泽泻变形,不堪入药。

泽泻切片后应及时晒干,放入坛内,同时放入一些丹皮(这样不仅能防止泽泻生虫,也可防止丹皮变色),将坛口盖严,置干燥处。盐泽泻一般不易生虫,可置坛内存放。

【养护技术】泽泻含蛋白质(约7%)、淀粉(约23%)、挥发油和树脂等,保管不善,极易虫蛀和生霉。故在产地就应晒干或烘干,尽量降低含水量,使其干透。在贮存时每年3～4月和7～8月间最易虫蛀,应仔细检查,一旦发现受潮湿就应立即日晒,否则贮存不久就会生虫、发霉。泽泻以新鲜货品质最佳,又因难以保管,易于虫蛀,故不宜久藏,发货时尤应掌握“先进先出”的原则。大量的原药除采用气调防虫外,也可利用干沙封埋的方法来防止霉蛀。

泽泻含水量如保持在15%以下,贮存于相对湿度75%左右的环境中,即不致发生变异。因此,在贮存期中,保持干燥十分重要。

【质量要求】以个大、坚实、色黄白、光滑、粉性足、无虫霉蛀者为佳。《中国药典》2005版规定:总灰分不得超过5.0%,酸不溶性灰分不得过0.5%。

三十三、半夏　Rhizoma Pinelliae

【别名】麻玉子、三叶半夏、守田、水玉、地文。载于《本经》,列为下品。时珍曰:记月令,五月半夏生。盖当夏之半也,故名。半夏经不同方法炮制后又分别称清半夏、姜半夏、法半夏。

【来源】本品为天南星科植物半夏 *Pinellia ternata* (Thunb) Breit 的干燥块茎。主产于湖北、河南、安徽、四川、广西、江苏、山东等地。

【采收加工】夏、秋两季采挖,洗净,除去外皮及须根,晒干。

【贮存保管】一般用竹篓,麻袋包装,放于干燥处贮存,防蛀。

清半夏炮制时加入了白矾;姜半夏加入了生姜、白矾;法半夏加入了甘草、石灰水等,这些辅料除适用医疗需要外,也有利于成品的贮存,一般不易生虫,较生半夏容易保存,可置木箱或坛内,防潮即可。

【养护技术】新采收的干燥半夏,通常不易变质。但受潮后则易发生,且会变成粉红色、灰色乃至黑色,并能发霉、虫蛀。如有此变异可行气调救治。

在贮存过程中,要定期抽样检查,如含水量超过安全指标范围,要及时烘晒。半夏含水量在13%左右,贮存于相对湿度80%以下的环境条件中,能安全贮存。高于上述湿度即易霉变,故应保持干燥。发现生霉或生虫,可采用温水淘洗后立即捞出,晾至半干,烘干。晒时为了保持色白美观,应选择通风良好的场所,平铺薄薄一层,不宜太厚,并注意经常翻动,否则颜色会发黄。甚至黏结发黑,收集后应摊放散热,若堆积也易变色。

【质量要求】以个大、圆形、身干、皮净、色白、质坚实饱满、粉性足、无霉蛀者为佳。

三十四、贝母 Bulbus Fritillariae

【别名】贝母载于《本经》,列为中品。陶弘景谓:形如聚贝子,故名贝母,商品药材有松贝、青贝、沪贝、象贝之称。

【来源】本品为百合科植物川贝母 *Fritillaria cirrhosa* D. Don、暗紫贝母 *Fritillaria unibracteata* Hsiao et K. C. Hsia、甘肃贝母 *Fritillaria przewalskii* Mazim 或棱砂贝母 *Fritillaria delavayi* Franch. 以及浙贝母 *Fritillaria thunbergii* Miq. 的干燥鳞茎。前四者按其药材性状的不同分别习称"松贝"、"青贝"、"炉贝",后者习称"大贝"、"珠贝"。

川贝母主产于四川、西藏、云南。暗紫贝母主产于四川、青海等省。甘肃贝母主产于甘肃、青海、西藏等省区,棱砂贝母主产于云南、四川、西藏、青海等省区,浙贝母主产于浙江,江苏、安徽、湖南亦产。多为栽培。

【采收加工】川贝通常5~9月采收,挖出贝母后洗净泥沙,撞去外皮,晒干或烘干。晒时不能用手直接翻动,只可用竹、木器具翻动。

浙贝5~6月间采挖,洗去泥土,挖除心芽,作元宝状,称元宝贝;因过小,不挖心芽者,为珠贝,然后置于"擦笼"擦去外表皮,直至有极少淡黄色液汁滴下为度。再加入3%~4%的石灰粉或贝壳汤,使均匀分布贝母表面,倒入箩内,过夜,次日曝晒,晒5~6天干燥即得。

【贮存保管】浙贝包装多用竹篓,外面套以麻袋包装,川贝母较为名贵,其包装分木箱和麻袋两种,亦可用麻布袋或白布袋包好再装木箱。贝母粉性大,夏季受潮后,容易发霉和生虫,且易变色;必须贮于通风、干燥处,防蛀。由于贝母体质实而不坚,怕压、怕摔,因此堆码、倒垛时应轻搬轻放。炮炙品最好放于石灰缸内贮存。

【养护技术】贝母富含淀粉,易吸潮、虫蛀、霉变,应经常抽样检查。如受潮发霉,可以曝晒;阳光强烈时,上面宜覆盖一层纸;不宜火烘,否则变色。霉斑较重,可先擦去其霉,再用水洗净,晒干。为了预防虫蛀,可在4~5月间,用 AlP 熏蒸一次。

贝母含水量一般在15%左右,外界温度、湿度稍高,在短时间即可潮软发霉。夏季相对湿度在80%以上,经1周即可出现霉花。一般若在霉季前晒一次,平时注意检查翻晒,可防霉蛀的发生。入库验收时应注意含水量的大小,若用手摸之,有冷凉的感觉则为有潮;同时还要检查内部是否干燥,有时经烈日曝晒的产品,会有外燥而内潮的现象。必要时应晒干,以防霉蛀。

【质量要求】川贝均以粒小、均匀身干、颗粒整齐不碎、体重、粉性足、色洁白、无霉蛀、无黄水锈者为佳。浙贝以身干、质坚、肥大、粉足、色洁白、不松泡、无僵子、无霉蛀者为佳。《中国药典》2005 年版规定:川贝母水分不得过 15.0%,总灰分不得过 5.0%,酸不溶性灰分不得过 0.5%,热浸法醇溶性浸出物不得少于 9.0%。浙贝母水分不得过 18.0%,总灰分不得过 6.0%,酸不溶性灰分不得过 1.0%,热浸法醇溶性浸出物不得少于 8.0%,贝母素甲和贝母素乙的总量不得少于 0.08%。

三十五、天麻 Rhizoma Gastrodiae

【别名】赤箭、独摇芝、定风草、离母、合离草、神草、鬼督邮等。时珍云:赤箭以状而名,独摇、定风以性异而名,离母、离合以根异而名,神草、鬼督邮以功而名。

【来源】本品为兰科植物天麻 *Gastrodia elata* Bl. 的干燥块茎。主产于四川、云南、贵州、陕西、安徽、河南、湖北等地。

【采收加工】冬季或初春采挖块茎。挖出洗净,蒸至透心,晒干或烘干。在 4 ~5 月间出苗后采挖的心空质泡,称为"春麻";冬季(冬至后)尚未发出红色芽苞采挖的心实质坚,质量好,称为"冬麻",但因茎叶枯萎,不易寻找,产量较低。

【贮存保管】本品用麻袋、蔑包或木箱包装。天麻含较多的黏液质易吸潮发生霉蛀,故需置干燥通风处贮存,防蛀。切制的饮片宜置瓮内密封,防受潮。

【养护技术】天麻含水量在 11% ~14% 之间,相对湿度 75% 环境下可以安全贮存。含水量达 14% 以上或相对湿度超过 80% 时,则甚易霉烂。因此,必须防潮。受潮后发霉,影响色泽;如已生霉,可用温热水将霉刷洗后,再烘干或晒干。

为预防虫蛀或已生虫时,可曝晒或以磷化铝熏蒸,即能杀灭害虫。

【质量要求】以个大、肉肥厚、色黄白、质坚实沉重、断面明亮有光泽、鹦哥嘴、无霉蛀、无空心、13 个以内为 0.5kg 者最佳。《中国药典》2005 年版规定:水分不得过 15.0%,总灰分不得过 4.5%,天麻素不得少于 0.20%。

三十六、山药 Rhizoma Dioscoreae

【别名】本品《本经》列为上品。山药亦称淮山、山药、淮山药、怀山药、毛山药,经产地加工又有光山药、淮光条等商品药材名。

【来源】为薯蓣科植物薯蓣 *Dioscorea opposita* Thunb 除去外皮的干燥块根。主产于河南省,湖南、广东、广西等省区亦有栽培。

【采收加工】秋末或初冬挖块根,洗净,去外皮,晒干或烘干。

【贮存保管】山药大量时多采用竹篓、木箱包装,箱内衬以白纸,药盛其中,上复牛皮纸,再加盖固封。少量或其饮片可贮于坛或石灰缸内,盖严,置通风干燥处贮存,防蛀。

【养护技术】山药含有较丰富的黏液质、淀粉和蛋白质等,给害虫和真菌的生长提供了良好的营养物质条件,若贮存不当,最易发霉生虫、变色,也易断碎,因此在贮存中防其霉蛀,保持色泽洁白和条形的完整十分重要。

贮存量大时,在梅季前宜以日光曝晒一次(上档货在晒时,上面应盖白纸,以免日晒过度颜色变黄、条起裂痕),晒后稍晾装箱严封,置干燥通风处。梅季后应作检查,最好复晒一次。若发现虫蛀时,应行复晒或微火烘烤,再与茴香同放,可免生虫;如见生霉,可取出日晒或微火烘,再用毛刷将霉刷去,也可用温水冲洗干净,随即捞出(注意:冲洗时间不宜过长,以免有损质量),晒干装箱,装箱时同时拌入少量丹皮(一般用刮皮的料子即可)共贮,能起防止害虫的作用。

此外,由于山药含有丰富的淀粉,是鼠类喜食的食料,故应严防鼠害。

【质量要求】毛山药以粗大坚实、色白、粉性足、身干、无霉蛀者为佳。光山药以洁白、光滑、身干、质坚实、条顺肥壮、粉性足、无霉蛀者为佳。

第二节　茎、皮类药材的养护

茎类中药多为木本植物的茎(草本植物的茎归全草类药材,如石解、麻黄等),包括木本植物的茎枝,如鸡血藤、木通、桑枝、桂枝;带叶的茎枝,如忍冬藤、石楠藤、桑寄生;带钩的茎枝,如钩藤;带棘刺的茎,如皂角刺;茎的髓部,如通草等等。茎类中药与根及根茎类中药一样,在贮存中也易发生霉蛀。皮根据不同药材进行不同方法贮存养护。

皮类中药主要是指裸子植物和木本双子叶植物的茎、根、枝的形成层以外的部分,包括韧皮部、皮层及周皮。皮类药材以茎皮入药为多(如厚朴、肉桂),根皮(如牡丹皮、香加皮)次之,枝皮(如秦皮、桂枝皮)入药者较少。无论是茎皮、根皮或是枝皮,采收加工、贮存不善时,均易发生“走气”、虫蛀等变异现象。

一、川木通　Caulis Clematidis Armandii

【别名】小木通、绣球藤。《植物名实图考》载:“小木通产湖口县中,茎叶深绿,蔓长袅娜,每枝三叶,叶似马兜铃而细,俚医用以利小便。”又曰:“绣球藤生云南、巨蔓逾丈,一枝三叶。开花有丝长寸许,扎结成球色黄绿。”结合附图考证,与现今川木通原植物基本相符。

【来源】本品为毛茛科物质小木通 *Clematis armandii* Franch 或绣球藤 *Clematis montana* Brch. Ham. 的干燥茎。绣球藤主产四川、陕西、湖北、甘肃、安徽、广西、云南、贵州等地;川木通主产四川、湖南、贵州、陕西、湖北等省。

【采收加工】春、秋两季采收茎,除去外表粗皮晒干,或趁新鲜横切成薄片,晒干或烘干。

【贮存保管】打捆席装。饮片以木箱或坛罐装。置通风干燥处贮存,防潮。

【养护技术】川木通在贮存中易吸潮、虫蛀,特别是未加工切制的茎常被害虫纵向蛀成小沟,有的横向蛀成小孔。被害严重时,会破坏放射状的同心环层纹或导管,使菊花状的放射形裂隙变形,从而失去组织结构特征,降低或失去药效。如有霉蛀发生,除用磷化铝熏蒸杀灭外,也可采用烘烤法救治。本法不仅能帮助水分散发,保持干燥,同时由于温度作用,也能杀死害虫的虫卵、幼虫或成虫。

【质量要求】以断面色黄白、无霉蛀者为佳。

二、牡丹皮　Cortex Moutan

【别名】粉丹皮、丹皮、刮丹皮。牡丹载于《本经》,列为中品。时珍云:牡丹以色丹者为上,故谓之牡丹。牡丹皮亦称丹皮、粉丹皮。

【来源】本品为毛茛科植物牡丹 *Paeonia suffruticosa* Andr 的干燥根皮。主产于安徽、四川、湖南、陕西等省。各地均有栽培。

【采收加工】多在秋末冬初(寒露到霜降)采收;此时茎叶枯萎,根部浆汁饱满,质量最佳。若在春季采收,因茎叶生长,需要养分,根部空虚,质量较差。挖取生长 3 年后的根部,除去茎苗、须根,用刀纵剖,抽去木心,晒干或烘干。冬季阳光较弱,约连续晒 10 ~ 15 天才能干透;若遇寒冷,丹皮可能冻结,不易晒干,应避免内潮外干现象。加工时剥取根皮,晒干,称"原丹皮",刮去栓皮称"刮丹皮"。

【贮存保管】牡丹皮质硬而脆,易断碎损失,须分等级用木箱或竹篓,内衬防潮纸包装,置阴凉干燥处贮存。

【养护技术】本品含有牡丹酚、挥发油,具有特殊的芳香气,除注意严密包装外,应保持贮存环境干燥阴凉,以免挥发"走气"。由于牡丹皮含苯甲酸,有防腐作用,气味能避虫蛀,故不易遭受虫害。但需防潮,以免发霉、变色。梅雨季前后可行日晒,保持干燥,即能安全贮存。传统经验证明:牡丹皮若与泽泻同存,可避免其变色,也可防止泽泻生虫。因此亦与其他药材共贮,起防虫作用。

【质量要求】以身干、粗壮、均匀、条干圆直、皮细肉厚、无木心、无须根、"断面粉白色、粉性足、香气浓、亮银星多(丹皮酚)、无虫毒蛀者为佳。《中国药典》2005 年版规定:水分不得过 13.0%,总灰分不得过 5.0%,酸不溶性灰分不得过 1.0%,热浸法醇溶性浸出物不得少于 15.0%,丹皮酚($C_9H_{10}O_3$)不得少于 1.2%。

三、肉桂　Cortex Cinnanmomi

【别名】牡桂、桂、大桂、筒桂、辣桂、玉桂。桂,因其叶脉如圭而得名。范成大《桂海虞衡志》曰:"凡木叶心皆一纵理,独桂有两道如圭形,故字从圭。"或曰桂犹圭,桂之功用犹执圭之使也。陆佃《埤雅》云:"桂犹圭也,宣导百药,为之先聘通使,如执之使也。"入药以皮厚者佳,故名肉桂。

【来源】为樟科植物肉桂 *Cinnamomum cassia* Presl 的干燥干皮、枝皮。在广东、广西、福建、中国台湾、云南等地的热带及亚热带地区均有栽培,其中以广西栽培为多,大多为人工纯林。

【采收加工】加工成桂通和采叶蒸油的,造林后 5 ~ 6 年时可砍伐或采叶;而加工成企边桂的,需要 10 ~ 20 年的树龄才能砍伐剥皮,阴干。以韧皮部已形成油层的桂皮品质为优。

【贮存保管】以篾包、席包或木箱包装,一般扎成小把(重约 0.5kg)再打包,软包装最好用双层,尽量保持严密;小件重约 30 ~ 35kg,大件可重 50kg。贮存干燥容器内,密闭、置阴凉干燥处,避热。

为保持其油性、香气,也可用瓮保存:先将瓮洗刷干净,晾晒干燥,置阴凉处,将瓮身的一半埋在地下,然后将肉桂用油纸或防潮纸包扎结实,竖放其中,盖紧密封,如此可以长久不变质。

上档肉桂可放于铅皮盒或锡罐内,盒内同时放置一小罐蜂蜜;另一方法为用松木锯屑加炼蜜拌匀,铺于箱、坛或缸内,上面码一层肉桂,如此交替堆埋严密,盖好。可以保持其滋润,能防止油质挥散,可经久保持质量。亦可贮存于衬有铅皮的密封木箱中,不使香气走失。夏季最好冷藏。

【养护技术】本品含挥发油，挥发油散失即成干皮而失去药用价值，因此贮存时要注意防走油，贮存环境不宜过于燥热或通风。本品不易生虫发霉，但亦应防止受潮；最好避光及少接触空气，因为肉桂醛易被氧化为肉桂酸，影响品质。本品质硬而脆，容易断裂，应轻搬轻放，避免重压。

【质量要求】以外表细致、皮厚体重、不破碎、油性大，香气浓、甜味浓而微辛、嚼之渣少者为佳。《中国药典》2005 年版规定：水分不得过 15.0%，总灰分不得过 5.0%，挥发油不得少于 1.2%，桂皮醛不得少于 1.5%。

四、五加皮　Cortex Acanthopanacis

【别名】南五加皮、五佳、五花，《纲目》云："此药以五叶交加者良，故名五加。又名五花。"因药用其根皮，故名五加皮。

【来源】为五加科植物细柱五加 *Acanthopanax gracilistylus* W. W. Smith 和无梗五加 *Acanthopanax sessiliflorus* (Rupr. et Maxim.) Seem. 的根皮。细柱五加分布于中南、西南及山西、陕西、江苏、安徽、浙江、江西、福建等地。无梗五加分布于东北、华北、陕西等地。

【采收加工】夏秋两季采挖，洗净，剥取根皮晒干。

【贮存保管】用席、麻袋或竹篓、木箱包装。贮存干燥容器内，置通风、凉爽干燥处。酒五加皮密闭，防霉、防蛀。

【养护技术】本品受潮后易发热、生霉，若雨淋水湿，颜色易发黑。本品皮质较脆，容易折断，应避免挤压或重摔。

【质量要求】以身干、粗长、皮厚、气香、断面灰白色者为佳。

第三节　花类药材的养护

叶类中药是指采用植物的完整单叶或复叶供药用，有些中药虽常带有花枝或嫩枝，但主要还是用叶。

花是种子植物所特有的繁殖器官。花类药材通常包括干燥的花、花序或花的某一部分。如枝头、花粉、花蕾，开放的单花(洋金花、红花)，花序(菊花、款冬花)等。花类中药在贮存中常发生褪色、发霉、虫蛀、走气、花冠脱落变形等现象，贮存时应根据各类花药的特点，选用不同的方法贮存。

花类中药材的变异特点：不同花类都含有花类色素，它包括花色苷和黄酮色素等化合物。花色苷能体现出不同的颜色，使药材色泽鲜艳。但花色苷有较强的亲水性，易吸湿返潮，使花朵结构变化和细胞中酶的活动性增加，在氧的作用下，色素被水解，有机酸含量降低，色素的 pH 改变，从而产生变色。花类含有一定量的挥发油，有浓烈的芬芳香气，在常温下能自然挥发，因此花类易香气失散。若贮存环境温度高、湿度大，也会使花类自身发热，加速香气散发，严重的会导致冲烧自燃。花类药材质地柔软，结构疏松，有的吸湿后花冠会与花托脱离，如玫瑰花、月季花等；或舌状花与花序脱离，如菊花、旋覆花等，俗称"散瓣"，有损花类的性状和质量。花类中的花粉为花粉粒所组成。个体细小如粉,显黄色,易吸湿,受潮后易变色、香气散失、萌霉和结块。各种花类均有吸湿的通性,受潮易生霉。虫蛀发展迅速,吐丝缠绕、产卵,污染性大。

一、金银花　Flos Lonicerae

【别名】忍冬花、银花、双花、二花。忍冬始载于《名医别录》,陶弘景谓:藤生,凌冬不凋,故名忍冬。时珍谓:花初开者蕊瓣俱白色,经二三日,则色变黄,新旧相参,黄白相映,故呼金银花。

【来源】本品为忍冬科植物忍冬 *Lonicera japonica* Thunb 干燥花蕾。主产于山东、河南等省。广西、湖南、广东等全国大部分地区均有栽培或野生。

【采收加工】春末或初夏时采摘未开放花蕾,阴干或晒干。晒时铺层要适宜,太厚不易晒干,太薄易晒枯而发红。晒的过程中不宜用手翻动,亦不可沾水,否则花色变黑,影响质量。阴天可晾干或微火烘干,但色较暗,质量不佳。

【贮存保管】本品易霉蛀,但又不能曝晒或硫硫熏,否则易变色或散瓣,一般应固封压实,不使透风,置阴凉干燥处贮存,防潮防蛀,以免受潮变色和走失香味。

【养护技术】本品易被烟草甲、药材甲害虫危害。害虫常从筒状花冠顶端开裂处蛀蚀雄蕊等部位,有时蛀蚀成粉或粘连成串。由于害虫发育繁殖,分泌排泄物不断增加,吸潮过多,又会引起霉变,严重时霉丝相互交织致使金银花粘连成团。若有霉蛀发生,及时晒晾,或用磷化铝熏杀。但不可采用硫磺熏,以免影响药材色泽。本品干燥后盛于竹篓并压紧,置阴凉干燥库内,以气调养护法贮存,可防霉蛀于未然。

【质量要求】以花小无开口、颜色黄白、形丰满、质重无杂质、色清香、无虫霉蛀者为佳。《中国药典》2005 年版规定:水分不得过 12.0%,总灰分不得过 10.0%,酸不溶性灰分不得过 3.0%,绿原酸不得少于 1.5%,木犀草苷不得少于 0.10%。重金属和有害元素:铅不得过百万分之五,镉不得过千万分之三,砷不得过百万分之二,汞不得过千万分之二,铜不得过百万分之二十。

二、菊花　Flos Chrysanthemi

【别名】白菊花、甘菊花、亳菊、滁菊、贡菊、杭菊。

【来源】为菊科植物菊 *Chrysanthemum morifolium* Ramat 的干燥头状花序。主产于安徽、浙江、河南、河北、四川、江苏等地。杭菊花以浙江嘉兴地区为最多,其中浙江海宁所产的为黄白菊,其他地区多为白菊。

【采收加工】秋季霜降前花正开时采摘,晒干,或蒸后再晒干,亦可烘干。

【贮存保管】菊花保存最不容易,应贮于干燥(相对湿度 70% 以下最好)、阴凉的库房中密闭保存,防霉防蛀。

【养护技术】菊花受潮后极易生虫,在霉季更易霉烂、变色、变味;通风又易散瓣。如变质情况严重,则无法处理而成为废品。因此应以预防为主,每年的 3 ~4 月可用炭火焙烘一次,或冷藏以防虫。若发现菊花有发霉或变色现象,应立即开窗通风,使内部水分发散。安全水分为 10% ~15%,超过 20%,1 周后即生霉。滁菊及杭菊封袋后最易潮湿发霉,宜及时采用石灰干燥法保存。

【质量要求】以身干、色白、花完整不散瓣、香气浓郁、无梗叶、无霉蛀者为佳。《中国药典》2005 年版规定:绿原酸不得少于 0.20%。

三、红花 Flos Carthami

【别名】草红花、黄蓝花、红蓝花。

【来源】为菊科植物红花 *Carthamus tinctorius* L. 的干燥花。主产于河南、河北、浙江、四川、云南等省区。均为栽培。

【采收加工】花开放由黄变红时采收,多在早晨太阳未出,露水未干前采摘,但也不宜太早,因露水过多花瓣易粘在一起,不易晾干。应在弱日光下晒干或阴干。日光过强应用纱布遮盖,以保颜色鲜艳,否则红花易褪色变黄。不要直接用手而应以工具轻翻。否则亦易变色。遇阴雨天可用微火焙干,但不宜过热,以防泛油发黑。

【贮存保管】用细麻袋、布袋、木箱包装,贮于阴凉、干燥处,防潮防蛀。包装时可按数量多寡加入木炭或小石灰包,以保持色泽和防潮;亦可用石灰箱保存。少量的红花可用纸包好,置石灰瓮内保存。药农习惯将晒干的红花,放在缸内保存,缸底先放些生石灰,上铺一层白纸,把红花摊在纸上,因生石灰能吸收水湿,故能耐长时期的存放,保持色泽不变。

【养护技术】本品易吸潮发霉、变色。为了防止变质,多在梅季前进行检查,若受潮,可开箱取出日晒,等热气发散凉透,装入木箱或铁桶内,当梅季到来时,就不再开箱,以免受湿气影响,发生变质现象。如已发现潮湿生虫,可以火烘,但不宜烈日曝晒,更不可用硫熏,因花色鲜红(含红花黄色素之故),经曝晒或硫熏,都易褪色,影响品质。安全水分为 10%~13%,在相对湿度 75%以下不易生霉;含水量超过 20%,10 天后即开始发霉。

【质量要求】以身干、花片长、色红黄鲜艳、质柔软、无枝刺、无虫霉蛀者为佳。《中国药典》2005 年版规定:杂质不得过 2%,水分不得过 13.0%,总灰分不得过 15.0%,酸不溶性灰分不得过 5.0%,红色素吸光度不得低于 0.20,冷浸法水溶性浸出物不得少于 30.0%,羟基红花黄色素 A 不得少于 1.0%,山柰素不得少于 0.05%。

四、玫瑰花 Flos Rosae Rugosae

【别名】红玫瑰、刺玫瑰、赤蔷菇。

【来源】本品为蔷薇科植物玫瑰 *Rosa rugosa* Thunb. 的干燥花。主产江苏、浙江、吉林、山东、四川等省。全国各地均有栽培。

【采收加工】5~6 月间采收将开花朵,用文火烘干,以保持颜色鲜艳。铺成薄层,层层架起,保持一定距离,烘烤时上下层要依次替换,以免受热不匀。如晒干或阴干则色泽、香气较差。

【贮存保管】席包或木箱装,防压,忌潮;置阴凉、干燥处密闭贮存。

【养护技术】玫瑰花不宜日晒或大火烘烤,以免散瓣或褪色,同时防止微量的挥发油损失。大堆散装最易破碎,一般多置木箱或瓮内,密封。零售药店在保管少量时,为了保持色泽的鲜艳和花朵完整性,可选择一处湿气不太大的土地,上铺一块布,将花平摊布上,约经一夜,吸潮发软

（这样包装时就不会破碎），按零售量的大小分成包，用纸包紧，叠放在石灰缸内，以防潮湿，用时取之。

【质量要求】以身干、朵大、瓣厚、色紫红鲜艳、不露芯、香气浓、无霉烂者为佳。《中国药典》2005 年版规定：水分不得过 12.0%，总灰分不得过 7.0%，热浸法醇溶性浸出物不得少于 28.0%。

五、辛夷　Fols Magnoliae

【别名】望春花、春花、木笔、迎春、候桃。始载于《本经》，列为上品。陈藏器云：辛夷花未开时，苞如小桃子，有毛，故曰候桃。初发如笔头，北人呼为木笔，南人呼为迎春。时珍云：夷者荑也，其苞初生如荑而味辛也。

【来源】本品为木兰科植物望春花 *Magnolia biondii* Pa mp.、玉兰 *Magnolia* denudata Desr. 或武当玉兰 *Magnolia sprengeri* Pamp. 的干燥花蕾。主产于河南、安徽、湖北、四川等省。玉兰、木兰多为庭院栽培。

【采收加工】冬末春初花未开放时采收，除去枝梗及杂质，阴干、晒干或微火烘干。

【贮存保管】干燥品通常以席包装或以竹篓盛装，并在内衬垫防潮纸，避免吸潮，贮存于干燥阴凉处。

【养护技术】本品内部具油性，外裹苞片 2 ~ 3 层，并密布毛绒，不易晒干，若鲜货一直晒，有损色泽，故须把晒和堆垛的方法结合起来，方收良效。在贮存时若内心不干，放置日久，极易发霉变黑，不堪入药。故在收货入库之前，应注意内部花心是否干燥。一般只要干燥，勿受潮湿，在贮存中就不易变质。辛夷在贮存中，害虫危害较为常见，危害部位往往从雄蕊和雌蕊上开始，进而蛀蚀花被或花萼片，严重时能使苞片脱落。

因辛夷含较多挥发油（2.86%），有条件的可采用冷藏或气调密闭贮存。这样，不仅能防止辛香成分（桉精油、胡椒酚甲醚和柑醛，这些是挥发油中的主要成分）挥发，同时更能防止生虫。

【质量要求】以花蕾完整、内瓣紧密、无枝梗、香气浓郁、无虫霉蛀者为佳，《中国药典》2005 年版规定：水分不得过 18.0%，挥发油不得少于 1.0%（ml/g），木兰脂素不得少于 0.40%。

六、款冬花　Flos Farfarae

【别名】冬花、款冬、九九花。本品因耐严寒，至冬开花，故名，习惯以三杂连生者为上品。

【来源】本品为菊科植物款冬 *Tussilago farfara* L. 的干燥花蕾。主产于河南、甘肃、山西、陕西等省。河北、青海、内蒙古、新疆、四川、湖北等省区亦产。

【采收加工】12 月或地冻前当花尚未出土时采挖，除去花梗及泥少，阴干，不宜日晒及用手翻动，否则变色发黑。

【贮存保管】多采用木箱包装，内部垫纸，并放置木炭几条，以吸收水分，然后严密封闭，可保持颜色不变。再置阴凉、干燥、避光处贮存，防潮防蛀。

【养护技术】本品贮存稍久，则易褪色。发霉变黑色者不宜药用。在夏季，最易生虫，5 月份可翻晒一次，防止内部发热、吸湿、霉蛀及变色等。其安全水分为 12% ~ 15%，相对湿度 75%

以下未见生霉。

【质量要求】以身干、无土、朵大、色紫红、鲜艳、花梗短者为佳。木质老梗及已开花者不可供药用。

第四节　果实种子类药材的养护

果实类中药通常采用近成熟或完全成熟的果实,有的采用果穗,有的采用果皮的部分或全部等等。新入库的果实类中药,有较强的呼吸作用,它不仅能吸潮发热,也能因之发霉。若采收时未充分干燥,霉变更易发生。果实霉变大多在其内的种子团或种子表面,如栀子、使君子、金樱子、瓜蒌等。果实类中药虫蛀也较为常见,蛀蚀部位通常先由外果皮开始,然后逐渐蛀蚀中果皮、内果皮(如无花果、槐角等)。有些含糖质多的果实,如桑椹、枸杞子、大枣等,害虫蛀蚀更烈,严重时不堪入药。

种子类中药大多采用成熟完整的种子,也有用种子的某部分,如假种皮(桂圆肉)、种皮(绿豆衣)、去掉子叶的胚(莲子心),有的用其发芽或加工制品,如大豆黄卷、淡豆豉等。种子类药材在贮存中极易回潮、发露等。由于种子类中药含有脂肪、蛋白质、糖类等成分,这些成分是害虫发育不可缺少的养料,也是它们喜于蛀食的物质,故常被害虫危害。种子类中药被蛀程度大小和部位,常因品种不同而异,应区别不同品种,采用相应的贮存养护措施。

果实种子类中药材的变异特点:浆果、瓠果、核果等含有丰富糖分,容易泛油、萌霉和生虫;柑果含挥发油,易散失香气、变色、泛油;含淀粉质、黏液质的瘦果、颖果等易生虫、萌霉。种子胚和胚乳通常呈乳白色,含丰富的淀粉、蛋白质和脂肪等营养物质,易受温湿度和空气(氧)的影响,而导致酸败变质(泛油),亦易蛀霉,如胡桃仁、柏子仁、冬瓜子、酸枣仁。

一、使君子　Fructus Quisqualis

【别名】君子、君子仁、留求子、使君肉、冬均子。使君子载《开宝本草》,俗传潘州郭使君疗小儿多是用此物,后医家因此号为使君子也。本品多采用其仁,故亦称使君仁或使君子仁。

【来源】本品为使君子科植物使君子 *Quisqualis indica* L. 的干燥成熟果实。主产于四川、广东、广西等省区,江西、福建等省区亦产。

【采收加工】秋末初冬(9～10月)种子成熟,果皮呈紫黑色尚未裂开时,摘下果实,晒至足干或半干,再用微火烘干即可(阴干更佳)。剥去果壳,取出种子晒干即为君子仁。

【贮存保管】使君子多用席包或麻袋包装,亦有篓装;君子仁则用篓或木箱包装。本品含油较多,吸湿后容易发霉、虫蛀和走油,应贮存于干燥通风凉爽库房中,防霉防蛀。

【养护技术】使君子由于带有果壳,不易干透,在加工时若种仁水分未能降至安全限度,极易发霉。故新货入库验收时,应进行检查,若发现潮湿,可以摊晒。如果发霉,可以日晒或火烘,但必须等其内部凉透始可装箱,避免走油。真菌大多生长于果实中央的种子团或子叶上,如霉变过久,种子即回潮发软,由黄白色逐渐变成黑色或棕色,同时产生油哈味。此外,本品的种仁也易被蛀蚀,严重时子叶蛀成许多小孔。为防止霉蛀,除保持干燥、果皮完整无损外,还可放置低氧环境内贮存。本品应防止鼠害。

【质量要求】以身干、个大、紫黑色、颗粒饱满、种仁乳黄色、无空壳、无霉蛀者为佳。

二、陈皮 Pericarpium Cutri Retiulatae

【别名】广陈皮、橘皮、新合皮。

【来源】为芸香科植物橘 *Citrus reticulata* Blanco 及其栽培变种的干燥成熟果皮。主产于广东、福建、四川等省。南方各省区均有栽培。

【采收加工】10~12 月果实成熟后,剥皮取果,晒干或低温干燥。干燥过程中,应常翻动,避免果皮相互重叠,以防发霉变黑。

【贮存保管】陈皮含有较多挥发油,受热过高时极易挥散,吸湿后又易潮软、发霉、变色,乃至霉烂。夏季宜贮存于阴凉干燥的密闭环境中,防霉防蛀。

【养护技术】为了保证质量,不宜干燥过度,否则挥发油损失较多。通常其含水量在15%~16%之间,质柔软,以手捏之有弹性。但正由于水分稍高,夏季保管不当,极易发霉,虽在相对湿度75%以下不致霉变,而湿度再稍高些,数日后即可出现霉斑,因此严格保持库内的干燥是必要的。陈皮在贮存过程中,若有受潮发霉现象,可进行摊晾,但不宜烈日曝晒,以免辛香之气散发和破碎。

【质量要求】辨大、整齐、外皮色深红、内面白色、肉厚、油性大、香气浓郁、无霉蛀者为佳。《中国药典》2005 年版规定:水分不得过 13.0%,橙皮苷不得少于 3.5%。

三、瓜蒌 Fructus Trichosanthis

【别名】栝楼、糖栝楼、全栝楼、油栝楼。瓜蒌载《本经》,列为中品。古有栝楼、天瓜、地楼、泽姑之称。

【来源】本品为葫芦科植物栝楼 *Trichosanthes kirilowii* Maxim 或 *Trichosanthes rosthornii* Harms 的干燥成熟果实。主产于山东、河北、山西、江西、湖南、广西、广东、云南、陕西、四川等省区。

【采收加工】9~10 月间果实成熟、外皮转红变厚、内部糖汁稠时采取,连茎蔓一齐剪下,编成一束悬挂在屋檐下或棚架下阴干。摘取果实时勿碰破外皮,否则易生虫发霉。晾干期间,不能遭受雨淋,否则外皮易变成白色。采得果实后,置通风处阴干者为瓜蒌;剖开,除去果瓤及种子,晒干得瓜蒌皮;将挖出的种子,洗净晒干得瓜蒌仁。瓜蒌皮、仁宜用塑料袋包装。

【贮存保管】瓜蒌含糖质、水分较多,极易虫蛀和发霉,所以很难保管,应贮存于阴凉干燥处,防霉防蛀。少量可用纸包悬挂于通风、干燥处。大量一般是利用缸、坛或大篓装。贮存时,可将酒精(医用)盛于瓶内,敞开瓶口,置盛器内底部,再将瓜蒌放置其内(每 50kg 瓜蒌用酒精 500ml),最后盖严盛器口;亦可用密闭木箱装,以酒喷之,封口。用此法贮存,可经久不坏,因酒精气体有防虫、防腐作用,同时也能保持药材色泽。

对于新鲜的瓜蒌单个不好保管,很易霉烂、干枯和生虫,据介绍可把收到的新鲜品倒挂(蒂向下),阴干 10 余日至半干,此时底部的皮发生皱缩,再将蒂向上用绳吊起,阴干即成。这样不致溃烂、发霉,切开时,其瓤柔软,呈现新鲜状态。这比以前直接把瓜蒌向上吊起干燥要优越,不然瓤内含水较多,下垂时和底部的皮粘在一起,容易溃烂发霉,甚至水分破皮而出,日久干枯生虫。

【养护技术】瓜蒌系完整果实,中有空腔,质脆,易破。不可堆垛太高,避免重压;搬运倒垛时应轻拿轻放,以防摔破损伤,否则不仅损耗大而且不利于保管。瓜蒌的含水量保持在12%~14%,夏季贮存于相对湿度75%以下是安全的。湿度稍高即有虫蛀及霉变的危险,特别在果皮破裂情况下,往往内部首先变质。为预防虫蛀,在贮存中除定期抽样检查外,也应定期熏蒸或气调法养护。

【质量要求】以个大、整齐、皮厚柔韧、皱缩、橘黄色至橘红色、种子多、呈棕色、糖性足、不破皮、无霉蛀者为佳。《中国药典》2005年版规定:瓜蒌仁水分不得过10.0%,总灰分不得过3.0%,冷浸法醚溶性浸出物不得少于4.0%。

四、五味子 Fructus Schisandrae

【别名】北五味子、辽五味子(辽宁、吉林、黑龙江、河北)、南五味子(河南、山西)。五味子《本经》列为上品,古有玄及、会及之称。苏恭曰:五味子皮肉甘、酸,核中辛、苦,都有咸味,此则五味具也。时珍云:五味有南北之分,南产者色红,北产者色黑。此说与现今商品药材之北五味、南五味是一致的。

【来源】本品为木兰科植物五味子 *Schisandra chinensis* (Turcz) Baill 或华中五味子 *Schisandra sphenanthera* Rehd. et Wils 的干燥成熟果实。主产于吉林、辽宁、黑龙江、湖北、西南等省。

【采收加工】深秋霜降果实成熟后,将果实摘下,去果柄杂质,或以沸水稍烫后平铺在席上于日光下晒之,晒至抽皱,再不断翻动,直至干燥。南五味子则系将摘下的果实置于锅中略蒸一下,取出晒干。

【贮存保管】五味子多以麻袋包装或用席包。五味子不易生虫,但由于含有油质及水分,在冬季往往不易干透,及至夏季容易发热、变色和霉烂,故必须贮存于干燥、通风、凉爽处,防霉。少量的五味子宜置瓮内密封存放。

【养护技术】本品因含较多的糖分和树脂状物质,冬季不易干透,因此在春天仍易返潮、发热,如不及时通风晾晒,会发霉变质。夏季应特别注意保管,经常进行检查,若内部发热,必须立即倒出晾晒,为了便于检查,可用竹板或木棍插入袋内,每隔1~2天抽出以手试之,如发现竹板或木棍发热,即须倒出晾晒,以防生霉腐烂。如果含水量在14%以下,且能保持干燥、通风,不使受潮,一般来说可以经久不致变质,只是颜色逐渐变黑而已。但新入库的五味子,由于呼吸作用,吸收水分过多,易引起回潮发热,若不及时晒晾,即会发生霉变。故在梅雨季前必须用磷化铝熏蒸1~2次,气调密闭贮存。

【质量要求】以粒大、身干、肉质厚、紫红色、油润有光泽者为佳。《中国药典》2005年版规定:杂质不得过1%,五味子醇甲不得少于0.40%。

五、枸杞子 Fructus Lycii

【别名】西枸杞、津枸杞、枸继子、血枸杞、杞子、红耳坠、地骨子、枸茄茄。《本经》列为上品。时珍云：枸杞二树名，此物刺如枸之刺，茎如杞之，故兼名之。商品药材中，有宁枸杞、川枸杞之分，两者均因产地而得名。

【来源】本品为茄科植物宁夏枸杞 *Lycium barbarum* L. 的干燥成熟果实。主产于宁夏、甘肃、河北、新疆、内蒙古、青海等省区。全国大部分地区均有分布。

【采收加工】夏、秋季果实成橙红色时采收，除去果柄及杂质，晾至果皮皱缩，再晒或烘至外皮干硬、果肉柔软即可。

【贮存保管】枸杞子以木箱包装为主，小箱每件重 10～15kg，大箱每件重约 25kg，包装不宜过大。枸杞子在夏季极易吸潮、发霉、生虫和变色，特别在夏季，不易保持其原有的鲜红色泽，保管不当，甚易变成黑色，必须特别注意。应贮存于阴凉干燥、通风的库房中，防闷热，防潮，防蛀。

【养护技术】枸杞子难以保管，极易霉蛀泛油变黑，大量过夏最宜冷存。少量可将原药晒干以纸包封(每 1～2kg 为一包)，贮于石灰缸内存放。但应注意石灰不宜过多，否则会因吸湿过盛，使其干燥得过快而变色。也有经验介绍用酒分层托放贮存，即在缸底放半碗酒(250～500ml)，上放一竹筛子，内放枸杞子，再放半碗酒，如此层层照放，待缸装满后，密封缸口，可安全过夏，避免虫蛀，用时可层层取用。

由于本品含水量较大可达(17%～19%)，外界湿度稍高，很易超过安全水分的限度，以致潮软、发霉、变色。因此不要经常开箱，特别是在阴雨天。如能控制在相对湿度以下，可不致霉变。夏季最好贮存于冷存库中，可以安全保管，但必须检查密封箱是否漏气，在冷库内如有湿气浸入，仍会变色。如果包装不严密，又无条件冷存，可在 5～6 月间利用阳光晾晒一次，装箱密封。为了防治虫害，可用 AlP 熏蒸，或以充 N_2降 O_2气调法杀虫治霉。

【质量要求】以粒大、肉厚、子少、色红、圆熟、质柔润、味佳甜、无霉蛀者为佳。《中国药典》2005 年版规定：水分不得过 13.0%，总灰分不得过 5.0%，热浸法水溶性浸出物不得少于 55.0%，枸杞子多糖以葡萄糖计不得少于 1.8%，甜菜碱不得少于 0.30%。

六、薏苡仁　Semen Coicis

【别名】薏米、苡仁(四川)、薏苡仁(江苏、浙江)。

【来源】本品为禾本科植物薏苡 *Coix lacryma-jobi* L. *var. ma-yuen* (Roman.) Stapf 的干燥成熟种仁。主产于福建、河北、辽宁等省。其他各省亦产，均为栽培。

【采收加工】9～10 月果实成熟后，割取全株晒干，打下果实再晒至足干，然后碾去外壳，用风车扇去壳皮等，再加糠末共碾，除去黄色的外皮，收集种仁即成(一般碾 2～3 次可得白色光亮的米粒)。

【贮存保管】用双层麻袋包装，每件重 50kg，本品含丰富淀粉、蛋白质等，夏季受潮后极易生虫和发霉。应贮存于干燥、通风处，防蛀。本品如带壳(果实)贮存，随用随碾，可久贮不蛀。少量可保存于密封坛或缸内。

【养护技术】本品体糯粉质，极易生虫，贮存期间应经常翻晒。夏季生虫时常数粒至数十粒粘为一团，蔓延十分迅速，蛀蚀的情况很严重。虫蛀多发生基部凹入处或腹面纵沟中，故应注意检查。为了防止生虫，除经常翻晒外，还可使用 AlP 熏蒸。

薏苡仁在贮存时常遭老鼠为害，损失极大，为了防止鼠吃，除应堵塞鼠洞外，可在存放的四周洒些石灰粉,或在老鼠出入处安置杀鼠药剂。

【质量要求】以身干、粒大、整齐、均匀、坚实饱满、色白、无破碎、无粉屑杂质及虫蛀者为佳。《中国药典》2005年版规定:杂质不得过2%,水分不得过15.0%,总灰分不得过3.0%,热浸法醇溶性浸出物不得少于5.5%,甘油三油酸酯不得少于0.50%。

七、苦杏仁 Semen Armeniacae Amanum

【别名】杏仁、山杏仁、北杏仁、杏核仁。

【来源】本品为蔷薇科植物山杏 *Prunus armeniaca* L. *var. ansu* Maxim.、西伯利亚杏 *Prunus sibirica* L. 等的干燥成熟种子。山杏主产于辽宁、河北、内蒙古等省区,多野生,现亦有栽培。西伯利亚杏主产于东北、华北地区,系野生。

【采收加工】夏季采收成熟果实,除去果肉及核壳,取出种子晒干。另法是收集果核,置通风干燥处,使其自行干燥,经过伏天后,核仁水分自然蒸发一部分,然后击碎核壳,拣取其仁阴干,这种方法可使种皮完整,质量较好。

【贮存保管】杏仁多用麻袋包装,亦有用席包或木箱装。杏仁含油量丰富,夏季遇热,容易走油;受潮易发霉、酸败和变色;温度、湿度适宜亦会生虫,因此必须贮存于干燥、通风、凉爽之处,防蛀。

【养护技术】本品含脂肪油(杏仁油),极易“泛油”,使白色种仁逐渐变成黄白色或黄棕色,有的在表面呈现油样物质,并产生油哈气味。苦杏仁也较易产生霉变、虫蛀,尤其破碎的种子较为常见。若已发现霉蛀,可行日晒,但时间不宜过久,待水分散发后,即以AlP熏蒸或气调贮存养护。本品应防鼠害。

本品质实而坚,含油量多,在堆垛时不宜重压,应轻搬轻放,以免造成破损和挤压走油。夏季注意检查及经常倒垛,防止受潮变质。有条件者夏季可以冷存保管。鉴于种皮完整不破者有保护作用,对贮存有利,因此加工、堆垛、运输时应尽量减少摩擦和撞击,以保护种皮的完整。

【质量要求】以身干、原粒均匀而大、饱满、无虫蛀、不走油、肉白、整齐不破碎者为佳。《中国药典》2005年版规定:过氧化值不得少于0.11,苦杏仁苷($C_{20}H_{27}NO_{11}$)不得少于3.0%。

八、肉豆蔻 Semen Myristicae

【别名】肉果、玉果、豆蔻、肉蔻。

【来源】本品为肉豆蔻科植物肉豆蔻 *Myristica fragrans* Houtt. 的干燥种仁。主产于马来西亚、印度尼西亚、斯里兰卡等国。

【采收加工】采收成熟果实,除去肉质果皮及壳状种皮,取种仁浸于石灰水(1d)中取出,60℃以下低温烘干。也有不浸石灰水直接干燥的。

【贮存保管】肉豆蔻含挥发油丰富,香气容易散失,同时极易生虫,故必须装于密封箱中,置干燥阴凉处,防蛀。

【养护技术】本品须防潮、防霉及虫蛀。受潮后不仅生虫,亦能发霉,因此加工时多用石灰处理过,以防虫霉。夏季特别注意保存于凉爽库房,避免受热。受潮后应晾干,不宜直接曝晒。

夏季易被玉米象、赤拟谷盗、咖啡豆象危害，害虫常先蛀蚀种脐或合点处，再逐渐危害红棕色的外胚乳或类白色的内胚乳，有的在内蛀成众多小孔道，破坏红白相间的交错花纹。如有蛀蚀现象，应及时以 AlP 熏。本品含挥发油和脂肪油类物质，一般不宜曝晒或高温烘烤，以防降低芳香气味和油脂外溢，形成“走油”。由于质地脆弱、油性大，堆垛时不要重压，倒垛时应轻搬轻放，以减少损耗。

【质量要求】以个大、体重、饱满、坚实、表面光滑、油足、破开后香气强烈、无霉蛀者为佳。《中国药典》2005 年版规定：水分不得过 10.0%，挥发油不得少于 6.0%（ml/g）。

九、槟榔　Semen Arecae

【别名】槟榔子、槟榔玉、榔玉。

【来源】为棕榈科植物槟榔 *Areca catechu* L 的干燥成熟种子。主产于广东、云南、福建、广西、中国台湾等省。野生或栽培。

【采收加工】春末至秋初采收成熟果实，用水煮后，干燥、除去果皮，取出种子、干燥。

【贮存保管】用麻袋或木箱包装。受潮时易生霉、易虫蛀。应置干燥、通风处。

【养护技术】在养护时可采用石灰处理，处理后其表面常附有少量的石灰粉，可防虫蛀。有虫蛀者可用氯化苦熏治。

【质量要求】以个大、体重、质坚、身干、形如鸡心、无破裂、无虫蛀者为佳。《中国药典》2005 年版规定：水分不得超过 10.0%，醚溶性生物碱以槟榔碱计不得少于 0.030%。

第五节　全草、叶类药材的养护

全草类中药又称草类中药，大多为草本植物的地上部分，它包括茎、叶、花、果或种子，如穿心莲、荆芥，如藿香、紫金牛等；有少数全草也带有根及根茎，如细辛、蒲公英；有些小灌木枝梢及地上部分的草质茎，如麻黄、石斛等，习惯上也划归全草类。全草类中药在贮存中，叶片或花穗易引起霉蛀或变色，因此需防潮、避光，置阴凉干燥处贮存。

全草、叶类中药材的变异特点：草叶类药材贮存期间在温湿度、日光、氧化作用下，叶绿素与类胡萝卜素相互转化，导致茎叶的颜色发生变化。具有芳香性的草叶类药材含有的挥发油在常温下易挥发，贮存两年后气味变淡薄，即是挥发油被氧化、分解或自然挥发所致。由于草叶的结构菲薄，贮存时间愈长，本身物质成分自耗亦大，从而产生组织松弛，韧性减弱，质地轻脆，易折断破碎。在气候干燥时失水枯朽；气候潮湿时吸水霉腐。有的还会遭仓虫的污染危害。因此，草叶类药材不宜久贮。

一、细辛　Herba Asari

【别名】小辛、细草辛、少辛、北细辛、华细辛、辽细辛等。

【来源】本品为马兜铃科植物北细辛 *Asarum heterotropoides* Fr. Schmidt *var. mandshuricum* (Maxim.) Kitag.、汉城细辛 *A. sieboldii* Miq. *var. seoulense* Nakai. 或华细辛 *A. sieboldii* Miq. 的干

燥带根全章。主产于辽宁、吉林、黑龙江,此外陕西、山西、河南、甘肃等地也产。

【采收加工】夏季果熟时或初秋采挖,连根挖出后,除去泥沙,阴干。本品忌曝晒或烘烤,以免挥发油散发。

【贮存保管】本品含挥发油,以麻袋或苇席包装置阴凉干燥处贮存。包件堆垛不可重叠过高,严防压碎根茎。

【养护技术】细辛干后一般不易变质,但如遇雨季,极易受潮,发霉,使叶子变黑,同时本品因含挥发油约3%,容易挥散走失,影响品质。因此,在贮存过程中应避免日晒和久经风吹。如有潮霉现象,可进行摊晾。本品具芳香气味,具有驱虫防虫的作用,与有些易生虫的中药一起存贮,可以防止这些中药被虫蛀。

在库期间应定期抽样检查,观察根叶或碎屑有无粘连成团,若有此现象即有害虫危害,应采取治虫措施及时杀灭。本品未发生虫害前可用气调密闭贮存,这样不仅能防虫、防霉,同时也能保持香气。

【质量要求】以身干、根色灰黄、叶色绿、香气浓、味辣而麻舌、无泥沙杂草、无霉蛀者为佳。《中国药典》2005 年版规定:总灰分不得超过 12.0%,挥发油不得少于 2.0%(ml/g)。

二、麻黄 Herba Ephedrae

【别名】麻黄草、草麻黄(田麻黄、川麻黄)、木贼麻黄(木麻黄、山麻黄)、中麻黄。

【来源】本品为麻黄科植物草麻黄 *Ephedra sinica* Stapf、木贼麻黄 *E. equesetina* Bunge,或中麻黄 *E. intetermedia* Schrenk et C. A. Mey. 的干燥地上部分(草质茎)。我国西北和北方各省均产,主产于内蒙古、辽宁、河北、山西、甘肃、陕西等地。

【采收加工】多在秋季 9~10 月间采收,此时茎充实,内有黄粉,生物碱含量可达 100%;过早采则色绿、质嫩、茎空无粉,过迟则易为冰霜冻坏,均影响品质。通常冬季采者生物碱含量约 50%,而春季与秋季之间采者仅达 25%~30%。

采收时用镰刀割取地上的全草,除净泥土,堆集在通风良好的室内干燥或室外阴干,可保持颜色青绿;如露天干燥,必须覆盖,避免日光直射,经日晒或曝晒过久,则色变黄白,影响药效。阴干或晾至五、六成干,扎成小把,再晒干,以苇席包装。

【贮存保管】将药材理顺,内用麻绳捆紧、外用篾席包装,或用芦席、麻袋打捆。一般可用打包机压紧,每捆约 75kg,置通风干燥处贮存,防潮。但为避免有效成分的损失,最好贮存于密闭的木箱中。少量麻黄切制后最好装入木箱内,密封保存。

【养护技术】本品在贮存中应保持干燥通风,防潮,避免阳光长期直接照射,否则引起褪色和有效成分减少。麻黄受潮后也会变色、发霉,使有效成分含量降低,若发现潮霉,只能摊晾,不宜曝晒。久贮或干燥不当,会变黄色,影响质量。

【质量要求】以干燥、茎粗、淡绿色、内心充实、折断有黄色粉末、味苦涩、不霉烂者为佳。《中国药典》2005 年版规定:杂质不得超过 5%,水分不得超过 9.0%,总灰分不得超过 10.0%,盐酸麻黄碱不得少于 1.0%。

三、茵陈　Herba Artemisiae

【别名】绵茵陈、西茵陈、白茵陈、茵陈高。

【别名】本品为菊科植物滨蒿 *Artemisia scoparia* Waldst. et Kit 或茵陈篙 *Artemisia capillaris* Thunb 的干燥细苗。主产于江西、湖北、陕西等省。

【采收加工】春季 3～4 月间，幼苗高 6～10cm，挖取全草，除去老茎及根头，或摘取嫩叶，去净泥土，放通风处吹晾干燥，不宜日晒，以免影响质量。采收时间一定要掌握好，太早质较嫩，若过清明节则茎叶转老成篙，功效损失，不合药用。故有"二月茵陈三月蒿，四月五月当柴烧"之说。

【贮存保管】普通用麻袋或苇席、草席包装，压紧，用绳捆好；或先扎成小扎，再将若干小扎捆成大扎，用席包好。外用草绳捆紧。西茵陈的包装方法是将干燥的药材，用压榨机压紧打包，每包 0.5kg，状如茶砖，用纸包好，再装于木箱中。每箱重 25～50kg。本品置阴凉干燥处贮存，防潮。贮存时间不宜过久，一般不超过 3 年，否则色泽变黄，香气减退，药效无存。

【养护技术】在库贮存中应注意防尘及其他异物混杂，因本品叶细卷曲，密被灰白色茸毛，绵软似绒，若混入泥土、尘末等杂质难以拣选。由于茵陈幼苗多蜷缩成团，害虫常常寄居于内发育繁殖，表面观察，难以发现虫迹。检查时应撕开团块或用力抖动观察，有被害情况可行烈日曝晒，但不宜过久，以免散失香气。此外，也可用 AlP 熏蒸防治。

【质量要求】以身干、叶细嫩、绵软如绒、灰白色或灰绿色、密被白色绵毛、无杂草、无泥土、气清香浓郁、无霉烂者为佳。

四、石斛　Herba Dendrobii

【别名】金钗、吊兰花、黄草、枫斗、耳环石斛、霍石斛、大石斛、小石斛等。

【来源】本品为兰科植物金钗石斛 *Dendrobium nobile* Lindl.、马鞭石斛 *D. fimbriathum* Hook. var. *oculatum* Hook.、环草石斛 *D. loddigesii* Rolfe 和黄草石斛 *D. chrysanthum* Wall. 或铁皮石斛 *D. candidum* Wall ex Lindl. 等的新鲜或干燥茎。主产于广西、贵州、广东、云南、四川等省区。

【采收加工】年均可采收。挖回新鲜的全草，洗净泥沙即为鲜石斛。如将鲜石斛煮透，擦去外皮，晒干；或用火烤软，搓去粗皮，晒干或烘干，即成为干石斛。其商品种类很多。

【贮存保管】干石斛可用篓包装或用席包、麻袋包装，珍贵品最好放木盒或铁盒内，密封，置阴凉干燥处，防潮保存。鲜石斛应置阴凉潮湿处，防冻。少量可用沙土种于花盆内，多量可置阴凉的地上，并注意保持经常的潮湿，冬季应注意防冻。

【养护技术】干石斛在夏季容易受潮发霉，应保持干燥通风以防受潮发霉。新鲜石斛贮存期间切忌碱水。宜经常整理，勿使倒卧，避免挤得太紧，置于空气流通和阴凉处，切忌闷热或日晒。冬季防冻。根上的茎变黄者剪去。同时尚须按照季节进行不同的处理。夏季黄梅季节，极易使鲜石斛发黄、落叶、生霉点；若受梅雨，即在很短时间内全部腐烂，流出浓黏汁，茎叶变成白色空洞，不能再供药用。

【质量要求】鲜石斛以肥满、色碧绿、无霉烂、嚼之发黏者为佳；干石斛及金钗石斛以身干、条均匀饱满、质脆、色鲜艳、无根及叶梢者为佳；环草石斛以金黄色、茎细、质柔韧者为佳。耳环石斛以粗肥、色鲜艳、嚼之即碎并发黏者为佳。

五、肉苁蓉 Herba Cistanches

【别名】大妻、双簿、淡大丢、甜大会、成大会。

【来源】本品为列当科植物肉苁蓉 *Cistanche deserticola* Y. c. Ma 的干燥带鳞片的肉质茎。主产于内蒙古、甘肃、新疆、青海、陕西等省。

【采收加工】通常于春季苗未出土或刚出土时采挖，除去花序切断、晒干或烘干。采后晒干为甜大芸，若入盐湖经 1~2 年取出称为咸大芸。

【贮存保管】咸大芸须以木箱包装，甜大芸可用麻袋装。本品因肉质柔软滋润，受潮易霉蛀，须置干燥通风处保存，防蛀。夏季宜入冷库或地存放。切制饮片后，须晒干，置坛内或用纸包后，置石灰缸内，密封贮存。

【养护技术】淡(甜)大芸由于味甜、肉性，夏季吸湿后易发霉和虫蛀。防治虫害可用 AlP 熏蒸。如受潮，应置日光下曝晒，凉透后再包好密封。若有霉点，可用清水洗刷洁净，晒干。少量可每包 1~2kg，放于石灰缸内防潮贮存；大量最好用木箱密封贮存。

咸大芸在产地已用盐渍，而盐有防腐作用，故耐保存；但其缺点是容易吸湿返潮而霉烂，因此必须贮存于干燥、低温处，最好是放入冷存库中度夏。贮存时忌热、忌晒、忌水浸，否则会腐烂。入药时须用清水或矾水浸漂(暑天 1 周，冬天 1 旬)，漂尽盐质，再晒干切片。

【质量要求】淡大芸以肉厚条粗、棕黄色、皮薄鳞细、柔嫩、油性大、无虫蛀者为佳；咸大芸以肥大肉质、黑棕色、鳞片清楚、柔软、油性大、无霉烂者为佳。《中国药典》2005 年版规定：水分不得超过 10.0%，总灰分不得过 8.0%，酸不溶性灰分不得超过 1.5%，冷浸法醇溶性浸出物不得少于 28.0%，松果菊苷和毛蕊花糖苷的总量不得少于 0.30%。

六、薄荷 Herba Menthae

【别名】龙脑薄荷、野薄荷、仁丹草、禾荷。

【来源】本品为唇形科植物薄荷 *Mentha haplocalyx* Briq. 的干燥茎叶。全国大部分地区均产，主产于江苏、浙江、河北、江西等地。

【采收加工】每年可采割两次，第一次在 6~7 月叶正茂盛、花未开放时收割，第二次在 9~10 月间花朵开、叶未凋落时采收。收割时选择晴天早晨，当天晒至七、八成干，茎叶呈绿色，扎成小捆，再晒至全干。如遇阴雨天或当日不能晒干，应将薄荷摊在地下或在棚内晾干，不可堆放。并防止雨淋霜打，否则茎叶发黑，影响质量。最好用阴干的办法。

【贮存保管】薄荷通常压紧捆扎，用席包装，外面再捆以草绳；或装入竹篓。如果过分干燥，可喷水略加湿润后再打包，否则茎叶易压碎。每件以 30~35kg 为宜，最重不超过 75kg，以免增加运输途中的耗损。本品因含挥发油，应贮存于干燥阴凉处。

【养护技术】本品应防潮，以免霉烂和走失香味，且不应曝晒，久晒后绿叶变黄，香气大量挥散,气味也变得淡薄,均影响质量。夏季不易生虫;但遇热及受潮后,容易走油和发霉。如果发霉,不仅变色,而且挥发油破坏,香味不纯。故应防潮,切忌雨淋。受潮后可摊晾,不宜在直射日光下曝晒。堆垛不宜太高,以防挤压,搬运时轻拿轻放,避免破损。

【质量要求】以身干、条匀、叶密色绿、红梗、白毛、无根、香气浓者为佳。《中国药典》2005年版规定:叶不得少于30%,挥发油不得少于0.80%(ml/g)。

七、枇杷叶 Folium Eriobotryae

【别名】无忧扇、芦桔叶(广东)。

【来源】为蔷薇科植物枇杷 *Eriobotrya japonica* (Thunb.) Lindl. 的干燥叶。主产华东、中南、西南及陕西,特别是广东、江苏产量较大。多为栽培品。

【采收加工】幼嫩叶片全年皆可采收,一般多在4~5月间采叶;亦可拾取自然落叶(色较紫)。将叶采摘后,晒至七、八成干后,扎成小把,再晒至足干;此法包装时不易破碎,规格较好。鲜叶是由树上摘下后,即扎成小把;枇杷丝是将采得的叶子,用硬毛刷刷去绒毛,切成条而成。

【贮存保管】用竹篓或蒲包包装;搬运堆垛时,应避免重压或撞击,以保持叶片的完整。鲜叶多包装于竹篓运出,置于阴凉干燥处。因鲜叶含水较多,易于腐烂,不作长期保存。

【养护技术】枇杷叶内含有皂苷、维生素 B_1、葡萄糖、鞣质等,为了保持较多的维生素,干燥时宜用较高的温度,迅速干燥。在贮存时应防压碎和受潮,以免破碎损失或发霉变质。受潮后易发生霉烂,开始出现斑点,以后会变色,甚至发黑,故经常保持干燥、通风可避免霉变。

【质量要求】以叶完整、身干、叶大肥厚、色青绿或红棕、毛密、不破碎、无黄叶、无霉蛀者为佳。《中国药典》2005年版规定:热浸法水溶性浸出物不得少于10.0%。

八、紫苏叶 Folium Perillae

【别名】苏叶、红苏、红紫苏、赤苏、皱紫苏。

【来源】唇形科植物紫苏 *Perilla frutescens* (L.) Britt 的干燥叶(或带嫩技)。多系栽培。主产于江苏、浙江、湖北、河北、河南、四川、广西、广东等省区。多自产自销。

【采收加工】紫苏采收季节性很强,以在处暑、白露(8~9月)期间植株将抽全穗、花未开放、叶正茂盛时为适宜。过早未成熟,叶片薄呈灰绿色;过晚开花、结子消耗养分,叶片薄呈黄绿色、梗空心,因此产量、质量均受到影响。收获前可选择通风、阴凉地点,用芦席搭盖荫棚(树荫下亦可),以防雨淋。棚内竖立木柱数根,拉上铅丝数层,以备悬挂。成熟后连根拔出,去净泥土(或用镰刀刈割),运入荫棚,挂架阴干。此法可保持色泽鲜艳,质量较好。挂架7~10天枝叶将干燥,然后摘下叶片,置室内芦席上再晾干,并不时翻动,使干燥均匀,否则容易生霉。

【贮存保管】用篾席捆扎成包,或用芦席、麻袋包装,每件重25~30kg。打包时可将芦席卷成圆筒,每装一层,用比席筒略小的圆形木板放入席筒内,周围踩实,随装随踩,装满后,外用麻绳捆紧。

本品受潮后容易发霉变色,甚至腐烂,应贮存于干燥、阴凉之处。

【养护技术】苏叶因叶内含挥发油约0.5%,应置阴凉干燥处,以防受潮发霉、变色和受热挥发性成分散失。本品不宜久贮,若贮存日久其香气逐渐淡薄,影响质量。若发现潮软,可进行摊晾,不宜日晒,因晒后颜色变淡。本品质薄而脆,容易破碎,在贮存和运输中应防受重压。

【质量要求】以身干、叶大、色紫、少破碎、香气浓、无枝梗、无杂质、无霉蛀者为佳。

九、淡竹叶 Herba Lophatheri

【别名】竹叶、山鸡米叶、野竹叶、迷身草。

【来源】本品为禾本科植物淡竹叶 *Lophatherum gracile* Brongn 的干燥茎叶。

【采收加工】夏季未抽花穗前采割,晒干。

【贮存保管】用竹皮或篾条扎成大捆,每件重约50kg,也可用芦席包装,以草绳捆扎。置阴凉干燥处贮存。

【养护技术】贮存养护时,避免阳光直接照射,以保持叶色青绿。曝露阳光下过久或久经风吹,易变白色。防潮防热,因本品受潮遇热后可发霉,变色,重者腐烂。

【质量要求】以身干、梗短、叶多色青绿、无根、无花、无杂草泥沙者为佳。

第六节 菌类药材的养护

菌类药主要是真菌类中子囊菌纲和担子菌纲植物的子实体和菌核体。大多含有脂肪、蛋白质、氨基酸及糖类等成分。贮存养护不善极易引起霉变和虫蛀,应采取有效养护措施防治。

一、茯苓 Poria

【别名】白茯苓、赤茯苓、云苓、安苓。本品始载于《神农本草经》,列为上品。古有伏灵、不死面之别称。茯苓抱松根生者称茯神,菌核表皮称茯苓皮。以朱砂粉拌制者称朱茯苓(神)。

【来源】本品为多孔菌科真菌茯苓 *Poria cocos* (Schw) Wolf 的干燥菌核。主产于湖北、安徽、河南以及云南、四川、贵州、广西、福建、浙江、湖南等省区。现在大部分地区有大量人工栽培。

【采收加工】长出土后的鲜茯苓形如甘薯而膨大,通常7~9月采挖,挖出菌核后除去泥沙,垫草盖严,堆置“发汗”后,摊开晾至表面干燥,再堆置“发汗”,如此反复数次至表皮呈现皱纹,内部水分大部分散失,阴干后称为“茯苓个”;或将鲜茯苓按不同部位切制阴干,分别称为“茯苓皮”及“茯苓块”。

【贮存保管】茯苓个用席或麻袋装,刨片以木箱装,防止压碎。春夏季节或雨季前后,最易受潮,发生黄色霉斑,甚至霉烂,故应贮于阴凉、干燥处。但不宜过于干燥或通风,以免风干失去黏性或发生裂隙。注意防潮、防寒及防热。安全水分为15%~19%;保持相对湿度75%~80%,不致生霉。

【养护技术】本品粉质,含多糖类的β-茯苓糖(茯苓聚糖)约84.2%,受潮易生霉,甚至腐烂。梅雨季节前后可将原件打开,于阳光下日晒,为了防止起裂纹或因受热过度变色,晒时应覆盖白纸。茯苓个在贮存中易被虫害,尤其皱缩的外表皮常被多种害虫如药材甲、锯谷盗、赤拟谷盗危害，严重时不仅能使外表皮成片脱落；蛀成碎片，同时也能将其蛀成许多小孔，使其松散易碎乃至成粉。本品已蛀或未蛀时均可采用气调养护。

【质量要求】以体重坚实、外皮色棕褐而带光泽、皱纹深无裂隙、无霉蛀、断面色白细腻、嚼之黏性强者为佳。《中国药典》2005 年版规定：水分不得超过 15.0%，总灰分不得超过 4.0%，酸不溶性灰分不得超过 2.0%。

二、冬虫夏草　Cordyceps

【别名】虫草、夏草冬虫。

【来源】本品为麦角菌科真菌冬虫夏草 *Cordyceps sinensis* (Berk.) Sacc. 寄生在蝙蝠科昆虫幼虫上的子座及幼虫尸体的复合体。主产于青海、四川、西藏等省。云南、甘肃、贵州等省亦产。

【采收加工】夏初子座出土，袍子未发散时采挖，晒至 6~7 成干，除去表面似纤维状的附着物及杂质，晒干或低温烘干。

【贮存保管】置阴凉干燥处，防蛀。可将虫草扎成把用纸封包或用透明玻璃纸封固，盛本箱内；散装者可置于板箱内或缸中，下层盛有石灰块。为了防止虫蛀，冬虫夏草在装箱时，先在箱内底部放用纸包好的木炭，再放些碎丹皮，然后在其上放冬虫夏草，密封，即可防止霉蛀的发生。装箱前，若先将冬虫夏草用纸封包(0.5kg 为一包)，再将包层层堆码装箱，层间撒上薄薄一层石灰粉，直至箱满，最上一层仍覆盖石灰粉，盖严，封好，防虫、防潮效果更佳。

【养护技术】本品吸潮后质地变软，易发霉，且大多先从子座上发生，然后蔓延至虫体。此外易虫蛀，害虫一般先蛀虫体的头部，继而蛀入其内，有的将虫体蛀空，只余下其躯壳。有的因害虫危害使虫体表面成片脱落，破坏表面土黄色或黄棕色色泽。为防止这些变异，可将冬虫夏草用 95% 乙醇 500~1000ml 熏蒸。将 95% 乙醇盛入广口瓶中放在贮有药材的下面，中间放个带孔的箪子，上面放冬虫夏草，加盖封严 6~7 天以杀死虫体真菌。

利用石灰、氯化钙、硅胶等吸湿剂进行吸潮，以减少药材吸入空气中的水分，亦可达到防止药材发霉、虫蛀的目的。若与花椒共贮也能防蛀，大量时用磷化铝防治，或置冷冻库贮存。

【质量要求】以身干、完整、虫体肥壮、色黄发亮、断面类白色、幼苗短小、味香、无霉蛀者为佳。《中国药典》2005 年版规定：腺苷不得少于 0.010%。

第七节　动物类药材的养护

以动物入药治病，在我国已有悠久的历史，在动物分类学的各个门中，都有可供药用的动物，且不少品种都有着良好的疗效。有的用动物的全体，如全蝎、九香虫；有的用动物体的一部分，如熊骨、龟板、鳖甲；有的用动物的生理或病理产物，如牛黄、马宝；也有的用动物的分泌排泄物的，如夜明砂、麝香、望月砂、蟾酥、五灵脂、蚕沙等。有的用动物的蜕皮，如蝉蜕、蛇蜕等。

动物类药在贮存中易产生霉变、虫蛀、走气、变色、泛油等各种变化，故应防潮防热，选择干燥、避光、低温的环境贮存养护。本类药材大多含有较丰富的脂肪、蛋白质等成分，易遭鼠害，故应防鼠。

动物类中药材的变异特点：蛇、虫类药物含有丰富的脂肪、蛋白质等，是真菌、仓虫的养料，因此,多数动物类易萌霉和生虫;昆虫类药物受潮或生霉后,躯体结构松散,易导致脱足断尾,一旦染霉,不易除去。昆虫体质疏松,仓虫可侵入腹部危害。久储或受高温影响,动物油脂易发生氧化与水解反应,产生游离脂肪酸、过氧化物和低分子醛类、酮类等分解产物,而出现特异臭味。

一、蜈蚣 Scolopendra

【别名】川足、天龙。载于《本经》,列为下品。有蝍蛆、天龙、金头蜈蚣之称。

【来源】本品为蜈蚣科动物少棘巨蜈蚣 *Scolopendra subspinipes* mutilans L. Koch 的干燥体。主产于浙江、江苏、湖南、湖北、安徽等南方诸省区。

【采收加工】春、夏两季捕捉,先用沸水烫死,用两头削尖的长竹片插入头尾两端,使之平坦绷直后晒干或烘干。

【贮存保管】本品平直,硬脆易碎,多用硬质的木箱或纸板箱盛装密封,置于干燥通风处贮存,防霉防蛀。为了防止生虫,在包装时放入一些大蒜头(每100条蜈蚣用15个大蒜头),且隔2~3个月检查一次,若身受潮可行日晒。少量可用纸包好,置石灰缸内存放。

【养护技术】蜈蚣易霉蛀,尤梅雨季吸潮后,头、足及其环节部位常首先霉变,后延散到背腹部。严重时全体密布绿色霉丝,使虫体发软。此外,在贮存中也常被害虫危害,危害重点是其体内,有时被蛀空,头足脱落,失去虫体的完整性。贮存时应定期检查,注意防虫与治虫。防虫忌硫磺熏,因熏后易脱足、变色,影响品质。同时,在贮存中应防鼠吃。本品勿重压,防止破碎。

【质量要求】以体大、条长、头红、身黑绿色、完整、腹干、无虫霉者为佳。《中国药典》2005年版规定:总灰分不得超过5.0%,热浸法醇溶性浸出物不得少于20.0%。

二、蛤蚧 Gecko

【别名】对蛤蚧、大壁虎。

【来源】本品为壁虎科动物蛤蚧 *Gekko gecko* Linnaeus 的干燥体。主产于广西德保、大新诸县,广东、云南等省亦产。

【采收加工】四季均可捕捉,通常于5~9月为多,剖开腹部,除去内脏,用布试净血液(不可水洗),用竹片撑开,使全体扁平顺直,以微火低温焙干,将两只合成对,扎好。

【贮存保管】重叠捆把,木箱或铁盒盛装,并放花椒于内,严封箱口,置阴凉干燥处贮存,防蛀。

【养护技术】本品极易受潮发霉虫蛀,蛤蚧尾部是药用的主要部分,尤其要特别注意保护。真菌常产生于躯体的内表面,由于竹片掩盖,往往不易发现,检查时需取开竹片观察。有霉虫时应及时防治。为了防蛀,可在梅季前用文火复烘干燥,并继续在包装箱内伴放一些花椒、吴茱萸或毕澄茄等。少量也可用纸包好,放入石灰缸内,每隔半月左右检查一次,若有虫蛀,可用火烘处理。但不能用硫磺熏,以免影响品质。

【质量要求】以体大、肥壮、完整、尾粗而长、无虫蛀者为佳。商品按体长和尾是否齐全分若干等级。

三、全蝎 Scorpio

【别名】全虫、蝎子。

【来源】本品为节肢动物门防形纲钳蝎科动物东亚钳蝎 *Buthus martensii* Karsch 的干燥体。主产于河南、山东等省。河北、辽宁、安徽、湖北等省亦产。野生或饲养。

【采收加工】春末至秋初捕捉。捕获后置缸内,倒人清水,以吐尽腹内泥土,捞出冲洗去泥沙,置沸水或沸盐水中(每0.5kg蝎子加食盐100~150g),煮至身挺腹硬,捞出,置通风处阴干。不能日晒,否则起盐霜发白。

【贮存保管】夏季易生虫变质,必须干燥后装入木箱,内可放花椒、细辛或樟脑,箱内衬防潮油纸,封固,置干燥、通风处保存,防蛀。

【养护技术】贮存保管过程中,应注意防虫、防鼠、防霉及返盐变质。梅季、伏季宜进冷库,以免烊化流失;如有条件最好冷贮。

【质量要求】以个整齐、色黄褐、腹中少杂物、盐霜少、无虫霉蛀者为佳。《中国药典》2005年版规定:热浸法醇溶性浸出物不得少于20.0%。

四、桑螵蛸 Ootheca Mantidis

【别名】螳螂子、螳螂巢、桑蛸。

【来源】本品为螳螂科昆虫大刀螳螂 *Temodera sinensis* Saussure.、小刀螳螂 *Statilia maculata* (Thunberg)或巨螳螂的干燥卵蛸。分别依次习称"团螵蛸"、"长螵蛸"及"黑螵蛸"。

团螵蛸主产于广西、云南、湖南、河北、甘肃、辽宁、湖北等省区;长螵蛸主产于浙江、安徽、江苏等省;黑螵蛸主产于河北、山东、山西等省。

【采收加工】秋冬初春采收,除去杂质,蒸死虫卵,干燥。本品应蒸透,务必使虫卵全部死亡,否则在条件适宜时,即会孵化出螳螂,失去药用价值。加工办法:①采用烘房或烘箱,以文火烘之,烘的时间长短以致死虫卵为度。②蒸笼蒸之,约30min,或用沸水烫泡1~2次,再晒干或焙干。只有经过烘、蒸处理,螳螂卵才能被高温杀死,方保无虞。

【贮存保管】用木箱、麻袋或苇席包装,置通风干燥处贮存,防蛀。

【养护技术】贮存中应定期抽样检查,可用AlP熏蒸防虫。桑螵蛸是昆虫的卵蛸,含有较多的蛋白质、脂肪等成分,贮存养护不善易被拟白腹蠹、黑皮蠹等害虫危害,尤其内层的卵室,是被蛀的重点,放射状排列的小室被蛀成粉,卵及其所含的蛋白质遭至严重破坏。

【质量要求】以个完整、色黄、体轻而带韧性、卵未孵出者为佳。其中以团螵蛸最优。

五、斑蝥 Mylabris

【别名】花斑蝥、花壳虫、老虎斑毛。

【来源】本品为芫青科昆虫南方大斑蝥 *Mylabris phalerata* Pallas 或黄黑小斑蝥 *Mylabris cichorii* Linnaeus 的干燥体。

【采收加工】夏、秋两季捕捉,闷死或烫死,晒干。主产于河南、广西、安徽、江苏、贵州等省。

【贮存保管】大量则采用木箱装好封严,小量用瓶装。新鲜时有强烈特臭,贮存日久臭气渐减,味辛辣而苦(本品有毒,不宜口尝)。贮于通风干燥处,防蛀。

【养护技术】本品极易生虫和返潮生霉。受潮后斑蝥素可分解而产生氨样臭气。在夏季可埋藏于石灰缸内以防受潮。为了防止螨类及甲虫类害虫,可在容器内放置一块浸有氯仿的棉花(1kg 斑蝥约用氯仿 6g),或在容器内放置大蒜头或纸包樟脑。本品刺激性甚强。在处理时应避免与皮肤和黏膜接触,须戴口罩、手套及防护眼镜。

【质量要求】以身干、个大、完整、颜色鲜明、无败油气味者为佳。《中国药典》2005 年版规定:含斑蝥素不得少于 0.35%。

六、蕲蛇 Agkistrodon

【别名】大白花蛇、五步蛇、百步蛇、响尾蛇。

【来源】本品为蝰科动物五步蛇 *Agkistrodon acutus* (Giienther) 的干燥体。主产于湖北、江西、浙江、福建等省。

【采收加工】于夏、秋两季捕捉,剖开蛇腹,除去内脏、洗净,用竹片撑开腹部,盘成圆盘状,干燥后拆除竹片。

【贮存保管】烘干后装入木箱,加以樟脑封固,或层层撒花椒于箱内,也可用大蒜,置干燥、通风处,防霉防蛀。

【养护技术】本品容易返潮、虫蛀,所以在养护时,应经常翻晒或烘烤,或置石灰缸中,以防虫蛀或鼠咬。

【质量要求】以头尾齐全、条大、花纹斑块明显,内黄白色者为佳。《中国药典》2005 年版规定:热浸法醇溶性浸出物不得少于 10.0%。

七、麝香 Moschus

【别名】原麝香、香脐子、寸香、麝脐香。

【来源】为脊索动物门哺乳纲鹿科动物林麝 *Moschus berezovskii* Flerov 或原麝 *Moochus moschiferus* L 成熟雄体香囊中的干燥分泌物。主产于西藏、四川、云南等省,其次为陕西、甘肃、青海、新疆、内蒙古及东北等省区亦产。

【采收加工】野麝多在冬季至次春猎取,猎获后割取香囊,阴干,习称"毛壳麝香";剖开香囊,除去囊壳,习称"麝香仁"。家麝直接从其香囊中取出麝香仁,阴干或用干燥器密闭干燥。

【贮存保管】置阴凉干燥、避光处,密闭,防潮防蛀。整个以油纸包好,放入白铁皮匣子内,每匣重 2.5kg,接口处焊好,再装入略大的木箱内,箱口封严。少量可用玻璃或瓷制容器盛装,不宜过紧或过满,并要经常摇动容器,以免香仁挤压结块、沤坏变色,用石蜡密封瓶口。

【养护技术】忌与其他芳香性药物如薄荷冰、冰片等放在一起,以免串味,注意防虫蛀、防霉烂、防潮、防高温、防止香气散逸。内层皮膜俗称"银皮"是最好防止泄气的东西(久藏发硬就是伪货)。玻璃容器宜经常摇动,以免其生霉变质。麝香忌水,遇水变质,其性柔润,是油分(脂肪)不是水分。如有霉点可取出吹晾 2 ~ 3h,用手擦去霉点。

【质量要求】毛壳麝香、以饱满、皮薄、有弹性、香气浓烈者为佳。麝香仁,以颗粒色紫黑,粉末色棕褐,质柔油润,香气浓烈者为佳。《中国药典》2005 年版规定:总灰分不得超过 6.5% ,含麝香酮不得少于 2.0% 。

八、鹿茸　Cornu Cervi Pantotrichum

【别名】黄毛鹿茸、花茸。

【来源】为鹿科动物梅花鹿 *Cervus nippon* Temminck 或马鹿 *Ceruvs elaphus* Linnaeus 的雄鹿未骨化密生茸毛的幼角。前者习称“花鹿茸”,后者习称“马鹿茸”。花鹿茸主产于吉林、辽宁、河北等省。马鹿茸主产于黑龙江、吉林、内蒙古、青海、云南、甘肃、四川、新疆等省。

【采收加工】夏、秋两季锯取鹿茸,经加工后,阴干或烘干。

【贮存保管】置阴凉干燥处,密闭,防蛀。鹿茸经加工后,可用木箱或以铁箱或新陶器装,外用木器套杠,先将鹿茸用纸包好,箱内铺软草,用纸塞紧,勿使动摇,以免损伤。箱内可放樟脑、花椒或冰片,然后将箱封固严密,或箱内放入白酒密封贮存。鹿茸粉用瓷瓶盛装密封贮存。

【养护技术】本品最易虫蛀、变色,受热则茸皮产生裂纹或崩口,遇潮则茸皮变黑并生白斑。所以在产地加工时用盐水浸渍或在涂敷的泥中加盐防臭,一遇阴雨潮湿天气,便易回潮,茸的皮部发胀迸裂或脱毛。因此在夏天或雨季,预先用黄泥涂敷外部及底部,晒至极干。回潮可悬挂通风干燥处,或用色布紧密缠裹外部,进行风晾亦可。若有虫蛀,可用烘晒方法处理。

鹿茸不装箱密封,容易受热或受潮。受热后其茸皮易破裂,受潮后则易变色泛黑和生白斑发霉,因此鹿茸最好装入木箱或铁木双层的箱内密封贮存。锯茸的锯口,最好用纸封住,并将整个锯茸用纸缠固。密封前,鹿茸须干透。容器内四周放适量纸包的樟脑粉。对砍茸,可直接将樟脑粉撒在绒毛处或脑皮上;或者与花椒,细辛存放一起,封固后,贮存在干燥处。此外,鹿茸片以及鹿鞭、鹿胎等,亦均应加樟脑粉密封贮存。这样不仅可以防止虫霉和风干破裂,而且还能保持鹿茸皮、毛的光泽。

【质量要求】以粗大、本梃圆、顶端丰满、体轻、质嫩、毛细、柔软、色红黄、皮红棕色、油润光泽者为佳。

第十一章　中药饮片贮存养护

中药饮片有狭义和广义之分,狭义饮片是指切制成一定形状的药物。广义饮片是指直接供中医临床调配处方或生产中成药用的一切药物,包括霜、油、片、丝、段、块等,如巴豆油、西瓜霜、大黄片、党参段、杷叶丝、葛根块、阿胶丁等。未经加热处理的饮片称为生片、生饮片、生药,经过加热处理的饮片称为熟片、熟饮片、熟药。

第一节　中药饮片的分类

中药饮片按中药材的特点与炮制要求,通常分为净选类、切制类、炮炙类三种。

1. 净选类饮片　净选类饮片是以中药材为原料药,通过挑选、筛选、风选、水选、刷净、刮除、剪切、火燎、压碾、燀、水飞、撞等加工,去除非药用部位、杂质,直接供药用的饮片。基本保持了中药材的形、色、气味和有效成分。如苏子、莱菔子、丁香、番泻叶、菊花、金银花、土鳖虫等。

2. 切制类饮片　切制类饮片是通过机器或手工切制而成的饮片,饮片类型有片、段、丝和块之分,机制片以横片、段、丝为主,手切片则可为多种类型。

(1) 极薄片:厚0.5mm,适用于木质类及动物骨、角质类羚羊角、鹿角、松节、苏木、降香等。

(2) 薄片:厚1~2mm,适用于质地致密坚实、切薄片不易破碎的药材,如白芍、乌药、槟榔、当归、木通、天麻、三棱等。

(3) 厚片:厚2~4mm,质地疏松、黏性大、粉性和切薄片易破碎的药材,如茯苓、山药、天花粉、泽泻、丹参、升麻、南沙参、白术、苍术、羌活等。

(4) 斜片:厚度为2~4mm,适用于长条形而纤维性强的药材。按倾斜度的大小,又分瓜子片、马蹄片、柳叶片等。倾斜度小的称瓜子片,如桂枝、桑枝。倾斜度稍大而体粗者称马蹄片,如大黄。倾斜度更大而药材较细者,称柳叶片,如甘草、黄芪、川牛膝、鸡血藤、木香、千年健等。

(5) 直片(顺片):厚度为2~4mm,适用于性状肥大、组织致密、色泽鲜艳和需突出其鉴别特征的药材,如大黄、天花粉、白术、附子、何首乌、防已、升麻等。

(6) 丝片:丝包括细丝(宽2~3mm)和宽丝(宽5~10mm),皮类药材、叶类药材和较薄的果皮类药材,如黄柏、厚朴、桑白皮、陈皮等均切细丝。枇杷叶、淫羊霍、瓜蒌皮等均切宽丝。

(7) 段(节):段包括长段(长10~15mm)和短段(长8~10mm),长段又称“节”,短段称“咀”,适用于全草类、形态细长及内含成分易于煎出的药材,如薄荷、荆芥、紫苏、党参、青蒿、怀牛膝、沙参、藿香、石斛、芦根、麻黄、忍冬藤等。

(8) 块:为8~12mm^3的立方块。适用于煎熬时易糊化的药材,如阿胶、六神曲等。

3. 炮炙类饮片　按炮炙方法和所用辅料不同,可分为炒制品(清炒、麸炒、蛤粉炒、米炒、砂炒、盐炙、酒炙、醋炙、姜炙、蜜炙)、煅制品、炭制品、蒸制品、煮制品、煨制品、霜制品和曲制品等。如炒王不留行、车前子、白芥子、麦芽、莱菔子、紫苏子、酸枣仁等。麸炒枳实、枳壳、僵蚕等。蛤粉炒阿胶。米炒党参、红娘虫、斑蝥等。砂炒龟甲、龟甲、鸡内金、穿山甲等。盐炙补骨脂、益智仁、杜仲、知母、巴戟天等。酒炙白芍、当归、川芎、延胡索、黄连、酒黄芩等。醋炙香附、柴胡、延胡索、青皮、五灵脂、乳香、没药、甘遂、商陆、芫花等。姜炙厚朴、竹茹、黄连等。蜜炙甘草、百部、紫菀、马兜铃、桑叶、桑白皮、桂枝、麻黄等。煅制品有血余炭、棕榈炭、煅石膏、煅自然铜等。炭制品有炮姜、地榆炭、山楂炭、栀子炭、槐花炭、蒲黄炭等。其他炮制品有熟地黄、蒸黄精、蒸山茱萸、水飞朱砂、巴豆霜、麦芽、六神曲、竹沥油、煨肉豆蔻、制川乌等。

第二节　中药饮片的变异现象

中药饮片系指在中医药理论指导下，根据辨证论治理论及调剂、制剂的需要，将中药材经过炮制处理后的具有一定规格的加工品。

根据中药炮制的工艺，饮片分为净选类、切制类、炮炙类和加工再制类；按照《中华人民共和国药典》和各省市炮制规范，饮片的类型主要有：极薄片、薄片、厚片、斜片、直片（顺片）、丝（细丝和宽丝）、段（咀、节）、块等。

饮片的片型和规格标准必须符合《中华人民共和国药典》或《全国中药炮制规范》及《饮片标准通则（试行）的规定》。

唐代的孙思邈著《备急千金要方》记载："凡药皆不欲数数曝晒，多见光日气即薄，歇宜热知之。……凡贮药法，皆须去地三四尺，则土湿之气不中也。"明代的陈嘉谟在《本草蒙筌》中指出："凡药贮存，宜常提防，倘阴干、曝干、烘干，未尽去湿，则蛀蚀霉垢朽烂不免为殃，见雨久着火频烘，遇晴明向日旋曝。粗糙悬架上，细腻贮坛中"。可见，历代医家对饮片的贮存是十分关注的。

饮片既可以直接供中医调配临床处方，又可以作为生产中药成方制剂或提取有效化学物质的原材料。因此饮片与炮制品的贮存保管是否得当，直接对药物质量产生影响，进而关系到临床用药的安全与有效，绝不可等闲视之。为了搞好饮片与炮制品的贮存和养护，必须首先了解并掌握饮片与炮制品的变异现象，从而采取相应的防治措施。

1. 虫蛀　是指饮片被蛀蚀的现象。一般易在饮片重叠空隙处或裂痕以及碎屑中发生。虫蛀的饮片有圆形洞孔，严重的被蛀空而成粉末。花类药被虫蛀后，可使整个花瓣散乱；动物类药的皮、肉、内脏极易被蛀空。饮片中含淀粉、糖、脂肪、蛋白质等成分，是害虫生长繁殖有利的营养来源，故最易生虫。

2. 发霉　饮片贮存的最大问题，一是霉变，二是虫蛀。其中以霉变危害最大。我国地处温带，特别是长江以南地区，夏季炎热、潮湿，饮片最易发霉。

发霉是指饮片受潮后在适宜温度条件下其表面或内部寄生和繁殖了真菌。空气中存在着大量的真菌孢子，散落在药材的表面上，在适当的温度、湿度、适宜的环境、足够的营养条件下，即萌发菌丝。开始时先见到许多白色毛状、线状、网状物或斑点，继而萌发成黄色或绿色的菌丝，这些菌逐渐分泌一种酵素，溶蚀药材的内部组织，使很多有机物分解，不仅可使饮片腐烂变质，而且有效成分也遭到很大的破坏，以致不堪药用。

3. 泛油　又称"走油"。是指饮片中所含挥发油、油脂、糖类等，因受热或受潮而在其表面出现油状物质和返软、发黏、颜色变浑、发出油败气味等现象。饮片泛油是一种酸败变质现象，影响疗效，甚至可产生不良反应。

含油质多的饮片，常因受热过高而使其内部油质易于溢出表面而造成走油现象，如柏子仁、郁李仁、炒苏子、当归、炒酸枣仁、炒莱菔子等。含糖量多的饮片,常因受潮而造成返软,亦称"走油",如牛膝、麦冬、天冬、熟地、黄精等。

4. 变色 是指饮片的色泽发生了变化。各种药物都有其本身固有的色泽,也是药材品质的标志之一。由于贮存不当,常使某些饮片的颜色由浅变深,如泽泻、白芷、山药、天花粉等;或由深变浅,如黄芪、黄柏等;或由鲜艳变黯淡,如红花、菊花、金银花、腊梅花等花类药材。饮片变色,常常是药材中所含的成分发生氧化、聚合、缩合形成大分子的有色物质。因此,色泽的变化不仅改变饮片的外观,而且也影响药物内在的质量。

5. 气味散失 是指饮片固有的气味在外界因素的影响下或贮存日久,气味散失或变淡薄。药物固有的气味,是由各种成分组成的,这些成分大多是治病的主要物质。如芳香性药物薄荷、细辛、荆芥、白芷、冰片等,其有效成分也随着气味的散失而受到不同程度的减少。因此,气味散失也是饮片质量受到严重影响的标志之一。

6. 风化 是指某些含结晶水的矿物类饮片,因空气干燥,表面逐渐脱水变成为粉末状态。风化了的饮片是由于失去了结晶水,改变了成分结构而发生的,其质量和药性也随之改变。易风化的药物有石膏、硼砂、芒硝等。

7. 潮解溶化 是指固体饮片吸收潮湿空气中的水分,并在湿热气候影响下,其表面逐渐湿润,慢慢溶化成液体状态,如青盐、咸秋石、芒硝等药物。这些饮片一旦变异后更难贮存。

8. 粘连 是指某些熔点比较低的固体树脂类饮片、一些胶类药物或蜜炙的饮片,受潮后粘连成块。如乳香、阿魏、没药、芦荟、阿胶、儿茶、龟板胶、鹿角胶等。对于一些粉末状的炮制品更易吸潮而粘连成块。

9. 鼠害 是指饮片遭到老鼠的啃噬或其排泄物污染的现象。绝大多数饮片都是老鼠袭击的对象,而且老鼠一旦进入仓库,啃噬或污染的饮片数量和种类均较多。饮片一旦遭鼠害则不能再入药。

10. 腐烂 是指某些鲜活的饮片,因受温度和空气中微生物的影响,引起发热,有利于微生物繁殖和活动而导致腐烂,如鲜生姜、鲜生地、鲜石斛、鲜芦根、鲜菖蒲等。饮片一旦腐烂,则不能再入药。

11. 自燃 是指某些饮片在夏天因大量堆置使中央产生的热量散不出,导致局部温度增高,进而焦化至燃烧的现象。如含油脂的药材海金沙、柏子仁,花类药材菊花、红花等。饮片自燃不仅该饮片受损失,还会引起仓库火灾,危害性极大。

第三节 中药饮片的检验与贮存保管

我国中药品种繁多,加工炮制方法不同,制成饮片后,形态性状各异,除了饮片本身的成分不同,有些饮片尚加入了不同辅料共同炮制,这就更增加其所含成分的复杂性,给保管贮存带来了更多的困难。

为确保中药质量和临床用药安全,中药饮片的入库验收及仓库贮存保管工作必须规范、细致。药品入库验收是保证质量的关键,在鉴别中药饮片为真品的前提下,应对其净度、片型、色泽、气味、水分、包装等进行严格检查。

（一）入库验收

1. 净度　净度即中药饮片所含杂质及非药用部位的限度。净度不符合要求的中药饮片会减少病人的用药量，直接影响临床治疗效果。因而在验收中药饮片时必须按标准检查其净度。国家中医药管理局关于《中药饮片质量标准通则〈试行〉》的通知规定：根、根茎、藤木类、叶类、花类、皮类、菌澡类含药屑杂质不得超过2%；果实种子类、全草类含药屑杂质不超过3%；动物类、矿物类含杂质不得超过2%；树脂类含杂质不得超过3%；炒黄品、米制品等含药屑不得超过1%；炒焦品、煅制品等含药屑杂质不得超过2%；炒炭品、土制品、煨制品等含药屑杂质不得超过3%。

2. 片型　中药饮片要求片型均匀、整齐、表面光洁、无连刀片等，饮片的厚度也有一定要求，片型合格的饮片有利于有效成分的煎出。

3. 色泽　中药饮片的色泽常作为判定其炮制程度及内在质量变异的标志之一，如生甘草片面黄白色、经蜜炙后应是老黄色。黄芩发绿、白芍变红均说明其内在成分已发生变化。

4. 气味　中药饮片经切制或炮炙，应具有原有的气和味，不应带异味或气味散失，如薄荷辛凉、檀香清香等。

5. 水分　水分对保证中药饮片的质量具有重要意义，合理的水分在贮存保管中可防止生虫、霉变，避免有效成分分解、酶解变质等。

《中药饮片标准通则（试行）》规定：一般的饮片含水量宜控制在7%～13%；蜜炙品类含水分不得超过15%；酒炙、醋炙及盐炙品类等含水分不得超过13%；烫制醋淬制品含水量不超过10%。

6. 包装　现行的中药饮片已实行分剂量袋装，入库验收时对其包装也应进行严格检查，检查包装是否破损，核对所标品名数量是否与内装实物相符，有无生产厂家、生产批号、产地等，实施批准文号管理的中药饮片还应标明批准文号，并及时做好验收记录。

（二）在库检查

中药饮片在贮存过程中产生的变异现象主要与空气、温度、湿度、日光及霉变、虫害等有关。中药饮片库应保持卫生清洁，经常采用通风、除湿、降温来控制和调节库内温、湿度，达到抑霉防虫的目的。枸杞、熟地等含糖类、黏液质较多的中药饮片应放置阴凉处贮存；人参、三七等贵重药与一般药品分开放置冰柜冷藏。经常检查中药饮片的包装和质量，如发现霉变虫蛀等不合格的中药饮片应及时将其分开另放，停止使用。应根据药物的性质对每种中药饮片进行合理的季节性管理，勤查、勤翻、勤整理，并做好检查、养护等记录。按照“先进先出”、“批号早先用”的原则把好药品质量关。

（三）中药饮片贮存原则

1. 控制含水量　中药材加工炮制成不同规格的饮片后，由于截断面积增大，与外界空气接触面也随之扩大,因此易吸湿或被污染。为防止变异发生,要严格控制饮片水分在9% ~13%之间。

2. 贮存环境 饮片库房应保持通风、阴凉和干燥,避免日光的直接照射,室温应控制在25℃以下,相对湿度保持在75%以下为宜。根据饮片及所加辅料的性质,选用适当的贮存容器。饮片的贮存容器必须合适,一般可贮存于木箱、纤维纸箱中,最好置严密封口的容器中贮存,如贮存铁罐、铁桶中,以防止湿气的侵入。有些应置于陶瓷罐、缸或瓮中,并加入石灰或硅胶等干燥剂。至于量多者可暂时用竹篓、筐贮存,但不宜久放,以免霉蛀。

3. 养护措施 勤检查,勤翻晒,勤整理,经常灭鼠,发现问题及时处理。要按炮制日期先后,贯彻先进先出、易变先出的原则,以免贮存日久,发生变质。做好色标管理,最易蛀霉的品种用红色标帜;易蛀霉品种用黄色标帜,不易蛀霉品种用绿色标帜,并做好记录。

为保证中药饮片质量,除注意以上各方面外,还必须根据各种饮片的性质、所加辅料性质和加工方法,进行合理的分类贮存保管。

(四) 中药饮片的分类贮存

1. 含淀粉类饮片 含淀粉多的药材,如泽泻、山药、葛根、白芍等,切成饮片后要及时干燥,并防止污染,应贮于通风、干燥、阴凉处,并注意防虫蛀。

2. 含挥发油类饮片 含挥发油较多的药材,如薄荷、当归、木香、川芎、荆芥等切成饮片后,干燥温度不能高,一般在60℃以下,以免损失有效成分。贮存时室温亦不能太高,否则容易散失香气或泛油;湿度大亦易吸湿霉变和虫蛀。应置阴凉、干燥处贮存。

3. 含糖及黏液质类饮片 含糖分及黏液质较多的药材,如肉苁蓉、熟地黄、天门冬、党参等,炮制后不易干燥,凡温度高、湿度大均易吸潮变软发黏、霉烂和虫蛀。宜置通风干燥处,密封贮存。防霉防蛀。

4. 种子类饮片 种子类药材经炒制后增加了香气,如紫苏子、莱菔子、薏苡仁、扁豆等,若包装不坚固易受虫害及鼠咬,故多贮存于缸、罐中封闭保管。

5. 花类饮片 花类饮片易变色和散失香气,应避光密封贮存,贮存期不宜超过1年。受潮后可摊晾、阴干或低温烘干(30 ~40℃),忌曝晒、高温烘烤。

6. 动物类饮片 动物类饮片易霉、蛀、泛油。梅雨季节可烘焙1 ~2次,置石灰缸中贮存,或拌花椒同贮。库房相对湿度70%以下。要少贮勤进。

7. 矿物类 某些矿物类饮片如硼砂、芒硝、胆矾等,在干燥空气中容易失去结晶水而风化。故应贮于密封的缸、罐中,置于凉爽处。防潮解与风化。

8. 其他饮片 纤维与木质类饮片不易引起质变,无须特殊保管。叶与全草类亦较易保管,少数品种易霉蛀,如垂盆草、半边莲、透骨草等,宜贮干燥处,贮期不宜过长。

9. 炮炙类饮片

(1) 蜜炙饮片 如黄芪、党参、甘草、款冬花、枇杷叶等,蜜炙后糖分大,较难干燥,特别容易易受潮返软或粘连成团,易污染、虫蛀、霉变及鼠咬,温度过高易使蜜融化,如果蜂蜜品质不好,蜜炙的饮片易发生酸败现象。蜜制饮片容易被污染、虫蛀、霉变或鼠咬,应贮于缸、罐内,密闭,置通风、干燥、凉爽处。此外,蜜炙品每次制备不宜过多,存贮时间不能过长。

(2) 酒炙饮片 黄芩、黄柏、大黄、常山、当归、川芎等酒炙后应贮于密闭容器中,置阴凉处。

(3) 盐炙饮片　巴戟天、知母、泽泻、杜仲、车前子等盐炙后，很容易吸收空气中的湿气而受潮，若温度高且空气过于干燥，水分散失则盐分析出，应贮于密闭容器内，置通风干燥处，防潮。

(4) 醋炙饮片　延胡、乳香、没药、大戟、芫花、甘遂、香附、商陆等醋炙后，应贮于密闭容器中，置阴凉处。

(5) 蒸煮类饮片　制首乌、制川乌、熟地、制黄精、制玉竹、黄芩等蒸煮后常含有较多水分，易霉变，宜密闭贮存，置干燥通风阴凉处。

(6) 曲类、霜类饮片　曲制品多以淀粉为黏合剂经发酵后制成，气清香，易霉、蛀、泛油及鼠咬。霜制品易泛油，均宜置阴凉干燥处密闭贮存，且不能久贮。

(五) 易变异饮片

1. 易发霉饮片　人参、当归、党参、毛知母、葛根、山奈、白及、紫菀、天门冬、怀牛膝、独活、玉竹、黄柏、白果、橘络、全瓜蒌、山茱萸、金银花、马齿苋、莲子芯、枸杞子、大枣、菊花、红花、大小蓟、大青叶、桑叶、蛤士蟆油、鹿筋、狗肾、水獭肝、蛤蚧、黄柏、白鲜皮、川槿皮、甘草、云木香、五味子、青皮、芡实、苡米、栀子、洋金花、蝼蛄、地龙、蕲蛇、蜈蚣。

2. 易虫蛀饮片　黄芪、人参、党参、贝母、当归、南沙参、独活、白芷、防风、板蓝根、甘遂、生地、闹阳花、蒲黄、芫花、泽泻、全瓜蒌、枸杞子、大皂角、桑椹、龙眼肉、核桃仁、冬虫夏草、甘草、山药莲子心、苡米、杏仁、菊花、金银花、凌霄花、青风藤、桑白皮、鹿茸、蕲蛇、鸡内金、天花粉、桔梗、北沙参、防已、莪术、金果榄、佛手、陈皮、砂仁、酸枣仁、红花、黄柏、狗肾、广地龙、灵芝、猪苓、茯苓、蝉蜕、柴胡、地榆、乌药、葛根、丹参、何首乌、赤芍、苦参、延胡索、升麻、萆薢、大黄、肉蔻、淡豆豉、水蛭、僵蚕、蜈蚣。

3. 易变色饮片　红花、山茶花、金银花、月季花、梅花、玫瑰花、玳玳花、款冬花、橘络、佛手、通草、麻黄、扁豆花。

4. 易泛油饮片　川芎、白术、苍术、当归、怀牛膝、独活、火麻仁、胡桃仁、榧子、千金子、巴豆、狗肾、水獭肝、前胡、云木香、龙眼肉、橘核、杏仁、蝼蛄、壁虎、胎盘。

5. 易散失气味饮片　藿香、香薷、紫苏、细辛、肉桂子、薄荷、佩兰、荆芥、肉桂、独活、当归、花椒、吴茱萸、八角茴香、丁香、檀香、沉香、厚朴、月季花、玫瑰花、玳玳花。

6. 易潮解风化饮片

(1) 易潮解类：芒硝、大青盐、硼砂、硇砂、绿矾、胆矾、咸秋石、盐附子、全虫、海藻、昆布。

(2) 易风化类：芒硝、胆矾、硼砂、白矾、绿矾。

7. 易软化、融化、升华饮片

(1) 易软化融化类：松香、芦荟、阿魏、猪胆膏、白胶香、安息香、柿霜饼、乳香、没药、苏合香。

(2) 易升华类：樟脑、薄荷脑、冰片。

第四节　中药饮片的养护技术

中药饮片与炮制品除按上节方法进行贮存外，还需依据不同成分性质进行经常性的保管养护，才能避免遭受虫蛀霉变，以保证中药的安全有效及久贮。

（一）仓库的管理

饮片仓库须建立管理制度，保持经常性的检查，保证库房干燥、清洁、通风。注意外界温度、湿度的变化，及时采取有效措施调节室内温度和湿度。饮片入库前应详细检查有无虫蛀、生霉等情况。凡有问题的包件都应进行适当的处理，只有合格的包件才能入库贮存。贮存的方法可根据饮片的特性分类保管。如剧毒药马钱子、生半夏、生乌头等必须与非毒性药材分开，专人管理；容易吸湿霉变的饮片应特别注意通风干燥，必要时可翻晒或烘烤；含淀粉、蛋白质、糖类等营养成分的饮片容易虫蛀，应贮存于容器中，放置干燥通风处，并经常检查，必要时进行灭虫处理；少数贵重的饮片如天然牛黄、麝香、羚羊角、鹿茸、人参、番红花等也应与一般药材分开，专人管理，有的应密闭贮存，勤于检查，防霉、防蛀。

（二）中药饮片的检查

中药炮制品种较多，方法各异。由于各药的性质和炮制加用辅料等的原因，常常易霉、易蛀。如盐炙的泽泻、荔枝核、橘核，蜜炙甘草、百部、黄芪、桑皮、百合，不仅易吸潮、稀化，使其含水量增加，同时也易被虫害。有些发酵、发芽及复制品，如建神曲、半夏曲、六神曲、胆南星、淡豆豉及谷芽、麦芽，也是被蛀的对象。检查时应以这类炮制品为重点，如六神曲、建神曲装箱、开箱检查时先注意底层和四周，这些部位因易吸潮，往往先生虫，要及时发现，防治虫患。

（三）传统防治饮片虫霉的养护技术

传统养护技术具有经济、有效、简便易行、防虫治虫等优点，仍是目前饮片贮存保管中害虫综合防治的重要基础措施，其方法大致可分为：

1. 清洁养护法 搞好中药与仓库的清洁卫生是一切防治工作的基础。实践经验证明，凡是重视仓库的清洁卫生工作，由于杜绝害虫感染途径，恶化了害虫的生活条件，是防止仓虫侵入最基本和最有效的方法。其内容主要包括对饮片及其炮制品、仓库及其周围保持清洁和库房的消毒工作。

2. 除湿养护法 通过养护技术来改变库房的小环境，或利用自然吸湿物，如生石灰等在密封不严下吸湿养护，可起到抑制真菌和害虫发生的作用。常用的方法有通风、吸湿和防潮。鉴此，用于贮存饮片及炮制品的库房必须具备通风、易密封、降温、防潮、隔热等设备，以便根据外界情况采取相应方法，来控制和调节库内的温度和湿度。

再者利用自然吸湿物，吸收潮湿空气中的水分，可以保持仓库凉爽而干燥的环境。传统常用的吸湿物有生石灰、木炭、草木灰等。现发展到采用氯化钙、硅胶等吸潮。

另外，还可利用太阳光照，或加热烘干的方法以散发水分，使饮片及其炮制品干燥。尤其在入库前或雨季前后均可采用此类方法。

3. 密封（密闭）养护法 采用密封或密闭养护的目的是使饮片及其炮制品与外界的空气、温度、湿度、光线、细菌、害虫等隔离，尽量减少这些因素对药物的影响，保持饮片及其炮制品原有质量,以防虫蛀、霉变。传统采用缸、坛、罐、瓶、箱、柜、铁桶等容器。密闭或密封贮存或添加木炭、生石灰等吸湿剂,密封或密闭和吸湿剂相结合应用的养护效果更好。现发展利用密封性能更高的新材料——塑料薄膜帐、袋,以及密封库、密封小室等密封养护,更能增强干燥防霉、防虫的效果。当气温逐渐升高,空气中相对湿度增大,各种真菌、害虫容易繁殖生长的季节,则可采用密封法或密闭法。

密封或密闭法严密贮存前,要检查饮片及炮制品是否干燥,含水量不能超过安全标准,并检查确实无虫蛀、霉变迹象,否则虽然进行了密封或密闭,仍不能收到良好的效果,甚至会造成损失。

4. 低温养护法 中药害虫一般在环境温度8~15℃时停止活动,在-4~8℃时,即进入冬眠状态,温度低于-4℃,经过一定时间,可以使害虫致死。这不但能防虫,亦可防霉,防变色、走油等。

5. 高温养护法 中药害虫对高温的抵抗力较差,当环境温度在40~45℃时,害虫就停止发育、繁殖。温度升到48~52℃时,害虫将在短时间内死亡。无论用曝晒或烘烤来升温杀虫,都是一种有效的办法。注意烘烤饮片温度不宜超过60℃,含挥发油的饮片不宜烘烤,以免影响质量。

6. 对抗同贮养护法 是采用两种以上药物同贮或采用一些有特殊气味的物品同贮而起到抑制虫蛀、霉变的养护方法。如蛤蚧与花椒、吴茱萸或毕澄茄同贮;丹皮与泽泻、山药同贮;人参与细辛同贮;冰片与灯心草同贮;硼砂与绿豆同贮等。采用特殊气味的物品密封同贮,主要是指白酒和药用乙醇。如对动物昆虫类炮制品乌梢蛇、地龙、蛤蚧等;含糖类中药炮制品枸杞子、龙眼肉、黄芪、大枣等;贵重药炮制品冬虫夏草、鹿茸等;含挥发油类中药炮制品当归、川芎等;均可采用喷洒少量95%药用乙醇或50°左右的白酒密封养护,可达到防蛀、防霉效果。

7. 化学药剂养护法 是利用一些药剂可在短时间内杀灭一切害虫和虫卵,杀虫后能自动挥散,并且对饮片的质量没有影响的养护方法。杀虫剂必须挥发性强,有强烈的渗透性,能掺入包装,作用迅速。常用的杀虫剂主要有氯化苦、磷化铝、二氧化硫等,但这些杀虫剂本身毒性较强,刺激人体的呼吸道或使人眩晕、浮肿等,因此使用者应注意防护。

(四)现代防治饮片虫霉的养护技术

虽然传统养护经验和方法能解决一定的问题,但远不能适应目前中药事业发展的需要。随着现代科学技术的发展与应用,一些物理的、化学的新技术新方法不断地应用于中药及炮制品的贮存与养护。现将国内有关中药及炮制品的养护新技术、新方法概括如下:

1. 干燥养护技术 有远红外辐射干燥技术、微波干燥技术等,这些技术不但可以快速干燥饮片及炮制品,而且能杀灭细菌、真菌、虫卵等,具有很好的防霉防虫作用。

2. 气幕防潮养护技术 气幕又称气帘或气闸,是用来装在库房门上,配合自动门以防止库内冷空气排出库外、库外热空气侵入库内的装置,从而达到防潮的目的。

3. 气调养护技术 气调养护方法就是采用降O_2充N_2或降O_2充CO_2的方法,人为地造成低O_2或高浓度CO_2状态,达到杀虫、防虫、防霉的目的。其特点是:不污染环境,能有效地杀灭饮片的害虫,具有保持饮片色泽、品质等作用,是一种较理想的养护办法。

4. 气体灭菌养护技术 气体灭菌主要是指环氧乙烷防霉技术及混合气体防霉技术。环氧乙烷是一种气体灭菌杀虫剂。其作用机制主要是与细菌蛋白分子中氨基、羟基、酚基或巯基中的活泼氢原子起加成反应生成羟乙基衍生物,使细菌代谢受阻而产生不可逆的杀灭作用。其特点是:有较强的扩散性和穿透力,对各种细菌、真菌及昆虫、虫卵均有十分理想的杀灭作用。环氧乙烷是一种低沸点(13~14℃)的有机溶剂,有易燃易爆的危险。应用环氧乙烷混合气体可克服上述缺点。它是由环氧乙烷与氟里昂按国际通用配方组成。具有灭菌效果可靠、安全、操作简便等优点。

5. ^{60}Co-γ 射线辐射杀虫灭菌技术 是采用^{60}Co-γ 射线对中药材、饮片、炮制品、中成药进行杀虫灭菌处理的方法。经研究证明,杀虫效果显著。

6. 低温冷藏养护技术 低温贮存是利用机械制冷设备产生冷气,使饮片贮存在低温状态下,以抑制害虫、真菌的发生,达到安全养护的目的。特别是一些贵重饮片及受热易变质的炮制品,在0~10℃贮存,则不易产生走油、变色、霉变、虫蛀等现象。

7. 蒸汽加热养护技术 是利用蒸汽杀灭饮片及炮制品中所含的真菌、杂菌及害虫的方法,是一种简单、价廉和可靠的灭菌方法。蒸汽灭菌按灭菌温度分为低高温长时灭菌、亚高温短时灭菌和超高温瞬间灭菌三种方法。目前我国常用的是低高温长时灭菌的方法。研究表明采用超高温瞬间灭菌无论从能源的节省,或是中药成分的破坏上都要优越得多。超高温瞬间灭菌是将灭菌物迅速加热到150℃,经2~4秒的瞬间完成灭菌。由于灭菌温度高,灭菌时间短,这样加热杀灭微生物的速度比药物成分发生反应的速度来得快,因此药效损失甚微。文献报道,超高温瞬间灭菌具有无残毒、成本低、投资少、成分损失少等优点。

8. 中药挥发油熏蒸防霉技术 是利用某些中药挥发油使其挥发熏蒸饮片或炮制品,而达到抑菌和灭菌的方法。其特点是能迅速地破坏真菌结构,使真菌孢子脱落、分解,从而起到杀灭真菌,并抑制其繁殖的作用;且对饮片或炮制品表面色泽、气味均无明显改变。多种中药的挥发油具有一定程度的抑菌和灭菌效果,其中以荜澄茄、丁香挥发油的效果最佳。

9. 包装防霉养护法 包装防霉实质是指无菌包装。首先将饮片或炮制品灭菌,然后把无菌的饮片或炮制品放进一个真菌无法生长的环境,这样由于避免了再次污染的机会,在常温条件下,不需任何防腐剂或冷冻设施,在一年内不会发生霉变。值得注意的是,进行包装时,首先需要三项基本条件:一是包装环境无菌;二是贮存物无菌;三是包装容器无菌。无菌包装过程中,对产品及容器的灭菌是一个重要的问题。包装容器的种类很多,用在中药饮片或炮制品的包装,目前绝大部分是采用聚乙烯材料。聚乙烯难以用蒸汽灭菌,最适宜用环氧乙烷混合气体灭菌。

第五节 常用饮片的贮存养护

一、黄 芪

【性状】(1) 生黄芪:为类圆形、椭圆形厚片,周边灰黄褐色至黄褐色,切面皮部黄白色,木部淡黄色,质韧。精制饮片呈纵切片,狭长椭圆形,“金井玉栏”特征明显。气微,味微甘,嚼之有豆腥气。

（2）蜜炙黄芪：周边黄褐色，切面淡棕黄色，滋润，有蜜糖香气，味甘。

【贮存养护】生黄芪宜密闭贮存阴凉干燥处。受潮质地变软，切面出现白霉点，贮存过久则色泽变深。蜜炙黄芪不宜久贮，以临方炮制、随用随炒为佳。

二、熟　地　黄

【性状】（1）熟地黄：为类圆形或不规则厚片，乌黑色，易粘结成团块。周边皱缩，切面显光泽，黏性较大。质柔软而滋润。气微，味甘。

（2）熟地黄炭：为类圆形或不规则形厚片。乌黑色或附有黑色粉末。质松脆。折断面暗黑色，无黏性。有焦糖香气，味微甘、微苦。

（3）砂仁拌熟地黄：外表面附有众多黄白色至淡棕色粉末，具砂仁特异香气。

【主要成分】含地黄素、多种糖类、甘露醇等。

【贮存养护】熟地黄宜贮缸、坛中，盖严，防止散失水分或湿气侵入。熟地黄炭一般不易蛀霉。

三、大　　黄

【性状】（1）生大黄：不规则厚片或块，表面黄棕色至黄褐色，中心有纹理，微显朱砂点（锦纹），质轻，气清香，味苦微涩。

（2）酒炙大黄：表面深棕色或棕褐色，偶有焦斑，折断面呈浅棕色，质坚实，略有酒香气。

（3）酒熟大黄：表面黑褐色，质坚实，有特异芳香气，味微苦。

（4）大黄炭：表面焦黑色，断面焦褐色，质轻而脆，有焦香气，味微苦。

（5）醋大黄：表面深棕色或棕褐色，断面浅棕色，略有醋香气。

（6）清宁片：圆形厚片，表面乌黑发亮，有香气，味微苦甘。

【主要成分】含多种蒽醌衍生物，总量1%～5%。主要为大黄酸、大黄素、大黄酚、番泻苷、鞣质等。

【贮存养护】贮干燥通风处。大黄受潮易虫蛀、发霉、变色，易泛油。以生大黄、酒大黄变异明显，大黄炭较易保管。酒熟大黄片宜密封存放，以防潮湿。发霉忌淘洗，否则变色。大黄饮片不宜多晒或久晒，以免变色。

四、茯　　苓

【性状】（1）茯苓：为不规则片块或呈薄片状。白色或类白色，表面略粗糙或平坦。质坚。气微、味淡。

（2）朱砂拌茯苓：外表面橙红色。

【主要成分】含茯苓聚糖，含量可达75%；并有茯苓酸、树胶、果糖等。

【贮存养护】受潮易霉蛀，宜置干燥容器内。

五、山　药

【性状】(1) 生山药:类圆形厚片,表面白色或淡黄色,周边显浅黄白色,质地坚硬,粉性,无臭,味淡,微酸。

(2) 土炒山药:表面土红色,黏有土粉,略具焦香气。

(3) 麸炒山药:表面黄色,偶有焦斑,折断面白色,略具焦香气。

【主要成分】皂苷、黏液质、淀粉、胆碱等。

【贮存养护】山药易霉蛀和变色。麸、土炒山药制备不宜过多,宜密闭贮存或吸潮保存。

六、甘　草

【性状】(1) 生甘草:为类圆形或椭圆形的厚片,周边褐色、棕褐色,切面淡黄色至淡棕黄色,具深色环纹和放射状纹理及裂隙,有的可见髓部。质坚。气微,味甘而特异。

(2) 蜜炙甘草:切面黄色至淡棕黄色,滋润,有蜜香气。

【主要成分】含三萜皂苷、甘草酸、多种黄酮成分、甘草素、微量挥发油等。

【贮存养护】甘草饮片晒干放冷后密闭贮存。蜜炙品受潮易霉,宜密闭贮存,但时间不宜太长,以防变质。

七、延 胡 索

【性状】(1) 延胡索:圆形厚片或不规则碎颗粒,周边呈黄色或黄褐色,有不规则网状皱纹,片面黄色,角质样,具蜡样光泽。质硬而脆,气微,味苦。

(2) 醋制延胡索:为类圆形或不规则形薄片。周边灰黄棕色至黄棕色,切面深棕色至黄褐色,角质样,折断面棕色至深棕色,具光泽。有醋香气。

(3) 酒炒延胡索:黄棕色至棕色,有的可见焦斑,具焦香气并微显酒香气。

【主要成分】含近 20 种生物碱,如延胡索甲素、延胡索乙素等。

【贮存养护】贮干燥容器内。醋制品及酒制品一般不易蛀、霉。

八、制 黄 精

用黄酒制成或蒸制而成。

【性状】为不规则形的厚片,乌黑色,有的可见茎痕、横环节。质柔软滋润。断面黑褐色。微具焦糖气,味甘、微苦。

【主要成分】含黄精多糖、黄精低聚糖、醌类等。

【贮存养护】宜置石灰缸保存。受潮热易霉、泛油和虫蛀。虫蛀一般在凹陷处,程度较轻。

九、制五味子

用酒、醋、蜜炮制而成。

【性状】呈类球形,外表黑色或棕黑色,皱缩,果肉稍厚或薄,种子1~2粒,肾形。质柔润或坚脆。破碎后有香气,味酸、微辛。

【主要成分】含柠檬酸、苹果酸、五味子醇、五味子素、五味子酚等。

【贮存养护】易萌霉、失润。一般南五味霉变较北五味为轻。宜置干燥容器内,贮阴凉干燥处。

十、盐炙补骨脂

【性状】呈肾形,外表棕褐色至黑褐色,具细网状皱纹,有的可见焦斑。质坚,除去果皮,内含淡棕黄色子叶2。气特异,味微咸、微苦。

【主要成分】含挥发油、香豆素、黄酮类化合物、树脂及豆甾醇等。

【贮存养护】易霉、蛀,若炮制不当则易萌霉。宜贮干燥容器内。

十一、苦杏仁

【性状】(1) 带皮苦杏仁:呈心脏形、稍扁,一端尖,另端钝圆而肥厚,基部两侧不对称,外表面淡棕色至红棕色。种皮薄,除去种皮,可见白色子叶2。质坚,富油性。气微,味苦。

(2) 去皮苦杏仁:呈不规则形小片。类白色至黄白色,外表面平滑。质坚,富油性。气微,味苦。

(3) 苦杏仁霜:为黄白色松散的粉末,微具特异香气,味苦。

【主要成分】含苦杏仁苷,尚含苦杏仁酶、乳糖酶及多量脂肪油等。

【贮存养护】受潮易霉、泛油和虫蛀。宜贮干燥容器内,防蛀、防泛油;霜置石灰罐内。

十二、何首乌

【性状】(1) 生何首乌:为不规则厚片,周边棕红色至棕褐色,切面淡棕黄色至淡红棕色,有时可见云锦状花纹环列,有的中央木部较大。质坚实,显粉性。气微,味微涩。

(2) 制何首乌:为不规则厚片,周边棕黑色,切面棕褐色至棕黑色,质坚硬。断面呈角质样。气微,味淡而微涩。

【主要成分】大黄酚、大黄素,尚含大黄酸、卵磷脂、糖类和淀粉等。

【贮存养护】生何首乌易霉蛀,表面可见霉迹与蛀孔及排泄物。宜贮干燥处。制何首乌经蒸煮加工,淀粉糊化,质坚硬,一般不会变异,贮干燥处。

十三、荆　芥

【性状】(1) 荆芥:呈短段状,被灰白色疏短柔毛。茎方柱形,外表面黄绿色至紫棕色,切面类白色,中央具髓。叶较小,多皱缩、破碎,暗绿色至黄绿色,花序均切断,淡黄绿色至淡黄色。质脆。气香特异,味辛、凉。

(2) 炒荆芥:棕黄色至棕褐色,有的可见焦斑,茎切面黄白色至淡黄色,微具焦香气。

(3) 荆芥炭:呈短段状,茎方柱形,棕褐色至棕黑色。具焦香气,味微苦。

【主要成分】含挥发油1% ~2%,荆芥穗含挥发油约4%。

【贮存养护】易变色、香气散失,受潮易生虫。宜置干燥容器内。荆芥制炭后要凉透后贮存,以防自燃。

十四、白　菊　花

【性状】(1) 白菊花:呈不规则扁球形,总苞灰绿色至黄绿色。舌状花数层,类白色,细长,管状花短而少。质柔软。气香特异,味微苦。

(2) 炒白菊花:黄白色,有的具焦斑,略显焦香气。

【主要成分】含挥发油、腺苷、菊苷、胆碱等。

【贮存养护】易虫蛀、生霉、香气散失。不宜曝晒,宜贮阴凉干燥处或置干燥容器内。遇潮受热易变色散瓣。仓虫大多蛀蚀花蕊,吐丝结串污染花序。

十五、槟　榔

【性状】(1) 槟榔片:为圆形或类圆形极薄片。周边淡棕色至暗棕色,切面具红棕与白色相间的大理石样纹理,中间有的呈孔洞。质坚脆。气微,味微涩、微苦。

(2) 炒槟榔:周边暗棕色,切面呈红棕色与淡黄色相间的大理石样纹理,有的具焦斑,有焦香气。

【主要成分】含槟榔碱及少量槟榔次碱等,均与鞣酸结合存在。此外,还含脂肪油、红色素、皂苷等。

【贮存养护】陈货易蛀、易潮。宜置干燥容器内。

十六、阿　胶　珠

【性状】(1) 蛤粉炒阿胶:呈类球形,淡棕黄色,外表面附有白色粉末,或具小瘤状突起,内部蜂窝状(多孔状),质松泡,坚脆,易碎。气微。

(2) 蒲黄炒阿胶:呈类球形,外表面棕褐色,具瘤状突起。破碎面呈多孔状。质坚脆,易碎。气微。

【主要成分】含蛋白质水解物、肽类及氨基酸等。

【贮存养护】受潮易霉、粘连。宜置阴凉干燥处。少量可置石灰缸内。

十七、金　银　花

【性状】(1) 金银花:呈棒状,上粗下细、略弯曲。花冠黄白色至淡棕黄色,密被短柔毛或无毛。体轻,质柔软,气香特异,味微苦。

(2) 炒金银花:淡棕黄色,有的具焦斑,略显焦香气。

(3) 金银花炭:呈棒状,上粗下细、略弯曲。全体棕褐色至黑褐色,质脆。具焦香气,味苦。

【主要成分】含绿原酸、异绿原酸,尚含肌醇、皂苷等。

【贮存养护】易霉蛀、变色。宜置干燥容器内。不宜久贮,贮存1年以上则变色。制炭后要凉透再贮存,防自燃。受潮后返软,受热则萌霉。受蛀蚀则丝与虫粪等排泄物结串成团。

十八、肉　　桂

【性状】(1) 肉桂:为不规则的碎片或丝片,外表面灰棕色,内面红棕色。切面黄棕色至棕色,有的中间尚有1条浅色环状带纹。质坚脆。断面显油润。气香特异,味甘、微辛。

(2) 肉桂粉:为棕色至红棕色粉末。气香特异,味甘、微辛。

【主要成分】含挥发油1% ~2%,油中主含桂皮醛、乙酸桂皮酯等。

【贮存养护】易散失香气、失润。宜置密闭容器内,贮阴凉干燥处。

十九、石　　膏

【性状】(1) 生石膏:呈长条状或不规则形的小块,白色或类白色,具玻璃样光泽,并有纵向纤维状纹理。质坚硬。气微,味淡。

(2) 煅石膏:呈长条状或不规则形的小块,有的已成粉末,白色,不具光泽,尚可见纵向纤维状纹理。质较松。

(3) 蜜炙石膏:淡棕色,略具滋润感,味微甘。

【贮存养护】贮存期内一般不会产生质量变异。置干燥容器内,防尘。

二十、芒　　硝

【性状】为不规则块片状或颗粒状结晶,无色透明或类白色半透明。气微、味咸。

【主要成分】为含水硫酸钠。

【贮存养护】易潮解、风化。长期与空气接触易失去结晶水而呈白色粉末。宜置密闭容器内,在30℃以下贮存。

二十一、鲜　竹　沥

【性状】为淡黄色至淡黄棕色的澄清液体,具烟焦气,味微甘涩。

【主要成分】含有机酸、酚类、氨基酸和糖类。

【贮存养护】易混浊、沉淀、变色。宜置避光密闭容器内置阴凉处。久贮或加工不当会产生絮状沉淀、变色,且味酸、气异。

二十二、巴 豆 霜

【性状】为淡棕黄色松散的粉末,微具油腻气,味辛。

【主要成分】含巴豆油,油中含巴豆树脂,并含巴豆毒素,为类似蓖麻毒蛋白的毒性球蛋白。

【贮存养护】易蛀、霉、泛油。置干燥容器,或置石灰缸内,贮阴凉干燥处。

第十二章　中成药贮存与养护

中成药是指根据临床需要与药物性质,以中药材或饮片为原料,在中医药理论指导下,采用相应的制备工艺和加工方法,按生产处方和标准制备成一定剂型的药物。中成药既供医院药房配方用,也可供零售药店销售用,从出厂日起,通过贮存、运输、批发、零售,直到病人服用,需经较长时期。中成药虽都经粉碎、熬炼、提取、配制和干燥等工序,但其成分仍与其原料药相似,基本上保持了原有性质。中成药与化学药物制剂相比,更易受温度、湿度、空气、日光等因素影响,产生霉变、虫蛀、沉淀、变色等各种变异。其质量变异原因与中药材亦相似,只是在程度和形式上稍有差异。

中成药是我国传统特有的药品,随着我国中医药事业的蓬勃发展,生产制备工艺技术的不断更新,许多新剂型、新品种不断增多,加之人们对中药的认同度增高和需求的增大,导致中成药的产量大幅度上升,贮存量也迅速扩大。

中成药的剂型有40余种,传统的有丸剂、散剂、膏剂、丹剂、露剂、胶剂、酒剂、酊剂等,现代的有片剂、颗粒剂、糖浆剂、注射剂、滴丸剂、胶囊剂、气雾剂等。中成药的原料多来自动植物,而且剂型不一,品种繁多,处方组成复杂,制备工艺烦琐多样,有效成分又多为混合体,因而使这些中成药出厂后,在质量上容易发生变化。有些中成药如合剂、煎剂、浸膏剂等液体制剂,存在着质量不稳定因素;有些中成药如片剂、丸剂、胶囊剂等自身包装不够严密与合理,加上中成药的使用周期较长,容易造成变质,这给贮存保管带来较大困难,必须引起足够的重视,采取有效措施,合理保管养护中成药,确保用药安全与有效。了解并掌握中成药常见的一些变质现象、变异因素和各种贮存养护技术,则可以减少或避免变质现象的发生。因此,如何合理贮存养护中成药,是现代中药贮存养护学研究的重大课题之一。

第一节　中成药常见的变异现象

中成药养护不当也会发生变异现象。最常见的变异现象有虫蛀、霉变、酸败、挥发、混浊等。

1. 虫蛀　是指中成药被害虫蛀蚀。由于害虫种类多,繁殖迅速,适应力强,分布面广,故不论在药物仓库、药材产地加工厂、制作工艺过程中等,都有它们的足迹,若养护不当,一遇适应的气候环境,就会大量发生,造成严重损失。我国地处温带,每到夏季,温度较高(16～35℃),湿度亦大(相对湿度为65%以上),有利于害虫的孳生和繁殖,成药感染害虫后,不仅造成经济上的损失,亦可使药物有效成分遭到破坏,降低药用价值,甚至不能入药。中药成药有散、丸、丹、膏、露、酒、锭、囊、曲、糊、液、油、片各种剂型,在这些剂型中,尤易虫蛀的是如蜜丸、散剂、茶剂、水丸等。害虫对丸剂的危害方式是:先在表面蛀孔,后逐渐深入其中,寄居于内,在其中取食、发育繁殖后代。害虫对散剂药的危害是:先吐丝粘连粉末,营造一中空且呈连珠状的茧,然后,居匿在内取粉蛀蚀,从表面观较难发现其迹。所以,发现丸粒有蛀孔、粉末有粘连时,要割开检查。

2. 霉变　即发霉,系指成药外表或内部滋生真菌的现象。危害药品常见的真菌有黑酵菌、绿真菌、云白真菌、蓝真菌等。这些真菌在适宜的养料、温度、湿度、空气中能生长繁殖,特别是温度在22～32℃,相对湿度在70%以上时,可大量生长繁殖。所以在梅雨季节,中成药的糊丸、糖浆剂、冲剂、蜜丸、曲剂、散剂、浸膏等,常因加工制作不当或包装灭菌不严、贮存条件不适宜等而造成变质。

3. 酸败 亦称酵解,是药物经日光照射或高温,产生发酸、酸败而不能药用。常发生酸败的成药有:合剂、煎膏剂、糖浆剂、酒剂、软膏剂等。

4. 挥发 是指在高温下中成药所含挥发油散失或走油。含有挥发油和乙醇的成药,如云香精、风油精、十滴水、藿香正气水等,遇热后易挥发。乙醇挥发后醇浸出物可发生沉淀,从而可使有效成分失去。

5. 混浊沉淀 是液体成药的常见变质现象。中成药的液体制剂,在低温条件下易发生沉淀。如酒类制剂,因封口不严,乙醇挥发,溶媒浓度改变而发生沉淀、变色、混浊等。口服液、酊剂、糖浆剂和某些注射剂,因性质不稳定,久贮后易发生沉淀或变质。

第二节 影响中成药变异的外界因素

中成药在贮存过程中,由于受外界诸多因素的影响,可发生复杂的物理和生物化学的变化而产生变质。这些外界因素主要有温度、湿度、空气、日光、微生物(真菌)及害虫等。

1. 温度 中药成分在常温15～20℃条件下一般较稳定,但随着温度的增高,真菌、细菌极易生长繁殖,致使中成药发霉、虫蛀等。长期在温热环境中也容易使中成药的理化性质发生改变,如软化、变形、挥发、混浊等。

(1) 高温

1) 霉变:大部分微生物是属于嗜温性的,温度的升高(30～35℃之间)有利于它们的繁殖和活动,从而加速霉变。

2) 挥发走油:气温升高,使含有芳香性物质的中成药如红花油、薄荷油等挥发。含脂肪油和挥发油丰富的中成药,如软膏剂、胶剂、丹剂、栓剂等,由于温度增高而软化,或达到熔点,以致所含的油质外溢,在包装上呈现油样物质,严重影响中成药的外观形象和内在质量。

(2)低温:在低温条件下,有些中成药可发生物理与化学变化,导致药效减低,甚至失效。如液体制剂在低温(0℃以下)条件下易发生沉淀;有些水剂能结冰胀破容器,并能使药液外漏造成损失或降低药效。

2. 空气与湿度

(1) 空气:空气的组成很复杂,对中成药影响较大的是氧气、水蒸气和灰尘。若贮存不当,与空气中的氧化合而变质,如挥发油受氧的作用易引起树脂化;脂肪油容易氧化而结成块状,并能氧化酸败。

又如散剂能吸附空气中的水、灰尘及有害气体,影响中成药的质量并促使变质霉坏。

(2) 湿度:空气中湿度越大,有些中成药越会发生潮解、变色、变形、生虫、粘连结块、霉变或稀释;而湿度过低,有些中成药会发生风化或干裂。

3. 光线 太阳光中的紫外线对药物能起催化作用,可促进药品变色、分解氧化,使之变质,以致降低或失去药用价值。若养护不当,被光线直接照射会引起变质,如含油脂的中成药产生酸败;酒类产生浑浊;含苷类及维生素类的中成药产生分解;针剂、水剂日光照射后,因温度升高,会变色或降低药效;丹剂见光会析出水银等。

4. 害虫与真菌　中成药大多数都含有可供仓虫和真菌生长繁殖所需要的养料,倘若加工制作不当或养护不善,很容易造成大批中成药霉蛀损失。

(1) 虫蛀:虫蛀即害虫对中成药的蛀蚀现象。常见危害中成药的害虫有药谷盗、谷象、米象、大谷象、烟草甲虫、谷蛾及螨虫类等数十种。一般害虫生长繁殖的最适宜温度是20~35℃,相对温度为60%以上。湿度大、气温高时,害虫危害也最严重。故中成药被虫蛀常在夏秋季节发生。

(2) 发霉:发霉是指中成药外表或内部有真菌滋生的现象。一般危害中成药的常见真菌有绿真菌、黑酵菌、蓝真菌等。

中成药的发霉除与本身性质和含水量有关外,温度、湿度等也是引起霉变的重要因素,尤其是温度20~30℃,相对湿度在70%以上时,真菌可大量生长繁殖,故在梅雨季节,不少中成药常因加工制作和包装不严、贮存条件不适宜而造成霉烂变质。

5. 包装容器　包装容器是直接盛装和保护药品的器具。合理选择容器贮存中成药,不仅可以保护中成药的完整和清洁,重要的是能防止微生物(真菌)、虫害等的侵蚀,以及避免外界温度、湿度和有害气体、阳光等的影响,保证药品质量。

包装容器的种类很多,质量有别,对药品的影响也不一样,常用的包装有瓷制容器、玻璃容器、金属容器、纸及硬纸包装、塑料包装等。

普通玻璃在水中可被水解形成游离碱,它可使生物碱盐变色、沉淀,甚至分解失效。故在中成药生产包装时,必须根据药品理化性质选择符合要求的玻璃容器,以免影响药品质量。玻璃颜色对保证中成药质量具有重要意义,由于紫外线能透过玻璃使药品变色变质,故易受紫外线影响的药品包装用琥珀色玻璃容器最合适。

金属易受酸碱及其他化学物质的腐蚀,所以易与金属发生化学反应的中成药不宜用金属容器包装。塑料包装应选用无毒塑料包装。

6. 贮存时间　大多数中成药都有一定的保质期限,只是长短不同而已。中成药由于组成成分复杂,出厂时虽是合格品,但随着贮存时间的延长,以及受到内外因素的影响,质量上易出现问题,故对药物必须有一个时限性概念,以免影响疗效,造成经济损失。

中成药贮存时间过长,药品会发生不同程度的变质,最终导致不能应用,特别是易受潮湿、温度、光线、空气等因素影响的药品。例如,易风化或潮解中成药在湿度影响下,随着贮存时间的增长,其风化潮解会越来越严重。碱性较强的中成药贮存时间过长会逐渐腐蚀药瓶和安瓿而使其脱片,最后造成药品不能使用。有些中成药含有芳香性成分,若贮存时间过久,其芳香成分易挥发散失,因而使药效下降或丧失。有的中成药贮存过久会发霉、虫蛀、变质。鉴此,为了保证药品质量,减轻损失,保证用药安全,中成药贮存时间不宜过长。

第三节　中成药的检验

对中成药进行检验,是贮存和养护中成药工作的重要一环,也是保证中成药质量的必要措施。

(一)中成药入库检验

中成药入库时,除按一般入库手续核对其品名、批号、规格、厂名和数量外,还须根据不同剂型的特点,进行质量检验。主要包括常规检验与理化检验。

1. 常规检验 主要检查中成药的包装、色泽、气味、硬度、黏性、澄明度等是否符合标准规定,有无破损、变色、沉淀、浑浊、生虫、霉变、潮解、粘连等变异现象,以及外观形态、重量差异限度、装量差异限度、水分含量、溶散时限、崩解时限等。检定的标准依据国家标准即《中国药典》、《中华人民共和国卫生部药品标准》和各地方标准。

2. 理化检验 运用仪器和机械等实验法对中成药实施物理化学等方面的分析检验。

3. 检验内容

(1) 收货标签:应整洁不歪斜,字迹清楚,内外标签品名、数量、规格、批号、有效期一致,瓶盖旋紧,袋口封牢,不松盖,不漏气,封扎牢固。瓶身清洁干燥,无药液黏附(如糖浆、膏汁等)。瓶、袋、盒、箱内装量准确,无漏装,无破损,外包装纸箱含水量应在12%以下;木箱含水量应在18%以下,封条完整,箱口不裂开,同一批号产品的色泽应一致,不同批号的产品色泽应基本一致。

(2) 包装:包括内包装和外包装。中成药的内包装主要系指盛装药物的瓶、塞、纸盒、塑料袋、纸质袋、金属罐等容器和填塞物以及容器外表的标签、牌贴等。外包装系指内包装外的纸箱、塑料盒、木箱、木桶、金属桶等包装材料以及衬垫物、防潮纸、塑料袋、尼龙丝袋等。检查内、外包装能否保证药物质量和安全卫生。标签、牌贴及说明书是否符合卫生行政部门规定的项目和审定的内容。包装标志是否符合贮存与运输的要求。检查有无批准文号、出厂批号、商标,或特殊管理药物识别标志、外用药标志、环境卫生消毒杀虫药标志、兽用药标志等。此外,有期限的药物还须注明有效期。

(3) 抽样:按规定比例抽样开箱检查,发现可疑的批号,应全部拆箱普验或按批号抽样检验,凡不合格或过期失效、霉蛀变质、非药用规格以及未经卫生行政部门批准生产的假、劣药,不准验收入库。

(4) 进口中成药:必须经国务院卫生行政部门授权的口岸药品检验机构检验合格后才能入库。调拨时应附有检验报告书副本。

(5) 特殊中成药:对于特殊管理的中成药、贵重中成药,或遇空气易污染变质的中成药,如包装、外观无可疑之处,一般可根据检验报告书或合格证进行验收,不应任意开拆内包装。经过拆封检验的中成药必须即时密封,并在拆封处加盖抽检标记。

(二) 中成药在库检查

1. 常规检查 在库检查主要包括库房温湿度、药品外观性状、质量变化、包装变异、货垛存放等是否符合要求和安全稳固,以及药品的贮运动态等。在检查中特别要注意易变质、包装易破损和有效期药品的检验。在库检查要求经常性与定期性检查相结合,对每次检查记录进行分析,为研究贮品质量变化的原因和变化规律提供依据。中成药因剂型不同,品种复杂,有的性质不够稳定,易发生变异而降低质量或失去治疗作用,故须加强在库检查。夏季5天查1次,春、秋季每10天查1次,某些易变质品种,逢梅雨季节,应2~3天检查1次,并做好记录,及时采取措施。中成药包装夏季易受潮热或发生变异,检查时应对货垛及包装物周围仔细观察,注意有无潮霉及生虫迹象,如有异状异味,应根据不同剂型,拆箱作进一步检查;对于特殊管理的药品、有有效期的药品、贵重药品和危险品药品的检查周期应较频繁。怕冻药品在寒冷季节应加强防冻检查。

2. 分类检查

(1) 剂(包括水丸、水蜜丸、糊丸):丸剂贮存时应进行虫蛀、霉变、反砂、变硬、变色等检查。

1) 虫蛀检查:质地柔软滋润的蜜丸生虫时可见药丸表面黏附仓虫排泄物,较干硬的蜜丸可见表面有虫眼,应掰开检查。水丸的虫蛀检查可手捏包装一角抖动,如见底部积聚较多碎屑粉末,可能发生虫蛀,应拆开包装观察丸表面有无虫蛀小洞,手捻易碎者,说明丸中心已蛀空。糊丸一般不易生虫,如发现表面不平整光滑,可能已被虫蛀。

2) 霉变检查:蜜丸发霉时,表面带有白色点状物附着,严重时有片状白膜,用放大镜观察可见真菌丝体。水丸,糊丸因吸潮而发生霉变,检查时如发现质松易碎,色泽发深,或有异味,应做水分检查或霉检。已发霉者可见表面附着白色或绿色真菌菌丝。

3) 蜜丸反砂变硬及色泽变化:蜜丸贮存一、二年后常见的现象是反砂变硬。蜜丸色泽不一致时应检查库温、湿度是否达到要求,特别是色泽差异较大的蜜丸应做安全水分化验。

(2) 散剂:散剂贮存时应做以下检查:

手感检查:正常情况下,纸袋包装的散剂用手捻,手感疏松、细软,指间可挂有细粉,但不发黏不成坨,瓶装的散剂摇动时可见散剂松散流动。如果手有潮湿感,有块结,说明已吸潮。

外观检查:若发现散剂颜色不一致、结块、结坨,并有潮味,说明该散剂已受潮。若有白斑或绿斑即为发霉,应采取措施通风除湿。

若含有乳香、没药及油性物质成分的散剂出现结块、结坨,说明贮存仓库温度过高,这些组分受热融化或泛油而结块、结坨。

(3) 冲剂:入库时应按《中国药典》标准进行外观,细度、溶解性、装量差异限度,水分含量的检查。在库贮存养护期间应做如下检查。

结块检查:冲剂因含有蔗糖等可溶性成分而较易吸潮,如果库温25℃以上,相对湿度80%以上时,冲剂中的蔗糖首先吸湿,使冲剂的含水量增加,而粘连结块,特别是包封不严或散破的散剂更易吸潮而变质。检查时,应首先查看包装是否严密,如果是在夏季包装不严应马上测定水分,并采取措施。检查散剂吸潮的方法:手捏冲剂包装袋一端,略有气体鼓充,用手摇动时颗粒互相碰撞发出声响者为不潮;袋内部没有气体鼓充现象,无响声,或有结块,打开包装后见颜色加深者为受潮。

霉变检查;散剂吸潮结块后,容易发霉变质。检查时可见散剂表面有白、绿色菌斑或菌点,有异味。如散剂是吸潮结块而未霉变的可干燥除潮后再贮存或出库,如已发霉应做报废处理。

虫蛀检查:在检查时发现冲剂细粉末增多,颗粒间有丝状物缠绕,严重时可见颗粒结团部分中包有仓虫,并见内包装上有虫蛀的小孔。有的因包装不严颗粒散漏在货架上或四角处,可检视出仓虫和飞蛾。

(4) 片剂:片剂入库验收时应按《中国药典》标准做外观,重量差异限度,崩解时限等项检查。在库应进行如下检查。

松片、裂片的检查：轻轻摇动装有片剂的瓶子，即有散裂，取片剂一片置中指和食指之间，用拇指轻压即碎，说明该片剂松散。硬度不适宜，片剂经振动或在静置状态下可见有裂纹即为裂片。以上现象均不符合《中国药典》有关规定。

发霉变质检查：片剂因受热、吸潮或包装不严吸潮都容易发生变质，检查时可见片剂表面有黑点，片与片粘连，并有霉腐味。

虫蛀检查：已生虫的片剂在检查中可见片剂表面有残刻或虫眼，片与片间或包装容器内有虫蛀屑。

（5）糖浆剂：2005 年版《中国药典》规定糖浆剂应澄清，在贮存期间允许有少量轻摇易散的沉淀，不得有酸败、异臭，不得产生气体或其他变质现象，在出厂和入库时应做相对密度和装量差异检查。在贮存期间应定期做如下检查：

发酵发霉检查：糖浆剂在贮存中，特别是 5～10 月间容易发酵发霉，可见糖浆外溢，如瓶塞严紧可使容器胀破。有的可见容器内部有气泡产生或糖浆液面处有白色菌落，或中心粉有红色菌落。已发霉，酸败的糖浆应做报废处理。

沉淀物检查：发现有沉淀，振摇后沉淀易散，液体澄明的可供药用。如果沉淀不散，汁液混浊应做进一步检查。

冻结检查：糖浆剂在日平均贮存气温低于－5℃时，有可能冻结，应采取防冻措施。糖浆剂冻结融化时可产生絮状或块状沉淀，并可见容器底部浓度向上部扩散现象。检查时应充分振摇使浓度一致。

糖浆剂贮存时，夏季应避免高温、日晒。冬季应注意防冻，控制好库里的温湿度，搬运时应轻拿轻放。

（6）煎膏剂：2005 年版《中国药典》规定：煎膏剂应无焦臭、异味，无糖的结晶析出。煎膏剂在保管养护期间应做如下检查：

渗漏外溢检查：在入库和贮存期间不得有渗漏和外溢污染的痕迹。

外观检查：无泡沫，不起砂。用手蘸取少许捻之无粗粒感。无酸败异味。

（7）酒剂：2005 年版《中国药典》规定：酒剂应密封置阴凉处贮存，在贮存期间允许有少量轻摇易散的沉淀。

（8）合剂：不得有酸败、异臭、产生气体或其他变质现象，允许有轻摇易散的沉淀。

（9）膏药（橡皮膏）：膏药是传统剂型。在保管养护中主要做以下检查：

渗流、渗油检查：在检查中发现，融化渗流或油质渗透裱褙现象，说明贮存温度过高。如果发现膏药不黏，膏面断裂，可能贮存温度过低。

气味散失检查：膏药、橡皮膏类药中多含有挥发性成分，正常情况下贮存也可挥发升华，温度、湿度越高，气味散失的越快。

裱褙检查：膏药的裱褙吸湿性较强，检查时，应注意垛底部纸箱包装是否吸潮，渗透到裱褙，裱褙吸潮后，张力和韧力性降低，干燥后容易发脆，个别的裱褙在微生物作用下变焦黄或炭化。检查时特别要注意垛底部，必要时应拆包检查。

（10）胶囊剂：胶囊剂不得有粘结、变形或破裂现象，应无异臭。如发现装置胶囊的容器底部有药粉或外表附着药粉，说明胶囊套合不严，或有砂眼渗漏或破裂。由于包装不严会导致药物发霉变质、生虫。

(三) 中成药变质的处理

中成药在贮存中若产生变质,可按药品检验部门有关规定处理,若有下列情况之一者,应予以报废:

(1) 不符合出厂规格的各类产品,经鉴定无返工价值者。

(2) 曾经返工过的产品,如再发生质量变异,则无论情况如何,均不能再行返工入药。

(3) 大蜜丸、小蜜丸、水泛丸,虫蛀、表面生霉已遮蔽其原有色泽;酸败变质有异样气味。

(4) 丹、散生霉、变色或有异样气味。

(5) 片剂虫蛀、表面生霉变异,有异样气味。

(6) 药酒含醇量低于原处方规定的10% ~15%;有严重沉淀者。

(7) 膏滋、糖浆、膏(液)面生霉呈明显块状变质,有异样气味。

(8) 合剂液面有霉点,发酵变质有异样气味。

(9) 露剂有絮状物沉淀而无原有芳香气味。

第四节　中成药贮存养护

中成药从出厂日起,到病人服用为止,需要经过一个较长的时期。中成药不但成分复杂,而且较化学药物制剂易于发生霉变、沉淀、虫蛀等,特别是合剂、浸膏剂、蜜丸等剂型的中成药不易保管,更易发生变异。鉴此,在中药的养护过程中,必须根据中药的内在因素和外在因素,针对不同的品种,不同的环境,采用不同的养护技术和方法,防止中成药变质损失。现将各类剂型的中成药的养护方法简介如下。

(一) 丸　剂

丸剂系药材细粉或药材提取物加适宜的黏合剂或其他辅料制成的球形或类球形制剂,分为蜜丸、水蜜丸、水丸、糊丸、蜡丸和浓缩丸等类型。根据赋形剂的不同分为蜜丸、水蜜丸、水丸、糊丸、浓缩丸、蜡丸、微丸、滴丸等类型。丸剂外观应圆整均匀,色泽一致。大蜜丸、小蜜丸和浓缩蜜丸中所含水分不得超过15.0%;水蜜丸和浓缩水蜜丸不得超过12.0%;水丸、糊丸和浓缩水丸不得超过9.0%。丸剂受潮易萌霉、生虫、失润、气味散失或粘连结块、干枯变形等。丸剂虽然具有封口严密的蜡筒、蜡壳、塑料袋或纸袋包装,但在贮存中仍可发生虫蛀等变异现象,凡出现变形、变色、生虫、发霉或有臭味者不宜再用。

1. 蜜丸　蜜丸系指药材细粉以蜂蜜为黏合剂制成的丸剂。其中每丸重量在0.5g(含0.5g)以上的称大蜜丸,每丸重量在0.5g以下的称小蜜丸。如八珍丸、十全大补丸、人参养荣丸、归脾丸、银翘解毒丸、健脾丸、六味地黄丸等。蜜丸应大小均匀,色泽一致,细腻滋润,软硬适中。

蜂蜜及药材本身均含有少量水分,而且糖及某些成分又是害虫极好的营养物质,故蜜丸极易生虫。蜜丸生虫往往先从表面开始,其幼虫小,活动范围也小,容易被人忽视。但药丸表面有仓虫排泄物黏附。表面干硬的蜜丸害虫可能钻入药丸的中间。

蜂蜜引湿性极强,若贮存环境潮湿,蜜丸吸收空气中的水分后极易发霉。如蜜丸萌霉,开始外部先有水分附着,表面油润度下降,质地潮软,带有黏性,然后逐渐出现白色点状物,严重时发展为片状的白膜,嗅之有酸气异味。若蜂蜜品质不好加上含水量很大,则易在酵母菌作用下发酵而引起药丸内部呈多孔状。若空气干燥或温度过高,易失水干枯、变硬、皱皮、开裂、变糊。故蜜丸是最不易保存的一种剂型。如银翘解毒丸、健脾丸、六味地黄丸等均易遭受霉败和虫蛀,蜜丸贮存时要防糊、防霉变、防虫蛀,应密封贮存于室内阴凉干燥处,并注意包装完好。夏秋季节经常检查,如发现变质者,必须立即拣出。若发现丸药表面潮湿,可置烈日下晒片刻。梅雨季节,空气潮湿,则可置石灰缸内干燥(一般置3~5天)。蜡皮包装的蜜丸保护性能虽好,却因性脆易破裂,易软化塌陷,甚至熔化流失,故应防止重压与受热。而且有些钻蛀性仓虫能够穿透包装而蛀坏蜜丸。故蜜丸贮存期通常以1年半左右为宜。

2. 水蜜丸 水蜜丸是指药材细粉以蜂蜜和水为黏合剂制作的丸剂,如华佗再造丸。水蜜丸除应具有蜜丸的外观外,还应咬而不响,水分含量不得超过12%。

水蜜丸虽然较蜜丸用蜜量小,质地稍坚硬,但吸湿性仍较强,易发霉生虫。应密封置室内阴凉干燥处。通常能贮存2年左右。

3. 水丸 水丸系指药材细粉以水(或根据制法用黄酒、醋、稀药汁、糖液等)为黏合剂制成的丸剂,又称水泛丸。如四神丸、左金丸、龙胆泻肝丸、香砂六君子丸、香砂养胃丸、纯阳正气丸等。

水丸应色泽一致,无阴阳面。有包衣的应表面均匀,富有光泽感而不脱壳。水丸颗粒比较疏松,与空气接触面积较大,能迅速吸收空气中的水分,易造成霉变、虫蛀、松碎等。水丸生霉则表面润湿,继而逐渐出现霉斑,最后变为深暗无光泽,并易松碎。水丸生虫蛀蚀多在内部,表面蛀孔细小不易发现,但体质轻泡,手捻易碎,也可见包装内有蛀屑散落。含油脂成分的水丸有的还会泛油,因受热后油质外泄,并污染包装物,严重者色泽变深并产生异味。

水丸在制成后如能充分干燥,可延长保存时间。通常以纸袋、塑料袋或玻璃瓶包装、密闭,可防变质。宜置于室内阴凉干燥处。通常能贮存2年左右。

4. 糊丸 糊丸系指药材细粉以米粉、米糊或面糊等为黏合剂制成的丸剂。如小金丹、普济丹等。因黏合剂是米糊或面糊,有较强的吸湿性,因而此类药亦不易保存。但因剂量少,且多半是小形丸药,如果在制造时能充分干燥,然后装于密封容器中,可以贮存数年而不坏。若吸潮变软后即易发霉、虫蛀。

5. 浓缩丸 浓缩丸系指药材或部分药材提取浓缩后,与适宜的辅料或其余药材细粉,以水、蜂蜜或蜂蜜和水为黏合剂制成的丸剂。根据所用黏合剂的不同,分为浓缩水丸、浓缩蜜丸和浓缩水蜜丸。如朱砂安神丸。水丸、糊丸、浓缩丸含水量不得超过9%。浓缩丸萌霉,开始外部先有水分附着,表面即不显油润,质地潮软,带有黏性,然后逐渐出现微小白点,严重会出现白膜,嗅之有酸气异味。

6. 蜡丸 蜡丸系指药材细粉以蜂蜡为黏合剂制成的丸剂。蜡丸表面应光滑无裂纹,丸内不得有蜡点和颗粒。蜡丸应密封并置阴凉干燥处贮存。

7. 滴丸 滴丸是指由固体或液体药物与基质加热熔融混合均匀后,滴入不相混溶的冷凝液中,收缩冷凝而成的圆球形固体制剂。如复方丹参滴丸等。应大小均匀,色泽一致,表面无冷凝液。滴丸受潮易粘连、变色等。

浓缩丸、蜡丸、微丸、滴丸与水丸或糊丸一样保管养护。

(二) 片　　剂

中药片剂是药材提取物、药材提取物加药材细粉或药材细粉与适宜的辅料混匀压制的圆片状或异形片状的剂型。分为浸膏片、半浸膏片和全粉片,如复方白及片、健胃消食片、小儿清热片、小活络片、妇科调经片、冬凌草片、治带片、清肝片、清眩片等。

按中药材的处理过程分为全粉片、半浸膏片、浸膏片和提纯片,按包衣材料又可分为糖衣片、薄膜衣片、半薄膜衣片、肠溶衣片等。

具有不适的气味、刺激性、易潮解变质、易氧化变质的药物,制片后包糖衣的叫糖衣片,如三黄片、当归片、风湿宁片、补肾强身片、妇科十味片、复方贝母片、复方公英片、冠心宁片、首乌片、健心片等。

片剂应该片面完整光滑,大小、厚薄一致,色泽均匀,无碎片,无花纹、色点、脱盖、崩边、松边、胀个等现象,硬度适宜。

片剂因含药材粉末或浸膏量较多,因此极易吸潮、松片、裂片、片面崩裂以致粘结、霉变等,发现上述现象,不宜入药。片剂常用无色、棕色玻璃瓶或塑料瓶加盖密封,有的用塑料袋包装密封,有的用铝箔压板包装密封。片剂在低温、低湿条件下一般可贮存数年而质量不变,因此宜贮于室内凉爽、通风、干燥、遮光处,且密闭保存养护。

(三) 散　　剂

散剂系指药材或药材提取物经粉碎、混合制成的粉末状制剂,分为内服散剂和外用散剂。如急救回生散、治伤散、溃疡散、清瘟败毒散、行军散等。供外用撒布患处的如生肌散、推云散、冰硼散、八宝拨云散、口疮药、珍珠清凉散等。

散剂应干燥、疏松,色泽均匀,无黏性、花纹、花斑,手捻无颗粒。散剂应密闭贮存;含挥发性药物或易吸潮药物的散剂应密封贮存。水分含量不得超过9%。

散剂的吸湿性与风化性较显著,故须充分干燥,包装防潮性能要好。例如紫雪散中含有多量吸湿的元明粉、石膏粉等矿物类成分,应密封防潮,否则会吸湿硬结;含有挥发性成分的如避瘟散中有藿香、冰片、薄荷脑等,应密闭贮存,防止挥发和香气散失;含有树脂性中成药的如七厘散中的乳香、没药等遇热极易结块,故应防高热。

一般散剂用防潮、韧性大的纸或塑料薄膜包装折口或熔封后,再装入外层袋内、封口。含有挥发性成分的散剂,应用玻璃管或玻璃瓶装,塞紧,沾蜡封口。贮存较大量散剂时,可酌加0.5%~1%苯甲酸为防腐剂,以防久贮变质发霉,而且要避免堆码时因外包装变形发生的重压。散剂宜贮于室内阴凉干燥处。

散剂在养护过程中,若发现受潮或生虫,应曝晒,重新过筛,去其虫卵,如果发霉变质或虫蛀严重,则不能药用。

(四) 膏　　剂

膏剂分内服和外用两类。内服的膏剂多叫煎膏剂(俗称膏滋);外用的膏剂分药膏(软膏剂)和膏药两种。现分述如下:

1. 煎膏(膏滋)　煎膏剂是按处方将药物用水煎煮,去渣浓缩后,加糖、蜂蜜制成的稠厚状半流体制剂,如十全大补膏、枇杷膏、益母草膏、参芪膏、梨膏等。

煎膏剂应细腻均匀,稠厚适度,不起砂,无浮沫,手捻无粗粒感,口尝无焦味、臭味或异味。

若保管不当,可出现结皮、霉变、发酵、变酸、糖晶析出较多或有焦楂味者,不宜药用。

煎膏剂制备时,如果药液浓缩以及加糖、炼蜜得当,保管妥当,一般不易霉变。若浓度稀,蜂蜜炼得太嫩,或操作不慎,沾有生水,则极易生霉,故制成后待煎膏温度降至40～50℃时,将其装入干燥洁净的棕色玻璃瓶内,待蒸汽彻底散发冷却后,瓶口用蜡纸或薄膜覆盖,加盖旋紧。宜置于室内阴凉干燥处保存。贮存期约1年左右。

2. 膏药　膏药是含有药物而以铅硬膏为基质的外用制剂。它是用麻油或其他植物油煎熬药材,去渣取油,加入铅丹和白蜡,使之融化而富有黏性的胶状物,摊于布或纸面上而成。如狗皮膏、暖脐膏、万应膏、独角膏等。

膏药应油润细腻,摊涂均匀,老嫩适宜,边缘整齐而无飞边。

多种膏药中含有挥发性药物,如冰片、樟脑、麝香等。若贮存日久,有效成分散失;如贮存环境过热,膏药容易渗过纸或布外;贮存环境过冷或吸湿,黏性亦降低,贴时容易脱落。故宜贮于密闭容器内,置于干燥阴凉处,防潮、防热、避风。一般贮存期以2年为宜。膏药、橡皮膏类剂型的保管养护重点是仓库温度的控制,可采取除湿,适当通风,降温等办法调节。

3. 软膏(油膏)　软膏剂是指用适宜的基质(植物油、羊毛脂、凡士林),加入药物细粉(或提取药物有效成分),制成容易涂布于皮肤、黏膜或疮面上的一种外用半固体剂型。如三黄软膏、玉红膏、白敬宇眼膏等。

软膏的表面应平整光泽,色泽一致。由于它的熔点较低,受热后即易被熔化,质地变成稀薄,会出现外溢现象。

软膏种类多,组成复杂,性质各异,其稳定性主要决定于所用基质(脂肪油和植物油)和所含的药物的物理与化学性质。因软膏易受含水量、药品包装及贮存时间及温度的影响,若养护不当可引起酸败和霉败。软膏应贮存于低温(一般不超过30℃)、阴凉、干燥处。

(五) 胶　　剂

胶剂是以动物皮、甲骨、角等为原料,用水煎煮提取的胶质,加入适量的黄酒、冰糖、食用植物油等辅料,浓缩成稠胶状,干燥后切制成的固体块状内服剂,如驴皮胶、阿胶、龟板胶、鹿角胶等。

胶剂应厚薄、大小一致,完整,色泽均匀,表面油润,呈半透明状,无明显气泡和杂质,断面光亮,口尝味淡,闻之微腥,但无明显的腥臭味。

胶剂在夏季温度过高或受潮时,会发软发黏,甚者会粘连成坨;有时发霉败坏。如胶面已生霉斑,可用纱布沾少许乙醇拭去,吹干。若发现胶剂受潮发软,不能曝晒或火烘,可置于石灰缸内保存数日,使之除潮,防止发霉。如有霉变、异臭或严重焦臭,粘连熔化者不宜药用。

胶剂应包妥装于盒内,置于室内阴凉干燥处。夏季或空气潮湿时,可贮于石灰缸内或干燥稻糠内,比较安全。因胶剂久贮石灰缸内过分干燥易破裂,故贮1周后取出,仍贮于架上。夏季亦可将胶剂置于密封箱内,立放或平放,层层架起,但不宜堆积层数太多,以防久压软化,导致胶块变形,粘连成坨。冬季要防止风吹,以免碎裂成小块。

由于各种药胶的性质不同,其贮存保管方法也有差异。一般认为龟板胶和鳖甲胶较难贮存,受潮易粘结,严重时会熔化,夏季入缸内留置又会因过分干燥而裂缝,故常放置石灰缸内7天后(即胶块可以在纸盒内摇动即干燥)仍置于架上,若以后检查发现有受潮发软、粘结现象时,须再入石灰缸贮存,只有这样反复进行,才能防止受潮变形和发霉,保持原来外观色泽不变。驴皮胶一般置阴凉干燥处贮存,梅雨季节贮于石灰缸内即可。鹿角胶性质在上述两者之间,也较易吸潮,一般在梅雨季须10天左右检查一次,宜入石灰缸存放。

(六)胶 囊 剂

胶囊剂是将药物装入空硬胶囊或软胶囊中制成的制剂,如人参首乌胶囊、妇炎平胶囊、救尔心胶囊、天麻胶囊等。

按囊材制备工艺,分为硬胶囊剂、软胶囊剂、肠溶胶囊剂。

胶囊容易吸收水分,轻者可膨胀,胶囊表面浑浊,严重时可长霉、粘连,甚至软化、破裂。遇热易软化、粘连;过于干燥易脆裂。应贮于密闭塑料袋或玻璃、塑料瓶中。置于阴凉干燥处,温度不超过30℃为宜。

检验胶囊剂时,外观应整洁,无粘结,不变形和爆裂。若敲动瓶子发现瓶底有细粉或外表附着药粉增多,说明胶囊套合不严,或有砂眼渗漏,凡内外包装不严都会引起药物霉变,有的还会生虫。

胶囊剂贮存时应注意仓库温、湿度的变化,温度过高胶囊可能变软,药粉吸潮后易发霉变质。在搬运码垛时应轻码轻放。防止胶囊破裂受潮。

(七)丹 剂

丹剂是将汞及某些矿物类药物(如白矾、皂矾等),用升华法或熔合法在高温下炼制而成的不同结晶形状的无机汞化合物。如红升丹、三仙丹、白降丹等。含汞丹剂,毒性较强,故只能外用。

往往很多疗效好的丸剂、散剂或锭剂也都称为丹,如丸剂中的大活络丹,散剂中的紫雪丹、生肌八宝丹,锭剂中的玉枢丹等。也有以色赤者称为"丹",如红灵丹。但这些药剂实质上不是丹剂。

丹剂要求色泽鲜艳,纯净而无杂质。凡因接触空气或遇光,引起变色变质者,不可再供药用。

属重金属化合物的丹剂,如红升丹应装于棕色玻璃瓶内密封,置阴凉干燥处,防止潮湿和光照;植物性药料制成的丹剂(丸、散),如小儿金丹等应分别按各剂型的要求保管养护。含汞丹剂为毒剧中药,应专人专柜保管。

(八)冲　剂

冲剂是指以药物的细粉或提取物与食糖等辅料制成可溶性或混悬性的干燥颗粒或块状的内服制剂,如止咳冲剂、感冒冲剂、板蓝根冲剂、妇保冲剂、枇杷叶冲剂等。为近20年来创制的重要中药新剂型之一,发展很快。

颗粒状冲剂,颗粒应均匀,无软化、潮解、粘连、结块,封口严密。块状冲剂应大小、厚薄一致。冲剂水分含量不超过5%。

冲剂由于含水量较低,处于干燥状态,一般不易生虫。若颗粒状冲剂生了虫,则可见粉末增多,颗粒间有丝状物缠绕,在结块处可检出仓虫;如果块状冲剂生虫,则表面有蛀洞。

冲剂含有浸膏及大量蔗糖,而且含水量很低,在夏季时,如果包装不严或散破,则极易吸收包装外空气中的水分,与空间湿度建立新的平衡,导致冲剂受潮结块、融化、发霉。因此冲剂通常装入塑料袋,袋口热熔封严,包装于铁罐或塑料盒内,置于室内阴凉、干燥处,遮光、防潮、防热。不宜久贮,一般不超过1年。

(九)糖　浆　剂

糖浆剂指在药物中或药材提取物中加入浓蔗糖等辅料制成的液体制剂,如保儿宁糖浆、川贝枇杷糖浆、五味子糖浆、金果饮糖浆、解热清肺糖浆、小儿止咳糖浆等。糖浆剂的蔗糖含量一般为60%~80%。

糖浆剂应澄清,色泽一致,无沉淀,无混悬颗粒、絮状物和其他异物。口尝甜度一致,无异臭。而且不能装得太满,封口严密,封口处及瓶装内外无溢流的黏稠汁液或污染痕迹。

蔗糖是一种营养物质,其水溶液很易被真菌、酵母菌等所污染,使糖浆被分解而酸败、混浊。糖浆含糖量最好为65%(W/W),近于饱和溶液。盛装容器一般为容积不超过500ml的棕色细颈瓶,灌装后密封。贮于室内阴凉干燥处,应避光、防潮、防热等。在冬季,平均气温低于-5℃时,应该防冻。否则糖浆剂冻结融化后,会产生不同程度的絮状或块状沉淀。

糖浆系近饱和溶液,如经过较长时间的贮存也会产生糖分子与药液分离现象。故糖浆剂一般贮存1年为宜,如无变质即可使用。

(十)注射剂(针剂)

注射剂是指将从药材中提取的有效物质制成供肌肉或静脉注射的无菌溶液或乳状液经无菌灌注于安瓿中;或制成供临用前配成溶液的无菌粉末或浓溶液的制剂。如鱼腥草注射液、当归注射液、柴胡注射液、清开灵注射液、清热解毒注射液、复方丹参注射液、注射用双黄连(冻干)等。

中药注射液在贮存过程中,温度过高,会使某些高分子化合物的胶体状态受到破坏而出现凝聚现象；温度降低，则某些成分的溶解度和稳定性随之降低，两者都会发生沉淀、混浊等。如有下列现象之一者不可供药用：澄明度不合规定，显著变色，混浊，沉淀，容器封口不严或破裂。注射剂应贮于中性硬质玻璃安瓿中，遮光，防冻结，防高热，置于室内阴凉干燥处，以室温10～20℃为宜。贮存期约为2年。

（十一）酒　剂

酒剂是指药材用白酒或黄酒浸提制成的澄清液体制剂。又称为药酒。如木瓜酒、愈风酒、国公酒、十全大补酒、冯了性药酒、风湿酒、状元红酒等。根据治疗用途不同，白酒中乙醇含量不同，有低醇和高醇之分。

酒剂应色泽一致，洁净澄清，无沉淀、杂质，封口严密。

酒剂制成后应装于小口长颈的玻璃瓶或瓷瓶内，密封瓶口，置阴凉处保存。酒瓶封口必须严密，以防止酒的挥发，溶媒浓度改变而产生沉淀、变色或降低疗效。酒剂中因含有乙醇，可使其冰点降低，故一般不易冻结。夏季尤其应注意避光防热，置阴凉处。

酒剂应澄清而无杂质。一般虽不易发生变质现象，但若包装不严，则易挥发、散失气味，若乙醇含量低于20°时受热或光照，也可发生酸败变质。凡发生少量的沉淀或浑浊现象（含有胶类的药酒例外），可经重新处理再供药用。若含醇量低于原处方规定的10%～15%，有严重沉淀（底部发现絮状沉淀）或酸败变质者，不可再供药用。

（十二）酊　剂

酊剂是用规定浓度的乙醇提取或溶解药材制成的液体剂型，亦可用流浸膏稀释制成。它与酒剂的区别在于用一定浓度的乙醇而不是白酒或黄酒为溶媒，以及有一定的含药浓度。常见的酊剂如息伤乐酊、白灵酊、骨友灵擦剂等。

酊剂中所含乙醇具有挥发性，有些酊剂还含有挥发油，应装入小口瓶中以蜡密封。贮存温度较高，可使所含乙醇或挥发油挥散；温度过低又可使某些药物成分发生沉淀。故应置于温度适宜的地方贮存，一般以10～20℃为宜。酊剂中所含成分，有些遇光可发生分解、变色，应装在棕色容器中，置避光处保存。

（十三）锭　剂

锭剂是将药料细粉加入适量的黏合剂（如蜂蜜、牛胆汁、糊）而制成的固体制剂，如万应锭、紫金锭、蟾酥锭、枯痔锭等。

锭剂应具有该方药物气味，锭面光滑均匀，色泽一致，不得有毛边、缺边、缺角、裂顶及异杂物。若遇热变形，吸潮松散，表面微有风霉者经适当处理尚可供药用，凡发霉、生虫或变质有异样气味者不可药用。

锭剂黏合性较大，不易干燥，容易发霉。入库时应检查药品的干燥程度，凡质地坚实，用指甲划不动者，表示干透。锭剂以防潮纸包好，装于盒内或玻璃瓶内。应置于阴凉干燥处保存养护。

(十四) 栓　　剂

栓剂是将药材提取物或药粉与适宜基质混合制成,供插入人体肛门、阴道等腔道的一种固体剂型。又称塞药、塞剂、坐药。栓剂在常温下为固体,塞入体腔后,在体温作用下能速溶或软化而释放药物。如妇宁栓、化痔栓等。按应用途径分为肛门栓和阴道栓。

栓剂是以可可豆油或甘油明胶等为基质而制成的,熔点较低,遇热容易软化变形。甘油明胶有很强的吸湿性,易吸湿而霉变。空气中湿度过低时,它又可析出水分而干化。故在贮存中,应以蜡纸、锡纸包裹,放于纸盒内或装于塑料或玻璃瓶中,注意不要挤压,以免互相接触发生粘连或变形。宜置室内阴凉干燥处,最好贮存在30℃以下。

(十五) 合　　剂

合剂是指中药复方的水煎浓缩液或经适当的提取和纯化以水为溶剂配制成的内服液体制剂。如甘草合剂、小半夏合剂、小青龙合剂、肾宝合剂等。

合剂成分复杂,久贮容易变质,故在制剂中应讲究清洁卫生,必要时加防腐剂,灌装后密封。应于防潮、遮光、凉爽处保存与养护。冬季严寒季节应注意防冻。

(十六) 茶　　剂

茶剂是指含茶叶或不含茶叶的药材或药材提取物加适当黏合剂制成的用沸水冲服、泡服或煎服用的制剂,分为茶块、袋装茶或煎煮茶。如午时茶、甘和茶、天中茶、减肥茶、苦丁茶、人参茶、淫羊藿茶等。主要以茶叶为基本原料,配一定量的其他药物粗末,用开水泡汁代茶服用。

茶剂制成后应先阴至半干,然后晒干或加热进行低温烘干,待充分干燥后放冷,每块以纸包或袋装,置木箱内贮存。

茶剂应干燥,完整,无霉变、虫蛀、结串等现象。茶剂为药材粗粉,包装又简易,极易吸潮霉蛀,挥发油成分又易散失。故茶剂必须贮于干燥、通风处,严防受潮,最好不要久贮,约1年为宜。易发生分解、变色的茶剂,应装在棕色容器中,置避光处保存。

(十七) 曲　　剂

曲剂是将药材细粉与面粉混合揉和均匀,切割成块,经发酵制成,如六神曲、半夏曲、沉香曲、红曲等。

曲剂粉性较大,易吸潮而霉蛀变质,应以防潮纸包好,装于箱内,密封置干燥通风处保存。为了防止在梅雨季节变质,可在雨季之前置阳光下曝晒或烘干,或置石灰缸内干燥后密封于适宜的容器内保存。

(十八) 露 剂

露剂是将药材与水用蒸馏法制得的馏出液,为澄明的液体。它是挥发油或挥发性物质的饱和水溶液,可作药物或饮料,如藿香露、金银花露、青蒿露、止咳枇杷露等。

盛装露剂的容器应当洗净、烘干之后方可使用,并进行灭菌处理。露剂应装于棕色的细口、长颈瓶内,密塞严封,夏季应防热防晒,置阴凉处保存。若包装不严实或受热,水溶液内的挥发性物质易于散发,使香味走失,降低疗效,同时也容易生霉和发生大量的絮状沉淀而变质。冬季为了防止结冻瓶裂,可用稻草或谷糠围封。一般露剂长真菌后继而产生不快的臭味而失去药用价值,故应经常检查养护,不宜贮存过久。

(十九) 气 雾 剂

气雾剂系指将药物和抛射剂同封装于带有阀门系统的耐压容器中,使用时能将内容物以雾状喷出的制剂。主要供吸入治疗或外用。抛射剂渗漏会导致失效,阀门失灵会引起给药故障,容器质量不佳,或受外力撞击可引发爆炸,应加强检验。检验时应注意检查塑料护套与玻瓶粘贴是否紧密,观察有无漏气,试喷时有无泄漏、雾型是否正常,检查药液有无变色、异物、黑点等变异,装量是否准确等。宜置阴凉处贮存,避免受热和光照,搬运时应轻取轻放,含有性质不稳定药物成分的气雾剂,不宜久贮。

第十三章　特殊中药贮存与养护

特殊中药包括毒麻中药、易燃中药、细贵中药、盐腌中药和鲜活中药。这几类药物性质特殊,如毒麻中药具有使用和保管的危险性,易致人中毒或死亡;易燃中药具有自燃、易燃的特性,会导致火灾事故;细贵中药具有价值高和名贵稀少的特性;盐腌中药易吸潮溶化;鲜活中药需保持鲜活等,因此,对于这些药材需要进行特殊的养护。

第一节　毒麻中药的贮存养护

毒是指毒性中药,麻是指麻醉中药。毒性中药和麻醉中药均属《药品管理法》规定“实行特殊管理办法”的药品。毒性中药是指具有剧烈的毒性,能直接引起人体生理功能失调,产生病理改变,或服用后引起抽搐、昏迷、神志不清,甚至死亡的中药。大部分为中药材,少数为加工品及成药。麻醉中药是指连续使用后易产生依赖性,能成瘾癖的药物。

1. 毒麻中药品种　卫生部1989年发布《毒性药品的管理品种》规定,毒性中药材品种为28种,分别是:砒石(红砒、白砒)、砒霜、轻粉、红粉、雄黄、水银、红升丹、白降丹、蟾酥、斑蝥、青娘虫、红娘虫、生马钱子、生川乌、生草乌、生白附子、生附子、生半夏、生南星、生巴豆、生甘遂、生狼毒、生藤黄、生千金子、生天仙子、洋金花、闹羊花、雪上一枝蒿。麻醉中药1种:罂粟壳。

2. 毒性中药的检验

(1) 毒性中药的验收:毒性中药入库时,必须根据有效的入库通知单,认真核对品种名称、规格、产地或生产单位、批号、发货单位、发货日期、标注等;再检查件数是否相符,包装是否严密,有无损坏的现象,并逐件计量是否符合正常的误差,然后开箱或启包检查,合格后方能正式入库,填报入库凭证,分送有关部门或人员记账。

(2) 毒性中药的检验:参照国家药品标准,对毒性中药进行性状、显微、理化等方面的检验。性状检验是指在宏观下检查药品的形态、质地、色泽、气味等,显微检验主要是在显微镜下观察毒性中药的组织构造,内含物特征反应,粉末特征等;理化检验则是检查成分、含量、比率、比重、pH以及杂质等理化指标。保管人员应配合检验人员完成这一工作。

药材入库时,应先检查原包装是否严密,有无损坏,重量是否相符,票证和货是否一致,然后开箱包进行检验。信石一般有块、粉两种规格,主要检验有无杂质。马钱子受潮易发霉,检验时将种皮剥开,用手指掐种仁,如发软不脆即已受潮。水银又最易升华和流失,因此在检验时除注意某药品质量优劣外,应着重检查它的包装是否封严。分量多的水银应用铁罐盛装,量少的(半斤以下)可用竹筒或厚玻璃瓶包装,但都不宜装满,否则受潮后即会膨胀,并将容器胀破。这些药材验收后,应即封装严密,防止混入其他药材内。

检验人员在检验过程中,中途不应离开现场,以防发生事故。在贮存过程中,还要定期或不定期进行检查,注意包装物有无破损。在检验毒性中药时,工作人员不得用口尝或鼻嗅,如检查信石和藤黄时,还应戴上口罩、手套等,以防中毒,绝对杜绝口尝。

(3) 毒性中药的管理:按照国家规定,毒性中药在库房的保管,必须由熟悉药性的药剂人员负责管理。在调动工作时,应办理交接手续,并由单位负责人监交无误后方可调离。毒性中药的每一个品种都要单独堆码,货垛之间应留应当距离。毒性中药必须做到专人专柜加锁保管,建立登账簿,记载收入、使用、消耗情况,已经拆开包装或分装好的毒性中药也应单独存放,明显标志,不得与其他药材混杂。一般要求每件包装袋和毒麻药的容器上均须标有明显的毒麻药标志,以防混淆。特别是药材形状相似的,如白砒粉类似硼砂粉,更须注意。

3. 毒性中药的养护　毒性中药的养护,应根据它们的来源、理化性质、质变性状,并结合库存数量的大小来决定。毒性中药其来源有矿物及其加工制品,有动、植物药材,养护方法可根据不同的来源分别选用。

(1) 毒性矿物药及其加工制品的养护:具有毒性的矿物药有砒石、砒霜、水银、雄黄,制品有红粉、轻粉、白降丹,它们的贮存数量都很少,主要是防止光化、氧化,控制湿度和温度。因此,一般可采用容器密封法养护,注意防潮、防高温就能防止发生质变。

(2) 动、植物类毒性中药的养护:凡数量少的品种,可采用密封法贮存。使用能容纳所需贮存数量的箱、桶、缸、罐、塑料袋等进行密封养护。若药材水分含量较高,可先曝晒或烘干后再密封贮存。否则,应当加入吸潮剂密封,才能达到养护的目的。

凡批量较大的品种,可采用密封法、吸潮法、气调法、低温法等养护。用塑料薄膜罩帐、密闭库、冷冻库等密封。若药材水分含量较高,仍应曝晒或烘干,或者加强吸潮措施。密封性能好的库房,可用空气去湿机吸潮;只具一般密封性能的,可用吸潮剂吸潮。

如藤黄、马钱子应贮存在干燥凉爽的地方,库地面须铺垫木与垫板,以免受潮热影响而发黏或发霉。在梅雨季节前采用缸、箱等密封保管。药品受潮可摊开置阴凉干燥通风处晾干,切勿高温干燥或曝晒,否则易使马钱子的种皮破裂,种仁泛油,藤黄易变色发黏软化。

第二节　易燃中药的贮存养护

易燃中药的在热和光的条件下,当其达到本身的燃点时即会引起燃烧,其易燃性属于氧化范围。

1. 常见易燃中药品种　常见易燃药材有火硝、硫磺、生松香、干漆、樟脑、海金沙等。这些药材在热和光到达本身的燃点时,就会引起燃烧,不仅药材受到损失,甚者造成灾害,因此必须实行特殊的养护。

2. 易燃中药的检验　这类药材入库时,除检验有无杂质外,还应注意是否有受潮现象。如果硫磺、干漆、松香等底层起细水珠,火硝的颜色变暗,海金沙翻动时不松散,都说明受潮。对干漆、松香等,同时还要检验是否有受潮、粘连、融化等现象。这类药材的包装物,如有破漏或不符合安全要求时,应立即修补或更换。特别是火硝,如包装物不严密或透风,就容易潮解融化。在贮存过程中,要经常检查仓库的温湿度变化,并注意库内外及其附近有无火源,以免发生事故。

3. 易燃中药的养护　这类中药均不易生虫和发霉,但遇火即燃烧。因此数量较大的应放在危险品仓库内贮存,数量较小的,也应选择与其他仓库有适当距离的仓库单独存放,并应远离电源、火源,同时应有专人保管。这类药材最好用缸、罐等盛装后整件密封。尤其是火硝易爆燃和风化,更应用缸、罐等进行密封贮存。在库房附近,还应放置适量的灭火器、沙箱等消防设备,以保安全。库内堆码不宜过高,一般以不超过 3m 为宜。火硝、干漆均不能重压,干漆更不宜受阳光直射,否则即易引起燃烧。库内温度以不超过 31℃,相对湿度不低于 60% 为宜。但湿度也不能太大，否则又易引起火硝潮解甚至沤烂包装。在不同品种垛与垛之间，最好能保持一米以上距离，以免在搬取时相互碰撞摩擦而发生事故。

第三节　细贵中药的贮存养护

1. 细贵中药品种　细贵中药主要有：人参、鹿茸、麝香、牛黄、羚羊角、海马、马宝、狗宝、猴枣、熊胆、燕窝、三七、哈士蟆油、西红花、珍珠等。

以上这类药材，有植物类的，也有动物类的。在贮存中，由于成分性质的不同，可能发生各种变异现象。如人参、海马、海龙、三七、哈士蟆油、熊胆等容易生虫发霉；牛黄、麝香、哈士蟆油、燕窝等受潮后易发霉；西红花则易失油变色或干枯；羚羊角受热又易干裂；鹿茸如没有干透，往往里面会腐烂发臭；麝香包装不严密，易挥发散失气味；马宝、狗宝、猴枣、珍珠等虽不易生虫发霉，但如贮存不妥，也会产生变色。

2. 细贵中药的检验　这类药材的变异现象主要有虫蛀、霉腐、泛油、泛糖、变色、老化、挥发等。入库时，应先检验原包装有无损坏受潮，封签是否完好，并核对现货与发货单上的数量是否相符，然后逐件检验和复核包装重量，计算出正确的药材净重。

检验时，除对每一品种的真伪、品质、规格等要进行全面验收外，还应针对容易变质的品种及其不同部位进行细致的检查。例如对原装的红参，如发现其木箱或铁盒有裂缝或钉眼孔洞的，往往即易返潮和生虫，检查时应及时打开检验。一般说来，山参、红参的主根上部及残茎（芦头）处易生虫。糖参返糖时体发软，外表糖质不干，且有变色、发黏等现象；发霉时，即出现白色毛点，严重的即发展变为黑色斑点。整把的参须，易在扎把处或粗壮的部分发霉。鹿茸生虫时，往往在茸尖的皮层外，严重的也能蛀蚀到内部疏松部分，但锯口处及已骨质化的部分不易生虫。海马、海龙的害虫很细小，多蛀入体内，特别在其腹部最易生虫，检验时，须经敲击后才会掉出蛀粉、虫粪或害虫。块粒状的三七，往往在支根折段处易生虫，其蛀孔很小，须仔细检查才能看出。干燥的牛黄，体松质脆，容易碎裂和剥离；如体实带韧性，色暗黄，用手剥落碎片时发声不响，则说明是不干的，往往容易发霉。毛壳麝香易生虫，净香仁受潮后易发霉、散失香气，过于干燥则失润。用手指按压毛壳麝香囊皮处，如无弹力并感到内部软绵的，说明受潮应即剖开香囊进行检验。净香发霉初期，往往出现白点，严重的会失去芳香气而带霉味。燕窝受潮后容易发霉，检验时如感觉发软或取两只相互碰击无声的，都说明受潮。哈士蟆油易吸潮，如发现其色深或不光亮，或表面黏性大时，应注意吸潮防霉。检验西红花时，应注意有无变色及失油。正常的西红花颜色鲜艳，体质糯润而气浓，否则即是陈货。其他如检验羚羊角、马宝、狗宝、猴枣、珍珠等药材时，重点虽在于品质鉴定，但也应注意检验其包装是否牢固以及有无变色现象等。对这类药材，在贮存过程中，也应采取定期或不定期的检查。梅雨季节时，对易发霉生虫的细贵药材，应每五天检查一次，每次检查都应有详细的检查记录。

3. 细贵药材的养护　这类药材的贮存措施主要是防潮、防高温和避光，必须放在安全可靠的库房内贮存，并有专人负责保管。人参、猴枣、燕窝、牛黄等，质脆易碎，在操作时，应特别注意防止其残损。一般都应该用固定的箱、柜、缸、坛等密闭后，贮存在干燥、阴凉，不易受潮受热的地方。库内温度应保持在30℃以内，相对湿度不超过70%。如虫草、鹿茸等，可先用密封袋封装或防潮纸包裹，放入米缸底部（方法简单，但非常实用）。如果发现药材已经受潮，就应尽快晒干,或者用干净的锅文火烘、炒,除去水分,特别贵重的药材,则可先平铺,盖上防潮纸或干净的薄纸,用高瓦数白炽灯照射除去水分,再用上述保存方法存放即可。

(1) 密封:细贵药材都可以采取密封方法贮存,如小件密封、箱(柜)、缸、坛密封或小间仓室密封。亦可用自然降氧或充氮降氧气调法养护。

如哈士蟆油可用缸密封贮存,可在缸底放一碗白酒,上面再放一张铺纸的竹篦子,然后将哈士蟆油放入,封好缸口即可。此外也可在缸、坛容器内喷适量高浓度白酒(不宜沾染商品),再进行密封。若装入双层塑料袋内(每袋装0.5kg),再放入大容器内密封贮存,效果更好,这样既能防止发霉,又能保持原有的色泽。

其他细贵药材如西红花等的密封,一般只要将原包装放入大容器或瓷罐内封严后,放在阴凉处即可。

(2) 吸潮:梅雨季节可用吸湿剂吸湿。常用吸湿剂有无水氯化钙、生石灰、硅胶等。吸潮剂用量,一般为每平方米用2.5~3kg,过量会使药材过分干燥而碎裂,增大损耗。此外,尚可配合使用空气去湿机除湿。

生晒参、山参、红参、燕窝即可采取此法。可将药物装在铺有生石灰的箱或缸罐中贮存,但须注意药材不能接触生石灰,以防污染。此外,用干燥稻糠埋藏上述药材,也能达到防潮的目的。其具体方法是:在容器内先铺一层稻糠,然后将生晒参等分层放入,放一层药材铺一层稻糠,最后再将容器封严,放在干燥阴凉处贮存。但这一方法只能防潮,平时仍应注意加强检查,防止生虫。

(3) 冷藏:麝香、人参、燕窝、哈士蟆油等在霉季时,都适宜采取冷贮的方法。冷贮的温度,一般为5℃左右,但包装必须密封,以防止潮气侵入引起发霉。

(4) 气调法:细贵中药贮存时可用气调养护法,量少的可用塑料袋密封,量多的可用罩帐密闭。

第四节　盐腌中药的贮存养护

1. 盐腌药材的常见品种　主要有盐苁蓉、盐附子、全虫等。这几种药材都是经盐腌过或用盐水煮过,具有较多的盐分。因此,当空气干燥时,其外表易结晶起盐霜;而当空气潮湿时,又易吸潮使盐霜溶化。如果长期受潮流水,即易变软、发霉或腐烂。如全虫受潮后不仅易发霉、变色,而且还会脱尾和生虫。在贮存中,还应防止鼠害。

2. 盐腌药材的检验　在贮存盐腌药材中要经常注意检查。检验时,首先应注意包装的上下和四角部分有无盐水痕迹,然后拆件取样,观察有无泛盐流水及生霉腐烂等情况。如质地坚实,一般不易变质;如质地柔软,说明不宜久存。检查盐苁蓉、盐附子时,还可用刀切开,观察其内部是否滋润和有无盐分。梅雨季节时,一般每半个月应检查一次。

3. 盐腌药材的养护　盐腌药材必须放在阴凉库房内贮存。库内的温度最好保存在30℃以内。除了可用缸或坛装后盖严密封存放在阴凉处以外,盐苁蓉、盐附子也可采取整垛密封办法,但垛底应垫高40cm以上以免受潮。全虫可用木箱整件密封。但整垛和整件密封,都不如装缸、坛密封的效果好。采取缸、坛密封时,可在缸、坛内底层放适量的块石灰,并用白酒一瓶,敞开瓶口立放在缸、坛内,可保持全虫头尾不致脱落。

在梅雨季节，有条件的还可将全虫放入冷库内贮存，但也必须注意将包装封严，以免受潮。一般在5℃内，即不会发生变异。

第五节　鲜活中药的贮存养护

鲜活类中药主要的养护方法是控制干湿度，过于干燥会干枯，过于潮湿会腐烂；冬季尚需防冻。如鲜石斛入库，先将腐烂、干枯及有破损的拣出，再将根浸于净水中12～24h取出，置竹篓内滴尽余水，再将其根展开按序排列，假植在砂土箱内，每日洒水2次，经3～5天出芽时，可隔30天洒水1次，约10天左右生叶，待茎枝肥壮时，将嫩叶一并掐去，以后每3天洒水1次；冬季应存放在10～15℃以上的地窖内，以保持新鲜。或春秋季时将石斛捆成小把，竖放在沙土上或竹筐内，每天将根放于水中浸5min，取出后放于阴凉处。冬季可平放于竹筐内，上盖蒲包或湿布。鲜地黄、鲜首乌入库，须先将黑斑或腐烂拣出，腐烂处用刀切去，晒干切口，俗称"封口"；如新采挖的，应摊晾3～5天，至表皮稍干时，用较湿润河沙埋存；冬季可先晒一天再贮存在温室或地窖内，一层一层用沙埋好，开春后适当通风。冬季贮存温度不低于5℃，以防冻伤。鲜芦根、鲜茅根竖放容器内，加水少量，夏季每天换水2～3次，冬季每天换水1次，上盖湿布，宜置阴凉通风处，每天洒水1～2次，以保持新鲜。鲜藿香、鲜佩兰为夏季时令中药，一般6～8月使用量较大。贮存时要去净枯枝烂叶，然后置阴凉处，晾去水渍，用湿布遮盖，当天用不完的，晚间竖起，放置室外，第二天仍放阴凉处用湿布遮盖。其他品种也可视其性质用假植或埋存法养护。鲜沙参夏季商品不干不湿者，可先摊晾于通风阴凉处，晚上放入缸内盖紧，白天再摊放阴凉处。冬季隔10天左右翻查一次，如果已潮湿，宜适当通风。如果过干，可放缸内盖闷。

参考文献

国家药典委员会 . 2005. 中华人民共和国药典 . 北京:化学工业出版社
徐良 . 1990. 名贵中草药手册 . 南宁:广西民族出版社
徐良 . 1993. 名贵中草药高产技术 . 北京:北京医科大学中国协和医科大学联合出版社
徐良 . 1998. 现代中药养护学 . 北京:中国医药科技出版社
徐良 . 2000. 中药无公害栽培加工与转基因工程学 . 北京:中国医药科技出版社
徐良 . 2001. 中国名贵药材规范化栽培与产业化开发新技术 . 北京:中国协和医科大学出版社
徐良 . 2005. 药用植物栽培学 . 北京:中国中医药出版社
总后勤部卫生部 . 1984. 医药仓储技术 . 北京:人民军医出版社
中国药材公司 . 1984. 中药保管技术 . 北京:中国商业出版社
朱圣和 . 1983. 中药材贮存保管知识 . 北京:人民卫生出版社
张紫洞 . 1993. 中药材保管技术 . 北京:人民卫生出版社

附 录

附 1 中华人民共和国药品管理法

《中华人民共和国药品管理法》已由中华人民共和国第九届全国人民代表大会常务委员会第二十次会议于 2001 年 2 月 28 日修订通过，现将修订后的《中华人民共和国药品管理法》公布，自 2001 年 12 月 1 日起施行。

第一章 总 则

第一条 为加强药品监督管理，保证药品质量，保障人体用药安全，维护人民身体健康和用药的合法权益，特制定本法。

第二条 在中华人民共和国境内从事药品的研制、生产、经营、使用和监督管理的单位或者个人，必须遵守本法。

第三条 国家发展现代药和传统药，充分发挥其在预防、医疗和保健中的作用。国家保护野生药材资源，鼓励培育中药材。

第四条 国家鼓励研究和创制新药，保护公民、法人和其他组织研究、开发新药的合法权益。

第五条 国务院药品监督管理部门主管全国药品监督管理工作。国务院有关部门在各自的职责范围内负责与药品有关的监督管理工作。

省、自治区、直辖市人民政府药品监督管理部门负责本行政区域内的药品监督管理工作。

省、自治区、直辖市人民政府有关部门在各自的职责范围内负责与药品有关的监督管理工作。

国务院药品监督管理部门应当配合国务院经济综合主管部门，执行国家制定的药品行业发展规划和产业政策。

第六条 药品监督管理部门设置或者确定的药品检验机构，承担依法实施药品审批和药品质量监督检查所需的药品检验工作。

第二章 药品生产企业管理

第七条 开办药品生产企业，须经企业所在地省、自治区、直辖市人民政府药品监督管理部门批准并发给《药品生产许可证》，凭《药品生产许可证》到工商行政管理部门办理登记注册。无《药品生产许可证》的，不得生产药品。

《药品生产许可证》应当标明有效期和生产范围，到期重新审查发证。药品监督管理部门批准开办药品生产企业，除依据本法第八条规定的条件外，还应当符合国家制定的药品行业发展规划和产业政策，防止重复建设。

第八条 开办药品生产企业，必须具备以下条件：① 具有依法经过资格认定的药学技术人员、工程技术人员及相应的技术工人。② 具有与其药品生产相适应的厂房、设施和卫生环境。③ 具有能对所生产药品进行质量管理和质量检验的机构、人员以及必要的仪器设备。④ 具有保证药品质量的规章制度。

第九条 药品生产企业必须按照国务院药品监督管理部门依据本法制定的《药品生产质量管理规范》组织生产。药品监督管理部门按照规定对药品生产企业是否符合《药品生产质量管理规范》的要求进行认证;对认证合格的,发给认证证书。

《药品生产质量管理规范》的具体实施办法、实施步骤由国务院药品监督管理部门规定。

第十条 除中药饮片的炮制外,药品必须按照国家药品标准和国务院药品监督管理部门批准的生产工艺进行生产,生产记录必须完整准确。药品生产企业改变影响药品质量的生产工艺的,必须报原批准部门审核批准。

中药饮片必须按照国家药品标准炮制;国家药品标准没有规定的,必须按照省、自治区、直辖市人民政府药品监督管理部门制定的炮制规范炮制。省、自治区、直辖市人民政府药品监督管理部门制定的炮制规范应当报国务院药品监督管理部门备案。

第十一条 生产药品所需的原料、辅料,必须符合药用要求。

第十二条 药品生产企业必须对其生产的药品进行质量检验;不符合国家药品标准或者不按照省、自治区、直辖市人民政府药品监督管理部门制定的中药饮片炮制规范炮制的,不得出厂。

第十三条 经国务院药品监督管理部门或者国务院药品监督管理部门授权的省、自治区、直辖市人民政府药品监督管理部门批准,药品生产企业可以接受委托生产药品。

第三章 药品经营企业管理

第十四条 开办药品批发企业,须经企业所在地省、自治区、直辖市人民政府药品监督管理部门批准并发给《药品经营许可证》;开办药品零售企业,须经企业所在地县级以上地方药品监督管理部门批准并发给《药品经营许可证》,凭《药品经营许可证》到工商行政管理部门办理登记注册。无《药品经营许可证》的,不得经营药品。

《药品经营许可证》应当标明有效期和经营范围,到期重新审查发证。

药品监督管理部门批准开办药品经营企业,除依据本法第十五条规定的条件外,还应当遵循合理布局和方便群众购药的原则。

第十五条 开办药品经营企业必须具备以下条件:① 具有依法经过资格认定的药学技术人员。② 具有与所经营药品相适应的营业场所、设备、仓储设施、卫生环境。③ 具有与所经营药品相适应的质量管理机构或者人员。④ 具有保证所经营药品质量的规章制度。

第十六条 药品经营企业必须按照国务院药品监督管理部门依据本法制定的《药品经营质量管理规范》经营药品。药品监督管理部门按照规定对药品经营企业是否符合《药品经营质量管理规范》的要求进行认证;对认证合格的,发给认证证书。

《药品经营质量管理规范》的具体实施办法、实施步骤由国务院药品监督管理部门规定。

第十七条 药品经营企业购进药品,必须建立并执行进货检查验收制度,验明药品合格证明和其他标识;不符合规定要求的,不得购进。

第十八条 药品经营企业购销药品,必须有真实完整的购销记录。购销记录必须注明药品的通用名称、剂型、规格、批号、有效期、生产厂商、购(销)货单位、购(销)货数量、购销价格、购(销)货日期及国务院药品监督管理部门规定的其他内容。

第十九条 药品经营企业销售药品必须准确无误,并正确说明用法、用量和注意事项;调配处方必须经过核对,对处方所列药品不得擅自更改或者代用。对有配伍禁忌或者超剂量的处方,应当拒绝调配;必要时,经处方医师更正或者重新签字,方可调配。

药品经营企业销售中药材,必须标明产地。

第二十条 药品经营企业必须制定和执行药品保管制度,采取必要的冷藏、防冻、防潮、防虫、防鼠等措施,保证药品质量。

药品入库和出库必须执行检查制度。

第二十一条 城乡集市贸易市场可以出售中药材,国务院另有规定的除外。

城乡集市贸易市场不得出售中药材以外的药品,但持有《药品经营许可证》的药品零售企业在规定的范围内可以在城乡集市贸易市场设点出售中药材以外的药品。具体办法由国务院规定。

第四章 医疗机构的药剂管理

第二十二条 医疗机构必须配备依法经过资格认定的药学技术人员。非药学技术人员不得直接从事药剂技术工作。

第二十三条 医疗机构配制制剂,须经所在地省、自治区、直辖市人民政府卫生行政部门审核同意,由省、自治区、直辖市人民政府药品监督管理部门批准,发给《医疗机构制剂许可证》。无《医疗机构制剂许可证》的,不得配制制剂。

《医疗机构制剂许可证》应当标明有效期,到期重新审查发证。

第二十四条 医疗机构配制制剂,必须具有能够保证制剂质量的设施、管理制度、检验仪器和卫生条件。

第二十五条 医疗机构配制的制剂,应当是本单位临床需要而市场上没有供应的品种,并须经所在地省、自治区、直辖市人民政府药品监督管理部门批准后方可配制。配制的制剂必须按照规定进行质量检验;合格的,凭医师处方在本医疗机构使用。特殊情况下,经国务院或者省、自治区、直辖市人民政府的药品监督管理部门批准,医疗机构配制的制剂可以在指定的医疗机构之间调剂使用。

医疗机构配制的制剂,不得在市场销售。

第二十六条 医疗机构购进药品,必须建立并执行进货检查验收制度,验明药品合格证明和其他标识;不符合规定要求的,不得购进和使用。

第二十七条 医疗机构的药剂人员调配处方,必须经过核对,对处方所列药品不得擅自更改或者代用。对有配伍禁忌或者超剂量的处方,应当拒绝调配;必要时,经处方医师更正或者重新签字,方可调配。

第二十八条 医疗机构必须制定和执行药品保管制度,采取必要的冷藏、防冻、防潮、防虫、防鼠等措施,保证药品质量。

第五章 药品管理

第二十九条 研制新药,必须按照国务院药品监督管理部门的规定如实报送研制方法、质量指标、药理及毒理试验结果等有关资料和样品，经国务院药品监督管理部门批准后，方可进行临床试验。药物临床试验机构资格的认定办法，由国务院药品监督管理部门、国务院卫生行政部门共同制定。

完成临床试验并通过审批的新药，由国务院药品监督管理部门批准，发给新药证书。

第三十条　药物的非临床安全性评价研究机构和临床试验机构必须分别执行药物非临床研究质量管理规范、药物临床试验质量管理规范。

药物非临床研究质量管理规范、药物临床试验质量管理规范由国务院确定的部门制定。

第三十一条　生产新药或者已有国家标准的药品，须经国务院药品监督管理部门批准，并发给药品批准文号；但是，生产没有实施批准文号管理的中药材和中药饮片除外。实施批准文号管理的中药材、中药饮片品种目录由国务院药品监督管理部门会同国务院中医药管理部门制定。

药品生产企业在取得药品批准文号后，方可生产该药品。

第三十二条　药品必须符合国家药品标准。中药饮片依照本法第十条第二款的规定执行。国务院药品监督管理部门颁布的《中华人民共和国药典》和药品标准为国家药品标准。国务院药品监督管理部门组织药典委员会，负责国家药品标准的制定和修订。

国务院药品监督管理部门的药品检验机构负责标定国家药品标准品、对照品。

第三十三条　国务院药品监督管理部门组织药学、医学和其他技术人员，对新药进行审评，对已经批准生产的药品进行再评价。

第三十四条　药品生产企业、药品经营企业、医疗机构必须从具有药品生产、经营资格的企业购进药品；但是，购进没有实施批准文号管理的中药材除外。

第三十五条　国家对麻醉药品、精神药品、医疗用毒性药品、放射性药品，实行特殊管理。管理办法由国务院制定。

第三十六条　国家实行中药品种保护制度。具体办法由国务院制定。

第三十七条　国家对药品实行处方药与非处方药分类管理制度。具体办法由国务院制定。

第三十八条　禁止进口疗效不确、不良反应大或者其他原因危害人体健康的药品。

第三十九条　药品进口，须经国务院药品监督管理部门组织审查，经审查确认符合质量标准、安全有效的，方可批准进口，并发给进口药品注册证书。

医疗单位临床急需或者个人自用进口的少量药品，按照国家有关规定办理进口手续。

第四十条　药品必须从允许药品进口的口岸进口，并由进口药品的企业向口岸所在地药品监督管理部门登记备案。海关凭药品监督管理部门出具的《进口药品通关单》放行。无《进口药品通关单》的，海关不得放行。

口岸所在地药品监督管理部门应当通知药品检验机构按照国务院药品监督管理部门的规定对进口药品进行抽查检验，并依照本法第四十一条第二款的规定收取检验费。

允许药品进口的口岸由国务院药品监督管理部门会同海关总署提出，报国务院批准。

第四十一条　国务院药品监督管理部门对下列药品在销售前或者进口时，指定药品检验机构进行检验；检验不合格的，不得销售或者进口：① 国务院药品监督管理部门规定的生物制品。② 首次在中国销售的药品。③ 国务院规定的其他药品。前款所列药品的检验费项目和收费标准由国务院财政部门会同国务院价格主管部门核定并公告。检验费收缴办法由国务院财政部门会同国务院药品监督管理部门制定。

第四十二条 国务院药品监督管理部门对已经批准生产或者进口的药品,应当组织调查;对疗效不确、不良反应大或者其他原因危害人体健康的药品,应当撤销批准文号或者进口药品注册证书。

已被撤销批准文号或者进口药品注册证书的药品,不得生产或者进口、销售和使用;已经生产或者进口的,由当地药品监督管理部门监督销毁或者处理。

第四十三条 国家实行药品储备制度。

国内发生重大灾情、疫情及其他突发事件时,国务院规定的部门可以紧急调用企业药品。

第四十四条 对国内供应不足的药品,国务院有权限制或者禁止出口。

第四十五条 进口、出口麻醉药品和国家规定范围内的精神药品,必须持有国务院药品监督管理部门发给的《进口准许证》、《出口准许证》。

第四十六条 新发现和从国外引种的药材,经国务院药品监督管理部门审核批准后,方可销售。

第四十七条 地区性民间习用药材的管理办法,由国务院药品监督管理部门会同国务院中医药管理部门制定。

第四十八条 禁止生产(包括配制,下同)、销售假药。

有下列情形之一的,为假药:① 药品所含成分与国家药品标准规定的成分不符的。② 以非药品冒充药品或者以他种药品冒充此种药品的。

有下列情形之一的药品,按假药论处。① 国务院药品监督管理部门规定禁止使用的。② 依照本法必须批准而未经批准生产、进口,或者依照本法必须检验而未经检验即销售的。③ 变质的。④ 被污染的。⑤ 使用依照本法必须取得批准文号而未取得批准文号的原料药生产的。⑥ 所标明的适应证或者功能主治超出规定范围的。

第四十九条 禁止生产、销售劣药。

药品成分的含量不符合国家药品标准的,为劣药。

有下列情形之一的药品,按劣药论处:① 未标明有效期或者更改有效期的。② 不注明或者更改生产批号的。③ 超过有效期的。④ 直接接触药品的包装材料和容器未经批准的。⑤ 擅自添加着色剂、防腐剂、香料、矫味剂及辅料的。⑥ 其他不符合药品标准规定的。

第五十条 列入国家药品标准的药品名称为药品通用名称。已经作为药品通用名称的,该名称不得作为药品商标使用。

第五十一条 药品生产企业、药品经营企业和医疗机构直接接触药品的工作人员,必须每年进行健康检查。患有传染病或者其他可能污染药品的疾病的,不得从事直接接触药品的工作。

第六章 药品包装的管理

第五十二条 直接接触药品的包装材料和容器,必须符合药用要求,符合保障人体健康、安全的标准,并由药品监督管理部门在审批药品时一并审批。

药品生产企业不得使用未经批准的直接接触药品的包装材料和容器。

对不合格的直接接触药品的包装材料和容器,由药品监督管理部门责令停止使用。

第五十三条　药品包装必须适合药品质量的要求，方便贮存、运输和医疗使用。

发运中药材必须有包装。在每件包装上，必须注明品名、产地、日期、调出单位，并附有质量合格的标志。

第五十四条　药品包装必须按照规定印有或者贴有标签并附有说明书。

标签或者说明书上必须注明药品的通用名称、成分、规格、生产企业、批准文号、产品批号、生产日期、有效期、适应证或者功能主治、用法、用量、禁忌、不良反应和注意事项。

麻醉药品、精神药品、医疗用毒性药品、放射性药品、外用药品和非处方药的标签，必须印有规定的标志。

第七章　药品价格和广告的管理

第五十五条　依法实行政府定价、政府指导价的药品，政府价格主管部门应当依照《中华人民共和国价格法》规定的定价原则，依据社会平均成本、市场供求状况和社会承受能力合理制定和调整价格，做到质价相符，消除虚高价格，保护用药者的正当利益。

药品的生产企业、经营企业和医疗机构必须执行政府定价、政府指导价，不得以任何形式擅自提高价格。

药品生产企业应当依法向政府价格主管部门如实提供药品的生产经营成本，不得拒报、虚报、瞒报。

第五十六条　依法实行市场调节价的药品，药品的生产企业、经营企业和医疗机构应当按照公平、合理和诚实信用、质价相符的原则制定价格，为用药者提供价格合理的药品。

药品的生产企业、经营企业和医疗机构应当遵守国务院价格主管部门关于药价管理的规定，制定和标明药品零售价格，禁止暴利和损害用药者利益的价格欺诈行为。

第五十七条　药品的生产企业、经营企业、医疗机构应当依法向政府价格主管部门提供其药品的实际购销价格和购销数量等资料。

第五十八条　医疗机构应当向患者提供所用药品的价格清单；医疗保险定点医疗机构还应当按照规定的办法如实公布其常用药品的价格，加强合理用药的管理。具体办法由国务院卫生行政部门规定。

第五十九条　禁止药品的生产企业、经营企业和医疗机构在药品购销中账外暗中给予、收受回扣或者其他利益。

禁止药品的生产企业、经营企业或者其代理人以任何名义给予使用其药品的医疗机构的负责人、药品采购人员、医师等有关人员以财物或者其他利益。禁止医疗机构的负责人、药品采购人员、医师等有关人员以任何名义收受药品的生产企业、经营企业或者其代理人给予的财物或者其他利益。

第六十条　药品广告须经企业所在地省、自治区、直辖市人民政府药品监督管理部门批准，并发给药品广告批准文号；未取得药品广告批准文号的，不得发布。

处方药可以在国务院卫生行政部门和国务院药品监督管理部门共同指定的医学、药学专业刊物上介绍，但不得在大众传播媒介发布广告或者以其他方式进行以公众为对象的广告宣传。

第六十一条　药品广告的内容必须真实、合法，以国务院药品监督管理部门批准的说明书为准，不得含有虚假的内容。

药品广告不得含有不科学的表示功效的断言或者保证;不得利用国家机关、医药科研单位、学术机构或者专家、学者、医师、患者的名义和形象作证明。

非药品广告不得有涉及药品的宣传。

第六十二条 省、自治区、直辖市人民政府药品监督管理部门应当对其批准的药品广告进行检查,对于违反本法和《中华人民共和国广告法》的广告,应当向广告监督管理机关通报并提出处理建议,广告监督管理机关应当依法作出处理。

第六十三条 药品价格和广告,本法未规定的,适用《中华人民共和国价格法》、《中华人民共和国广告法》的规定。

第八章 药品监督

第六十四条 药品监督管理部门有权按照法律、行政法规的规定对报经其审批的药品研制和药品的生产、经营以及医疗机构使用药品的事项进行监督检查,有关单位和个人不得拒绝和隐瞒。

药品监督管理部门进行监督检查时,必须出示证明文件,对监督检查中知悉的被检查人的技术秘密和业务秘密应当保密。

第六十五条 药品监督管理部门根据监督检查的需要,可以对药品质量进行抽查检验。抽查检验应当按照规定抽样,并不得收取任何费用。所需费用按照国务院规定列支。

药品监督管理部门对有证据证明可能危害人体健康的药品及其有关材料可以采取查封、扣押的行政强制措施,并在七日内作出行政处理决定;药品需要检验的,必须自检验报告书发出之日起十五日内作出行政处理决定。

第六十六条 国务院和省、自治区、直辖市人民政府的药品监督管理部门应当定期公告药品质量抽查检验的结果;公告不当的,必须在原公告范围内予以更正。

第六十七条 当事人对药品检验机构的检验结果有异议的,可以自收到药品检验结果之日起七日内向原药品检验机构或者上一级药品监督管理部门设置或者确定的药品检验机构申请复验,也可以直接向国务院药品监督管理部门设置或者确定的药品检验机构申请复验。受理复验的药品检验机构必须在国务院药品监督管理部门规定的时间内作出复验结论。

第六十八条 药品监督管理部门应当按照规定,依据《药品生产质量管理规范》、《药品经营质量管理规范》,对经其认证合格的药品生产企业、药品经营企业进行认证后的跟踪检查。

第六十九条 地方人民政府和药品监督管理部门不得以要求实施药品检验、审批等手段限制或者排斥非本地区药品生产企业依照本法规定生产的药品进入本地区。

第七十条 药品监督管理部门及其设置的药品检验机构和确定的专业从事药品检验的机构不得参与药品生产经营活动,不得以其名义推荐或者监制、监销药品。药品监督管理部门及其设置的药品检验机构和确定的专业从事药品检验的机构的工作人员不得参与药品生产经营活动。

第七十一条 国家实行药品不良反应报告制度。药品生产企业、药品经营企业和医疗机构必须经常考察本单位所生产、经营、使用的药品质量、疗效和反应。发现可能与用药有关的严重不良反应,必须及时向当地省、自治区、直辖市人民政府药品监督管理部门和卫生行政部门报告。具体办法由国务院药品监督管理部门会同国务院卫生行政部门制定。对已确认发生严重不良反应的药品,国务院或者省、自治区、直辖市人民政府的药品监督管理部门可以采取停止生产、销售、使用的紧急控制措施,并应当在五日内组织鉴定,自鉴定结论作出之日起十五日内依法作出行政处理决定。

第七十二条 药品生产企业、药品经营企业和医疗机构的药品检验机构或者人员,应当接受当地药品监督管理部门设置的药品检验机构的业务指导。

第九章 法律责任

第七十三条 未取得《药品生产许可证》、《药品经营许可证》或者《医疗机构制剂许可证》生产药品、经营药品的,依法予以取缔,没收违法生产、销售的药品和违法所得,并处违法生产、销售的药品(包括已售出的和未售出的药品,下同)货值金额二倍以上五倍以下的罚款;构成犯罪的,依法追究刑事责任。

第七十四条 生产、销售假药的,没收违法生产、销售的药品和违法所得,并处违法生产、销售药品货值金额二倍以上五倍以下的罚款;有药品批准证明文件的予以撤销,并责令停产、停业整顿;情节严重的,吊销《药品生产许可证》、《药品经营许可证》或者《医疗机构制剂许可证》;构成犯罪的,依法追究刑事责任。

第七十五条 生产、销售劣药的,没收违法生产、销售的药品和违法所得,并处违法生产、销售药品货值金额一倍以上三倍以下的罚款;情节严重的,责令停产、停业整顿或者撤销药品批准证明文件、吊销《药品生产许可证》、《药品经营许可证》或者《医疗机构制剂许可证》;构成犯罪的,依法追究刑事责任。

第七十六条 从事生产、销售假药及生产、销售劣药情节严重的企业或者其他单位,其直接负责的主管人员和其他直接责任人员十年内不得从事药品生产、经营活动。对生产者专门用于生产假药、劣药的原辅材料、包装材料、生产设备,予以没收。

第七十七条 知道或者应当知道属于假劣药品而为其提供运输、保管、仓储等便利条件的,没收全部运输、保管、仓储的收入,并处违法收入百分之五十以上三倍以下的罚款;构成犯罪的,依法追究刑事责任。

第七十八条 对假药、劣药的处罚通知,必须载明药品检验机构的质量检验结果;但是,本法第四十八条第三款第①、②、⑤、⑥项和第四十九条第三款规定的情形除外。

第七十九条 药品的生产企业、经营企业、药物非临床安全性评价研究机构、药物临床试验机构未按照规定实施《药品生产质量管理规范》、《药品经营质量管理规范》、《药物非临床研究质量管理规范》、《药物临床试验质量管理规范》的,给予警告,责令限期改正;逾期不改正的,责令停产、停业整顿,并处五千元以上二万元以下的罚款;情节严重的,吊销《药品生产许可证》、《药品经营许可证》和药物临床试验机构的资格。

第八十条 药品的生产企业、经营企业或者医疗机构违反本法第三十四条的规定,从无《药品生产许可证》、《药品经营许可证》的企业购进药品的,责令改正,没收违法购进的药品,并处违法购进药品货值金额二倍以上五倍以下的罚款;有违法所得的,没收违法所得;情节严重的,吊销《药品生产许可证》、《药品经营许可证》或者医疗机构执业许可证书。

第八十一条 进口已获得药品进口注册证书的药品,未按照本法规定向允许药品进口的口岸所在地的药品监督管理部门登记备案的,给予警告,责令限期改正;逾期不改正的,撤销进口药品注册证书。

第八十二条 伪造、变造、买卖、出租、出借许可证或者药品批准证明文件的，没收违法所得，并处违法所得一倍以上三倍以下的罚款；没有违法所得的，处二万元以上十万元以下的罚款；情节严重的，并吊销卖方、出租方、出借方的《药品生产许可证》、《药品经营许可证》、《医疗机构制剂许可证》或者撤销药品批准证明文件；构成犯罪的，依法追究刑事责任。

第八十三条 违反本法规定，提供虚假的证明、文件资料样品或者采取其他欺骗手段取得《药品生产许可证》、《药品经营许可证》、《医疗机构制剂许可证》或者药品批准证明文件的，吊销《药品生产许可证》、《药品经营许可证》、《医疗机构制剂许可证》或者撤销药品批准证明文件，五年内不受理其申请，并处一万元以上三万元以下的罚款。

第八十四条 医疗机构将其配制的制剂在市场销售的，责令改正，没收违法销售的制剂，并处违法销售制剂货值金额一倍以上三倍以下的罚款；有违法所得的，没收违法所得。

第八十五条 药品经营企业违反本法第十八条、第十九条规定的，责令改正，给予警告；情节严重的，吊销《药品经营许可证》。

第八十六条 药品标识不符合本法第五十四条规定的，除依法应当按照假药、劣药论处的外，责令改正，给予警告；情节严重的，撤销该药品的批准证明文件。

第八十七条 药品检验机构出具虚假检验报告，构成犯罪的，依法追究刑事责任；不构成犯罪的，责令改正，给予警告，对单位并处三万元以上五万元以下的罚款；对直接负责的主管人员和其他直接责任人员依法给予降级、撤职、开除的处分，并处三万元以下的罚款；有违法所得的，没收违法所得；情节严重的，撤销其检验资格。药品检验机构出具的检验结果不实，造成损失的，应当承担相应的赔偿责任。

第八十八条 本法第七十三条至第八十七条规定的行政处罚，由县级以上药品监督管理部门按照国务院药品监督管理部门规定的职责分工决定；吊销《药品生产许可证》、《药品经营许可证》、《医疗机构制剂许可证》、医疗机构执业许可证书或者撤销药品批准证明文件的，由原发证、批准的部门决定。

第八十九条 违反本法第五十五条、第五十六条、第五十七条关于药品价格管理的规定的，依照《中华人民共和国价格法》的规定处罚。

第九十条 药品的生产企业、经营企业、医疗机构在药品购销中暗中给予、收受回扣或者其他利益的，药品的生产企业、经营企业或者其代理人给予使用其药品的医疗机构的负责人、药品采购人员、医师等有关人员以财物或者其他利益的，由工商行政管理部门处一万元以上二十万元以下的罚款，有违法所得的，予以没收；情节严重的，由工商行政管理部门吊销药品生产企业、药品经营企业的营业执照，并通知药品监督管理部门，由药品监督管理部门吊销其《药品生产许可证》、《药品经营许可证》；构成犯罪的，依法追究刑事责任。

第九十一条 药品的生产企业、经营企业的负责人、采购人员等有关人员在药品购销中收受其他生产企业、经营企业或者其代理人给予的财物或者其他利益的，依法给予处分，没收违法所得；构成犯罪的，依法追究刑事责任。

医疗机构的负责人、药品采购人员、医师等有关人员收受药品生产企业、药品经营企业或者其代理人给予的财物或者其他利益的，由卫生行政部门或者本单位给予处分，没收违法所得；对违法行为情节严重的执业医师，由卫生行政部门吊销其执业证书；构成犯罪的，依法追究刑事责任。

第九十二条　违反本法有关药品广告的管理规定的,依照《中华人民共和国广告法》的规定处罚,并由发给广告批准文号的药品监督管理部门撤销广告批准文号,一年内不受理该品种的广告审批申请;构成犯罪的,依法追究刑事责任。

药品监督管理部门对药品广告不依法履行审查职责,批准发布的广告有虚假或者其他违反法律、行政法规的内容的,对直接负责的主管人员和其他直接责任人员依法给予行政处分;构成犯罪的,依法追究刑事责任。

第九十三条　药品的生产企业、经营企业、医疗机构违反本法规定,给药品使用者造成损害的,依法承担赔偿责任。

第九十四条　药品监督管理部门违反本法规定,有下列行为之一的,由其上级主管机关或者监察机关责令收回违法发给的证书、撤销药品批准证明文件,对直接负责的主管人员和其他直接责任人员依法给予行政处分;构成犯罪的,依法追究刑事责任:

1) 对不符合《药品生产质量管理规范》、《药品经营质量管理规范》的企业发给符合有关规范的认证证书的,或者对取得认证证书的企业未按照规定履行跟踪检查的职责,对不符合认证条件的企业未依法责令其改正或者撤销其认证证书的。

2) 对不符合法定条件的单位发给《药品生产许可证》、《药品经营许可证》或者《医疗机构制剂许可证》的。

3) 对不符合进口条件的药品发给进口药品注册证书的。

4) 对不具备临床试验条件或者生产条件而批准进行临床试验、发给新药证书、发给药品批准文号的。

第九十五条　药品监督管理部门或者其设置的药品检验机构或者其确定的专业从事药品检验的机构参与药品生产经营活动的,由其上级机关或者监察机关责令改正,有违法收入的予以没收;情节严重的,对直接负责的主管人员和其他直接责任人员依法给予行政处分。

药品监督管理部门或者其设置的药品检验机构或者其确定的专业从事药品检验的机构的工作人员参与药品生产经营活动的,依法给予行政处分。

第九十六条　药品监督管理部门或者其设置、确定的药品检验机构在药品监督检验中违法收取检验费用的,由政府有关部门责令退还,对直接负责的主管人员和其他直接责任人员依法给予行政处分。对违法收取检验费用情节严重的药品检验机构,撤销其检验资格。

第九十七条　药品监督管理部门应当依法履行监督检查职责,监督已取得《药品生产许可证》、《药品经营许可证》的企业依照本法规定从事药品生产、经营活动。

已取得《药品生产许可证》、《药品经营许可证》的企业生产、销售假药、劣药的,除依法追究该企业的法律责任外,对有失职、渎职行为的药品监督管理部门直接负责的主管人员和其他直接责任人员依法给予行政处分;构成犯罪的,依法追究刑事责任。

第九十八条　药品监督管理部门对下级药品监督管理部门违反本法的行政行为,责令限期改正;逾期不改正的,有权予以改变或者撤销。

第九十九条　药品监督管理人员滥用职权、徇私舞弊、玩忽职守,构成犯罪的,依法追究刑事责任;尚不构成犯罪的,依法给予行政处分。

第一百条　依照本法被吊销《药品生产许可证》、《药品经营许可证》的,由药品监督管理部门通知工商行政管理部门办理变更或者注销登记。

第一百零一条 条本章规定的货值金额以违法生产、销售药品的标价计算;没有标价的,按照同类药品的市场价格计算。

第十章 附 则

第一百零二条 本法下列用语的含义是:

药品,是指用于预防、治疗、诊断人的疾病,有目的地调节人的生理机能并规定有适应证或者功能主治、用法和用量的物质,包括中药材、中药饮片、中成药、化学原料药及其制剂、抗生素、生化药品、放射性药品、血清、疫苗、血液制品和诊断药品等。

辅料,是指生产药品和调配处方时所用的赋形剂和附加剂。

药品生产企业,是指生产药品的专营企业或者兼营企业。

药品经营企业,是指经营药品的专营企业或者兼营企业。

第一百零三条 中药材的种植、采集和饲养的管理办法,由国务院另行制定。

第一百零四条 国家对预防性生物制品的流通实行特殊管理。具体办法由国务院制定。

第一百零五条 中国人民解放军执行本法的具体办法,由国务院、中央军事委员会依据本法制定。

第一百零六条 本法自 2001 年 12 月 1 日起施行。

附 2 中华人民共和国药品管理法实施条例

第一章 总　　则

第一条 根据《中华人民共和国药品管理法》(以下简称《药品管理法》),制定本条例。

第二条 国务院药品监督管理部门设置国家药品检验机构。

省、自治区、直辖市人民政府药品监督管理部门可以在本行政区域内设置药品检验机构。地方药品检验机构的设置规划由省、自治区、直辖市人民政府药品监督管理部门提出,报省、自治区、直辖市人民政府批准。

国务院和省、自治区、直辖市人民政府的药品监督管理部门可以根据需要,确定符合药品检验条件的检验机构承担药品检验工作。

第二章 药品生产企业管理

第三条 开办药品生产企业,应当按照下列规定办理《药品生产许可证》:

(一)申办人应当向拟办企业所在地省、自治区、直辖市人民政府药品监督管理部门提出申请。省、自治区、直辖市人民政府药品监督管理部门应当自收到申请之日起 30 个工作日内,按照国家发布的药品行业发展规划和产业政策进行审查,并作出是否同意筹建的决定。

(二)申办人完成拟办企业筹建后,应当向原审批部门申请验收。原审批部门应当自收到申请之日起 30 个工作日内,依据《药品管理法》第八条规定的开办条件组织验收;验收合格的,发给《药品生产许可证》。申办人凭《药品生产许可证》到工商行政管理部门依法办理登记注册。

第四条 药品生产企业变更《药品生产许可证》许可事项的,应当在许可事项发生变更 30 日前,向原发证机关申请《药品生产许可证》变更登记;未经批准,不得变更许可事项。原发证机关应当自收到申请之日起 15 个工作日内作出决定。申请人凭变更后的《药品生产许可证》到工商行政管理部门依法办理变更登记手续。

第五条 省级以上人民政府药品监督管理部门应当按照《药品生产质量管理规范》和国务院药品监督管理部门规定的实施办法和实施步骤,组织对药品生产企业的认证工作;符合《药品生产质量管理规范》的,发给认证证书。其中,生产注射剂、放射性药品和国务院药品监督管理部门规定的生物制品的药品生产企业的认证工作,由国务院药品监督管理部门负责。

《药品生产质量管理规范》认证证书的格式由国务院药品监督管理部门统一规定。

第六条 新开办药品生产企业、药品生产企业新建药品生产车间或者新增生产剂型的,应当自取得药品生产证明文件或者经批准正式生产之日起 30 日内,按照规定向药品监督管理部门申请《药品生产质量管理规范》认证。受理申请的药品监督管理部门应当自收到企业申请之日起 6 个月内,组织对申请企业是否符合《药品生产质量管理规范》进行认证;认证合格的,发给认证证书。

第七条 国务院药品监督管理部门应当设立《药品生产质量管理规范》认证检查员库。《药品生产质量管理规范》认证检查员必须符合国务院药品监督管理部门规定的条件。进行

《药品生产质量管理规范》认证,必须按照国务院药品监督管理部门的规定,从《药品生产质量管理规范》认证检查员库中随机抽取认证检查员组成认证检查组进行认证检查。

第八条 《药品生产许可证》有效期为5年。有效期届满,需要继续生产药品的,持证企业应当在许可证有效期届满前6个月,按照国务院药品监督管理部门的规定申请换发《药品生产许可证》。

药品生产企业终止生产药品或者关闭的,《药品生产许可证》由原发证部门缴销。

第九条 药品生产企业生产药品所使用的原料药,必须具有国务院药品监督管理部门核发的药品批准文号或者进口药品注册证书、医药产品注册证书;但是,未实施批准文号管理的中药材、中药饮片除外。

第十条 依据《药品管理法》第十三条规定,接受委托生产药品的,受托方必须是持有与其受托生产的药品相适应的《药品生产质量管理规范》认证证书的药品生产企业。

疫苗、血液制品和国务院药品监督管理部门规定的其他药品,不得委托生产。

第三章 药品经营企业管理

第十一条 开办药品批发企业,申办人应当向拟办企业所在地省、自治区、直辖市人民政府药品监督管理部门提出申请。省、自治区、直辖市人民政府药品监督管理部门应当自收到申请之日起30个工作日内,依据国务院药品监督管理部门规定的设置标准作出是否同意筹建的决定。申办人完成拟办企业筹建后,应当向原审批部门申请验收。原审批部门应当自收到申请之日起30个工作日内,依据《药品管理法》第十五条规定的开办条件组织验收;符合条件的,发给《药品经营许可证》。申办人凭《药品经营许可证》到工商行政管理部门依法办理登记注册。

第十二条 开办药品零售企业,申办人应当向拟办企业所在地设区的市级药品监督管理机构或者省、自治区、直辖市人民政府药品监督管理部门直接设置的县级药品监督管理机构提出申请。受理申请的药品监督管理机构应当自收到申请之日起30个工作日内,依据国务院药品监督管理部门的规定,结合当地常住人口数量、地域、交通状况和实际需要进行审查,作出是否同意筹建的决定。申办人完成拟办企业筹建后,应当向原审批机构申请验收。原审批机构应当自收到申请之日起15个工作日内,依据《药品管理法》第十五条规定的开办条件组织验收;符合条件的,发给《药品经营许可证》。申办人凭《药品经营许可证》到工商行政管理部门依法办理登记注册。

第十三条 省、自治区、直辖市人民政府药品监督管理部门负责组织药品经营企业的认证工作。药品经营企业应当按照国务院药品监督管理部门规定的实施办法和实施步骤,通过省、自治区、直辖市人民政府药品监督管理部门组织的《药品经营质量管理规范》的认证,取得认证证书。《药品经营质量管理规范》认证证书的格式由国务院药品监督管理部门统一规定。

新开办药品批发企业和药品零售企业,应当自取得《药品经营许可证》之日起30日内,向发给其《药品经营许可证》的药品监督管理部门或者药品监督管理机构申请《药品经营质量管理规范》认证。受理药品零售企业认证申请的药品监督管理机构应当自收到申请之日起7个工作日内,将申请移送负责组织药品经营企业认证工作的省、自治区、直辖市人民政府药品监督管理部门。省、自治区、直辖市人民政府药品监督管理部门应当自收到认证申请之日起3个月内,按照国务院药品监督管理部门的规定,组织对申请认证的药品批发企业或者药品零售企业是否符合《药品经营质量管理规范》进行认证;认证合格的,发给认证证书。

第十四条 省、自治区、直辖市人民政府药品监督管理部门应当设立《药品经营质量管理规范》认证检查员库。《药品经营质量管理规范》认证检查员必须符合国务院药品监督管理部门规定的条件。进行《药品经营质量管理规范》认证,必须按照国务院药品监督管理部门的规定,从《药品经营质量管理规范》认证检查员库中随机抽取认证检查员组成认证检查组进行认证检查。

第十五条 国家实行处方药和非处方药分类管理制度。国家根据非处方药品的安全性,将非处方药分为甲类非处方药和乙类非处方药。

经营处方药、甲类非处方药的药品零售企业,应当配备执业药师或者其他依法经资格认定的药学技术人员。经营乙类非处方药的药品零售企业,应当配备经设区的市级药品监督管理机构或者省、自治区、直辖市人民政府药品监督管理部门直接设置的县级药品监督管理机构组织考核合格的业务人员。

第十六条 药品经营企业变更《药品经营许可证》许可事项的,应当在许可事项发生变更30日前,向原发证机关申请《药品经营许可证》变更登记;未经批准,不得变更许可事项。原发证机关应当自收到企业申请之日起15个工作日内作出决定。申请人凭变更后的《药品经营许可证》到工商行政管理部门依法办理变更登记手续。

第十七条 《药品经营许可证》有效期为5年。有效期届满,需要继续经营药品的,持证企业应当在许可证有效期届满前6个月,按照国务院药品监督管理部门的规定申请换发《药品经营许可证》。

药品经营企业终止经营药品或者关闭的,《药品经营许可证》由原发证机关缴销。

第十八条 交通不便的边远地区城乡集市贸易市场没有药品零售企业的,当地药品零售企业经所在地县(市)药品监督管理机构批准并到工商行政管理部门办理登记注册后,可以在该城乡集市贸易市场内设点并在批准经营的药品范围内销售非处方药品。

第十九条 通过互联网进行药品交易的药品生产企业、药品经营企业、医疗机构及其交易的药品,必须符合《药品管理法》和本条例的规定。互联网药品交易服务的管理办法,由国务院药品监督管理部门会同国务院有关部门制定。

第四章 医疗机构的药剂管理

第二十条 医疗机构设立制剂室,应当向所在地省、自治区、直辖市人民政府卫生行政部门提出申请,经审核同意后,报同级人民政府药品监督管理部门审批;省、自治区、直辖市人民政府药品监督管理部门验收合格的,予以批准,发给《医疗机构制剂许可证》。

省、自治区、直辖市人民政府卫生行政部门和药品监督管理部门应当在各自收到申请之日起30个工作日内,作出是否同意或者批准的决定。

第二十一条 医疗机构变更《医疗机构制剂许可证》许可事项的,应当在许可事项发生变更30日前,依照本条例第二十条的规定向原审核、批准机关申请《医疗机构制剂许可证》变更登记;未经批准,不得变更许可事项。原审核、批准机关应当在各自收到申请之日起15个工作日内作出决定。

医疗机构新增配制剂型或者改变配制场所的,应当经所在地省、自治区、直辖市人民政府药品监督管理部门验收合格后,依照前款规定办理《医疗机构制剂许可证》变更登记。

第二十二条《医疗机构制剂许可证》有效期为5年。有效期届满,需要继续配制制剂的,医疗机构应当在许可证有效期届满前6个月,按照国务院药品监督管理部门的规定申请换发《医疗机构制剂许可证》。

医疗机构终止配制制剂或者关闭的,《医疗机构制剂许可证》由原发证机关缴销。

第二十三条 医疗机构配制制剂,必须按照国务院药品监督管理部门的规定报送有关资料和样品,经所在地省、自治区、直辖市人民政府药品监督管理部门批准,并发给制剂批准文号后,方可配制。

第二十四条 医疗机构配制的制剂不得在市场上销售或者变相销售,不得发布医疗机构制剂广告。

发生灾情、疫情、突发事件或者临床急需而市场没有供应时,经国务院或者省、自治区、直辖市人民政府的药品监督管理部门批准,在规定期限内,医疗机构配制的制剂可以在指定的医疗机构之间调剂使用。

国务院药品监督管理部门规定的特殊制剂的调剂使用以及省、自治区、直辖市之间医疗机构制剂的调剂使用,必须经国务院药品监督管理部门批准。

第二十五条 医疗机构审核和调配处方的药剂人员必须是依法经资格认定的药学技术人员。

第二十六条 医疗机构购进药品,必须有真实、完整的药品购进记录。药品购进记录必须注明药品的通用名称、剂型、规格、批号、有效期、生产厂商、供货单位、购货数量、购进价格、购货日期以及国务院药品监督管理部门规定的其他内容。

第二十七条 医疗机构向患者提供的药品应当与诊疗范围相适应,并凭执业医师或者执业助理医师的处方调配。

计划生育技术服务机构采购和向患者提供药品,其范围应当与经批准的服务范围相一致,并凭执业医师或者执业助理医师的处方调配。

个人设置的门诊部、诊所等医疗机构不得配备常用药品和急救药品以外的其他药品。常用药品和急救药品的范围和品种,由所在地的省、自治区、直辖市人民政府卫生行政部门会同同级人民政府药品监督管理部门规定。

第五章 药品管理

第二十八条 药物非临床安全性评价研究机构必须执行《药物非临床研究质量管理规范》,药物临床试验机构必须执行《药物临床试验质量管理规范》。《药物非临床研究质量管理规范》、《药物临床试验质量管理规范》由国务院药品监督管理部门分别会同国务院科学技术行政部门和国务院卫生行政部门制定。

第二十九条 药物临床试验、生产药品和进口药品,应当符合《药品管理法》及本条例的规定,经国务院药品监督管理部门审查批准;国务院药品监督管理部门可以委托省、自治区、直辖市人民政府药品监督管理部门对申报药物的研制情况及条件进行审查,对申报资料进行形式审查,并对试制的样品进行检验。具体办法由国务院药品监督管理部门制定。

第三十条 研制新药,需要进行临床试验的,应当依照《药品管理法》第二十九条的规定,经国务院药品监督管理部门批准。

药物临床试验申请经国务院药品监督管理部门批准后，申报人应当在经依法认定的具有药物临床试验资格的机构中选择承担药物临床试验的机构，并将该临床试验机构报国务院药品监督管理部门和国务院卫生行政部门备案。

药物临床试验机构进行药物临床试验，应当事先告知受试者或者其监护人真实情况，并取得其书面同意。

第三十一条　生产已有国家标准的药品，应当按照国务院药品监督管理部门的规定，向省、自治区、直辖市人民政府药品监督管理部门或者国务院药品监督管理部门提出申请，报送有关技术资料并提供相关证明文件。省、自治区、直辖市人民政府药品监督管理部门应当自受理申请之日起30个工作日内进行审查，提出意见后报送国务院药品监督管理部门审核，并同时将审查意见通知申报方。国务院药品监督管理部门经审核符合规定的，发给药品批准文号。

第三十二条　生产有试行期标准的药品，应当按照国务院药品监督管理部门的规定，在试行期满前3个月，提出转正申请；国务院药品监督管理部门应当自试行期满之日起12个月内对该试行期标准进行审查，对符合国务院药品监督管理部门规定的转正要求的，转为正式标准；对试行标准期满未按照规定提出转正申请或者原试行标准不符合转正要求的，国务院药品监督管理部门应当撤销该试行标准和依据该试行标准生产药品的批准文号。

第三十三条　变更研制新药、生产药品和进口药品已获批准证明文件及其附件中载明事项的，应当向国务院药品监督管理部门提出补充申请；国务院药品监督管理部门经审核符合规定的，应当予以批准。

第三十四条　国务院药品监督管理部门根据保护公众健康的要求，可以对药品生产企业生产的新药品种设立不超过5年的监测期；在监测期内，不得批准其他企业生产和进口。

第三十五条　国家对获得生产或者销售含有新型化学成分药品许可的生产者或者销售者提交的自行取得且未披露的试验数据和其他数据实施保护，任何人不得对该未披露的试验数据和其他数据进行不正当的商业利用。

自药品生产者或者销售者获得生产、销售新型化学成分药品的许可证明文件之日起6年内，对其他申请人未经已获得许可的申请人同意，使用前款数据申请生产、销售新型化学成分药品许可的，药品监督管理部门不予许可；但是，其他申请人提交自行取得数据的除外。

除下列情形外，药品监督管理部门不得披露本条第一款规定的数据：

（一）公共利益需要；

（二）已采取措施确保该类数据不会被不正当地进行商业利用。

第三十六条　申请进口的药品，应当是在生产国家或者地区获得上市许可的药品；未在生产国家或者地区获得上市许可的，经国务院药品监督管理部门确认该药品品种安全、有效而且临床需要的，可以依照《药品管理法》及本条例的规定批准进口。

进口药品，应当按照国务院药品监督管理部门的规定申请注册。国外企业生产的药品取得《进口药品注册证》，中国香港、澳门和台湾地区企业生产的药品取得《医药产品注册证》后，方可进口。

第三十七条　医疗机构因临床急需进口少量药品的，应当持《医疗机构执业许可证》向国务院药品监督管理部门提出申请；经批准后，方可进口。进口的药品应当在指定医疗机构内用于特定医疗目的。

第三十八条 进口药品到岸后,进口单位应当持《进口药品注册证》或者《医药产品注册证》以及产地证明原件、购货合同副本、装箱单、运单、货运发票、出厂检验报告书、说明书等材料,向口岸所在地药品监督管理部门备案。口岸所在地药品监督管理部门经审查,提交的材料符合要求的,发给《进口药品通关单》。进口单位凭《进口药品通关单》向海关办理报关验放手续。

口岸所在地药品监督管理部门应当通知药品检验机构对进口药品逐批进行抽查检验;但是,有《药品管理法》第四十一条规定情形的除外。

第三十九条 疫苗类制品、血液制品、用于血源筛查的体外诊断试剂以及国务院药品监督管理部门规定的其他生物制品在销售前或者进口时,应当按照国务院药品监督管理部门的规定进行检验或者审核批准;检验不合格或者未获批准的,不得销售或者进口。

第四十条 国家鼓励培育中药材。对集中规模化栽培养殖、质量可以控制并符合国务院药品监督管理部门规定条件的中药材品种,实行批准文号管理。

第四十一条 国务院药品监督管理部门对已批准生产、销售的药品进行再评价,根据药品再评价结果,可以采取责令修改药品说明书,暂停生产、销售和使用的措施;对不良反应大或者其他原因危害人体健康的药品,应当撤销该药品批准证明文件。

第四十二条 国务院药品监督管理部门核发的药品批准文号、《进口药品注册证》、《医药产品注册证》的有效期为 5 年。有效期届满,需要继续生产或者进口的,应当在有效期届满前 6 个月申请再注册。药品再注册时,应当按照国务院药品监督管理部门的规定报送相关资料。有效期届满,未申请再注册或者经审查不符合国务院药品监督管理部门关于再注册的规定的,注销其药品批准文号、《进口药品注册证》或者《医药产品注册证》。

第四十三条 非药品不得在其包装、标签、说明书及有关宣传资料上进行含有预防、治疗、诊断人体疾病等有关内容的宣传;但是,法律、行政法规另有规定的除外。

第六章 药品包装的管理

第四十四条 药品生产企业使用的直接接触药品的包装材料和容器,必须符合药用要求和保障人体健康、安全的标准,并经国务院药品监督管理部门批准注册。

直接接触药品的包装材料和容器的管理办法、产品目录和药用要求与标准,由国务院药品监督管理部门组织制定并公布。

第四十五条 生产中药饮片,应当选用与药品性质相适应的包装材料和容器;包装不符合规定的中药饮片,不得销售。中药饮片包装必须印有或者贴有标签。

中药饮片的标签必须注明品名、规格、产地、生产企业、产品批号、生产日期,实施批准文号管理的中药饮片还必须注明药品批准文号。

第四十六条 药品包装、标签、说明书必须依照《药品管理法》第五十四条和国务院药品监督管理部门的规定印制。

药品商品名称应当符合国务院药品监督管理部门的规定。

第四十七条 医疗机构配制制剂所使用的直接接触药品的包装材料和容器、制剂的标签和说明书应当符合《药品管理法》第六章和本条例的有关规定,并经省、自治区、直辖市人民政府药品监督管理部门批准。

第七章　药品价格和广告的管理

第四十八条　国家对药品价格实行政府定价、政府指导价或者市场调节价。

列入国家基本医疗保险药品目录的药品以及国家基本医疗保险药品目录以外具有垄断性生产、经营的药品，实行政府定价或者政府指导价；对其他药品，实行市场调节价。

第四十九条　依法实行政府定价、政府指导价的药品，由政府价格主管部门依照《药品管理法》第五十五条规定的原则，制定和调整价格；其中，制定和调整药品销售价格时，应当体现对药品社会平均销售费用率、销售利润率和流通差率的控制。具体定价办法由国务院价格主管部门依照《中华人民共和国价格法》（以下简称《价格法》）的有关规定制定。

第五十条　依法实行政府定价和政府指导价的药品价格制定后，由政府价格主管部门依照《价格法》第二十四条的规定，在指定的刊物上公布并明确该价格施行的日期。

第五十一条　实行政府定价和政府指导价的药品价格，政府价格主管部门制定和调整药品价格时，应当组织药学、医学、经济学等方面专家进行评审和论证；必要时，应当听取药品生产企业、药品经营企业、医疗机构、公民以及其他有关单位及人员的意见。

第五十二条　政府价格主管部门依照《价格法》第二十八条的规定实行药品价格监测时，为掌握、分析药品价格变动和趋势，可以指定部分药品生产企业、药品经营企业和医疗机构作为价格监测定点单位；定点单位应当给予配合、支持，如实提供有关信息资料。

第五十三条　发布药品广告，应当向药品生产企业所在地省、自治区、直辖市人民政府药品监督管理部门报送有关材料。省、自治区、直辖市人民政府药品监督管理部门应当自收到有关材料之日起 10 个工作日内作出是否核发药品广告批准文号的决定；核发药品广告批准文号的，应当同时报国务院药品监督管理部门备案。具体办法由国务院药品监督管理部门制定。

发布进口药品广告，应当依照前款规定向进口药品代理机构所在地省、自治区、直辖市人民政府药品监督管理部门申请药品广告批准文号。

在药品生产企业所在地和进口药品代理机构所在地以外的省、自治区、直辖市发布药品广告的，发布广告的企业应当在发布前向发布地省、自治区、直辖市人民政府药品监督管理部门备案。接受备案的省、自治区、直辖市人民政府药品监督管理部门发现药品广告批准内容不符合药品广告管理规定的，应当交由原核发部门处理。

第五十四条　经国务院或者省、自治区、直辖市人民政府的药品监督管理部门决定，责令暂停生产、销售和使用的药品，在暂停期间不得发布该品种药品广告；已经发布广告的，必须立即停止。

第五十五条　未经省、自治区、直辖市人民政府药品监督管理部门批准的药品广告，使用伪造、冒用、失效的药品广告批准文号的广告，或者因其他广告违法活动被撤销药品广告批准文号的广告，发布广告的企业、广告经营者、广告发布者必须立即停止该药品广告的发布。

对违法发布药品广告，情节严重的，省、自治区、直辖市人民政府药品监督管理部门可以予以公告。

第八章　药品监督

第五十六条　药品监督管理部门（含省级人民政府药品监督管理部门依法设立的药品监督

管理机构,下同)依法对药品的研制、生产、经营、使用实施监督检查。

第五十七条 药品抽样必须由两名以上药品监督检查人员实施,并按照国务院药品监督管理部门的规定进行抽样;被抽检方应当提供抽检样品,不得拒绝。

药品被抽检单位没有正当理由,拒绝抽查检验的,国务院药品监督管理部门和被抽检单位所在地省、自治区、直辖市人民政府药品监督管理部门可以宣布停止该单位拒绝抽检的药品上市销售和使用。

第五十八条 对有掺杂、掺假嫌疑的药品,在国家药品标准规定的检验方法和检验项目不能检验时,药品检验机构可以补充检验方法和检验项目进行药品检验;经国务院药品监督管理部门批准后,使用补充检验方法和检验项目所得出的检验结果,可以作为药品监督管理部门认定药品质量的依据。

第五十九条 国务院和省、自治区、直辖市人民政府的药品监督管理部门应当根据药品质量抽查检验结果,定期发布药品质量公告。药品质量公告应当包括抽验药品的品名、检品来源、生产企业、生产批号、药品规格、检验机构、检验依据、检验结果、不合格项目等内容。药品质量公告不当的,发布部门应当自确认公告不当之日起5日内,在原公告范围内予以更正。

当事人对药品检验机构的检验结果有异议,申请复验的,应当向负责复验的药品检验机构提交书面申请、原药品检验报告书。复验的样品从原药品检验机构留样中抽取。

第六十条 药品监督管理部门依法对有证据证明可能危害人体健康的药品及其有关证据材料采取查封、扣押的行政强制措施的,应当自采取行政强制措施之日起7日内作出是否立案的决定;需要检验的,应当自检验报告书发出之日起15日内作出是否立案的决定;不符合立案条件的,应当解除行政强制措施;需要暂停销售和使用的,应当由国务院或者省、自治区、直辖市人民政府的药品监督管理部门作出决定。

第六十一条 药品抽查检验,不得收取任何费用。

当事人对药品检验结果有异议,申请复验的,应当按照国务院有关部门或者省、自治区、直辖市人民政府有关部门的规定,向复验机构预先支付药品检验费用。复验结论与原检验结论不一致的,复验检验费用由原药品检验机构承担。

第六十二条 依据《药品管理法》和本条例的规定核发证书、进行药品注册、药品认证和实施药品审批检验及其强制性检验,可以收取费用。具体收费标准由国务院财政部门、国务院价格主管部门制定。

第九章 法律责任

第六十三条 药品生产企业、药品经营企业有下列情形之一的,由药品监督管理部门依照《药品管理法》第七十九条的规定给予处罚:

(一)开办药品生产企业、药品生产企业新建药品生产车间、新增生产剂型,在国务院药品监督管理部门规定的时间内未通过《药品生产质量管理规范》认证,仍进行药品生产的;

(二)开办药品经营企业,在国务院药品监督管理部门规定的时间内未通过《药品经营质量管理规范》认证,仍进行药品经营的。

第六十四条 违反《药品管理法》第十三条的规定,擅自委托或者接受委托生产药品的,对委托方和受托方均依照《药品管理法》第七十四条的规定给予处罚。

第六十五条　未经批准，擅自在城乡集市贸易市场设点销售药品或者在城乡集市贸易市场设点销售的药品超出批准经营的药品范围的，依照《药品管理法》第七十三条的规定给予处罚。

第六十六条　未经批准，医疗机构擅自使用其他医疗机构配制的制剂的，依照《药品管理法》第八十条的规定给予处罚。

第六十七条　个人设置的门诊部、诊所等医疗机构向患者提供的药品超出规定的范围和品种的，依照《药品管理法》第七十三条的规定给予处罚。

第六十八条　医疗机构使用假药、劣药的，依照《药品管理法》第七十四条、第七十五条的规定给予处罚。

第六十九条　违反《药品管理法》第二十九条的规定，擅自进行临床试验的，对承担药物临床试验的机构，依照《药品管理法》第七十九条的规定给予处罚。

第七十条　药品申报者在申报临床试验时，报送虚假研制方法、质量标准、药理及毒理试验结果等有关资料和样品的，国务院药品监督管理部门对该申报药品的临床试验不予批准，对药品申报者给予警告；情节严重的，3年内不受理该药品申报者申报该品种的临床试验申请。

第七十一条　生产没有国家药品标准的中药饮片，不符合省、自治区、直辖市人民政府药品监督管理部门制定的炮制规范的；医疗机构不按照省、自治区、直辖市人民政府药品监督管理部门批准的标准配制制剂的，依照《药品管理法》第七十五条的规定给予处罚。

第七十二条　药品监督管理部门及其工作人员违反规定，泄露生产者、销售者为获得生产、销售含有新型化学成分药品许可而提交的未披露试验数据或者其他数据，造成申请人损失的，由药品监督管理部门依法承担赔偿责任；药品监督管理部门赔偿损失后，应当责令故意或者有重大过失的工作人员承担部分或者全部赔偿费用，并对直接责任人员依法给予行政处分。

第七十三条　药品生产企业、药品经营企业生产、经营的药品及医疗机构配制的制剂，其包装、标签、说明书违反《药品管理法》及本条例规定的，依照《药品管理法》第八十六条的规定给予处罚。

第七十四条　药品生产企业、药品经营企业和医疗机构变更药品生产经营许可事项，应当办理变更登记手续而未办理的，由原发证部门给予警告，责令限期补办变更登记手续；逾期不补办的，宣布其《药品生产许可证》、《药品经营许可证》和《医疗机构制剂许可证》无效；仍从事药品生产经营活动的，依照《药品管理法》第七十三条的规定给予处罚。

第七十五条　违反本条例第四十八条、第四十九条、第五十条、第五十一条、第五十二条关于药品价格管理的规定的，依照《价格法》的有关规定给予处罚。

第七十六条　篡改经批准的药品广告内容的，由药品监督管理部门责令广告主立即停止该药品广告的发布，并由原审批的药品监督管理部门依照《药品管理法》第九十二条的规定给予处罚。

药品监督管理部门撤销药品广告批准文号后，应当自作出行政处理决定之日起5个工作日内通知广告监督管理机关。广告监督管理机关应当自收到药品监督管理部门通知之日起15个工作日内，依照《中华人民共和国广告法》的有关规定作出行政处理决定。

第七十七条　发布药品广告的企业在药品生产企业所在地或者进口药品代理机构所在地以外的省、自治区、直辖市发布药品广告，未按照规定向发布地省、自治区、直辖市人民政府药品监督管理部门备案的，由发布地的药品监督管理部门责令限期改正；逾期不改正的，停止该药品品种在发布地的广告发布活动。

第七十八条 未经省、自治区、直辖市人民政府药品监督管理部门批准,擅自发布药品广告的,药品监督管理部门发现后,应当通知广告监督管理部门依法查处。

第七十九条 违反《药品管理法》和本条例的规定,有下列行为之一的,由药品监督管理部门在《药品管理法》和本条例规定的处罚幅度内从重处罚:

(一)以麻醉药品、精神药品、医疗用毒性药品、放射性药品冒充其他药品,或者以其他药品冒充上述药品的;

(二)生产、销售以孕产妇、婴幼儿及儿童为主要使用对象的假药、劣药的;

(三)生产、销售的生物制品、血液制品属于假药、劣药的;

(四)生产、销售、使用假药、劣药,造成人员伤害后果的;

(五)生产、销售、使用假药、劣药,经处理后重犯的;

(六)拒绝、逃避监督检查,或者伪造、销毁、隐匿有关证据材料的,或者擅自动用查封、扣押物品的。

第八十条 药品监督管理部门设置的派出机构,有权作出《药品管理法》和本条例规定的警告、罚款、没收违法生产、销售的药品和违法所得的行政处罚。

第八十一条 药品经营企业、医疗机构未违反《药品管理法》和本条例的有关规定,并有充分证据证明其不知道所销售或者使用的药品是假药、劣药的,应当没收其销售或者使用的假药、劣药和违法所得;但是,可以免除其他行政处罚。

第八十二条 依照《药品管理法》和本条例的规定没收的物品,由药品监督管理部门按照规定监督处理。

第十章 附 则

第八十三条 本条例下列用语的含义:

药品合格证明和其他标识,是指药品生产批准证明文件、药品检验报告书、药品的包装、标签和说明书。

新药,是指未曾在中国境内上市销售的药品。

处方药,是指凭执业医师和执业助理医师处方方可购买、调配和使用的药品。

非处方药,是指由国务院药品监督管理部门公布的,不需要凭执业医师和执业助理医师处方,消费者可以自行判断、购买和使用的药品。

医疗机构制剂,是指医疗机构根据本单位临床需要经批准而配制、自用的固定处方制剂。

药品认证,是指药品监督管理部门对药品研制、生产、经营、使用单位实施相应质量管理规范进行检查、评价并决定是否发给相应认证证书的过程。

药品经营方式,是指药品批发和药品零售。

药品经营范围,是指经药品监督管理部门核准经营药品的品种类别。

药品批发企业,是指将购进的药品销售给药品生产企业、药品经营企业、医疗机构的药品经营企业。

药品零售企业,是指将购进的药品直接销售给消费者的药品经营企业。

第八十四条 《药品管理法》第四十一条中"首次在中国销售的药品",是指国内或者国外药品生产企业第一次在中国销售的药品，包括不同药品生产企业生产的相同品种。

第八十五条　《药品管理法》第五十九条第二款"禁止药品的生产企业、经营企业或者其代理人以任何名义给予使用其药品的医疗机构的负责人、药品采购人员、医师等有关人员以财物或者其他利益"中的"财物或者其他利益"，是指药品的生产企业、经营企业或者其代理人向医疗机构的负责人、药品采购人员、医师等有关人员提供的目的在于影响其药品采购或者药品处方行为的不正当利益。

第八十六条　本条例自2002年9月15日起施行。

附3 药品生产质量管理规范

药品生产质量管理规范(1998年修订)
(1999年3月18日国家药品监督管理局局务会审议通过)

第一章 总 则

第一条 根据《中华人民共和国药品管理法》规定,制定本规范。

第二条 本规范是药品生产和质量管理的基本准则。适用于药品制剂生产的全过程、原料药生产中影响成品质量的关键工序。

第二章 机构与人员

第三条 药品生产企业应建立生产和质量管理机构。各级机构和人员职责应明确,并配备一定数量的与药品生产相适应的具有专业知识、生产经验及组织能力的管理人员和技术人员。

第四条 企业主管药品生产管理和质量管理的负责人应具有医药或相关专业大专以上学历,有药品生产和质量管理经验,对本规范的实施和产品质量负责。

第五条 药品生产管理部门和质量管理部门的负责人应具有医药或相关专业大专以上学历,有药品生产和质量管理的实践经验,有能力对药品生产和质量管理中的实际问题作出正确的判断和处理。药品生产管理部门和质量管理部门负责人不得互相兼任。

第六条 从事药品生产操作及质量检验的人员应经专业技术培训,具有基础理论知识和实际操作技能。对从事高生物活性、高毒性、强污染性、高致敏性及有特殊要求的药品生产操作和质量检验人员应经相应专业的技术培训。

第七条 对从事药品生产的各级人员应按本规范要求进行培训和考核。

第三章 厂房与设施

第八条 药品生产企业必须有整洁的生产环境;厂区的地面、路面及运输等不应对药品的生产造成污染;生产、行政、生活和辅助区的总体布局应合理,不得互相妨碍。

第九条 厂房应按生产工艺流程及所要求的空气洁净级别进行合理布局。同一厂房内以及相邻厂房之间的生产操作不得相互妨碍。

第十条 厂房应有防止昆虫和其他动物进入的设施。

第十一条 在设计和建设厂房时,应考虑使用时便于进行清洁工作。洁净室(区)的内表面应平整光滑、无裂缝、接口严密、无颗粒物脱落,并能耐受清洗和消毒,墙壁与地面的交界处宜成弧形或采取其他措施,以减少灰尘积聚和便于清洁。

第十二条 生产区和贮存区应有与生产规模相适应的面积和空间用以安置设备、物料,便于生产操作,存放物料、中间产品、待验品和成品,应最大限度地减少差错和交叉污染。

第十三条 洁净室(区)内各种管道、灯具、风口以及其他公用设施,在设计和安装时应考虑使用中避免出现不易清洁的部位。

第十四条 洁净室(区)应根据生产要求提供足够的照明。主要工作室的照度宜为300勒克斯;对照度有特殊要求的生产部位可设置局部照明。厂房应有应急照明设施。

第十五条　进入洁净室(区)的空气必须净化,并根据生产工艺要求划分空气洁净级别。洁净室(区)内空气的微生物数和尘粒数应定期监测,测结果应记录存档。

第十六条　洁净室(区)的窗户、天棚及进入室内的管道、风口、灯具与墙壁或天棚的连接部位均应密封。空气洁净级别不同的相邻房间之间的静压差应大于 5 帕,洁净室(区)与室外大气的静压差应大于 10 帕,并应有指示压差的装置。

第十七条　洁净室(区)的温度和相对湿度应与药品生产工艺要求相适应。无特殊要求时,温度应控制在 18 ~26 摄氏度,相对湿度控制在 45% ~65%。

第十八条　洁净室(区)内安装的水池、地漏不得对药品产生污染。

第十九条　不同空气洁净度等级的洁净室(区)之间的人员及物料出入,应有防止交叉污染的措施。

第二十条　生产青霉素类等高致敏性药品必须使用独立的厂房与设施,分装室应保持相对负压,排至室外的废气应经净化处理并符合要求,排风口应远离其他空气净化系统的进风口;生产 β - 内酰胺结构类药品必须使用专用设备和独立的空气净化系统,并与其他药品生产区域严格分开。

第二十一条　避孕药品的生产厂房应与其他药品生产厂房分开,并装有独立的专用的空气净化系统。生产激素类、抗肿瘤类化学药品应避免与其他药品使用同一设备和空气净化系统;不可避免时,应采用有效的防护措施和必要的验证。放射性药品的生产、包装和贮存应使用专用的、安全的设备,生产区排出的空气不应循环使用,排气中应避免含有放射性微粒,符合国家关于辐射防护的要求与规定。

第二十二条　生产用菌毒种与非生产用菌毒种、生产用细胞与非生产用细胞、强毒与弱毒、死毒与活毒、脱毒前与脱毒后的制品和活疫苗与灭活疫苗、人血液制品、预防制品等的加工或灌装不得同时在同一生产厂房内进行,其贮存要严格分开。不同种类的活疫苗的处理及灌装应彼此分开。强毒微生物及芽胞菌制品的区域与相邻区域应保持相对负压,并有独立的空气净化系统。

第二十三条　中药材的前处理、提取、浓缩以及动物脏器、组织的洗涤或处理等生产操作,必须与其制剂生产严格分开。中药材的蒸、炒、炙、煅等炮制操作应有良好的通风、除烟、除尘、降温设施。筛选、切片、粉碎等操作应有有效的除尘、排风设施。

第二十四条　厂房必要时应有防尘及捕尘设施。

第二十五条　与药品直接接触的干燥用空气、压缩空气和惰性气体应经净化处理,符合生产要求。

第二十六条　仓储区要保持清洁和干燥。照明、通风等设施及温度、湿度的控制应符合贮存要求并定期监测。仓储区可设原料取样室,取样环境的空气洁净度等级应与生产要求一致。如不在取样室取样,取样时应有防止污染和交叉污染的措施。

第二十七条　根据药品生产工艺要求,洁净室(区)内设置的称量室和备料室,空气洁净度等级应与生产要求一致,并有捕尘和防止交叉污染的设施。

第二十八条　质量管理部门根据需要设置的检验、中药标本、留样观察以及其他各类实验室应与药品生产区分开。生物检定、微生物限度检定和放射性同位素检定要分室进行。

第二十九条 对有特殊要求的仪器、仪表,应安放在专门的仪器室内,并有防止静电、震动、潮湿或其他外界因素影响的设施。

第三十条 实验动物房应与其他区域严格分开,其设计建造应符合国家有关规定。

第四章 设 备

第三十一条 设备的设计、选型、安装应符合生产要求,易于清洗、消毒或灭菌,便于生产操作和维修、保养,并能防止差错或减少污染。

第三十二条 与药品直接接触的设备表面应光洁、平整、易清洗或消毒、耐腐蚀,不与药品发生化学变化或吸附药品。设备所用的润滑剂、冷却剂等不得对药品或容器造成污染。

第三十三条 与设备连接的主要固定管道应标明管内物料名称、流向。

第三十四条 纯化水、注射用水的制备、贮存和分配应能防止微生物的滋生和污染、储罐和输送管道所用材料应无毒、耐腐蚀。管道的设计和安装应避免死角、盲管。储罐和管道要规定清洗、灭菌周期。注射用水储罐通气口应安装不脱落纤维的疏水性除菌滤器。注射用水的贮存可采用80摄氏度以上保温、65摄氏度以上保温循环或4摄氏度以下存放。

第三十五条 用于生产和检验的仪器、仪表、量具、衡器等,其适用范围和精密度应符合生产和检验要求,有明显的合格标志,并定期校验。

第三十六条 生产设备应有明显的状态标志,并定期维修、保养和验证。设备安装、维修、保养的操作不得不影响产品的质量。不合格的设备如有可能应搬出生产区,未搬出应有明显标志。

第三十七条 生产、检验设备均应有使用、维修、保养记录,并由专人管理。

第五章 物 料

第三十八条 药品生产所用物料的购入、贮存、发放、使用等应制定管理制度。

第三十九条 药品生产所用的物料,应符合药品标准、包装材料标准、生物制品规程或其他有关标准,不得对药品的质量产生不良影响。进口原料药应有口岸药品检验所的药品检验报告。

第四十条 药品生产所用的中药材,应按质量标准购入,其产地应保持相对稳定。

第四十一条 药品生产所用物料应从符合规定的单位购进,并按规定入库。

第四十二条 待验、合格、不合格物料要严格管理。不合格的物料要专区存放,有易于识别的明显标志,并按有关规定及时处理。

第四十三条 对温度、湿度或其他条件有特殊要求的物料、中间产品和成品,应按规定条件贮存。固体、液体原料应分开贮存;挥发性物料应注意避免污染其他物料;炮制、整理、加工后的净药材应使用清洁容器或包装,并与未加工、炮制的药材严格分开。

第四十四条 麻醉药品、精神药品、毒性药品(包括药材)、放射性药品及易燃、易爆和其他危险品的验收、贮存、保管要严格执行国家有关的规定。菌毒种的验收、贮存、保管、使用、销毁应执行国家有关医学微生物菌种保管的规定。

第四十五条 物料应按规定的使用期限贮存,无规定使用期限的,其贮存一般不超过3年,期满后应复验。贮存期内如有特殊情况应及时复验。

第四十六条　药品的标签、使用说明书必须与药品监督管理部门批准的内容、式样、文字相一致。标签、使用说明书须经企业质量管理部门校对无误后印制、发放、使用。

第四十七条　药品的标签、使用说明书应由专人保管、领用，其要求如下：① 标签和使用说明书均应按品种、规格有专柜或专库存放，凭批包装指令发放，按实际需要量领取。② 标签要计数发放、领用人核对、签名，使用数，残损数及剩余数之和应与领用数相符，印有批号的残损或剩余标签应由专人负责计数销毁。③ 标签发放、使用、销毁应有记录。

第六章　卫　生

第四十八条　药品生产企业应有防止污染的卫生措施，制定各项卫生管理制度，并由专人负责。

第四十九条　药品生产车间、工序、岗位均应按生产和空气洁净度等级的要求制定厂房、设备、容器等清洁规程，内容应包括：清洁方法、程度、间隔时间，使用的清洁剂或消毒剂，清洁工具的清洁方法和存放地点。

第五十条　生产区不得存放非生产物品和个人杂物。生产中的废弃物应及时处理。

第五十一条　更衣室、浴室及厕所的设置不得对洁净室（区）产生不良影响。

第五十二条　工作服的选材、式样及穿戴方式应与生产操作和空气洁净度等级要求相适应，并不得混用。洁净工作服的质地应光滑、不产生静电、不脱落纤维和颗粒性物质。无菌工作服必须包盖全部头发、胡须及脚部，并能阻留人体脱落物。不同空气洁净度等级使用的工作服应分别清洗、整理，必要时消毒或灭菌。工作服洗涤、灭菌时不应带入附加的颗粒物质。工作服应制定清洗周期。

第五十三条　洁净室（区）仅限于该区域生产操作人员和经批准的人员进入。

第五十四条　进入洁净室（区）的人员不得化妆和佩带饰物，不得裸手直接接触药品。

第五十五条　洁净室（区）应定期消毒。使用的消毒剂不得对设备、物料和成品产生污染。消毒剂品种应定期更换，防止产生耐药菌株。

第五十六条　药品生产人员应有健康档案。直接接触药品的生产人员每年至少体检一次。传染病、皮肤病患者和体表有伤口者不得从事直接接触药品的生产。

第七章　验　证

第五十七条　药品生产验证应包括厂房、设施及设备安装确认、运行确认、性能确认和产品验证。

第五十八条　产品的生产工艺及关键设施、设备应按验证方案进行验证。当影响产品质量的主要因素，如工艺、质量控制方法、主要原辅料、主要生产设备等发生改变时，以及生产一定周期后，应进行再验证。

第五十九条　应根据验证对象提出验证项目、制定验证方案，并组织实施。验证工作完成后应写出验证报告，由验证工作负责人审核、批准。

第六十条　验证过程中的数据和分析内容应以文件形式归档保存。验证文件应包括验证方案、验证报告、评价和建议、批准人等。

第八章　文　件

第六十一条　药品生产企业应有生产管理、质量管理和各项制度和记录：① 厂房、设施和设备的使用、维护、保养、检修等制度和记录。② 物料验收、生产操作、检验、发放、成品销售和用户投诉等制度和记录。③ 不合格品管理、物料退库和报废、紧急情况处理等制度和记录。④ 环境、厂房、设备、人员等卫生管理制度和记录。⑤ 本规范和专业技术培训等制度和记录。

第六十二条　产品生产管理文件主要有：① 生产工艺规程、岗位操作法或标准操作规程生产工艺规程的内容包括：品名、剂型、处方、生产工艺的操作要求，物料、中间产品、成品的质量标准和技术参数及贮存注意事项，物料平衡的计算方法，成品容器、包装材料的要求等。岗位操作法的内容包括：生产操作方法和要点，重点操作的复核、复查，中间体、半成品质量标准及控制，安全和劳动保护，设备维修、清洗，异常情况处理和报告，工艺卫生和环境卫生等。标准操作规程的内容包括：题目、编号、制定人及制定日期、审核人及审核日期、批准人及批准日期、颁发部门、生效日期、分发部门，标题及正文。② 批生产记录批生产记录内容包括：产品名称、生产批号、生产日期、操作者、复核者的签名，有关操作与设备、相关生产阶段的产品数量、物料平稳的计算、生产过程的控制记录及特殊问题记录。

第六十三条　品质量管理文件主要有：① 药品的申请和审批文件。② 物料、中间产品和成品质量标准及其检验操作规程。③ 产品质量稳定性考察。④ 批检验记录。

第六十四条　药品生产企业应建立文件的起草、修订审查、批准、撤销、印制及保管的管理制度。分发、使用的文件应为批准的现行文本。已撤销和过时的文件除留档备查外，不得在工作现场出现。

第六十五条　制定生产管理文件和质量管理文件的要求：① 文件的标题应能清楚地说明文件的性质。② 各类文件应有便于识别其文本、类别的系统编码和日期。③ 文件使用的语言应确切、易懂。④ 填写数据时应有足够的空格。⑤ 文件制定、审查和批准的责任应明确，并有责任人签名。

第九章　生 产 管 理

第六十六条　生产工艺规程、岗位操作法和标准操作规程不得任意更改。如需更改时，应按制定时的程序办理修订、审批手续。

第六十七条　每批产品应按产量和数量的物料平稳进行检查。如有显著差异，必须查明原因，在得出合理解释、确认无潜在质量事故后，方可按正常产品处理。

第六十八条　批生产记录应及时填写、字迹清晰、内容真实、数据完整，并由操作人及复核人签名。记录应保持整洁，不得撕毁和任意涂改；更改时，在更改处签名，并使原数据仍可辨认。批生产记录应按批号归档，保存至药品有效期后一年。未规定有效期的药品，批生产记录应保存五年。

第六十九条　在规定限度内具有同一性质和质量，并在同一连续生产周期中生产出来的一定数量的药品为一批。每批药品均应编制生产批号。

第七十条　为防止药品被污染和混淆，生产操作应采取以下措施：① 生产前应确认无上次生产遗留物。② 应防止尘埃的产生和扩散；不同产品品种、规格的生产操作不得在同一生产操作间同时进行；有数条包装线同时进行包装时，应采取隔离或其他有效防止污染或混淆的设施。

③ 生产过程中应防止物料及产品所产生的气体、蒸汽、喷雾物或生物体等引起的交叉污染。④ 每一生产操作间或生产用设备、容器应有所生产的产品或物料名称、批号、数量等状态标志。

第七十一条　根据产品工艺规程选用工艺用水。工艺用水应符合质量标准,并定期检验,检验有记录。应根据验证结果,规定检验周期。

第七十二条　产品应有批包装记录。批包装记录的内容应包括:① 待包装产品的名称、批号、规格。② 印有批号的标签和使用说明书以及产品合格证。③ 待包装产品和包装材料的领取数量及发放人、领用人、核对人签名。④ 已包装产品的数量。⑤ 前次包装操作的清场记录(副本)及本次包装清场记录(正本)。⑥ 本次包装操作完成后的检验核对结果、核对人签名。⑦ 生产操作负责人签名。

第七十三条　每批药品的每一生产阶段完成后必须由生产操作人员清场,填写清场记录。清场记录内容包括:工序、品名、生产批号、清场日期、检查项目及结果、清场负责人及复查人签名。清场记录应纳入批生产记录。

第十章　质量管理

第七十四条　药品生产企业的质量管理部门应负责药品生产全过程的质量管理和检验,受企业负责人直接领导。质量管理部门应配备一定数量的质量管理和检验人员,并有与药品生产规模、品种、检验要求相适应的场所、仪器、设备。

第七十五条　质量管理部门的主要职责:① 制定和修订物料、中间产品和成品的内控标准和检验操作规程,制定取样和留样制度。② 制定检验用设备、仪器、试剂、试液、标准品(或对照品)、滴定液、培养基、实验动物等管理办法。③ 决定物料和中间产品的使用。④ 审核成品发放前批生产记录,决定成品发放。⑤ 审核不合格品处理程序。⑥ 对物料、中间产品和成品进行取样、检验、留样,并出具检验报告。⑦ 监测洁净室(区)的尘粒数各微生物数。⑧ 评价原料、中间产品及成品的质量稳定性,为确定物料贮存期、药品有效期提供数据。⑨ 制定质量管理和检验人员的职责。

第七十六条　质量管理部门应会同有关部门对主要物料供应商质量体系进行评估。

第十一章　产品销售与收回

第七十七条　每批成品均应有销售记录。根据销售记录。根据销售记录能追查每批药品的售出情况,必要时应能及时全部追回。销售记录内容应包括:品名、剂型、批号、规格、数量、收货单位和地址、发货日期。

第七十八条　销售记录应保存至药品有效期一年。未规定有效期的药品,销售记录应保存五年。

第七十九条　药品生产企业应建立药品退货和收回的书面程序,并有记录。药品退货和收回记录内容应包括:品名、批号、规格、数量、退货和收回单位及地址、退货和收回原因及日期、处理意见。因质量原因退货和收回的药品制剂,应在质量管理部门监督下销毁,涉及其他批号时,应同时处理。

第十二章　投诉与不良反应报告

第八十条　企业应建立药品不良反应监察报告制度,指定专门机构或人员负责管理。

第八十一条 对用户的药品质量投诉和药品不良反应应详细记录和调查处理。对药品不良反应应及时向当地药品监督管理部门报告。

第八十二条 药品生产出现重大质量问题时,应及时向当地药品监督管理部门报告。

第十三章 自 检

第八十三条 药品生产企业应定期组织自检。自检应按预定的程序,对人员、厂房、设备、文件、生产、质量控制、药品销售、用户投诉和产品收回的处理等项目定期进行检查,以证实与本规范的一致性。

第八十四条 自检应有记录。自检完成后应形成自检报告,内容包括自检的结果、评价的结论以及改进措施和建议。

第十四章 附 则

第八十五条 本规范下列用语的含义是:物料:原料、辅料、包装材料等。

批号:用于识别"批"的一组数字或字母加数字。用以追溯和审查该批药品的生产历史。

待验:物料在允许投料或出厂前所处的搁置、等待检验结果的状态。

批生产记录:一个批次的待包装品或成品的所有生产记录。批生产记录能提供该批产品的生产历史以及与质量有关的情况。

物料平衡:产品或物料的理论产量或理论用量与实际产量或用量之间的比较,并适当考虑可允许的正常偏差。

标准操作规程:经批准用以指示操作的通用性文件或管理办法。生产工艺规程:规定为生产一定数量成品所需起始原料和包装材料的数量,以及工艺、加工说明、注意事项,包括生产过程中控制的一个或一套文件。

工艺用水:药品生产工艺中使用的水,包括:饮用水、纯化水、注射用水。

纯化水:为蒸馏法、离子交换法、反渗透法或其他适宜的方法制得供药用的水,不含任何附加剂。

洁净室(区):需要对尘粒及微生物含量进行控制的房间(区域)。其建筑结构、装备及其使用均具有减少该区域内污染的介入、产生和滞留的功能。

验证:证明任何程序、生产过程、设备、物料、活动或系统确实能过到预期结果的有文件证明的一系列活动。

第八十六条 不同类别药品的生产质量管理特殊要求列入本规范附录。

第八十七条 本规范由国家药品监督管理局负责解释。

第八十八条 本规范自一九九九年七月一日起施行。

附4 药品生产质量管理规范(1998年修订)附录

本附录自1999年8月1日起施行。

一、总　　则

1. 本附录为国家药品监督管理局发布的《药品生产质量管理规范》(1998年修订)对无菌药品、非无菌药品、原料药、生物制品、放射性药品、中药制剂等生产和质量管理特殊要求的补充规定。

2. 药品生产洁净室(区)的空气洁净度划分为四个级别见表附-1。

表附-1 洁净室(区)空气洁净度级别表

洁净度级别	尘粒最大允许数/立方米		微生物最大允许数	
	≥0.5μm	≥5μm	浮游菌/立方米	沉降菌/四
100级	3 500	0	5	1
10 000级	350 000	2 000	100	3
100 000级	3 500 000	20 000	500	10
300 000级	10 500 000	60 000	1 000	15

3. 洁净室(区)的管理需符合下列要求:

(1) 洁净室(区)内人员数量应严格控制。其工作人员(包括维修、辅助人员)应定期进行卫生和微生物学基础知识、洁净作业等方面的培训及考核;对进入洁净室(区)的临时外来人员应进行指导和监督。

(2) 洁净室(区)与非洁净室(区)之间必须设置缓冲设施,人、物流走向合理。

(3) 100级洁净室(区)内不得设置地漏,操作人员不应裸手操作,当不可避免时,手部应及时消毒。

(4) 10 000级洁净室(区)使用的传输设备不得穿越较低级别区域。

(5)100 000级以上区域的洁净工作服应在洁净室(区)内洗涤、干燥、整理,必要时应按要求灭菌。

(6) 洁净室(区)内设备保温层表面应平整、光洁,不得有颗粒性物质脱落。

(7) 洁净室(区)内应使用无脱落物、易清洗、易消毒的卫生工具,卫生工具要存放于对产品不造成污染的指定地点,并应限定使用区域。

(8) 洁净室(区)在静态条件下检测的尘埃粒子数、浮游菌数或沉降菌数必须符合规定,应定期监控动态条件下的洁净状况。

(9) 洁净室(区)的净化空气如可循环使用,应采取有效措施避免污染和交叉污染。

(10) 空气净化系统应按规定清洁、维修、保养并作记录。

4. 药品生产过程的验证内容必须包括:

(1) 空气净化系统。

(2) 工艺用水系统。

(3) 生产工艺及其变更。

(4) 设备清洗。

(5) 主要原辅材料变更。

无菌药品生产过程的验证内容还应增加：

(1) 灭菌设备。

(2) 药液滤过及灌封(分装)系统。

5. 水处理及其配套系统的设计、安装和维护应能确保供水达到设定的质量标准

6. 印有与标签内容相同的药品包装物，应按标签管理。

7. 药品零头包装只限两个批号为一个合箱，合箱外应标明全部批号，并建立合箱记录。

8. 药品放行前应由质量管理部门对有关记录进行审核，审核内容应包括：配料、称重过程中的复核情况；各生产工序检查记录；清场记录；中间产品质量检验结果；偏差处理；成品检验结果等。符合要求并有审核人员签字后方可放行。

二、无菌药品

无菌药品是指法定药品标准中列有无菌检查项目的制剂。

1. 无菌药品生产环境的空气洁净度级别要求：

(1) 最终灭菌药品：

100 级或 10 000 级监督下的局部 100 级：大容量注射剂(≥50 毫升)的灌封

10 000 级：注射剂的稀配、滤过；小容量注射剂的灌封；直接接触药品的包装材料的最终处理。

100 000 级：注射剂浓配或采用密闭系统的稀配。

(2) 非最终灭菌药品：

100 级或 10 000 级背景下局部 100 级：灌装前不需除菌滤过的药液配制；注射剂的灌封、分装和压塞；直接接触药品的包装材料最终处理后的暴露环境。

10 000 级：灌装前需除菌滤过的药液配制。

100 000 级：轧盖，直接接触药品的包装材料最后一次精洗的最低要求。

(3) 其他无菌药品：

10 000 级：供角膜创伤或手术用滴眼剂的配制和灌装。

2. 灭菌柜应具有自动监测、记录装置，其能力应与生产批量相适应。

3. 与药液接触的设备、容器具、管路、阀门、输送泵等应采用优质耐腐蚀材质，管路的安装应尽量减少连(焊)接处。过滤器材不得吸附药液组份和释放异物。禁止使用含有石棉的过滤器材。

4. 直接接触药品的包装材料不得回收使用。

5. 批的划分原则：

(1) 大、小容量注射剂以同一配液罐一次所配制的药液所生产的均质产品为一批。

(2) 粉针剂以同一批原料药在同一连续生产周期内生产的均质产品为一批。

(3) 冻干粉针剂以同一批药液使用同一台冻干设备在同一生产周期内生产的均质产品为一批。

6. 直接接触药品的包装材料最后一次精洗用水应符合注射用水质量标准。

7. 应采取措施以避免物料、容器和设备最终清洗后的二次污染。

8. 直接接触药品的包装材料、设备和其他物品的清洗、干燥、灭菌到使用时间间隔应有规定。

9. 药液从配制到灭菌或除菌过滤的时间间隔应有规定。

10. 物料、容器、设备或其他物品需进入无菌作业区时应经过消毒或灭菌处理。

11. 成品的无菌检查必须按灭菌柜次取样检验。

12. 原料、辅料应按品种、规格、批号分别存放,并按批取样检验。

三、非无菌药品

非无菌药品是指法定药品标准中未列无菌检查项目的制剂。

1. 非无菌药品生产环境空气洁净度级别的最低要求:

(1) 100 000级:非最终灭菌口服液体药品的暴露工序;深部组织创伤外用药品、眼用药品的暴露工序;除直肠用药外的腔道用药的暴露工序。

(2) 300 000级:最终灭菌口服液体药品的暴露工序;口服固体药品的暴露工序;表皮外用药品暴露工序;直肠用药的暴露工序。

(3) 直接接触药品的包装材料最终处理的暴露工序洁净度级别应与其药品生产环境相同。

2. 产尘量大的洁净室(区)经捕尘处理仍不能避免交叉污染时,其空气净化系统不得利用回风。

3. 空气洁净度级别相同的区域,产尘量大的操作室应保持相对负压。

4. 生产性激素类避孕药品的空气净化系统的气体排放应经净化处理。

5. 生产激素类、抗肿瘤类药品制剂当不可避免与其他药品交替使用同一设备和空气净化系统时,应采用有效的防护、清洁措施和必要的验证。

6. 干燥设备进风口应有过滤装置,出风口应有防止空气倒流装置。

7. 软膏剂、眼膏剂、栓剂等配制和灌装的生产设备、管道应方便清洗和消毒。

8. 批的划分原则:

(1) 固体、半固体制剂在成型或分装前使用同一台混合设备一次混合量所生产的均质产品为一批。

(2) 液体制剂以灌装(封)前经最后混合的药液所生产的均质产品为一批。

9. 生产用模具的采购、验收、保管、维护、发放及报废应制定相应管理制度,设专人专柜保管。

10. 药品上直接印字所用油墨应符合食用标准要求。

11. 生产过程中应避免使用易碎、易脱屑、易长霉器具;使用筛网时应有防止因筛网断裂而造成污染的措施。

12. 液体制剂的配制、滤过、灌封、灭菌等过程应在规定时间内完成。

13. 软膏剂、眼膏剂、栓剂生产中的中间产品应规定贮存期和贮存条件。

14. 配料工艺用水及直接接触药品的设备、器具和包装材料最后一次洗涤用水应符合纯化水质量标准。

四、原 料 药

1. 从事原料药生产的人员应接受原料药生产特定操作的有关知识培训。

2. 易燃、易爆、有毒、有害物质的生产和贮存的厂房设施应符合国家的有关规定。

3. 原料药精制、干燥、包装生产环境的空气洁净度级别要求：

(1)法定药品标准中列有无菌检查项目的原料药,其暴露环境应为10 000级背景下局部100级。

(2)其他原料药的生产暴露环境不低于300 000级。

4. 中间产品的质量检验与生产环境有交叉影响时,其检验场所不应设置在该生产区域内。

5. 原料药生产宜使用密闭设备;密闭的设备、管道可以安置于室外。使用敞口设备或打开设备操作时,应有避免污染措施。

6. 难以精确按批号分开的大批量、大容量原料、溶媒等物料入库时应编号;其收、发、存、用应制定相应的管理制度。

7. 企业可根据工艺要求、物料的特性以及对供应商质量体系的审核情况,确定物料的质量控制项目。

8. 物料因特殊原因需处理使用时,应有审批程序,经企业质量管理负责人批准后发放使用。

9. 批的划分原则：

(1) 连续生产的原料药,在一定时间间隔内生产的在规定限度内的均质产品为一批。

(2) 间歇生产的原料药,可由一定数量的产品经最后混合所得的在规定限度内的均质产品为一批。混合前的产品必须按同一工艺生产并符合质量标准,且有可追踪的记录。

10. 原料药的生产记录应具有可追踪性,其批生产记录至少从粗品的精制工序开始。连续生产的批生产记录,可为该批产品各工序生产操作和质量监控的记录。

11. 不合格的中间产品,应明确标示并不得流入下道工序;因特殊原因需处理使用时,应按规定的书面程序处理并有记录。

12. 更换品种时,必须对设备进行彻底的清洁。在同一设备连续生产同一品种时,如有影响产品质量的残留物,更换批次时,也应对设备进行彻底的清洁。

13. 难以清洁的特定类型的设备可专用于特定的中间产品、原料药的生产或贮存。

14. 物料、中间产品和原料药在厂房内或厂房间的流转应有避免混淆和污染的措施。

15. 无菌原料药精制工艺用水及直接接触无菌原料药的包装材料的最后洗涤用水应符合注射用水质量标准;其他原料药精制工艺用水应符合纯化水质量标准。

16. 应建立发酵用菌种保管、使用、贮存、复壮、筛选等管理制度,并有记录。

17. 对可以重复使用的包装容器,应根据书面程序清洗干净,并去除原有的标签。

18. 原料药留样包装应与产品包装相同或使用模拟包装,保存在与产品标签说明相符的条件下,并按留样管理规定进行观察。

五、生 物 制 品

1. 从事生物制品制造的全体人员(包括清洁人员、维修人员)均应根据其生产的制品和所从事的生产操作进行专业(卫生学、微生物学等)和安全防护培训。

2. 生产和质量管理负责人应具有相应的专业知识(细菌学、病毒学、生物学、分子生物学、生物化学、免疫学、医学、药学等),并有丰富的实践经验以确保在其生产、质量管理中履行其职责。

3. 生物制品生产环境的空气洁净度级别要求:

(1) 100级:灌装前不经除菌过滤的制品其配制、合并、灌封、冻干、加塞、添加稳定剂、佐剂、灭活剂等。

(2) 10 000级:灌装前需经除菌过滤的制品其配制、合并、精制、添加稳定剂、佐剂、灭活剂、除菌过滤、超滤等。

体外免疫诊断试剂的阳性血清的分装、抗原-抗体分装。

(3) 100 000级:原料血浆的合并、非低温提取、分装前的巴氏消毒、轧盖及制品最终容器的精洗等;口服制剂其发酵培养密闭系统环境(暴露部分需无菌操作);酶联免疫吸附试剂的包装、配液、分装、干燥;胶体金试剂、聚合酶链反应试剂(PCR)、纸片法试剂等体外免疫试剂;深部组织创伤用制品和大面积体表创面用制品的配制、灌装。

4. 各类制品生产过程中涉及高危致病因子的操作,其空气净化系统等设施还应符合特殊要求。

5. 生产过程中使用某些特定活生物体阶段,要求设备专用,并在隔离或封闭系统内进行。

6. 卡介苗生产厂房和结核菌素生产厂房必须与其他制品生产厂房严格分开,其生产设备要专用。

7. 芽孢菌操作直至灭活过程完成之前必须使用专用设备。炭疽杆菌、肉毒梭状芽孢杆菌和破伤风梭状芽孢杆菌制品须在相应专用设施内生产。

8. 如设备专用于生产孢子形成体,当加工处理一种制品时应集中生产。在某一设施或一套设施中分期轮换生产芽孢菌制品时,在规定时间内只能生产一种制品。

9. 生物制品的生产应注意厂房与设施对原材料、中间体和成品的潜在污染。

10. 聚合酶链反应试剂(PCR)的生产和检定必须在各自独立的建筑物进行,防止扩增时形成的气溶胶造成交叉污染。

11. 生产人免疫缺陷病毒(HIV)等检测试剂,在使用阳性样品时,必须有符合相应规定的防护措施和设施。

12. 生产用种子批和细胞库,应在规定贮存条件下,专库存放,并只允许指定的人员进入。

13. 以人血、人血浆或动物脏器、组织为原料生产的制品必须使用专用设备,并与其他生物制品的生产严格分开。

14. 使用密闭系统生物发酵罐生产的制品可以在同一区域同时生产,如单克隆抗体和重组DNA产品。

15. 各种灭活疫苗(包括重组DNA产品)、类毒素及细胞提取物,在其灭活或消毒后可以与其他无菌制品交替使用同一灌装间和灌装、冻干设施。但在一种制品分装后,必须进行有效的清洁和消毒,清洁消毒效果应定期验证。

16. 操作有致病作用的微生物应在专门的区域内进行,并保持相对负压。

17. 有菌(毒)操作区与无菌(毒)操作区应有各自独立的空气净化系统。来自病原体操作区的空气不得再循环,来自危险度为两类以上病原体的空气应通过除菌过滤器排放,滤器的性能应定期检查。

18. 使用两类以上病原体强污染性材料进行制品生产时,对其排出污物应有有效的消毒设施。

19. 用于加工处理活生物体的生产操作区和设备应便于清洁和去除污染,能耐受熏蒸消毒。

20. 用于生物制品生产的动物室、质量检定动物室必须与制品生产区各自分开。动物饲养管理要求,应符合实验动物管理规定。

21. 生产用注射用水应在制备后6h内使用;制备后4h内灭菌72h内使用,或者在80℃以上保温、65℃以上保温循环或4℃以下存放。

22. 管道系统、阀门和通气过滤器应便于清洁和灭菌,封闭性容器(如发酵罐)应用蒸汽灭菌。

23. 生产过程中污染病原体的物品和设备均要与未用过的灭菌物品和设备分开,并有明显标志。

24. 生物制品生产用的主要原辅料(包括血液制品的原料血浆)必须符合质量标准,并由质量保证部门检验合格签证发放。

25. 生物制品生产用物料须向合法和有质量保证的供方采购,应对供应商进行评估并与之签订较固定供需合同,以确保其物料的质量和稳定性。

26. 动物源性的原材料使用时要详细记录,内容至少包括动物来源、动物繁殖和饲养条件、动物的健康情况。用于疫苗生产的动物应是清洁级以上的动物。

27. 需建立生产用菌毒种的原始种子批、主代种子批和工作种子批系统。种子批系统应有菌毒种原始来源、菌毒种特征鉴定、传代谱系、菌毒种是否为单一纯微生物、生产和培育特征、最适保存条件等完整资料。

28. 生产用细胞需建立原始细胞库、主代细胞库和工作细胞库系统,细胞库系统应包括:细胞原始来源(核型分析,致瘤性)、群体倍增数、传代谱系、细胞是否为单一纯化细胞系、制备方法、最适保存条件等。

29. 生产、维修、检验和动物饲养的操作人员、管理人员,应接种相应疫苗并定期进行体检。

30. 患有传染病、皮肤病、皮肤有伤口者和对制品质量产生潜在的不利影响的人员,均不得进入生产区进行操作或进行质量检验。

31. 生产生物制品的洁净区和需要消毒的区域,应选择使用一种以上的消毒方式,定期轮换使用,并进行检测,以防止产生耐药菌株。

32. 在含有霍乱、鼠疫菌、HIV、乙肝病毒等高危病原体的生产操作结束后,对可疑的污染物品应在原位消毒,并单独灭菌后,方可移出工作区。

33. 在生产日内,没有经过明确规定的去污染措施,生产人员不得由操作活微生物或动物的区域到操作其他制品或微生物的区域。与生产过程无关的人员不应进入生产控制区,必须进入时,要穿着无菌防护服。

34. 从事生产操作的人员应与动物饲养人员分开。

35. 生物制品应严格按照《中国生物制品规程》或国家药品监督管理部门批准的工艺方法生产。

36. 对生物制品原材料、原液、半成品及成品应严格按照《中国生物制品规程》或国家药品监督管理部门批准的质量标准进行检定。

37. 生物制品生产应按照《中国生物制品规程》中的“生物制品的分批规程”分批和编写批号。

38. 生物制品国家标准品应由国家药品检验机构统一制备、标化和分发。生产企业可根据国家标准品制备其工作品标准。

39. 生物制品生产企业质量保证部门应独立于生产管理部门,直属企业负责人领导。必须能够承担物料、设备、质量检验、销售及不良反应的监督与管理。生产质量管理及质量检验结果均符合要求的制品方可出厂。

六、放射性药品

1. 负责生产和质量管理的企业负责人、生产和质量管理的部门负责人应具有核医学、核药学专业知识及放射性药品生产和质量管理经验。

2. 从事质量检验的人员应经放射性药品检验技术培训,并取得岗位操作证书。

3. 从事生产操作的人员应经专业技术及辐射防护知识培训,并取得岗位操作证书。

4. 生产企业应设辐射防护管理机构,其主要职责为:

(1) 组织辐射防护法规的实施,开展辐射防护知识的宣传、教育和法规培训。

(2) 负责对辐射防护工作的监督检查。

(3) 及时向有关部门报告放射性事故,并协助调查处理。

5. 厂房应符合国家关于辐射防护的有关规定,并获得放射性同位素工作许可证。

6. 放射性药品生产环境的空气洁净度级别要求同无菌药品、非无菌药品和原料药中的规定;放射免疫分析药盒各组分的制备应在300 000级条件下进行。

7. 操作放射核素工作场所的地面、工作台应使用便于去污的材料;操作放射性碘及其他挥发性放射性核素应在通风橱内进行,通风橱的技术指标应符合国家有关规定。

8. 含不同核素的放射性药品生产区必须严格分开。放射性工作区应与非放射性工作区有效隔离。应在污染源周围划出防护监测区并定期监测。

9. 生产区出入口应设置去污洗涤、更衣设施,出口处应设置放射性剂量检测设备。

10. 贮存放射性物质的场所应安全、可靠、便利,有明显的放射性标志,具有防火、防盗、防泄漏等安全防护设施,并符合辐射防护的要求。

11. 重复使用的放射性物质包装容器应有专用的去污处理场所。

12. 必须具备与放射性药品生产和质量控制相适应的其他设施。

13. 放射性核素、标准放射源应专库或专柜存放,专人保管,专册登记。

14. 标签应按放射性药品的特殊规定印制。

15. 放射性药品的外包装材料应符合国家有关辐射防护的规定。

16. 从事放射性药品生产人员的体表、衣物及工作场所的设备、墙壁、地面的表面污染程序,应符合国家有关规定。

17. 从事放射性药品生产人员,应根据不同工种需要,配备工作服、工作帽、手套和口罩。甲、乙级工作场所还应配备工作鞋、袜、附加工作服等防护用品。生产人员在可能受到放射性气体、蒸汽污染的工作场所工作时,应供给高效能的口罩;在严重污染的条件下,应根据需要供给呼吸面罩、隔绝式呼吸器、气衣等装备。

18. 从事放射性药品生产人员的工作服清洗前应进行放射性污染检测,已被污染的工作服应作特殊处理或按放射性废物处理。

19. 被放射性污染的场所应在防护人员监督下进行专业清理,检测合格后方可继续使用。

20. 放射性工作区应设置盛放放射性废物的容器,放射性废物应按国家有关规定处理。

21. 放射性废液、废气排放前应采取相应净化处理措施,排放标准应符合国家有关规定。

22. 应按总则规定进行验证工作,并增加辐射防护效果、通风橱技术指标、废气、废液排放等验证工作。

23. 必须建立批记录,内容包括:批生产记录、批包装记录、批检验记录等。

24. 必须建立放射性核素的贮存、领取、使用、归还制度,并有记录。

25. 必须建立严格的辐射防护监督检查制度,并有记录。

26. 必须建立放射性废液、废气、固体废物处理制度,并有记录。

27. 放射性药品分内、外包装。外包装应贴有标签和放射性药品标志,并附使用说明书;内包装必须贴有标签。

28. 运输放射性药品或核素的空容器,必须按国家有关规定进行包装、剂量检测并有记录。

29. 放射性药品的包装和运输应具有与放射剂量相适应的防护装置。

30. 放射性药品出厂前必须进行辐射防护安全检查。

31. 即时标记放射性药品应配备专用运输工具。

32. 发现射线对患者超剂量的危害,应及时向当地药品监督管理部门报告。

七、中药制剂

1. 主管药品生产和质量管理的负责人必须具有中药专业知识。

2. 中药材、中药饮片验收人员应经相关知识的培训,具备识别药材真伪、优劣的技能。

3. 非创伤面外用药制剂及其他特殊中药制剂的生产厂房门窗应能密闭,必要时有良好的除湿、排风、除尘、降温等设施,人员、物料进出及生产操作应参照洁净(室)区管理。

用于直接入药的净药材和干膏的配料、粉碎、混合、过筛等的厂房应能密闭,有良好的通风、除尘等设施,人员、物料进出及生产操作应参照洁净(室)区管理。

其他中药制剂生产环境的空气洁净度别级要求同无菌药品、非无菌药品中相关要求。

4. 中药材的库房应分别设置原料库与净料库,毒性药材、贵细药材应分别设置专库或专柜。

5. 非洁净厂房地面、墙壁、天棚等内表面应平整,易于清洁,不易脱落,无霉迹,应对加工生产不造成污染。

6. 净选药材的厂房内应设拣选工作台,工作台表面应平整、不易产生脱落物。

7. 中药材炮制中的蒸、炒、炙、煅等厂房应与其生产规模相适应,并有良好的通风、除尘、除烟、降温等设施。

8. 中药材、中药饮片的提取、浓缩等厂房应与其生产规模相适应,并有良好的排风及防止污染和交叉污染等设施。

9. 中药材筛选、切制、粉碎等生产操作的厂房应安装捕吸尘等设施。

10. 与药品直接接触的工具、容器应表面整洁,易清洗消毒,不易产生脱落物。

11. 进口中药材、中药饮片应有口岸药检所的药品检验报告。

12. 购入的中药材、中药饮片应有详细记录,每件包装上应附有明显标记,标明品名、规格、数量、产地、来源、采收(加工)日期。毒性药材、易燃易爆等药材外包装上应有明显的规定标志。

13. 中药材使用前须按规定进行拣选、整理、剪切、炮制、洗涤等加工。需要浸润的要做到药透水尽。

14. 中药材、中药饮片的贮存应便于养护。

15. 批的划分原则:

(1) 固体制剂在成型或分装前使用同一台混合设备一次混合量所生产的均质产品为一批。如采用分次混合,经验证,在规定限度内所生产一定数量的均质产品为一批。

(2) 液体制剂、膏滋、浸膏、流浸膏等以灌装(封)前经同一台混合设备最后一次混合的药液所生产的均质产品为一批。

16. 生产中所需贵细、毒性药材、中药饮片,须按规定监控投料,并有记录。

17. 中药制剂生产过程中应采取以下防止交叉污染和混淆的措施:

(1) 中药材不能直接接触地面。

(2) 含有毒性药材的药品生产操作,应有防止交叉污染的特殊措施。

(3) 拣选后药材的洗涤应使用流动水,用过的水不得用于洗涤其他药材。不同的药材不宜在一起洗涤。

(4) 洗涤及切制后的药材和炮制品不得露天干燥。

18. 中药材、中间产品、成品的灭菌方法应以不改变质量为原则。

19. 中药材、中药饮片清洗、浸润、提取工艺用水的质量标准应不低于饮用水标准。

附5 药品包装、标签规范细则(暂行)

根据国家药品监督管理局第23号局令,进一步加强和规范药品的包装、标签管理,确保《药品包装、标签和说明书管理规定》(暂行)的贯彻实施,特制定本细则。

一、总体要求

(一)药品包装、标签必须按照国家药品监督管理局规定的要求印制,其文字及图案不得加入任何未经审批同意的内容。药品的包装分为内包装和外包装。药品包装、标签内容不得超出国家药品监督管理局批准的药品说明书所限定的内容。

(二)药品包装、标签上印刷的内容对产品的表述要准确无误,除表述安全、合理用药的用词外,不得印有各种不适当宣传产品的文字和标识,如"国家级新药"、"中药保护品种"、"GMP认证"、"进口原料分装"、"监制"、"荣誉出品"、"获奖产品"、"保险公司质量保险"、"公费报销"、"现代科技"、"名贵药材"等。

(三)药品的商品名须经国家药品监督管理局批准后方可在包装、标签上使用。商品名不得与通用名连写,应分行。商品名经商标注册后,仍须符合商品名管理的原则。通用名与商品名用字的比例不得小于1∶2(指面积)。通用名字体大小应一致,不加括号。未经国家药品监督管理局批准作为商品名使用的注册商标,可印刷在包装标签的左上角或右上角,其字体不得大于通用名的用字。

(四)同一企业,同一药品的相同规格品种(指药品规格和包装规格两种),其包装、标签的格式及颜色必须一致,不得使用不同的商标。同一企业的相同品种如有不同规格,其最小销售单元的包装、标签应明显区别或规格项应明显标注。

(五)药品的最小销售单元,系指直接供上市药品的最小包装。每个最小销售单元的包装必须按照规定印有标签并附有说明书。

(六)麻醉药品、精神药品、医疗用毒性药品、放射性药品等特殊管理的药品、外用药品、非处方药品在其大包装、中包装、最小销售单元和标签上必须印有符合规定的标志;对贮藏有特殊要求的药品,必须在包装、标签的醒目位置中注明。

(七)进口药品的包装、标签除按本细则规定执行外,还应标明"进口药品注册证号"或"医药产品注册证号"、生产企业名称等;进口分包装药品的包装、标签应标明原生产国或地区企业名称、生产日期、批号、有效期及国内分包装企业名称等。

(八)经批准异地生产的药品,其包装、标签还应标明集团名称、生产企业、生产地点;经批准委托加工的药品,其包装、标签还应标明委托双方企业名称、加工地点。

(九)凡在中国境内销售和使用的药品,包装、标签所用文字必须以中文为主并使用国家语言文字工作委员会公布的现行规范文字。民族药可增加其民族文字。企业根据需要,在其药品包装上可使用条形码和外文对照;获我国专利的产品,亦可标注专利标记和专利号,并标明专利许可的种类。

(十)包装标签有效期的表达方法,按年月顺序。一般表达可用有效期至某年某月,或只用数字表示。如有效期至2001年10月,或表达为有效期至2001.10、2001/10、2001-10等形式。

年份要用四位数字表示,1 至 9 月份数字前须加 0 以两位数表示月份。

二、各类药品包装、标签内容

(一) 化学药品与生物制品、制剂

1. 内包装标签内容包括

【药品名称】、【规格】、【适应证】、【用法用量】、【贮存】、【生产日期】、【生产批号】、【有效期】及【生产企业】。由于包装尺寸的原因而无法全部标明上述内容的,可适当减少,但至少须标注【药品名称】、【规格】、【生产批号】三项(如安瓿、滴眼剂瓶、注射剂瓶等)。

2. 直接接触内包装的外包装标签内容包括

【药品名称】、【成分】、【规格】、【适应证】、【用法用量】、【贮存】、【不良反应】、【禁忌证】、【注意事项】、【包装】、【生产日期】、【生产批号】、【有效期】、【批准文号】及【生产企业】。由于包装尺寸的原因而不能注明不良反应、禁忌证、注意事项,均应注明"详见说明书"字样。

对预防性生物制品,上述【适应证】项均应列为【接种对象】。

3. 大包装标签内容包括

【药品名称】、【规格】、【生产批号】、【生产日期】、【有效期】、【贮存】、【包装】、【批准文号】、【生产企业】及运输注意事项或其他标记。

(二) 原料药标签内容包括

【药品名称】、【包装规格】、【生产批号】、【生产日期】、【有效期】、【贮存】、【批准文号】、【生产企业】及运输注意事项或其他标记。

(三) 中药制剂

1. 内包装标签内容包括

【药品名称】、【规格】、【功能与主治】、【用法用量】、【贮存】、【生产日期】、【生产批号】、【有效期】及【生产企业】。因标签尺寸限制无法全部注明上述内容的,可适当减少,但至少须标注【药品名称】、【规格】、【生产批号】三项,如安瓿、注射剂瓶等。中药蜜丸蜡壳至少须标注【药品名称】。

2. 直接接触内包装的外包装标签内容包括

【药品名称】、【成分】、【规格】、【功能与主治】、【用法用量】、【贮存】、【不良反应】、【禁忌证】、【注意事项】、【包装】、【生产日期】、【生产批号】、【有效期】、【批准文号】及【生产企业】。由于包装尺寸的原因而不能注明不良反应、禁忌证、注意事项,均应注明"详见说明书"字样。

3. 大包装标签内容包括

【药品名称】、【规格】、【生产批号】、【生产日期】、【有效期】、【贮藏】、【包装】、【批准文号】、【生产企业】及运输注意事项或其他标记。

本细则自颁布之日起施行。

本细则由国家药品监督管理局负责解释。

附 6 中药经营企业质量管理规范

1997 年 10 月 23 日国家中医药管理局发布

第一章 总 则

第一条 为加强中药经营企业质量管理，规范企业经营行为，根据国家有关法律、法规，制定本《规范》。

第二条 本《规范》是中药经营企业质量管理的准则，适用于中华人民共和国境内所有经营中药的企业。

第三条 中药经营企业要运用科学的管理手段和方法，提高企业质量管理水平。

第二章 人 员

第四条 中药经营企业必须配备一定数量的与经营规模和经营范围相适应的专业技术人员，在关键岗位逐步配备执业中药师。

第五条 中药经营企业要安排专业技术人员，负责质量管理和技术把关。① 大型企业应配备副主任中药师以上的专业技术人员或相应专业高级工程师；中型企业应配备主管中药师或相应专业工程师以上专业技术人员；小型企业应配备中药师或相应专业助理工程师以上专业技术人员。② 经营中药材、中药饮片的批发企业，要有两名主管中药师在岗。③ 零售药店经营中药饮片，至少有一名中药师在岗。

第六条 中药经营企业负责人应具有现代科学管理知识和一定的中药专业知识及相应的专业技术职称，能够在各经营环节中组织实施本《规范》，并对企业的质量管理以及所经营的药品质量负全部责任。

第七条 中药经营企业质量管理机构负责人，应具有良好的业务素质以及相应的专业技术职称，对企业的药品质量负管理、监督责任。

中药经营企业检验机构负责人必须具有相应的专业技术职称。

第八条 从事经营、质量管理、检验、验收和计量的专职人员，均要具备高中以上文化水平，且经过专业培训，考核合格后持证上岗。

第九条 中药经营企业应制订职工培训规划和年度培训计划，对职工进行相关法律、法规和岗位技术培训，定期考核，建立职工教育档案。

中药经营企业应对新职工进行相应的专业岗位培训，考试合格后上岗。

第十条 直接接触药品的人员，每年必须进行一次健康检查。对严重皮肤病、传染病、隐性传染病和精神病患者，应调离直接接触药品的工作岗位。

第三章 设施与设备

第十一条 中药经营企业的经营场所应整洁、明亮。营业场所、仓储、质检机构的用房应严格分开。批发企业应设有样品陈列室(柜)。

第十二条 中药经营企业应有与其经营规模相适应的仓储条件。仓库库区应有整洁的环境,排水通畅,地面平整,不易起尘,无污染源。仓储区必须与生活区、行政区分开。

第十三条 仓库内应划分出以下专用场所:① 待验区、发货区、合格品区、不合格品区;② 毒性、麻醉中药专用仓库或专柜;③ 贵细中药的专库或专柜;④ 经营中药饮片的批发企业要设零货称取专库。

第十四条 仓库应有以下设施:① 防火、防潮、防虫、防鼠、防污染设施;② 通风、避光、隔热、低温、冷藏设施;

③ 调节和测定温、湿度的设施;④ 符合安全要求的照明设施;

⑤ 货架、隔板(地架)等隔离设施;⑥ 必要的衡器具。

第十五条 有饮片零售业务的企业,应具有与经营规模相应的调剂场所、设施和器具。

第十六条 中药经营企业必须具备与其经营品种和规模相适应的检验场所和常用检验仪器、设备。

第十七条 分装贵细类中药材应有符合要求的分装室。

第十八条 中药经营企业应在药品经营、仓储管理及信息处理等环节,逐步推行计算机应用技术。

第四章 质量管理

第十九条 中药经营企业必须建立健全质量管理和质量保证体系,并对质量体系内各组织机构的职责、权限做出明确规定。

第二十条 中药经营企业质量管理领导组织应由企业负责人和有关部门的负责人组成。其职责是:① 制定企业的质量方针、目标、规划、计划和规章制度,并组织实施;② 行使企业的质量决策和指挥职能,负责建立企业质量体系。

第二十一条 中药经营企业必须设置专职质量管理部门,直属企业主要行政负责人领导,行使质量管理以及药品检验、验收和综合质量管理职能,在企业内部对药品质量具有仲裁权。

第二十二条 中药经营企业质量管理部门的主要职责:① 贯彻、实施有关质量管理工作的法律、法规和规章;② 制定企业质量管理制度、管理程序,组织对经营药品进行质量检查,对质量工作进行指导、监督;③ 收集、分析企业内外质量管理信息,建立质量档案,负责质量查询和咨询;④ 负责药品的验证和对报废药品处理、销毁的监督;⑤ 参与组织质量管理教育、培训;⑥ 推广应用先进的质量管理方法,组织推进质量管理改进活动;⑦ 负责对企业首次经营品种(含同品种不同生产企业及改规格、改包装等)的审核、评价及对供货方质量保证体系的调查;⑧ 负责计量管理工作;⑨ 主持对质量事故的处理。

第二十三条 中药经营企业质量管理部门应设置质量检验机构。质量检验机构应经有关主管部门认可。

第二十四条 质量检验机构的主要职责:① 收集经营药品的质量标准,建立标准档案;② 制定企业药品质量检验制度,执行检验操作规程;③ 对抽检和送检的药品进行检验,出具检验报告。

第二十五条 中药经营企业应设置质量验收组,受质量管理部门业务指导。

第二十六条 大、中型批发企业应建立药品养护组织,小型批发企业和零售企业应配备药品养护员。

第二十七条 中药经营企业应制定以下质量管理制度,并组织实施、检查和考核:① 各级质量责任制度;② 质量否决权制度;③ 质量检验与标准管理制度;④ 业务经营质量管理制度;⑤ 药品验收、保管、养护和复核制度;⑥ 特殊药品与贵细药品管理制度;⑦ 药品质量定期检查制度;⑧ 效期药品质量管理制度;⑨ 调剂配方管理制度;⑩ 药品分装、拆零管理制度;⑪ 退货与不合格药品管理制度;⑫ 质量事故报告制度;⑬ 用户访问、咨询与投诉管理制度;⑭ 质量教育管理制度;⑮ 质量信息管理制度;⑯ 首次经营品种质量审核制度;⑰ 计量管理制度;⑱ 卫生管理制度。

第二十八条 中药经营企业应建立质量档案。各项质量记录做到准确、清晰、完整,并保存3 ~5 年。

第五章 采 购

第二十九条 中药经营企业应根据市场需求,结合库存分析和药品特性编制采购计划。

第三十条 签订药品购销合同必须执行《中华人民共和国经济合同法》,并注明质量条款。

第三十一条 中药经营企业应严格把握进货渠道,建立供货单位目录,与供货单位建立相对稳定的关系,做到进货渠道明确、责任感、交易规范。

第三十二条 中药采购必须遵循下列原则:① 中药饮片、中成药必须从持有《药品生产(经营)企业合格证》、《药品生产(经营)企业许可证》和《营业执照》的药品生产企业或药品经营企业购进,严禁从非法渠道购进;② 具有毒性中药经营资格的企业采购毒性中药饮片,必须从毒性中药饮片的定点生产企业和具有经营毒性中药资格的批发企业购进;③ 对同类产品应优先采购通过药品 GMP 认证的药品生产企业所生产的药品。

第三十三条 采购的中药必须符合下列要求:① 药品质量符合国家药品标准及省、自治区、直辖市药品标准;② 采购地区性民间习用药材,应符合购进地的省、市、自治区习用药材标准或在省、自治区、直辖市卫生行政部门登记注册的品种;③ 中成药必须有注册商标、批准文号、生产批号;④ 中药饮片质量必须符合国家药品标准和省、自治区、直辖市炮制规范;⑤ 包装和标志必须符合有关规定和储运要求。

第三十四条 采购进口药品和毒性、麻醉中药,必须认真执行《进口药品管理办法》、《医疗用毒性药品管理办法》、《麻醉药品管理办法》及有关规定。

第三十五条 首次经营的品种,必须由业务部门报质量管理部门认定后,方可经营。

第三十六条 财务部门应对药品质量实行财务监督。药品入库凭证付款联上无验收人员签章的,应拒绝付款。

第六章 检 验

第三十七条 质量检验机构在以下情况应抽样检验:① 法定标准中有鉴别、检查和含量测定项目的中药材和中药饮片。② 对质量有疑问的药品。③ 质量不稳定的药品。④ 贮存时间长的药品。⑤ 保管养护中应抽验的药品。⑥ 首次经营的药品。⑦ 退回的药品。

第三十八条 质量检验和验收的依据:①《中华人民共和国药典》、卫生部药品标准、进口药材标准;省、自治区、直辖市药品标准、药材标准、炮制规范和地区性习用药材标准。② 购销合同上注明的质量条款。

第三十九条 中药材抽样要严格执行《中华人民共和国药典》规定。

第四十条 对入库药品应逐批验收,做好记录。验收内容:① 中药材依据法定标准和购销合同,检查品名、质量、规格等级、数量、件数、供货单位以及包装是否符合规定。② 中药饮片依据法定标准和购销合同检查品名、质量、规格、数量、生产厂名、产品合格证、生产批号或生产日期以及包装是否符合规定。验收毒性中药材的饮片,必须检查生产企业是否具有生产毒性中药饮片的资格。③ 中成药依据法定标准检查品名、质量、产品合格证、批准文号、生产批号、注册商标、标签、包装、规格、数量、生产厂名、说明书。④ 进口药品凭口岸药品检验所检验报告书或加盖供货单位红色印章的口岸药品检验所检验报告书复印件进行验收。⑤ 毒性、麻醉、贵细中药须由两人共同逐件验收,如发现短缺,要查明原因,做好记录。验收合格的药品经签字后入库。不合格的、未经验收的不准入库。

第四十一条 发生以下情况之一者,验收人员有权拒收:① 假药、劣药。② 注册商标、批准文号、生产批号、生产厂名和产品合格证不全的药品。③ 货单不符、质量异常、包装和标志不符合规定的药品。

第四十二条 在验收时,对真伪、优劣难以确定或质量有疑问的药品,必须报质量检验部门进行检验。

第四十三条 对验收中发现有质量问题的药品要做好记录,单独存放,标志明显,并按规定处理。

第四十四条 退回药品必须重新验收的检验,符合标准的,方可重新销售。

第四十五条 验收、检验的原始记录和检验报告书要按年度装订成册,保存5年。

第七章 贮　存

第四十六条 药品贮存和养护要做到安全贮存,科学养护,保证质量,降低损耗,收发迅速,避免事故。

第四十七条 根据药品特性及贮存要求,实行分类贮存。药品与非药品、人用药与兽用药、药品与杀虫灭鼠药必须分库或分室存放;内服药与外用药、性质相互影响以及容易串味的药品应分室或分区存放。

第四十八条 长期贮存、受压易自燃的中药应定期翻码倒垛,加强检查。

第四十九条 药品贮存应实行色标管理。合格品——绿色;待验品——黄色;不合格品——红色。

第五十条 毒性、麻醉中药应专库或专柜存放,并建立相应的养护和安全措施,实行双人、双锁、专账保管,并有明显的毒性、麻醉药品标志,做到账、货、卡相符。

第五十一条 堆叠垛码规范,并按照药品包装上的图示要求,安全操作,文明作业。

第五十二条 药品出库要坚持"先进先出"、"先产先出"、"近期先出"、"易变先出"的原则。

第五十三条 药品出库应认真检查,变质、过期及包装不符合规定的药品严禁发货。毒性、麻醉中药发货要双人核对。

第五十四条 药品养护工作职能:① 配合保管人员对药品进行合理贮存。② 检查库存药品的贮存条件是否符合质量要求,并能根据药品质量情况,及时调整。③ 根据中药的特性,对容易虫蛀、泛油、变色、潮解、风化、融化、挥发的品种,采取针对性的养护措施,做好养护记录。④ 对库存药品定期进行质量抽查,发现问题提出意见,及时处理。⑤ 建立药品养护档案。

第五十五条 定期对各种养护设备和监控仪器进行检查、校正。

第五十六条 对重点品种和质量容易发生变化的品种要留样观察,分析质量变化的原因和规律,为加强质量控制,进行科学养护,确定合理贮存期提供依据。

第八章 销 售

第五十七条 企业应建立以质量为中心的社会承诺制,强化企业自我约束机制。

第五十八条 药品营销宣传必须执行国家有关法律、法规。

第五十九条 中药经营企业应制定经营品种目录。

第六十条 批发企业不得将药品销售给无"两证一照"的经营单位和未经当地卫生行政部门批准的医疗机构。

第六十一条 批发企业销售人员必须准确介绍药品功能、质量情况及注意事项。

第六十二条 销售进口药品和毒性、麻醉中药应执行《进口药品管理办法》、《医疗用毒性药品管理办法》、《麻醉药品管理办法》等有关规定。

第六十三条 严禁销售假药、劣药、质量不合格及包装不符合规定的药品。

第六十四条 批发企业发货时做好销售记录。内容包括购货单位、品名、质量情况、规格、数量、生产单位、生产批号、发货日期,并有发货人、复核人签名。

第六十五条 装卸、运输药品应按包装标志正确操作,并有遮雨、防晒措施。

第六十六条 建立用户访问和联系制度。收集用户对药品质量和服务质量的意见,定期分析汇总,并向有关部门通报。

第六十七条 零售企业药品陈列,应做到药品与非药品分开,人用药与兽用药分开,内服药与外用药分开,一般药与易串味药分开。药品标签的填写要准确规范。

第六十八条 零售企业营业员必须准确介绍药品的功能主治、用法、用量和注意事项,拆零销售的药品,包装上必须注明药品名称、原批号、用法和用量。

第六十九条 零售企业设有饮片配方的必须执行《药品零售企业饮片质量管理办法》。

第七十条 零售企业要开展中药传统特色服务,为顾客提供方便。

第七十一条 零售企业要制定服务规范,张挂醒目。建立相应的奖惩制度,定期检查考核。

第七十二条 零售企业对顾客投诉要认真处理,维护消费者合法权益

第九章 附 则

第七十三条 本《规范》自发布之日起施行。1989 年由国家中医药管理局发布的《中药商业质量管理规范(试行)》同时废止。

附 7 中药商业质量管理规范(试行)

第一章 总 则

第一条 为加强流通领域的中药质量管理,完善工作职能,严肃质量管理纪律,根据《中华人民共和国药品管理法》第三章药品经营企业的管理规定制定本规范。

本规范适用于中药商业收购(调拨)销售、贮存等流通环节质量管理。

第二条 各省、自治区、直辖市和计划单列市中药主管部门都应建立相应的质量管理机构,切实加强对中药商业质量工作的领导。必须推行全面质量管理,结合中药商业的实际情况,建立切实可行的科学管理制度和方法,以适应中药事业日益发展的需要。

第三条 中药商业企业必须认真贯彻药品管理法和有关药政法规及本规范,实行法定标准,服从药政管理,接受药政部门和中药行业上级主管部门的督促检查。

第二章 质 量 标 准

第四条 《中华人民共和国药典》、《中华人民共和国卫生部药品标准》和地方药品标准及中药炮制规范是中药的法定质量标准,它是中药生产、收购、销售、使用各环节供货验收和退货仲裁的法定依据。法定质量标准是基本的要求,各级中药商业企业必须严格执行。

第三章 质量管理机构与人员

第五条 企业经理负责质量管理的领导工作,对中药商业质量负全面责任,经常听取用户、质量管理部门和广大职工对中药质量的意见,主持召开质量分析会,了解和研究质量动态,处理重大质量问题,以及奖励质量管理先进集体和个人。

中药商业企业承包后,承包的经理必须对本规范负责。

第六条 保证和提高中药商品质量是经营企业每个职工的职责。

第七条 各省、自治区、直辖市和计划单列市药材公司、二级站及相当于二级站的市公司设置质量管理机构,配备必要的检验人员和仪器、设备,采用传统与现代检验相结合的方法,负责本地区的中药行业质量管理工作。

县公司(包括三级批发)应建立质量管理检验机构或设置专职质量管理检验人员,负责本县中药行业购、销、存等各个环节的质量管理、检查和验收工作。

第八条 质量管理部门的主要职责是:在经理领导下,对中药商品流通过程中各个环节进行综合性的日常质量管理工作,内容包括:① 认真贯彻国家和上级主管部门有关质量工作的方针、政策、法规和条例,研究落实措施。② 负责本地区和本企业质量管理方面规章制度(如质量责任制、质量验收、验发制度、异状商品处理方法等)的制定和督促执行,协助领导建立商品质量保证体系。③ 参加工业部门产品质量标准的审核、新产品鉴定工作,负责收集质量标准。④ 建立商品质量信息档案,为有关业务部门提供质量信息。⑤ 研究国内外先进的质量管理方法并结合实际组织推广应用。⑥ 协同有关科室对职工进行质量管理知识的教育。⑦ 负责商品质量方面的技术情报、技术咨询的工作。⑧ 定期访问用户,了解使用者对商品质量的评价和要求。

第九条 各级质量管理机构负责对管辖地区所属中药商业企业的质量管理工作进行技术指导和业务督促。

第十条 质量检验工作的主要任务是:① 严格按法定的质量标准,对本企业经营的全部商品进行质量检验并出具报告。② 负责监督产品质量标准和进货合同有关质量规定的执行。③ 中药商品的检验应在重视和发扬传统鉴别经验的同时,积极采用现代检测方法。

第十一条 化验室一般在以下情况做抽样检验:① 鉴别中药材、中药饮片的品种真伪、质量优劣,以及有疑问的品种。② 确认商品质量是否变异。③ 贮存时间较长的商品。④ 保管养护中认为应抽验的商品。

第十二条 质量检验技术受上级质量管理部门和当地药检部门指导。

第十三条 对商品检验结果发生分歧时,向企业领导汇报,必要时提请上级质量部门复验,或提请药检部门仲裁。

第十四条 各中药商业企业都要配备一定比例的中药技术人员(占企业全体人员的4%)负责商品质量管理方面的业务技术指导。

第十五条 二级站(公司)质量管理、检验机构的负责人必须由主管中药师或从事中药工作10年以上的专业技术人员担任,县公司和三级批发企业质量管理、检验机构负责人必须由中药师或从事中药工作10年以上有实践经验的专业技术人员担任。

第十六条 从事经营、质量管理、检验、养护、保管的人员,必须经过专业培训,考核成绩合格者,由企业发给合格证书,方能上岗工作。质量管理负责人应保持相对稳定,其任免、调动,必须请求本企业上级主管部门同意后方可执行。

第十七条 直接接触中药的人员,应每年进行1次健康检查。发现患有传染病和身体条件不适合做此项工作的,企业领导应及时调整其工作。

第四章 采购(调拨)和收购

第十八条 购进中药商品必须遵循下列原则

1. 中药材、中药饮片:采购、收购中药材、中药饮片首先鉴别真伪、优劣。购进的中药材必须符合购进地药材质量标准要求,购进中药饮片必须符合购进地的“中药炮制规范”的质量标准要求。

2. 中成药:① 须是从取得《药品生产企业许可证》和《营业执照》的药品生产企业或持有《药品经营企业许可证》和《营业执照》的药品经营企业购进。② 须是卫生行政部门批准发给批准文号并注册商标和生产批号的品种。③ 包装和标志应符合有关规定和储运要求。④ 产品质量稳定。

第十九条 收购、经营的毒剧、麻醉药品按国家有关规定办理。

第二十条 新产品的经营,应执行卫生行政部门的有关规定。新产品试销期间,质量管理部门要配合业务部门收集意见,了解质量情况,试销结束时,应对该新产品的质量情况提出分析意见,反馈给有关部门和药品生产企业。

第二十一条 调拨供应人员,对需货单位应正确介绍中药商品的有关情况。

第五章　贮存和养护

第二十二条　中药商品贮存和养护工作的职责是:安全贮存,科学养护,保证质量,降低消耗,收发迅速,避免事故。

第二十三条　仓库应具备适合所经营商品特性的条件、环境。库区内场地平整无积水,库房应具有防虫、防鼠、防潮、防霉、防污染的设施。

第二十四条　毒剧和贵细中药应分别存放并建立相应的库存养护设施,专人专库、双人双锁保管,并有明显标志。做到购、销、存的账货、账卡相符。

第二十五条　在特殊条件下贮存的商品,应经常检查,各种测量和检测仪器应经常校验,记录结果,加以保存。

第二十六条　商品入库时,应按凭证核对品名、规格、数量,并鉴别、检验,确认质量优劣、品种真伪。质量合格者由仓库质检人员开具入库单,方可入库。对质量不合格、货单不符的商品,仓库质量管理、检验人员有权拒收,或单独存放,挂以明显标志,并将情况及时向领导和有关部门反映。

第二十七条　保管人员应熟悉商品质量性能及贮存要求,按商品不同的自然属性分类,按区、库、排、号科学贮存。贮存中应遵守以下各点:① 内服药与外用药,应分开存放。② 毒、剧药品应按有关规定执行,标志明显。③ 长期贮存的怕压或发热易燃的药品应定期翻码倒垛。货垛之间采取必要的隔垫措施,并加强检查。④ 退货商品应单独存放,及时处理。因质量问题而退货的商品经返工后必须重新检验合格后方能返回仓库。退货商品要做出记录(包括退货单位、日期、品名、规格、数量、退货理由、检查结果、处理日期及处理情况等内容)并将记录保存两年。⑤ 搬运和堆垛应严格遵守商品外包装标志的要求,安全操作。⑥ 库存同品种应及时轮换更新。

第二十八条　要贯彻"先进先出"、"远期先出"和"易变先出"的商品出库原则。商品出入库时应登记生产批号及出入库年月日,在库商品可采取货垛上放置不同颜色的醒目标牌,防止错发。

第二十九条　要把好商品出库验发关,变质和过期商品严禁发货。

第三十条　仓库应根据在库商品量,建立商品养护组织或设立专职商品养护员。

第三十一条　商品养护工作的具体任务应包括:① 指导保管人员对商品进行合理贮存。② 检查库存商品的贮存条件是否符合要求,配合保管员进行仓间温湿度管理,及时调整库存条件。③ 对库存商品定期进行循环质量抽查,抽查的周期应视商品的质量要求和季节变化而定,对物理外观有变化及贮存日久的品种,应抽样送化验室重新检验。④ 对检查中发现的问题,提出处理意见和改进养护措施,配合保管人员对有问题的商品进行必要的整理。⑤ 根据季节气候变化,拟订商品检查计划和商品养护工作计划,列出重点养护的品种,并组织实施。⑥ 建立商品养护措施。⑦ 对重点品种开展留样观察,考察商品变化的原因和规律,为指导确定合理库存期提供资料。⑧ 按照养护协作组织的分工,开展养护科研工作,逐步使仓库养护科学化、现代化。

第六章　批发与零售

第三十二条　中药批发单位应配备中药师以上的技术人员,对用户和患者应正确介绍商品的性能、用途、用法、用量、禁忌和注意事项等,不得夸大宣传。

第三十三条 发药时必须有质量核对和验发手续制度。毒剧药品应建立双人核对制度。质量不合格,已变质商品不得销售,质量可疑的商品应重新检验,合格者方可销售。

第三十四条 门市部零售中药,必须做到:① 按剂型、用途分类陈列于货柜。② 陈列时内服药与外用药分开,一般药与消毒、防腐杀虫灭鼠药分开,凭医生处方销售的药品与一般药分开。③ 毒剧、麻醉药品应严格按国家有关规定执行,必须做到专柜存放、专人管理、专账记录。④ 建立清洁卫生制度,坚持定期清药斗,使药品不污染。⑤ 执行验收、验发、核对手续。霉变潮解、虫蛀鼠咬等不合格品,严禁进店和出售。⑥ 调配处方必须经过审核,对处方所列药品不得擅自更改或代用。对有配伍、妊娠禁忌或者某 1 味药超出 1 次服用剂量的处方,应拒绝调配,必要时须经处方医生更正或者重新签字,方可调配。⑦ 各中药门市部,必须配备中药士或相当中药士水平的人员,并配备必要的设备、辅料,进行小炒、小制,以适应中医处方要求的临床需要,该炮制而未炮制的药材不得配方。⑧ 各中药门市部在调剂处方时,对每 1 味药都要用戥子称重(1 方多剂的要回戥分戥),分量准确,严格配方复核制和岗位责任制。

第七章 教育培训

第三十五条 企业领导要对全体职工进行"质量第一"和职业道德的教育,重视中药商品的质量管理,严格执行有关质量方面的各项规章制度。

第三十六条 企业应按照不同岗位的需要,分别对职工进行全面质量管理知识、常用数理统计工具,以及商品知识和质量意识的培训教育。对质量管理、检验人员应定期进行专业培训。

第三十七条 企业必须根据不同岗位要求,对新职工进行专业培训,考核合格后方能上岗。

第八章 奖 惩

第三十八条 对质量管理、检验工作成绩突出,商品质量保证体系健全,两年以上未发生重大质量事故的企业和个人,由企业主管部门给予荣誉和物质奖励。对达不到本规范要求或造成重大质量事故的企业和个人,要给予批评、通报、经济处罚,直至追究企业领导者及直接责任者的责任。

第三十九条 因管理混乱,商品质量得不到保证,用户反映大的企业,其上级主管部门应令其限期改进,必要时令其停止整顿。

第四十条 质量管理、检验人员的工作,受国家法律保护,对拒不采纳质管、质检人员的正确意见,造成重大质量事故的人员,以及对坚持原则的质管、质检人员进行打击报复的,都应严肃处理,追究责任。

第九章 附 则

第四十一条 本规范下列用语的含义是:中药包括中药材、中药饮片和中成药。

第四十二条 各省、自治区、直辖市和计划单列市应根据本规范,结合本地区实际,制定实施细则。

第四十三条 本规范由国家中医药管理局负责解释。

第四十四条 本规范自 1990 年 1 月 1 日起施行。

附 8　医药商品质量管理规范(试行)

第一章　总　　则

第一条　为认真贯彻落实国家有关医药商品质量的方针、政策、法规、条例,在医药商品的购进、销售、调拨、贮存、运输等各个环节实行全面质量管理,搞好文明经商,保证商品质量,特制定《医药商品质量管理规范》(以下简称《规范》)。

第二条　医药商品是防病、治病、康复、保健、计划生育和科研教学需要的特殊商品,企业全员必须明确国家对医药商业的方针、政策、法规、条例,树立药政法制观念和质量第一的思想,在经营过程中实行科学管理。

第三条　各级医药经营单位的主要负责人对本企业执行《规范》负全部责任。应对全体职工进行《规范》教育,并结合具体情况制定细则,组织实施。

第四条　本《规范》是医药商业经营环节商品质量管理的通则。各级医药经营单位应根据《规范》要求,对企业内部各个岗位建立确保商品质量的工作标准,明确职责,以优良工作质量,形成本企业的商品质量保证体系。

第二章　人　　员

第五条　各级医药经营单位的负责人,应由熟悉医药商品专业知识、具备现代科学管理知识、有一定实践经验和组织领导能力的人担任,并对所经营医药商品的质量负全部责任。

第六条　各省、自治区、直辖市公司和一、二级站都要配备药师或助理工程师以上的技术人员;县公司(包括三级批发)和中心药店、各医药专业商店应当有药剂士或技术员以上的技术人员,负责商品质量管理和业务技术指导。

第七条　质量管理、检验机构负责人,必须由药师或助理工程师以上、有实践经验、敢于坚持原则的专业技术人员担任,负责对商品质量及其管理、检验业务进行判断、指导和监督。

第八条　从事经营、质量管理、检验、养护、保管和分装的人员,必须经过专业培训,考核成绩合格者,发给合格证书,方能上岗工作。按专业分工,保持其工作相对稳定。

第九条　接触药品和敷料商品的人员,应每年进行健康检查,发现精神病、传染病和皮肤病患者,企业领导应及时调整其工作岗位。

第三章　计划、收购和经营

第十条　医药商品由各级医药商业单位专业经营。其他单位兼营药品,必须具备的条件是:

1. 有经过培训或一定经验的熟悉所经营品种的业务人员。

2. 有能保证商品质量的良好环境和必要设施。

符合上述条件的单位,由当地县以上经营主管部门审核同意。

第十一条　编制进货计划应贯彻“按需进货”、“择优选购”的原则。在调查市场商品动态及其发展趋势的基础上,开展需求预测。

第十二条 购进医药商品必须遵循下列原则：

1. 经医药管理部门、卫生、畜牧、等行政部门和工商行政管理部门批准的工厂和品种；

2. 具有法定技术标准；

3. 药品必须有经过注册的商标；

4. 产品质量稳定，符合规定标准；

5. 包装和标志应符合有关规定和储运要求；

6. 出厂日期较久的品种注意其质量变化情况。

第十三条 麻醉药品按国务院《麻醉药品管理条例》和卫生部关于《麻醉药品管理条例细则》的规定，指定供应点经营。毒药、限制性剧药的收购、经营和管理按卫生部、国家医药管理局《关于医疗用毒药、限制性剧药管理规定》办理。

第十四条 新产品的经营，应按卫生行政部门及医药管理部门或有关工业主管部门的有关规定进行。

第十五条 各医药经营企业应建立相应的制度。对地产新产品的收购试销、产品的增加规格、改型、改变主要结构和原材料、改变包装材料或包装方式，发展新的产销关系厂等变动，必须由业务部门征求本企业质量、物价、储运等部门的意见，经经理同意后，方可收购。

第十六条 新产品试销期间，质量管理部门要配合业务部门，经常收集意见，了解效果，试销结束时，应对该新产品的质量情况做出评价，经经理审批后，再列入正式经营。

第四章 质量管理机构和监督

第十七条 医药商品质量监督是经营企业全体人员的共同责任。发现质量疑问应随时向质量部门反映，研究处理。

第十八条 成立全国医药商业系统质量管理领导小组，负责全国质量工作的组织领导和监督。各省、市、区公司、一级站也要成立质量管理领导小组，负责本地区、本企业质量工作组织领导和监督。

第十九条 各省、自治区、直辖市公司和一、二级站及相当于二级站的市公司设置质量管理科。质量管理科由质量管理和相应的质量检验、化验、物理检测部门组成。省会所在地的二级站或市公司设中心化验室、物理检测室，负责全省的质量检验和技术指导工作。

县公司(包括三级批发)必须有专人负责进、销、存和分装等各个环节的质量检查和监督工作。

第二十条 质量管理部门的主要职能是：协助领导对医药商品流通过程中各个环节进行综合性的日常质量管理工作。内容包括：

1. 认真贯彻国家和上级机关有关质量工作的方针、政策、法令和规定，研究落实措施。

2. 负责本企业和本地区质量管理方面规章制度的制定和督促执行。协助领导建立商品质量保证体系。

3. 参加工业部门产品技术标准的审定和新产品鉴定工作。负责收集技术标准，并监督本企业执行情况。负责商品收购试销、正式经营，新增规格、改型、改变主要结构和原材料、改变包装材料和包装方式以及变质处理等的质量审查，做好商品质量的动态管理。

4. 作为质量信息的反馈中心，建立商品质量档案。根据用户对商品的评价和要求，研究商品质量的倾向性问题,为业务部门提供质量信息。

5. 学习国内外先进的质量管理方法、研究推广应用。

6. 协同教育部门对职工进行质量管理和商品知识的培训。

7. 指导养护、保管、运输人员按商品性能科学贮存和运输工作。

8. 负责有关商品质量方面的技术情报、技术咨询和管理工作。

9. 负责要货单位和用户关于商品质量问题的查询处理。

第二十一条　各级质量管理机构分别对管辖地区所属的医药经营单位的质量管理工作负责技术指导和业务监督。

第二十二条　质量检验部门的主要职责是:对本企业经营的全部商品,进行质量验收。负责监督产品技术标准和进货合同有关质量规定的贯彻执行。具体任务包括:

1. 严格按照法定的产品技术标准和合同规定的质量条款对产品进行逐批验收。合格的在入库和付款凭证上签章,不合格的不准收货,任何人不得随意降低标准要求收货。

2. 做好原始检验记录。定期分析,逐级上报。检验记录至少保存五年。

3. 对商品经营试销、正式经营、产品增加规格、改型、改变主要结构和原材料、改变包装材料及包装方式等提出评价意见,并注意必须经过审批手续后才予验收。

4. 经常访问用户,了解使用者对商品质量的评价和要求。

5. 配合质量管理部门充实和健全质量档案。

第二十三条　质量验收分为下厂验收和入库验收两种方式:

1. 下列产品必须实行下厂验收。

(1)本地区的地产品。

(2)就厂直调产品。

(3)大型医疗器械产品。

(4)需要使用专用检验仪器或设备的产品。

下厂验收时,对产品的内在质量,除可以当场检验的项目之外,其他项目可按规定标准查对工厂的化验报告或测试报告。验收后,化验报告或测试报告应随货同行,经仓库核对收货后,再转交质量检验机构保存。化验报告和测试报告的保存期与检验记录的保存期相同。

2. 批量较少、质量稳定、要求简单或工厂路程较远的地产品,可以实行入库验收。入库验收时,除对产品进行质量验收外,还应查对工厂的化验报告或测试报告。

本系统调入商品的验收,根据《中国医药公司医药商品调拨责任制》的有关条款进行。

第二十四条　进口药品的检验,按卫生行政部门和海关的有关规定执行。

进口商品按订货合同规定要求和商检部门的检验报告进行验收。进口商品的检验记录和报告保存十年。

第二十五条　验收人员对下列情况有权拒收:

1. 未经卫生行政或有关主管部门批准生产的品种。

2. 假冒厂牌和商标的产品,以及无注册商标的药品。

3. 工厂未做检验或正在检验尚无确认合格结论的产品。

4. 无法定标准或产品质量不合标准规定。

5. 无化验报告、测试报告或出厂合格证书。

6. 技术标准对某项指标没有规定,而产品的实际质量又严重影响其使用价值或商品完整性。

7. 包装及其标志内容不符合规定要求,或缺乏必要的使用说明。

承担本企业商品质量检测任务、提供可靠、准确的检测数据。

第二十六条 化验室和物理检测室一般在以下情况做抽样检测:

1. 对出厂化验报告或测试报告产生疑问。
2. 产品质量不稳定。
3. 原材料或主要生产工艺改变。
4. 长期停产后恢复生产的品种。
5. 新产品收购初期和移厂生产初期的产品。
6. 贮存时间较长的商品。
7. 保管养护中认为应抽检的商品。
8. 定期观察的留样商品。
9. 需要分装的批量商品。
10. 其他需要进行内在质量测定的商品质量检测应按法定标准规定进行。在技术上受当地药检、计量部门的指导。

第二十七条 对商品检测结果发生分歧时,提请药检部门或法定计量检测部门(或由其指定的技术单位)进行仲裁。

第五章 贮存和养护

第二十八条 医药商品贮存保管和养护工作的职责是:安全贮存,降低损耗,科学养护,保证质量,收发迅速,避免事故。

第二十九条 仓库应具备适合所经营各类商品特性的条件。库房应具有整洁良好的环境。库房外面场地应无杂草和积水,库房内应具有防雨水渗漏、排水、通风、照明、温湿度控制、避光、防尘等设施,库区内应有消防安全设备,并定期检查。防止温湿度的骤然变化、灰尘和气味、动物或虫类的侵入等一切潜在危害的影响。

第三十条 医药经营单位,对有特殊贮存要求的商品,应建立符合所需条件的库房和相应设施。药品保管条件为:冷处温度控制在2℃~10℃之间;阴凉或凉暗处温度控制在20℃以下;室温温度控制在1℃~30℃之间;相对湿度控制在60%~75%之间。在特殊条件下贮存的商品,应经常检查。各种测量和监控仪器应经常校验。记录结果,加以保存。

第三十一条 商品入仓时,应按凭证核对品名、规格、数量和质量验收人员的签章(地产品入库时,还应查对工厂化验报告或测试报告),并对质量进行抽查,发现问题及时与质量检验或业务部门联系解决。对货单不符、质量异常、包装不牢、标志模糊等影响安全储运的商品,有权拒收。

第三十二条 保管人员应熟悉商品质量性能及贮存要求,按商品不同的自然属性分类,按区、库、排、号进行科学贮存。贮存中应遵守以下各点:

1. 人用药与兽用药、内服药与外用药、一般药与杀虫灭鼠药必须严格分开存放。性能互相影响、容易串味、名称容易搞错的品种应分开存放。
2. 麻醉药品、精神药品和毒性药品应专库或专柜存放,指定专人保管。
3. 危险品应严格执行公安部颁发的《化学危险物品贮存管理暂行办法》、《爆炸物品管理规则》和《仓库防火安全管理规则》等规定,按其危险性质,分类存放于有专门设施的专用仓库。

4. 有效期商品应按效期远近依次专码堆放。并按《中国医药公司医药商品调拨责任制》规定的期限,定期报告业务部门及时销售。

5. 长期贮存的怕压商品应定期翻码整垛,货垛间应采取必要的隔垫措施。

6. 退货商品应单独存放。要查清原因,及时处理。因质量问题而退货的商品经返工、整修后必须重新检验合格后才能返回库存。退货商品要作出记录(包括:退货单位、日期、品名、规格、数量、退货理由、检查结果、处理日期及处理情况等内容)并保存两年。

7. 搬运和堆垛应严格遵守商品外包装标志的要求,安全操作。

第三十三条 就厂直调商品要注意与库存同品种及时轮换,国家储备商品和外库贮存商品应及时轮换更新。

第三十四条 要贯彻"先进先出"、"近期先出"和"易变先出"的商品按批号出库原则。商品出入库时应登记生产批号或年月日、有效期限及入库年月日。在库商品可采取货垛上放置不同颜色的醒目标牌,防止错发。要把好商品出库验发关,变质和过期商品,严禁发货。

第三十五条 各医药商品仓库,凡库容面积在3 000平方米以上的,均应建立商品养护专业组织,小于3000平方米的仓库应设立专职的商品养护人员。

第三十六条 商品养护工作的具体任务应包括:

1. 指导保管人员对商品进行合理贮存。

2. 检查库存商品的贮存条件是否符合要求,配合保管人员进行仓间温湿度管理,及时调整库存条件。

3. 对库存商品定期进行循环质量抽查,循环抽查的周期一般为一个季度,易变商品要缩短抽查周期。抽查时,其小包装的拆封应使用专用器具,并在符合卫生条件的专门场所进行。对物理外观有变化及贮存日久的品种,应抽样送化验室或物理检测室重新化验或测定。

4. 对检查中发现的问题,提出处理意见和改进养护措施。配合保管人员对某些有问题商品进行必要的整理。

5. 根据季节气候变化,拟订商品检查计划和商品养护工作计划,列出重点养护的品种,并予实施。

6. 建立商品养护档案。

7. 要对重点品种开展留样观察,考察商品变化的原因和规律,为指导确定合理库存、提高保管水平和促进工厂提高产品质量提供资料。

8. 按照养护协作组织的分工,开展养护科研工作,逐步使仓库保管养护科学化、现代化。

第三十七条 分装商品应符合以下条件

1. 有符合卫生要求的专门场所和设备。

2. 建立质量和卫生操作规程。

3. 商品分装后必须经化验、检测合格,符合质量、卫生标准。

4. 参加分装的操作人员均应了解分装商品的质量特性。

5. 设有专职质量检查员负责分装过程中的质量检查和监督。

6. 分装的标签内容,除与原包装标签一致外,还应加印分装单位名称和分装批号。

第六章 调拨与销售

第三十八条 调拨供应人员和门市销售人员,对要货单位和使用者应正确地介绍商品的性能、用途、用法、剂量、禁忌和注意事项等,不得夸大宣传,滥行推销。

第三十九条 发货时必须有质量核对和验发手续制度。麻醉药品、精神药品、毒性药品和危险品应建立双人核对制度。质量不合格、过期失效和已变质商品不准发货。质量可疑的商品应重新检验,合格者方可发货。经药政部门批准延长效期的药品,发货前应在标签上注明延长的效期和批改文号或附加说明。

第四十条 门市零售药品,必须做到:

1. 按药品剂型、用途分类陈列于橱窗与货柜。

2. 陈列时,人用药与兽用药分开,内服药与外用药分开,一般药与杀虫灭鼠药分开,凭医生处方销售的药品与一般药品分开。

3. 毒性药品应严格按国家颁发的有关管理条例规定执行,应做到专柜经营、专人管理、专账记录。

4. 坚持问病卖药、防止发生事故。

5. 拆零销售药片,应装入专用容器密盖,并标明原包装标签的内容。

6. 建立卫生制度,保证药品不受污染。

7. 执行验发核对手续。过期失效、霉变潮解、虫蛀鼠咬等不合格品,严禁出售。

8. 危险品出售,按有关部门规定办理。

9. 以上各项事宜应在药剂士以上技术人员监督和指导下进行。

第七章 运 输

第四十一条 商品的运输应建立品种、规格、数量和到达地点的核对制度,防止误发。发现包装破损、污染或影响运输安全时应拒绝发运。

第四十二条 搬运、装卸应轻拿轻放,并严格按包装标志要求正确堆放和采取防护措施。

第四十三条 根据商品自然属性,对怕冻、怕热商品应根据季节和运程采取相应措施。组织保温车或冷藏车发运,必要时应派人押运。危险品发运按危险品运输规程办理。

第四十四条 就厂直调商品,未经质量验收,不得发运。

第八章 为用户服务和信息反馈

第四十五条 各医药商业企业,都要重视用户对商品质量的评价,搞好用户意见的信息反馈和处理。定期汇总分析,向有关部门交流情况,并报上级质量部门备案。

第四十六条 建立访问用户或定期联系制度,通过多种形式,对商品质量开展调查研究,广泛收集用户信息。

第四十七条 货源单位和销售部门要认真对待质量问题的查询处理。对查询处理的工作质量和用户退货(返修)率要进行考核。

第四十八条 医疗器械要加强对用户的技术服务工作。要与工业商定实行对用户包修、包换、包退的具体办法,设立必要的维修网点。设备性商品要做到服务上门。

地产药品要与工厂商定出厂负责期限。库存超过负责期质量又不稳定的药品,调出前货源单位应经过重新化验合格后,方可发货。

第九章 教 育 培 训

第四十九条 企业领导要对全体职工进行"质量第一"和职业道德的教育,重视医药商品的经营管理,遵守质量管理方面的各项规章制度。

第五十条　按照不同岗位的需要,分别对职工进行有关政策法令、条例、质量管理的理论、知识和常用的数理统计工具,以及商品知识和经营业务的培训教育。

有关领导部门对于科技人员应定期进行专业培训和进修。

第五十一条　各省、自治区、直辖市公司和一级站对本企业和所属单位的职工培训工作,都要制定具体规划。学习成绩考核记录应列入档案。

第五十二条　新职工必须进行半年以上的专业培训。考试合格方能独立担任业务工作。

第十章　其　　他

第五十三条　财务部门对收购活动和库存商品的数量和质量实行财务监督。发现超计划收购调入和未经质量验收人员签章,应向有关部门提出疑问。并有权拒付货款。

第五十四条　各级医药商业企业对于加强质量管理和加强保管养护措施所需的费用,应列入有关财务计划。

第五十五条　各级医药商业企业在开展质量管理活动中,要发动群众建立不同形式的质量管理小组。搞好本岗位质量管理、养护保管的科研、质量信息分析等工作,认真收集数据,积累资料,运用各种统计分析工具,提高企业科学质量管理的水平。

第五十六条　医药商品在报刊、广播、电视和其他各种形式进行的广告宣传,必须实事求是,不得夸大。药品的宣传应按卫生行政部门批准的内容为准。

第五十七条　企业领导要支持质量管理、检验人员行使职权,对质量工作坚持原则、认真把关的人员,要给予表扬和奖励。

质量管理、检验人员和其他人员在执行本《规范》过程中,发现违反规定而制止无效时,有权越级报告。

凡弄虚作假、以次充好、欺骗用户或打击报复质量工作人员者,企业领导都要追究其责任,根据情节轻重,严肃处理。

第五十八条　本《规范》解释权属中国医药公司。

附注

(1) 医药商品—包括药品、医疗器械、化学试剂、玻璃仪器。

(2) 医药商业企业—系指中国医药公司系统的各级医药专业经营单位。

(3) 医药经营单位—系指包括医药专业经营单位和兼营医药商品的其他单位的总称。

(4) 质量管理—为保证商品质量所进行的调查、计划、组织、协调、控制、检查、处理信息反馈等各项活动的总称。

(5) 质量—系指商品质量。即商品能满足使用要求所具备的特性(适用性)。

一般包括性能,寿命、可靠性、安全性、经济性。在按特性分类时,亦可分为内在质量、外观质量和包装质量。

(6) 工作质量—为保证商品质量所做的一切业务工作的质量。例如:计划工作质量、采购工作质量、验收工作质量、供应或销售工作质量、仓库工作质量、运输工作质量等等。

(7) 商品质量保证体系—企业以保证质量为目标,运用系统的概念和方法,把商品流通各阶段各环节的质量管理职能组织起来,形成一个有明确任务、职责、权限、互相协调、互相促进的有机整体。

(8) 质量部门—系指包括质量管理、质量检验和化验室、物理检测室在内的专职质量工作机构的总称。

(9) 业务部门—系指负责计划、采购、供应或销售等机构的总称。

(10) 外库—系指非本企业管理的向外租用的仓库。

(11) 质量管理小组—系指职工组织起来,运用科学的质量管理思想和方法。

附 9　常用计量单位的英文字母表示符号及单位换算表

量的名称	单位名称	单位符号	换算关系或说明
长度	千米(公里)	km	1 公里(km) = 2 市里 = 1 000 米(m)
	米	m	1 米(m) = 3 市尺 = 100 厘米(cm)
	厘米	cm	1 厘米(cm) = 3 市分 = 10 毫米(mm)
	毫米	mm	1 毫米(mm) = 1 000 微米(μm)
面积	平方公里	km^2	1 平方公里(km^2) = 1 000 000 平方米(m^2)
	平方米	m^2	1 平方米(m^2) = 10 000 平方厘米(cm^2)
	平方厘米	cm^2	1 平方厘米(cm^2) = 100 平方毫米(mm^2)
质量(重量)	吨	t	1 吨(t) = 1 000 千克(kg,即公斤)
	千克(公斤)	kg	1 千克(kg) = 1 000 克(g)
	克	g	1 克(g) = 1 000 毫克(mg)
体积	升	l,L	1 升(L 或 l) = 1 市升 = 1 000 毫升(ml) = 1 立方分米 = 1 000 立方厘米(cm^3)
	立方米	m^3	1 立方米(m^3) = 1 000 000 立方厘米(cm^3)
时间	年	a	1 年(a) = 365 天(d)
	天(日)	d	1 天(d) = 24 小时(h) = 86 400 秒(s)
	小时	h	1 小时(h) = 60 分(min)
	分	min	1 分(min) = 60 秒(s)
	秒	s	